中国社会科学院创新工程学术出版资助项目

中非争议解决：

仲裁的法律、经济和文化分析

[美]翁·基达尼（Won Kidane）著
朱伟东 译

中国社会科学出版社

图字：01－2016－9476

图书在版编目（CIP）数据

中非争议解决:仲裁的法律、经济和文化分析/
（美）翁·基达尼著；朱伟东译.—北京：中国社会科学出版社，
2017.5
　书名原文:China-Africa Dispute Settlement:the Law, Culture and Economics of Arbitration
　ISBN 978－7－5203－0237－1

　Ⅰ.①中…　Ⅱ.①翁…②朱…　Ⅲ.①国际商事仲裁—研究
Ⅳ.①D997.4

中国版本图书馆 CIP 数据核字（2017）第 074668 号

This is a translation of China-Africa Dispute Settlement:the Law, Culture and Economics of Arbitration by Won Kidane, published and sold by China Social Sciences Press, by permission of kluwer law international, Alphen aan den kijn, the Netherlands, the owner of all rights to publish and sell same.
中国社会科学出版社享有本书中国大陆简体中文专有权,该权利受法律保护。

出 版 人　赵剑英
责任编辑　张　林
特约编辑　席建海
责任校对　朱妍洁
责任印制　戴　宽

出　　版　中国社会科学出版社
社　　址　北京鼓楼西大街甲 158 号
邮　　编　100720
网　　址　http://www.csspw.cn
发 行 部　010－84083685
门 市 部　010－84029450
经　　销　新华书店及其他书店

印　　刷　北京明恒达印务有限公司
装　　订　廊坊市广阳区广增装订厂
版　　次　2017 年 5 月第 1 版
印　　次　2017 年 5 月第 1 次印刷

开　　本　710×1000　1/16
印　　张　34.5
插　　页　2
字　　数　453 千字
定　　价　138.00 元

英文版序言

2005 年春，我与翁·基达尼（Won Kidane）再次在华盛顿特区相见，当时他在当地的汉顿和威廉姆斯（Hunton & Williams）律师事务所执业，并且正忙于厄立特里亚—埃塞俄比亚求偿仲裁庭中的烦杂仲裁事务。我此行的目的是希望将他招募到宾州大学法学院以及宾州大学刚成立的国际关系学院。我与基达尼初识于伊利诺伊斯大学法学院，当时他是法学院的学生，而我是法学院的老师。在我所开设的国际仲裁和诉讼、商事交易以及知识产权课堂上，基达尼敏锐的洞察力和快速的反应能力给我留下了深刻印象，我认为他日后会有很大的学术和政策制定方面的潜力。在进入伊利诺伊斯法学院之前，基达尼已在亚的斯亚贝巴大学获得大陆法学士学位、在佐治亚大学获得国际法和比较法硕士学位。当他接受我的邀请时，我和我宾州大学的同事深感荣幸，并且更为荣幸的是，我们共同见证了他作为一名学者和教师的突飞猛进的成长经历。当他决定北上加盟西雅图大学法学院时，我们虽心有遗憾，但也深感自豪。

事实证明，我对基达尼教授学术和政策制定方面的能力的判断是正确的。《中非争议解决：仲裁的法律、经济和文化分析》这本书和他的其他著作一样，对学术和政策制定都做出了巨大贡献。该书从多个层面对中非新兴而繁荣的经济关系进行了卓尔不凡、富有成效的分析。20 年前中非年贸易额还不到 1000 万美元，而如今中非年贸易额已近 1000 亿美元，单单 2001－2009 年的增长率就达到令人难以置信的 700％。

在全球贸易关系和 WTO 层面上，基达尼教授审慎分析了"发达国家对发展中国家"及"西方对非西方"这种二分对立概念在全球法律框架下对中国和非洲国家的影响，而这种全球法律框架的"日内瓦根茎是从华盛顿和布鲁塞尔长出，而不是从亚的斯亚贝巴或北京长出"。在中非关系的层面上，基达尼教授深入考察了中国参与非洲国家经济活动的方式，以及中国所采取的方式是如何不同于美国所采取的方式的，尽管双方对参与非洲经济活动有极其相似的战略利益。对于如何将中非双边投资条约中的以"投资者为主"的条款，转化为鼓励可持续发展并对投资者和投资东道国都有利的条款，他也提出了富有价值的建议。他提出的中非应签署《经济伙伴协议》的建议同样充满远见卓识。

在中非私商事关系的层面上，基达尼教授同样提出了令人信服的观点和建议。非洲有 53 个不同的主权国家（现在非洲已有 54 个主权国家——译者注），它们大都具有相似的殖民经历和习惯法传统，这就导致它们的法律文化、商事习惯有很大的相似性。中国也有相似的"法律二元主义"经历，所产生的法律文化和商事习惯与非洲国家十分相似，采取什么样的治理和争议解决机制才能更好地符合双方的利益呢？对此问题，基达尼教授明智地提到哈里森（Lawrence Harrison）和已过世的亨廷顿（Samuel Huntington）的告诫：文化很重要！①

《中非争议解决：仲裁的法律、经济和文化分析》一书资料翔实、观点新颖，非常有助于从全球、国内和私人行为者的角度理解并推动

---

① Lawrence E. Harrison & Samuel P. Huntington（eds.），*Culture Matters*，Basic Books，2000.

中非经济、外交和法律关系。我十分高兴有此机会为我的朋友和同事奉上这篇简短序言。

菲利普·麦克诺菲（Philip J. McConnaughay）

宾州大学迪克森（Dickinson）法学院、国际关系学院院长

唐纳德·J. 法拉奇（Donald J. Farage）法律和国际关系讲席教授

美国宾州

2011 年 9 月

中文版序言

朱伟东教授是中国国内研究中非商事争议解决的少数杰出学者之一，本书能被他翻译成中文出版，本人深感荣幸。

作为同类文献中的开山之作，本书分析了中非经济关系所面临的独特法律挑战，并对产生于中非经济关系的争议解决机制作了梳理。

本书在 2011 年出版，恰逢中非合作论坛第四届部长级会议闭幕。中非合作论坛部长级会议通过了许多雄心勃勃的行动计划。随着大部分行动计划的落实，中非合作呈现出越来越好的发展势头。

本书中文版的翻译工作进行之时，恰逢中非第二次峰会于 2015 年 12 月在南非约翰内斯堡召开。此次峰会旨在配合非盟《2063 年愿景》这一非洲战略，将中非合作提升到新的水平。

在 2006 年召开的第一次中非峰会上，中非经济合作初具雏形，中非贸易额尚未突破 1000 亿美元。现在这一数字已经翻倍，数以千计的中国企业在非洲经商或进行直接投资，投资额已达数百亿美元。在此情况下，中非经济关系比以往任何时候更需要一套便捷、高效、适应双方文化，又能被双方政府接受的争议解决机制。

本书分析了在贸易、投资和商事关系中实际应用的一些现有争议解决机制，并从学术和政策考量方面提出了其他一些可供选择的方

中非争议解决：仲裁的法律、经济和文化分析

式。本书在非洲和中国被一些法学院选作教材使用。本书中文版的出版，将会吸引更多感兴趣的学者、学生、律师和决策者。我希望本书能够唤起更多人的热情，重新激发起对相关政策和学术的辩论，从而为中非经济关系的持续改善做出贡献。

· 2 ·

目　　录

第一部分

背景

第一章

引　言

第一节　背景

近年来，中①非②经济关系发展迅猛。双方已形成一个让人惊奇的联合体，它很可能是以政治与法律真空③中的商业实用主义为基础

---

① 中华人民共和国（PRC）。

② 任何试图对中国与非洲这样一个多样化的大陆的双边关系进行界定的努力，明显会有过度抽象与简单假设的风险。不过，考虑到中国对非洲的所采取的外交与经济方法、非洲大部分地区的经济特征，以及非洲联盟的集体谈判努力，本书小心翼翼地将这一问题作为双边跨区域问题对待。本书也分析了一些特定非洲国家的情况。需要注意的是，2007年1月29日—30日在亚的斯亚贝巴召开的非洲联盟大会第八届会议授权非洲联盟委员会在中非合作框架下代表非洲国家与中国发展关系。See UNCTAD, Economic Development in Africa Report 2010：South-South Cooperation：Africa and the New Forms of Development Partnership，26，The report is available on the official website of the African Union at www. au. int/？q＝node/2553.

③ 将中非关系界定为"政治真空中的商业实用主义"（commercial pragtism in a political vacuum）是借用了哈奇森（Alan Hutchison）所著的《中国的非洲革命》（China's Africa Revolution）一书中的话："中国的实用主义在商业关系中有无以复加的表现，它实际上在政治真空中发挥着很好的作用。"参见 Alan Hutchison, China's Africa Revolution，(1975)，p. 15。虽然这句话已提出近40年，但是对于当今中非关系仍有持续意义。相对于有关世界政治秩序这一类经常提出的问题，本书范围局限于经济关系中的法律方面。但下面的注释可以提供一个不同的视角。2010年2月，《经济学人》杂志举办了一个长达一周的网上辩论，辩论有关中国更多参与非洲事务的利弊问题。代表两种对立观点的重要学者有：哈佛大学贝尔福中心的朱玛（Calestous Juma）教授以及美国大学的经济学家阿伊特（George Ayittey）先生。他们的各自立场总结很好地概括了发展过程中现存的争论。

的。中非现有商业关系的性质和程度是史无前例的，但中非友好往来并不是最近才有的现象。① 根据最新估计，中非贸易额在 20 世纪 80 年代仅为 1000 万美元，在 2006 年已达到 550 亿②，而到了 2009 年已超过 1000 多亿美元③。

2006 年 11 月近 50 位非洲领导人空前高调相聚北京，标志着双方

朱玛教授认为："中国对非洲自然资源的持续需求，有利于重建非洲作为全球市场的有价值商品的来源地，它也有助于将非洲的政治注意力集中在为何非洲大陆仍然贫穷这一问题上。"阿伊特认为："中国在非洲的持续参与阻碍了非洲大陆走向民主问责制和良政的步伐。接受中国援助的非洲国家不愿改善其治理状况。"在评论的最后阶段，《经济学人》统计的数据是，59％的受访评论者认为中非关系是积极的——绝大部分赞同朱玛的观点。《经济学人》的结论是："本杂志社相信中国越来越多地参与非洲事务是受人欢迎的。"要了解这一完整的辩论，参见 The Economist, week of Feb. 15—22, 2010, available at www. economist. com/debate/overview/165。2011 年 4 月 20 日，《经济学人》杂志印刷版发表了一篇文章《中国人在非洲：非洲人要齐心协力问一问中国是在为他们做午餐还是要吃掉他们的午餐》（The Chinese in Africa：Trying to Pull Together, Africans Are Asking Whether China is Making Their Lunch or Eating It），对这两类对立观点进行了很好的评论。本文电子版可在 www. economist. com/node/18586448/print（apr. 20, 2011）找到。论述中非关系的文献越来越多，比较显著的有：Deborah Brautigam, The Dragon's Gift：The Real Story of China in Africa（2009 年牛津大学出版社），p. 308［"西方经常调整它们在非洲的发展建议、程序和方法（20 世纪 70 年代的农村综合发展项目、20 世纪 80 年代的政策改革、20 世纪 90 年代的政府治理，等等），而中国从来不声称知道非洲应该怎么做才能发展。中国认为对援助施加政治和经济条件是错误的，国家应自由选择摆脱贫困的道路。"］；还可参见 Chris Aldren, China in Africa：Partner, Competitor, or Hegemon？（Zed books, 2007）；Ian Taylor, China and Africa：Engagement and Compromise（Routledge, 2006）；Sarah Raine, China's African Challenges（Routledge, 2009）；Chris Alden, D. Large & Ricardo Soares de Oliveira（eds.）, China Returns to Africa：A Rising Power and A Continent Embrace（Hurst Publishing, 2008）；Robert I. Rotberg, China into Africa：Trade, AIbid, and Influence（Brookings, 2008）。

① 对于中国与非洲早期关系历史的简单介绍，参见本书第二章。

② See Howard W. French & Lydia Polgreen, "China, Filling a VoIbid, Drills for Riches in Chad", NY Times, Aug. 13, 2007, 2, available at www. nytimes. com/2007/08/13/world/africa and Howard W. French& Lydia polgreen, "Entrepreneurs from China flourish in Africa", NY Times Aug. 18, 2007, 1, available at www. nytimes. com/2007/08/18/world/africa.

③ 中国总理温家宝在中非合作论坛第四次部长级会议上的讲话，http：//news. xinhuanel. com/english/2009—11/09/content—12413102. htm（2009/11/10），2. 本书所分析的宣言文本和行动计划在内的所有信息，可见于中非合作论坛官方网站：www. focac. org/eng。

对彼此友好关系的重视。① 此次峰会结束时，通过了行动计划，为未来经济合作制定了蓝图。② 在此次峰会上，中国公司和非洲政府达成了几个价值数十亿美元的商业交易。③ 而且在此次峰会上，时任中国国家主席胡锦涛还提出一些友好与合作建议。其中一项就是设立一个数十亿美元的中非发展基金，以鼓励中国企业在非洲开展商业活动，还包括向非洲提供优惠贷款和买方信贷。胡主席还承诺在为非洲联盟在亚的斯亚贝巴建设会议中心，免除债务，实行关税减让，建设经贸合作区，为非洲国家建设医院和学校并对非洲各类专业人士进行培训。④ 在峰会开幕式上，胡主席在开幕致辞中最后指出："共同的命运、共同的目标把我们紧紧团结在一起。中国永远是非洲的好朋友、好伙伴和好兄弟。让我们携手并肩、昂首阔步，为实现中非发展，为造福中非人民，为推动建设持久和平、共同繁荣的和谐世界而共同努力！"⑤

自 2006 年峰会以来，中非合作加强。过去的 3 年，中国加强了对非洲贸易和基础设施的支持，把向非洲国家提供的优惠性贷款从 50 亿美元增加到 100 亿美元。⑥ 2009 年 11 月，在沙姆沙伊赫召开的第四次中非部长级会议上，双方回顾了承诺履行情况。中国国家总理温

---

① See Chen Aizhu & Lindsay Beck, "Chinese-Africa Summit Yields ＄1. 9 Billion in Deals", Washington Post, Nov. 6, 2006, A17, available at www. washingtonpost. com/wp-dyn/content/article/2006/11/05/AR20061105007742＿pf＿pf. html.

② Action Plan Adopted at China-Africa Summit, Mapping Cooperation Course, Xinhua New, Nov. 5, 2006, available at http：//english. focacsummit. org/2006－11/05/content＿5167. html (last visited Aug. 24, 2007).

③ See Chen Aizhu & Lindsay Beck, "Chinese-Africa Summit Yields ＄1. 9 Billion in Deals", Washington Post, Nov. 6, 2006, A17 available at www. washingtonpost. com/wp-dyn/content/article/2006/11/05/AR2006110500772＿pf＿pf. html. 这些交易是与包括埃及、尼日利亚和加纳在内的几个非洲国家进行的。

④ 参见胡锦涛主席 2006 年 11 月 4 日在中非合作论坛北京峰会开幕式上的讲话，http：//english. focacsummit. org/ 2006－11/05/content－4978. html。

⑤ 同上。

⑥ 参见中国总理温家宝在中非合作论坛第四次部长级会议上的讲话，http：//news. xinhuanet. com/english/2009－11/09/ content－12413102. htm (Nov. 10, 2009), 2.

家宝指出，在此次会议召开时，已有近 1600 家中国公司在非洲投资，直接投资额约为 78 亿美元。① 在人文交流方面，中国将在 2009 年年底培训 15000 名非洲人士。② 在此次部长级会议上，中国总理又提出几项建议，以"全面推进中非新型战略伙伴关系"。这些建议包括：（1）密切政治对话和磋商，共同推动国际政治经济新秩序朝着更加公正合理的方向发展；（2）继续减免非洲国家债务；（3）提升经贸合作；（4）促进人文交流；（5）加强机制建设。③ 同时，他提出中国政府将来所要采取的 8 大举措。它们是：（1）建立中非应对气候变化的伙伴关系，包括在非洲建立 100 个清洁能源项目；（2）加强科技合作，实施 100 个中非联合科技研究示范项目；（3）增加非洲融资能力，向非洲国家提供 100 亿美元优惠性质贷款；支持中国金融机构设立金额为 10 亿美元的非洲中小企业发展专项贷款；（4）扩大对非产品开放市场，逐步给予非洲与中国建交的最不发达国家 95％的产品免关税待遇；（5）加强农业合作，建立农业示范中心；（6）深化医疗卫生合作，为非洲国家建立医院，提供医疗设备，培训医务人员；（7）加强教育合作，为非洲国家援建 50 所学校，培训 2 万名专业人员；（8）扩大人文交流，实施中非联合研究和交流计划。④

　　这一宏大、绝无仅有的合作能否取得成功，将取决于社会、政治、经济、法律等众多因素。其中一个重要因素就是能否提供一套有效机制，以防止和解决贸易、投资、商业纠纷。此类纠纷是经济交往中不可避免的正常现象。为确保合作成功，"贸易承诺必须具有法律

---

① 参见中国总理温家宝在中非合作论坛第四次部长级会议上的讲话，http：//news. xinhuanet. com/english/2009－11/09/ content－12413102. htm（Nov. 10，2009），2。

② 同上。

③ 同上，第 5—6 页。

④ 同上，第 7—8 页。大多数承诺已成功实施。为全面评价北京行动计划的执行，See The Center for Chinese Studies of Stellenbosch University，"Evaluating China's FOCAC Commitments to Africa and Mapping the Way Ahead"，（January 2010）available at www. ccs. org. za/wp－content/uploads/2010/03/ENGLISH － Evaluating － Chinas － FOCAC － commitments － to － Africa－2010. pdf.

价值，并存在一个强有力的独立纠纷解决机制做后盾"①。不幸的是，目前政策制定者都极少关注这一问题。目前有关中非纠纷解决的法律框架还没有被人正确理解，还没有得到很好的界定。学者们有关中非关系的法律问题的研究还比较少。但中非的决策者已经明确表达了实施适当、高效争议解决机制的愿望。在此方面最新的政治声明包含在沙姆沙伊赫召开的第四次中非部长级会议所通过的 2010—2012 年的行动计划中。② 《沙姆沙伊赫行动计划（2010—2012 年）》提出："双方同意本着互谅互让原则，通过友好协商，妥善解决贸易分歧和摩擦。双方同意，在解决中非企业合同纠纷时，鼓励利用各国和地区性的仲裁机构。"

第二节　本书目的和结构

本书有三个基本目的：（1）分析中非经贸关系各方面的现有纠纷解决机制；（2）根据各方经济、文化因素以及法律传统的演变对现有的纠纷解决机制进行评估；（3）建议采用综合的纠纷解决制度模式以满足中非日益变化的经济需求及法律文化。③

调整中非经济关系的法律渊源和原则包括多边、区域和双边贸易与投资条约；联合声明、行动计划、谅解备忘录；习惯法及商事惯例以及中国和非洲各国的国内法。上述任何规则和原则的适用取决于交

---

① Joost Pauwelyn, "The Transformation of World Trade", Michigan Law Review 104 (2005), 7. 虽然"规则主导"方法和"外交主导"方法在处理争议方面仍存在紧张关系，但"规则主导"方法能够带来的确定性和可预见性，这对于商业来说是非常宝贵的。See John H. Jackson, The Jurisprudence of GATT and the WTO (Cambridge, 2000), pp. 120—121.

② 中非合作论坛《沙姆沙伊赫行动计划（2010—2012 年）》。

③ 尽管法律文化这一概念比法律传统在理解上更为广泛，本书并没有刻意侧重于其区别。

易的性质和交易行为者的身份。这些交易可以广泛地分为贸易、投资和其他跨国商业交易。[①] 交易行为者可能包括单纯的公共企业、单纯的私人企业或二者及其他类型的商事机构的混合体。司法机构可能包括国内法院以及单边、区域性或多边政府、非政府或准政府的正式或非正式纠纷解决机构。为此，本书分为五部分。除了这一章导言外，第一部分还包括第二章，该章简要介绍了中非经济关系的历史背景。

第二部分以贸易纠纷解决机制为重点，探讨了调整中非贸易关系的现有法律框架；这一部分分为四章。第三章通过论述中国和大部分非洲国家都适用的 WTO 的现有法律渊源和纠纷解决机制，介绍了有关全球贸易体系发展及现状的背景。第四章着重于分析发展中国家在有效利用 WTO 纠纷解决机制中所面临的挑战。第五章利用前一章的分析对中非贸易关系中 WTO 贸易纠纷解决机制的适用性进行批判性的评估，并探讨了采用地区性纠纷解决机制的可能性。第六章对地区性和跨地区性纠纷解决机制的替代适用进行探究，认为 WTO 纠纷解决体系下的仲裁解决方法是现有最合适的机制。同时，对完善现有纠纷解决体制提出建议。

第三部分在投资背景下对第二部分所讨论的内容进行了分析，分为三章。第七章讨论了国际投资法的发展，通过阐明国际投资法发展中的各种冲突利益，为后文的分析奠定了理论基础。第八章揭示了国际投资法的现有各类渊源，并以一些重要的区域性和双边投资条约为例，分析了它们的实体内容。第九章对调整中非投资关系的现有法律框架进行了详细讨论，并根据第七章和第八章所谈论的一般内容对这一法律框架进行了评价。第三部分最后的结论认为，机构仲裁是最合

---

① 2009 年 11 月和 12 月，非洲经济转型中心（ACET）在非洲经济委员会前主任 K. Y. Amoako 领导下发布了到目前为止有关中非经济合作最全面的报告。这份两卷本的研究报告题目是 *Looking East：A Guibide to Engaging China for Africa's Policy-Makers*，从三个方面讲述中非合作问题：贸易、投资以及经济和技术合作。see ACET, Looking East, Vol. Ⅱ（2009），at iii. available, http：//acetforafrica. org/site/looking－east－main/＞（October/November 2009）.

适的纠纷解决形式，并对现有体系的改进提出了一些建议。

第四部分主要讨论了私商事交易的纠纷解决机制，分为两章。第十章以争议解决为重点探讨了影响中非跨国商事交易的各类国际法渊源。第十一章主要讨论了影响中非跨国商事交易的国内法渊源。总之，这两章阐述了国际、国内纠纷解决机制存在的障碍及不足，并提出改善的建议。

第二、三、四部分的结论是，国际仲裁是解决中非贸易、投资及私商事交易纠纷的最佳选择。第五部分批判性地对现行仲裁方法的适当性进行了评价，共分为四章，第十二章全面概括了国际仲裁的基本原则，并对如何评估一些重要仲裁机构在解决中非经贸纠纷中的适当性提供了一些衡量标准。对这些标准的讨论主要集中在这些仲裁机构的法律、经济和文化方面。第十三章分析和评估了美国和欧洲的一些仲裁机构。第十四章详细讨论了亚洲和非洲的仲裁并对亚洲和非洲的一些仲裁机构进行了论述。第十五章做了一个大致的结论，本书结尾就设立解决中非贸易、投资和商事纠纷的中非联合仲裁中心的法律框架提出一己之见。

第二章

中非经贸关系的历史背景

　　中非自古就有了商业和其他形式的关系往来。现在的友好往来只是长期友好关系的持续，目前中非关系的良好发展史无前例。本节简要阐述古往今来的中非关系，以便从历史的角度了解这一关系的发展。

第一节　古代时期

　　"中国与东非海岸的人们的交流历史，甚至比马来西亚人首次迁移到马达加斯加的时间还长"[①]，这大约在公元 2 世纪。[②] 虽然马来人在公元 2 世纪左右登陆马达加斯加还是"一个有趣的谜"，但这是"最遥远的亚洲和非洲之间进行交流的最具体的和富有成效的记述"。[③] 历史学家认为，中国商人很可能从公元 1 世纪初到 3 世纪初就已通过陆路到达埃及。[④] 历史学家们还不排除同一时期的汉朝人曾与埃及进

---

　　① See Teobaldo Filesi, *China and Africa in the MIbiddle Ages*, translated by David L. Morison (Cass library of African studies, 2002), p. 4.

　　② Ibid. , p. 3.

　　③ Ibid.

　　④ 持此立场的著名历史学家是佩里奥 (Sinologist P. Pelliot)。see P. Pelliot, *Review of Hirth and Rochill's Chau Ju－kua*, T'oung Pao, Vol. xiii, No. 3 (brill, 1912), 461, cited in Ibid. p. 4. 在历史文献中提到的非洲城市被认为是埃及亚历山大, see P. Pelliot, op. cit. , p. 4.

行过海上贸易活动的可能性。① 不过，中国文献中关于非洲的最早记录出现在大约公元 863 年。历史学家菲莱西（Teobaldo Filesi）认为，中国的有关文献提到 "Boba-li" 或 "Po-pa—li" 国，这似乎是非洲之角地区，"文献模糊提到游牧民居住的贫瘠土地……他们经常受到来自阿拉伯人的攻击"。②

历史学家斯诺（Philip Snow）在他所著的《星船：中国与非洲的相遇》（The Star Raft，China's Encounter with Africa）一书的开篇精彩论述了西方与亚洲和非洲的关系往来，以引出他有关中非关系历史的研究。"五百年来，自从西方在 15 世纪末由达伽马到达印度洋后，人类的历史就充满了大量有关亚非对欧洲以及后来美国的外来文化的反应。"③ 尽管中国和日本抵制西方文化，印度和非洲却深受其影响。不管是抵制还是接受，斯诺的解释是："西方和非西方价值的作用和反作用是现代世界的重要主题之一。即使西方潮流消退，它可能仍会如此。"④ 不过，他承认亚非关系的发展远在西方介入之前，并指出亚非外交和贸易关系并非微不足道。⑤ 他进一步指出，早在达伽马的船队绕过好望角在该地区建立葡萄牙帝国的据点的 75 年前，中国明朝的船队就已多次从另一方向穿越印度洋，航行至东非海岸，与非洲当地民众建立商业关系。⑥ 因此，中非现代关系只是他们古老关系的延续而已⑦。

---

① P. Pelliot, op. cit., p. 4. 例如，一个历史文献是这样的：西汉平帝元始年间（公元 1—6 年），王莽辅政，曾有"黄支国"（Huang-Chih）进献犀牛。历史学者认为，这个"黄支国"就是阿比西尼亚，即组成今天埃塞俄比亚国家的一些地区。

② See Filesi, *China and Africa in the MIbiddle Ages*, supra note 1, p. 19.

③ Philip Snow, *The Star Raft*, *China's Encounter with Africa*, xiii（Grove Prress. 1987），xiii.

④ Ibid.

⑤ Ibid.

⑥ Ibid.

⑦ Ibid. 斯诺用下面的话描述了西方对亚非关系的旧观点："亚洲在非洲的利益以及非洲对亚洲的同情被视为对西方霸权构成隐含的威胁。这种不安起源于殖民时期。欧洲殖民者倾向认为非洲是它们的专属地。"see phillip Snow, op. cit., p. 14.

第二节 殖民及冷战时期

非洲殖民主义的出现似乎与中国无关。① 但中国在非洲的再度出现却与反殖民主义独立运动直接相联。② 中华人民共和国在1949年成立时，非洲只有四个独立国家。③ 在当时，独立运动显然是非洲的首要任务。中国对非洲的独立运动十分关注，因为非洲的独立运动与中国自身的革命经历以及全世界范围内的共产社会主义运动紧密相关。④ 但中国并不是唯一对此关注的国家。苏联出于一系列的社会、经济、政治和军事原因，对非洲独立运动也很关注。⑤ 中国和苏联不仅利益不一致，而且思想观念不同。⑥ 中国认为自身的革命经验最适合非洲的独立运动⑦。实际上，1949年在莫斯科召开的一次商会领导人会议上，中华人民共和国首任国家主席刘少奇就谈到，中国革命是"是殖民主义与半殖民主义国家革命的经典类型，中国革命经验对于这些国

---

① See Phillip Snow, op. cit. , p. 14.

② Ibid.

③ See Alan Hutchinson, *China's African Revolution* (Westview, 1975)，p. 6. 这些国家是埃及、埃塞俄比亚、利比里亚和南非。当时南非独立的性质无需解释。

④ Ibid. , pp. 6-7.

⑤ 哈奇森认为："苏联强调的是解放殖民地人民以及随后可能采取的禁止工业国家掠夺其原材料的措施，可能给垄断资本主义带来的损害。"同上，第6页。苏联参与非洲事务是一个复杂的问题，很明显在本书的讨论范围外。然而，值得注意的是，尽管苏联支持反殖民主义斗争，但最终演变成苏维埃共和国维护自己的利益。对于苏联在非洲利益，卡尔 (E. H. Carr) 做出了如下分析："人类将继续寻求逃避国际秩序现实主义的逻辑后果，它一旦形成具体的政治形式，将被自私和虚伪所玷污。"Edward Hallett Carr, *The Twenty Years' Crisis* 1919—1939 (Harper Perennial, 1964), 93, cited in Richard E. Bissell. "Soviet Interests in Africa", in *Soviet and Chinese AIbid to African Nations*, edited by Warren Weinstein & Thomas H. Henriksen (Praeger Publishers, 1980), p. 1.

⑥ See Hutchinson, *China's African Revolution*, *supra* note 14, pp. 6-7.

⑦ Ibid. , p. 7.

家人民来说是无价的"。①

至少在中国人看来，1954 年斯大林的去世使作为共产主义世界最年长的政治家的毛泽东主席获得巨大声望。② 中国随后进行一系列外交活动，以奠定自己的地位。中国所进行的外交活动取得显著的外交成果。③ 其中最为显著的当属 23 个亚洲国家和埃及、苏丹、加纳、利比里亚、埃塞俄比亚、利比亚 6 个非洲国家在一次会议上所达成的"万隆原则"。④ 与会者聚集在印度尼西亚一个小镇上讨论他们所称的"共同问题"。此次会议气氛和谐、融洽。可以确信，这次会议从商业的角度来看，加强了中国对非洲的关注和参与。⑤

实际上，那一年是中非恢复现代商贸关系至为重要的一年。在那一年，中国接待了埃及贸易代表团，与埃及达成购买 13000 吨棉花的商事合同。⑥ 同年，中国和埃及进行了首轮贸易谈判，非洲国家开始作为中国对外贸易的一方当事人。⑦ 根据双方达成的谈判结果，中国同意在接下来的 5 年购买 15000 吨埃及棉花，埃及同意购买 6 万吨中国轧制钢铁。它们还决定在对方首都设立贸易办公室。⑧ 1956 年 5 月中国和埃及恢复全面外交关系，重新点燃了"中非之间的正式关系，这一关系在 1441 年 11 月埃及阿西拉斐（A-Shih-la-fy）苏丹的特使萨伊迪·阿里（Sayyid Ali）满载丝绸离开明朝帝国宫殿时而中断"。⑨

20 世纪六七十年代，中国与非洲的关系表现为中国对非洲的反殖民运动提供了大量的军事、意识形态和后勤方面的支持，特别是在南

---

① See Hutchinson, *China's African Revolution*, *supra* note 14, pp. 6-7.

② Ibid., p. 13.

③ Ibid., p. 14.

④ Ibid.

⑤ Ibid., p. 15.

⑥ Ibid.

⑦ Ibid.

⑧ Ibid.

⑨ Ibid.

部非洲。① 例如，中国的军事指战员早在 1964 年就在加纳设立了军事培训点，以训练游击队在非洲其他地区作战②；一些非洲游击队员同时也在中国接受训练③。中国这一时期在非洲的参与是一个广泛的课题，不在这本书讨论范围内，然而需要注意的是，中国的"文化大革命"对中非关系产生了消极影响。④ 实际上，中国与几乎所有非洲国家的外交关系在"文化大革命"期间都中断了。⑤

第三节　后殖民和后冷战时期

在后殖民时期，由于中国自身的优先发展目标与国内政策，中国对非洲的关注起伏不定。在 20 世纪 80 年代的一个时期，中国因为与以前敌对的大国修好而饱受指责。中国没有将与非洲发展友好关系作为优先目标，而是选择以前曾与非洲国家一起反对的国家发展关系。⑥ 虽然中国坚决否认这一指责，但批评者认为，中国认为非洲在中国新近推行的现代化过程中无足轻重。⑦ 然而，即使在这一时期，中国仍

---

① See Ian Taylor, *China and Africa*, *Engagement and Compromise* (Routledge, 2006)，pp. 30-31.

② Ibid.

③ Ibid., p. 30. 当时在中国接受军事训练的非洲人中包括罗得西亚（津巴布韦）津巴布韦非洲民族联盟战士。

④ Ibid. p. 32.

⑤ 值得注意的例外是，早在 20 世纪 70 年代，中国花费 4.06 亿美元修建连接坦桑尼亚和赞比亚的坦赞铁路。中国提供的这些钱是没有利息的，当时被视为对南部非洲的一个重大贡献。Ibid.，p. 38.

⑥ Ibid.，p. 59.

⑦ 批评者引用以下的例子支持这一结论：在 20 世纪 80 年代，中国媒体没有提及苏丹、尼日利亚或乌干达的政变，当然，也没有提及东非的饥荒。刚好这一时期是中国与美国、苏联建立良好关系的时期。See Ibid, pp. 59-60, citing J. Hsiung, "New Strategic Environment and Domestic Linkages", *Peking's Foreign Policy*, *Issues and Studies*, vol. 20, no. 10 (October 988) 1988, p. 30.

然通过实施一些小规模的发展项目，特别是在农业和卫生领域的项目，来继续参与非洲事务。[1]

在接下来的几十年，中国经济发展空前迅速，非洲却越来越贫穷，非洲事务的管理也日益不善。[2] 非洲国家面临着独特的治理挑战，并开始接受中国的参与。反过来，中国也发现在非洲投资存在巨大的商机。2000 年的中非合作论坛北京宣言，概括了当今中非关系的哲学基础：“由于各国政治制度、发展水平、历史文化背景和价值观念不同，各国在促进和保护本国人权时有权选择不同的方式和模式。”[3] 正是这种方法和理解可以称之为政治真空中的经济参与（economic engagement in a political vacuum）。[4]

中非地缘政治关系的性质、历史、意义和前景是许多文献颇为关注的一个话题[5]；不过，希恩（David Shinn）大使对中美两国在非洲

---

① See Ian Tayler, op. cit., p. 61.

② 一方面，在过去的 20 多年，中国单独就减少了世界贫困的 75%。根据经济指标，它的平均增长率为 9.7%。see "China and the World Bank", available at http: web. worldbank. org/WBSITE/EXTERNAL/COUNTRIES/EASTASIAPACI FICEXT/CHINAEXTN/0, menu PK：318958—page PK：141132—piPK：141121—the SitePK：318950, 00. html。另一方面，在过去的几十年里，非洲是唯一变得日益贫穷的大陆，直到近年来贸易形势有所扭转。See generally Michael Holman, "Africa：the Corrupt C ontinent", Los Angeles Times, Jul. 14, 2006 （Op—Ed） available at www. latimes. com/news/opinion/commentary/la—oe—holman23may23, 05788244. stor （last visited Jul. 14, 2006）.（需要注意的是，在非洲第一个国家获得独立并且在非洲接受 5500 亿美元援助的 50 年后，现在非洲仍然比当时还贫穷。）See also World Bank, Africa remain poorer today than it was then. See also "World Bank, Africa—Overview", at www. worldbank. org/website/external/countries/africa ext/0, menuPK （last visited Sep. 26, 2006）.（需要注意的是，超过 3.14 亿的非洲人现在每天的生活费低于 1 美元。这个数字比 1981 几乎多达两倍。）

③ Beijing Declaration of 2000, cited in Taylor, China and Africa, Engagement and Compromise, supra note 28, p. 68.

④ See Teobaldo Filesi, *China and Africa in the MIbiddle Ages*, supra note 1.

⑤ See, e. g., Deborah Brautigam, *The Dragon's Gift：The Real Story of China in Africa* （Oxford University Press, 2009）；Chris Aldren, *China In Africa：Partner, Competitor, or Hegemon?* （Zed Books, 2007）；Ian Taylor, *China and Africa：Engagement and Compromise* （Routledge, 2006）；Sarah Raine, *China's African Challenges* （Routledge, 2009）；*Chris Alden, D. Large& Ricardo Soares De Oliveira* （eds.） *China Returns to Africa：A Rising Power and a Continent Embrace* （Hurst Publishing, 2008）；*and Robert Ⅰ Rotberg, China Into Africa：Trade, AIbid, and Influence* （Brookings, 2008）.

参与的比较分析，很好说明了学者们对这一领域的新的学术兴趣及持续探究。希恩大使多年来担任美国的外交官员，包括美国驻埃塞俄比亚大使，他现在是华盛顿大学艾略特（Elliot）国际关系学院的教师。在他看来，美国在非洲有五项利益，中国有四项。

美国的五项利益包括：

（1）确保持续获得石油；

（2）获得尽可能多的非洲国家的政治支持；

（3）增加美国对非洲的出口；

（4）在打击恐怖主义、毒品走私、国际犯罪方面获得非洲国家支持；

（5）保持美国军事飞机在非洲国家自由航行的能力，保留美国海军舰艇进驻非洲港口的权利。

中国的四项利益包括：

（1）确保持续获得石油、矿产、木材和农产品；

（2）获得尽可能多的非洲国家的政治支持；

（3）终结中国台湾在非洲的外交存在（只有四个非洲国家仍然与中国台湾保留所谓的"外交关系"）；

（4）实施增加中国对非出口的长期计划。①

美国与中国在非洲的利益存在重复的地方，但希恩对政治、组织、实施战略和战术决策的分析，显示中美两国在与非洲发展关系时采用了不同的策略。希恩指出，中国的"自上而下的、共产主义制度政府的好处是，能够提前10年或20年决定其稳定的外交政策"。而"美国的民主制不能使其简单地进行长期战略思考"，其重大外交政策

---

① David H. Shinn, Comparing Engagement with Africa by China and the United States, China in Africa Symposium African Studies Program, paper presented at the East Asian Studies Center and the Center for International Business Education and Research, Indiana University Bloomington, Indiana（March 2009）, p. 1. Available at https：//scholarworks. iu. edu/dspace/bitstream/handle/2022/3466/China％20in％20Africa％20Symposium％20－％20the％20good％20one. pdf? sequence? 1.

每四年或八年就会进行重大调整。① 除了政策的持续性问题外，希恩认为美国长期战略外交政策的缺失，归因于该国历史相对较短，以及其所倡导的孤立主义、反共产主义或是遏制政策，以及对民主化的注重。②

在说明中国的外交政策因其政治体制的性质而更具有可确定性后，希恩随后对中美两国官员各自论述的国内对非政策进行了概括。

美国负责非洲事务的国务卿助理卡特（Philip Carter）解释了美国对于非洲的政策。美国致力于：

（1）提供安全援助项目，以确保实现非洲大陆的和平，包括消除恐怖主义在该地区活动的能力；

（2）促进民主体制和实践，支持自由的发展；

（3）鼓励可持续的、广泛的、市场导向的经济增长；

（4）支持健康和社会发展，特别是减少艾滋病、肺结核和疟疾。

中国国家主席胡锦涛概括了中国的对非政策。中国对非洲的政策目标重点为：

（1）通过增加对非洲经济援助、免除债务、扩大双边贸易，切实履行 2006 年北京峰会达成的决议；

（2）加强高层次的交流，继续参与联合国在非洲的维和行动；

（3）制定优惠政策，以增加从非洲的进口，增加对非洲的技术转让；

（4）扩大中非间的教育和文化合作；

（5）在诸如世界贸易组织等多边组织框架内就气候变化、食

---

① David H. Shinn, Comparing Engagement with Africa by China and the United States, China in Africa Symposium African Studies Program, paper presented at the East Asian Studies Center and the Center for International Business Education and Research, Indiana University Bloomington, Indiana（March 2009）, p. 2. Available at https：//scholarworks. iu. edu/dspace/bitstream/handle/2022/3466/China％20in％20Africa％20Symposium％20－％20the％20good％20one. pdf? sequence? 1.

② Ibid.

品安全、减贫和发展等议题深化与非洲国家的合作；

（6）加强中非合作论坛的建设。

就实质而言，虽然美国和中国在非洲的利益非常相似，但它们的政策却显著不同。中国对非政策寻求"合作"（cooperation），而美国对非政策则寻求"改变"（change）。①

希恩接着对中美两国在非洲参与的组织（structure）进行了细致的比较。他从以下五个不同方面比较了中美政府在非洲的参与组织的影响：（1）外交关系；（2）经济关系；（3）军事组织；（4）人文交流；（5）媒体交流。

从外交方面来说，美国在非洲有 48 个大使馆，7 个领事馆。② 中国有 48 个大使馆，9 个领事馆。③

从经济方面来说，美国有几个部门参与美非关系：美国商务部、美国贸易代表处、美国财政部、美国国际发展署、千禧年挑战公司（the Millennium Challenge Corporation）、美国进出口银行以及美国海外私人投资公司。中国负责中非经济合作的部门和机构包括：商务部、国有资产监督管理委员会（SASAC）④ 以及中国进出口银行。⑤

---

① David H. Shinn, Comparing Engagement with Africa by China and the United States，China in Africa Symposium African Studies Program，paper presented at the East A-sian Studies Center and the Center for International Business Education and Research，Indiana University Bloomington， Indiana （ March 2009 ）， 1. Available at https：//scholar-works. iu. edu/dspace/bitstream/handle/2022/3466/China％20in％20Africa％20Symposium％20－％20the％20good％20one. pdf? sequence? 1.

② See Shinn, pp. 2-3. 在美国政府组织结构框架内，有关非洲的决定由最高层级做出。按照等级，美国总统在听取国家安全委员会、国会和联邦政府相关部门（当然这不涉及需要采取立法行动的事项）的建议后做出最终决定。在美国国务院，非洲和近东事务局分别负责撒哈拉以南非洲和北非事务。

③ Shinn, p. 3. 中国最高行政机关是国务院，其成员包括总理、副总理和其他成员。外交部部长负责实施中国的外交政策，商务部负责贸易和援助。

④ 中国国有资产管理委员会，它和中国外交部和商务部处于同一级别，可以直接拥有企业或拥有国有企业（SOE）大部分股份。这些国有企业是在非洲开展业务的主要实体。See Shinn, op. cit.，p. 3.

⑤ Ibid.

美国对非洲的财政贡献偏重于援助。美国对非的几乎所有经济支持都是由上面提到的美国机构以援助的形式提供的。中国对非的金融支持主要是通过低利率的长期贷款的形式进行的。① 此外，中国在非洲建有 6 个经济特区，以开展对非经济关系。这些经济特区集中在埃及、埃塞俄比亚、毛里求斯、尼日利亚和赞比亚。② 更重要的是，中国创建了中非合作论坛。中非合作论坛旨在协调中非经贸交流，包括每三年组织国家首脑政治峰会。③ 虽然美国制定的《非洲增长与机会法案》（AGOA）的目的也是为美国在非洲的经济参与提供类似平台，但它没有得到像中非合作论坛这样富有活力和热情的机制的推动。④

　　从军事上来说，美国在非洲有强有力的安全存在。美国新成立的非洲司令部（即广为人知的 AFRICOM）是美国在非洲进行军事参与的主要机构。其他在非洲进行军事参与的美国机构还包括：美国国家情报局（NIA）、中央情报局（CIA）、美国国家安全局（NSA）以及美国国务院的国家情报和研究部。⑤ 而且美国在吉布提设有军事基地，目前有 1400 名军人驻扎那儿。同时，美国在该地区内也有强大的海军力量的存在，在需要时，美国军事飞机可在指定区域飞行或降落。⑥ 虽然中国在非洲的军事存在很少甚至没有，但中国的中央军事委员会/人民解放军与非洲的军队保持着联系。⑦ 中国也对非洲大陆的维和

---

　　① 例如，中国最近向非洲国家贷款，包括安哥拉 130 亿美元、刚果民主共和国 90 亿美元、尼日尔 50 亿美元。在大多数情况下，这些贷款通过非洲国家的石油或原材料偿还。这些贷款经常用于由中国公司负责的基础设施建设发展。希恩大使认为这是对中国有利的双赢安排。See Shinn，op. cit. ，p. 5.

　　② Ibid. ，第四章会详细讨论这些经济特区。

　　③ Ibid. ，p. 3.

　　④ Ibid. ，有关《非洲经济增长和机会法案》的全面信息可在该法的官方网站（www. agoa. gov/）上获取。该法案在 2000 年 4 月 18 日由美国总统签署成为法律，是 2000 年更大范围的《贸易和发展法案》的第一部分。该法案第一段指出："本法将为非洲国家继续努力开放其经济和建立自由市场提供切实的鼓励。"

　　⑤ See Shinn，op. cit. ，pp. 3-4.

　　⑥ Ibid. ，p. 3 and p. 4.

　　⑦ Ibid. ，p. 3.

做出了贡献。①

在人文交流方面，美国无法和中国在非洲的社会存在相比，只有利比里亚"总是与美国保持着密切联系，因为该国国民的祖先主要是美国的以前的奴隶"②。中国在非洲有许多稳定的社会存在。除了马达加斯加、毛里求斯、南非存在有较早的华人团体外，近来中国移民正在非洲许多其他地方建立重要的中国社区。新的中国居民多是商人、小贩或是建筑工人。③

从媒体方面而言，美国在非洲维持有美国之音（VOA），主要目的是开展公共外交④，而中国新华社在非洲广播新闻，并向非洲媒体提供信息。⑤ 新华社在非洲扎根深厚，在开罗和内罗毕设有地区办事处，在非洲其他地方设有 20 个分支办事处。⑥

希恩大使所提供的最有趣的、最有用的视角是中美两国在发展对非关系时所采用战略的差异。从实际的角度看，中国与非洲保留有常态的、高层次的交流：时任中国国家主席胡锦涛六次访问非洲；美国前总统克林顿和布什在他们各自八年任期内各访问非洲两次。时任中国国务院总理温家宝多次访问非洲，而美国前副总统切尼从未踏上非洲领土。从 1991 年以来，中国外交部长每年都访问过非洲，而美国

---

① See Shinn，p. 5.

② Ibid.，p. 6.

③ Ibid.，pp. 5-6. 希恩大使有关人文交流的调查仅限于外国人在非洲的情况。如果把非洲人在中国或美国的情况也考虑进来，很明显，在美国的非洲移民人数根本与中国的非洲移民无法相比。在经济方面，美国的非洲移民向非洲的汇款被认为占了大多数非洲国家相当比例的国内生产总值。希恩大使有关人文交流的调查没有说明这一点。

④ Ibid.，p. 4.

⑤ Ibid.，p. 3. 新闻的重点内容可以从每天的新闻报道中得知。有关美国之音的情况，see www1. voanews. com/ English/news/Africa/（主要集中于安全和政治问题；例如，本书写作时最后访问网站时的头条新闻为："摩加迪沙矿地至少八人被杀。"但不包括经济问题的新闻报道）。有关新华社的情况，参见 www. chinaview. cn/ world/africa. htm（主要关注的是经贸问题。例如，本书写作时最后一次访问该网站的主题是"阿尔及利亚国家石油天然气公司勘探到 2 个油田，发现天然气"）。

⑥ See Shinn，p. 3.

国务卿只是零星出访非洲。[①] 此外，中国经常接待来访的非洲官员，而非洲领导人却很少造访华盛顿特区。[②] 两国对待非洲的不同方式，对于经济方面的争端预防、管理和解决具有极其重要的意义："就战略而言，中美两国在发展对非关系时基本采用了相同的政治、经济、军事和文化工具。但双方对运用这些战略的着重点不同，而且它们实施政策的方式悬殊。中国在发展对非关系时表现得更为谦逊。而美国作为第二次世界大战后西方世界的老大以及冷战后唯一的超级大国，它在非洲过于傲慢与冷淡。"[③]

希恩大使认为中国在发展对非关系时展示其谦逊而不是傲慢，可能是一种投机取巧的战略方式，或者也许是儒家传统文化的产品，或者中国的这一态度完全来源于其他方面。不过至少目前，它似乎成为如今中国在非洲"生意经"的一种方法。[④]

---

① See Shinn, op. cit. , p. 4.

② Ibid.

③ Ibid.

④ 中国在全球不断增长的重要性引起了很多有关它将如何行为的猜测。特别是，人们提出这样的疑问，即中国是否会寻求效仿西方在过去几世纪的统治地位。本书不会对这些政治问题做过多的讨论。有关这些政治问题的最近的详细分析，See Martin Jacques, When China Rules the World: The Rise of the Middle Kingdom and the End of the Western World (Allen Lane, Penguin Books, 2009) pp. 417－435. 雅克讨论了 8 个主要因素，具体如下：(1) 中国是一个文明的国家，不是一个民族国家；(2) 从历史上看，中国与该地区内其他国家的关系具有附庸性质，因此可以被看作是附庸关系而非民族国家；(3) 中国对有关种族和民族问题有一独特的态度，各民族和种族在中国内部长期融合，不同于中国与外部世界的关系；(4) 中国具有不同于其他国家的众多人口；(5) 中国具有独特的政治制度；(6) 中国有大量的农村人口；(7) 共产主义陷入低潮后，中国共产党显示非凡和独特的弹性、灵活性和务实性，使中国更为强大；(8) 中国可以说同时是一个发达国家和发展中国家。在对上述几点进行评论后，雅克总结认为："不过，在可预见的未来，鉴于 1978 以来的成功，不可能有任何重大变化。关于中国作为全球性大国的最大担忧在于即其根深蒂固的优越情绪。这种情绪将如何引导和影响中国的行为及其对世界其他国家的态度仍有待观察。但很明显，一些根深蒂固的东西不会溶解或消失。如果西方的名片过去经常被认为是侵略和征服，则中国的名片将是它唯我独尊的优越感以及由此产生的等级心态。"See Martin Jacques, op. cit. , p. 432.

第四节　结语

　　无论对中非政治关系的性质和前景如何评述，已超过 1000 亿美元的中非贸易关系已占据世界贸易的极大份额。[①] 毫无疑问，中非贸易在未来将会显著增加。随着中非经贸关系越发成熟和复杂，任何主导经济关系的法律制度的滞后则将带来严重的负面影响。

　　本书接下来三个部分则对有关贸易、投资和其他商业行为中可能引起商业纠纷的法律制度进行批判性评估，并将现有法律制度与各种纠纷解决机制方法进行比较，根据中国和非洲的独特情形提出应对之策。

---

　　① 中国总理温家宝在中非合作论坛第四次部长级会议上的讲话，http://news. xinhuanet. com/english/2009－11/09/ content－12413102. htm（Nov. 10, 2009），p. 2.

第二部分

中非贸易关系的法律框架及纠纷解决机制

这一部分主要讨论调整中非贸易关系的重要法律渊源以及实施这些规则的机构。第三章从历史、理论和基础原则等几个方面进行界定，以便为随后章节中有关对现有贸易争议解决机制的评价做好准备。第四章对目前纠纷解决方式的性质进行分析，并厘清了发展中国家在参与、利用多边体系时所面临的政治、法律、经济和文化方面的障碍。第五章比较了中国和非洲国家在改变多边贸易体系中的争议解决机制方面所发挥的作用、提出的目标及建议。作者接着从中非贸易关系的角度出发，进一步分析了地区性及跨地区性的争议解决机制，并对地区性争议解决体制的优缺点进行了概括。第六章结语认为，WTO 仲裁方法是解决中非经济关系中潜在贸易纠纷的最为合适的现有替代方法，并提出了某些修改建议。

第三章

多边贸易体系及中国和非洲在其中的地位

第一节 引言

　　现在中国对非贸易几乎遍及所有的非洲国家①。在 2009 年，中非贸易额已超过 1000 亿美元。② 自 2000 年以来，中非贸易额以每年 40% 的速度增长③，与投资和其他商事交易相比，贸易是中国与非洲最大的经济活动。④ 中国目前的 GDP 大约为 5.7 万亿美元，已成为世界第二大经济体。⑤ 出口及进口分别占中国 GDP 的 35% 和 28%。⑥ 为了更好地了解这一情况，可与世界最大经济体的美国做一比较，在美

---

　　① 中国总理温家宝在中非合作论坛第四次部长级会议上的讲话，http://news. xinhuanet. com/english/2009－11/09/ content－12413102. htm〉(Nov. 10, 2009), 2。

　　② Ibid.

　　③ See Report by the African Center for Economic Transformation (ACET), Looking East: A GuIbide to Engaging China for Africa's Policy－Makers, Vol. I (October/November 2009), 4. Full report available at http://acetforafrica. org/site/ looking－east－main/.

　　④ Ibid. , Vol. 2, p. 7.

　　⑤ See International Monetary Fund, "Report for Selected Countries and Subjects", in WorldEconomic Outlook Database (2010), available at www. imf. org/external/pubs/ft/weo/2010/02/weodata/index. aspx (last visited Mar. 15, 2011).

　　⑥ See World Bank, Key Development Data and Statistics, China (2009) http://web. worldbank. org/WBSITE/ EXTERNAL/DAIASTATISTICS /0, contentMDK:20535285～menuPK:1390200～pagePK:64133150～piPK:64133175～theSitePK:239419, 00. html.

国出口和进口分别占其 GDP 的 11％ 和 15％。① 根据 WTO 的最新数据，中国是世界上第二大出口国和第三大进口国。② 2008 年，中国进出口额分别达到 1.1 万亿美元和 1.4 万亿美元，分别占世界进出口额的 6.9％ 和 8.9％。③ 这实际上意味着，中国比任何其他国家都更倚重于贸易。

只是大量罗列而不进行背景分析，可能会造成误解。当然，中国还是一个发展中国家④，人均 GDP 为 3744 美元⑤。实际上，许多非洲国家的人均 GDP 都高于中国，从 4200 美元到 14980 美元不等。⑥

虽然与亚洲、美国和欧盟相比，中非贸易额还相对较小⑦，但中非贸易关系的发展呈显著上升趋势。例如，在 2001 年到 2007 年，中

---

① See World Bank, Key Development Data and Statistics, China（2009）http://web. worldbank. org/WBSITE/EXTERNAL/DATASTATISTICS /0,，contentMDK：20535285 ～ menuPK：1390200 ～ pagePK：64133150 ～ piPK：64133175 ～ theSitePK：239419，00. html，美国部分。

② 德国是最大的出口国和第二大进口国，美国是第三大出口国和商品最大进口国. See WTO Report：International Trade Statistics（2009）：12，available at www. wto. org/english/res＿e/statis＿e/its2009＿e/its2009＿e. pdf.

③ Ibid.，pp. 12-13. 德国排名第一，它的出口额为 1.4 万亿美元，进口额为 1.2 万亿美元，占世界出口额 9.1％和进口额的 7.3％。美国的出口额和进口额分别是 1.2 万亿美元和 2.1 万亿美元，占世界出口额 8％，进口额的 13％。

④ 中国驻欧盟大使在 2009 年中欧战略对话论坛上做了一个有趣的比较。在提到中国过去多年来取得的巨大经济进步后，他在演讲结束时动情地指出：中国还有 1000 多万人生活在贫困线以下，相当于比利时全国人口数量。他还指出，四川地震使 1500 万人流离失所，重新安置这些人口，相当于给荷兰每个家庭重新安置一个新家。为了与目前的发展速度保持同步，中国必须每年创造 3000 万个工作，相当于英国整个国家的劳动力。参见 2009 年 5 月 19 日中国驻欧盟使团团长宋哲在 "中欧战略对话" 上发表的讲话，www. fmprc. gov. cn/eng/wjb/zwjg/zwjg/zwbd/t563352. htm.

⑤ See World Bank Development Data Indicators，available at http：//data. worldbank. org/data－catalog/world－devel opment－indicators（last visited Mar. 16，2011）.

⑥ 这些国家是：赤道几内亚，14980 美元；利比亚，11590 美元；塞舌尔，10290 美元；加蓬 7240 美元；博茨瓦纳，6970 美元；毛里求斯，6970 美元；南非，5820 美元；安哥拉，4260 美元；纳米比亚，4200 美元. See World Bank Development Data Indicators，Jul. 1，2009，available at http：//siteresources. worldbank. org/DATASTATISTICS/Resources/GNIPC. pdf.

⑦ 中国最大的贸易伙伴是亚洲，为总贸易额的 53％。紧随其后的是美国，为总贸易额的 13.8％，其次分别为欧洲，12.6％；中东，5.6％；非洲，3.8％。See "WTO Trade Policy Review：China"，WT/TPR/S/199（May 7，2008）.

非贸易增长了 7 倍。① 非洲对中国的出口主要为石油、天然气、矿产，而从中国进口的主要为加工产品。中国 30％以上的石油需求是从非洲进口的。② 非洲对中国出口的矿产也在不断上升。2000—2008 年，非洲矿产出口数量惊人，增加了 50 倍。③ 非洲从中国的进口偏重于制造产品。根据设在日内瓦的国际贸易中心的统计，制造产品占了非洲自中国进口商品的 86.3％。④ 非洲从中国进口的制造产品包括机械、交通设备、鞋类、塑料产品、纺织品和衣服。⑤

　　在论述中非贸易关系的性质和规模这一背景后，本章将对中国和大多数非洲国家所属的多边贸易体系下的现有法律框架的理论和基本原则进行分析。首先，对现有多边贸易体系的历史发展做一简单回顾，接着分析了调整世界贸易体系的法律渊源，最后对 WTO 纠纷解决机制进行概括，这一机制从理论上对中国及大多数非洲国家有约束力。这些详细分析旨在作为评价这一争议解决机制适当性以及随后章节中评估其他可替代的争议解决机制的基础。

---

　　① See ACET, Looking East, supra note 3, at Vol. Ⅱ, 11 (using calculations based on WTO 2006 and 2008 data). 欧盟与非洲的贸易额占了非洲贸易额的 40％，仍是非洲最大的贸易伙伴，其次是美国为 14％，Ibid. citing IMF 2009 data. 中国几乎和大多数非洲国家有贸易往来；然而中国与非洲贸易的大约 59％是与 5 个非洲国家进行的：安哥拉、南非、苏丹、尼日利亚和埃及。See Ibid, at 12. citing Trade Law Centre for Southern Africa："Africa—China trading Relationship—Update 2009." 在进口方面，中国从非洲约 75％的进口来自非洲 10 个国家：南非、尼日利亚、埃及、阿尔及利亚、摩洛哥、贝宁、苏丹、安哥拉、加纳、利比亚。Ibid. p. 13。

　　② Ibid., p. 13., citing P. Carmody & I. Taylor, Flexigemony and Force in China's Geo—economic Strategy in Africa：Sudan and Zambia Compared, ⅢS Discussion Paper number 227, given at the Institute for International Integration Studies, Trinity College (Dublin, 2009).

　　③ See ACET, Looking East, supra note 3, at Vol. Ⅱ, 13 (using calculations based on Trade Law Centre for Southern Africa [tralac] 2009's calculations).

　　④ Ibid., p. 15, Figure 1. 7.

　　⑤ Ibid., p. 16, Figure 1. 8.

第二节 调整贸易关系的法律框架及一般贸易纠纷的 解决

自由贸易也许"不再是完美无瑕的观点"[①]，但一些跨国贸易的形式一直存在，尽管理论上和经济上的理由有所改变。[②] 促进或抵制跨国贸易的规则和制度此消彼长。尽管如此，总的来说，过去几十年，商业往来和经济融合一直十分显著。今天，人员、资本和商品的跨境流动，服务和技术跨境转移的影响无处不在。中非贸易关系也必须在这个复杂的全球贸易环境下加以理解。

一 多边贸易体系的背景以及中非在其中的地位

1947 年，第二次世界大战的后果之一是"布雷顿森林体系"的建

[①] P. Krugman, "Is Free Trade Passe'?", Journal of Economic Perspectives 131 (1987), 131, reproduced in Paul B. Stephan, Julie A. Roin & Don Wallace, Jr., International Business and Economics Law and Policy, 3rd ed. (LexisNexis, 2004), 15. WTO 总干事拉米（Pascal Ramy）认为，尽管有一些相反的非常有说服力的论点，包括克鲁格曼（Krugman）的观点，但"比较优势原则"或更为普遍的说法"贸易互惠互利原则"在 21 世纪仍然有效。他引用了巴格瓦蒂（Bhagwati）、潘娜古里亚（Panaguriya）和斯里尼瓦桑（Srinivasan）的著述来支持自己的观点。See Pascal Lamy, "Facts and Fiction in International Trade Economics", www.wto.org/english/news_e/sppl_e/sppl152_e.htm（Apr. 12, 2010）.

[②] 要指明跨国贸易的起源可能是困难的，但斯蒂芬（Stephan）教授和其他人指出，有证据支持早在圣经时期就有有关贸易的"比较优势理论"。*See International Business and Economic Law*, 3rd ed. (lexisNexis, 2004) p. 1, citing Peter Temin, Mediterranean Trade in Biblical Times. MIT Working Paper（Mar 12, 2003）. 塞缪尔森（Paul Samuelson）很好地解释了李嘉图的理论作为自由贸易的基础："对于自由贸易或更为自由的贸易本质上只有一个观点，但是一个非常强有力的观点，即：自由贸易能够使劳动力部门相互受益，极大地促进各国国内生产潜力，使世界各地的人们过上更高标准的生活成为可能。"Economics, 10th ed.（1976）, p. 692.

立①以及《关贸总协定》（GATT）②的采纳，这为当代经济秩序③奠
定了基础。尽管这些规则和协议便利了西方大部分国家的贸易活动④，
但"冷战"阻碍了部分东欧、亚洲、拉丁美洲⑤和大部分受殖民统治
限制的非洲的参与⑥。

　　基于互惠原则⑦，GATT 在一开始就声称平等对待发展中国家和
发达国家⑧。然而，发展中国家对此却极为不满⑨，并持续要求改变，

———————————

　　① 一起称为布雷顿森林体系。国际货币基金组织及被称为世界银行的国际复兴开发银
行和国际开发协会（一般叫世界银行）成立于 1944 年。国际货币基金组织的建立是为了监管
各国货币和汇率，有关国际货币基金组织的历史，See www. imf. org/external/about/hist-
coop. htm；世界银行主要负责战后重建工作，世界银行的历史和机构，see http：//
wed. worldbank. org/WBSLTE/EXTERNAL/EXTABOUTUS/0，page：PK50004410～piPK：3660
2～theSitePK：29708，00. html.

　　② General Agreement on Tariffs and Trade, 55 UNTS 194（Oct. 30，1947）.

　　③ A. F. Lowenfeld，International Economic Law，2nd ed.（Oxford University Press，
2008），pp. 23—28.

　　④ "西方世界"一词可能有许多含义；然而这里用到的是它的最通常的含义，包括欧
洲、北美和澳大利亚的文化、领土和人民。

　　⑤ See Daniel C. K. Chow & Thomas J. Schoenbaum，International Business Transac-
tions，Problems，Cases，and Materials（Aspen Publishers，2005），p. 16.

　　⑥ F. Ismail，"Rediscovering the Role of Developing Countries in GATT Before the
Doha Round"，Law & Development Review，no. 1，Art. 4（2008），p. 55，citing R. Hudec，
The GATT Legal System and the World Trade Diplomacy，2nd ed.（1990）.

　　⑦ 这个概念的重要之处是非歧视原则，它规定在 GATT 第 1 条。它通常被表述为最
惠国待遇（MFN）。互惠原则与 1947 年 GATT 第 3 条第 1 款规定的国民待遇原则一起创建
了有利于发达国家的世界经济秩序。See Philippe Cutler，"Differential Treatment in Interna-
tional Law"，Environmental Law（2003），60，cited in Carmen Gonzalez，"China in Latin
America：Law，Economics，and Sustainable Development"，Environmental Law Reporter
40（February 2010），10179.

　　⑧ Robert E. Hudec，"GATT or GABB？The Future Design of the General Agreement
on Tariffs and Trade"，Yale Law Journal 80（1971），1347. For an overview of the GATT
system，see Robert E. Hudec，Enforcing International Trade Law：The Evolution of the
Modern GATT Legal System（Lexis Law Pub. ，1993）.

　　⑨ 战后经济秩序对发展中国家的影响是由美国主导造成的；这仍然是一个极大的争议
焦点。有许多文献提供了不同的视角。其中强调的不平等的一些文献资料包括：The Crisis
of Global Capitalism（1998）；Jeremy Brecher & Tim Costello，Global Village or Global Pil-
lage-Economic Reconstruction from Bottom Up，2nd ed.（1998）；and Dani Rodrik，Has
Globalization Gone Too Far？（1997）；相反观点的文献，see Raj Bhala，Trade，Develop-
ment and Social Justice（Carolina Academic Press，2003）.

结果是 GATT 在其成立后的数十年历经多次修正。① 这些修正包括免除优质企业的一些义务，以保护它们的利益，并要求发达国家扩大它们的市场。② 然而，很遗憾，没有一项修正达到了发展中国家的预期目标。这些修正所罗列的义务要么不具有约束力，要么旨在防止发展中国家获得对其有利的产品。③

1995 年，世界贸易组织（WTO）取代了 GATT。④ 尽管经过多方努力，WTO 还是没能成功补救发展中国家所遭受的不公平待遇。⑤ 例如，发达国家针对农产品进口设立了诸多障碍，并且扩大了国内农业补贴。据估计，这些障碍和补贴使得发展中国家每年损失 350 亿美元。⑥

正当西欧和北美的发达国家扩大它们的国内农业补贴和强化进口壁垒之时，世界银行和国际货币基金组织开始实行它们臭名昭著的结构调整计划，几乎是强迫发展中国家向国外竞争者开放它们的市场。⑦ 由此日积月累的结果导致发展中国家的经济萎靡不振。这种令人失望

---

① 有关乌拉圭回合提供给发展中国家的特殊待遇的分析，Alice Alexander Kipel's, "Special and Differential Treatment for Developing Countries", in Terence P. Stewart （ed.）The World Trade Organization （1996），pp. 617—694.

② Ismail，supra note 26，pp. 59—67，cited in Gonzalez，supra note 27，p. 10179.

③ Youn-Shik Lee，Reclaiming Development in the World Trading System （2006），at 107—110，cited in Gonzalez，supra note 27，p. 10179. These products include agricultural and textile products.

④ WTO 的历史和职责，See www. wto. org/english/thewto _ e/whatis _ e/wto _ dg _ stat _ e. htm。

⑤ Frank J. Garcia，"Beyond Special and Differential Treatment"，Boston College International and Comparative Law Review 27 （2004），at 297，cited in Gonzalez，supra note 27 p. 10179.

⑥ "World Trade Talks Near Collapse Over Farm SubsIbidies," Financial Times （Oct. 19，1990），at 1，cited in Gonzalez supra note 27，p. 10179；GATT/WTO 商品市场准入包括农业产品准入的规则十分复杂。有关农产品法律制度的全面分析，see generally Melaku Geboya Desta，The Law of International Trade in Agricultural Products （Kluwer Law International，2002）.

⑦ Garcia，supra note 34，p. 298；Lee，supra note 32，pp. 41 — 42，both cited in Gonzalez，supra note 27.

的结果，促使 WTO 部长开启了多哈回合谈判。[1] 在本书仍在写作之时，多哈回合的命运仍是变化叵测。[2]

后冷战时期的世界经济秩序对中国和非洲的经济发展并没有起到相同的作用。国际货币基金组织和世界银行的新自由主义理论，也被叫作华盛顿共识，被认为是造成发展中国家后殖民经济困境[3]的罪魁祸首。在后殖民经济时期，非洲贫困[4]日益加剧，直至 90 年代才有所好转。[5]

中国则有着不同的历程。中国的经济改革吸引了世界。中国没有听从华盛顿共识的安排，而是选择按自己的路实施改革，没有一味地依赖布雷顿森林体系所建立的机制。[6] 中国经济持续保持着平均9.5％的增长率，使 6 亿人在 30 年内实现脱贫。[7] 中国目前是世界第

---

① Gonzalez, supra note 27, citing WTO Ministerial Declaration of Nov. 14, 2001, para. 44, WT/MIN (01) /DEC/1, 41 ILM. 746 (2002).

② See Stephan Castle & Mark Landler, "After 7 Years, Talks Collapse on World Trade", NY Times, Jul. 30, 2008 at www. nytimes. com/2008/07/30/business/worldbusiness/30trade. html? _ r? 1. 农业补贴和市场准入仍是最有争议的问题, See Carmen G. Gonzalez, "Deconstructing the Mythology of Free Trade: Critical Reflections on Comparative Advantage", Berkeley La Raza Law Journal 17 (2006), p. 69.

③ See Gonzalez, supra note 27, at 10172—10174. For a more comprehensive assessment of this argument, see also Tayyab Mahmud, "Is It Greek or de'ja` vu Again?: Neoliberalism, and Winners and Losers of the International Debt Crisis", forthcoming in Loyola University of Chicago Law Journal, Vol. 42 (2011), available at http: //ssrn. com/abstract ? 1717949.

④ See Thomas R. SnIbider & Won KIbidane, "Combating Corruption Through International Law in Africa: A Comparative Analysis", Cornell International Law Journal 40, No. 1 (2007), p. 692.

⑤ See blog by the World Bank's chief economist for Africa, Shanta Devarajan, "Africa and the Millennium Development Goals", (Mar. 10, 2010) available at http: // blogs. worldbank. org/africacan/node/1855.

⑥ See Gonzalez, supra note 27, citing Dani Rodrik, One Economics, Many Recipes: Globalization, Institutions, and Economic Growth (2007), p. 2.

⑦ See Justin Yifu Lin, "China's Miracle Demystified", at http: //blogs. worldbank. org/africacan/china－s－miracle－demys tified, Mar. 3, 2010 (林毅夫先生是世界银行的首席经济学家和副行长)。6 亿人相当于中国总人口的 65％。中国 12 亿人口中还有 1000 万人生活在贫困线以下。见宋哲大使演讲。

二大经济大国，正力图在 2015 年实现千年发展目标（MDGs）。① 尽管 2009—2010 年发生的经济危机使非洲经济增长率从 90 年代中期的 5％下降到了 2009 年的 1.7％，但据世界银行估计，大多数非洲国家将会在 2015 年后不久实现千年发展目标。②

中国经济的巨大成功不再是头条新闻，而非洲的情况另当别论。世界银行首席非洲经济学家德瓦拉杰（Shanta Devarajan）总结了华盛顿共识后期非洲经济发展的原因，并对它的持续发展给予了乐观的评价：

> 近年来，越来越多的非洲国家开始显露出卓越的经济活力。从莫桑比克令人赞叹的增长率（过去十年平均 8％的增长率）到肯尼亚作为全球重要花卉供应商的出现，从 M-pesa 的移动手机现金转账业务到 Kickstart 为小型农场主的提供的低廉灌溉科技，从卢旺达的大猩猩旅游到拉哥斯的城市快速公交运输系统，非洲正面临一场激动人心的变革。在其他各个方面，更强有力的领导、更良好的治理、不断完善的商业环境、创新、以市场为基础的解决方法、更多的公民参与以及不断增长的对本土解决方案的信任，无不在推动着这一令人欣喜的趋势。非洲人民正越来越多地推动非洲的发展。③

世界银行首席经济学家、世界银行副行长林毅夫先生对中国特色经济的增长和表现的原因做出了如下解释："作为一个 1949 年才进入

---

① See Gonzalez, supra note 27, citing Dani Rodrik, One Economics, Many Recipes: Globalization, Institutions, and Economic Growth (2007).

② See Shanta Devarajan, "Africa and the Millennium Development Goals", at http://blogs.worldbank.org/africacan/ node/1855 (Mar. 10, 2010).

③ See Shanta Devarajan, "African Successes", at http://blogs.worldbank.org/africacan/africansuccesses (Sep. 17, 2009). For a comprehensive review of Africa's economic growth and challenges, see "Economic Commission for Africa (ECA): Economic Report on Africa 2010" (2010) available on the official website of the ECA at www.uneca.org/eca_resources/Publications/books/era2010/index.htm.

现代化进程的迟来者，中国也有落后的优势。为求创新，中国没有必要通过研发去推动科技或工业。它可以以较低的风险和成本从先进发达国家引入科技、工业和制度。东亚经济，包括日本和亚洲四小龙以及中国在 1979 年过渡期之后，都利用了这个优势。"①

　　林先生注意到在 18 世纪以前，西方人均收入年平均增长率大约是 0.05％。这一数据表明，西欧最初大约用了 1400 年才使人均收入翻倍②，直至工业革命才迅速改变了这种趋势③。中国不断自主创新，迅速发展，为进入科技时代和为经济政策的成功发展做出了巨大的贡献。④

　　林先生对中国成功经验的描述和德瓦拉杰对近年非洲经验的总结显示出两个共同点：（1）引进的科学技术和生产方法的采用；（2）本土解决方式的运用。接下来的部分将对它们使用的程度以及在争议解决中能够在多大程度上利用这些原则进行评述。

二　传统和非传统贸易法的渊源以及贸易争端解决

　　大多数国际贸易法方面的学术著作都是以论述 GATT 或者 WTO 机制为开始终的，因为世界贸易的核心部分就是伴随着这个机制发展起来的。然而，跨境贸易再也不能说仅仅只受传统国际公法的调整了。因此，这本书主要是概述 GATT 或者 WTO 体系，但同时也仔细分析了各种非传统的国际法渊源，包括"软法"，因为它是中非贸易和其他各国关系的重要法律来源。⑤ 正是由于这个原因，在本书内对各种不同的法律渊源进行简单的基础性分析显得尤为重要。

　　近十年来，法律规则和贸易结构都经历了重大变革。然而，任何

---

　　① See Justin Yifu Lin, "China's Miracle Demystified", (Mar. 3, 2010) at http：// blogs. worldbank. org/africacan/ china－s－miracle－demystified.

　　② Ibid.

　　③ Ibid.

　　④ Ibid.

　　⑤ 对软法性质的分析，见后文。

有关法律渊源的探讨仍然不得不以国际法渊源这个传统的概念为开端。《国际法院（ICJ）规约》第38条列举了得到最为广泛认可的国际法渊源："法院对于陈诉各项争端，应依国际法裁判之，裁判时应适用：（a）不论普通或特别国际协约，确立诉讼当事国明白承认之规条。（b）国际习惯，作为通例之证明而经接受为法律。（c）一般法律原则为文明各国所承认者。（d）……司法判例及各国权威最高之公法学家学说，作为确定法律原则之补助资料。"[1]

这种国际法的基础结合了"硬法"和"软法"，而二者的区分取决于何种渊源具有约束力。[2]《布莱克法律词典》将"软法"定义为"总体上既无严格约束力也并非完全没有法律意义的规则"。[3] 传统国际法的两种来源——条约和习惯，是"硬法"，是具有约束力的渊源；国际法的其他来源，例如司法判例和公认的法律原则，因法院的不同而被确定为具有约束力或不具有约束力。甚至当非传统的国际法渊源并没有严格的约束力时，它仍然拥有法律意义。例如，先例尽管没有约束力，但WTO的上诉机构、国际法院和其他国际性法庭将其作为

---

① Statute of the International Court of Justice（ICJ），3 Bevans 1179；59 Stat. 1031；T. S. 993；39 AJIL Supp. 215（1945）at Art. 38. Also available at www. icj－cij. org/documents/index. php? p1? 4&p2? 2&p3? 0；《美国对外关系法重述（第三次）》更为详尽地阐述了该原则：（1）国际法的规则应当是被国际社会以（a）习惯法的形式；（b）根据国际协议；或（c）根据来自世界主要法律体系共同的法律原则所接受的规则；（2）国际习惯法是由国家一般的惯常的实践以及随之产生的法律义务中产生的；（3）国际协议为协议当事国创设了法律，当此类协议旨在为所有国家普遍遵守且实际上已被广泛接受时，就可能产生国际习惯法；（4）大多数法律体系的一般共同规则，即使没有被纳入或者反映在习惯法或者国际协议中，在适当情况下，仍可以作为国际法的补充规则援用。American Law Institute，Restatement（Third）of Foreign Relations Law，s. 102.（2009）.

② 谢弗（Gregory C. Shaffer）教授和波拉克（Mark A. Pollack）教授将现有的有关硬法和软法的社会科学和法律文献分为三类：法律实证主义、法律理性主义和法律解释主义。实证主义用简单的短语表达了二者的区别：有约束力和不具有约束力。因此，软法不是法。法律理性主义从实用的角度出发，认为国家适用这些不同形式的法律取决于不同情况，并把它们视为在某些情况下是互为补充的。法律解释主义者更偏向于软法规则，因为它们能够产生共同准则和共同目的，并且对它们的识别不会产生引起诉讼的压力。Gregory C. Shaffer & Mark A. Pollack，"Hard Law vs. Soft Law：Alternatives，Complements，and Antagonists in International Governance"，Minnesota Law Review 94（2010），pp. 707-708.

③ Black's Law Dictionary，8th ed.（2004）.

具有说服力的渊源而援用。① 虽然遵循先例原则②在这几种情形下都不适用，但也不能就此断定先例是被完全置之不理的。相反，先例可以作为"软法"意义中的裁判规则而适用。其他"软法"的例子包括决议、联合声明、谅解备忘录、指南、政策文件、行动方案、专家报告和行为准则。③

贸易的迅速发展和世界的日益相互依赖，使得有约束力的国际法太过冗杂，以至于不能很好地制定和实施。④ 条约和习惯⑤仍然是国际法最可靠的来源；然而，它们却需要太多的时间进行强化。有时它们刚生效就面临着过时的风险。⑥ 此外，条约和习惯主要调整的是国家和国际组织如贸易关系中的传统参与者的行为。今天，跨国交往的规则不断受到诸如非洲政府组织、跨国公司、公私合营（PPPs）等非传统参与者的影响。⑦ 不论是传统还是非传统参与者，它们都是在更

---

① 有关 WTO 上诉机构决定的法律意义的权威文献，Melaku G. Desta, The law of International Trade in Agricultural Products（Kluwer Law International，2002），pp. 141-142, n. 181（最终结果可能是所采纳的报告并不是具有约束力的先例，并因此不能束缚随后的专家小组；它们既不能增加也不能减少相关协议所规定的权利和义务。尽管如此，专家小组应当将它们考虑在内。所采纳的报告拥有很强的说服力，可以被认为是没有约束力的先例的一种形式。），quoting D. Palmeter & P. MavroIbidis, The WTO Legal System: Sources of Law, 92 American Journal of International Law, No. 3 (1998), pp. 400-401.

② Stare decisis 是拉丁语，意为"遵循先例。"Black's Law Dictionary, supra note 54.《布莱克法律词典》对此所做的界定是"同一法院在以前判决中的法律原则对以后同类案件有约束力"。它更进一步解释道："该原则可简述为当有管辖权的法院已对法律观点或原则作出正式的决定或确立后，同一法院或遵循其判决的其他法院就不得对这些原则进行再次审查或作出新的裁定，除非存在紧急理由或例外情形。"Ibid, citing William M. Lile et al., Brief Making and the Use of Law Books, 3rd ed. (1914), p. 321.

③ See Black's Law Dictionary, supra note 54. See Jeffry L. Dunoff, Steven R. Ratner & DavIbid Wippman, International Law Norms, Actors, Processes: A Problem Oriented Approach (Aspen, 2006), p. 94.

④ See Dunoff et al., International Law Norms, supra note 57, pp. 91-92.

⑤ "国际习惯法发展缓慢而不稳定，没有系统的飞跃性的发展。被请求决定国际法问题的国内法院必须以不准确的方式和不确定的材料来推动国际习惯法的发展，它们必须考虑世界范围内的发展进程以及外国法院所处理的相关诉讼或决定。"See Restatement (Third) of Foreign Relations Law, supra note 52, at "Introductory Note : Custom and International Agreement".

⑥ Dunoff et al., International Law Norms, supra note 57, p. 93.

⑦ Ibid.

为广泛的国际和国内规则内进行经常性的交往，这些规则可能是"硬法"或"软法"。

一些批评家对"软法"不屑一顾，认为其具有太大的不确定性，很难让人信服。① "软法"的支持者则消除了这些质疑，他们反驳道："有约束力和无约束力之间的界限比人们所预想的还要难以描述清楚，并且这种区分是毫无疑义的。"② 更重要的是，条约中通常包含模糊不清的语言，许多条约并没有遵循任何有意义的生效机制。相反，"软法"通常包含精确的语言，并且这些语言具有很强的刺激作用，在一些情况下这是一种由来已久的顺从机制。③ 国际法有效的关键在于精确的授权、可确定的权威机构以及有效的实施方式和执行机制。然而，规则、义务、实施④这三个决定性的组成因素，并不总倾向使用有约束力的条约。⑤

"软法"的强烈批评者克莱勃斯（Jan Klabbers）声称："二元法能够很好地处理各种各样的细微差别和敏感之处；这种二元机制的存在，能够或多或少使法律变得具体、严密、确定、严肃、深远，但是唯独约束力是二者不能同时拥有的。"⑥ 对此，作为回应，"软法"的支持者杜诺夫（Dunoff）、拉特纳（Ratner）和魏普曼（Wippman）

---

① See Dunoff et al. , op. cit. , p. 94. 更多批评，See Jan Klabbers, "The Redundancy of Soft Law", Nordic Journal of International Law 65（1996），p. 181；更多的有关相同方法的建议，See Jan Klabbers, "The Undesirability of Soft Law", Nordic Journal of International Law 67 (1998), p. 381.

② See Dunoff et al. , *International Law Norms*, supra note 57, p. 93.

③ Ibid. , p. 94.

④ Kenneth W. abbott et al. , "The Concept of legalization, 54 International Organizations", (2000), 401 in Gregory C. Shaffer & Mark A. Pollack's, "Hard Law vs. Soft Law: Alternatives, Complements, and Antagonists in International Governance", Minnesota Law Review 94 (2010), p. 714.

⑤ Ibid. , pp. 94-95. citing Steven Ratner, "Does International Law Matter in Preventing Ethnic Conflict?" New York University Journal of International Law and Policy (2000), p. 613.

⑥ Jan Klabbers, "The Redundancy of Soft Law" and "The Undesirability of Soft Law", supra note 62, p. 181and 381, respectively.

强调："实际上，西方社会给予法律和法律制裁的优先性并非放之四海而皆准，具有其他文化的社会有的乐于采用非约束力的社会治理形式。"①

由于这本书主要讲述文化层面，因此，有必要更加深入的探讨"软法"这个概念。"软法"在东方和非洲的法律传统中意义更深。例如，在商业往来的正式契约中主要靠自然的约束力，麦克诺菲（Philip McConnaugay）院长在 20 世纪 90 年代作为美国法学派的主要代表，在日本常驻达 10 年之久，他意识到尽管在商业往来中采用西方法律已达数年，"西方法律传统和价值观并没有深入地渗透到东方世界来。尽管日本运用西方民法的实践经验已经超过一百年，但事实是那些早就存在的、达数个世纪之久的相关实践在日本人的商业关系和其他方面的关系中仍然扮演着意义重大的角色"②。他还意识到这种不一致在中国和其他东方国家中表现得尤为明显，近来这些国家都试图"移植西方式的法律"。③ 他说"亚洲所出现的这种法律制度和商业行为的相背离是可以理解的"，并对这种现象提供了一个很有说服力的解释，即**"对于亚洲商事关系的维护和实施，法律传统上不是重要的因素，在亚洲商事领域中，法律的制定和适用相对较晚，基本上是外部强加的，是作为同西方商事往来的条件，因此，西方商贸中法和契约起决定作用的观点并没有给亚洲人的态度和观念带来巨大变化"**。④

非洲一位享誉盛名的当代哲学家塔伊沃（Olufemi Taiwo）教授对非洲的情况也提出过相似的观点。例如，他曾经写道，英国的法律制度被许多非洲国家接受，在英国，法律制度"是在从封建主义走向资本主义、从中世纪走向现代的划时代社会转型运动作为众多因素中

---

① 　Dunoff et al., *International Law Norms*, supra note 57, p. 96 (emphasis added).

② 　See e. g., Philip J. McConnaughay, "Rethinking the Role of Law and Contracts in East-West Commercial Relationships", 41 Virginia Journal of International Law 427 (2001), p. 431 (emphasis added).

③ 　Ibid.

④ 　Ibid. 黑体部分为强调而加。

的一个独立因素而出现的"①。在他看来，这种社会转型的影响是多方面的，包括思想、经济、政治、法律、宗教以及社会等方面。② 更为重要的是，他注意到"法律制度并非孤立于其他因素而出现，尽管它们并非同时发展。法律制度的胜利是无所不包的生活方式胜利的一部分。因此，**法律制度扎根于社会中**，并根据情况对社会成员的行为进行规范、指导或惩罚"③。不仅如此，他继续写道："法律制度的基本的假定与生活的其他领域是共存的，并且被社会中所有各式各样的领域所共享。"④ 他总结说："上述分析在非洲社会是不存在的……因为……在非洲，法律制度并不是作为综合社会转型项目一部分引进来的。它并不是相互关联的有机社会系统的自然产物，当地人也没有采取任何努力进行成功移植。"⑤

在大多数非洲国家，殖民政权保留了双重法律体制——一方面实行习惯法或本土法，另一方面实行欧洲式的法律。⑥ 康奈尔法学院的恩杜鲁（Muna Ndulo）教授写道："事实上，在大多数独立前的非洲地区，非洲人从未在本土法庭或习惯法庭以外的其他法院进行过诉讼，无论是一审还是上诉（刑事程序除外）。"⑦ 从这个意义上不难看出，后殖民时期非洲对西方法律和契约概念的采纳显得多么牵强。这一点还会在本书第三部分和第四部分有关投资法和商事关系的论述中做详尽说明。通过麦克诺菲院长有关西方法律文化在东方社会的肤浅渗透的评论、塔伊沃教授和恩杜鲁教授有关西方法律在非洲社会遭受的同样命运的论述，此

---

① Olufeme Taiwo, How Colonialism Preempted Medernnity in Africa, Indian University Press, 2010, p. 168.

② Ibid.

③ Ibid.（黑体部分是为强调而加）。

④ Ibid.

⑤ Ibid., p. 169.

⑥ Ibid., pp. 157-201.

⑦ See Muna Ndulo, "Ascertainment of Customary Law: Problems and Perspectives with Special Reference to Zambia", in Alison Dundes Renteln & Alan Dundes (eds.), Folk Law: Essays in the Theory and Practice of Lex Non Scripta, vol. I (University Wisconsin Press, 1994), p. 340.

处足以说明，它们都支持了杜诺夫教授、拉特纳教授和魏普曼教授提出的观点，即西方有关法律渊源的观念缺乏普遍的共识。

这也表明"软法"作为中非关系的法律渊源，可能比在西方所起的作用意义更重大。文化背景起着本质的作用，因为"软法"在中非经济关系的法律结构中占统治地位。正如上述所表述的那样，多边的、区域性的双边条约以及国际习惯法被归类为"硬法"。声明、谅解备忘录、行动计划以及行为准则被认为是"软法"。[①] 接下来将重点论述"硬法"的渊源。随后的章节将介绍中非贸易关系中各种"软法"的渊源。

三　多边贸易体系的争端解决机制概述

GATT（关贸总协定）和 WTO（世界贸易组织）是当今世界贸易领域内最重要的法律机构。尤其是除 5 个非洲国家外，其他非洲国家都是 WTO 的成员国，而在这 5 个非洲国家中有 3 个国家正在加入过程中。[②] 在这一部分的接下来几个章节中，将介绍 GATT 和 WTO 的发展历程，接着详细论述其争端解决机制，以便为评价中非背景下的现有体制提供基础。

（一）GATT 和 WTO 机制概述

今天，"国际贸易法可被描述成第二次世界大战的产物，更准确地说，是战后世界的联合规划者的一剂良药"[③]。歧视性的经济安排、

---

　① 一些人将国际法院的裁决归于这类。See Andrew T. Guzman & Timothy L. Meyer, "International Common Law of International Tribunals", Chicago Journal of International Law 9（2009），p. 516.

　② 事实上，中国和非洲大多数国家都曾在 1994 年签署文件加入 GATT。1994 年有 128 个国家签署了加入 GATT 的文件，详情访问 www. wto. org/english/thewto _ e/gattmem _ e. htm；WTO 目前有 153 个成员。中国和除厄立特里亚、索马里、埃塞俄比亚、利比亚和苏丹以外的其他所有的非洲国家目前都是 WTO 的成员国。See "Understanding the WTO: The Organization", www. wto. org/english/thewto _ e/whatis _ e/tif _ e/org6 _ e. htm（April 2010）. 后面三个国家目前具有观察员地位，本书写作时，它们正在协商加入事宜。See www. wto. org/english/thewto _ e/acc _ e/cbt _ course _ e/clslpl _ e. htm # txtl.

　③ Lowenfeld, *International Economic Law*, p. 23（emphasis added）.

数量限制、高额关税、单边主义和双边主义被认为应为跨越两次世界大战的全球经济危机负责。这样，对贸易进行规制就被认为是战后规划的必要组成部分。① 随后的有关准备工作和对贸易的规制，都起源于明确的"非歧视性原则这一概念，即普遍适用的最惠国待遇制度、数量限制的禁止以及减少贸易壁垒和开放市场的承诺"②. 更为实际的是，此种观念表明"贸易……将主要由私人公司而非国家企业进行；政府干预将受制于旨在限制干预货物流通的行为规范"③。因此，自从第二次世界大战以来，"这些观念已经成为国际贸易法的本质前提条件"。④ 进一步的分析将表明，建立此类观念基础上的规则是否对中非贸易可行。就目前而言，只需注意到这些基本观念，以支持下面有关多边贸易体制及其对中非贸易的影响的讨论就足够了。

最初，"GATT 的产生几乎纯属意外"⑤。美国在第二次世界大战后召开的国际贸易与就业会议上首先提出这个想法⑥。这个提议有两个目标：（1）减少政府对贸易的限制；（2）创建一个国际贸易组织。第一个目标所设想的主要原则包括最惠国待遇、配额、补贴以及对私自限制贸易的禁止等。第二个目标所设想的功能包括行为准则的实施、争端解决及其他行政机构的运行等。⑦

在会议开始前，美国邀请了下列 15 个国家参与贸易协商：英国、

---

① See Lowenfeld, op. cit. , pp. 23-24.

② Ibid. , p. 24.

③ Ibid. , p. 25.

④ Ibid. , 洛温费尔德（Lowenfeld）教授注意到在当代贸易体系的早期形成阶段，美国和英国的观点有所不同。他引证了罗斯福总统和丘吉尔首相共同签署的《大西洋宪章》的下列规定进行说明："当事国要在尊重它们现有的义务下，努力促使所有国家，不分大小，不分战胜者或战败者，都有机会在同等条件下，为了实现它们经济的繁荣，参加世界贸易和获得世界的原料。"罗斯福总统建议将"尊重它们现有的义务"和"非歧视并且一律平等"换掉，但遭到丘吉尔的拒绝。洛温费尔德教授认为丘吉尔是为了英国的优先利益着想。Ibid. , p. 24. n. 1.

⑤ Lowenfeld，*International Economic Law*，p. 25.

⑥ Ibid.

⑦ Ibid. , pp. 25-26.

苏联、荷兰、法国、中国、加拿大、澳大利亚、新西兰、比利时、卢森堡、捷克斯洛伐克、巴西、南非和古巴。① 在 1946 年早期，联合国经社理事会（SCOSOC）进一步推动这一动议，并于 1947 年 11 月在古巴哈瓦那召开了一次会议。② 由美国邀请的最初的一些国家和后来的 8 个国家继续进行一对一的进出口关税减让的谈判③。这些国家举行了 1000 次关税谈判，涉及约 50000 种商品。从采用的手段看，所有这些关税减让谈判都是面对面、一对一在同一个房间几乎同时进行的，这一做法延续至今。④ 在最惠国待遇原则下，每一项减让都要在《关贸总协定》上登记，由此便产生了 GATT。GATT 于 1948 年 1 月 1 日临时生效。⑤

与此同时，1947 年 11 月在哈瓦那举行的贸易会议也通过了一项建立国际贸易组织（ITO）的方案。尽管截至 1948 年 3 月 24 日有 53 个国家签署了该方案，但它一直未生效，主要是因为美国代表不顾其他国家为之付出的努力拒绝签署。⑥ 1947 年的 GATT 包含了一系列旨在延缓国内立法批准程序的临时协议⑦，它成为调整国际贸易特别是在西方国家的主要法律体系，直至 1995 年世界贸易组织的成立。⑧

必须承认，GATT 几乎完全受到包括美国在内的国内批准问题的

---

① Lowenfeld, op. cit., p. 26, n. 9. 除苏联外，所有的国家都接受了邀请。应注意的是，当时大多数非洲国家仍处在殖民统治之下，南非仍在实行种族隔离制度。

② Ibid.

③ Ibid. 在多哈回合之前一共举行了 8 个不同的回合会谈：第一回合是 1947 年，共 23 个国家参加；第二回合是 1949 年，共 33 个国家参加；第三回合是 1950—1951 年，共 34 个国家参加；第四回合是 1955—1956 年，共 22 个国家参加；第五回合是 1961—1962 年，共 45 个国家参加；第六回合是 1964—1967 年，共 48 个国家参加；第七回合是 1974—1979 年，共 102 个国家参加；第八个回合共 118 个国家参加；多哈回合从 2000 年至今，共 153 个国家参加。See "WTO, The GATT Years from Havana to Marrakesh, GATT Trade Rounds" at www. wto. org/english/thewto_e/Whatis_e/tif_e/fact4_e. htm.

④ See Lowenfeld, International Economic Law, pp. 23-28.

⑤ Ibid.

⑥ Ibid.

⑦ 这些协议实质上就是 GATT 的内容。

⑧ See Lowenfeld, International Economic Law, pp. 23-28.

影响①。这些行政问题及其他相关因素促使谈判者签署了《临时适用议定书》，而不是签署有拘束力的文件。有人认为，关税总协定文件的最终批准需要获得拟议中的国际贸易组织（ITO）的正式签署。然而，由于国际贸易组织一直未能成立，GATT 的临时地位一直持续到1995 年世界贸易组织的正式成立。这便产生了这样的争议：即在1947 年至 1995 年间，GATT 可能是"软法"。②

总协定也受到了"其他协定的影响，包括那些没有在技术上生效的协议，以至于甚至是基本的条约都是一部复杂的规则，对不同的国家适用有不同的效力。对于律师而言，要确定在某一特定时间内任意两个国家之间的具体法定义务并非易事"。③ 从实质上讲，GATT 包含了一些根本性原则④，包括非歧视性原则、⑤ 关税减让和贸易壁垒消除原则等，⑥ 同时还包含一些非常慷慨的例外规定。⑦

WTO 成立于 1995 年，但它"并非如此年轻"⑧，因为它是在

---

① See Lowenfeld, op. cit., p. 28.

② 杰克逊（Jackson）教授写道："最初 GATT 是作为一个'贸易协议'而被起草的……GATT并没有被认为是一个'组织'，它仅仅被认为是一个具有特定有限目的的协议。不言而喻，GATT 随后的发展远比最初设想的要好。不但可以从它的惯例和习惯的基础上来证明其作用的扩大，而且也可以从许多政府的持续加入、政策声明和对 GATT 制度的利用来证明其作用的扩大。" See J. H. Jackson, The Jurisprudence of GATT and the WTO: Insights on Treaty Law and Economic Relations (Cambridge, 2000), pp. 23-24.

③ Ibid., p. 20.

④ 更为完整的按时间顺序的有关 GATT 介绍的文献如下。See J. H. Jackson, *The World Trade and the law of GATT* (1969); J. H. Jackson, *Restructuring the GATT System* (1989). J. H. Jackson, *The World Trade System: Law and Policy of International Economic Relations*, 2nd ed. (1997); J. H. Jackson, *Restructuring the GATT System* (1989); J. H. Jackson, *The Jurisprudence of GATT and WTO*, Also see SeyIbid Muhammad, *The Legal Framework of World Trade* (New York: Praeger, 1958).

⑤ See GATT, Art. 1.

⑥ GATT, Art. 2.

⑦ GATT, Art. 11. 对这些协议的概述，参见 Lowenfeld, *International Economic Law*, supra note 23, at 28—40. See Jackson, The Jurisprudence of GATT, pp. 57-68.

⑧ 但它"并非如此年轻"这句话借用自肯尼迪（Kevin C. Kennedy）教授，参见 K. C Kennedy, International Trade Regulation, Readings, Cases, Notes, and Problems (Aspen Publisher, 2008), p. 5。

GATT 基础上经过近 50 年的谈判而成立的。^① 正如它的前身一样，WTO 确定了一些最基本的原则：（1）最惠国待遇原则；（2）国民待遇原则；（3）进口关税减让承诺原则；（4）减少配额；（5）确保国内相关贸易法的透明度；（6）允许例外情形，包括政府干预进口以确保收支平衡，对外国补贴产品或倾销产品提高关税，以及为了公共健康和安全原因禁止进口。^②

就根本而言，WTO 是一个有约束力的条约的产物^③，它的成立旨在"为国际贸易行为提供共同的制度框架"^④，对涉及货物、服务贸易和知识产权的各类复杂相关协议^⑤进行管理^⑥。WTO 最重要的条款之一就是《争端解决程序谅解（DSU）》^⑦，这标志着 GATT 争端解决机制的不断完善。接下来会讨论这两个机制，因为中国和非洲共同适用这一机制。

---

① See K. C Kennedy, op. cit. , pp. 5-6.

② Ibid. , p. 4.

③ "世界贸易组织成立协议"，见 WTO 网址：www. Wto. org；约有 60 个相关协议和决定，共计 550 页。WTO 法律规定文本见 www. Wto. org/english/docs _ e/legal _ e/legal _ e. htm；这些协议的书面文本，参见 Paul. B, Stephan, Julie A. Roin & Don Wallace, Jr. , *International Business and Economic Law and Policy*, Documentary Supplement, 3rd ed. (LexisNexis, 2004)。

④ See WTO Agreement, Art. 2.

⑤ 这些协议的书面文本可以在 WTO 的网站上找到。WTO 第 2 条第 2 款规定："这些协议和包含在附件一、二、三（在下文中所指的'多边贸易协议'）都是本协定不可分割的组成部分，对所有成员国具有约束力。"该协定接着规定："多边贸易协议对于没有加入的成员国不能创设权利和义务"。WTO Agreement, Art. 2 and Art. 3.

⑥ WTO 协议中规定了它的一些作用，包括协议目标的实施、运行和操作问题以及为《谅解》提供协商和运行的场所。见 WTO 协议第 3 条。WTO 的结构，见 WTO 协议第 4—6 条的规定（由所有成员组成的部长级会议、总理事会和不同的专门委员会以及一个秘书处）。

⑦ 见 WTO 协议"附件二"："争端解决规则与程序的谅解（《谅解》）。"《谅解》的书面文本在 WTO 的网站上可以找到，www. wto. org/english/docs _ e/legal _ e/28 - dsu. pdf。书面文本也可以参见 Stephan, Poin & Wallace, Jr. , International Business and Economic Law, pp. 315-340。

（二）多边贸易机制中的争端解决

即使是在最初，争端解决也一直是 GATT 的一个重要方面。① 如果没有国际贸易组织提供的争端解决的制度性框架的范本，GATT 争端解决机制将会显现出许多重大的缺陷。② GATT 有关争端解决机制的主要规定包含在第 22 条和第 23 条之中③。

第 22 条规定先经过磋商程序，其规定如下：

1. 每一缔约方应对另一缔约方就影响本协定运用的任何事项可能提出的交涉给予积极考虑，并应提供充分的磋商机会；

2. 在一缔约方请求下，缔约方全体可就经根据第一款进行的磋商未能满意解决的任何事项与任何缔约方进行磋商。④

争端解决机制的核心规定是第 23 条。其规定如下：

1. 如一缔约方认为，由于下列原因，它在本协定项下直接或间接获得的利益正在丧失或减损，或本协定任何目标的实现正在受阻碍，（a）另一缔约方未能履行其在本协定项下的义务；或（b）另一缔约方实施任何措施，无论该措施是否与本协定的规定产生抵触；或（c）存在任何其他情况，则该缔约方为使该事项得到满意的调整，可向其认为有关的另一缔约方提出书面交涉或建议。任何被接洽的缔约方应当积极考虑向其提出的交涉或建议；

2. 如在一合理时间内有关缔约方未能达成满意的调整，或如果困难属本条第 1 款（c）项所属类型，则该事项可提交缔约方全体。缔

---

① 事实上，GATT 争端解决机制所处理的案件数量是联合国国际法院（ICJ）所处理的案件数量的 1 倍。杰克逊教授注意到 GATT 成功处理过 250 件复杂的纠纷。与此同时，国际法院只成功处理了 100 件。See Jackson，*The Jurisprudence of GATT*，pp. 11-12. GATT 案件整理分析，See William J. Davey & Andreas F. Lowenfeld，*Handbook of WTO/GATT Dispute Settlement* (1991)，

② See Jackson，*The Jurisprudence of GATT*，p. 119.

③ Ibid. 除这些规定外，还包括其他涉及争端尤其是涉及协商和赔偿的规则。

④ GATT，Art. 22.

约方全体应迅速调查向其提交的任何事项，并应向其认为有关的缔约方提出适当建议，或酌情就该事项做出裁定。缔约方全体在认为必要的情况下，可与缔约方、联合国经济与社会理事会及任何适当的政府间组织进行磋商。如缔约方全体认为情况足够严重而有理由采取行动，则它们可授权一个或多个缔约方，对任何其他一个或多个缔约方终止实施在本协定项下承担的、在这种情况下它们认为适当的减让或其他义务。①

第 22 条的标题是"磋商"（consultation），第 23 条的标题是"利益的丧失或损害"（nullification or impairment）。早期，围绕 GATT 争端解决机制有两种不同的观点。一种观点认为，争端解决机制的规定不太注重形式主义，而重点强调"协商"和"外交"，因此才有了第 22 条规定中有关磋商的内容。与此相对立的另一种观点认为，争端解决机制是一种"相对程式化的过程，由公正的专家小组对某些行为是否与 GATT 所要求的义务相一致做出客观的裁决"。② 尽管存在这种争议，许多专家都指出，争端解决机制正朝着更注重法律方法和司法方法的方向发展。GATT 的争端最初是由各国政府代表组成的"工作小组"处理的。专家小组程序逐渐代替了这种方法，法官不再需要代表任何政府，他们作为中立的裁判者做出决定。③

GATT 争端解决程序不断完善。在技术上，根据第 22 条的规定，在专家小组程序正式开始之前，争议双方首先要进行磋商。如果磋商失败，双方会要求 GATT 委员会派出工作小组来解决争端。专家小组由 3—5 名独立公正的裁判者组成，而这些裁判者的任命必须得到

---

① GATT, Art. 23.
② See Jackson, *The Jurisprudence of GATT*, pp. 120-121.
③ Ibid.

争议双方的同意；如果不能达成一致任命意见，将由总干事直接做出任命。①

专家小组程序必须在全程监控的情况下进行，通常包括书面陈述和口头庭审。在磋商程序中，专家小组将发布一个报告，并将其提交给 GATT 委员会，GATT 委员会可以根据"协商一致"规则，要求争议双方包括败诉方都同意接受该意见。但这个严格的方法最终被证明很难实行。尽管每一回合的 GATT 都有自己的争端解决机制，但大多数回合的 GATT 争端解决机制都由于"协商一致"规则而"易于受阻"。②

例如，在 1980 年至 1982 年之间，美国针对欧盟提出了 9 件争议案：5 件是由 GATT 的专家组裁决的，其中 4 件美国胜诉，1 件欧盟胜诉。所有 5 个裁决都受到败诉方的阻挠。③

所通过的专家小组报告的效力一直是争议的来源，主要是因为第 23 条对此规定模糊不清。尽管本条授权中止减让以作为对侵害当事一方的惩罚，但它对专家小组决定或报告的效力问题没有做出任何规定。事实上，它甚至没有规定专家小组的工作方法，专家的工作方法是实践和随后协商的结果。④ 现在专家们认为，在 GATT 框架下，所通过的专家组决定具有国际法义务的效力，或争议方在当前案件中必须遵守该决定，但它没有先例效力……此外，它可作为 GATT 条约及该组织的一种"实践"（practice），以便为某种特别解释提供基础

---

① See Jackson, op. cit., pp. 122-123. The Director-General's intervention is set forth under Art. F (c) (5); the procedures were elaborated by GATT Council Decision, "Improvements to the GATT Dispute Settlement Rules and Procedures", Apr. 12, 1989, in GATT Doc. L. /6488, Basic Instruments and Selected Documents, 36th Supplement, 61, cited in Jackson, The Jurisprudence of GATT, pp. 123, n. 10 & 14.

② See Jackson, *The Jurisprudence of GATT*, p. 123.

③ "GATT Dispute Settlement Stymied by Non-Implementation of Reports", GATT Newsletter Focus, no. 81 (May-June 1991), Ibid, pp. 12-13, cited in Lowenfeld, International Economic Law, p. 158.

④ 有关 GATT 争端解决机制在 1947—1995 年的发展，参见 Lowenfeld, International Economic Law，pp. 145-160。

的论据。①

事实上，GATT争端解决机制有很多重大的缺点，包括：

—GATT缺少一个单独的争端解决程序，《东京回合守则》包含有独立的争端解决机制。

—GATT争端有时是通过准许弃权解决的。

—小国家无法获得有效结果以抗衡大国家。

—专家小组程序期限过长，易受拖延战术影响。

—GATT对专家小组自动成立事项未作规定。

—缺少足够的专家及工作人员大大削弱了专家小组查明事实的能力。

—坚持按照协商一致原则通过专家组报告的规定使得败诉方会阻挠专家组报告的通过。

—除交叉报复外，几乎不存在有效的实施和制裁。

—GATT没有要求公布专家组建议的实施情况。②

WTO《有关争端解决规则和程序的谅解》（DSU，下文简称《谅解》)③旨在弥补这些缺陷，并实现争端解决程序的可预见性和确定性。④《谅解》是一个独立的协议，有27条规定和4个附录，WTO的所有成员国都必须遵循。⑤尽管WTO争端解决机制是"建立在GATT超过50年的实践基础之上"，但它有了两个重大发展：（1）建立了一个固定的上诉机构和上诉程序；（2）在败诉方不执行专家组裁

---

① See Jackson, The Jurisprudence of GATT, pp. 125-126.

② Kennedy, International Trade Regulation, p. 37. 更多有关GATT争端解决机制的缺陷和完善的介绍，参见Jackson, The Jurisprudence of GATT, pp. 177-179。

③ Final Act Embodying the Results of the Uruguay Round of Multilateral Trade Negotiations, opened for signature Apr. 15, 1994, Marrakesh, Morocco, 33 I. L. M 1140—1272 (1994), at "Annex 2, Understanding on Rules and Procedures Governing the Settlement of Disputes."

④ Kennedy, International Trade Regulation, p. 37.

⑤ See DSU. Lowenfeld, *International Economic Law*, p. 162.

决时，加大了惩罚力度，这可能包括赔偿和报复。① 鉴于本书主要论述适合中非贸易关系的不同争端解决机制的适用，《谅解》的主要特征将在下面详细描述，以作为下述中肯评价的前奏。

如上所述，《谅解》共有 27 条规定，几乎覆盖了争端解决程序的各个方面，包括（1）提出申诉的法律依据；（2）规则的管理；（3）请求或诉讼的提起程序；（4）专家小组的组成，以及处理程序；（5）专家小组程序和裁决的做出；（6）上诉审查；（7）提出裁决后的程序，包括裁决的执行；（8）对发展中国家或最不发达国家的特殊考虑。② 下面对《谅解》的这 8 项规定进行详细阐述：

（1）提出的申请的法律依据是可能违反了 WTO 条约或任何相关协定③。《谅解》包含了 1947 年 GATT 第 22 条和第 23 条规定中的原则。不过，根据 GATT，申请方必须证明存在"利益的丧失或损害"（nullification or impairment）以作为提起请求的唯一依据。依据《谅解》，"在发生违反某一协定项下义务的情况时，这一行为就被认为构成利益丧失或损害的初步表面证据。这意味着对规则的违反通常被推定为会给该协议的其他成员方造成负面影响"。④ 但该条规定允许被诉方对此种推定进行反驳⑤。《谅解》也并不排斥付诸其他争端解决机制的可能性，只要其他争端解决方式规定在相关协议中。《谅解》明确

---

① See Lowenfeld, International Economic Law, note 23, p. 162. 但是有关专家小组最终裁定的法律效力不是没有争议。杰克逊教授的解释是十分有指导性的："对于专家小组通过的报告（在 WTO 程序下几乎是自动的）的法律地位，业界一直存在着争议。这里的具体问题是，从这样一种报告中所衍生出来的国际法义务是否提供了这样的选择：要么通过贸易或者其他方面的措施进行补偿，要么履行报告建议，强制成员国修改法律或做法以与 WTO 协定的附件文本保持一致？换句话说，该报告是否给予在"补偿"和遵守之间进行选择？一种可替代的解释是，所通过的争端解决报告为有关成员国创设了一种国际法的义务，它必须改变自己的做法以符合 WTO 和其附件的规定。从这点来看，补偿（或报复）方法仅仅只是在不服从时的一种应变。对于问题一的后一种方法我已经说过，我认为是正确的。Jackson, The GATT Jurisprudence, p. 163.

② 《谅解》第 1—27 条。

③ 《谅解》第 1 条第 1 款。

④ 《谅解》第 3 条第 8 款。

⑤ 同上。

规定，特别规定优先于《谅解》的一般规定而适用。①

（2）《谅解》为争端解决程序建立了一个争端解决机构（DSB）。《谅解》规定："争端解决机构有权设立专家组，通过专家组和上诉机构的报告，对裁决和建议的实施进行监督，授权中止减让及相关协议项下的其他义务。"② 争端解决机构由 WTO 全体成员的代表组成，它的组成和总理事会的组成相同。总理事会行使双重职能："除行使行政权力外，它还有两个其他职能。当它承担《谅解》规定的职责时，它被称作争端解决机构。当它聚集行使贸易政策审议机构的职责时，它被称作贸易审查机构。"③ 从层级上看，它在作为 WTO 的主要政策制定机构的部长级会议之下。④

（3）《谅解》有关申诉的规定是以对考虑提起申诉的成员提出建议开始的。该规定要求成员方在发起争端解决程序时要考虑后果："在提出一项请求前，成员方应当判断在争端解决程序下提起诉讼能否取得成效。"⑤ 它接着规定："能够达成当事方都能接受的并且符合相关协议的解决方案，显然是一种优先选择。"⑥

（4）如果一个成员方决定发起争端解决程序，它必须遵循《谅解》详细的、分级的程序。⑦ 第一，受损害的一方必须发起磋商，而另一方必须在一个具体确定的时间内对该请求做出回应。⑧ 第二，被请求方如果在确定的期限内没有参加磋商，或者磋商无果，请求方可

---

① 《谅解》第 1 条第 2 款。其他非 WTO 争端解决机制与 WTO 争端解决机制的相互影响是一个非常复杂的课题，将在第 5 和第 6 章进行论述。

② 《谅解》第 2 条第 1 款。

③ See Kennedy, *International Trade Regulation*, p. 18. 在实践中，不同的人员可以代表两方中不同的成员。

④ Ibid.

⑤ 《谅解》第 3 条第 7 款。

⑥ Ibid.

⑦ 《谅解》第 4 条。

⑧ 《谅解》第 4 条第 3 款。涉及其利益的第三方也可以要求参与磋商。见《谅解》第 4 条第 11 款。

以要求争端解决机构设立专家组来解决争端。① 此类请求必须符合某些程序要求，包括确定有损害的措施并说明具体违反协议的哪些规定。② 第三，应鼓励当事方充分利用由总干事依职权发起的调停、调解以及斡旋程序。③ 这种调解或者斡旋可以在任何时候进行④，包括在专家组审理案件之前⑤。第四，设立专家组的请求会安排在争端解决机构下次会议的议程上。然后，争端解决机构就会设立专家组，除非"一致决定不设立（专家组）"。⑥ 第五，尽管《谅解》规定了一些标准的受权调查范围⑦，但它同时也允许双方就特殊事项达成一致协议，然后再提交争端解决机构即可。⑧ 第六，专家组必须依具体的规定构成。专家组成员人选应当考虑其是否有国际贸易法方面的特殊培训或经历、独立性、民族多样性以及背景。⑨ 最重要的是，与其他类型的仲裁程序不同，专家组成员并不是由争议双方挑选的。专家组成员由秘书处任命，但必须获得双方当事人的同意，特殊情况除外。⑩ 如果当事方无法在 20 天内就专家组的组成达成一致意见，总干事就可以在与其他行政官员商议后依职权进行任命。⑪

---

① 《谅解》第 4 条第 3 至 7 款。如果另一方同意参加磋商，它必须善意为之。磋商必须秘密进行，不能不利于下一步程序的进行。换言之，磋商并没有受到严格的制约。见《谅解》第 4 条第 3 至 6 款。

② 《谅解》第 4 条第 4 款。

③ 《谅解》第 5 条第 1 至 5 款。

④ 《谅解》第 5 条第 3 款："一方可以在任何时候就此争端要求调解、调停或者斡旋。调解可以在任何时候开始，也可以在任何时候结束。一旦调解，调停和斡旋程序即终止，申请方可以要求设立专家组。"

⑤ 《谅解》第 5 条第 5 款："专家组程序进行中，如果双方愿意达成协议，仍可继续适用调解、调停和斡旋程序。"

⑥ 《谅解》第 6 条第 1 款。

⑦ 《谅解》第 6 条第 2 款和第 7 条第 1 款：除非争议双方自专家组设立起 20 天内对此有异议，否则专家组应当遵循协议：依据相关规定（双方签订的涵盖协议），审查协议中 DSB 的相关问题，做出裁决支持 DSB 的建议或者依据协议制定规则。

⑧ 《谅解》第 6 条第 2 款。

⑨ 《谅解》第 8 条第 1 至 3 款。秘书处保存适格候选人的名单。《谅解》第 8 条第 4 款。

⑩ 《谅解》第 8 条第 5 至 6 款。专家组一般由 3 名成员组成，双方也可以选择 5 名成员，但须在规定时间内将要求提交到秘书处。

⑪ 《谅解》第 8 条第 7 款。

（5）专家组程序也规定得十分详细。尽管它有很大的灵活性，但对时间的规定是很严格的。在口头陈述之前须提交书面文书。[①] 利益相关第三方可以有限地参与正在进行的程序。[②] 专家小组不会仅仅依据双方提供的证据作为依据，它也会从其他途径寻求信息和技术层面的建议，包括聘用自己的专家。[③] 只有在当事方至少提前 20 天获得专家小组的裁决、《谅解》报告副本后，争端解决机构才能获得此类文件。一旦报告提交给争端解决机构，当事方就可参加该机构对报告的审议。只要当事一方没有决定提起上诉，该机构将会通过该报告，除非"争端解决机构一致裁定不采纳该报告"。[④] 这个程序与 GATT 争端解决程序有很大的不同，GATT 要求采纳报告必须得到一致同意。如果一方有意上诉，争端解决机构将暂停报告通过程序，直至上诉程序结束。[⑤]

（6）WTO 机制新增添了一个非常有意义的机构，那就是由 7 名有资格的独立法官组成的上诉机构。每位法官都是由争端解决机构任命，任期 4 年。[⑥]《谅解》要求法官能够"大体上代表 WTO 全体成员的意志"[⑦]。上诉机构的管辖范围仅限于"专家小组报告中所涵盖的法律问题以及专家小组的法律解释问题"[⑧]。和最初的专家组一样，所有上诉机构的经费将从 WTO 预算中支出。[⑨] 上诉机构在进行上诉程序中如果有问题，可以与总干事进行商讨[⑩]，它可以"维持、修改或推

---

① 《谅解》第 12 条第 1 至 12 款。

② 《谅解》第 14 条；见《谅解》附件 3，第 2、6 条。

③ 《谅解》第 13 条。

④ 《谅解》第 16 条第 4 款。

⑤ 同上。

⑥ 《谅解》第 17 条第 1 至 3 款。见《谅解》第 17 条第 2 款指出第 1 名法官的任命要交叉进行，2 名法官每人先工作 2 年。

⑦ 《谅解》第 17 条第 3 款。

⑧ 《谅解》第 17 条第 6 款。

⑨ 《谅解》第 8 条第 11 款，关于专家组的经费；《谅解》第 17 条第 8 款，有关上诉的经费。

⑩ 《谅解》第 17 条第 9 至 12 款。

翻专家组的法律问题或结论"①。他们没被授权审查事实部分，或将案件发回重审做进一步的事实调查。②《谅解》上诉机构报告的通过程序是无条件的："上诉机构报告由争端解决机构通过并由当事方无条件执行，除非在报告分发给成员国后的 30 天内，争端解决机构一致决定不通过上诉机构的报告。"③

（7）被通过的裁决的实施和执行，或许是整个程序中最重要的一个环节，但本节并没有讨论有关该程序的争议。④《谅解》遵循分级实施执行的方法。

首先，败诉方应向争端解决机构表达它执行裁决或建议的意向。如果需要更多时间，在情况允许的条件下，败诉方可以与胜诉方协商一个合理的期限，若双方无法达成一致意见，将由一个专门设立的仲裁庭确定一个适当期限。⑤ 在最初的专家组成员没有解散时，专家组仍可参与执行过程。专家组同时会对实施情况进行评估。如果出现分歧，它将对争议进行审议。败诉方还被要求向争端解决机构提交一份书面报告，阐述将如何采取措施以补救违约行为。⑥

其次，如果败诉方未能执行裁决或建议，他可以自行选择赔偿。赔偿数额可以通过谈判确定。⑦

再次，如果当事方不能就赔偿数额达成一致意见，则胜诉方可以要求争端解决机构授权"中止对有关成员实施适用协定项下的减让或

---

① 《谅解》第 17 条第 3 款。

② See Lowenfeld, *International Economic Law*, pp. 181-184.（强调事实问题和法律问题以及事实和法律问题之间的区别。）

③ 《谅解》第 17 条第 14 款。

④ 见本节第二部分内容。

⑤ 《谅解》第 21 条（1—4）。在任何情况下所有的时间总计不能超过 15 个月。《谅解》第 21 条第 4 款。

⑥ 《谅解》第 21 条第 5 至 8 款。

⑦ 《谅解》第 22 条第 2 款。

其他义务"①。中止首先必须适用于同一领域，但是根据情形，依授权也可以涉及其他领域。② 中止的范围必须与损害程度相当③。如果相关的原则和程序未得到遵守，应当由做出最初裁决的原专家组来裁定。如果最初的专家组已不复存在，总干事可以指定仲裁庭来解决这些问题。④ 争端解决机构应当继续监督裁决的执行，直至得到完全执行为止。⑤

最后，尽管《谅解》是解决所有 WTO 成员方贸易争端的特定的⑥、强制性的⑦、唯一的贸易争端解决手段⑧，但如果当事方同意通过仲裁方式解决争议，并且他们遵守有关通知的要求，仲裁也可替代成为争议解决方式。⑨ 一旦仲裁结束，仲裁裁决的执行必须遵循争端解决机构第 21 条和第 22 条规定中有关该机构或上诉机构的裁决的执

---

①　《谅解》第 22 条第 2 款和第 6 款。DSB 将中止直至达成反向一致。

②　《谅解》第 22 条第 3 款 a-g. 这些领域涉及商品货物、服务业、知识产权。见《谅解》第 22 条第 3 款（f）规定了不同的领域。

③　《谅解》第 22 条第 4 款。

④　《谅解》第 22 条第 6 至 7 款。

⑤　《谅解》第 22 条第 9 款。

⑥　更多关于可选择性的细节见后文第六章。

⑦　第 6 条第 1 款，第 16 条第 4 款或第 17 条第 4 款。应诉方就有关专家组信息和报告的采纳所的权利不受影响。

⑧　《谅解》第 23 条第 1 款规定："当成员国寻求纠正违反义务情形或寻求纠正其他造成适用协定项下利益丧失或减损的情形，或寻求纠正妨碍适用协定任何目标的实现的情形时，它们应援用并遵守本谅解的规则和程序。"本条第 2 款同样规定："此种情况下，各成员国应当：（a）不对违反义务已发生、利益已丧失或减损或适用协定任何目标的实现已受到妨碍做出确定，除非通过依照本谅解的规则和程序援用争端解决，且应使任何此种确定与争端解决机构通过的专家组或上诉机构报告所包含的调查结果或根据本谅解做出的仲裁裁决相一致。"See Lowenfeld, *International Economic Law*, pp. 195-211. 对本规定对单边国内机制尤其是美国的影响进行了详细分析。

⑨　《谅解》第 25 条第 1 款。（1）WTO 中的迅速仲裁作为争端解决的一个替代手段，能够便利解决涉及有关双方已明确界定问题的争端；（2）除本谅解另有规定外，诉诸仲裁需经各方同意，各方应议定将遵循的程序。诉诸仲裁的一致意见应在仲裁程序实际开始之前尽早通知各成员；（3）只有经已同意诉诸仲裁的各方同意，其他成员方可成为仲裁程序的一方。诉讼方应同意遵守仲裁裁决。仲裁裁决应通知争端解决机构和任何有关适用协定的理事会或委员会，任何成员均可在此类机构中提出与之相关的任何问题。

行程序。①

（8）《谅解》为发展中国家和最不发达国家（LDCs）设定了一系列特殊规定②。《谅解》第 24 条规定，当争端涉及最不发达国家时必须适用特殊程序："在确定涉及一最不发达国家成员争端的起因和争端解决程序的所有阶段，应特别考虑最不发达国家的特殊情况。"③ 如果被诉方为最不发达成员国，《谅解》规定了 3 条基础原则：（1）在提起针对最不发达国家的案件时应有"适当克制"；（2）如果开始谈判但未达成任何结果，则应最不发达成员国的请求，WTO 总干事或争端解决机构主席应进行斡旋、调解和调停以解决争端；④（3）然而，如果所有程序均以失败而告终，专家组业已设立并裁定最不发达成员国违反协议，则胜诉方在要求赔偿或中止减让义务时应有"适当克制"。⑤

当发展中国家作为受损害方时，《谅解》对此也给予了一些基础性的照顾：

（1）如果发展中国家作为起诉方，则它可以选择代替第 4 条协商程序，第 5 条调停、调解和斡旋程序，第 6 条专家组的设立以及第 12 条专家组程序⑥；

（2）在磋商中，各成员应特别注意发展中国家成员的特殊问题和

① 《谅解》第 25 条第 4 款。"本谅解第 21 条和第 22 条在细节上作必要修改后应适用于仲裁裁决。"

② "发展中国家"和"最不发达国家"是以收入基础来界定的。这些国家通常被划分为"第三世界"。有关世界银行的收入分类，参见 "World Bank：WTI Country Classification by Region and Income"（July 2009-July 2010），at http：//siteresources. worldbank. org/INTRANETTRADE/ Resources/239054－1261083100072/Country _ Classification _ by _ Region _ Income _ Dec17. pdf，有关更详细的论述见后文第四章第二节。

③ 《谅解》第 24 条第 1 款。

④ 《谅解》第 24 条第 2 款。

⑤ 《谅解》第 24 条第 1 款。

⑥ 《谅解》第 3 条第 12 条（1996 年 4 月 5 号决议和 BISD14S/18，或多或少有相同之处，但也更具时代特征，决议见 www. wto. org/english/tratop _ e/dispu _ e/disp _ settle- ment _ cbt _ e/a2s1pl _ e. htm。

利益①。

（3）如果程序进行到任命专家组成员，发展中国家成员有权要求任命至少一位来自发展中国家的法官进入专家组。② 此外，发展中国家提交文件方面的期限可以延长③。

（4）一旦程序进入执行阶段，对专家组裁决或建议的执行必须考虑发展中国家的特殊情况④。

（5）如果胜诉方是发展中国家，则争端解决机构可获授权考虑"采取它认为适当的进一步措施"，以确保裁决或建议得到执行。⑤ 在这么做时，争端解决机构"不但要考虑被起诉措施所涉及的贸易范围，还要考虑其对有关发展中国家成员经济的影响"。⑥ 最后，在这些程序中，发展中国家还可以向秘书处提出有限范围内的技术协助。⑦

综上所述，中国和 5 个非洲国家以外的其他所有非洲国家都是

---

① 《谅解》第 4 条第 10 款。

② 《谅解》第 10 条。

③ 《谅解》第 12 条第 10 款。

④ 《谅解》第 21 条第 2 款。

⑤ 《谅解》第 21 条第 7 款。

⑥ 《谅解》第 21 条第 8 款。

⑦ 《谅解》第 27 条第 2 款或第 3 款："在秘书处收到成员国的请求时，应就争端解决方面向成员国提供协助，可能还需在争端解决方面向发展中成员国提供额外的法律建议和协助。为此，秘书处应使提出请求的发展中成员国可获得 WTO 技术合作部门一名合格法律专家的协助。该专家在协助发展中国家成员时应保证秘书处继续保持公正。秘书处应为利害关系成员国提供有关争端解决程序和做法的特殊培训课程，以便各成员国的专家能够更好地了解这方面的情况。" "Decision Improvements to the GATT Dispute Settlement Rules and Procedures"，BISD 36S/61（Apr. 12，1989），at s. H，包含相同的论述。根据 WTO，它目前聘任一名全职官员和两名兼职顾问。See "WTO Dispute Settlement System Training Module：Special and Differential Treatment"，Ch. 11，s. 11. 2，at www. wto. org/english/tratop_e/dispu_e/dis_settlement_cbt_e/c11s2p2_e. htm. 这种援助的本质以及未能达到改善的目的，参见 Victor Mosoti，"Africa in the First Decade of WTO Dispute Settlement"，International Economic Law 9（2006），pp. 441-445. 有关大多数技术上的帮助和培训的介绍，See K. Kennedy，International Trade Regulation，pp. 28-29.

WTO 的成员。① 因此，如果一件贸易争端涉及中国或者非洲的 WTO 成员，从理论上而言，其必须在 WTO《谅解》框架下得到解决。② 这对中国而言意味着什么呢？对非洲而言又意味着什么呢？下一章中我们将重点关注诸如中国和非洲国家这样的发展中国家在利用此种争端解决机制时所面临的特殊挑战。

---

① See "Understanding the WTO：The Organization". www. wto. org/english/ thewto _ e/ whatis _ e/ tif _ e/ org6 _ e. htm（April 2010）.

② 《谅解》第 23 条第 1 款："当成员国寻求纠正违反义务情形，或寻求纠正其他造成适用协定项下利益丧失或减损的情形，或寻求纠正妨碍适用协定任何目标的实现的情形时，它们应援用并遵守本谅解的规则和程序。"

第四章

WTO 争端解决机制和
发展中国家面临的障碍

第一节　引言

　　本章对涉及发展中国家的现有贸易纠纷机制的适当性进行评价。本章主要是根据世界银行的区分标准区分发达国家、发展中国家和最不发达国家。中国和非洲国家属于后两类。本章概述了发展中国家和最不发达国家在利用该体制时面临的主要障碍。这些障碍主要有四个方面：法律、政治、金钱和文化。①

第二节　发展中国家和 GATT / WTO 争端解决机制

　　WTO 在发展中国家和最不发达国家或第三世界国家之间做了区分②。这个区分主要是基于世界银行根据收入对国家做出的分类③。

――――――――――

　　① 这里是对发展中国家在利用 WTO 争端解决机制时面临的多种挑战的一个简要的陈述。这四点都将在下文中详细论述。

　　② Raj Bhala，Trade Development and Social Justice（Carolina Academic Press，2003），xxix."第三世界"一词有时带有贬义。

　　③ Ibid.

世界银行按照一定范围的人均产值或国民生产总值对国家进行分类。根据这个分类，人均国民生产总值在 975 美元及以下的国家视作低收入国家；大多数撒哈拉以南的非洲国家都属于该类别。① 人均国民生产总值在 976 美元和 3855 美元之间的国家被视为中低收入的国家，中国即属于此类。10 个非洲国家也属于中低收入国家。它们是安哥拉、喀麦隆、佛得角、刚果共和国、科特迪瓦、莱索托、尼日利亚、圣多美和普林西比、苏丹和斯威士兰。② 那些人均国民生产总值在 3856 美元和 11905 美元之间的国家被视为中高收入国家。一些非洲国家归为此类。它们是博茨瓦纳、加纳、加蓬、毛里求斯、纳米比亚、塞舌尔和南非。③ 那些人均国民生产总值在 11906 美元及以上的国家被视为较高收入国家④。在 2009 年和 2010 年的报告中，只有赤道几内业一个非洲国家属于此类。⑤ 顺便说一句，中国的香港、台湾和澳门属于高收入地区。⑥ 所有西欧国家、北美、澳大利亚和新西兰都属于高收入这一类别国家。⑦

考虑到发展程度和收入水平方面的重大差距，当试图从单一角度对国家进行分类时就会产生问题。不过，无论每个国家的具体情况如何，对那些已经达到和那些还没有达到高水平经济发展的国家做一个区分仍然是可行的。除少数例外情况，同一地理区域的国家基本上有

---

① "World Bank，WTI Country Classification by Region and Income" （July 2009—July 2010 ）， available at：http：//siteresources. worldbank. org/INTRANETTRADE/Resources/ 23905412610831000072/Country _ Classification _ by _ Region _ Income _ Dec17. pdf. 世界银行会定期对经济情况重新分类。最新分类见 http：//data. worldbank. org/news/2010－GNI－income－classification。

② Ibid.

③ Ibid.

④ Ibid.

⑤ Ibid.

⑥ Ibid.

⑦ Ibid.

类似的发展程度，如欧洲、北美或非洲。处于同一或类似发展程度的国家通常有共同的特征、利益和经历。无论是描述发达国家的可比经济特征或是总体分析"第三世界"经济体，这都是正确的。在这个意义上，本章继续将中国和非洲视为发展中经济体。我们将注意和强调一些显著区别。

一　发展中国家在 GATT/WTO 争端解决机制创设和运作中的作用

首先，GATT "与其说是一套法律体系，它更像一个绅士俱乐部。它的目的是解决贸易问题，而不是创制或阐明贸易法律……GATT 俱乐部受到所谓的'内嵌自由主义'（embedded liberalism）的启发并受其操控。内嵌自由主义是最初 23 个 GATT 的缔约方即少数志趣相投的资本主义国家的政治精英们所持有的一种共同信念"①。

当今国际贸易实践可以"被描述为第二次世界大战的产物，或者更准确地说，是战后世界同盟规划者开出的药方"②。后来发展中国家的参与被认为仅是事后的补救。事实上，它们的加入仍然受到这种根深蒂固的历史因素的影响，特别是在争端解决领域。例如，1974—1993 年，90% 以上提交 GATT 争端解决机制的案件至少有一个争端方是美国或者欧共体。③ 因此，有人提出，GATT 是"为美国和欧共体解决争议的场所"④。

虽然在本书写作时，已有大量发展中国家加入 WTO，包括一些

①　Joost Pauwelyn, "The Transformation of World Trade", Michigan Law Review 104 (2005), p. 13.

②　A. F. Lowenfeld, International Economic Law, 2nd ed. (Oxford, 2008), p. 23 (emphasis added).

③　Robert E. Hudec, "Enforcing International Trade Law: The Evolution of Modern GATT Legal System", pp. 295-300 (1993) in Lowenfeld, International Economic Law, p. 189.

④　Lowenfeld, International Economic Law, p. 189.

新兴经济体[①]，但还没有一个最不发达国家利用过 WTO 的争端解决机制[②]。WTO 有关发展中国家特别是最不发达国家不利用 WTO 争端解决机制的官方解释揭示了以下六个有益的观点：

（1）缺乏专门研究 WTO 错综复杂的实体法和程序法的人员；

（2）法律体系的高速复杂化要求贸易官员持续的关注，但缺乏支持这种持续关注的资源；

（3）争端解决要求相当长的时间，使贸易官员无法从事其他同样重要的任务；

（4）争端解决要求投入将近两年的时间，会耗费大量人力和财力资源；

（5）案件审理期间的贸易壁垒很难承受；

（6）即使获得一个满意的裁决，也无法立即得到救济。[③]

二　法律、经济和政治挑战

谢弗（Gregory Shaffer）从与 WTO 上述六个要点类似的角度，阐述了发展中国家面临的挑战。他将这些障碍分为三类：法律、金钱和政治。法律上，他认为发展中国家缺少 WTO 实体法和争端解决机

---

① "WTO Dispute Settlement System Training Module：Developing Country Members in Dispute Settlement—Theory and Practice"，Ch. 11，s. 11. 1. Available at：www. wto. org/english/tratop _ e/dispu _ e/disp _ settlement _ cbt _ e/c11s1p1 _ e. htm. 经常利用 WTO 争端解决机制的发展中国家有阿根廷、巴西、智利、印度、韩国和中国。《康奈尔国际法杂志》上发表的一篇优秀学生评论对有关发展中国家日益参与的原因的相关文献进行了调查，认为有四个可能的原因：（1）新的和更多严格的实体义务；（2）WTO 成员的增加；（3）贸易依赖性的增强；（4）该机制自身解决先前争端的失败。See Timothy Stosad，"Trappings of Legality：Judicialization of Dispute Settlement in the WTO，and Its Implications on Developing Countries"，Cornell International Law Journal 30（2006），p. 824. 该评论依赖于 Robert E. Hudec，Eric Reinhardt，Eric Posner and John Yoo 等人所做的研究。同 Timothy Stosad，前引文，第 819—824 页。

② 同 Timothy Stosad，前引文。

③ See WTO，"Dispute Settlement System Training Module：Developing Country Members in Dispute Settlement-Theory and Practice，" Ch. 11，s. 11. 1.

制的专门法律知识。金钱上，他认为发展中国家缺乏在如此昂贵的程序中雇佣和使用其他国家律师的财力。最后，政治上，他认为"害怕成员方尤其是美国和欧共体运用市场力量所施加的政治和经济压力，这削弱了它们提起 WTO 请求的能力"。①

本节分"能力""成本—收益"和"非均衡性"三个标题进行讨论，这也反映了谢弗所做的法律、金钱和政治的分类，只是措辞稍有不同。

（一）能力

WTO 争端解决机制旨在解决因任何相关条约所引起的法律争端。因此，任何新的条约和专家组报告都会增加争端解决的复杂度："通过增加 26000 页的新的条约文本……通过为每一争端解决的法律活动增设诸如上诉、执行审查及赔偿额仲裁等几个新的阶段；以及通过程序的司法化并因此为不同于非正式协商程序的复杂的法律辩论程序增加了保障……WTO 改革已为希望提起诉讼的发展中国家扫除了障碍。"②

WTO 上诉机构允许政府雇佣私人律师。③ 因此，雇佣私人律师事务所对卷入争端的发展中国家说来在理论上是可行的。然而，意识到损害的存在、确认责任方和组织法律团队需要有良好的自身能力，

---

①　Gregory Shaffer, "The Challenges of WTO Law: Strategies for Developing Country Adaptation", World Trade Review 5 (2006), p. 177.

②　See Marc L. Busch & Eric Reinhardt, "Testing International Trade Law: Empirical Studies of GATT/WTO Dispute Settlement", in The Political Economy of International Trade Law: Essays in Honor of Robert E. Hudec (eds. Daniel L. M. Kennedy & James Southwick, 2002), 467, quoted in Stosad, "Trappings of Legality", p. 834.

③　EC-Regime for the Importation, Sale and Distribution of Bananas, WY/DS27/AB/R, paras. at 4—12 (Sep. 9, 1997), cited in J. H. Jackson, "The Jurisprudence of GATT and the WTO: Insights on Treaty Law and Economic Relations", (CambrIbidge, 2000), p. 183.

而这是大多数发展中国家所缺乏的。[①]

它们的能力如何？在发达国家，有效的公私合作推动着日常发展。[②] 然而，发展中国家缺乏有力的私有部门的协助。此外，它们派往 WTO 的贸易代表团通常由担任多重职责的外交官员组成。[③] 再者，贸易代表团的职位都不是专门的安排[④]，所以外交官员常在取得一定的专业基础后转去其他职位，阻碍了连贯性。[⑤] 发达国家认为与国际组织保持一致和持续的关系是贸易关系的基石[⑥]。不幸的是，大多数发展中国家无法负担这么奢侈的安排。

下列数字可以反映出参与贸易关系的发展中国家的负担。WTO 有超过 70 个理事会、委员会和工作小组。例如，仅 2003 年 1－8 月，WTO 秘书处就组织了 4307 次正式或非正式会议，1995 年其组织的会议总数为 1500 个。[⑦] 三分之一的最不发达国家在日内瓦没有代表[⑧]。其余三分之二在日内瓦有代表的最不发达国家中，仅有 6.7％ 的国家有 WTO 代表。这些代表大多是非法律人士，且每个国家仅有一两位代表。一位在日内瓦代表一个东亚国家的律师据说曾经说过："我是

---

① Shaffer, "The Challenges of WTO Law", p. 179. 至于社会法学术语，他引用的是 William Felstiner et al., "The Emergence and Transformation of Disputes: Naming, Blaming and Claiming", 15 Law and Society Review 15 (1980—1981), p. 631。

② 有关美国和欧盟语境下的公私合营性质的讨论，参见 generally Gregory Shaffer, Defending Interests: Public-Private partnership in WTO Litigation (Brookings Institute, 2003)。显然，当案件提起时，相关私营部门已完成大量工作。更多有关公私合营的详细讨论，见下文第二节内容。

③ Shaffer, "The Challenges of WTO Law", pp. 179-180.

④ Ibid., n. 1.

⑤ Ibid., p. 180.

⑥ See Robert Cox & Harold Jacobson, The Anatomy of Influence: Decision-Making in International Organizations (Yale University Press, 1974), at 395, cited in Shaffer, "The Challenges of WTO Law", p. 180.

⑦ 由总干事所提出的建议, "Committee on Budget Finance and Administration: 2004—2005 Budget Estimates", (Nov. 3, 2003), 16, cited in Hakan Nordstrom, "Participation of Developing Countries in the WTO—New EvIbidence based on the 2003 Official Records", National Board of Trade: Stockholm, Sweden (October 2005), p. 9。

⑧ Ibid., p. 10.

这里唯一的一位律师。"[①] 他是他所代表的整个国家中唯一一位具有WTO法律和争端解决知识的律师，知道这一点，毫不令人惊讶。[②] 发展中国家主要依赖在美国或欧洲国家接受法律训练的专家，因为它们自己国家缺乏有关这一课程的足够教育机构。[③] 与此相反，80％的发达国家在日内瓦有独立的 WTO 代表团。[④] 例如，欧盟的 WTO 代表团有 129 人[⑤]。

发展中国家的代表甚至不能参加为它们自己利益而召开的会议。一位 WTO 官员曾如此描述这种状况："我们成立了一个设有一个主席和秘书的下属委员会，他们召集首次会议以讨论最不发达国家的贸易需求。没有一个最不发达国家出席。没有一个发达国家出席。没有一个人来。没有一个国家出现。如果是有关电讯的会议，房间里将是人山人海。"[⑥]

（二）成本—收益

对大多数发展中国家而言，在没有可能的 WTO 纠纷的情况下，维持一批国际贸易法律人才队伍在经济上是不明智的。尽管贸易壁垒可能明显影响发展中国家的经济，但这些国家必须考虑维持跟踪WTO 审查情况和诉讼能力的费用，以及该投入所带来的回报。为对与总体经济有关的法律费用做出合理解释，它们必须自问因违规而遭

---

① See Shaffer, "The Challenges of the WTO Law", p. 182.

② Ibid.

③ Ibid. 引用自他对发展中国家代表的采访。

④ See Ibid, p. 11, Table I, "Representation in Geneva". 同样值得注意的是，约28％的发展中国家在日内瓦确实有 WTO 代表。中国是拥有超过 15 位 WTO 代表的国家之一。

⑤ Ibid., p. 9.

⑥ John Braithwaite & Peter Drahos, Global Business Regulation (CambrIbidge University Press, 2000), 196, cited in Shaffer, "The Challenges of WTO Law", p. 181, n. 12.

到起诉的可能性，是否比受到严厉制裁的可能性大。问题的答案取决于发展中国家的发展水平和其相关利益的持久性之间的平衡。可以肯定的是，大多数发展中国家不太可能多次参加诉讼程序；由于缺乏重复诉讼的潜在可能性，这会导致产生更多的启动成本。相对来说，诉讼费用极可能是不成比例地高于发达国家所面临的费用。① 私人律师的费用从一百万美元②至超过一千万美元不等，费用的多少取决于案件的性质及复杂程度。③ 有专家建议，对于发展中国家而言，雇佣私人律师可能更划算，因为一些律师事务所经常多次参与诉讼。④ 这可能是真的。另外，这些律师事务所提供的代理服务也可能非常优秀。不过，对一些发展中国家而言，以每小时 200—600 美元的价格雇用美国或欧盟的私人专业律师显然过于昂贵。⑤

① Shaffer, op. cit., p.186. 美国已经成为 99％的 WTO 争端的参加人，并且作为申请方、被申请方或作为第三方介入而通过相关决议。与此相应的是，欧盟参加的比例是86％。Ibid. Cited in Gregory Shaffer, Defending Interests Public-Private Partnership in WTO Litigation (Brookings Institute, 2003), at 136. Calculation based on Tables 6.1 and 7.1 (as of 2003).

② See Kristin Bohl, "Problems of Developing Country Access to WTO Dispute Settlement", Chicago Kent Journal of International & Comparative Law 9 (2009), p. 144 (对一件相对简单案件的律师费用的评估)。

③ See Gregory Shaffer, "How to Make the WTO Dispute Settlement System Work for Developing Countries: Some Proactive Developing Country Strategies", in Towards a Development-Supportive Dispute Settlement System in the WTO (ICID Resource Paper No.5, 2003), at 5—56, 16, available at http://ictsd.org/downloads/2008/06/dsu _ 2003.pdf. ["WTO 上诉机构及 WTO 专家组根据数以千页的个案中的观点所总结的法理，采用了一个高度语境化的、基于个案的方法。因而，需要律师付出大量时间，从而导致法律专家的费用剧增。国际诉讼通常在遥远的地方进行，参与的法律专家是以美国或欧洲人为主、此类诉讼高度专业并且费用昂贵。当发展中国家雇用私人律师向其咨询并由其代理它们在 WTO 中的案件时，它们可能不得不支付每小时 200—600 美元（或更高）不等的费用。在日本相机胶卷案中，代理柯达和富士胶卷的律师们分别向客户收取了超过 1 千万美元的费用。这类费用对于大多数发展中国家而言是不可想象的。甚至对于一个相对简单的案件，一个代理发展中国家的律所仅在专家组阶段的报价就高达 20 万美元。"]

④ See Shaffer, "The Challenges of WTO Law", p.186. 他同时建议采用公诉人模式来协助发展中国家。

⑤ See Shaffer, "How to make Dispute Settlement System Work for Developing Countries", p.16.

DSU 授权向发展中国家提供技术援助，有人可能会问为什么这些国家不利用这一选择。WTO 声称其目前向所有发展中国家和最不发达国家提供一位全职专家和两位兼职专家。[①] 但这意义不大。其缺点无须赘述。

　　（三）　非均衡性

　　拖动一个强大的对手去法院远非易事。在任何法律体系中，"强者可以利用权力的不平衡强词夺理。如果一个小的发展中国家胆敢对发达国家的贸易措施提出挑战，它就会无能为力应对取消特惠关税或外援的威胁——甚至是食品援助"[②]。这绝非危言耸听。例如，据报道，一个考虑针对美国提出 WTO 争端的非洲国家因此而收到撤销食品援助的威胁。[③] 另一个故事涉及一位由某非洲国家雇用的顾问。该顾问在某非洲国家的贸易部长办公室任职的时候，该部长收到美国驻当地大使馆发来的数千页文件。文件是关于《非洲增长与机会法案（AGOA）》的。该部长在星期五收到文件，却被要求于下周三回复。这位顾问好奇地问，如果部长直接忽视该回复请求或简单地拒绝该请求会发生什么。该部长告诉他，他们的政府收到消息，如果不这么做会使他们失去预期的抗艾滋病资金。[④] 这种威胁并不奇怪，甚至对于在"涉及利用市场影响力的公司的国内纠纷时，这些公司同样能运用外部或内部威胁而获益"。[⑤] 但它表明，在进行谈判时，"输赢并不必然与'法律上的'正确或错误相关。它可能与谈判对手的权力和资源

---

　　① See WTO, "Dispute Settlement System Training Module: Special and Differential Treatment—Theory and Practice," supra note 15, at Ch. 11, s. 11. 2.

　　② Shaffer, "The Challenges of WTO Law," p. 193.

　　③ Ibid., n. 66.（谢弗教授通过采访予以证实，包括对一位美国前贸易代表的采访）

　　④ Ibid.（引用自他 2004 年 11 月 29 日的手机对话）

　　⑤ Ibid., p. 193.

有关"①。在 WTO 语境下，"更大、更有权的国家——它们习惯于遵守偏向它们自己的规则——的目标更可能是获得所谓不平衡的结果。对它们而言，最佳补救方案将能有效对付其他国家，而对它们自己而言不那么有效。在解释 WTO 救济机制为何如此时，必须考虑这一情况"。②

除这种权力的不平衡外，法律的压力也无时无刻存在。即使弱小的国家起诉强国并取得胜诉，《谅解》所规定的分层执行机制可能需要另一轮的安排，来决定裁决的执行、适当的赔偿和反报复措施的比例。这些额外的程序是令人厌烦而又昂贵的，而且需要施加政治影响力对发生的可能损失进行有效补救。一个小国可能面临不可估量的政治的、外交的和附带的经济损失。

《谅解》规定的最后的执行手段是报复措施。报复措施就其意义而言，根本不是长期贫困国家针对强权国家所应采取的合理行动选择。在香蕉案这一系列复杂案件中可以看到经济和政治上处于强势地位国家的本质及重要性。③ 欧共体的香蕉进口制度对一些欧共体成员国的前殖民地有利，而对厄瓜多尔、危地马拉、洪都拉斯、墨西哥和美国不利。利益受损方声称欧共体的制度违反了 WTO 多项协定，它们的主张获得支持。④ 当欧共体没有遵守争端解决机构的报告时，胜

---

① Ibid. , n. 67. cited in Stewart Macaulay, Lawrence FreIbidman & John Stookey, The Legal System in Operation: Highlighting the Importance of Discretion, Bargaining, and "The law", in Law and Society: Readings on the Social Study of Law, eds. Stewart Macaulay, Lawrence FreIbidman & John Stookey (W. W. Norton & Co. 1995), 160.

② See Robert Hudec, "Broadening the Scope of Remedies in WTO Dispute Settlement", in Improving WTO Dispute Settlement Procedures: Issues and Lessons from the Practice of other International Courts and Tribunals, ed. Friedl Weiss (2000), cited in Gregory Shaffer, "How to Make the WTO Dispute Settlement System Work for Developing Countries: Some Proactive Developing Country Strategies", in Towards a Development-Supportive Dispute Settlement System in the WTO (ICIB Resource Paper No. 5, 2003), 37, available at http: //ictsd. org/downloads/ 2008/06/DSU _ 2003. pdf.

③ 对本案的具体讨论, see Mauricio Salas and John H. Jackson, "Procedural Overview of the WTO EC-Banana Dispute", Journal of Economic Law 3 (2000), p. 145.

④ "Report of the Appellent Body: European Communities Regime for the Importation, Sale and Distribution of Bananas", WT/DS27/AB/R (1997 年 9 月 9 日通过).

诉方提起执行程序。厄瓜多尔是主要的申诉方①，这也许是因为其30％的外汇收入依赖香蕉出口②。执行专家组确定美国的损失为每年1.914亿美元③；厄瓜多尔每年可中止减让的总额确定为2.016亿美元④。美国在决定发出的当天中止减让⑤。有趣的是，美国没有对欧共体成员国丹麦和荷兰提起报复措施，这两个国家投票反对欧共体通过的香蕉进口制度。⑥厄瓜多尔在对欧共体采取报复行动之前被迫考虑两次："尽管在根据 DSU 第 21 条第 5 款规定提起的执行程序中，厄瓜多尔是主要的当事方，但它没有立即寻求报复措施的授权，而是要求与欧共体协商增加市场准入或降低关税……由于厄瓜多尔进口的主要是生产资料或原材料，取消关税对厄瓜多尔的损害远比欧盟大。"⑦毫不奇怪，厄瓜多尔从未采取报复措施。⑧

　　正如胡德克（Hudec）教授所评论的："对于发展中国家而言，寻求利用 WTO 争端解决程序来对抗发达国家，既浪费时间又浪费金钱。即使发展中国家获得明确的裁决，即发达国家违反了其法定义务，该发展中国家也没有实施该裁决的有效手段。WTO 争端解决程序提供的唯一执行制裁方式是贸易报复——由申诉方对被诉方采取歧

　　① EC-Bananas，Recourse to Article 21.5，WT/DS27? RW/ECU（Ecuador）and WT/DS27/RW/EEC（European Communities）（Apr. 12，1999），both adopted May 6，1999.

　　② See Lowenfeld，International Economic Law，p. 209.

　　③ Ibid.，p. 208.

　　④ Ibid.，p. 210.

　　⑤ See United States Trade Representative，Notice of US Suspension of Tariff Concessions（Apr. 19，1999），64 Fed. Reg. 19209，cited in Lowenfeld，International Economic Law，at 208，n. 125.

　　⑥ See Lowenfeld，International Economic Law，p. 208，n. 125.

　　⑦ Ibid.，pp. 209-210. 谈判失败后厄瓜多尔试图反报，上诉机构授权包括 TRIPS 和 GATS 在内的跨部门交叉报复，这是第一次授权一个发展中国家报复一个发达经济体，且是有史以来第一次跨部门交叉报复。Ibid.，p. 210. 然而，厄瓜多尔从没以任何方式对欧共体进行报复。一位专家组成员进一步讨论本案中反报的缺陷：see Kym Anderson，"Peculiarities of Retaliation in the WTO Dispute Settlement"，World Trade Review vol. 1 no. 2（2002），pp. 123-134.

　　⑧ See T. B. Simi & Aful Kaushik，The Banana War at the GATT/WTO Trade Law Brief，at 2. Available at：www. cuts-citee. org/pdf/TLB08－01. pdf.

视性贸易制裁。有人指出，由较小的国家进行的贸易报复措施实在无法对较大的发达国家造成任何重大影响。最终，报复措施对实施该措施的发展中国家所造成的损害远远大于它意图惩罚的发达国家。学者们都普遍支持这一观点。"①

对发展中国家来说，它们在进行争端解决程序时，会面临很多法律、经济、和政治方面的障碍。然而，这些障碍不是发展中国家利用争端解决制度时所面临的唯一挑战。文化障碍也不容小觑。

三　文化障碍：决定性的因素

法律、经济和政治障碍这三个方面的挑战前已述及。然而，发展中国家所面临的障碍还应包括另一相关问题，即在 WTO 争端解决过程中，发展中国家可能还面临文化障碍。

我们很难给予文化这一词准确的定义，它的含义不限于"社会中有关法律、法律体系及其各部分的看法、价值和观念"②。也不可以说文化仅是"使社会力量趋向或远离法律的习惯、观念、行事或思考方式"③。文化包含所有阶层的人类和公共机构的看法、观念、限制、情

---

① Robert E. Hudec, "The Adequacy of WTO Dispute Settlement Remedies", Ch. 10, p. 81, available at www. ppl. nl/bibliographies/wto/files/289. pdf. 胡德克（Hudec）后来指出，认为反报是执行的关键形式是错误的，而且"法律裁决的执行是一个政治程序，涉及政府决定改变一项先前决定的过程"的观点也是错误的。同上，第 90 页。然而有趣的是，在寻求政治解决的过程中，同样的努力也在发挥作用。也就是说，这种关于执行过程的观念并未缓和问题——它仅仅重申了问题。

② Lawrence M. FreIbidman, Law and Society: An Introduction (Stanford University Press, 1977), p. 76. 该段余下部分为："按照这种定义，法律文化将决定人们在什么时候、什么原因及什么地点运用法律、法律制度或法律程序；以及他们在什么时候他们运用其他制度，或什么也不做。换句话说，文化因素是使一规范的静态结构和一规范的静态集合转变为具有生命力的法律实体过程的关键因素。加入法律文化因素如同给钟表上紧发条或给机器插上电源。它让事物开始活动。"Ibid.

③ Lawrence M. Freigman, The Legal System: A Social Science Perspective (Russell Sage Foundation, 1975), cited in Tom Ginsbury, "The Culture of Arbitration", Vanderbilt Journal of International Law 36 (2003), 1336.

况、行为和相互影响。①

例如，WTO 被正确地定性为"以英语为母语的人的组织"，尽管它也将法语、西班牙语和英语作为官方语言。② 说非欧洲语言的人，甚至那些只说法语和西班牙语的人，也几乎总是处于劣势。据报道，一位卷入 WTO 诉讼的阿根廷外交官说："专家组听证会时等待翻译既疲劳又耗时。而且更为要命的是，文件的翻译可能花费 10 天时间，因此专家组成员在听证会开始前根本没有时间阅读它们……专家在了解对方的观点时根本搞不清我们的观点是什么，这对我们很不利。"③这种情形本质上是一个正当程序问题。理论上，专家组程序可以法语或西班牙语进行。但实际情况是，他们总是使用英语："开庭应该可以使用任何一种官方语言，但在最初用西班牙语陈述时，一位专家组成员昏昏欲睡，于是专家组接下来的程序都使用了英语。"④ 对于母语为这三种语言以外的其他语言的代表团，处境更加艰难。泰国人、马来人及印度尼西亚人苦于如何阅读和"明白各种 300 页左右的 WTO 司法裁决中法律的细微差别，他们在此方面通常缺乏充分的培训"。⑤

面临语言方面挑战的国家可以雇佣精通 WTO 法律的律所。然而，做出这一选择所花成本更多。文化问题让事情变得更加复杂。有能力代理的私人律所通常是美国或欧洲的律所。例如，巴西雇用位于芝加哥的盛德律师事务所（Sidley Austin Brown & Wood）来代理针对美国和欧共体提出的棉花和糖补贴案⑥，泰国在针对美国提起的

---

① 有关文化的细节讨论请见本书第四部分。

② See Shaffer，"The Challenges of WTO Law"，p. 182. 值得注意的是，联合国考虑增加另外两种官方语言：汉语及俄语。

③ Ibid. Citing Diana Tussie & Valentina Delich， "The Political Economy of Dispute Settlement：A Case from Argentina"（Aug. 13，2004），at 10—11.

④ Ibid. ，p. 183. Citing Tussie & Delich， "The Political Economy of Dispute Settlement"，p. 10.

⑤ Ibid. ，p. 183.

⑥ Ibid. ，p. 187. 与布朗·伍德律师事务所（Brown & Wood）的合并使该所同时具有芝加哥和纽约背景。然而值得注意的是，该所共有 1700 名精通各个领域法律的律师，办公地点遍及美国、欧洲和亚洲。它在非洲没有分所。可在 www. sIbidley. com/ourfirm 查看该律所概况。

虾—龟案中雇用了日内瓦的拉立韦合伙人律师事务所（Lalive & Partners），① 韩国在韩国酒类案中雇用了波士顿的威凯平和律师事务所（Wilmer Culter & Pickering）。② 涉及 WTO 的案件，"较 GATT 的案件更多，牵涉到复杂事实问题的旷日持久的争端"③，需要高强度收集事实并进行分析。相应地，律师必须与当地政府官员及行业合作，以便收集丰富的资料。为了提供有效的报告，律师必须在与客户会面时确认事实。面见客户时的语言和文化障碍，导致语言和其他"翻译"问题——口头的和书面的，这会使代理过程不能顺利进行，会增加律师的收费时间。除因翻译时间造成翻译费用的增加和律师收费时间的不必要重复外，隐含的文化冲突还会从其他方面对代理产生重大影响。轻视文化交流问题会阻碍律师—客户互信的产生和保持。不同的预期、不同的处理和支付账单的方式、对责任的性质和程度以及证据可采性的不同理解、对待守时的不同态度以及对优先通信模式的不同选择、时区的差异，都会导致几乎无法预测、解释或解决的法律—文化难题。因此，将这些问题列入发展中国家在 WTO 争端解决体制中已面临的法律、经济、政治障碍中，就十分重要。

"世俗的法律文化"是普通大众对法律的"看法和价值观"的体现。④ 人们有关法律的观念"影响人们对法律的运用"⑤。社会文化与经济上的相互影响有密不可分的联系，这种影响既体现在它们内部，又体现在与其他社会的关系中。⑥ 华盛顿—布鲁塞尔—日内瓦—伦敦长廊中的 WTO 商业文化是一种经济关系制度，在这一关系体制内，

---

① Shaffer，"The Challenges of WTO Law"，p. 187. 可在 www. lalive. ch/e/index. php 查看律所概况。几乎所有律师都来自欧洲，只有两位加拿大籍律师和一位黎巴嫩籍律师，他们同时持有欧洲国家的国籍。可在 www. lalive. ch/e/lawyers/index. php 查看律师档案。

② Ibid. ，p. 189. 它目前在美国、欧洲及亚洲拥有 1000 名精通各个法律领域的律师；see www. wilmerhale. com/about/overview/.

③ John H. Jackson，William Davey & Alan O. Sykes，Legal Problems of International Economic Relations：Cases，Materials and Text，5th ed. （West，2008），p. 272.

④ FreIbidman，Law and Society，pp. 76-77.

⑤ Ibid.

⑥ See Ginsburg，"The Culture of Arbitration"，p. 1336.

"律师四处打听，推销他们的商品。私方当事人，特别是人脉更广、更富有和更有组织的那些人，试图利用 WTO 法律体系实现他们的商业抱负"[1]。例如，有报道称"美国政府在奇基塔公司（Chiquita Brands）向民主党提供 50 万美元政治献金后的 24 小时内将欧洲香蕉贸易案提交到 WTO"[2]。"新自由主义导向"[3] 的经济鼓励私有部门参与到国际贸易的发展中来。这一具有感染力的文化被编撰进美国 1974 年贸易法第 301 条。[4] 该法通过授权私方当事人向美国内阁级别的部门——贸易代表处（USTR）提出请求，以对外国贸易商提出异议。[5]

　　西方的公私合作关系如此普遍，因此有批评者声称"美国没有贸易政策。它只有客户"。[6] 保持公私关系的良好状态及其在贸易政策中的优势地位，"被认为是一种与政府职责类似的上层工商业界的责任"[7]，这有许多表现。向总统和国会竞选团体提供政治献金，是影响

---

　　① Shaffer, *The Public-Private Partnership in WTO Litigation*, p. 3.

　　② Charlotte Denny, "It's All a Matter of Balance", The Guardian（Nov. 19, 1998), 19, cited in Shaffer, The Public-Private Partnership in WTO Litigation, p. 3, n. 9.

　　③ 其基本核心——新自由主义强调自由经济中私主体的作用。有关本论点的全面讨论主要参见 Shaffer, "The WTO's Blue-Green Blues: The Impact of U. S. Domestic Politics on Trade, Trade-Environment Linkages for the WTO's Future", Fordham International Law Journal 24（2001), p. 608.

　　④ Trade Act of 1974, ss. at 301—310, codified under 19 U. S. C ss. at 2411—2420（as amended in 1979, 1984, 1988, 1996 and 2000).

　　⑤ 有关本法内容、申请及其他相关资料的精彩分析，See Lowenfeld, International Economic Law, pp. 191-204. 技术上，美国贸易代表处被授权根据受害方的申请开始调查及采取纠正措施。本条的有效性在香蕉案中遭遇来自欧共体的挑战。欧共体宣称该法案许可的单方行为不符合《谅解》第 23 条的规定。尽管注意到单方行为的危险，专家组并未决定 301 条款与《谅解》不符，因为美国保证它将仅适用于存在"违反或否定美国根据由 DSB 采纳的专家组或上诉机构报告达成的有关协定的权利"的情形。参见同上，第 202—203 页。301 条款经常被视为私主体影响政府采取单方行为的工具。See Jadish Bhagwati & Hugh T. Patrick（eds.）Aggressive Unilateralism: America's 301 Trading Policy and the World Trading System（University Michigan Press, 1991).

　　⑥ See "At Daggers Drawn: First Bananas, Now Beef, Soon Genetically Modified Foods", The Economist（May 9, 1999), 17, quoted in Shaffer, The Public-Private Partnership in WTO Litigation, supra note 22, p. 2.

　　⑦ Sylvia Ostry, Governments and Corporations in a Shrinking World: Trade and Innovation Policies in the United States, Europe and Japan（1990), 19, quoted in Shaffer, The Public-Private Partnership in WTO Litigation, p. 22. No. 64.

包括立法在内的贸易政策的一种普遍方式。例如，奇基塔公司的控股股东在 1998 年总统竞选中捐献最多。① 有人甚至暗示奇基塔公司"希望从美国贸易代表处手中'买下'这个 WTO 案件"②。公私合作关系可能是牢不可破的："有了国会和行政支持，美国贸易代表处对奇基塔公司的回报是以花费成千上万的工时来挑战欧共体的贸易壁垒。这涉及四个 WTO 专家组、总计超过一千页的书面案情提要、数千页提供支持的附录文本以及最终对奇基塔公司有利的和解协议。就像美国贸易代表处为奇基塔公司提供的保护那样，美国贸易代表处还向柯达胶卷、牧场主的牛肉和辉瑞制药的专利提供保护，它代表这些企业向 WTO 提出申诉。在这种私人化的贸易政策观念背景下，如果企业是美国贸易代表处的客户，则竞选经费及有关形式的对价就构成了美国贸易代表处的诉讼费用。"③

政府与不同的私有部门的代表携手共事。例如，据估计仅 2009 年一年，在华盛顿就有 13751 名代表各行各业的说客，花费将近 34.8 亿美元。④

---

① Shaffer，The Public-Private Partnership in WTO Litigation，p. 22. Quoted in Brian Morrissey，"Protectionist Clouds Build"，Journal of Commerce（Apr. 26，1999）.

② Shaffer，The Public-Private Partnership in WTO Litigation，p. 23，n. 65.

③ Ibid.，pp. 22-23. 谢弗教授谨慎地加上："这种做法是成功的［企业游说］，总统及其他高级官员可以代表企业以最高级别形式提出问题，如克林顿总统在 1999 年对南非进行访问期间向曼德拉提出药品专利保护问题。然而，同样可能有其他对抗性力量介入，有来自其他商业利益的游说，如基因制药行业，或由积极分子为非商业原因进行的游说，如向非洲艾滋受害者提供廉价的药品。虽然有评论指出，企业不是能够指挥美国贸易代表处如何行动的'客户'，美国贸易代表处也不是用于开火的手枪。企业必须与美国贸易代表处持续进行临时的合作关系谈判，在它们利益一致并且国内政策许可的情况下，与美国贸易代表处进行合作。"Ibid.，p. 26（省略脚注）.

④ See Lobbying Database at www. opensecrets. org/lobby/. This trend is likely to increase in view of The United States Supreme Court's January 2010 ruling in Citizens United v. The Federal Elections Commission（FEC），130 S. Ct. 876（2010）. After this case, a company could tell a lawmaker："We have got a million we can spend advertizing for you or against you-which one do you want？" NY Times，Jan. 21，2010，available at www. nytimes. com/2010/ 01/22/us/politics/22donate. html （quoting Lawrence M. Nobel, former General Counsel of the FEC）.

私人企业在 WTO 诉讼中起到无可争议的作用。例如，韩国酒类案中，企业代表在 WTO 立案前向美国贸易代表处提供了详尽的市场分析和证据。在日本摄影胶卷案中，"20000 页的来自日本的原始文件被提交用作证据"。企业为美国贸易代表处做了大部分的工作，包括案情提要的撰写。其他主要工作由华盛顿的贸易律师们（包括前贸易代表处官员）完成。① 事实上，"美国成功的一个标志是……（在香蕉案中）WTO 专家组的事实描述……极大部分源于美国的案情提要。而美国事实描述部分绝大部分由奇基塔公司及其律师们完成"②。

公私之间相互交织的复杂网络所产生的这一切，是一个精致的、难以理解，甚至是难以操作的亚文化。对这一关系可通俗表述为公然利用国家权力私下影响发展中经济体。这种影响也许会以"中止或拒绝各种政府专利、审批（如美国食品药品管理局）、许可证（如美国通讯委员会）……外国援助、进出口融资、海外私人投资公司或普遍优惠制（GSP）下的免税待遇"等各种伪装形式表现出来。③ 通常，"华盛顿的贸易律师们乐意代表他们的美国客户提出并推荐这种措

---

　　① 同上。例如，在韩国酒税案中，韩国企业雇用了 Nalls，Frazier & Hathaway 律所（华盛顿所）；在香蕉案中，奇基塔公司雇用了 McDermott Will & Emery 律所（华盛顿所）；在柯达案中，柯达雇用了 Dewey Ballantine 律所（现在的 Dewey & LeBoeuf 律所华盛顿办公室）。同上。值得注意的是被告国同样雇用了一些该圈子的律所，如 Powell, Goldstein, Fraizer, Murphy 等律所就常常代理发展中国家。

　　② Shaffer, The Public-Private Partnership in WTO Litigation, pp. 45-46.

　　③ Richard Cunningham, Trade Law and Trade Policy: The Advocate's Perspective, in Constituent Interests in U. S. Trade Polices, ed. Alan Deardoff Stern, 281, cited in Shaffer, The Public-Private Partnership in WTO Litigation, p. 50. See USTR official website: www. ustr. gov/trade—topics/trade—development/preference—programs/ generalized—system—preference—gsp. 例如，为了保护美国的知识产权，美国中止了价值为 2.6 亿美元的 50% 的阿根廷普遍优惠利益，see John R. Schmetz & Mike Meier, "U. S. Inposes Trade Sanctions on Argentina for Failure to Protect U. S. Intellectual Property Rights", International Law Update 3 (1997), 34, cited in Shaffer, The Public-Private Partnership in WTO Litigation, p. 50. N. 17.

施"①。显然，该措施"显著并有效，特别在针对小国家时"②。

我们可以在欧盟的欧洲委员会（EC）找到类似的文化，欧洲委员会类似于美国贸易代表处。③ 在其职能和运作中，私有行业的支持是一个一个重要因素："该委员会日益依赖外部利益团体的专家输入……有时甚至是由欧洲商业利益团体撰写委员会报告。"④ 活跃于布鲁塞尔的公私合作关系与华盛顿的文化没有什么显著不同。尽管他们的文化不完全一致，因为"美国和欧盟行政文化有很大的不同"⑤，但是他们的基本宗旨是一样的。

日内瓦本身也是一种文化。它可以指"一种等级/阶层的文化"⑥或一种营商文化，但是WTO的氛围是不同的，它的日内瓦本源源于华盛顿和布鲁塞尔，而不是亚的斯亚贝巴或北京。大多数，如果不是所有的发展中国家都对这种文化很陌生，这种文化阻碍了它们运用根

---

① Shaffer, The Public-Private Partnership in WTO Litigation，p. 50.

② Statement by a Copyright Trade association Representative，quoted in Shaffer, The Public-Private Partnership in WTO Litigation，p. 50，n. 170. 谢弗写道："特别是知识产权公司会利用301特别条款及美国普遍优惠待遇项目的年度审查的机会来游说美国贸易代表处解除已授予发展中国家的特别优惠关税。它们同时不忘施加其他形式的压力。例如，在阿根廷药品案中，美国知识产权企业的人员建议美国食品和药品管理部门基于口蹄疫禁止进口阿根廷牛肉。他们从而强迫阿根廷根据TRIPS协议修改专利法。就像一位企业代表写道：'它抓住了阿根廷的痛处。'" Shaffer, The Public-Private Partnership in WTO Litigation，pp. 51-52（引用对一位企业游说者的采访）。

③ Shaffer, The Public-Private Partnership in WTO Litigation，at Appendix，70-78. 有关欧盟结构和功能的更多信息，请见其官网 http://ec. europa. eu/index _ en. htm.

④ Justin Greenwood，"Organized Business and the European Union," in *Organized Business and the New Global Order*，ed. Justin Greenwood &. Henry Jacek（2000），77，80，cited in Shaffer, *The Public-Private Partnership in WTO Litigation*，n. 208.

⑤ 他以在日内瓦采访发展中国家代表所收集的资料例证其观点："欧洲官员常常退缩并反对对抗美国单方面的贸易策略。然而，如一名发展中国家代表所言，欧洲及美国代表均利用其市场影响力实现美国和欧洲委员会的利益。只是美国做得更明显。像该代表所主张的，一名美国官员不在乎公开威胁一个发展中国家，如果该发展中国家不服从美国的命令，他会公然实施威胁。相反地，欧洲官员倾向于公开支持发展中国家，但是如果该国不听从欧洲的命令，他们会在背后隐秘地捅发展中国家一刀。" see Shaffer, *The Public-Private Partnership in WTO Litigation*，pp. 119-120.

⑥ See FreIbidman，*Law and Society*，p. 76.

植于这种文化的争端解决机制的能力和效率。发展中国家面临的这种劣势，甚至会导致严重的正当程序问题的产生。

一个值得注意的改进是两个明显的制度性调整：上诉机构以及和WTO法律咨询中心组成人员的多样化。① 尽管完全影响日内瓦的制度性文化是不太可能的，我们必须承认上诉机构②和 WTO 法律咨询中心③目前的人员组成公平地代表了发展中国家。

我们可以得出结论，法律、经济、政治和 WTO 文化使得这个争端解决机制在解决涉及发展中国家的争端时，成为一个"不方便"法院。④ 尽管中国和非洲同样面临所有这些障碍，非洲国家处在更加不

---

① WTO法咨询中心设在日内瓦，它向发展中国家和最不发达国家以较低费用提供咨询援助和代理。详细情况请见：www. acwl. ch/e/index. html. ；到目前为止，它已经援助代理了 8 个发展中国家：厄瓜多尔、洪都拉斯、印度、印度尼西亚、巴基斯坦、巴拉圭、秘鲁和泰国。

② WTO 上诉机构共有 7 名成员，4 名男性和 3 名女性：Lilia Bautista（菲律宾，密西根大学法律硕士）；Ricardo Ramirez Hernandez（墨西哥，美国大学华盛顿法律学院法律硕士）；Jennifer Hillman（美国，哈佛法学院法学博士）；Shotaro Oshima（日本，东京大学法学学位）；DavIbid Unterhalter（南非，威特沃特斯大学和牛津大学毕业）；Peter Van Den Bossche（比利时，密西根大学法律硕士）；张月娇（中国，乔治敦大学法律中心法律硕士）。前上诉机构成员包括：Georges Michel Abi-saab（埃及，哈佛法学院法律硕士、法学博士）；James Bacchus（美国，福罗里达州立大学法学博士）；Luiz Olavo Baptista（巴西，哥伦比亚法学院硕士、巴黎大学哲学博士）；Christopher Beeby（新西兰，惠灵顿维多利亚大学法学学位、伦敦经济学位法学学位）；Claus-Dieter Ehlermann（德国，海德堡大学哲学博士）；SaIbid El-Nagger（埃及，开罗大学、伦敦大学学位）；Florentino Feliciano（菲律宾，耶鲁大学法学院法学硕士、法学博士）；Arumugamungalam Venkatachalam Ganesan（印度，印度马德拉斯大学文学硕士、科学硕士）；Merit E. Janow（美国，哥伦比亚法学院法学博士）；John S. Lockhart（澳大利亚，悉尼大学法学学位）；Mitsuo Matsushita（日本，东京大学法学学位、土伦大学哲学博士）；Julio Lacarte-Muro（厄瓜多尔）；Giorgio Sacerdoti（意大利，米兰大学和哥伦比亚法学院法学学位）；Yasuhei Taniguchi（日本，伯克利法学院法律硕士、康奈尔大学法学博士）。更多信息请见WTO 官网：www. wto. org/english/ tratop _ e/dispu _ e/－ab _ members _ bio _ e. htm.

③ WTO 法咨询中心拥有来自 8 个国家的 8 名律师：Mr. Frieder Roessler（德国）；Mr. Leo Palma（菲律宾）；Mr. Niall Meagher（爱尔兰）；Ms. Cherise M. Valles（加拿大）；Ms. Petina Gappah（津巴布韦）；Mr. Fernando Pierola（秘鲁）；Mr. Hunter Nottage（新西兰）；Ms. Catherine Nuganga（乌干达）。更多信息请见 WTO 法咨询中心官网：www. acwl. ch/e/about/staff. html.

④ 尽管有些相关，此处的"不方便法院"（inconvenient forum）一词仅使用的是通常含义，而不是法律术语上的"不方便法院"（forum non conveniens），该术语与私人跨国纠纷有关，将在第四部分讨论。

利的地位。无论如何，任何衡量 WTO 争端解决机制在解决中国与
WTO 的非洲成员国间贸易争端适当性的分析，都需要考虑所有这些
因素。继续这一话题，下一章将进一步探讨中国与非洲间特有的考虑
因素。

第五章

中非交往中贸易争端解决的
特有考虑因素

本章首先考察了非洲和中国在国际贸易体系中分别做出的贡献及面临的挑战。然后概述了它们的调整建议,接着对双方的建议进行了比较,最后,本章分析了当前中非交往背景下多边贸易体系的跨区域备选方案,介绍了区域争端解决体系的积极与消极方面以作为进一步讨论的基础。

第一节 非洲的历史挑战及其提出的调整方案

非洲国家对 GATT/WTO 争端解决机制的形成几乎没有贡献。它们作为当事方或专家组成员参与这些程序同样默默无闻。虽然有这些挑战,非洲国家在呼吁改变法律、政治、经济和文化时,仍然表达了对未来的期望。

在 GATT 争端解决机制形成后的 50 年内,仅一个非洲国家作为争端一方参与进来。① 1985 年,南非针对加拿大提出申诉,声称加拿

---

① Victor Mosoti, "Africa in the First Decade of WTO Dispute Settlement", Journal of International Economic Law 9 (2006), p. 433.

大的措施违反了 GATT 第二条和第三条。① 专家组裁定加拿大的措施使南非丧失了应享有的优惠，并给其带来损害，要求加拿大对南非做出适当赔偿。② 然而，值得注意的是，1985 年的南非仍在实行种族隔离政策。除了其他几次非洲国家作为第三方介入，可以说非洲国家没有利用 GATT 争端解决机制。③ 虽然有人对此给出了不同的理论解释④，但第四章所阐述的发展中国家面临的障碍，可以在逻辑上很好地解释它们的缺席。

非洲也在很大程度上缺席 WTO 争端解决程序。自 1995 年 WTO 争端解决机制形成后，没有非洲国家提起过 WTO 争端解决程序。⑤ 自从新体系形成后的最近 10 年，埃及和南非作为被诉方分别参加过 4 次和 2 次争端解决程序。⑥

非洲人作为专家组成员和上诉机构成员的数量也极为有限。在 GATT 争端解决机制成立的 50 年间，仅有 3 名非洲人以这种身份参与。⑦ 迄今为止在 WTO 体制下，有 9 名非洲人成为专家组成员或上诉机构成员。有趣的是，这 9 个人中有 4 人来自埃及、4 人来自南非、1 人来自毛里求斯。⑧

多哈回合谈判中，非洲谈判组概括了非洲成员没有参与争端解决程序的原因，以及在面对争端解决机制时所遇到的挑战：

---

① The case was "Canada-Measures Affecting the Sale of Gold Coins", Report of the Panel (GATT Doc. L/5863), cited in Mosoti, n. 15.

② See Mosoti, "Africa in the Frist Decade of WTO", p. 433.

③ 同上，第 433—444 页。

④ 人们常说贸易量少能很好地解释非洲的这一缺席。同上，第 438—439 页。尽管应该将这一观点纳入考虑，但它不是一个完整的解释。

⑤ See www. WorldTradeLaw. net. Cited in Mosoti, pp. 434-435. 非洲国家作为第三方参与过 15 次。See Mosoti, op. cit. , p. 436.

⑥ 同上。对埃及措施提出异议的国家是印度、巴基斯坦、土耳其和泰国。

⑦ See Mosoti, "African in the First Decade", pp. 439-440.

⑧ Ibid.

争端解决过于复杂、昂贵。

违法措施在程序开始前后就被撤销的情况下，所造成的损害不能得到满意的赔偿。

裁决和建议中的执行措施（贸易报复）对非洲成员方不利且有偏见。

在其运行中，争端解决不应当偏离发展这一根本目标。现有经验表明，争端解决在实现 WTO 协议的发展目标时没能做出令人满意的贡献。

为发展中国家成员提供的特别程序无法解决非洲成员方在寻求利用争端解决程序时所遇到的关键困难。

在一些程序中，专家组和上诉机构超越权限并根本损害了 WTO 协议所规定的发展中国家成员应享有的利益及权利。

专家组和上诉机构的组成及运行不能确保实现 WTO 的发展目标及地域分配的公平。

在评估争端解决的运作及改革需要时，非洲成员方所关注的发展及公平问题没有得到考虑。非洲谈判组认为，对《谅解》的任何评估及改进应主要基于 WTO 协议所设定的发展目标。①

尽管存在这些看来无望解决的挑战，非洲成员国仍然充满乐观，这可以从它们提出的具体的完善建议中反映出来。对提案进行分析是必不可缺的，因为哪怕只是实施其中的一小部分，都将极大地改变决定成员方参与程度的成本—效益分析。参与的程度会对如何确定解决中非贸易关系的适当机构发挥重要影响，而这正是本书所关注的主要问题。本节内容将以上一章讨论的有关挑战即法律、政治、经济以及文化为背景，来探讨非洲集团的提案。

---

① WTO Dispute Settlement Session, Proposal by the African Group, "Negotiations on the Dispute Settlement Understanding", WTO Doc. TN/DS/W/15（2002 年 9 月 25 日），由肯尼亚常驻代表团代表非洲集团提交。

首先，非洲集团的提案强调法律的复杂性，并列举出它们认为有问题的重要法律条款。该提案首先关注的是根据 DSU 第 3 条第 6 款、第 21 条与第 22 条规定所进行的程序结束前被撤销的措施。它们注意到，对在程序开始前或进行期间限制非洲出口的措施缺乏补救手段。它们因此主张对在此过程中造成的损失予以补偿。① 该提案指出，即使在程序终结之后，根据现有规则做出的补救，也没有包括适当的赔偿。最后，该建议主张对发展中国家做出金钱补偿裁决是最适当的补偿形式，并要求对此制定强制性规则。②

非洲集团的提案还强调了目前的特别程序所存在的不足，并要求采取有效的财政特殊照顾措施。该方案还论及专家组及上诉机构的实体法律体系，考虑到此类机构对某些法律条款的解释可能损害发展中国家的利益，非洲集团对此感到十分"吃惊"。它提议对复审程序采取一些根本性的变革。特别是，它请求总理事会介入到法律问题的复审程序，并对 WTO 法理学的发展进行监督，以促进发展。③ 更为根本的是，非洲集团提议在司法过程中注入更多的民主程序。它认为专家组的作用应仅限于事实查明方面，因此，对上诉机构重新命名，使其负责将事实适用于法律。此外，该提案还要求上诉机构的每一成员独立书写裁决意见，并依多数票做出裁决。④

对非洲集团来说，一个额外的财政障碍是，长期缺乏能够成功应付这个复杂争端机制的人力及其他资源。尽管它认可 WTO 法律咨询中心的优点，但它强调该中心权力及范围的有限。根据该集团的看法，该中心的结构会产生一个基本的正当法律程序问题："应当明确

---

① See Progosal by the African Group, para. 4.
② Ibid. ，paras. 4—5. （"这种金钱赔偿可以弥补由于违背 WTO 义务的措施施行期间所遭受的损失结果，但是不能替代对这些措施的撤销。强制的金钱赔偿的任何条款均不得影响撤销违规措施的要求"）。参见《谅解》第 19 条第 1 款、第 21 条第 8 款、第 22 条第2款。
③ See Proposal by the African Group.
④ Ibid. ，para. 11.

认识到，每个好的法律制度都要确保当事人可以获得司法的权利，不会使他们因金钱限制而不能在司法体系中行使权利。"① 该集团请求在多哈回合谈判框架下建立一个"永久的固定基金"②。

政治可能是最大的挑战。该集团强调报复这一救济措施不利于发展中国家："争端一方没有撤销违反 WTO 义务的措施时，对于当事另一方最后的制裁就是中止减让。中止减让被认为会激励当事方撤销违反义务的措施，同时会恢复权利与义务的平衡。然而，现实是，在针对发达国家成员方时，发展中国家成员方作为个体国家几乎无法实际利用这个最后的制裁。如果它们采取报复措施，所遭受的损害可能更大。由于争端解决是多边贸易体系的关键，发展中国家成员方的这一弱势意味着该体系对它们不利。"③

非洲集团接着提出一种非常实际甚至是根本的补救。该集团请求集体中止减让来对抗违约的当事方，其程度应与违法行为造成的损害成比例。④

非洲集团的提案也提出了文化限制的问题。该提案指出，在专家组和上诉机构中明显缺乏来自非洲的适当代表。⑤ 接着，非洲集团谈到其他不太明显的文化问题。第一个问题涉及在争端解决程序中的参与问题。该集团要求对发展中国家取消有关第三方参与的要求。⑥ 该提案写道："作为第三方的发展中国家成员应有权获取所有文件和信息，并有权充分参加所有诉讼程序。"该建议的目标之一是"获得有关程序的、实体的、系统的或其他问题的法律技能；更好地了解

---

① See Proposal by the African Group, p. 2, para. 3.

② Ibid.

③ Ibid. , p. 3，para. 6.

④ Ibid. 准确的措辞是："应该有一个条款说明诉诸中止减让，应当授予所有 WTO 成员方集体对一采取（针对一个发展中成员国）违反 WTO 义务措施的发达国家集体中止减让。"

⑤ Ibid. , p. 6，para. 11.

⑥ 《谅解》第 10 条阐述了第三方参与程序的要求。

WTO 的运作"①。换句话说，该提案的目标是"文化适应（accultura-
tion）"。

第二个文化问题涉及运用法庭之友时所体现出来的法律文化的
基本差异。该集团不同意上诉机构就 DSU 第 13 条"获取信息的权
利"所做的解释。非洲集团认为，该短语仅仅涉及有关法律概念的
信息，而不涉及事实问题的信息。② 它同时指出，非洲国家欢迎内
部透明化，但强烈反对外部透明化。根据该集团的说法，发展得较
好的发达国家拥有活跃的且具有利害关系的私有部门，它们会不当
利用这些信息，从而损害发展中国家的利益。外部透明化同样会对
发展中国家的各个成员产生消极影响。本质上，这是一个显著的文
化差异。

最后，非洲集团坚持认为整个争端解决体制应是发展友好型的③，
并且"应通过制度安排，鼓励采用第 25 条所规定的仲裁解决方式"④。

总之，到目前为止，非洲对争端解决的参与没有大的意义。它们
在未来参与的意义取决于它们的建议在多大程度上得到采纳。不过，
根据第 25 条选择仲裁看上去更吸引人。本书第六章会对此进行深入
讨论。

---

① See progosal by the African Group, p. 4, para. 9.

② Ibid. , p. 5, para. 10. "第 13 条授予的获取信息的权利被解释为接受未经请求的
信息的义务。这对争议解决的政府间的性质及成员国在寻求作为第三方参与争议解决的
权利会产生一定的影响。"Ibid. , para. 10（a）. 它进一步指出，非洲集团认为在第 13 条
语境下使用"amicus curiae"这一术语是不恰当的。第 13 条涉及的是"获取信息的权利"，
为了清晰起见，该表述应在第 13 条意图的框架内予以保留和使用。"amicus curiae"的通
俗译法为"法庭之友"，通常被理解为是指法庭可能向其寻求有关法律问题的更多建议和
指导的受人尊敬的专家。该术语通常不被用来指提出事实证据支持一当事方案件的情况。
Ibid. , p. para. 10（b）.

③ 该主题贯穿整个提案，see generally, Proposal by the African Group.

④ Ibid. , p. 6, para. 11.

第二节 中国在争端解决中的作用及其提出的修正案

中国逐渐成为 WTO 体系中的重要角色。根据中国政府的说法，它"总是支持多边贸易体系并将其置于贸易政策议程的首位"①，它相信"多边贸易体系在维护全球经济稳定、促进全球贸易自由方面扮演着不可或缺的角色"②。因此，中国对于未来的看法聚焦于诸如特殊和差别待遇、专家组建议的实施、解决争端所花费的时间之类的议题。

中国对 WTO 争端解决机制的参与逐渐让人印象深刻。2001 年到 2008 年，中国作为当事一方参与了 8 个提交到 DSB 的案件，其中两次作为申诉方、其余 6 次作为被诉方。③ 中国作为相关第三方参加了另外 62 个案件④。2009—2010 年，中国向 WTO 提出了 4 起案件，两起针对美国，两起针对欧盟⑤，这引发了如下批评："北京巧妙地利用国际贸易规则的缺陷以促进自己经济的发展，却牺牲了包括美国在内

---

① 世界贸易组织贸易政策审议机构，"Trade Policy Report by China," WT/TPR/G/199（2008 年 5 月 7 日）［下文中称"China Trade Policy Review"］，第 5 页，第 6 段。"中国政府相信只能依靠走肯定创新、资源节约、环境友好的道路实现可持续和协调的经济发展，并且努力建设和谐社会以保障所有人民分享发展所带来的收益。"同上，第 5 段。

② 同上，第 18 页，第 84 段。

③ 同上。同一官方报告的第二部分指出中国作为当事方已参与了九个案件，在一个案件中作为原告、另八个案件中作为被告。参见同上，第 24 页，第 1 段。

④ 同上，第 19 页，第 86 段。

⑤ 针对美国提起的这两个案件有关禽类产品和轮胎的，针对欧盟提起的这两个案件有关禽类产品和汽车零部件：（1）DS405：*China v. EU：Anti-Dumping Measures on Certain Footwear from China-Request for the Establishment of a Panel by China*（2010/02/04）；（2）DS399：*China v. US：Measures Affecting Imports of Certain Passenger Vehicle and Light Truck Tyres from China*（2010/03/10）；（3）DS397：*China v. EU：Definitive Anti-Dumping Measures on Certain Iron or Steel Fasteners from China*（2009/10/23）； （4）DS392：*China v. EU：Certain measures affecting imports of poultry from China*（2009/10/23）. 所有案件可在 http：//docsonline. wto. org 处获取该文件。

的其他成员方的利益。"① 批评者注意到："提出针对其他国家的指控
是国家在贸易争端中能够使用的最大火力。"② 中国看起来对发达国家
正大量使用这种火力。

　　另一方面，近年来中国面临着来自 WTO 成员方最大数量的反倾
销及反补贴调查。例如，中国仅在 2006—2007 年度就遭受了 126 次
反补贴调查。③ 1995—2007 年，中国商品出口量为世界总出口量的
6%；同一时期，中国占到世界反倾销案件总数的 15.6%。④ 显然，
中国横跨两个不同的世界——同时扎根于发达国家的世界和发展中国
家的世界。在发达国家世界里，中国在 WTO 争端解决机制中表现得
越来越有经验。然而，目前在与发展中国家尤其是非洲国家的交往
中，它还没有同样表现的需求。

　　作为多哈回合谈判的一部分，中国就 DSU 的改革方案提交了四
份文件。⑤ 中国在非洲集团的提案提交将近 4 个月后提交了第一份提
案⑥。中国的第一份提案关注三个关键方面：（1）建立适用于所有发
展中国家成员方的明确的特殊而有差别待遇（Special and Differenti-
al，S & D）条款；（2）实施专家组或上诉机构的建议；（3）减少争
端解决的时间。中国在提案序言中指出："谈判的结果应反映绝大多

---

　　① Keith Bradsher，"China Uses Rules on Global Trade to Its Advantage"，NY Times
（2010 年 3 月 14 日），可在 www.nytimes.com 获取该文件。

　　② Ibid.，p.3. 下文为："但是它也是昂贵的。准备一起案件并将其推向法庭可以轻松
花掉数百万美元法律费用，低收入国家很少提出案件。"

　　③ Ibid.，p.14，para.60.

　　④ Ibid.

　　⑤ 第一份是 TN/DS/W/29（2003/01/06）。两个月后，提交了第二份文件 TN/DS/
W/51（2003/03/05），包含了对第一份文件中抽象建议的具体的文本草案。为消除语言的
不确定性，于第二份文件提交后的第 8 天提交了第三份文件 TN/DS/W/51/Rev.1（2003/
03/13），这是中国最后一个实质提案。然而，为谨慎起见，中国提交了题为"有关中国建
议具体问题的答复"（Responses to Questions on the Specific Input of China）的文件即 TN/
DS/W/57（2003/05/19），并试图解释 TN/DS/W/51 提案的根本理由。所有文件均可在
WTO 官网上获得。

　　⑥ 参见中国第一份文件 TN/DS/W/15（2002/09/09）。

数成员方的利益，特别是发展中国家成员方的利益。"这与非洲集团的提案中对利用争端解决机构时所面临的障碍的表述类似。[①]

中国有关《谅解》的提案希望适用于所有发展中国家成员方[②]。尤其是，中国要求为该团体直截了当地提出特殊而有差别待遇的新准则。它同时建议将发达国家能提交的针对发展中国家成员方的案件数量限制在每公历年 2 起。[③] 此外，如果发达国家成员方在专家组或上诉机构层次"败诉"，那么发展中国家法律费用应由败诉的发达国家成员方支付。[④] 中国提出的减少有关保障措施和反倾销争议的解决时间将只适用于发达国家成员方，这可以将时间缩短一半。[⑤]

中国还提议修改《谅解》附件 3 第 12 段（a）项规定中有关专家组工作的时间。这样，申诉方向争端解决机构提交文件的时间就会缩短至 3—4 周（而不是 3—6 周），而被诉方提交文件的时间会延长至 4—5 周（而不是 2—3 周）。[⑥] 中国认为，这么做只是对争议当事人准备书面文件的时间进行平衡。中国提出这样的请求，是希望发展中国家成员方是争端一方时，就有 4—6 周的时间提交文件，当发展中国家成员方是被诉方时，就有 6—7 周的时间准备文件。[⑦]

截至 2010 年 5 月，中国在 7 个案件中作为申诉方，在 18 个案件中作为被诉方，在 67 个案件中作为第三方。[⑧] 比较起来，欧共体在 94 个案件中作为第三方，美国在 78 个案件中作为第三方。[⑨] 相对中国的政治和经济水平而言，它作为第三方参与诉讼的案件是很有象征

①　参见 TN/DS/W/15，第 2 段。
②　Ibid.
③　Ibid., para. 4（1）（1）.
④　Ibid., para. 4（1）（2）.
⑤　Ibid.
⑥　Ibid., para. 6（1）.
⑦　Ibid., para. 6（2）.
⑧　See www.wto.org/english/tratop _ e/dispu _ e/dispu _ by _ country _ e. htm.
⑨　Ibid.

意义的。中国作为第三方的频繁参与，导致它日益关注为第三方争取更多的权利。中国提议修改《谅解》附件 3 第 6 段，以便给予所有相关第三方参加所有专家组实体性会议的权利——而不只是第一次会议。① 这种提议也会给予相关第三方出席第二次专家小组会议即正式辩驳阶段的权利，但没有发言的机会。②

中国的提议还有一段有关争端解决机构裁决与建议的实施内容。③ 该提议要求"败诉"当事方至少应在"合理期限终止前"的 20 天内采取积极行动，表明遵守该机构的裁决与建议。④ 如果"败诉"当事方没有在截止期前完全遵守裁决与建议，那它就需要做出声明，指出它在合理期限截止前已经采取或希望采取的措施。⑤

中国和非洲集团在它们各自的提议中表明了双方共同利益和不同利益。除建议提供更多市场准入形式的补偿外，非洲集团还提议进行金钱赔偿，⑥ 与中国提出的用金钱赔偿取代报复的建议相似。⑦

正如中国指出的，即使被授权中止减让，发展中国家也并不总是有报复的能力。⑧ 同样，非洲集团表达了对于发展中国家成员当今可用的强制措施的担心⑨。"现实如此"，非洲集团的提议声明："发展中国家成员作为个体国家实际并不能利用这个最终的制裁（中止减让）来对抗发达国家成员。如果它们采用报复措施，可能会受到进一步的

---

① See TN/DS/W/51，para. 3（2），and see DSU Appendix 3，para. 6.

② See TN/DS/W/51，para. 3（3）.

③ Ibid.，para. 5.

④ Ibid.

⑤ 中国在提交第一份文件后的 8 天后，又提交了一份建议修改版。See TN/DS/W/51/Rev. 1（2003/03/13），但所做的修改主要是语法方面的。在修改版中，有几处使用的"shall"改为了"should"。See Ibid, at paras. 1（1）（2），2（1）（2）（3），4（2），5（1），6（1）（2）.

⑥ WTO Dispute Settlement Session，Proposal by the African Group，Negotiations on the Dispute Settlement Understanding，WTO Doc. TN/DS/W/15（Sep. 25，2002），at para 3.

⑦ See China's Proposal，TN/DS/W/29，at para 2（7）.

⑧ Ibid.，para. 2（6）.

⑨ See African Proposal，TN/DS/W/15，at para. 6.

伤害。"① 对此，非洲集团提议，对于针对发展中国家采用违反 WTO 协议措施的发达国家，应允许所有 WTO 成员集体对其中止减让。② 中国的提议以不同的方式表达了相同的忧虑。中国所提议的要求败诉成员方采取能够证明其履行争端解决机构裁决或建议的积极行动，当然会为针对不遵守裁决或建议的成员方采取的报复措施设定一个前提。③

非洲集团对《谅解》中特殊与差别待遇的发展表达了关注④。具体言之，非洲集团的提议焦点集中在法律技能、法律费用和 WTO 法理信息的收集方面。⑤ 虽然中国的提议也关注特殊与差别待遇，但它自己更为关注的是针对发展中国家成员方可以提起的案件的数量，以及解决某些争端的时间表。⑥ 中国的提议没有请求提供法律援助。不过，中国提出的由败诉的发达国家申诉方承担发展中国家被诉方所花费的法律费用的建议，与非洲集团对争端解决高额费用的关注相呼应。⑦

关于第三方的参与，非洲集团的提议允许发展中国家成员作为第三方充分参与所有诉讼程序，允许发展中成员有权获得所提交的与纠纷有关的所有文件和信息。⑧ 中国提议给予 10 天的期限以作为第三方参与纠纷解决程序，而非洲集团提议作为第三方的发展中国家，可在任何时候加入纠纷解决程序。非洲集团的其他提议，集中在 WTO 条款的解释和适用、非洲在专家小组和上诉机构中的代表不均衡，以及透明度和公共参与方面。中国的提议没有提出这些问题。

对这些提议的比较研究表明，尽管中非双方有一些共同的忧虑，

---

① See African Proposal，TN/DS/W/15，at para. 6.
② See African Proposal，TN/DS/W/15，at para. 6.
③ See China's Proposal，TN/DS/W/29，at para 5.
④ See African Group's Proposal，TN/DS/W/15，at para 8.
⑤ Ibid.
⑥ See China's Proposal，TN/DS/W/51，at para 4.
⑦ Ibid.，para. 4 (1) (2).
⑧ See African Group's Proposal，TN/DS/W/15，at para 9.

但非洲提出的问题是普遍的，中国提出的问题则比较具体。从本质上说，中国希望利用发展中国家地位以及可利用的有利规则，来增加其在全球贸易中的参与度。非洲面临的挑战更严重。为了继续更进一步的进行探讨，接下来的章节沿着同样的思路进行比较分析。

第三节　中非贸易关系：它们的共性、面临的挑战及新的出路

虽然中国较为富裕，但与非洲国家一样，都是日内瓦的新访客。中国认识到多边贸易体系是不可替代的，并正在利用它为自己谋利。大部分的非洲国家却不这么认为。如前所述，非洲国家在利用 WTO 争端解决机制时，面临着经济、法律、政治和文化上的障碍。中国也面临着相似的障碍，但考虑到中国与发达国家的贸易关系，中国更善于处理它们。中国对 WTO 体系的利用，提供了一些经济互动的经验。

从理论上讲，中国与作为 WTO 成员的任一非洲国家之间的争端，都可以提交争端解决机构来讨论。不过，从上面所论述的中非双方面临的挑战来看，该机构对双方来说不是一个合适的选择。如果非洲国家提出的建议在多哈回合中被忽略了，那么它们将处于特殊的不利境地。因为面临着这些挑战，它们必须思考其他的选择。区域性/跨区域安排可能是在 WTO 框架允许范围内的（即符合 WTO 协议的）一种选择。

这一部分将集中讨论 GATT/WTO 规则中有关区域性/跨区域性安排取代多边贸易体系的有效性问题，并通过对调整中非关系的相关文件进行分析，来评价中非合作的发展。

一　区域性/跨区域性贸易体制许可范围概述

布雷顿森林体系倡导以最惠国待遇原则形式体现出来的非歧视原则。从广义上来讲，GATT 体制包含在该体系内。然而，从一开始最惠国待遇原则就不时地被区域性和其他贸易优先安排所困扰。[①] 实际上，GATT 从来都没打算取缔区域贸易总协定（RTAs）创设的优惠贸易集团。[②] GATT 第 24 条规定了一些基本要求：

"本协定的各项规定不应阻止缔约各国在其领土之间建立关税联盟或自由贸易区，或为建立关税联盟或自由贸易区的需要采用某种临时协定，但是：（甲）对于关税联盟或过渡到关税联盟的临时协定来说，建立起来的这种联盟或临时协定对未参加联盟或临时协定的缔约各国的贸易所实施的关税和其他贸易规章，大体上不得高于或严于未建立联盟或临时协定时各组成领土所实施的关税和贸易规章的一般限制水平；（乙）对自由贸易区或过渡到自由贸易区的临时协定来说，在建立自由贸易区或采取临时协定后，每个组成领土维持的对未参加自由贸易区或临时协定的缔约各国贸易所适用的关税和其他贸易规章，不得高于或严于同一组成领土在未成立自由贸易区或临时协定时所实施的相关关税和其他贸易规章；以及（丙）本款（甲）和（乙）项所称的临时协定，应具有一个在合理期间内成立关税联盟和自由贸易区的进程和计划表。"[③]

---

① John H. Jackson，The Jurisprudence of GATT and the WTO：Insights on Treaty Law and Economic Relations（Cambridge，2000），pp. 99-101.

② Ibid.，pp. 99-100. 地区贸易协议安排包括自由贸易区、关税同盟、共同市场以及具体不同程度融合的经济共同体等。See Kevin C. Kennedy，International Trade Regulation，Readings，Cases，Notes，and Problems（Aspen Publishers，2009），437. See www. uneca. org/atpc/Work％20in％20progress/33. pdf.

③ GATT 1947，Art. 24（5）（a—c）.

该条第 7 款包含一个通知要求①。这些规定包含四个基本规则：(1)"基本上所有的"（substantially all）；(2)"大体上不高于"（not on the whole higher）；(3) 临时协议计划和进程表；(4) 通知。② "基本上所有的"这一要求涉及旨在促进贸易的关税同盟的建立。假如有关"基本上所有"货物的贸易障碍都被清除，这一结果就说明，一个对一些国家有利而并不损害第三方利益的真正的关税同盟已经建立。这样，它就可以享有多边贸易体制最惠国待遇原则的例外规定。尽管这一短语本身还含糊不清，但现有的关税同盟因该条规定而有存在的理由。③

　　与此相关的，关税同盟不得对第三方适用比其成立前大体上更高的关税或贸易规章。实施这个标准十分复杂。④ "临时协议标准"允许关税同盟在建立期间减损最惠国待遇要求，只要实施计划是清晰的，有关文件也表明关税同盟将会在合理期间内运作。⑤ 成员方还必须遵守通知程序⑥。最后，即使区域贸易协议没有"完全遵守这些要求"，经三分之二多数缔约成员国同意，可免除这些要求。⑦

　　乌拉圭回合通过对一些模糊短语如"几乎所有"和"大体上不高于"进行解释，澄清了 GATT 第 24 条的某些规定，但在 WTO 成立后，该条中的规则仍保持不变。⑧

　　在现有 WTO 框架下，除 GATT 第 24 条的要求外，还增加了两

---

　　① 1947 年关贸总协定第 24 条第 7 款（甲）项规定："任何决定成立关税同盟或自由贸易区或签署成立关税同盟或自由贸易区的临时协议的缔约国，应及时通知缔约国全体，并向其提供有关信息，以便缔约国全体得以斟酌向缔约各国提出报告或建议。"

　　② See Jackson, The Jurisprudence of GATT, p. 103.

　　③ Ibid., p. 103.

　　④ Ibid.

　　⑤ Ibid., pp. 103-104.

　　⑥ Ibid.

　　⑦ See GATT, Art. 24, para. 10.

　　⑧ 对 1994 年乌拉圭回合增加解释的分析，see Kennedy, International Trade Regulation, pp. 441-442.

项与 WTO 相容的规定。它们是：《服务贸易总协议》（GATS）第 5
条，以及适用于发展中国家的例外条款，通常被称为"授权条款"
（Enabling Clause）。

GATS 也是建立在非歧视原则或最惠国待遇原则基础之上①。所
以，对该原则的任何减损都需要理由。换句话说，第五条的要求必须
得到满足，才能考虑任何优惠措施是否符合 WTO 的要求。这些要求
旨在保护 GATT 第 24 条试图保护的相同价值。这里至少有两个重要
要求：（1）设立服务关税同盟或主要贸易区的协议，必须涵盖众多的
服务部门，这要根据所涉及的贸易数量、涉及部门数量以及服务提供
方式确定②；（2）该协议应取消现有的几乎全部歧视措施，并且不得
采取新的歧视措施。③ 最后，也许与本书的目的更相关的是，在涉及
发展中国家时，这些要求的适用要显示灵活性。④

以上所提到的"授权条款"是东京回合的产物⑤，它在本质上准
许向发展中国家做出单方减让，而无需向其他缔约方适用最惠国待遇
原则。1970 年，普遍优惠制的建立允许发达国家向发展中国家给予优
惠关税，而无需向 GATT 的其他缔约方适用最惠国待遇原则。⑥ 授权条
款的法律基础，开始于 1970 年授予发达国家的为期 10 年的豁免期，在
1979 年 11 月 18 日东京回合决议中，这一授权条款被永久确定下来。⑦

有人注意到，"授权条款是授权而不是强制发达国家向发展中国

---

① See GATS，Art. Ⅱ。

② GATS，Art. Ⅴ（1）（a）. See also Kennedy，International Trade Regulation，
p. 440.

③ GATS，Art. Ⅴ（1）(b).

④ GATS，Art. Ⅴ（3）.

⑤ See Kennedy，International Trade Regulation，pp. 485-487.

⑥ Ibid.

⑦ See Decision of 18 November 1979 on Differential and More Favorable Treatment，Reci-
procity and Fuller Participation of Developing Countries，BISD，26th Supp. 203（1979）（often re-
ferred to as the "Enabling Clause"），cited in Kennedy，International Trade Regulations，p. 486.

家给予优惠待遇"①。基本的规定是这样的："尽管有总协定第一条的规定，缔约方可以给予发展中国家差别和更优惠待遇，而不给予其他缔约方以同样待遇。"② 特别是，这一豁免扩展适用于"欠发达国家之间达成的对来自另一成员方的商品相互减免关税或实施非关税措施的地区性或全球性协议"③，以及"就发展中国家所享有的有利的一般或具体措施中，对最不发达国家实施特别待遇"④。

就现实情况来看，截至 2008 年中期，GATT/WTO 收到 380 个地区贸易协议的通知。⑤ 其中有 300 个是根据 GATT 的第 24 条通知的，22 个根据授权条款通知的，58 个是根据 GATS 的第 5 条通知的。⑥ 到 2010 年底，这一数据已超过 400 个。⑦ 不过，大部分地区贸易协议可能与 WTO 的规定相冲突。实际上，WTO 在其报告中就注意到，"关税同盟、地区和双边自由贸易区、优惠待遇以及其他无数的贸易安排的所形成的'意大利面碗现象'（spaghetti bowl）几乎使最惠国待遇成为例外。当然，这一短语现在可能被更好的定义为'最不惠国待遇'（LFN，Least-Favored-Nation Treatment）。"⑧ 该报告

---

① Kennedy, International Trade Regulation, p. 486. 根据授权条款所作出的单方减让的一个很好的例子是美国 2000 年的《非洲增长与机会法案》。对该法案影响的分析，see generally, Ryan McCormick, "The African Growth and Opportunity Act: The Perils of Pursuing African Development Through U. S. Trade Law", Texas International Law Journal 41 (2006), p. 443.

② See Decision of 18 November 1979 on Differential and More Favorable Treatment, Reciprocity and Fuller Participation of Developing Countries, BISD, 26th Supp. 203 (1979), para. 1, quoted in Kennedy, International Trade Regulations, p. 486.

③ See Enabling Clause, supra note 79, at para. 1 (c).

④ Ibid., para. 1 (d).

⑤ See Kennedy, International Trade Regulation, p. 435.

⑥ Ibid.

⑦ Ibid.

⑧ See Report by Consultative Board to the Director-General Supachai Panitchpaki, "The Future of the World Trade Organization: Addressing institutional Challenges in the New Millennium" (2004), at para. 60, reproduced in Kennedy, International Trade Regulation, p. 435—436.

的结论是，各种同盟的增加导致"世界贸易体制陷入混乱"。①

通过对 GATT/WTO 有关地区贸易协议许可范围的规定的解读，可以发现它为地区或跨地区经济合作安排留下了发展空间。就南南合作而言，GATT/WTO 的规则更为灵活和通融，注意到这一点很重要。现有的实践也表明，地区贸易协定及其他形式的优惠安排，与WTO 的相容性没有得到严格实施。在此基础上，下文将探讨中非经济合作以及基于中非现有法律框架下的优惠安排的性质。

二 区域性体制(非洲国家和中国分属的)中的争端解决机制

如上所述，考虑到多边、区域型、次区域性和跨区域贸易安排的存在，世界贸易体制陷入混乱之中。这些不同贸易安排的一个共同点是，它们都规定了与 WTO 争端解决机制并行的争端解决机制。本节以非洲和中国的地区性贸易安排为例，来说明不同贸易安排之间潜在的重叠之处，并对地区性争端解决机制的优缺点进行评价，以便在此基础上对中非现有的贸易体制进行分析。

（一）非洲内的协定和争端解决

非洲正在推动地区一体化。非洲许多地区性组织都在推动一体化进程，它们包括非洲联盟委员会（AUC）、联合国非洲经济委员会

---

① Ibid. 对关贸总协定第 24 条语境下地区贸易协议的可许可范围进行分析的最典型的 WTO 案例是土耳其纺织品案，在该案中上诉机构认为，土耳其其依据与欧共体成立的关税同盟对印度进口到土耳其其的纺织品实施数量限制与其承担的 WTO 义务不一致。上诉机构注意到只有在成立关税同盟本身会被阻止的情况下，才允许偏离多边义务。See "Report of the Appellate Body, Turkey—Restrictions on Imports of Certain Textile and Clothing Products", WT/DS34/AB/R (1999).

（ECA）、非洲发展银行（AfDB）以及非洲各种地区经济共同体（RECs）。① 非洲联盟认可的非洲地区经济共同体有八个，它们都处于不同的发展阶段。这八个非洲地区经济共同体分别是：（1）目前不十分活跃的阿拉伯马格里布联盟（AMU）；（2）萨赫勒—撒哈拉国家共同体（CEN-SAD）；（3）西非国家经济共同体（ECOWAS）；（4）东非国家经济共同体（ECCAS）；（5）南部非洲发展共同体（SADC）；（6）东非共同体（EAC）；（7）政府间发展组织（IGAD）；（8）东南非共同市场（COMESA）。② 几乎所有这些地区经济共同体都规定了争端解决机制。其中有些地区经济共同体更偏重于贸易。非洲经济共同体③设立的能够解决一般争议的司法法院，可能与各个地区性经济共同体的争端解决机制重叠。不过，本节将以南部非洲发展共同体和东南非共同市场的争端解决机制为例，来说明多边争端解决机制与地区性争端解决机制的重叠，并对每一体制的优缺点进行评析。之所以选择南部非洲发展共同体和东南非共同市场为例，是因为它们的发展比较成熟，并对非洲贸易产生了广泛影响。

1. 南部非洲发展共同体

1980 年 4 月 1 日，九个南部非洲国家设立了南部非洲发展协调会议（SADCC），旨在减少对当时实行种族隔离政策的南非的经济依赖。④ 1992 年 8 月 17 日《南部非洲发展共同体条约》通过后，南部

---

① See Economic Commission for Africa, African Union, African Development Bank, "Assessing Economic Integration in Africa IV, Enhancing African Integration" (Addis Ababa, May 2010), p. 7. 这一全面报告可在非洲经济委员会官方网站找到：www. uneca. org/eca_resources/Publications/books/aria4/ARIA4Full. pdf.

② 对于这 8 个地区经济共同体取得的进步与面临的挑战，Ibid., pp. 17-18.

③ See Treaty Establishing the African Economic Community (AEC), Abuja Treaty, at Arts. 18 and 87. Text of the Treaty is available at www. au2002. gov. za/docs/key_oau/aectreat2. htm #chap3.

④ 背景信息可在南共体官方网站找到：www. sadc. int/ See SADC Profile. 这 9 个国家是安哥拉、博茨瓦纳、莱索托、马拉维、莫桑比克、斯威士兰、坦桑尼亚、赞比亚和津巴布韦。

非洲发展协调会议就相应变更为南部非洲发展共同体。① 它现在有包括南非在内的 15 个成员②。

在本书写作之时，《南部非洲发展共同体条约》已有 26 个议定书③。其中一个议定书——《贸易议定书》有 7 个附件④。附件六规定了争端解决⑤。附件六所规定的规则与程序，大部分是以 WTO 的《谅解》的规定为基础制定的。⑥ 尽管南部非洲发展共同体的规则与程序和《谅解》的规则和程序的相类似，但前面所讨论的一些可变因素还是有明显的不同。

2. 东南非共同市场

1981 年 12 月 21 日，七个东部和南部非洲国家共同签署了优惠贸易协议，这为于 1993 年 11 月 5 日在乌干达首都坎帕拉成立的东南非共同市场奠定了基础。《东南非共同市场条约》于 1994 年 12 月 8 日

---

① See The Treaty of the Southern African Development Community as Amended. ConsolIbidated text available at www. sadc. int/.

② Ibid.

③ Ibid. 这些议定书是：（1）《反贪污议定书》；（2）《打击非法毒品议定书》；（3）《武器防控议定书》；（4）《军火及相关物质议定书》；（5）《文化、信息及体育议定书》；（6）《性别与发展议定书》；（7）《教育与培训议定书》；（8）《能源议定书》；（9）《引渡议定书》；（10）《便利人员流动议定书》；（11）《渔业议定书》；（12）《林业议定书》；（13）《健康议定书》；（14）《特权与豁免议定书》；（15）《法律事务议定书》；（16）《刑事事项双边司法协助议定书》；（17）《矿业议定书》；（18）《政治、国防、安全合作议定书》；（19）《共有水道议定书》；（20）《旅游议定书》；（21）《共有水道修订议定书》；（22）《贸易议定书》；（23）《交通议定书》；（24）《通讯与气象议定书》；（25）《法庭与程序规则议定书》；（26）《野生动物保护与执法合作议定书》。

④ 在 1996 年 8 月签署，在 2000 年 1 月 25 日生效。《贸易议定书》文本可在网站 www. sadc. int 上找到。

⑤ 最初的议定书第 32 条含有一条争议解决的规定。由于该条规定与 2008 年《SADC 条约》附件六所产生的冲突，该条规定后改为："附件六的规定适用于成员国之间因本协定项下的权利和义务而产生的争议解决。" See www. sadc. int/ （Amendment to the Trade Protocol on 2008－06－04).

⑥ Compare Southern African Development Community Protocol on Trade Annex VI, available at www. sadc. int/document /trade/annex6. doc，with WTO Understanding on Rules and Procedures Governing the Settlement of Disputes，Marrakesh Agreement Annex 2，1869 U. N. T. S. 401，33，I. L. M. 1226，available at www. wto. org/english/docs _ e/legal _ e/ 28－dsu _ e. htm.

在马拉维首都利隆圭通过①。东南非共同市场当时有 19 个成员国，总人口为 4 亿。②《东南非共同市场条约》设立了一个有一般管辖权的法院③，该条约还对管辖权、成员方的出庭资格、法院法官的任命、任期以及法院的管理④做了详尽规定。东南非共同市场法院具有一些独特特征：第一，它是一个常设的司法机构⑤；第二，成员国以及自然人和法人都可将案件提交法院解决⑥；第三，法院程序是公开的，除非法院在一些特殊情况下做出其他决定⑦；第四，东南非共同市场法院也可以发表咨询意见⑧；第五，成员国国内法院要根据本国民事程序规则来执行东南非共同市场法院的金钱判决，而不得对案件实体问题进行审查。⑨

除了一般的法院系统，东南非共同市场规章还规定了专门针对倾销、补贴及抵销关税的争端解决机制。⑩ 与南部非洲发展共同体的争端解决机制类似，调整东南非共同市场争端解决机制的这些规则，在

---

① 背景信息：http：//about. comesa. int/lang－en/overview/history－ofcomesa.《东南非共同市场条约》文本：http：//about. comesa. int/attachments/149 _ 090505 _ COME-SA _ Treaty. pdf.

② See http：//about. comesa. int/lang－en/home. 成员国是布隆迪、科摩罗、刚果民主共和国、吉布提、埃及、厄立特里亚、埃塞俄比亚、肯尼亚、利比亚、马达加斯加、马拉维、毛里求斯、卢旺达、塞舌尔、苏丹、斯威士兰、乌干达、赞比亚和津巴布韦。

③ See COMESA Treaty at Arts. 19-44.

④ Ibid.

⑤ Ibid. ，Art. 2.

⑥ See COMESA Treaty，Arts 24，26. "在成员国内有居所的任何人均可将就部长委员会或成员国的任何行为、规章、指令或决议的合法性提请法院决定，只要此类行为、规章、指令或决议是非法的或违反了本条约的规定；如果提请法院决定的事项涉及成员国的任何行为、规章、指令或决议，只有在该成员国国内法院或法庭用尽当地救济后，该人才能根据该条规定提请本司法法院解决。"

⑦ Ibid. ，Art. 31 （1）.

⑧ Ibid. ，Art. 32.

⑨ Ibid. ，Art. 40. "东南非共同市场法院作出的、对当事人施加金钱义务的判决的执行应由执行所在地成员国有效的民事程序规则调整。执行令应附在法院判决之上，法院登记官只应对判决的真实性进行审查，随后就应根据执行地成员的国内程序规则进行执行。"

⑩ See COMESA Regulations on Trade Remedy Measures，Regulation 2 available at www. comesa. int/trade/remedies/ Regulations.

本质上反映了WTO《谅解》的程序。① 在这种安排之下，对于上诉目的而言，东南非共同市场法院发挥着和WTO上诉机构同样的作用。②

（二）中国的地区性贸易安排

中国致力于实现其贸易目标，即"加速经济对外开放，引进外国科技与专有技术，发展对外贸易，促进经济健康发展"。③ 对于中国签订的多边和区域性协定，"中国旨在进一步加强多边贸易体系。同时加速与一些贸易伙伴签署双边和地区自由贸易协议"。④

中国的贸易关系是多维度的，包括详尽的法律体系和法定机构。⑤ 虽然中国将多边方法作为其发展对外贸易的核心，但它仍积极追求地区性的、跨区域的和双边贸易方法作为补充。⑥

中国目前是许多地区性的、跨区域的和双边贸易安排的成员国，包括（1）亚太经济合作组织（APEC）；（2）亚欧会议（ASEM）；（3）中国—东盟自由贸易区（ASEAN）；（4）亚太贸易协定（APTA）；（5）海湾合作委员会（GCC）；（6）中国—南部非洲关税同盟（China-SACU）。中国与中国的香港、中国的澳门、智利、巴基斯坦、澳大利亚和新西兰签订了许多重要的双边贸易协议。最后，中国向39个最

---

① See COMESA Regulations on Trade Remedy Measures，Regulation 2 available at www. comesa. int/trade/remedies/ Regulations.

② Ibid. ，Regulation 45.

③ See China Trade Policy Review.

④ Ibid.

⑤ 中国有关对外贸易的法律主要包括《对外贸易法》《海关法》《进出口关税条例》以及涉及卫生与植物卫生措施、反倾销、反补贴、知识产权等方面的法律。See Ibid. At 31. 中国商务部是负责制定对外贸易政策、实施法律的主要政府部门，其他部门还包括国家发展改革委员会、财政部、农业部、工信部、中国人民银行、国家外汇管理局、国有资产监督管理委员会等。See "China Trade Policy Review"，supra note 25 at 32，paras. 35—37 including notes. China's foreign trade related laws and regulations are published in the China Foreign Trade and Economic Gazette and is also available on the website maintained by Ministry of Commerce of the People's Republic of China at http：//english. mofcom. gov. cn/index. shtml.

⑥ See "China Trade Policy Review"，p. 33. para. 38.

不发达国家给予了单方面的优惠。①

以上几乎所有贸易安排都规定了争端解决。基于发展程度及贸易量，下文选择亚太经合组织、中国—南非关税同盟和中国—海湾合作委员会作为分析对象。

亚太经合组织开始于 1989 年，是 12 个亚太国家进行非正式磋商的一个平台。② 中国、中国香港和中国台北于 1994 年加入。截至本书写作时，亚太经济合作组织共有包括俄罗斯在内的 21 个成员，目前它已经暂停了成员国的加入。③ 从贸易额来看，亚太经济合作组织可能是世界上最有活力的经济安排。亚太经济合作组织国家间的商品贸易从 1989 年的 1.7 万亿美元增加到 2007 年的 8.4 万亿美元④，在此期间，贸易壁垒减少了大约 70%，从 16.9% 降到了 5.5%。⑤ 根据 1994 年的《茂物宣言》⑥，亚太经济合作组织设定的目标是发达经济体之间应到 2010 底实行"自由开放的贸易"，所有成员国在 2020 年底实行"自由开放的贸易"。⑦ 为实施这一宣言，成员方最终采纳了名为《大阪行动日程》的决议，它包含 15 个议题，其中一个就是争端解决。⑧ 实施这一目标的进程，是通过"个别行动计划同行评议"（Individual Action Plan Peer Reviews）来评估的。⑨ 每个成员在所有领域取得的

---

① Ibid.，p. 33，paras. 40-68. 更多中国自由贸易区安排的信息：http：// fta. mofcom. gov. cn/topic/ensacu. shtml.

② 有关亚太经济合作组织的历史，参见：www. apec. org/apec/about ＿ apec/ history. html. 最初的 12 个成员国是澳大利亚、文莱、加拿大、印度尼西亚、日本、韩国、马来西亚、新西兰、菲律宾、新加坡、泰国和美国。

③ Ibid.

④ See www. apec. org/apec/about ＿ apec/achievements ＿ and ＿ benefits. html.

⑤ Ibid.

⑥ Ibid.

⑦ Ibid.

⑧ 这些领域是关税、非关税措施、服务、投资、标准和合规、海关程序、知识产权、竞争政策、政府采购、管制与监管审查、WTO 义务（包括原产地规则）、争端解决、商人的流动、信息收集与分析，See Osaka Action Agenda at www. apec. org/apec/about ＿ apec/ how ＿ apec ＿ operates/action ＿ plans ＿ . html＃Osaka.

⑨ See Fact Sheet at www. apec. org/apec/news ＿ media/fact ＿ sheets/200908fs ＿ iap-peerreviews. html.

进展都要进行此类评估，其中包括争端解决。[①] 亚太经济合作组织的争端解决方法极具创新性：

争端调解

目标

亚太经济合作组织各经济体将：

a. 鼓励成员方在早期合作性地探讨分歧，在不损及 WTO 协议及其他国际协议项下的权利和义务，而且在没有复制或偏离 WTO 争端解决程序的情况下，以有助于避免冲突和升级的方式解决争议；

b. 推动并鼓励利用争端解决程序，及时、有效解决亚太地区私人实体和政府之间以及私人实体之间的纠纷；

c. 确保不断提高政府法律、规章及行政程序的透明度，以减少和避免贸易和投资争端，从而促成安全、可预见性的商业环境。

指导原则

每一亚太经合组织经济体将：

a. 为仲裁协议的相互及有效执行以及仲裁裁决的执行做出规定；

b. 提供充分措施，以迅速、透明和容易接近的方式公开有关贸易和投资的所有法律、规章、行政指导方针和政策；

c. 通过发展和\或维持合适的、独立的有关贸易和投资的复审或上诉程序，以及必要时的行政诉讼的矫正机制，来促进国内的透明度。

---

① 个别评估与集体评估，See www. apec _ iap. org/.

集体行动

亚太经合组织经济体将：

a. 就亚太经济合作组织经济体之间的纠纷解决：（i）促进对话，增加了解，包括就任何可能导致纠纷的事项交换观点，并在自愿的基础上对已产生的纠纷开展合作调查，利用诸如亚太经合组织贸易与投资委员会的"贸易政策对话"的政策对话机制；（ii）进一步考虑亚太经济合作组织经济体如何利用上述贸易政策对话机制或其他平台的类似机制，以进行信息交换、增强对话和调解；（iii）随着亚太经济合作组织自由化和简易化程序的发展，对将来纠纷解决程序的可能演化进行分析。

b. 就私方当事人之间以及私方当事人和亚太经济合作组织经济休之间的纠纷解决：（i）向贸易与投资委员会提供有关仲裁、调停和调解的服务名单，供亚太经济合作组织经济体的私方当事人利用，包括有关此类服务的说明，这可能为亚太地区私人——政府间纠纷的解决提供有用模式，并将此类信息向亚太地区的商事/私有部门广泛散发；（ii）向贸易与投资委员会提供有关上述服务的评论；（iii）在适当时候加入诸如《解决国家与他国国民间投资争端公约》等此类解决政府与私人实体之间纠纷的国际公约；（iv）在适当时候加入《承认与执行外国仲裁裁决公约》（即《纽约公约》）。

c. 在透明度方面，通过发布有关各个亚太经济合作组织经济体内仲裁、调停和调解的指导手册，促进亚太经济合作组织范围内的透明度。

d. 就上述集体行动，应持续向贸易与投资委员会报告有关进展情况，并提出相应建议。①

---

① See Osaka Action Agenda，supra note 122.

这种综合方法旨在促进地区性纠纷的解决，而不与多边体制发生冲突。这种包容性的方法涉及公共贸易纠纷、私—公投资纠纷和私人商业性纠纷。亚太经济合作组织谨慎地避免复制 WTO 的方法，但它有关公共贸易争端的解决方式仍遵从了 WTO 的制度。但亚太经济合作组织强调了早期合作解决纠纷的重要性，而不是很早就进入多边解决阶段。亚太经济合作组织的主要协调机构贸易与投资委员会监督调解程序。① 它不是一个争议解决机构或独立的调解机构，但《行动议程》将它视为一个推动者。贸易与投资委员会备有一份仲裁员名册。在私—公投资和私—私商业纠纷中，亚太经济合作组织重视利益调解、调停和仲裁方式，并确保国内法律制度有力支持这些纠纷解决方式。

如上所述，每个成员国所取得的进展都受到同行评议。最近对中国有关争议解决部分所做的审查十分有意义。审查意见是这样的：中国也与许多经济合作伙伴签订了自由贸易协定，其中一些是亚太经济合作组织成员，这些自由贸易协定中都有争议解决的规定。中国所签署的自由贸易协定对争端解决采用了协商和调解的综合方法。只有争议不能通过协商解决时，才会采用临时仲裁小组解决。中国—智利自由贸易协定就有这样的规定。最近中国和巴基斯坦缔结的自由贸易协定也规定了纠纷解决程序（通知、组成仲裁庭、庭审，等等）。2003年的《中国个别行动计划同行评议报告》指出："《内地和香港更紧密经贸合作安排》中也规定了纠纷解决机制。基于此，中国显然在自由贸易区协定谈判中，正根据《茂物目标》的宗旨制定其纠纷解决方式，即尽量利用合作方式避免冲突和紧张。"

有关中国的报告进一步指出："中国是通过签署更多的双边投资条约（BITs）的方式，来改进政府—私方当事人纠纷解决机制。此类

---

① 有关投资贸易委员会的职能，参见 www. apec. org/apec/apec _ groups/committee _ on _ trade. html.

条约是两个经济体为促进本领域内的公司/投资者到对方进行投资而达成的协议，它们通常都规定通过国际仲裁解决投资纠纷。在此领域，中国通过持续签订双边投资条约得到不断改善。自 2003 年进行同行审查后，中国签署了 107 个双边投资条约。到 2006 年 10 月，这个数字已增长至 119 个。对于私方当事人之间的纠纷，中国有现成的仲裁途径，中国《仲裁法》对此做了规定。当事人可以寻求的救济之一，就是在中国国际经济贸易仲裁委员会提起仲裁。虽然中国倾向通过协商、仲裁方式解决政府—政府间的纠纷，但 WTO 争端解决程序为中国设定了争端调解机制。中国继续与其他经济体签署双边投资条约，以作为增强政府—私方当事人纠纷解决的一种方式。"①

中国的方式是对《大阪行动议程》需要的响应。它结合了调停、调解和仲裁的方法，且只把 WTO 的争端解决机制作为最后一个采用的办法。它签署的双边投资条约都有仲裁的规定。②

仲裁也是解决私人纠纷的首选办法。中国主要的国际仲裁中心即中国国际经济与贸易仲裁委员会，被认为是仲裁和其他纠纷解决方式的主要推动者。中国双边投资条约的作用和性质以及中国国际经济贸易仲裁委员会的规则和程序，在本书第三、第四部分有关投资和商事仲裁的讨论中进行了详细分析。因此，此处只需指出中国采用了多重的纠纷解决方式，在亚太经济合作组织背景下，它非常强调调停、调解和仲裁解决方式。中国以 WTO 为中心的政府—政府贸易纠纷解决机制与亚太经济合作组织的方式也是一致的。

中国也是《亚太贸易协定》（APTA）的成员③。《亚太贸易协定》

---

① APEC, "Report of the IndivIbidual Action Plan (IAP) Peer Review of China", 2007/SOM3/02. Agenda Item III, 41-42, available at www. apec _ iap. org/default. asp? pI-bid? /peerReview/default.

② 本书第三部分详细讨论了这些条约及条约中有关仲裁的规定。

③ Information about the APTA is available on the official website of the United Nations Economic and Social Commission for Asia and the Pacific （ESCAP） at www. unescap. org/tib/apta. asp.

的前身即《曼谷协定》，签订于 1975 年，参与成员包括孟加拉共和国、中国、印度、韩国、老挝人民民主共和国和斯里兰卡。① 2009 年 12 月，这些参与国签订了两个框架协议——一个有关贸易②，另一个有关投资。③ 贸易协议将亚太贸易协定第 21 条规定的纠纷解决机制纳入其中（下有论述）④。投资协议展望了一个新的投资纠纷解决机制，但没有提及具体规定。⑤

《亚太贸易协定》第 21 条规定："参与成员方之间就本协议或本协议框架下通过的其他任何文件的条款的解释和适用所产生的任何争议，应根据有关成员方之间的协议友好解决。如成员方之间不能自己解决争议，则争议应提交给常设委员会解决。常设委员会应对争议事项进行审查，并在争议提交给它后的 120 天内提出有关建议。为此目的，常设委员会应采纳适当规则。"⑥

常设委员会由所有成员国的代表组成⑦。它被授权解决争端，就如同 WTO 的争端解决机构。⑧ 该协议要求受侵害当事方在向常设委员会提出正式的申诉前，应尝试与侵害当事方解决纠纷。如果受害当事方未能解决该问题，它必须提出正式的申诉，常设委员会对案件进行审查，并做出决定。如果常设委员会查明存在违法行为，它就会要

---

① See APTA background at www. unescap. org/tib/apta. asp.

② Asia-Pacific Trade Agreement，Framework Agreement on Trade Facilitation in APTA Participating States（December 2009）. Text available at www. unescap. org/tib/apta/fa _ tf. pdf.

③ See Asia-Pacific Trade Agreement，Framework Agreement on the Promotion，Protection and Liberalization of Investment in APTA Participating States（December 2009），text available at www. unescap. org/tib/apta/fa _ inv. pdf.

④ See Framework Agreement on Trade，Art. 9.

⑤ See Framework Agreement on Investment，Art. 7. 该条规定也指出，如果不能设立新的机制，《亚太贸易协定》第 21 条规定的机制将适用。

⑥ Asia-Pacific Trade Agreement（APTA），Art. 21.

⑦ APTA，Art. 22. "由成员国代表组成的常设委员会每年至少开会一次，负责审查本协议的适用、进行协商、提出建议、采取必要的决定，并且一般可以采取所要求的措施以确保本协定的目标和规定得到充分实施。"

⑧ Ibid.

求违法当事方采取改正措施。如果违法当事人没有采取改正措施，常设委员会可授权胜诉当事方中止其对违法当事方的义务。① 这一程序几乎与 WTO《关于争端解决规则与程序的谅解》程序完全一样，只是这一程序仅在地区层面运用。

在双边层面，《中国—巴基斯坦自由贸易协定》② 就是一个综合性纠纷解决规定的证明③。该协定第十章有 18 条规定全部是关于争议解决的。这些规定是仿照 WTO《谅解》的多重争议解决方法制定的，但有自己的地方特色。当事方必须先尝试通过直接磋商方式解决争议，并将这一情况通知按照该协定第十一章设立的管理机构即自由贸易委员会（FTC）。④ 如果争议未能通过磋商方式解决，申诉方可选择在自由贸易协定的框架内继续程序，或者如果指控的措施也违反了其他协议，申诉方可用其他的纠纷解决程序。⑤ 可以想象，这一程序与WTO 的争端解决机制相似。如果申诉方选择在自由贸易协定框架下继续程序，接下来的一步，就是利用自由贸易委员会的调停和调解服务。⑥ 如果调停或调解无效，或当它们还在进行中时，任一方当事人可以请求成立仲裁小组。⑦ 仲裁小组由三位成员组成，每个当事方指

---

① Ibid.，Art. 20. "如果一成员国认为另一成员国没有适当遵守本协定中的某一规定，并且此种违反已严重影响了它与该国的贸易关系，它就可向该国提出正式声明，违反协定的成员国应适当考虑该声明。如果在该声明做出后的 120 天内，两国之间没有做出令人满意的调整，该事项就可提交给常设委员会，它可决定是否向有关成员国提出它认为适当的建议。如果相关成员国没有遵守常设委员会的建议，该委员会就可授权任一成员国针对违反规定的成员国中止适用该委员会认为适当的本协定中的有关义务。"

② See Free Trade Agreement between the Government of the People's Republic of China and the Government of the Islamic Republic of Pakistan，entered into force Oct. 10，2009 (China-Pakistan FTA). Information of the FTA is available at http：//fta. mofcom. gov. cn/topic/enpakistan. shtml The text of the FTA is available at http：//fta. mofcom. gov. cn/pakistan/xieyi/fta _ xieyi _ en. pdf.

③ See China-Pakistan FTA，at Ch. X. Text available at http：//fta. mofcom. gov. cn/pakistan/xieyi/fta _ xieyi _ en. pdf.

④ See China-Pakistan FTA，Arts. 57-59，75.

⑤ Ibid.，Art. 60.

⑥ Ibid.，Art. 61.

⑦ Ibid.，Art. 62.

定一位仲裁员，这两位仲裁员再选一个首席仲裁员。有趣的是，如果一位当事人没有指定仲裁员或两位指定的仲裁员，不能就首席仲裁员人选达成一致意见，则根据该自由贸易协定的规定，由 WTO 总干事做出指定。①

　　自由贸易协定为仲裁小组提供了非常简洁的仲裁规则②。值得注意的条款包括那些有关仲裁地和仲裁所使用的语言的规定。根据仲裁规则，仲裁庭审应在被诉方领域内进行。被诉方承担争议解决的后勤行政管理费用③，其他相关费用由当事双方分摊④。英语是仲裁程序指定使用的语言⑤。

　　与 WTO 的争端解决机构相似，仲裁小组被要求向当事方递交一份初步的报告，供它们审查。此外，仲裁小组在做出最终的有关事实查明和法律结论的报告前⑥。必须考虑当事方对报告的反馈。与 WTO《谅解》争端解决方式一致的是，如果败诉当事方没有采取矫正措施，贸易委员会就可授权胜诉当事方，在同一行业内中止对败诉方适用相关利益，除非该措施被视为无效。⑦ 如果败诉方认为它已采取适当步骤消除违法措施，它必须通知胜诉当事方，胜诉当事方可自由要求是否由最初的仲裁小组进行审查。⑧ 与《谅解》规定不同的是，如果最初的仲裁小组无法组成或复审仲裁小组，查明败诉方仍未遵守相关协议，该自由贸易协定没有规定相应的解决办法。最后，该自由贸易协

---

　　① Ibid.，Art. 63. 这种选择值得注意，因为《亚太贸易协定》设立了一个管理机构即自由贸易委员会，该机构被授权的职责之一就是解决争端，但仲裁员的指定权却授予给了 WTO 总干事。

　　② See China-Pakistan FTA，Art. 65. See also Annex III: Rules of Procedure of Arbitral Panel. Available at http://fta. mofcom. gov. cn/pakistan/xieyi/fta _ xieyi _ annex _ en3. pdf.

　　③ See China-Pakistan FTA，Art. 16.

　　④ Ibid.，Art. 66.

　　⑤ See Annex III，Art. 33.

　　⑥ See China-Pakistan FTA，Arts. 69-70.

　　⑦ Ibid.，Art. 71-72.

　　⑧ Ibid.，Art. 73.

定将根据 1994 年 GATT 第六条所采取的反倾销和反补贴措施，排除在争议解决体制之外。①

（三）区域贸易协定例外背景下的中非关系：软法渊源

任何中非之间的合作都不能照字面意义归入区域贸易协定，但可以被认为是跨地区的贸易协定，具有此种效果的任何协议都可以被视为经济伙伴关系协定（EPAs）。经济伙伴关系协定也必须遵守 GATT/WTO 有关相容性的规定。考虑到中国和非洲国家的发展中国家地位，它们可能享有更为灵活的减损规则（rules of derogation）。不过，中非目前还没有签署任何正式的经济伙伴关系协定，调整目前中非关系的只是许多"软法"协议。本节对这些软法协议做一概述，并呼吁将它们提升至经济伙伴关系协定的地位，包括对权利和义务进行更为清晰的界定。

中非合作论坛②是中非现有关系的主要平台，它在北京举行的首届中非部长级会议上正式成立。③ 时任中国国家主席江泽民、总理朱镕基、副主席胡锦涛、非洲国家的首脑以及来自双方国家的部长们，于 2000 年 10 月 10 日至 12 日出席了北京会议。④ 这次会议分设了有关贸易、投资、教育以及减少贫困方面的论坛，会议结束后通过的宣言为中非之间的未来合作指明了方向。

这次论坛的官方声明强调中非双方的合作主题："中非合作论坛是中国与非洲友好国家建立的集体磋商与对话平台，是南南合作范畴内发展中国家之间的合作机制。其特点是：务实合作：以加强磋商、

---

① Ibid., Art. 25（2）.

② See the official website of the FOCAC at www. focac. org/eng/.

③ Information about its creation is available at www. focac. org/eng/ltda/ltjj Information about the Beijing Conference is available at www. focac. org/eng/ltda/dyjbzjhy/CI12009/t157577. htm.

④ Information about the Beijing Conference is available at www. focac. org/eng/ltda/dyjbzjhy/CI12009/t157577. htm.

扩大合作为宗旨，重在合作。平等互利：政治对话与经贸合作并举，目的是彼此促进，共同发展。"[①]

第二次部长级会议于 2003 年 11 月 15 日至 16 日在埃塞俄比亚首都亚的斯亚贝巴举行。时任中国国务院总理温家宝、一些非洲国家首脑和 44 个非洲国家的部长们作为代表出席了这次会议。[②] 亚的斯亚贝巴会议一致通过了一项全面行动计划。该行动计划有关贸易的部分强调了合作、扩展和谈判："（我们）注意到双方贸易发展迅速，贸易额逐年增长，商务人员往来增加，贸易法规不断健全和完善。认识到有必要扩大中非之间平衡的双向贸易。认识到扩大市场准入的重要性，同时非洲国家也应为此加强自身的供应能力。中方决定给予非洲最不发达国家进入中国市场的部分商品免关税待遇，中方将从 2004 年开始，与有关国家就免关税的商品清单及原产地规则进行双边谈判。非洲国家对此表示赞赏，有关国家愿在确定免关税商品及制定原产地规则的问题上积极配合，为双边谈判做好一切必要的准备。"[③]

亚的斯亚贝巴行动计划使中国在双边协议中承担开放零关税市场，这为北京宣言增加了切实的步骤。非洲国家承诺与中国开展合作。这次行动计划给予双方在两年内完成的特定义务。

第三次部长级会议于 2006 年 11 月 4 日至 5 日在北京举行。48 个非洲国家的元首或政府首脑出席了峰会。此次会议通过了一项宣言，就是现在所称的《北京行动计划》。北京行动计划促进了地区合作，并推动中非关系向前发展："高度评价非洲联盟以及非洲次区域组织和金融机构在促进非洲联合自强、维护地区和平、推动区域合作和发展经济方面发挥的积极作用及取得的成就；中国政府将继续加强同非洲联盟以及非洲次区域组织和机构的合作，支持非洲联盟在解决非洲

---

① See www.focac.org/eng/ltda/ltjj/t157576.htm.

② See www.focac.org/eng/ltda/dejbzjhy/CI22009/t157581.htm.

③ Forum on China Africa Cooperation, Addis Ababa Action Plan（2004—2006）available at www.focac.org/eng/ltda/dejbzjhy/DOC22009/t606801.htm, at para. 4.

问题中发挥主导作用，积极参与联合国在非洲的维和行动；为支持非洲国家联合自强、加快一体化建设的努力，中方将帮助非洲联盟在亚的斯亚贝巴建设一个会议中心；双方积极评价中非合作论坛与'非洲发展新伙伴计划'（NEPAD）的合作，决心加强这一合作，进一步探讨双方合作的具体方式和领域。"①

该行动计划重申了中非双方通过跨区域经济合作，实现更为实质性的经济关系的决心。该计划认识到贸易是中非经济合作的重要组成部分，认为进一步扩大中非贸易符合双方的利益。决定：

> 继续致力于为中非贸易发展创造良好条件，促使中非贸易向平衡方向发展。中方承诺进一步向非洲国家开放市场，将同中国有外交关系的非洲最不发达国家输华商品零关税待遇受惠商品，由190个税目扩大到440多个税目，并尽快与有关国家进行磋商，早日签署协议并付诸实施。

> 加强双方在海关、税务、检验检疫等领域的合作，促进中非贸易健康、有序发展。

> 本着互谅互让原则，通过双、多边友好协商，妥善解决贸易分歧和摩擦。

> 逐步完善"中国—非洲联合工商会"机制，充分发挥其沟通、协调和促进作用。②

此时，中国在双边基础上给予非洲国家的零关税进口商品种类已从190种增加到440种。清晰界定的期望与透明化的承诺也有助于中非贸易的进一步增长。

第四次部长级会议于2009年11月8日至9日在埃及沙姆沙伊赫

---

① Forum on China Africa Cooperation，Beijing Action Plan（2007—2009）available at www. focac. org/eng/ltda/ dscbzjhy/DOC32009/t280369. htm，at para. 2.

② Forum on China Africa Cooperation，Beijing Action Plan（2007—2009）available at www. focac. org/eng/ltda/ dscbzjhy/DOC32009/t280369. htm，at para. 2.

举行。以时任总理温家宝为首的中国高层代表和 49 个非洲国家代表出席了此次会议。① 此次会议通过了一项宣言和一个行动计划。宣言重申了先前的成就和对未来的理解。《沙姆沙伊赫行动计划（2010 至 2012 年）》比先前的行动计划更为详尽，涵盖了诸多领域，包括加强合作、促进贸易和加强投资：

贸易

1. 继续推动中非贸易发展，并注重把经贸合作的方式从以货物贸易为主，转向货物贸易、投资、服务贸易、技术、项目承包等多种方式并重的方向发展。

2. 高兴地看到，对非免关税政策顺利实施，非洲实际受惠范围不断扩大。将继续致力于改善中非贸易结构，促进贸易平衡。

3. 中方承诺进一步向非洲国家开放市场。决定逐步给予与中国有外交关系的非洲最不发达国家 95％ 的产品免关税待遇，2010 年年内首先对 60％ 的产品实施免关税。

4. 为推动中非贸易健康发展，进一步加强在海关、税务、检验检疫等领域的合作，商签和落实有关合作协定。中国愿与非洲各国建立进出口产品监管合作机制，加强进出口产品质量、食品安全监管，维护双方消费者利益。

5. 在中国设立"非洲产品展销中心"，对入驻的非洲企业给予减免费用等优惠政策，促进非洲商品对华出口。

6. 为帮助非洲国家改善商业设施条件，中方将在非洲国家建设 3—5 个物流中心。

7. 本着互谅互让原则，通过友好协商，妥善解决贸易分歧和摩擦。

8. 双方同意，在解决中非企业合同纠纷时，鼓励利用各国和

---

① See www. focac. org/eng/dsjbzjhy/hywj/t626388. htm.

地区性的仲裁机构。

金融和银行业

1. 继续加强中国有关金融机构与非洲金融机构的合作，支持非洲地区经济一体化建设。

2. 鼓励双方商业银行在商业互利的基础上，扩大业务往来和互设分支机构，为中非重大经贸合作项目提供融资支持，为中非经贸合作创造良好金融环境。

3. 支持中国金融机构设立 10 亿美元的非洲中小企业发展专项贷款，帮助非洲的中小企业发展。①

这些行动计划都包含有多年的、前瞻性的和可预见的承诺，并有相应的监督机制。② 在过去的十年间，行动计划的语言变得越来越明确具体，这使得它们具有"软法"的特征。最新的行动计划以"深化中非新型战略伙伴关系，谋求可持续发展"为宗旨，涉及经济合作的所有可能性，包括贸易、投资、私人商事交易以及私人和公共争议解决机制。最近的这些合作范围十分广泛且非常乐观。现在的行动计划看起来更像是一个提倡实质性经济伙伴关系协定的声明。对行动计划将转型为经济伙伴关系协定的预测并非空穴来风，特别是考虑到事实上双方已完全履行了以前行动计划中所做出的几乎所有承诺。③

中非合作论坛必须考虑开始制定一个均衡的、与 WTO 相容的经济伙伴关系协定。最后，双方暂时性的计划和单方面的减让必须逐渐

---

① Forum on China Africa Cooperation Sharm El Seikh Action Plan （2010—2012），Appendix 2.

② See UNCTAD's characterization of the FOCAC in its 2010 Economic Development in Africa Report 2010："South-South Cooperation：Africa and the New Forms of Development Partnership"，available on the official website of UNCTAD at www. unctad. org/Templates/webflyer. asp? docid? 13359&intItemIBID? 3492&lang? 1 Jun. 18，2010.

③ See Chinese Prime Minister's speech at the Opening Ceremony of the 4th Ministerial Conference of the Forum on China-Africa Cooperation，at www. focac. org/eng/dsjbzjhy/zyjh/t627391. htm （Nov. 10，2009）.

发展成具体的相互义务。这是一个漫长的过程，但是这种转变已经在逐步发展。除此之外，中国和非洲可以从欧盟与非洲、加勒比海与太平洋国家（ACPs）正在进行的经济伙伴关系协定的谈判过程中吸取有价值的教训。①

尽管非加太—欧盟过去和现在合作框架的关注点与内容，与中非合作论坛可能会大有不同，但就结构性组成而言，它可以为中非合作提供范例，还可以为许多贸易协议都面临的与 WTO 的兼容性问题提供借鉴。因此，此处有必要对非加太—欧盟框架做一简单介绍。

历史上，欧洲和非加太国家有着复杂的经济关系。它们合作的历史开始于 1963 年欧共体和撒哈拉以南非洲国家签订的《雅温得公约》。该公约旨在加强多个领域的经济合作。② 1975 年非加太国家成立后，《洛美协定》取代了《雅温得公约》。③ 后来，更为全面的《科托努协定》于 2000 年取代了《洛美协定》。《科托努协定》在 2008 年和 2010 年进行过修订，覆盖了非加太—欧盟合作的每一个领域，包括安全、管理、健康、发展、贸易、投资、金融和移民。该协定是欧盟与发展国家集团签订的最为全面的经济伙伴关系协定。④

科托努体系是一个具有法律约束力的体系⑤，并得到不同机构的

---

① Valuable information about ACP-EU relations and the current state of the EPA negotiations are available on the website of Europe's Forum on International Cooperation at www. euforic. org/detail _ page. phtml? page? acp _ cooperation. More information is also available at EU's website at http：//ec. europa. eu/development/ geographical/cotonouintro _ en. cfm.

② See Historical background and Revision at http：//ec. europa. eu/development/geographical/cotonouintro _ en. cfm.

③ Ibid.

④ Ibid.

⑤ See Partnership Agreement between the Members of the African Caribbean and Pacific Group of States of the One Part，and the European Community and its Member States of the Other Part，signed in Cotonou，Jun. 23，2000，and Jun. 25，2005，and further revised on Mar. 19，2010. In particular，see Art. 2. Text available at http：//ec. europa. eu/development/icenter/repository/Cotonou _ EN _ 2006 _ en. pdf.

支持。^① 如上所述，它覆盖了所有的政治、社会、经济和文化范围与互动。它要求成员方在规定的时间内缔结与 WTO 相容的贸易协定。^②为推动这一过程，它建立了一个部长联合贸易委员会。^③ 最值得注意的是，它对纠纷解决做出了规定。它授权部长委员会解决贸易纠纷。^④如果委员会没有解决该纠纷，《科托努协定》允许当事方请求仲裁。^⑤如果当事方不能就仲裁员的指定达成一致意见，该协定规定由国际常设仲裁员指定仲裁员。^⑥ 该协定还规定适用常设仲裁院的仲裁规则，除非仲裁员约定适用其他规则。^⑦

尽管欧洲与非洲的历史关系以及此类北南协议很可能决定了《科托努协定》的实质范围，但该协定仍可以作为范例，以鼓励中非合作论坛在许多领域开始磋商。考虑到 10 年前第一次部长级会议召开以来所取得的令人印象深刻的成绩，中非合作论坛看来会倾向于经济伙伴关系协定的谈判。最近有关此前行动计划实施的官方声明也支持制定一个更为巩固的合作协议。

二 经济领域

（一）磋商与合作机制

中非双方重视从政府层面加强对经贸合作的规划、指导和协调，

---

① Ibid., pp. 14-17. setting up the Council of Ministers，Committee of Ambassadors, and a Joint Parliamentary Assembly.

② Ibid.，Arts. 36 and 37.

③ Ibid.，Art. 38.

④ Ibid.，Art. 98（1）.

⑤ Ibid.，Art. 98（2）(a).

⑥ See Partnership Agreement between the Members of the African Caribbean and Pacific Group of States of the One Part，and the European Community and its Member States of the Other Part，signed in Cotonou，Jun. 23，2000，and Jun. 25，2005，and further revised on Mar. 19，2010. Art. 98（a）and（b）.

⑦ Ibid.，Art. 98（2）(c).

促进双方经贸关系健康稳定发展。北京峰会后，中国与塞内加尔、马里、佛得角、几内亚比绍、马拉维建立了双边经贸联（混）委会机制，与苏丹、阿尔及利亚、赤道几内亚、刚果（金）、刚果（布）、莫桑比克等 22 个非洲国家召开了双边经贸联（混）委会。

（二）投资与企业合作

中国对非投资稳步增长，领域不断拓宽。北京峰会后，中国与马里、塞舌尔签署了投资保护协定，与非洲国家签署的投资保护协定累计已达 31 项。2008 年，中国企业对非直接投资流量 54.9 亿美元，截至 2008 年年底对非直接投资存量为 78.1 亿美元。2009 年 1 至 6 月，中国非金融类对非直接投资为 5.52 亿美元。

中国—非洲联合工商会积极开展活动，于 2007 年 5 月在埃及举行中非企业合作大会，500 多名中非企业家参加。2008 年 4 月，"中非民间投资论坛"在坦桑尼亚举行，中非 300 多名代表就加强中国和非洲民营企业间合作等进行了探讨。中非联合工商会在中国北京设立了中方理事会秘书处，并在武汉设立了联络办公室。

为鼓励和支持中国企业到非洲投资，中国政府支持中国金融机构设立了中非发展基金。基金于 2007 年 6 月开业运营，首期规模 10 亿美元。目前，该基金对 27 个项目做出投资决策，投资额 5 亿多美元，涉及农业、电力、建材、矿业、机械、工业园区等多个领域，带动中国企业对非投资近 40 亿美元。

中国在赞比亚、毛里求斯、尼日利亚、埃及、埃塞俄比亚等国的 6 个境外经济贸易合作区已开工建设，部分合作区招商工作取得进展，已开始有企业入驻和生产项目投产。

（三）贸易

2007—2008 年，中非贸易快速增长。2008 年，中非贸易额达

1068 亿美元，提前两年实现了中非领导人在北京峰会上提出的 2010 年年底中非贸易额达 1000 亿美元的目标。2009 年以来，受国际金融危机影响，中非贸易较大幅度下滑，1 至 7 月中非贸易额 449.9 亿美元，同比下降 28.7％。

为促进非洲对华出口，中国与 31 个非洲最不发达国家完成了涉及 478 个税目（按 2009 年中国海关税则 8 位编码计）输华商品的免关税换文，并于 2007 年 7 月 1 日起陆续实施。为促进非洲商品对华出口，中方举办了 2 次非洲商品展。①

还需要更多的时间推动这些计划实质性地成为能正式约束中非关系的安全且可预见的经济伙伴协定。与此同时，双方应当开始考虑此类协定的实体范围和性质，包括本书所关注的争端解决。在此背景下，接下来的一章将对地区性争端解决机制进行评估，并与本章及前章所详细讨论的多边机制进行对比。

---

① Implementation of the Follow-up Actions of the Beijing Summit of the Forum on China-Africa Cooperation，November 2009. Available at www. focac. org/eng/dsjbzjhy/hywj/t627504. htm.

第六章

对地区性争端解决机制的评估及
对仲裁解决方式的观察

中国和大部分非洲国家受 WTO《有关争端解决规则和程序的谅解》（以下简称《谅解》）的约束。因此，从正式的角度来看，WTO 争端解决机制对这些国家是可资利用的。从非正式的角度来看，中非双方在一些宣言、谅解备忘录和行动计划里，已经支持将仲裁作为它们争端解决的优先选择。本章通过与 WTO 争端解决机制关联的四大障碍——法律、政治、金钱和文化因素入手，对这些可选择的争端解决机制进行评估。接着通过这四种考虑因素来比较 WTO 争端解决机制和区域、跨区域或双边安排的适当性。本章最后分析了《谅解》第 25 条规定中的仲裁机制的适当性问题。

第一节 评估

鲍威林教授（Joost Pauwelyn）对这四个因素进行了重新组合，并把它们细分为 11 个要点，以对地区性争端解决机制和 WTO 争端解决机制的适当性进行分析。本书将这些因素合并成如下 10 点：（1）费用；（2）影响力；（3）裁决做出者的身份；（4）所适用的法律的性质和范围；（5）出庭规则或诉权，即谁可针对谁提起申诉；（6）任何程序优势；（7）对经济弱势方的任何特殊考虑；（8）上诉途径的存在与否；（9）可利用的救济的属性；（10）裁决的适用范围，即它对哪一方有约束力。① 鲍威林根据 WTO 和南部非洲发展共同体争端解决机制对这些因素作了分析。在面对东南非共同市场争端解决体制时，奥多尔（Maurice Oduor）提供了一个类似的比较。② 接下来的讨论利用了上述比较，但作者并未完全赞同某一方的观点：

（1）费用：鲍威林将争端解决的费用划分成裁判机构费用和诉讼自身的费用。关于裁判机构的费用，WTO 争端解决机制的费用来自于 WTO 的预算，而一些地区性组织包括南部非洲发展共同体，其法院的费用则由当事方承担。③ 东南非共同市场有一个常设司法法院，它是该共同体的组成部分，有自己的预算。因此，这一因素的重要性取决于某一特定的地区性裁判机构是否要求当事方支付费用。如果裁判机构要求当事人支付该机构的费用，那么成本比较，就凸显出 WTO 争端解决机制的优选性。正如上文所表明的那样，还没有一个正式的贸易争端解决规则约束着中国和任何非洲国家——当然 WTO 机制除外。现有的软法渊源表明，仲裁是一种具有优先性的方法，尽管这一争端解决方式的细节尚未规划。除非当事方选择设立一个拥有自己预算的常设仲裁机构，否则裁判机构的费用这一因素，将会使当事方优先选择 WTO 的争端解决机制。

---

① Joost Pauwelyn， "Going Global，Regional，or Both? Dispute Settlement in the Southern African Development Community（SADC）and Overlaps with the WTO and Other Jurisdictions"，Minnesota Journal of Global Trade 13（2004），p. 246.

② See Maurice Oduor，"Resolving Trade Disputes in Africa：Choosing between Multilateralism and Regionalism：The Case of COMESA and the WTO"，Tulane Journal of International and Comparative Law 13（2005），p. 117.

③ 需要重点指出的是，当 WTO 从自己的预算中支付这些费用时，如果这些专家组成员属于政府官员，那么他们各自的政府需要为他们支付除日常津贴之外的所有费用。WTO 支付私人仲裁员每天 600 瑞士法郎（大约 520 美元）。See Pauwelyn， "Going Global"，p. 248.

也许更令当事方负担不起的是诉讼费用，包括代理费。正如前面章节所讨论的那样，高昂的代理费意味着，即使在 WTO 秘书处的帮助之下，大部分的非洲国家也承担不起上述费用。尽管 WTO 法律咨询中心也是一种可资利用的资源，但非洲代表团认为它的帮助还微不足道。每小时 200 至 600 美元①的律师费用使 WTO 专家组成员一天500 美元②的报酬显得过于低廉。如果当事人必须支付代理费，那么此类费用的总金额将令人咋舌。然而，考虑到 WTO 法的复杂性，要想有效地参与争端解决程序，就必须承担如此昂贵的代理费。

　　地区性争端解决机制的花费可能要便宜些，因为其法律没有这么复杂。法律团队前往日内瓦并在日内瓦住宿的费用又是一笔需要考虑的成本。在此方面，地区性争端解决机制没有太多优势，因为争端解决程序必须在某地进行——无论是在北京、比勒陀利亚或者亚的斯亚贝巴。不过，如果地区性争端解决机制要考虑到非洲国家的特殊需要，它就可将争端解决程序安排在相对便宜但设施良好的非洲城市。这足以表明，地区性或跨区域性的争端解决机制，并非是固有的便宜或节约成本，除非在设计该争端解决机制时考虑到了成本因素。在本书最后一章就争端解决机制提出的建议中还会详细探讨这一观点。

　　（2）影响力：这一因素的平衡取决于纠纷的性质以及每方当事人想要达成的目标。正如鲍威林所指出的，如果当事一方想获得最大可能的关注，并寻求来自多边贸易伙伴的压力，那么它就可能会选择运用 WTO 机制。③ 因此，就可能出现这样的情况：非洲当事方在 WTO框架内针对中国提起程序，以图获得对该争议有兴趣的更多发达经济体的影响力。反之亦然。然而，如果诉求是地域性的，并且不需要获

---

　　① See Shaffer, "How to Make the WTO Dispute Settlement System Work for Developing Countries: Some Proactive Developing Country Strategies", in Towards a Development-Supportive Dispute Settlement System in the WTO (ICID Resource Paper No. 5, 2003), 5—65, 16, available at http: //ictsd. org/downloads/2008/06/dsu _ 2003. pdf

　　② See Pauwelyn, "Going Global, Regional or Both", p. 248.

　　③ Ibid. , pp. 249-250.

得公众的关注，申诉方就可能会选择相对简单和快捷的地区性争端解决机制。

（3）裁决做出者的身份：这一因素和前面章节所讨论的文化障碍相关。如上所述，中非在日内瓦面临着文化障碍，非洲比中国面临着更多问题。尽管主要障碍是制度性文化，但裁决做出者却是该文化中最重要的部分。依目前的趋势看，WTO 专家组只有少量的非洲代表，中国代表稍微多一点。尽管 WTO 专家组成员可能具有 WTO 专业知识和中立的优势，但地区性组织裁决做出者，可能对案件的事实和敏感性更为了解。[①] 区域性专家组成员具有文化上的胜任能力，这使得诉讼当事方感到更为自在一些，也有利于诉讼程序的轻松化和事实的最大程度的查明。这些地区性裁判庭也会鼓励本地区的公司参与到诉讼双方中来。这有助于解决文化障碍问题，当在日内瓦提起 WTO 争端解决程序时，当事方可能会面临这些问题。

（4）所适用的法律：大量地区性贸易机制下的法律义务，经常与多边体系下的法律义务重叠。这样，违反地区性义务也可能同时违反了多边义务，这会产生相同的诉因或抗辩。不过，也有可能只在一个体系下存在诉因或抗辩，而在另一体系下却不存在诉因或抗辩。假设管辖权发生重叠，因为存在特定的诉因或抗辩，适用某一体系的法律可能比适用另一体系的法律，对当事一方更为有利。考虑到自己可以利用某一诉因，而另一方不能利用有关的抗辩，申诉方就可能挑选法院。"挑选"（shopping）合适的法院十分常见，不过，WTO 机制能够在何种程度上适用区域贸易机制的实体法尚不清楚。[②] 而且，实体法的可适用性取决于个案基础。这样，当涉及法律适用时，很难说区域性或多边性争端解决机制是否更为合适。

---

① See Pauwelyn, op. cit., p. 251.

② Ibid., pp. 253-254. 主张：WTO 专家组可以适用区域贸易法律和其他可以适用的国际法，但在这一问题上还未存在 WTO 决议。

因此，这需要视具体情况而定。

（5）出庭规则：只有国家才能成为 WTO 争端中当事一方，WTO 不承认私人诉权。一些地区性争端解决机制给予私方当事人提起诉讼的权利。例如，《东南非共同市场条约》规定："在成员国拥有居所的任何人"可以"基于成员国的法令、指示或法规违反本条约的规定"而对"成员国的法令、法规、指示或决议"提出质疑。[①] 这一因素的重要性也视情况而定。如果存在有国家不能充分代表的强大的私人利益，并且受损害的私人一方必须直接参与争端解决程序，那么一个允许私方当事人提起诉讼的体系将更为可取。不过，如果作为申诉方的成员国可能面对的是一个十分强大的私人对手，它可能选择在一个不允许私人当事方直接提起诉讼的法院提交案件。所有这些情况都是视事实而定的，因此，这一因素不能武断地被说成对一类法院有利，而对另一类法院不利。

（6）程序优势：地区性争端解决机制通常由关系更为紧密、规模更小的国家共同体设计。这些地区性争端解决机制的程序规则，可能更具有这些国家的法律文化和传统。例如，如果非洲和中国要设计一个争端解决机制，那么它们就可利用自己的指导原则，把在多哈回合中提出的有关《谅解》的修正建议纳入其中。这样，就无须说服一个规模更大的、更为多样化的国家团体。程序和证据规则较其他方面更有可能受到法律文化的影响。因此，通过成员国紧密参与而设计的地区性争端解决机制的程序规则，对地区成员国更为有利。而地区成员国参与较少且主要受大国法律文化影响的多边体系的争端解决机制，对于地区成员国来说不是更为有利的选择。

（7）对经济弱势方的某些特殊考虑：多边贸易体系为发展中国家以及最不发达国家提供了一些特殊考虑。这样的规定被认为——尤其

---

① COMESA Treaty, Art. 26, quoted and analyzed in Oduor, "Resolving Trade Disputes in Africa", pp. 201-202.

是被最不发达国家认为，不能充分保证富有意义的参与。地区性体系对最不发达国家可能有，也可能没有这样的规定。不过，这样的特殊考虑可能更适于纳入地区体系，因为在地区性体系中，可变因素和利益都是有限的，并且没有那么复杂。如果地区所有成员方都参与设计了地区性体系，并且该体系包含有对最不发达国家的特殊考虑，那么，相较不具有充分包容性的多边体系而言，这一体系更为可取。中国和非洲可以设计出一个考虑到每一成员相对的财政及目前发展状况的争端解决机制。

（8）上诉程序的存在与否：这一因素视情况而定。胜诉方会抱怨上诉程序附随的不确定性，而败诉方则欢迎这一程序。由于在程序结束之前，胜方和败方都是不确定的，当事人在得知其身份之前不得不选择一个法律体系。上诉程序的存在被视为是对不合理裁决的一种保障，虽然由此也会产生大量费用。WTO 提供了该种保障和可预见性，因为它有一个非常合格的上诉机构。地区性体系可能有或可能没有该种类型的上诉程序。如果某一特定的地区性体系有一个类似的上诉程序，那么基于这种考虑，WTO 将不再具有优势。然而，如果地区性体系缺乏一个类似的上诉程序，那么 WTO 机制可能略占上风。

（9）可利用的救济的属性：无可否认，WTO 体系具有前瞻性。它不对过去的损害给予损害赔偿。地区性体系经常会考虑将赔偿作为一种救济。[①] 受害方会考虑能否就过去的损害提供救济。由于 WTO 机制不提供此类救济，这可能成为受害方不利用该体制的一种考虑因素。这同样意味着侵害当事方将优先选择那些对过去的损害不给予救济的法律体系。但是作为一种法律和司法体系，以赔偿的形式对过去的损害给予救济是必要的。这就使得某一特定的地区性体系成为优先考虑。在 WTO 机制中最根本的救济就是单边报复。一些地区性体系采纳了同样的救济。在因当事另一方的相对势力而导致这一救济无效

---

① See generally，SADC remedies，discussed in Ibid，p. 260.

时，即使会引起无法确定的后果，考虑到 WTO 的规模和重要性，不服从 WTO 的裁决，可能比不服从地区性组织的裁决更为重要。然而，正如在多哈回合中非洲代表团所提出的那样，地区性体系可以纳入总体的报复原则（a principle of general retaliation），根据这一原则，所有成员方都可中止对不遵守裁决的当事方的义务。在缺乏该种选择及同样激进的措施如开除成员国资格时，地区性机制在有关救济方面将不再具有显著优势。最终，它们将面临和多边体系同样的问题。

（10）裁决内容的范围：尽管 WTO 上诉机构的裁决没有先例的效力，但却给多边贸易体系带来了重大影响。因此，胜诉当事方可能会认为 WTO 上诉机构的裁决比地区性组织的裁决更为重要，即使很难说它能带来多少切实的利益。[1] 反过来的说法也可适用于败诉当事方。败诉方宁愿在地区性的斗争中失败，也不愿在一场全球性的斗争中失败。因此，选择在地区性还是多边性裁决机构提起诉讼，取决于挑选法院的当事人的信心程度。

上述讨论表明，尽管选择并不像初看上去那么容易，但综合大部分因素，地区性体系似乎更具有吸引力。这对于非洲当事方而言尤为正确，因为在进入多边体系时它要面临显著的经济和文化障碍。由于中非之间还缺乏一个能约束中非关系的正式的地区性或跨区域性体系，对于贸易争端，它们唯一能诉诸的正式体系就是 WTO 机制。目前，尚不存在其他选择。然而，随着中非关系的成熟，它们就可以使贸易协议正式化，从可以随意撤销的单边减让，转型为更为正式的以经济伙伴协定形式出现的双边法律关系。中非双方能设计出一个可以适应双方独特需求及敏感性的体制。本书最后一章对一个双方都可接受的综合性争端解决机制的安排做了分析。不过，考虑一下《谅解》第 25 条所规定的 WTO 仲裁机制的适当性也很重要。

---

① 这一观点出自鲍威林，缺乏具体解释。See Pauwelyn, "Going Global, Regional or Both", pp. 261-262.

第二节　WTO《谅解》第 25 条规定的仲裁机制

《谅解》第 25 条允许当事方选择仲裁以替代正式的专家组和上诉程序。第 25 条规定如下：

1. WTO 中的快速仲裁作为争端解决的一种替代手段，能够便利解决涉及有关双方已明确界定的问题的争端。

2. 除本谅解另有规定外，诉诸仲裁应经各方同意，各方应议定应遵守的程序。诉诸仲裁的一致意见应在仲裁程序实际开始前尽早通知各成员。

3. 只有经业已同意诉诸仲裁的各当事方的同意，其他成员方可成为仲裁程序的当事一方。仲裁程序的各当事方应同意遵守仲裁裁决。仲裁裁决应通知 DSB 及任何有关适用协定的理事会或委员会，任何成员均可提出与之相关的任何问题。

4. 本谅解第 21 条和第 22 条在细节上作必要的修改后，应适用于仲裁裁决。[①]

面临本章所谈到的障碍的当事方也许会依它们自己选择，指定仲裁员组成仲裁庭，可能也会制定它们自己的程序和证据规则以及选择仲裁进行的地点。根据上面提到的《谅解》第 25 条规定，当事方在WTO 框架下是可以这样做的。值得注意的是，根据第 25 条的规定，《谅解》有关执行的规定即第 21 和 22 条直接适用于仲裁裁决。这就意味着付诸此类仲裁的当事方，可以使其仲裁裁决像专家组或上诉机

---

① 参阅《谅解》第 25 条。

构的裁决一样得到执行。

这看起来非常具有吸引力，虽然 WTO 争端解决机构处理大量的案件，但第 25 条的规定尚未被当事方利用过。[①] 这也许是因为对于那些经常利用该机制而没有面临上述障碍的当事方而言，此类灵活性并没有什么不同。但对于非洲和中国而言，这也许是目前它们可资利用的最佳选择。第一，它们可以根据自己的意愿去选择仲裁员，而不受WTO 争端解决体制的运行中特定文化适应的束缚。第二，它们可以约定能够考虑到各种法律文化和传统的程序规则和证据规则。第三，它们能够选择仲裁地点。第四，它们可以信任各自的律师。第五，它们能够更好地控制程序。第六，它们能够避免不必要的繁杂程序，如过多的专家和过于精细的法律手段。[②] 最后，它们还能利用《谅解》第 21 条和 22 条规定的 WTO 的强制执行机制。[③]

此外，利用 WTO 体制以外的、以调整中非关系的软法机制为基础的仲裁也是可能的。但只有存在有《谅解》第 25 条规定的执行机制时，这种解决贸易争端的临时仲裁的大部分优势才能体现出来。不过，如果争端涉及不是 WTO 成员的非洲国家，那么唯一可利用的方法将是临时仲裁或机构仲裁。仲裁作为中非关系中一种有吸引力的争

---

① See Yasuhei Taniguchi，"The WTO Dispute Settlement as Seen by a Proceduralist"，Cornell International Law Journal 10（2009），42. 有关 WTO 最新的官方记录，see "WTO，Dispute Settlement Training Module：Chapter8：Dispute Settlement Without Recourse to Panels and Appellate Body"，available at www. wto. org/english/tratop _ e/dispu _ e/disp _ settlement _ cbt _ e/c8s2p1 _ e. htm. 这里指出依据第 25 条作出的仲裁不能被用作专家选择的替身，但从无效层面而言，可作为替代第 22 条第 6 款所规定的仲裁的决定。同上。

② 至少一位曾经的上诉机构专家就曾暗示过：高度老练的私人代表的参与多此一举，通过提出大量意见和查究问题导致了争端解决过程更为复杂的后果。See Taniguchi，"The WTO Dispute Settlement"，p. 16. 专家报告多达 1000 页，涵盖了数百种问题，有些有必要，有些没必要。同上。其他人从法律推理的质量、连贯一致性、交流性等方面谈及法律代表日益增加的处理问题的娴熟程度 … 这对于法律正当程序适当实施是必不可少的。J. H. H. Weiler，"The Rule of Lawyers and the Ethos of Diplomats：Reflections on the Internal and External Legitimacy of WTO Dispute Settlement"，Harvard Jean Monet Working Paper 9/00（2000），7. Available at http：//centers. law. nyu. edu/jeanmonnet/papers/00/000901. html.

③ 参阅《谅解》第 25 条第 4 款（规定第 21 和 22 条可比照适用）。

端解决机制，本书第五部分在论述各种类型的经济关系时对它进行了详细讨论。

第三节　总结与建议

本节分四个部分对支配非洲与中国贸易关系的法律框架做了一个简短的总结。第一部分概括了中非贸易关系的发展，第二部分概述了中非贸易交易的环境，第三部分强调了这种关系的缺点。最后一部分就中非如何利用现有的规则和机构来构建新的与其日益复杂的经济关系相适应的法律框架，提出了一些建议。

一　贸易关系

中国和非洲之间的贸易额已超过 1000 亿美元，成为世界贸易中显著的一部分。中国现在与非洲 54 个国家进行贸易。自 2000 年以来，贸易增长速度达到了令人吃惊的 40％。WTO 的数据表明，目前中国是世界上最大的出口国和进口国。

法律框架：

至少存在三种法律渊源：多边的、地区性的或跨区域的法律制度以及双边的法律制度。在多边方面，中国和几乎所有的非洲国家都是 GATT/WTO 体制的一部分。所有 WTO 的附属条约对双方也有约束力。在地区性或跨区域法律制度方面，中国和非洲正在中非合作论坛的背景下以软法形式发展法律框架。在双边方面，中国和每一个非洲国家都有贸易关系，并且以零关税的形式对来自 39 个非洲国家的几乎所有进口产品给予贸易减让。

二　缺点

本章概述了中非关系所存在的一些弊端。其中最主要的一些弊端总结如下：

（1）中国和非洲国家并没有太多参与到 GATT/WTO 体系的发展中来。而且，这一已有 60 年历史的旧体系在北北关系背景下变得极为复杂。中国和非洲现在正面临着如何将这一体系应用到它们南南关系所有领域中的问题，特别是在争端解决方面。正如本章所详细讨论的那样，在利用争端解决机制方面，双方都面临着大量挑战。非洲一方处于更为劣势的地位。本书从四个方面论述了这些挑战：法律、金钱、政治和文化。这些挑战是真实的，双方必须选择有意义的替代方式。多边体系有许多兼容的措施，但正如前面所讨论的那样，这些措施不够充分。

（2）作为跨区域性选择的中非合作论坛还在发展中，法律框架的成长看来要落后于中非经济关系。至少可以说，中非合作论坛还不很成熟。贸易以及其他经济关系的规模和复杂性，使得法律框架的发展更为必要。如果没有一点程度的稳定性、一致性以及可预测性，法律框架就不可能成功。要获得这些稳定性以及可预测性，需要在一个可适当操作的制度框架内存在明确界定的义务规则。同样，对于多边体系而言，它们必须努力完善现有制度，并支持发展新的替代制度以取代多边体系。

（3）通过单边减让发展贸易也许是一个好的开端，但它不可能持续下去。单边减让没有约束力，不能强制履行，而且通常是在没有明确考虑授予者的利益的情况下给予的。它们仅仅是政治善意的表达。尽管重要，但这一政治手段必须得到适当的、双赢的、有约束力的以及具有持续性的法律框架的支持。

三　建议

正如前面所指出的，当前的法律框架要么不适合，要么不足以充分支持新型的中非贸易关系。中国和非洲必须采取双管齐下的目标去建设这一法律框架。所需要的一些步骤简述如下：

（1）就多边体系而言，中国和非洲必须力求认真考虑多哈回合的建议。特别是中国必须支持非洲在改进争端解决机制方面的建议。在此期间，它们必须考虑利用《谅解》第 25 条的仲裁选择，这可以使它们根据自己的需要构造这一机制。

（2）它们必须谨慎考虑将中非合作论坛转变成具备多项功能的机构。可通过签订经济伙伴协议来构建这一机构。本书第五部分详细讨论了这一建议的细节。

（3）虽然有关转型后的中非合作论坛的详细讨论将推迟到本书第五部分，但与贸易有关的一些问题必须在此予以强调。转型后的中非合作论坛必须与 WTO 兼容，它可以设立缔约方大会、秘书处、争端解决机构和上诉机构。转型后的中非合作论坛的争端解决机制将如同 WTO 体系一样运行，只是转型后，中非合作论坛的争端解决机制的构建，应避开本书第四章和第五章所阐明的四类障碍。而且，与 WTO 体系不同的是，中非合作论坛将不局限于贸易。它的管辖权可扩展至投资和其他形式的商事纠纷。这些问题将在本书第五部分谈到。

（4）总括来说，四类已阐明的障碍是指：法律，也就是指 WTO 法不必要的复杂性；政治，即无论案件实体结果如何，报复作为一种措施，总是对强势的成员方有利；金钱，即诉诸争端解决机制的费用以及代理的费用；还有文化，包括法律和运行方面的成分。通过贯彻实施与四个障碍相适应的措施，这些障碍能够在新的、转型后中非合作论坛的环境中得到避免：①中非双方不用继承世界范围内成千上万页的已有协定，双方可以随着贸易关系的发展，利用自己的专家，逐步切实地拟定自己的贸易协定。在拟定这些协定时，要注意与GATT/WTO 的法理学保持一致。②本书最后一章会谈到，成员国大会可以作为争端解决机构。为了使程序公正，在成员国大会和争端解决机构中，由非盟代表非洲国家，并只有一票表决权。和其他仲裁一样，可以规定每一争端当事方指定一名仲裁员，双方共同选出首席仲裁员。如果双方不能就首席仲裁员的指定达成一致意见，则由争端解决机构指定首席仲裁员。如果争端解决机构不能做出决定，就可设计一套机制，通过这一机制可以从预先批准的名单中抽签选出首席仲裁员。鉴于此，该名单必须包含来自世界各地的专家。上诉机构可以由成员国大会从世界各地的候选人中选出九名专家组成。不必将候选人限定为必须是成员国国民，尽管也会对此加以考虑。③为了尽可能使将来的成本降到最低，每一成员国必须鼓励其人员参与到规则的制定和机构的构建中去。当规则和机构随着经济关系的成熟而成熟时，成员国专家的技能也将得到发展。这将避免大量的代理费。尽管这将降低费用，但一些成员国可能仍然需要帮助。因此，可以设立一个法律代理基金，以帮助最弱势的成员国。争端解决机构可以基于经济指标及其他参数等因素，根据个案情况确定可以获得基金资助的资格。d.秘书处将管理争端解决程序。有关秘书处地点的选择是一个必须加以商谈的重要因素。最后一章对各类经济关系所涉及的上述问题作了更详细的论述。

第三部分

解决中非投资争端的法律框架

从来没有哪一个国家或大陆像中国目前那样了解非洲的投资潜能。中国对非洲良好的投资机会有长篇累牍的说法:"这块黑大陆正在觉醒","非洲正在成为全球投资热点","非洲:世界上的最后的投资前沿地","非洲提供了无限商机","非洲拥有巨大的市场潜力","非洲的友谊——一项珍贵的资产",以及"现在投资非洲正逢其时"。[1] 尽管中国在非洲的投资主要是通过国有企业进行的,但也有成百上千的私人企业参与到各行各业的投资中。[2] 在近 450 个中国直接投资的项目中,制造业和服务行业就占了 86%,有 9%的直接投资进入非洲的资源相关行业。[3]

中国的说法并非空穴来风,经济指标说明了一切。对外直接投资的稳定增长仅仅只是一个例子:对非洲的直接投资从 2006 年的 570亿美元增长到 2007 年的 792 亿美元,2008 年的 860 亿美元。[4] 根据联合国贸发会议的数据,流向非洲的外国直接投资存量在 2008 年达到了 5105 亿美元。[5] 其中中国对非投资占了很大比重。尽管外商直接投资集中在非洲资源丰富的几个国家,但至少 54 个非洲国家中有 48 个国家接受了中国的对外直接投资。[6] 比如,在本书写作时,本人所获得的最新有效数据表明,中国在南非的直接投资份额大约为 30 亿美

---

① See "Now is the Best Time to Invest in Africa", speech by H. E. Wen Jiabao, Premier of the State Council of the People's Republic of China at the Opening Ceremony of the 4th Ministerial Conference of the Forum on China-Africa Cooperation, as reported in the China Economic Herald, Nov. 11, 2009, available at www. focac. org/eng/zfgx/jmhz/t712495. htm.

② See UNCTAD, Economic Development in Africa Report 2010: "South-South Cooperation: Africa and the New Forms of Development Partnership", at 84, available on the UNCTAD website at www. unctad. org/Templates/ webflyer. asp? docid? 13359&intItemIBID?3492&lang? 1 Jun. 18, 2010 (hereafter referred to as Africa Report 2010). See also African Center for Economic Transformation's (ACET), Looking East: A GuIbide to Engaging China for Africa's Policy-makers (hereafter referred to as ACET Looking East), Vol. II. (ACET, 2009), 26-32. The two-volume comprehensive report is available at http: //acetforafrica. org/site/looking-east-main/.

③ See ACET, Looking East, Vol. II. at 28. 然而,在数值方面,自 2008 年起,几乎中国对外直接投资的 28%都与资源相关的产业有关。

④ Ibid. , pp. 1-2.

⑤ See African Report 2010, p. 79.

⑥ See ACET, Looking East, p. 26.

元，其他吸收中国外资的主要非洲国家包括：尼日利亚（7.96亿美元）、赞比亚（6.51亿美元）、苏丹（5.28亿美元）、阿尔及利亚（5.09亿美元）、毛里求斯（2.30亿美元）、坦桑比亚（1.90亿美元）、马达加斯加（1.47亿美元）、尼日尔（1.37亿美元）、刚果（1.34亿美元）、埃及（1.31亿美元）以及埃塞俄比亚（1.27亿美元）。[1]

中国政府在2006年提出在世界各地扶持几个特殊经济区的建设，随之，中国建设的经济特区（SEZs）在非洲各地涌现。迄今为止，中国批准在非洲建设的经济特区有5个，并且都在建设中。[2] 其中，埃塞俄比亚、毛里求斯以及赞比亚每个国家各有1个经济特区，尼日利亚有2个。[3] 在本书写作时，上述几个经济特区已得到中国商务部批准，仍在建设中。例如，在赞比亚的谦比希，中国有色金属矿业集团已在铜矿及与铜矿有关行业投入4.10亿美元。中国有色金属公司还在卢萨卡投资了服装、饮食、机械、烟草以及电子产品等领域。

在尼日利亚的莱基，中国土木工程建筑公司、江宁开发有限公司在运输设备、纺织品以及轻工业进行了2.54亿美元投资。在尼日利亚的奥贡，广东新光华南发展集团投资2.20亿美元生产建筑材料、陶瓷以及五金制品。山西天利集团和其他投资商在毛里求斯投入7.20亿美元，从事制造业及服务业。最后，在埃塞俄比亚，永刚、其元集团、江联国际贸易、杨洋资产管理公司以及张家港自由贸易区在电子

---

① See Africa Report 2010, p. 84.

② 包括在世界各地设立50个经贸合作区，其中19个已获得批准，有5个在非洲。See Deborah Brautigam, Thomas Farole & Tang Xiaoyang, World Bank, Economic Premise："China's Investment in African Special Economic Zones: Prospects, Challenges, and Opportunities"，（2010），p. 1.

③ Ibid. 根据世界银行的报道，其他几个经贸区也在建设中，得到了官方的支持，这包括了在阿尔及利亚和埃及各有一个经贸区。其他的包括在博茨瓦纳、塞拉利昂以及南非由私人公司承建的经贸区。Ibid. , p. 2.

机械、冶金和建筑材料领域投资了 1.01 亿美元。[①] 这些数字表明，尽管投资主要是由中国政府高度支持的，但私人投资在这些投资项目中也占有很大的比例。[②]

虽然这些经济特区能否取得最终成功，尚需观察，但它们已取得了显著成效。例如，赞比亚的谦比希经济特区已经引驻了 11 家中国公司，带来了 7.60 亿美元的资本投资。在本书写作时，还有另外 5 家公司准备入驻该经济特区。单单首批 7.60 亿美元的投资就创造了 4000 个就业机会，其中赞比亚人就占有了 80% 的职位。[③]

除了制造业方面的投资，中国企业还渗入到运输业、邮电业、批发业、零售业、金融业、租赁业以及电信业中。最重要的是，中国企业还从事基础设施的建设，包括道路以及大型电厂的建设。[④] 例如，2009 年 7 月，埃塞俄比亚电力公司和中国公司签订了一份 19 亿欧元的合同，规定中方修建两座能产生 2000 兆瓦特电量的发电厂。[⑤] 埃塞尔比亚电信有限公司也与一家中国公司签订了一份 15 亿美元的扩建项目合同。[⑥]

中国对非洲的资本投资无论是从数量还是速度方面来看，都是令人惊叹的。根据麦肯锡公司 2010 年经济前景报告《飞奔的雄狮》

---

① See Deborah Brautigam, Thomas Farole & Tang Xiaoyang, op. cit., Table 1, 2.（中国商务部批准的在非洲建设的经贸合作区概况）。

② 上述引用的世界银行的报告表明，这些在非洲进行投资的公司受到了明显的激励。然而，它也表明由中国国务院设立的 50 亿美元中非发展基金在这些经济特区中都拥有股份。Ibid., p. 3.

③ 对于这些经贸区所面临的挑战，Ibid., pp. 3-6.

④ See ACET, Looking East, pp. 28-32.

⑤ See "Africa, China, Ethiopia Sign 1. 9 billion Euro Hydro Power Deal," Reuters, Jul. 15, 2009, at〈http: //af. reuters. com/article/investingNews/ IbidAFJOE56E0EL20090715〉.

⑥ See Yohanes Anberbir, "New TelecomCenter to be Launched", Ethiopian Capital News, Aug. 5, 2010, at www. capitalethiopia. com/index. php? option? com _ content&view? article&Ibid? 13120:new _ telecom _ centre _ to _ be _ launched&catid? 12: local _ news&ItemIbid? 4.

(Lion on the Move)，自 2005 年起中国在非洲基础设施的投资已经超过了世界银行的投资。[①] 该报告列举了两个例子，其中一个是中国投资 230 亿美元以提高尼日利亚的炼油能力，另一个是中国在利比里亚和几内亚投资 50—80 亿美元用于铁路、港口和矿场的建设。[②] 那么，中国在非洲的集中投资正在取代非洲传统的商业伙伴也就不足为奇了。比如，在 2010 年中期，当欧洲投资银行终止其在埃塞俄比亚的大型电厂项目时，中国工商银行马上接手，投资了 4.59 亿美元。[③]

从根本上来说，中国在非洲的投资证明了非洲对国际投资充满了机会。无论就投资的性质还是投资的规模来说，中国在这块大陆上的存在不同寻常。本部分对现有的调整中非重大投资关系的法律框架进行了考查。它由三章构成。这三章阐明并分析了约束中非的现行国际投资法，并对投资争议解决机制进行了评估。第七章对国际投资法基本原理的历史和发展，做了一个简短的概括，并简单分析了三个仲裁案件，以揭示非洲在发展国际投资法方面的参与。第八章通过对从世界不同地方提取的当前国际投资法的渊源进行了详细讨论，从而为对中国以及非洲各自投资法独特性的讨论做准备，同样也是为对规制双方投资关系的投资法的讨论做准备。正如第七章和第八章在讨论中所预计的那样，第九章承担的任务，首先就是将对中国以及非洲各自投资法的进展、渊源以及现行状态的详细讨论呈现出来，然后对约束双

---

① See McKinsey & Company Report, "Lions on the Move: The Progress and Potential of African Economies" (June 2010), 15—16 (citing the World Bank's Annual Report of 2008). Full McKinsey & Co. Report available at www. mckinsey. com/mgi/publications/progress _ and _ potential _ of _ african _ economies/pdfs/MGI _ african _ economies _ full _ report. pdf.

② Ibid.

③ See Muluken Yewondwossen, "EIB's (European Investment Bank) Pulling out of Gibe Ⅲ is Final," Ethiopian Capital News, Aug. 5, 2010 at ⟨www. capitalethiopia. com/index. php? option? com _ content&view? article&Ibid? 13127: eib — pulling — out — of — gibe — iii — is — final — &catid? 12: local—news&ItemIbid? 4⟩.

方的投资法进行评估，重点是争端解决机制。与第二部分有关贸易的讨论相一致，第九章最后分析了改善现行机制应采取的步骤。在每一章里面，基础问题都以三个首要的类型进行处理：法律渊源、实体内容以及争端解决机制。①

---

① 这一分类与牛津《国际投资法手册》中的分类接近，See Peter Muchlinski，Frederico Ortino，Christopher Schreur（eds.），The Oxford Handbook of International Investment Law（Oxford University Press，2008），v.

第七章

国际投资法的发展

第一节　引言

　　"国际投资法"这一术语专指调整外国投资的一套实体性以及程序性国际规则。[①] 就宏观角度而言，了解国际投资法的发展对于理解国际投资法的现况、进展，以及调整中非投资关系的规则的性质方面是至关重要的。

　　本章详述了国际投资法形成和发展的历史，它首先概述了国际投资法的渊源，包括对有影响的理论的分析以及对早期财产法概念的形成发挥重要影响的判例法和事件的论述。接着，本章考察了国民待遇概念、卡尔沃主义、赔偿义务及赫尔规则，然后探讨了国际社会为协调外国投资与《联合国经济权利和国家义务宪章》所做出的种种努力。本章最后对发生在同一时期的三个利比亚石油仲裁案件进行了讨论，这三个仲裁案件涉及征收时的赔偿问题。

---

　　① See Peter Muchlinski, Frederico Ortino & Christopher Schreur (eds.), The Oxford Handbook of International Investment Law (Oxford University Press, 2008) (hereafter referred to as The Oxford Investment Handbook), p. 6.

第二节　国际投资法的一般演变

从历史角度来看，外国投资包含三个主要角色：投资东道国及其外国私方当事人、外国投资者的国籍国或居所地国。① 一个国家没有义务去接受外国国民进入其领域内，这一观念和民族国家的产生一样久远。② 也许还有同样久远的一个观念是，如果一国决定接受外国国民到其领域内投资，它就必须为它们提供某种程度的保护，如果该国给这些投资造成损害，这将被认为也损害了这些投资来源国的利益。③

同样，如果一个外国公民获得财产，那么对该财产的征收必须符合某些条件。早在 1889 年，美国最高法院就宣称："如果外国人根据条约购买不动产或者对不动产进行担保，那么要承认条约的废除会导致此类财产权利的消灭就将是非常有害的。"④ 洛温费尔德（Lowenfeld）教授指出："在 1917 年之前，一些主要国家似乎接受这一说

---

① 同上。尽管这一分类遵循了穆赫林斯基（Muchlinski）的分类法，但后者的分类更明确："投资母国、投资东道国、投资者"。在同时期的经济关系中，这三方参与者的每个身份都是确定的。

② 美国最高法院在众所周知的排华案中将这一概念概括成："政府驱逐外国人的权力属于该政府的主权权力……当该政府通过判断认为国家利益需要时，它就可在任何时候行使该权利，该权利不得被任何人剥夺或限制。" Chae Chan Ping v. U. S. ，581 (1889), 631. 需要重点指出的是，该案是在一个完全不同的环境下做出的，该案件涉及根据先前存在的条约外国国民再次进入美国的权利。法院将入境权或居留权与财产权区分开来。法院认为前者可以随意被否定但后者不能。这一涉及入境权和居留权的判决仍存在争议。

③ See Louis Henkin et al. , Principles of International Law, Cases andMaterials, 5th ed. (West, 2009), 596. "我早已知道，一个触犯罗马公民的政府也得罪了罗马。" See also Liechtenstein v. Guatemala (known as the Nottebohm case, 1955 I. C. J. 4, 24, also available at 1955 WL 1) I. C. J. "国家通过自己的名义接手涉及本国国民的案件以及诉诸外交行动或国际司法程序，它实际上是在坚持其自己的权利——有权确保在涉及自己国民的案件中，国际法规则得到尊重。"

④ Ping, 130 U. S. 581, 632. (1889).

法——虽然没有进行大量的讨论——对外国人财产进行征收的国家有
义务采取及时、充分的补偿。"① 洛温费尔德教授也认为这一原则可能
是以 1789 年法国大革命时的《人权和公民权利宣言》为依据的，这
份宣言被认为是当代人权文件的先驱。该《宣言》第十七条规定了财
产权："财产权是神圣不可侵犯的权利，任何人的财产不得被剥夺，
除非存在合法认定的公共必需，且在先行给付公正赔偿的情况下。"②
虽然意识到规定保护外国人所有或持有的财产这一学说的来源具有不
确定性，但洛温费尔德教授认为该学说的起源，却可能具有独特的国
际性。③

　　虽然《人权和公民权利宣言》的起源不确定，但该宣言的内容直
截了当："外国人对于其财产至少应和征收国国民享有同等待遇。"④
当然，这表达的就是如今广为人知的国民待遇原则。不过，国民待遇

---

①　Andreas F. Lowenfeld, International Economic Law (Oxford University Press,
2008), pp. 469-470.

②　《人权和公民权利宣言》(1789)，引用同上，第 470 页，注释 2。值得注意的是美
国 1776 年 7 月 4 日的《独立宣言》较《人权和公民权利宣言》早几年出现，并且作为《独
立宣言》主要发起人之一的托马斯·杰弗逊那时正作为美国外交官在法国任职。然而，《独
立宣言》对"不可剥夺的权利"界定有所不同："生命、自由和追求幸福的权利"。美国宪
法第五修正案后来禁止在没有适当法律程序的情况下征收财产。参阅美国宪法修正案第五
条。

③　See Lowenfeld, International Economic Law, p. 740.

④　同上。保护外国人财产的观点在战争法中更为详细。比如，1907 年的海牙规则就
包含了规定声明：除非军事需要，否则保护敌对国人财产免遭侵占或破坏。See Convention
(IV) Respecting the Laws and Customs of Law on Land and Its Annexes: Regulations Con-
cerning the Laws and Customs of War on Land, The Hague, Oct. 18, 1907, at Arts. 23 (g)
and (h). Text available at www. icrc. org/ihl. nsf/FULL/195. See also Geneva Convention,
Aug. 12, 1949, No. IV, Relative to the Protection of Civilian Persons in Time of War at
Art. 46. ("在敌对行为结束后，应根据有关留置权的法律，尽快取消影响财产的限制措
施。") Text available at ＜ www. icrc. org/ihl. nsf/385ec082b509e 76c41256739003e636d/
6756482d86146898c125641e004aa3c5＞. 洛温费尔德教授指出，历史上反对征收外国人财产
的法律在战争法的背景下都得到了发展，也许是因为和平时代征收行为很少。See Lowen-
feld, International Economic Law, p. 470, citing John P. Bullington, "Problems of Interna-
tional Law in the Mexican Constitution of 1917", 21American Journal of International Law,
685 (1927), p. 695.

原则推定的是，如果一个国家对其国民给予某种优惠待遇，则外国国民也应享有类似的积极待遇。不过，国民待遇已经演变成不再仅是一种幸运的假设。

1910 年，当时的美国国际法学会主席——伊莱休·鲁特（Elihu Root）论述了被认为构成国民待遇基础的基本原则：

> 存在一个简单的、根本性的正义标准，这一标准已被所有文明国家普遍接受为世界国际法的一部分。通过一国给予其国民的公正标准来衡量该国给予外国人的标准是否公正的条件是，这一国家的法律制度及行政是否符合上述一般标准。如果一国的法律制度不符合上述一般标准，那么尽管其国民可能乐于或被迫在此种法律制度下生活，但不得强迫其他国家认可这一法律制度为其本国国民提供了令人满意的待遇标准。①

然而，当俄罗斯共产党 1917 年取得政权建立苏维埃联盟后，对鲁特 1910 年的演讲带来很大启发并构成其演讲基础的共识似乎不复存在了。② 当时苏俄政权采取的措施，就是废除私人财产的概念。因此，土地以及几乎每一个私人产业——银行、工厂以及矿藏——都被国有化了，并且公共债务也被废除。以前的财产所有者，无论是本国国民还是外国人都没有得到赔偿。③ 苏联成立后，占据统治地位的马克思主义意识形态认为，拥有私有财产是"人对人的剥削"。④ 苏联声

---

① Elihu Root, "The Basis of Protection to Citizens ResIbiding Abroad", 4 American Journal of International Law (1910): at 521-522, quoted in Lowenfeld, International Economic Law, p. 470.

② See Lowenfeld, International Economic Law, pp. 470-471.

③ Ibid., pp. 470-471. Citing Samy Friedman, Expropriation in International Law (1953, reprinted Greenwood Press Reprint 1981), pp. 176-233.

④ See Karl Marx & Frederick Engles, Manifesto of the Communist Party (G. Allen & Unwin, 1948), p. 24.

称要通过对私人财产进行国有化而不给予补偿的方式，来消灭剥削。①

马克思主义有关财产权和政府作用的方法，与构成西方原则的观点和价值不同。不过，在欧洲、南美、亚洲和非洲对马克思主义出现过各种不同的解读。马克思主义与传统西方自由观念相互对抗。不同于马克思主义价值观，西方意识形态在西方启蒙思想家如霍布斯②、洛克③、孟德斯鸠④和卢梭⑤影响下，更强调私有财产权。

尽管存在这些传统的西方观点，但无视社会功能的放任自由主义财产观，也曾面临许多挑战。例如，大约1890—1937年，即所谓的"洛克纳时期"⑥（Lochner Era），美国最高法院做出的几个判决，包括 United States v. E. C. Knight Co.（1895）案⑦、Smyth v. Ames

---

① 1918年苏联宪法第一篇强调了以下原则：第一章，1. 宣布俄国为工兵农代表苏维埃共和国，中央和地方全部政权均归苏维埃掌握；2. 俄罗斯苏维埃共和国建立于各自由民族之自由联盟基础上，而成为各民族苏维埃共和国联邦。第二章，3. 第三次全俄工农兵代表苏维埃代表大会的基本任务是消灭任何人对人的剥削，完全消除社会之划分为各阶级的现象，无情镇压剥削者的反抗，建立社会主义的社会组织，使社会主义在一切国家中获得胜利，兹决议如下：一、为实现土地社会化，废除土地私有制，宣布全部土地为全民财产，并根据土地平均使用的原则无偿地交付劳动者使用。二、全国性的一切森林、矿藏与水利，全部家畜与农具，实验农场与农业企业均宣布为国有财产。三、批准苏维埃关于工人监督和关于国民经济最高委员会的法令，以便保证劳动人民对剥削者实现统治的权力，并作为使工厂、矿山、铁路和其他生产及运输手段完全转归工农苏维埃共和国所有的第一步骤。四、第三次全苏维埃代表大会认为宣告废除（取消）历来沙皇、地主和资产阶级政府所订债款的苏维埃法律是对国际银行财政资本的一个打击，并深信苏维埃政权定会坚定地遵循这条道路前进，一直达到国际工人起义反对资本压迫的完全胜利。五、批准将一切银行收归为工农国家所有，作为使劳动群众摆脱资本压迫的条件之一。六、为了消灭社会中的寄生阶层和组织经济起见，施行普遍劳动义务制。七、为了保证劳动群众掌握全部政权和消除恢复剥削者政权的任何可能起见，特令实行武装劳动者，建立社会主义工农红军并完全解除有产阶级的武装。1918年苏维埃第一部宪法，文本见 http://web.jjay.cuny.edu/~jobrien/reference/ob103.html.

② 托马斯·霍布斯（1588—1679），他的主要著作被认为是《利维坦》。

③ 约翰·洛克（1632—1704），他的主要著作包括《政府论》（1690年），它在美国独立宣言起草过程中发挥了重要作用。

④ 查尔斯·孟德斯鸠（1689—1755），他的主要作品是1748年的《论法的精神》。

⑤ 让-雅克·卢梭（1712—1778），他的主要作品是1762年的《社会契约论》。

⑥ See Lochner v. New York, 198 U. S. 45（1905）（该案取消了一项纽约法律，该法律禁止面包店工人一周工作60小时以上，理由是该法侵犯了契约当事人自由缔结任何类型合同的权利，无论它是否会给工人带来可能的危害）。

⑦ 156 U. S. 1（1895）（该案裁定全国制糖业98％的生产集中不应被禁止）。

(1898) 案①、以及 Lochner v. New York（1905）案②都一再强调自由
主义的财产权观念，并禁止政府以公共利益的名义进行干预。不过，在
接下来的几十年，美国最高法院更加关注宪法第十四修正案的正当程序
条款。结果是，自由主义财产观日渐式微③，洛克纳时期黯然谢幕。

在 1910 年之后的 10 年间，墨西哥也改变了一直以来坚持的私有
财产观念，以保护更大的社会利益。墨西哥革命导致 1917 年宪法的
通过。④ 该宪法现在仍然有效，第 27 条规定采用了强调人们共同利益
的财产概念："国家领土范围内的土地和物质的所有权本属国家所有，
国家有权将其所有权转移给私人，从而构成私人财产。只有出于公共
利益目的并且给予赔偿，才能进行征收。国家在任何时候都有权实施
公共利益所要求的私有财产形式，并有权对自然资源的利用进行管
理，以保护自然资源，对公共财富进行公平分配。"⑤

在墨西哥最高法院看来，这条规定"试图消除传统的将财产界定
为一项绝对不可动摇的权利的概念，并用另一种财产观念来取代它，
这种财产观念认为私有财产权是一项社会功能。因此，私有财产权不
再是个人专属的权利，而是一项附属于公共福利的权利"⑥。墨西哥宪
法中的财产权观念，介于洛克纳时代的私人财产观念和马克思主义者
的私有财产观念之间，洛克纳时代认为私有财产权是无须考虑更大社
会利益的不可动摇的权利，而马克思主义者认为，私有财产权是人对
人的剥削。

墨西哥及其他拉丁美洲国家认为，私人财产的所有者——不管是

---

① 169 U. S. 466 (1898). 该案取消了内布拉斯加州一项有关最低火车票价的法律。

② 198 U. S. 45 (1905).

③ See, e. g., Wickard v. Filburn, 317 U. S. 111 (1942).

④ See Lowenfeld, International Economic Law, p. 471.

⑤ Art. 27 of the Constitution of the United Mexican States of Feb. 5, 1917, quoted in
Ibid.

⑥ Castellanos Vda. de Zapata, Amparo Administrativo en Revision 605/1932 (Dec. 8
1936), s. 1A, quoted in Lowenfeld, International Economic Law, p. 472.

本国公民还是外国人所拥有的权利，必须服从更大的社会利益。这一观念得到国际上所谓的"卡尔沃主义"的支持。这一学说是根据其主要倡导者即阿根廷法学家卡洛斯·卡尔沃的名字命名的。这一学说主张，根据国际法，外国人不能比本国公民享有更多的财产权利。① 在发生争议时，外国投资者无权要求本国政府提供帮助，因为如果允许外国投资者寻求本国政府的帮助，将会使发展中国家的主权和领土完整受到更为强大的、发达国家的侵犯和滥用。

然而，国际法的一项基本原则是，违反国际义务的国家有责任修正它所犯下的错误。那么，从这一角度来看，国际法就可在外国人财产征收案件中发挥作用。国际常设法院（PCIJ）在 20 世纪 20 年代后期的霍茹夫（Chorzow）工厂案中就论及这一问题。② 这一案件的重要性不在于它所查明的事实，而在于它就征收外国人财产时应支付的赔偿额度所做的法律陈述。③ 此案发生在第一次世界大战后《凡尔赛条约》已签订的背景下。当时为实施该条约而达成的一项协议，授权波兰征收位于德国此前占有领域内的财产，以作为德国对其债务的清偿。该协议不允许不经赔偿而征收私有财产。本案中的这家工厂被波兰征收，但没有得到相应的赔偿。德国声称，这是私有财产，需要向其私人所有者支付赔偿。尽管波兰辩称德国欺诈性地将这家工厂的所有权转移给了私人所有者，国际常设法院仍然认同德国的主张："一项非法行为的实际概念所包含的基本原则——这一原则看来已被国际

---

① 卡尔沃主义的核心观点包含在下列论述中："可以肯定的是，在一国领域内居住的外国人同该国国民有同等受到保护的权利，但不应要求更大的保护。当受到任何侵害时，应依赖所在国政府解决，不应由外国人的本国政府出面要求任何金钱上的补偿……在不止一个案件中，被强加给美洲国家政府的一个规则是，外国人应该比居住地国的国民获得更多的尊重与特权。这一规则显然在本质上违反了国家平等的法律。" Donald R. Shea，"The Calvo Clause"（1955），at 17—19, quoted in Lowenfeld, International Economic Law, p. 473.

② Case Concerning German Interests in Upper Silesia, P. C. I. J. Series A, Nos. 7, 9, 17, 19 (1926—1929), cited in Lowenfeld, International Economic Law, p. 474.

③ Ibid., pp. 474-475.

实践所确立并特别得到国际仲裁庭裁决的支持——是，赔偿必须尽可能消除行为的所有后果，并应尽可能将事物恢复至非法行为发生前的原状。返还原物，或在无法返还原物时，根据应返还原物的价值支付适当的赔偿。"①

尽管对上述国际常设法院的意见有不同的解读②，但这段话被认为是有关外国人的私有财产被东道国征收时，应获得的赔偿额度的一种国际法表述。③

西方有关财产权利和国民待遇的观点，日益受到来自苏联和拉丁美洲国家新兴观念的挑战。④ 经过在多种场合的辩论，人们对这一领域的国际法规则产生了疑问。在被人们广泛引用的 1938 年时任美国国务卿赫尔（Cordel Hull）和墨西哥外交部部长的通信信件中，可以发现相互冲突的各种理论以及这一领域的法律的不确定性。这些信件是因墨西哥征收美国公民所拥有的土地引发的争议而出现的，有些征收行为甚至发生在 1917 年墨西哥革命之前。⑤ 美国国务卿在信中所表达的有关征收的观点，最终成为广为人知的赫尔规则：

> 获取财产（the taking of property）而不进行赔偿，这不是征收（expropriation），这是没收（confiscation）。只是明确表示会在将来某一时间进行赔偿，仍然是没收。

---

① P. C. I. J. Series A, No. 17 at 47, quoted in Ibid, p. 475.

② 分析者给出了三种可能的解释：（1）这不是一种习惯法的表达，因为该案依据的是条约；（2）在所有征收案件中，赔偿应能消除征收所产生的所有后果；（3）只有在征收本身是非法的情况下，才能适用这种赔偿规则。See Lowenfeld, International Economic Law, p. 475.（summarizing the various views）

③ 同上，法院援引了仲裁庭的案例。需要注意的是，在该判决做出前的数十年，大约有 60 个仲裁庭分析了征收外国人财产时的赔偿问题。几乎所有仲裁庭都肯定了获得公正赔偿的权利，一些仲裁庭支持了全面赔偿标准。See M. Hudson, International Tribunals (1944), p. 196.

④ See Lowenfeld, International Economic Law, p. 473.

⑤ 有关墨西哥征收外国人财产背景的综合分析，see Wendell Chaffee Gordon, The Expropriation of Foreign Owned Property in Mexico (1941, repr. Arno Press Inc. 1976), Ch. I.

如果一国政府可以对外国公民的私有财产进行征收，并根据本国政府的决定、经济状况及国内立法进行赔偿，这就会使大多数国家宪法以及公认的国际法所努力提供的保障付之东流。这样，外国政府就可以随心所欲地夺取自己无能力也不愿进行赔偿的财产，财产的所有人也将求救无门。外国政府要对其本国公民采取这样的做法，我们并不质疑它们的这种权利。这是国内事务。但是我们不能认可外国政府不顾国际法中的赔偿规则夺取美国公民的财产。同样，我们也不认可外国政府可单方或通过国内立法废除这一普遍确立的国际法原则，因为这一原则是建立在理性、平等和正义基础之上。

　　美国政府出于友好与善意向墨西哥政府做出上述表示，墨西哥政府认识到这一事实。我们对墨西哥政府希望提高民众社会福利的愿望深表同情。但我们不能接受这样的观点，即墨西哥政府可以在牺牲美国公民利益的情况下实施这些计划，我们也不认为牺牲墨西哥公民的利益来提高美国公民的社会利益是合理的。

　　国家发展所仰赖的国家之间的友好交往关系、国际贸易和商业关系以及其他重要的双边关系的整体框架，取决于政府和人民对彼此根据国际法取得的权利予以适当尊重这一重要条件。对征收的财产有权获得及时、公正的赔偿是该框架的一部分。这是一个受美国政府和世界上大多数政府极力强调的原则，它已被付诸实践，并将继续得以坚持。这不是一个冻结现状、否认财产权利变化的原则，而是一个允许任何国家在其境内，为促进公共目的而对私有财产进行征收的原则，这一原则允许改变，只要没有侵犯其他国家公民合法取得的利益。①

---

　　① U. S. Secretary of State communications to Mexican Ambassador to the United States, Jul. 21, 1938, excerpted in Lowenfeld, International Economic Law, pp. 474-475.

墨西哥外交部部长在回应美国政府的观点时写道：

我国政府主张……在国际法上，没有任何一项在理论上得到普遍确立、在实践中得到贯彻的规则认为，对于墨西哥政府为进行土地再分配所进行的普遍性的而非针对个人的征收，给予及时的补偿而非延迟的补偿是一种义务。

在我们土地改革过程中实施的征收的确具有这种双重性质，要理解墨西哥政府的立场，就必须考虑到这一点，并且对它不能履行自己的义务给予正确评价。

我并非想要反驳美国政府的观点，只是希望能引起你们对该事实的注意：土地改革不仅是某一政府或政治团体为实施新的信条而进行的社会福利改革的一个方面，而且满足了墨西哥人民最重要的需求，他们在革命斗争中为了实现这一目的，甚至牺牲了自己子女的生命。墨西哥政治、社会、经济的稳定性以及墨西哥的和平，均需要将土地重新分配给在这片土地上劳作的墨西哥同胞；国家的改革，也就是民族的未来，决不能因为不能立即支付土地的赔偿款而中断，这些土地被一小部分自私自利的外国人所拥有……

如上所述，并不存在被国家普遍接受的国际法和原则，认为对具有一般性的和非针对个人的征收给予充分的赔偿是义务性的，在这一领域的条约的制定者也不这样认为。不过为服从自己的法律，墨西哥承认，它有义务以充分的方式给予赔偿，但它对该问题坚持的观点是，进行支付的时间和方式必须根据其国内法确定，这一观点是以国际法条约制定者的最权威观点为依据的。①

---

① Mexican Minister of Foreign Affairs communications to U. S. Ambassador，Aug. 3，1938，excerpted in Ibid，p. 477.

尽管美、墨双方在 1938 年[1]达成了一项双方都接受的补偿协议，但这一根本性的理论困境仍然存在。战后的数十年，马列主义政治思想以及苏联的势力范围得到极大发展。这样，从阿尔巴尼亚到赞比亚，对本国国民以及外国国民的私有财产进行征收，并且适用国内的赔偿标准进行赔偿就越来越常见。[2] 东欧、拉丁美洲（墨西哥除外）、非洲、中东、中国和古巴都深受影响。[3] 这种国内赔偿标准的日益使用，对习惯国际法上赫尔规则的存在构成挑战。

尽管赫尔规则面临着一些障碍，但卡尔沃主义也并没有得到普遍推崇。发达国家倾向于采用赫尔规则，而一些发展中国家——以及联合国——支持卡尔沃主义。在国际投资发展过程中，不同观点之间的张力引发了一些重大讨论。

第三节 调和外国投资法体制的国际努力

关于战后通过创建国际贸易组织（ITO）来统一贸易规则的努力在第二部分有详细讨论，但是这一过程并没有将多边投资体制纳入其中，虽然在这方面也取得了一些显著的成效。一位当时的美国谈判人员一语中肯地道出了个中原因，因为"它担心……在多边会议上谈判

---

① See U. S. Department of State Bulletin（Nov. 22，1941），at 399-403，cited in Ibid.，p. 480.

② See generally Adeoye A. Akinsanya，The Expropriation of Multinational Property in the Third World（Praeger Publishing，1980）.

③ See Lowenfeld，International Economic Law，pp. 483-485. 战后期间一些著名的征收案例包括取消主要西方石油公司的特许权，这些公司分布在伊朗以及几乎所有的阿拉伯国家包括阿尔及利亚、利比亚、沙特阿拉伯和伊拉克。其他一些有名的例子包括位于印度尼西亚的荷兰财产、苏伊士运河公司被埃及国有化。同上，第 483—485 页。在几乎所有的这些案件中，补偿都是通过谈判一次性支付。同上。当然，有些请求是通过仲裁解决的。这些将讨论到本部分结束。洛温费尔德教授指出，全部无偿征收的案例是很罕见的。同上，第 484 页。

而成的投资规定，可能只是任何参与者都乐意接受的投资保护最低标准"。① 因为这个及其他相关理由，1946 年的《哈瓦那宪章》没有对投资做出规定，虽然这一由美国牵头通过的宪章为 1948 年 GATT 的成立奠定了基础。

1962 年，作为国际经济新秩序的一部分，联合国通过了一项决议，表达了下列发展观点："国有化、征收或征用应基于公共目的、安全或国家利益的原因或理由进行，这些被认为高于纯粹的私人利益——包括国内的以及外国的。在此类情况下，财产的所有者应被支付适当的赔偿，赔偿应根据为实施主权权力并依据国际法采取此类措施的国家的有效规则进行。"② "适当补偿"的含义仍然是不确定的③。随后，资本输出国和资本输入国围绕这一模糊短语的含义发生了很多争议。1974 年，联合国大会以 118 票对 2 票以及 10 票弃权的结果通过了《各国经济权利和义务宪章》。④

宪章在相关部分做出了如下声明：

> 每个国家有权：
>
> （a）按照其法律和规章并依照其国家发展目标和优先次序，对在其国家管辖范围内的外国投资加以管理和行使权力。任何国家不得被迫对国外投资给予优惠待遇。

---

① Claire Wilcox, A Charter for World Trade (1949, repr. Arno Press, 1972), at 145—146, cited in Lowenfeld, International Economic Law, p. 482.

② UN Declaration on Permanent Sovereignty Over Natural Resources. GA Res. 1803, 17 UN GAOR Annexes, Vol. I. , Agenda Item No. 39, para. 4. UN Doc. A/5217 (1962). The Resolution was passed by 87—2 with 12 states abstaining.

③ 这是在美国所建议的"及时、充分、有效"补偿标准与其他建议如"在适当情况下，财产所有人应获得充分补偿"的一种折中。See Lowenfeld, International Economic Law, pp. 486-487. 赫尔规则中的充分补偿通常是指反映了被征收财产市场价值的全面和公正补偿。而研究表明，在实践中补偿很少有充分的。See, e. g. , Frank G. Dawson & Burns H. Weston, " 'Prompt, Adequate and Effective': A Universal Standard of Compensation?" 30 Fordham Law Review 727 (1962), p. 757.

④ 29 UN GAOR Supp. (No. 31) at 50. UN Doc. A/9631 (1974).

（b）管理和监督其国家管辖范围内的跨国公司的活动，并采取措施保证这些活动遵守其法律、规章和条例及符合其经济和社会政策。跨国公司不得干涉所在国的内政。每个国家在行使本项规定的权利时，应在充分顾及本国主权权利的前提下，与其他国家合作。

（c）将外国财产的所有权收归国有、征收或转移，在收归国有、征收或转移时，应由采取此种措施的国家给予适当的赔偿，要考虑到它的有关法律和规章以及该国认为相关的一切情况。

在任何情况下，因赔偿问题引起的争议均应由实行国有化的国家的法院依照其国内法加以解决，除非相关各国基于国家主权平等并依据自由选择的原则自由地相互约定采用其他和平解决方式。[①]

尽管适当补偿原则在宪章中再次得到重申，但宪章中却没有可援引的国际法标准。"适当补偿"的含义在当时遵从东道国的解释。有评论者认为，这在创造国际经济新秩序的过程中迈出了非凡的一步。[②]

尽管这一方法得到绝对性的支持，然而，在这一领域国际法的地位仍然是不确定的。[③]正如古斯曼（Guzman）教授所表达的那样，宪章"使东道国政府掌控一切，使投资者处于东道国政府的支配之下……赫尔规则……已不再是国际习惯法规则了"[④]。实际上，从前面的讨论可以得出的一个结论是，与古斯曼的观点不同，从来不存在共识，认为赫尔规则已成为国际习惯法规则。在 1963 年和 1974 年宪章

---

① See 29 UN GAOR Supp.（NO. 31），Art. 2.

② See e. g.，Gillian White，"A New International Economic Order?" 16 Virginia Journal of International Law，p. 326（1976）.

③ 习惯国际法要求有法学家的观点以及连续一致的国家实践。See Ian Brownlie, Principles of International Law（1990）. 在资本输入国和资本输出国的法学家观点存在分歧时，不能认为已发展出连续一致的实践或惯例。

④ Andrew Guzman，"Why Do LDCs〔Less Developed Countries〕Sign Treaties That Hurt Them?" 38 Virginia Journal of International Law 639（1998），pp. 650-651.

通过的这一时期，没有国际法庭处理过征收的案件，这就为有关征收的法律增添了更多的不确定性。[①] 虽然这一领域也没有仲裁的案例，但法庭之外所进行的争议仍然聚焦在赔偿的标准和征收措施之上。

第四节　利比亚案件：在征收框架下协调赔偿的标准

在处理涉及利比亚三个石油公司的案件时，仲裁庭都提到了征收赔偿问题。[②] 三个案件事实十分相似，但三个仲裁庭的结论迥异，对国家以公共利益的名义进行征收表达了不同的观点。

第一个案件是 British Petroleum Exploration（Libya）Limited Co. v. Libyan Arab Republic 案[③]。根据当事双方在 1966 年签署的特许协议，国际法院院长指定瑞典的拉格尔格伦法官（Judge Gunner Lagergren）作为独任仲裁员。[④] 拉格尔格伦法官处理这个案件时，有关征收及其赔偿标准的问题还在联合国大会进行辩论，因此，他没有机会考虑 1974 年的《各国经济权利和义务宪章》。[⑤] 在处理有关管辖权及仲裁条款的可分割性这些程序性问题后[⑥]，拉格尔格伦法官对征收的合法性及赔偿标准这些实体性问题进行了分析。他认为征收是非法的，并裁定"恢复原状"（restitutio in integrum）以作为"确定赔

---

① See Patrick Norton，"A Law of the Future or a Law of the Past? Modern Tribunals and International Law of Expropriation"，85 American Journal of International Law 474 (1991)，at 479.

② These cases are described in Von Mehren & KourIbides，"International Arbitration between States and Private Parties：The Libyan Nationalization Cases"，75 American Journal of International Law 476 (1981).

③ 53 International Law Report，297 (Lagergren，Solo Arbitrator，1973).

④ Ibid.

⑤ See Norton，p. 480.

⑥ 对该案这方面的分析，see Stephan M. Schwebel，International Arbitration：Three Salient Problems (Grotius，1987)，pp. 40-42.

偿金的方式"。① 他还从其他仲裁庭的裁决中寻求观点来支持自己的结论。虽然他并没有计算确切的赔偿数额，但他的裁决后来被人理解为要求对非法征收支付全部赔偿。② 当拉格尔格伦法官后来在美伊求偿仲裁庭中任职时，他有关征收赔偿的观点已十分清晰。在一个案件中，他对非法征收适用了不同于合法征收的赔偿标准。他注意到，非法征收需要给予全部赔偿，而合法征收就不必给予全部赔偿："至少在因对关系国家经济命脉的商业公司进行大规模国有化而引发的案件中，适当的赔偿（在现在）是正确的法律标准。"③ 根据这一标准，虽然他同意在考虑到东道国经济负担的情况下，对市场价值进行某些调整，但他指出必须避免东道国获得"不当得利"。④

另两个利比亚的案件是在《各国经济权利和义务宪章》通过后仲裁的。其中第一个是 TOPCO v. Libya 案。⑤ 国际法院院长根据当事方的协议，指定迪普伊教授（René-Jean Dupuy）作为本案的仲裁员。迪普伊教授在驳回利比亚就程序问题提出的所有异议后，对同样的实体法问题进行了分析。⑥ 在认定应由国际法调整本案的法律关系后，迪普伊教授采用了国际常设法院在前已论及的霍茹夫工厂案件中提出的恢复原状。在仲裁裁决中，他认为采纳适当赔偿作为法律标准的联合国第 1803 号决议，是一种国际习惯法的表达。他反对《各国经济

① 53 International Law Report，p. 347.

② See Norton，p. 480，比较一下拉格尔格伦作为美伊求偿仲裁庭的仲裁员时就同样问题所持的观点。在作为仲裁员时，拉格尔格伦清楚表明了自己的观点，非法征收要求给予全面赔偿。

③ See INA Corp. v. Iran，AWD184-161-1（Lagregren，Holtzmann，& Ameli，arbs. Aug. 12，1985），8 IRAN-U. S. T. R. 373（1985），cited in Norton，p. 486.（Separate opinion of Lagergren at 5）.

④ Ibid.

⑤ Texas Overseas Petroleum Company v. Libya Arab Republic，55 International Law Report，354（1975）. consolIbidated with the case of California Asiatic Oil Company（CA-LASIATIC）.

⑥ 对于程序问题包括仲裁条款的可分割性的讨论，see Schwebel，International Arbitration，pp. 42-45. 施韦贝尔（Schwebel）教授当时是海牙国际法学会的秘书长。

权利和义务宪章》的结论，认为它们"在接受宪章的那些国家的眼中，只不过是应然的法律（de lege ferenda）；而对其他国家而言，反对这样的原则意味着它们认为这些原则是不合法的（contra legem）"。① 他随后裁定征收是非法的，下令利比亚遵守协议②。

三个利比亚案件中的最后一个是 Libyan American Oil Co.（LIAMCO）v. The Government of the Libyan Arab Republic 案。③ 这一案件是由黎巴嫩的马赫马萨尼博士（Dr Sobhi Mahmassani）作为独任仲裁员审理的，他也是由国际法院院长根据当事方的协议指定的。在驳回利比亚提出的所有程序异议问题包括仲裁条款的可分割性问题后④，马赫马萨尼博士同样论及了征收的合法性这一实体问题，并仔细分析了有关赔偿的问题。他首先确定了三种法律渊源：利比亚法律、国际法以及当事方的合同，然后对它们进行了详细的阐述。他的裁决很好地总结了当时人们有关法律现状的各种争论，对促进现在双边投资条约的发展做出了贡献，给人留下了深刻印象。后面的章节会对此有进一步的讨论。本案的裁决对于本书的主要目的意义尤为重大，因为这一裁决涉及一个非洲国家，而且是由一位不具有西方法律传统的仲裁员把非洲国家国内法、伊斯兰法和国际法运用到一系列有趣的事实。基于此，下文将对马赫马萨尼博士有关征收合法性，以及救济的性质与程度进行详细讨论。

马赫马萨尼博士在对最具争议的赔偿问题进行分析前，先就法律问题做出了如下结论：

(a) 财产权，包括特许权这样的无形财产权，原则上是不容侵犯的，除非是出于其社会职能的要求或为了公共利益；

---

① 17 International Legal Materials 8，at 30，quoted in Norton，p. 481.

② Ibid.

③ 62 International Law Report，140；20 ILM 1（1981）（Mahmassani，sole arb.，1977）.

④ 对于程序问题的讨论，see Schwebel，International Arbitration，pp. 46-47.

（b）合同，包括特许权协议，构成当事人之间的法律，对双方具有约束力；

（c）国家对其财富和自然资源进行国有化是一种主权权利，但要履行因先行终止特许协议而进行赔偿的义务；

（d）对特许权的国有化，如果不是歧视性的，而且没有采取非法的行为或举动，那它就不是非法的，不构成侵权，但要赔偿特许权人因特许协议提前终止而遭受的损失。①

他因此裁定，LIAMCO 必须遵守特许协议，非经下列原因不得终止：合同到期、当事双方的同意、特许协议因 LIAMCO 未能履行合同义务而被利比亚政府撤销，或利比亚政府对其进行了附有赔偿的非歧视性国有化。马赫马萨尼博士接着指出："此外，在一些法律制度（如法国、黎巴嫩）中，行政法认可国家重新购回特许权的权利，但需要支付因此造成的损失，如所遭受的实际损失以及丧失的利润。所以，当事方所声称的国有化措施构成一种义务来源，对此 LIAMCO 有权通过仲裁获得救济。"②

在上述法律结论的基础上，马赫马萨尼博士随后论及赔偿的尺度及损失的计算方式。③ 马赫马萨尼博士详尽的法律分析可总结如下：（1）利比亚法律要求善意履行合同；（2）利比亚有对特许协议进行国有化的主权权利，只要国有化不是歧视性的，并且是为了公共目的；（3）本案中的国有化不是非法的④；（4）利比亚必须为其国有化行为提供赔偿；（5）有关私方当事人应获得的赔偿额度的法律并不清晰；

---

① 20 ILM 61-63.

② 20 ILM 61-63.

③ 20 ILM 66-74.

④ 需要注意的是，在 1964 年，在 Banco Nacional de Cuba v. Sabbatino，376 U. S. 398,428(1964) 案中，美国最高法院被请求就美国公民在古巴的财产利益被征收的合法性做出决定。法院做出了下面著名的陈述："在今天的国际法中，很少有问题像对国家征收外国人的财产的权力进行限制这样的问题存在着众多分歧的观点。" 376 U. S. at 428. 该陈述是否仍然正确令人质疑。

（6）虽然"充分、及时、有效的赔偿"原则在国际法中有一定的反响，但不能说它已成为国际习惯法规则，特别是从战后联合国大会的决议来看；（7）特许协议授权适用一般法律原则，相应地就授权适用"公正赔偿"（equitable compensation）。

尽管马赫马萨尼博士最后找到了适用的标准，但将这一标准适用于案件事实被证明是十分棘手的。有些人认为，他最终计算的只是损失利益（lost profit）①，其他人对此并不苟同②。无论如何，该案很好地说明了当时的法律状况：由传统的西方资本输出国与大多数具有殖民历史的资本输入国之间进行的拔河赛所产生的混乱状态。这种状况因持续的有关私人财产权利的性质和政府作用的意识形态划分，而变得更为复杂。

证据显示，随着时间的推移，国家所有权的有效性正日益弱化，一些国家开始转而采用其他不同的经济制度。③ 另外，一种对待私人投资包括外国直接投资的新态度开始出现。这种新的观点促成双边投资条约的签订，它们现在被认为是"调整投资的主要的国际法律文件"。④ 但双边投资条约在带来新的问题的同时，并没有解决原来所面临的困境。有关双边投资条约的一些重要问题，会在第八章、第九章对中非投资关系可资利用的法律制度进行分析时论及。下面一章将探讨目前一般性的国际投资法渊源。

---

① See e.g., Norton, A Law of the Future, supra note 53 at 481. For the same proposition, see also William C. Lieblich, "Determinations by International Tribunals of the Economic Value of Expropriated Enterprises", 7 Journal of International Arbitration 37 (1990), pp. 46-51.

② See, e.g., Derek W. Bowett, "Claims between States and Private Entities: The Twilight Zone of International Law", 35 Catholic University Law Review 929 (1986), 936. 对于利比亚三个案件的分析，see generally Von Mehren & KourIbides, "International Arbitration between States and Private Parties: The Libyan Nationalization Cases", 75 American Journal of International Law 476 (1981).

③ See Lowenfeld, International Economic Law, pp. 467-468.

④ Andrew Guzman, "Why LDCs Sign Treaties That Hurt Them: Explaining the Popularity of Bilateral Investment Treaties", 38 Virginia Journal of International Law 639 (1998), 640.

第八章

当前国际投资法的渊源及内容

国际投资法的渊源和国际法的渊源本质上相同，尽管在国际投资法中国内法扮演着更为重要的角色。首先，本章将对国际投资法的法律渊源进行概述，它包括条约、习惯法、一般法律原则、司法判决及各类学说。[①] 然后，本章将介绍投资法中的一些重要渊源、《北美自贸协定》《能源宪章条约》以及东盟条约及协定，并对条约发展过程中日益重要的环境和劳工标准进行分析。最后，本章将对美国双边投资条约范本和国际可持续发展研究院（IISD）制定的双边投资条约范本，以及它们在国际投资法中的地位和目标进行对比分析。

第一节　当前国际投资法渊源概述

一　条约

第二次世界大战后，尽管外国投资迅猛发展，但是没有一个有效的多边投资机制。[②] 目前，投资法渊源中的条约很大程度分散于多边条

[①]　这部分主要参考了索纳拉加教授有关国际投资法的渊源的讨论。See M. Sornarajah, The International Law on Foreign Investment, 2nd ed. (Cambridge, 2004), pp. 87-96.

[②]　Ibid., pp. 87-88. 对于多边国际投资谈判的曲折史，see Stefanv D. Amarasinha & Juliane Kokott, "Multilateral Investment Rules Revisited," in The Oxford, Handbook of International Investment Law (Oxford University Press, 2008), 120—151.. 其中，多边投资条约就是一个著名的失败的尝试，由经合组织带头提出，企图团结志同道合的国家组织，有关谈判过程中的草案和文件请登录经合组织的官方网站：http://oedc.org/daf/mai.

约、区域性条约、跨区域性条约以及双边条约中。① 而且，继国际贸易体系后，多边机制前景不容乐观。索纳拉加（Sornarajah）教授认为，多哈回合谈判中关于多边投资条约可以预期收获的最好的成果，是达成一个类似关贸总协定的不具有确实承诺内容的协议，而不是由不同国家就相关行业临时谈判达成的协议。② 值得注意的是，WTO框架中的《关贸总协定》和《与贸易有关的投资措施协议》，被认为是国际投资法的重要的多边类型的渊源，尽管它有关投资的规定零散，仅强调市场准入与非歧视性措施，而没有对投资保护做出规定。③

《解决国家与他国国民间投资争议国际公约》（简称《华盛顿公约》）④ 是投资领域中唯一一个成功的多边条约，但它只是就程序问题做出规定。虽然它是一个重要的法律文件，但是它的作用局限于为投资争端解决提供规范。⑤ 缔约国签订的一些区域性条约或跨区域性条约，同样有起到规范外国投资的作用，其中一个保护投资的跨区域性条约，便是 1994 年的《能源宪章条约》⑥，尽管它是调整特定行业的

---

① 阿玛拉斯哈（Amarasiha）和考克特（Kokott）指出："如果认为外国投资没有多边机制就大错特错。相反，它更多的是一个由有许多不同的协议拼凑成的零散机制，这些协议的详细程度及其复杂程度都有所不同。由于缔约方的不同，有的可能是双边条约、区域条约甚至是多边条约如同世界贸易组织协议那样。"Amarasinha，"Multilateral Investment Rules Revisited，"p. 124.

② Sornarajah，p. 88.

③ See Amarasinha，"Multilateral Investment Rules Revisited"，p. 123.

④ Convention on the Settlement of Investment Disputes between States and Nationals of Other States（entered into force Oct. 14，1966）. The text of the Convention and comprehensive related information is available on the official website of the International Center for the Settlement of Investment Disputes at http：//ICSID. worldbank. org/ICSID/ Index. jsp.

⑤ 有关条款的详细注解，see generally Christopher H. Schreur et al.，The ICSID Convention：A Commentary，2nd ed.（Cambridge，2009）.

⑥ 参见《能源宪章条约》，1998 年 4 月生效，详情请登录以下网站 www. encharter. org/fileadmin/user _ upload/ document/EN. pdf. 该条约有 45 个签约国，有关内容请登录下面网站 www. encharter. org/fileadmin/user _ upload/ document/ECT _ ratification _ status. pdf.

条约，但它对有关投资①和争端解决的条款规定十分详尽②。《北美自贸协定》同样是一个重要的区域性条约，它是通过借鉴美国双边投资③条约而制定的，缔约国有美国、加拿大、墨西哥。该协定的第 11章专门就投资做出规定，它可能是区域性条约中对投资规定得最为完善的一个④，围绕该章规定已发生许多诉讼并已存在大量判例。

《能源宪章条约》和《北美自贸协定》都有北北合作、南北合作的背景，这样，它们对于随后章节的讨论就非常有意义。在接下来的一节中将对它们的内容及结构，特别是对其有关争端解决条款进行讨论，为其后有关中非关系内容的讨论提供背景。

另一个规范外国投资的区域性投资条约是《东盟投资框架协议》⑤。该协议给予东盟投资者一定的特权，包括国民待遇。⑥ 这是南南投资协议的一个典范，下文会结合《能源宪章条约》以及《北美自贸协定》第 11 章的相关规定，对它进行详细分析。除这些及其类似的区域性投资条约外⑦，还有成千上万的双边条约，它们近来被称作"意大利面碗式"的法律文件，其发展前景还不十分确定。⑧

二 习惯法

简单说来，具有法律确信的连续一致的实践可能产生具有约束力

① 参见《能源宪章条约》，第 10—17 条。

② 同上，第 26—28 条。

③ See Sornarajah，p. 88.

④ 32 ILM 605 (1993). The text of the Agreement is also available on the website of the NAFTA Secretariat at ⟨www. nafta—sec—alena. org/en/view. aspx? x? 343⟩.

⑤ 条约文本详情请登录东盟网站 www. aseansec. org/6466. htm.

⑥ 同上，参见第 7—8 条。

⑦ 另外，一些区域一体化协议也含有投资条款。涉及非洲国家和中国的一些协议将在后文谈到。关于区域一体化协议中的投资条款的概说，see UNCTAD, Investment Provisions in Economic Integration Agreements (United Nations，2006).

⑧ See Amarasinha & Kokott，"Multilateral Investment Rules Revisited," supra note 2，at 121. A searchable online compilation of all BITs is available on the UNCTAD website at www. unctadxi. org/templates/DocSearch ＿ ＿ ＿ ＿ 779. aspx.

的国际法。美国最高法院在 1964 年指出："当代国际法中如果有，也只是有极少数的问题会像限制国家征收外国人财产的权力那样，让人们争议纷起。"① 这一说法同样可适用于投资法的大部分领域。索纳拉加教授认为："不过存在这样的习惯法，当国家不是在行使监管权力而征收外国人财产时，必须给予赔偿，即使对此还没有共识。"② 但是索纳拉加教授也主张，尽管有一些规则被持续地纳入进双边投资条约，这并不意味着这些规则就具有国际习惯法效力，因为双边投资条约结构上的不稳定性排除了上述可能。③ 因此，将习惯法作为国际投资法渊源还存有疑问。

三　一般法律原则

尽管一般法律原则通常被认为是一种弱法渊源，但有时也被用作补充性规则而被援引。与投资有关的一般法律原则包括不当得利以及对征收进行赔偿等。④ 不过，即使是这些基本的原则也并非没有争议。更为棘手的是，一些规则可能在某些领域得到很好的认可，却在其他领域遭到拒绝。这方面的一个很好的例子便是合同的神圣性原则，在一些法律制度中，合同订立后便不能对其进行修改，但单方修改行政合同却是可以的。该原则也可适用于投资合同。⑤ 尽管一般法律原则作为法律渊源具有不确定性⑥，仲裁庭仍会经常援引一般法律原则。事实上，国际仲裁所遭受的喋喋不休的批评之一就是它被认为在观念

---

① Banco Nacional de Cuba v. Sabbatino，376 U. S. 398，428（1964）.
② See Sornarajah，p. 89.
③ Ibid.
④ Ibid. ，pp. 93-94.
⑤ Ibid. ，pp. 94-95. See also Patrick Atiyah，The Rise and Fall of the Freedom of Contract（Oxford University Press，1979），cited in Ibid.
⑥ See，e. g.，LIAMCO v. Libya，20 ILM 1，at 66—74（1981）（Mahmassani, sol arb.，1977）.

上偏袒私人投资者。①

四　司法判例和学说

尽管司法判决和学说被认为是辅助性渊源，但它们对案件影响深远。至少有三个国际法院做出的有关投资的判决几乎被每一个涉及投资的判决或文献引用：a. 霍茹夫工厂赔偿案②；b. 涉及对外国公司股东行使外交保护的巴塞罗那电力公司案③；c. 驳回申请索赔④的 ELSI 案⑤。仲裁裁决有时也很重要，对于确定案件的结果发挥着重要作用。⑥ 在这方面，美伊求偿仲裁庭因其持续时间长以及对法理学发展做出的重要贡献，而被认为是一个举足轻重的特别仲裁庭。它的裁决经常被世界各地的仲裁员和其他仲裁庭引用，并且有很多学术成果对它们进行详细研究。⑦ 相应地，这些学术研究也会对仲裁员的决策产生影响。

五　软法渊源

《国际法院规约》第 38 条第 2 款并没有提到所谓的软法渊源，不

---

①　See，e. g.，Yves Dezalay and Garth Bryant，Dealing in Virtue：International Commercial Arbitration and the Construction of a Transnational Legal Order（University of Chicago Press，1996）；see also generally Amr A. Shalakany，"Arbitration and the Third World：A Plea for Reassessing Bias under the Specter of Neoliberalism"，41 Harvard International Law Journal 419（2000）. 有关这些参考资料的详情将在仲裁这章进行讨论。

②　PCIJ Series A，No. 17（1928）.

③　ICJ Rpts. 1（1970）.

④　ICJ Rpts. 15（1989）.

⑤　See Sornarajah，The International Law on Foreign Investment，supra note 1，p. 95（citing and briefly discussing all three cases as judicial sources of international law）.

⑥　See，e. g.，the extensive citation to cases in the LIAMCO v. Libya excerpt supra.

⑦　See Sornarajah，supra note 1，at 96，citing George Aldrich，The Jurisprudence of the Iran-United States Claims Tribunal（Oxford University Press，1996）and Charles Brower & Jason Brueschke，The Iran-United States Claims Tribunal（Kluwer Law International，1998）. 有关该仲裁庭对国际仲裁发展的贡献，see Wayne Mapp，The Iran-United States Claims Tribunal，the First Ten Years，1981—1991：An Assessment of the Tribunal's Jurisprudence and Its Contributions to International Arbitration（Manchester University Press，1993）.

过，仲裁裁决经常援引声明、谅解备忘录、行动计划甚至是高级别会议记录却司空见惯。其中一个很好的例证，便是埃塞俄比亚—厄立特里亚求偿委员会做出的仲裁裁决，它对发生在 1998—2000 年的两国边境战争所引发的索赔做出裁决。① 委员会裁决的其中一个案例，便是由从埃塞俄比亚被驱逐至厄立特里亚的公民提出的国籍被剥夺案。② 这些人声称他们在 1991 年厄立特里亚成立之前就拥有埃塞俄比亚国籍，并且在取得厄立特里亚国籍后一直居住在埃塞俄比亚。埃塞俄比亚政府认为根据埃塞俄比亚法律，一旦拥有厄立特里亚国籍，埃塞俄比亚国籍将被自动撤销。厄立特里亚政府认为根据两国达成的协议，这些人有权在两个国籍中进行选择，但埃塞俄比亚官方没有提供这种选择，这违反了协议。该协议是以峰会会议记录的形式签订的。会议记录相关部分内容如下："对于国籍问题，双方同意拥有埃塞俄比亚国籍的厄立特里亚人有权自己做出选择，并应服从自己的选择。"③ 虽然委员会并未对会议记录是否构成一项条约做出裁断，但它在结论中认为，会议记录是一种反映了当事双方意图的软法渊源。④ 这一案例证明，当不存在硬法渊源时，软法将起到更加重要的作用。考虑到当前中非之间的法律事务，以及调整双方互动关系的硬法渊源的缺失，软法渊源将在这一关系中继续发挥重要作用。

---

① 有关索赔委员会做出的裁决详情请，登录常设仲裁法院的网站 www. pca—cpa. org. 当时的仲裁员是 Hans Van Houtte，George AldrIbidge，Lucy Reed 等人。

② Ethiopia-Eritrea Claims Commission，Civilian Claims，Eritrea's Claims 15，16，23 &. 27-32（Per. Ct. Arb. 2004）.

③ Ibid. ，para. 52.

④ Ibid. ，para. 53. For a discussion of this and related decisions of the Commission， see generally，Won KIbidane， "Civil Liability for Violations of International Humanitarian Law"，25 Wisconsin Journal of International Law 23（2007）.

第二节 结构和实质性内容

以上清楚地表明，条约是国际法最重要的渊源，由于国际投资法缺乏一个综合性的多边条约，于是，区域性条约和双边条约在确定所适用的法律时占有重要地位。基于此，在讨论国际法的结构和实质性内容时，我们将重点探讨区域性条约和双边条约。为了对中国和非洲国家签订的制度做一全面分析，并对它们做出的选择进行评价，本节将首先分析中国和非洲国家都没有加入的地区性条约，后面一节将集中探讨三种模式：中国模式、非洲模式（一些选定的国家）及中非模式。

一 《北美自贸协定》和《能源宪章条约》

投资条约通常至少覆盖以下 7 个重要领域：适用范围，包括投资的实质性定义；投资保护，包括最惠国待遇、国民待遇；准入和开业；业绩要求；税收；环境和劳工标准以及最重要的争端解决。该部分将按顺序对这 7 个领域进行讨论。[①]

（一）适用范围和投资定义

不同条约中的适用范围和投资定义不同，有的定义较为宽泛，有的定义十分狭窄。《北美自贸协定》第 11 章开始部分有关投资的定义十分宽泛。该协定第 1139 条将投资界定为：

（a）企业；

（b）企业股份；

---

① This organizational set-up follows the Oxford Handbook's organization. See Amarasinha, "Multilateral Investment Rules Revisited", in The Oxford Handbook of International Investment, pp. 138-151.

(c) 企业债券；

　　（Ⅰ）该企业是投资者的附属机构，或

　　（Ⅱ）债券的原始期限至少为 3 年，但不包括国有企业债券，无论其原始期限多长。

(d) 企业贷款；

　　（Ⅰ）企业是投资者的附属机构，或

　　（Ⅱ）贷款的原始期限至少为 3 年，但不包括对国有企业的贷款，无论其原始期限多长。

(e) 对企业的利益，这种利益使投资者有权分享企业的收入或利润；

(f) 对企业的利益，这种利益使投资者有权在企业解散时分享企业的财产，这种利益不包括（c）项和（d）项中的债券或贷款；

(g) 为获得经济利益目的而获取的或用于经济利益目的或其他商业目的的不动产或其他财产，无论是有形的还是无形的；以及

(h) 因在一成员国领域内投入资本或其他资金进行经济活动而产生的利益，例如

　　（Ⅰ）根据合同包括交钥匙合同或建筑合同或特许协议进行的经济活动，此类合同涉及投资者的财产在另一成员国境内的存在；或

　　（Ⅱ）依据报酬主要取决于企业的利润、收入或产量的合同所进行的经济活动。

但投资并不意味着：

(i) 单纯产生于下述情形的金钱请求权

　　（Ⅰ）由缔约一方国民或企业向缔约另一方国民或企业销售商品或服务的商业合同；或

（Ⅱ）与一项商业交易有关的授信，如贸易融资，但（d）涵盖的贷款除外；或

（j）其他任何不涉及上述（a）至（h）项规定的利益种类的金钱请求权。

这一投资定义的重要性在于它在保护框架中纳入并排除了一些事项。条约对投资的定义越宽泛，它涵盖的交易就越多，留给国家的监管权力就越小。正是基于这一原因，投资定义的涵盖范围一直十分重要。事实上，有人认为阻碍多边条约谈判的一个重要原因就在于对投资的定义没有达成合意。①

了解在《北美自贸协定》的投资定义会给人带来启发，因为该协定除了规定其他形式的投资外，还包括了组合投资（portfolio investment）。人们常常认为组合投资不需要与长期直接投资所需要的那种保护。尽管还不清楚如何设置国家的监管利益和组合投资保护需求之间的平衡点，但一些条约为了国家监管利益已将组合投资排除在投资范围之外。② 此外，确定组合投资利益的复杂性不容低估，特别是当投资也涉及本地投资者时。

上述投资定义中的例外情形同样值得关注。这其中就包括对国有企业③的贷款、销售商品和服务的纯商业合同④以及商业交易信贷⑤。投资定义特别强调排除这三项，对它们的监管被纳入不同的法律制度。在界定投资的同时，该协定将"投资者"定义为从保护中受益的人。这一定义指出，"缔约一方投资者是指计划投资、正在投资或已

---

① See, e. g. , Amarasinha, "Multilateral Investment Rules", p. 139.

② See, e. g. , ASEAN Framework Agreement for the Protection of Investment, at Art. 2 (expressly excluding portfolio investment). Text available at the official website of the ASEAN at www. aseansec. org/6466. htm.

③ See d (2) in the quoted text.

④ See h (Ⅰ) in the quoted text.

⑤ See h (Ⅱ) in the quoted text.

进行投资的缔约一方的国家或国有企业，或缔约一方的国民或企业。"① 因此，投资者包括国家、国民（自然人）及企业（在缔约一方国家注册并拥有该国国籍的企业）。从以下的章节将可以看出，有关"投资者"的定义，差异不大，虽然有些定义还将非国内居民（non-national residents）纳入"投资者"定义中。

《能源宪章条约》关于投资的定义比《北美自贸协定》的定义既更广泛又更有限：

"投资是指投资者直接或间接拥有或控制的各种资产，包括：（a）有形和无形财产、动产和不动产以及各种财产权如租赁权、抵押权、留置权、质押权；（b）公司或商事企业或股票、股份或在公司或商事企业中的其他形式的股份参与及公司或商事企业的债券或其他债务；（c）金钱请求权，以及根据合同产生的具有经济价值且与投资相联系的履行请求权；（d）知识产权；（e）回报（returns）；（f）根据法律或合同或根据依法授予的在能源行业从事经济活动的任何特许和许可而产生的任何权利。"②

乍看起来，《北美自贸协定》中的投资定义似乎比《能源宪章条约》要宽泛，但是在某些方面却更为有限。首先，《北美自贸协定》不包括普通的商业合同关系，如商品和服务销售合同，但《能源宪章条约》却将此类关系纳入投资法的适用范围，只要它们与能源行业相关。这样，如果一家外国公司 A 将其推土机销售给当地石油公司 B，当 B 公司拒绝付款时，A 公司就无法根据《北美自贸协定》的规定寻求救济，但可根据《能源宪章条约》有关投资的界定寻求救济。其次，《北美自贸协定》没有明确提及知识产权，而《能源宪章条约》对此有明确的规定，虽然从定义上看它的适用情况还不清楚。最后，

---

① See NAFTA Art. 1139 (definition of investor of a Party).

② Energy Charter Treaty, Art. 1 (6).

《北美自贸协定》不包括对国有企业的贷款，而《能源宪章条约》没有对此进行区别。通过对这些看似相同的定义的对比可以发现，伴随着适用过程中的各种不同变化，投资定义会有很大的变化。

（二）投资保护

投资保护条款通常被认为是投资条约的关键所在。有关投资保护的最基本原则有不歧视原则、公平和公正原则、最惠国待遇和国民待遇原则。《北美自贸协定》有关投资者保护的规定明确地纳入了所有这些原则。[①]《能源宪章条约》有关投资者保护的条款也十分引人注目，但是是出于相反的理由，它们缺乏强制性的最惠国待遇和国民待

---

① 《北美自贸协定》经过出色起草，有关原则规定十分清晰。为了便于参考，同时也为了对下面章节更好的对比，对这些重要原则重新整理如下：

第1102条：国民待遇：

1. 缔约一方给予缔约另一方投资者在投资的建立、获得、扩大、管理、经营、运作、出售和处置方面的待遇在相同情形下不应低于它给予本国投资者的待遇。

2. 缔约一方给予缔约另一方投资者的投资在建立、获得、扩大、管理、经营、运作、出售和投资的其他处置方面的待遇不应低于它在相同情形下给予本国投资者投资的待遇。

3. 第1款和第2款中由缔约方给予的待遇是指，就组成该缔约方一部分的州或省而言，不低于该州或省给予该缔约方投资者或投资者的投资的最优惠待遇。

4. 为进一步确定，任一缔约方不得：（a）要求另一缔约方的投资者为其在该缔约方领域内设立的公司为该缔约方国民保留最低程度的股份，但保留给该公司董事或发起人的记名股票除外；或者（b）要求另一缔约方的投资者基于其国籍的原因销售或处置其位于该缔约方领域内的投资。

第1103条：最惠国待遇原则：

1. 每一缔约方给予缔约另一方投资者在投资的设立、获得、扩大、管理、经营、运作、出售和投资的其他处置方面不应低于它给予缔约另一方或非缔约方的待遇。

2. 每一缔约方给予缔约另一方投资者的投资在投资的设立、获得、扩大、管理、经营、运作、出售和投资的其他处置方面不应低于它给予缔约另一方或非缔约方的投资的待遇。

第1104条：待遇标准：

缔约一方应将第1102条和第1103条待遇中较好的待遇给予缔约另一方投资者或缔约另一方投资者的投资。

第1105条：最低待遇标准：

1. 缔约一方应依照国际法的规定给予缔约另一方投资者的投资相关待遇，包括公平、公正待遇以及充分的保护和安全。

2. 在不损害第一款和第1108条第七款（b）的规定的情形下，缔约一方对于因武装冲突或国内罢工给其领土范围内造成的投资损失所采取或维持的措施方面，应给予缔约另一方投资者及其投资不歧视待遇。

遇的规定，并且这些条款含糊不清，措辞不当。①

对于征收，《北美自贸协定》完全采用了赫尔规则，并增加了一些内容，它规定严谨，令人印象深刻。② 这让人想起第二次世界大战前美国与墨西哥之间的信件往来，当时赫尔规则不得不屈从于卡尔沃主义。《北美自贸协定》明白无疑地选择了赫尔规则。事实上，投资者保护远非如此，它还包括间接征收，这些征收涉及国家对劳工和环境问题的监管权限。这种征收行为实际上已引发大量投资争议，并引

---

① 《能源宪章条约》第10条第1—3款：

1. 在任何情形下，应当给予投资不低于依照国际法所获得的待遇，包括条约义务。缔约应遵守它与缔约另一方投资者或投资者的投资所达成的任何义务。

2. 缔约一方应当将第三款所规定的待遇给予缔约另一方投资者在本国领域内所作出的投资。

3. 为本条目的，"待遇"指对待缔约一方所给予的不低于它给予本国国民、其他任何国家或第三方所享有的待遇，无论哪种待遇更为优惠。该条规定稍显粗糙，但做进一步探讨的话，它可以被视作最惠国待遇原则和国民待遇原则。

② 目前，《北美自贸协定》中的没收条款和补偿条款被许多区域条约和双边条约作为范本采用。为了便于参考，也为了能够更好地与接下来的章节做对比，现将该条规定完整摘录如下：

第1110条：没收和补偿

1. 任何一方都不能直接或间接对其境内的另一方投资者的投资进行国有化或者没收，或对投资采取等同于国有化或没收的措施。除非：（1）基于公共目的；（2）基于非歧视性原则；（3）依照法律正当程序以及第1105条第一款的规定；以及（4）根据第2—6款的规定给予与补偿。

2. 补偿额应等同于征收发生时（征收之日）被征收投资的公正的市场价值，并且不应反映出因意图进行的征收被提前获知而引起的价值变化。估值标准应包括持续经营价值、包括动产报税价值在内的资产价值，以及对确定公正市场价值适当的其他标准。

3. 补偿应毫不迟延支付且可完全实现。

4. 如果支付的是G7（美国、英国、法国、德国、日本、意大利和加拿大）货币，还应支付自征收发生之日至实际支付之日按合理商业利率计算的利息。

5. 如果一方选择G7以外国家的货币进行支付，于付款日所支付的数额，如果按照当日市场汇率兑换为G7货币，则该数额不应低于征收之日按照当日市场汇率兑换为G7货币的赔偿额加上该G7货币自征收之日至实际支付之日按照合理商业利率支付的利息。

6. 支付后，款项应可以依照1109条规定可以自由转移。

7. 本条不适用于与知识产权相关的强制许可的授予，或知识产权的撤销、限制或创造，只要此类知识产权的授予、撤销、限制或创造符合第17章的规定。

8. 为本条目的，并为了更大的确定性，一项普遍适用的非歧视性措施不能仅仅因为它对债务人施加了成本而导致其偿还不能，就从而认为该措施等同于是对债务担保或贷款的征收。

起人们对投资者保护规定的巨大范围是否明智的质疑。①

对于没收,《能源宪章条约》的规定同《北美自贸协定》② 几乎一样。监管性征收问题,特别是与环境监管相关的行为,将继续影响征收问题的法理学发展。

(三) 准入和设立 (establishment)

对于一国来说,将最惠国待遇和国民待遇在准入和设立阶段就给予外国投资者,是比将这些待遇授予已设立的外国投资更为困难的政策选择。基于此,条约对该问题的处理差别很大。有三种可能的处理方法:自上而下的方法、自下而上的方法、折中的方法。③ 自上而下的方法将非歧视条款贯穿于各个行业,从外资的准入直至外资的退出,只是将某些行业明确排除在外。自下而上的方法只是对明确列举的行业才适用非歧视条款。折中的方法又将规则分为设立前和设立后,对于设立前采用自下而上的方法,对于设立后采用自上而下的方法。④《北美自贸协定》完全属于自上而下的模式⑤。尽管《能源宪章

① See Amarasinha, "Multilateral Investment Rules", supra note 2 at 143. Also see, e. g. , Ethyl Corp. v. The Government of Canada, 38 ILM 708-31 (1999). Ethyl 公司是一家在弗吉尼亚州设立的美国公司,它声称加拿大一项禁止进口汽油添加剂 MMT (甲基环戊二烯三羰基锰) 的法律等同于管制性征收,同时也违反了 11 章的条款。然而,在仲裁庭对案件实体问题作出裁决前,加拿大法院宣布该法无效,致使该案件只能在仲裁程序外解决。有关仲裁庭的更多信息及裁决请登录美国国务院网站: www. state. gov/s/l/c3745. htm. For a step-by-step commentary of NAFTA Ch. 11 and annotation of cases, see Meg N. Kinnear, Andrea K. Bjorklund & John F. G. Hannaford, Investment Disputes Under NAFTA: An Annotated GuIbide to NAFTA Chapter 11 (Kluwer Law International, 2006).

② See Energy Charter Treaty, at Art. 13.

③ These approaches are discussed in Amarasinha, "Multilateral Investment Rules," at 143-144.

④ 同上, An example of this is a Model BIT drafted by the International Institute for Sustainable Development (IISD). IISD is a nonprofit promoting sustainable development. See IISD Model at Art. 12. This Model is discussed in the last part of this Chapter in connection with China-Africa model.

⑤ See NAFTA, Ch. 11, Art. 1101 (2). (缔约方享有排他性地实行附件 3 所规定经济活动并拒绝投资设立的权利)

条约》属于特定行业的专门条约，它对能源行业中的投资采用了自下而上的模式。① 对于发展中国家来说，保护特定行业的发展通常被认为是至关重要的。因此，有关准入和设立的规则是特别重要的，在接下来的章节将做进一步的探讨。

（四）业绩要求、投资鼓励和税收

业绩要求往往是采用以下一些或全部形式：增加一定百分比的国内成分；出口或不出口一定百分比的产品或服务；购买当地的产品或服务；将技术转让作为营业的条件；为或不为特定地区提供服务；以及履行其他义务。《北美自贸协定》禁止上述所有的业绩要求。② 与《北美自贸协定》禁止将技术转让作为引进投资的条件相反，《能源宪章条约》中有一条专门规定明确指出所要达到的一个目标，是"根据商业和非歧视原则促进能源技术的获得和转让"。③ 该条约进一步规定，"缔约方应当消除技术转让的现有障碍，并不得制造任何新的障碍"④。虽然该义务的性质不同于基于技术转让的投资条件，但《能源宪章条约》看来并不禁止基于技术转让的投资条件。这对于发展中国家是一个举足轻重的领域，在接下来的章节将对此做特别的探讨。

为了吸引投资，有些条约提供税收优惠和其他激励政策。虽然有些优惠政策通常因可能违反补贴规则而受到审查，但是它们是吸引发达国家投资者到欠发达国家进行投资的常用战略。因此，这些鼓励措施更可能在南北条约中找到。

（五）环境和劳工标准

在当今的商业背景下，环境和劳工标准的重要性日趋显著。调整

---

① See Energy Charter Treaty, at Art. 10 (1-12). 事实上，许多条款都是非强制性的。

② See NAFTA, Ch. 11, Art. 1106.

③ Energy Charter Treaty, at Art. 8 (1).

④ Energy Charter Treaty, at Art. 8 (2).

这些标准的旧的规则不断被修订，有关此类标准的案件，也以惊人的速度被提交给仲裁或诉讼。这些规则有望继续发展，并可能成为越来越多的争议的主题。1994 年生效的《北美自贸协定》没有制定富有意义的环境和劳工标准。① 相反，它似乎将所有有关环境保护的规则置于其他条款之下，包括有关征收的条款，该条款禁止"任何等同于国有化或征收的措施"②。事实上，这一特殊问题已引起巨大争议③，并将继续在仲裁和诉讼中出现。将来的条约也许会对该问题做出明确规定。④

尽管《北美自贸协定》文本有 2000 多页，但提及环境的规定只

---

①　有关环境标准只在第 1114 条第 1 款中有所提到。全部内容如下：本章的任何规定不得解释为阻止任何一方采用、保持或执行任何与本章一致的措施，以确保领土内的投资活动与环境问题相适应。缔约方不能以牺牲国民健康、安全和环境利益来鼓励投资发展。相应地，缔约方不应该放弃或以其他方式减损或提供放弃或减损以鼓励投资者在其领土内的投资的设立、收购、扩建或保留等措施。如果缔约一方认为另一方提供上述一个鼓励措施，其可以与缔约另一方进行商谈，双方就避免以上鼓励措施进行讨论。有人认为，这在当时被认为是重要的一步。

②　See NAFTA, Ch. 11, Art. 1110 (1).

③　还有很多案例也是有关政治争议的，See, e. g., Metalclad v. The United Mexican States, Aug. 30, 2000, ICSID Case No. Arb（AF）/97/1, 40 ILM 35（2001）；Tecnicas Medioambientale Tecmed, SA v. United Mexican States, May 29, 2003, Award, ICSID Case No. Arb（AF）.002；Methanex v. United States（Aug. 7, 2002, 91st Partial Award）, UNCITRAL；SD Myers, Inc v. Canada, NAFTA Arbitration, 40 ILM 1408（2001）, all cited in Amarasinha, "Multilateral Investment Rules", supra note 2 at 147, n. 100. 值得一提的是，《北美自贸协定》的三个成员国都曾涉及其中一个或其他争端中。仲裁庭也开始意识到问题的复杂性，虽然要求类似现行环保法规条款的可能性是微乎其微的，因为仲裁庭关于该标准的设立相当严格。例如，在 Methanex v. US 案中，申请方声称加利福尼亚禁止使用和出售某些汽油添加剂的环保规则等同于没收条款。北美自贸协定法庭认为申请人必须证明这是故意的歧视性措施，这反过来又要求证明该措施与吸引投资的善意行为和担保措施相违背。参见 citing Revere Copper & Bross, Inc. v. OPIC. See Methanex, Part IV, Ch. D., at 4, para. 8. 案件裁决和相关文件请登录下面网站：www. state. gov/s/l/c5818. htm. 最后，法院判决申请方的主张不能满足上述条件。同上，有关间接没收索赔案的学术评论，see Vicki Been & Joel C. Beauvais, "The Global Fifth Amendment? NAFTA's Investment Protections and the MisguIbided Quest for an International 'Regulatory Takings' Doctrine", 78 New York University Law Review 30（2003）.

④　值得一提的是，后面讨论到的 2014 年美国双边投资条约范本没有对《北美自贸协定》中的环境保护条款做出任何修改。See US BIT Model, at Art. 12. A copy of the Model BIT is available on the official website of the USTR at http：//ustraderep. gov/Trade _ Sectors/Investment/Model _ BIT/Section _ Index. html.

有一条，即"缔约方认为通过放松国内健康、安全和环境保护标准来鼓励投资的做法是不当的"[1]。《北美自贸协定》还有一个关于环境的补充协议[2]和一个关于劳工的补充协议[3]。然而，这些补充协议并没有规定最低的、实体性的、普遍的环境和劳工标准。除了鼓励发展出此类最低标准外，这些补充协议的主要目标，是通过了解国内环境和劳工标准的实施情况[4]，以及通过创建一套争端解决体系[5]，来完善现有的国内环境和劳工标准。这种安排是在每一缔约国之间存在严重的政治分歧情况下达成的。[6]

《能源宪章条约》在"杂项规定"部分有一条关于环境保护的规定[7]，同时还有关于能源和环境的单独议定书[8]。《能源宪章条约》中环境保护条款的规定如下："为追求可持续发展并考虑到国际协定在

---

[1] See NAFTA，Art. 1114 (2).

[2] North American Agreement on Environmental Cooperation，between the Government of the United States of America，the Government of Canada and the Government of the United Mexican States，Sep. 13，1993. 32 ILM 1480 (1993).

[3] North American Agreement on Labor Cooperation between the Government of the United States of America，the Government of Canada and the Government of the United Mexican States，Sep. 13，1993. 32 ILM 1499 (1993).

[4] See SIbide Agreement on Environment at Art. 1 (objectives) & Art. 3 ("缔约方有权建立自己的国内环境保护标准和环境发展政策和特权，对环境法和环境规则做出适当修改，同时，缔约方应当确保环境法和规则对环境起到了最大保护作用，并且将继续对这些法律和规则进行改进")。See also SIbide Agreement on Labor at Art. 1 (objectives) & Annex 1 (劳动原则：以下属于缔约方促进而不是建立普遍最低标准的指导性原则，其表明缔约方广泛关注按自己的方式制定法律、规则、程序和惯例，以保护各自劳动力的权利和利益)。

[5] See SIbide Agreement on Labor at Arts. 27—41. (当一缔约国未能执行自己的劳工标准，例如违反本国法律使用童工时，将适用这些程序)。See also SIbide Agreement on the Environment，at Arts. 22—36.

[6] 有关附属协议的争端解决机制的背景和分析，see Jack I. Garvey，"Trade Law and Quality of Life-Dispute Settlement Under the NAFTA：SIbide Accords on Labor and the Environment"，89 American Journal of International Law 439 (1995). More current information on the implementation of these agreements is available on the official website of the NAFTA Commission on Labor Cooperation at www. naalc. org/commission. htm and on the official website of NAFTA Commission on Environmental Cooperation (CEC) at www. cec. org/Page. asp? PageIBID? 1115 & AA _ SiteLanguageIBID? 1.

[7] See Energy Charter Treaty，at Art. 19.

[8] See Energy Charter Protocol on Energy Efficiency and Related Environmental Aspects (Annex 3 to the Final Act of the European Energy Charter Conference).

环境方面所规定的义务，任何缔约方，均应致力于以经济节约的方式减少对环境有害的行为，无论其是否发生在该区域内，只要参与该区域的能量循环均应包括在内，同时适当考虑安全性。而且缔约方应以经济高效的方式行事。关于政策和行动，缔约方应努力采取预防措施，以防止环境退化或使其降到最低。缔约各方同意，污染源所属地区的缔约方，原则上应承担其包括跨界污染在内的污染成本，并在不影响能量循环投资及国际贸易投资的前提下，对公众利益给予适当关注。"[1]

为了促进上述规定所设定的目标的实现，该条规定接着列举了 11 种既定的措施。[2] 该条约所附带的议定书也对环境问题表达了关切。议定书意图采取的一个重要举措，就是要求缔约国制定有关环境问题的法律框架，特别是，该议定书要求缔约国在其能源政策和法律中全面考虑环境成本问题。[3] 该议定书还呼吁缔约国在解决环境效能和环境关切方面相互合作[4]。该议定书没有为能源行业的投资者提供任何具体的实质性法律义务。

（六）争端解决

《北美自贸协定》和附属协议规定了 5 种不同的争端解决机制[5]。本章重点探讨《北美自贸协定》第 11 章所规定的投资争端解决机制。第 11 章的规定涉及私人和东道国之间争议的解决。它具有以下 7 个基本特征：

---

① Energy Charter Treaty，at Art. 19 (1).

② Ibid.

③ See Energy Charter Protocol，at Art. 3 (2).

④ See Energy Charter Protocol，at Part Ⅲ and at Annex Ⅳ.

⑤ 其中包括：1.《北美自贸协定》第 20 章中的政府间贸易争端解决机制；2.《北美自贸协定》第 19 章中的两国专家组解决反倾销和反补贴案；3. 采用内国法解决知识产权和政府采购争端；4. 附属条约中环境和劳工争端解决机制；5.《北美自贸协定》第 11 章中的投资争端解决机制。有关机制的详情，特别是关于政府间贸易争端解决机制与 WTO 争端机制的比较，see Rafeal Leal-Arcas，"Choice of Jurisdiction in International Trade Disputes：Going Regional or Global？" 16 Minnesota Journal of International Law 1 (2007).

（1）它给予私方当事人可以针对东道国提起请求的出庭资格①；

（2）它要求当事人在提起仲裁前应事先经过磋商或谈判解决争议②；

（3）如果谈判或磋商没有成功，且又超过了规定的期限，投资者就有三种仲裁选择：解决投资争端国际中心（ICSID）、解决投资争端国际中心《附加便利规则》以及联合国国际贸易法委员会③；

（4）它制定了有关仲裁员任命的规则④；

（5）它规定可通过《华盛顿公约》⑤、《纽约公约》⑥ 和《美洲间国际商事仲裁公约》来执行仲裁裁决⑦；

（6）它授权仲裁庭根据所适用的仲裁规则做出有关金钱赔偿、返还原物以及费用的裁决⑧；

（7）它给予胜诉当事方要求委员会设立另一仲裁庭的机会，以审查一方当事人不遵守裁决是否违反了该方当事人根据本协议本应承担的义务，并且在违反该义务时发布建议要求该方当事人遵守裁决。⑨

---

① NAFTA, Ch. 11，Arts. 1116—1117. 选择利用国际仲裁的私方当事人就放弃了国内行政和司法救济，除非存在有限的衡平救济。See Ibid. at Art. 1121. 值得一提的是，《北美自贸协定》有可能是唯一在北北合作中规定了投资者—国家仲裁的国际条约。See Cai Congyan，"China-US BIT Negotiations and the Future of Investment Treat Regime：A Grand Bilateral Bargain with Multilateral Implications"，12 Journal of Economic Law 457（2009），481.

② NAFTA, Ch. 11，Art. 1118.

③ NAFTA, Ch. 11，Art. 1120. 因为只有美国是解决投资争端国际中心公约的缔约方，目前所有的仲裁选择根据解决投资争端国际中心的《附加便利规则》或联合国国际贸易法委员会的仲裁规则进行。

④ NAFTA, Ch. 11，Art. 1123.

⑤ Convention for the Settlement of Investment Disputes between States and Nationals of Other States（ICSID），575 U. N. T. S. 159.

⑥ Convention on the Recognition and Enforcement of Foreign Arbitral Awards（Jun. 10，1958），330 U. N. T. S 38.

⑦ Inter-American Convention on International Commercial Arbitration（Jan. 30，1975）. 1438 U. N. T. S 249.

⑧ NAFTA, Ch. 11，Art. 1135. See Ibid, at Art. 1135（3）. 值得一提的是，它明确禁止做出的惩罚性赔偿裁决，前注，1135 条第 3 款。

⑨ NAFTA, Ch. 11，Art. 1136（5）.

尽管最后一条是一种类似于 WTO 争端解决机制通过报告的救济方式，但两者的一个显著差异是，本协议中的委员会不能授权使用报复性手段。所适用的程序和证据规则取决于当事人采取何种仲裁方式。每一种仲裁方式的程序规则，将在第 9 章论及中非争端可用的解决机制时进行详细讨论。

《能源宪章条约》也对国家与国家间①以及投资者与国家之间争议的解决做了规定②。对于国家之间的争议，该条约规定由海牙常设仲裁法院进行临时仲裁。在当事人没有相反的约定时，仲裁员应采用联合国国际贸易法委员会的仲裁规则，并可根据需要进行必要修正。③

《能源宪章条约》中有关投资者与国家间争端解决的规定，与《北美自贸协定》第 11 章中的规定有些许不同。虽然《能源宪章条约》中的规定也给予私方当事人针对东道国提起请求的出庭资格，但是它们要求投资者必须首先在国内救济或国际仲裁之间做出选择。④ 如果投资者选择了国际仲裁，在加入条约时已表示同意的签约国，就被视为已同意接受仲裁。⑤ 一旦选择了仲裁，投资者有权根据该条约从以下四种仲裁方式选择一个：解决投资争端国际中心、解决投资争端国际中心《附加便利规则》、联合国国际贸易法委员会以及斯德哥尔摩商会仲裁院。⑥

二 东盟

《东盟投资框架协议》是有关投资的主要法律文件⑦，该协议的缔约方有：印度尼西亚、老挝、马来西亚、缅甸、菲律宾、新加坡、越

---

① See Energy Charter Treaty, at Art. 27.

② See Energy Charter Treaty, at Art. 26.

③ See Energy Charter, at Art. 27 (a—f).

④ See Energy Charter Treaty, at Art. 26 (2).

⑤ Ibid., Art. 26 (3) (a).

⑥ Ibid., Art. 26 (4).

⑦ The text is available on the official website of the ASEAN at www. aseansec. org/6466. htm.

南、中国台湾。与《北美自贸协定》和《能源宪章条约》下的北北合作和南南合作不同的是，东盟《东盟投资框架协议》基本上是一个南南协议，更接近于中非关系。

（一）《东盟投资框架协议》下的投资定义

与《北美自贸协定》对投资的定义及涵盖的范围不同，《东盟投资框架协议》对投资的定义非常简单："本协议涵盖除（a）证券投资和（b）其他东盟协议项下的相关投资外的所有直接投资。"① 本协议下的投资仅局限于直接投资，此类投资从传统上被认为需要更多的保护，部分是因为其存在更大的风险。

（二）投资保护

《东盟投资框架协议》包括有通常的国民待遇及最惠国待遇条款②。但这些条款有些显著的特点。例如，国民待遇条款是这样规定的："每一成员方应立即将所有行业投资对所有东盟投资者开放，并在投资准入、设立、并购、扩张、管理、运行以及处置方面给予国民待遇。"③ 但是它允许成员方提供一份临时排除清单和一份敏感清单④。临时排除清单旨在逐步取消限制，而敏感清单需要受到定期审查。协议的一个有趣的地方在于，它根据成员方的经济情况来确定是否给予优惠待遇。例如，其他所有国家都被要求在 2010 前停止使用临时排除清单，但越南、老挝和缅甸被给予更长的时间来放弃临时排除清单。⑤

《东盟投资框架协议》还在"投资准入、设立、并购、扩张、管

---

① Framework Agreement，at Art. 2.

② Ibid.，Art. 7（1）（a）.

③ Ibid.，Art. 7（1）（b）.

④ Ibid.，Art. 7（2）.

⑤ Ibid.，Art. 7（3）.

理、运行以及处置方面"给予最惠国待遇。① 同国民待遇条款相类似的是，最惠国待遇条款也有其独特的特点：它规定一些既有的安排不受限制，并将相邻国家之间一些更优惠的待遇排除在外。② 它还强调根据成员国各自独特情况明确给予某些成员国更优惠待遇，此类规定的一个很好的例子，是有关免除规定的第 9 条第 2 款。下面引述了这一规定，不是因为它实体上的重要性，而是要表明该协议对于最不发达成员国特殊情况所具有的敏感性。该款规定内容如下："考虑到越南社会主义共和国、老挝人民民主共和国以及缅甸联邦加入东盟较晚，本条第一段规定在本协议生效之日起在越南社会主义共和国可以适用 3 年，在老挝人民民主共和国以及缅甸联合国可以适用 5 年。"③

（三）准入和设立

国民待遇和最惠国待遇条款，旨在将此类待遇标准适用于投资准入、设立及运营的所有其他方面，但此类待遇不适用于成员方在临时排除清单或敏感清单中列举的行业。④ 这些清单中不包括的其他行业，从投资准入到投资处置阶段都享有国民待遇和最惠国待遇。

（四）业绩要求、投资鼓励和税收

《东盟框架协议》并没有对业绩要求、投资鼓励和税收做出直接规定。但在"一般例外"一章中有一条规定，允许缔约国采取某些措施"保护国家安全以及公共道德和安全"，更重要的是，"出于对个人隐私的保护，允许采取措施以防止欺骗和欺诈行为或对违反投资协议的行为进行处理"⑤，并允许采取"旨在确保对投资或缔约国投资者进

---

① See Framework Agreement，Art. 8（1）.
② Ibid.，Art. 8（3）—（4）.
③ Ibid.，Art. 9（2）.
④ Ibid.，Art. 7—8.
⑤ Ibid.，Art. 13（a）—（c）.

行公平或有效地征税的措施"①。

除了上述措施外，《东盟投资框架协议》还允许缔约国在面对因经济自由化而导致紧急情况时中止履行其义务。不过，中止措施必须是暂时的、合理的和非歧视性的。②

（五）环境和劳工标准

《东盟投资框架协议》与环境问题有关的唯一规定是："本协议的任何规定不得被解释为阻止任何成员国采取或实施保护人类、动植物生命或健康的任何必要措施。"③ 不过，如果缔约方能够满足以下两个要求，则可采取此类措施：（1）该措施不是任意的、不公正的和歧视性的；（2）它们并不构成投资壁垒。④《东盟投资框架协议》没有对劳工标准做出规定。

（六）争端解决

《东盟投资框架协议》没有规定专门的投资争端解决机制。《北美自贸协定》将国家间的贸易争端与投资者和国家间的投资争端分别做出规定，与此不同的是，《东盟投资框架协议》将投资争端并入到贸易争端解决机制中。为此，《东盟投资框架协议》的有关条款规定："《东盟争端解决机制议定书》适用于成员国之间产生的任何争端和分歧。"⑤ 该议定书在 2004 年进行了修订，现在被重新命名为《东盟争端解决机制强化议定书》。⑥ 虽然新的议定书旨在涵盖《东盟投资框架

---

① See Framework Agreement，Art. 13 （d）.
② Ibid.，Art. 14.
③ Ibid.，Art. 13 （b）.
④ Ibid.，Art. 13.
⑤ Ibid.，Art. 17 （1）.
⑥ The text of this Protocol is available at www. aseansec. org/16754. htm.

协议》，但它没有对投资者—国家争端解决做出规定。① 事实上，投资者能否根据《东盟投资框架协议》在任何国际性法院对东道国提起诉讼是值得怀疑的。《东盟投资框架协议》显然认识到了这一漏洞，因此它规定："必要时，为本协议的目的，可设立专门的争端解决机制，它是本协议不可分割的组成部分。"② 然而，这种机制至今还未形成。就《东盟争端解决机制强化议定书》条款的内容而言，它们几乎都是根据 WTO 的争端解决条款制定的。唯一显著的规定包含在附件二中，它对专家组的工作程序作了安排。该规定中有关专家组构成的规则，与 WTO《有关争端解决规则和程序的谅解》的要求一致，即专家组成员应具有国际法方面的技能和经历，但该议定书还特别提到专家组成员应是"东盟成员国的国民"③，不过，专家组成员不能具有任何争端当事成员国的国籍，除非当事方有其他约定。④

三 双边投资条约模式

双边投资条约被认为是当代国际法最显著的发展之一⑤。根据联合国贸易与发展会议的数据，双边投资条约的数量从 1989 年的 385 个增加到 2003 年的 2265 个。⑥ 联合国贸易与发展会议的最新数据表

---

① See ASEAN Protocol on Enhanced Dispute Settlement Mechanism，at Annex at No. 31.

② Framework Agreement，at Art. 17（2）.

③ See ASEAN Protocol on Dispute Settlement，Annex II（1）.

④ Ibid. ，Appendix 2（3）.

⑤ See Jason Webb Yackee，"Bilateral Investment Treaties，Credible Commitment，and the Rule of（International）law：Do BITs Promote Foreign Direct Investment?" 42 Law and Society Review 805（2008）（对双边投资条约能够吸引外资的观点提出质疑）。最新的联合国贸易和发展会议报告认为投资条约只是吸引投资的各种经济和安全考虑中的一种。UNCTAD，The Role of International Investment Agreements in Attracting Direct Investment to Developing Countries（UNCTAD Series on International Investment Policies for Development）. Available at www. unctad. org/Templates/webflyer. asp?docid? 12543&intItemIBID? 2068&lang? ＝1.

⑥ See UNCTAD database at www. unctadxi. org/templates/Page _ 1007. aspx. 尽管自 2003 年起又增加了成百的条约，但这是目前可获得的最新数据。

明，截至 2005 年年末，全球已有近 2500 个双边投资条约。① 几乎世界上的每一个国家都至少是一个条约的成员国②。传统上，双边投资条约是在作为资本输出国的发达国家和作为资本输入国的发展中国家之间签订的③。但这种趋势在 20 世纪 80 年代就已经发生了转变④。错综复杂的条约网络已经超越了所有的边界和模式⑤。正如索纳拉加教授解释的那样："尽管双边投资条约的外壳看起来相似，这导致有人认为它们创设了国际习惯法的争论，但随着深入的分析，可以发现条

---

① UNCTAD：BITs 1995—2006：Trends in Investment Rulemaking, at "Introduction", UNCTAD/ITE/IIA/2006/5, Sales no.：E. 06. II. D. 16, 01/02/07. Available at www. unctad. org/en/docs/iteiia20065 _ en. pdf.

② 德国与巴基斯坦在 1959 年签订的双边投资条约被认为第一个现代的双边投资条约。参见 See 4 ICSID Rev. 189. . 尽管支持这些条约的呼声很高，但是它们在吸引外国投资上的现实重要性有时令人怀疑。在极端情况下，有人甚至声称双边投资条约在吸引外国投资者毫无影响。See generally, Yackee, "Bilateral Investment Treaties," supra note 107. Yackee 对大约 1000 份双边投资条约进行了系统研究，他的结论是这些条约对投资者的决策过程没有发挥任何作用，这是不能令人信服的。社会科学研究证明双边投资条约扮演了很重要的作用更为人信服。这些研究包括有 Eric Neumayer & Laura Spess, "Do Bilateral Investment Treaties Increase Foreign Direct Investment to Developing Countries?," 33 World Development (2005), 1567—1585 (concluding that BITs might double foreign direct investment in developing countries), W. Jeswald & Nicolas P. Sullivan, "Do BITs Really Work? An Evaluation of Bilateral Investment Treaties and Their Grand Bargain," 46 Harvard International Law Journal 67 (2005), 130 (answering the question in the affirmative). Yackee's conclusion is also supported by some studies. See, e. g. , Jennifer Tobin & Susan Rose-Ackerman, "Foreign Direct Investment and the Business Environment in Developing Countries：The Impact of Bilateral Investment Treaties," Yale Law School Center for Law, Economics and Public Policy, Research Paper No. 293 (Yale University, 2005).

③ 双边投资条约的历史前身又被称作友好、通商和航海条约，从 18 世纪起很常见。尽管这些条约比起仅仅保护投资的条约覆盖的范围要广，众所周知，它们包括一些现代双边投资条约模式下的实体和程序条款。参见 See Sornarajah, The International Law on Foreign Investment，p. 209.

④ See UNCTAD, "Bilateral Investment Treaties" 1959—1999, p. 2. Available at www. unctad. org/en/docs/poiteiiad2. en. pdf. 1989—1999 年，发达国家和发展中国家签订的双边投资条约百分比从 68% 下降到 40%。与此同时，发展中国家签订的双边投资条约百分比从 10% 上升到 26%。参见注 4，并且发展中国家双边投资条约越来越普遍，但是，将其转化成文本非常重要，索纳拉加教授认为，发达国家间没有双边投资条约，发展中国家签订的旨在保护投资者的条约的缔约方实力相差悬殊。Ibid. p. 218, n. 34.

⑤ 尽管一些基本原则如国民待遇和最惠国待遇原则已似乎实现透明化，但支持"认为它们已产生了重要的国际法规则还为时过早"这一结论的双边投资条约范本间还存在很大的差异，see Sornarajah, The International Law on Foreign Investment，p. 206.

约内容差别很大，每一个条约都必须被认为是当事双方经过谈判协商达成的一种精细平衡。"① 特别注意的是，资本输出国和资本输入国之间意识形态的差异，往往持续影响着当今双边投资条约的内容。随着经济情况的变化，老问题消失，新问题出现，政策考量不断演变，从而导致双边投资条约模式的转变。双边投资条约模式在过去几十年就发生了显著改变。

本节对两个代表性的双边投资条约范本进行对比：2004 年美国双边投资条约范本和国际可持续发展研究院（IISD）的双边投资条约范本。② 选择这两个条约范本是因为对它们目标的强调：美国条约范本力求对投资者给予最大限度的保护，而国际可持续发展研究院条约范本致力于寻求可持续发展。此外，可以信服的推论是，这两种范本的相同之处可能代表了被接受为惯例的原则，而它们的不同之处则表明人们对此尚未达成共识。

接下来的分析将侧重于投资条约的结构、实体条款和程序条款，后面的章节将详细探讨中非投资条约范本，并探讨美国投资条约范本和国际可持续发展研究院条约范本是否适合于中非投资关系。

（一）结构、目标和范围

从结构上看，2004 年美国双边投资条约范本包括 37 个条款和 4 个附件。③ 其宗旨规定在序言中，包括促进经济更好合作、保护投资、

---

① 索纳拉加教授总结了所有的美国双边投资条约的相同点，但是最后认为这都不足以创造习惯法。See Sornarajah, op. cit., p. 206, n. 8.

② 加拿大一所慈善性的研究机构，国际可持续发展研究院的首要目标是促进可持续发展。更多相关信息请登录 IISD 官网 www. iisd. org/.

③ 最新的范本是 2004 年范本。The text is available on the official website of USTR at www. ustr. gov/trade-agreements/bilateral－investment－treaties. For a recent and comprehensive treatment of all the US BIT Models, see generally Kenneth J. Vandevelde, U. S. International Investment Agreements (Oxford University Press, 2009). 美国已有新的 2012 年范本——译者注。

最大程度利用资源、提高生活水平、提供有效的争端解决机制。① 该范本还致力于"采取与保护健康、安全、环境和促进国际公认的劳工权利相一致的方式来实现这些目标"②。该条约范本中包括的基本主题有投资、投资者、企业及其他相关术语的界定③，包括最惠国待遇、国民待遇、和最低待遇标准在内的待遇标准④，征收及补偿标准⑤，资本转移标准、业绩要求、人员任命⑥，法律和程序的透明⑦，环境和劳工标准⑧，税收⑨，争端解决⑩，以及其他杂项规定⑪。

国际可持续发展研究院条约范本的宗旨、结构和实体内容明显不同。它的主要目标通过一个单一条款表述出来："促进外国投资以支持发展中国家和最不发达国家的可持续发展。"⑫ 其序言部分进行了详细阐述。首先，它提及的可持续发展是指"既满足当代人需求又不损害后代人满足其需求的发展"。⑬ 其次，它强调了跨国公司在国际政策和法律发展中的作用以及实施问责制的要求。最后，也许也是最重要的一点，它力求实现"投资者、投资东道国和投资者母国权利与义务

---

① 美国投资条约范本序言。

② 同上。值得注意的是，所有的宗旨几乎都是美国以前双边投资条约范本的一部分，保护环境和对劳工标准的认可条款不是先前范本的一部分。See e. g. , US-Argentina BIT, Preamble, entered into force Oct. 20, 1994. The text is available on the UNCTAD official website at www. unctad. org/sections/dite/iia/docs/bits/argentina _ us. pdf The 2004 Model's inclusion of this meager statement in the preamble is generally consIbidered grossly inadequate.

③ 美国投资条约范本第 1 条。

④ 同上，第 3—5 条。

⑤ 同上，第 6 条。

⑥ 同上，第 7—9 条。

⑦ 同上，第 10—11 条。

⑧ 同上，第 12—13 条。注意有关环境和劳工条款并不是先前范本的一部分，See, e. g. , US-Argentina BIT (1994).

⑨ 同上，第 21 条。

⑩ 同上，第 23—37 条。

⑪ 同上，第 14—20 条。

⑫ 国际可持续发展研究院条约范本第 1 条。

⑬ 同上，序言。

的总体平衡"。① 从结构上看，国际可持续发展研究院条约范本包含有很多传统投资条约中没有的条款和领域。投资条约在历史上被认为是对在外国领土上的投资者进行保护的一种机制，因此，它们对投资者的义务的规定往往语焉不详。国际可持续发展研究院条约范本在强调三方问责制方面的规定十分独特，并逐渐获得了认同。该条约范本所支持建立的三方总体平衡在条约的规定中非常明显——这些规定涵盖的领域比传统的双边投资条约要广泛得多。国际可持续发展研究院条约范本有 11 个部分、59 条规定以及 6 个附件，其中一个附件有 14 条规定。除了投资条约传统上涉及的领域外，如投资、投资者的定义②，最低待遇标准③，征收④，资本专业、税收、业绩要求⑤、争端解决等，⑥ 国际可持续发展研究院条约范本还涵盖了一些新领域，如东道国的义务⑦，跨国公司的责任包括腐败问责制⑧以及维持劳工、环境、人权标准等⑨。

（二）投资的定义

投资的定义及其涵盖的范围是一个非常重要的实质性条款，因为所要保护的财产的性质，决定了条约打算提供的保护范围。因此，确定这种保护的受益人是第一要务。虽然对有形财产的保护没有争议，但对于无形财产的保护始终存在很大的不确定性。为了消除这种不确定性，一些双边投资条约列举了每一种所能想象得到的无形财产，而另一些条约却限制此类财产的清单。

---

① 国际可持续发展研究院条约范本序言。
② 同上，第 1—4 条。
③ 同上，第 5—7 条。
④ 同上，第 8 条。
⑤ 同上，第 9—10、50 条。
⑥ 同上，第 42—43 条、附件 A。
⑦ 同上，第 29—32 条。
⑧ 同上，第 11—13 条。
⑨ 同上，第 11—18 条。

美国双边投资条约范本是一个考虑到有关无形财产所有可能性的双边投资条约的范例。该范本的内容与本书第八章第三节第一小节部分提到的《北美自贸协定》的文本相似，但并不完全相同。该范本对投资的定义，包含了一个有关无形财产的很长的清单，它可以分为以下几类：第一类包括股票、股份、债券、其他债务票据、贷款、期货、期权、衍生品。关于贷款的一个脚注表明，长期的债务票据可被认为是一种投资，销售货物的债务不能被视为投资。不过，美国的双边投资条约范本为此留下了谈判的空间。《北美自贸协定》也采用了以前的范本，此类债务不被认为是投资。①《北美自贸协定》还将公共贷款排除在外②。美国范本没有规定这样的例外。第二类包括交钥匙、建设、管理、生产、特许经营、收益分享以及其他类似的合同。第三类涉及许可、授权、允许以及其他可以带来经济效益的行政权力。这些权利可被视为根据东道国国内法所赋予的公法权利，此类权利如果被侵犯，可能导致经济损害。③ 第四类包括知识产权，最后一类涉及租赁、抵押、留置和保证。④ 这些种类结合在一起几乎涵盖了可以想象的外国投资者可能希望在国外受到保护的任何经济权利。⑤ 很明显，由于直接征收现在很少被采用，美国的这一条约范本是希望保护因违反协议而产生的经济损失。正如古斯曼教授所指出的："对合同权利的保护是双边投资条约中最引人关注及最具潜在影响力的一个方面。事实上，任何投资国与东道主之间的纠纷——至少是产生于两者之间谈判达成的协议的任何争议——都是国际法问题。"⑥ 美国双边投资条

---

① See NAFTA，Ch. 11，Art. 1139（h）.

② Ibid.

③ See Sornarajah，The International Law on Foreign Investment，p. 222.

④ See US 2004 BIT Model（投资的定义）。

⑤ 尽管定义的内容基本相同，需要注意的是 NAFTA 的定义更为复杂。See NAFTA，definition reproduced at s. 8. 3. 1. a supra.

⑥ Guzman，"Why Do LDCs Sign Treaties that Hurt Them?" 38 Virginia Journal of International Law（1998），at 655—656. Available at http：//works. bepress. com/andrew_guzman/15.

约范本的目的，就是要确保情况总是如此。

国际可持续发展研究院条约范本的目标是不同的，其实体条款说明了其动机。虽然美国和国际可持续发展研究院的条约范本，有关投资的解释分歧并不大，但它们各自的定义仍存在一些显著差异：（1）国际可持续发展研究院条约范本将证券投资排除在条约保护范围之外①；（2）国际可持续发展研究院条约范本对诸如许可此类的公法权利的纳入限定了条件，要求它们必须符合某些要求，如有实质性的实际存在等②；（3）国际可持续发展研究院条约范本完全排除了市场份额、因货物买卖或服务合同所产生的金钱请求权、对国家包括国有企业的贷款、信用证以及贸易融资。③

（三）投资保护：权利和义务

美国和国际可持续发展研究院的双边投资条约范本，有关国民待遇、最惠国待遇和最低待遇标准的基本原则几乎一致。④ 这两类范本有关征收以及外国投资者及其母国责任方面的规则存在差异。这两种范本都禁止直接和间接征收。国际可持续发展研究院范本在其条款中给出的解释是："在符合国家进行监管的权利以及有关警察权力的习惯国际法原则的情况下，成员国为保护或加强诸如公共健康、公共安全和公共环境等合法的公共利益而采取的善意、非歧视性的监管措

---

① 国际可持续发展研究院条约范本第 2 条（C）项（v）款。
② 同上。
③ 同上。重要的是美国 BIT 范本没有排除所有的这些权利，在上一节有关 NAFTA 的讨论中，根据投资的定义，不包括货物销售和国债。事实并非如此。然而，它并没有排除对国有企业的贷款，这是一个重要区别，特别是在中非经济关系中，考虑到此类企业所发挥的重要作用。关于这一点将在后文作进一步讨论。
④ 比较美国 2004 年 BIT 范本第 3—5 条与国际可持续发展研究院双边投资条约范本第 5—7 条。

施，根据本条规定不构成间接征收。"① 该规定的脚注指出："与此相反，以立法或规章形式采取的剥夺财产所有权的措施不适用该条规定。"② 这意味着此种形式的措施将被认为是征收。美国范本的附件 B 以及根据《北美自贸协定》所发展的重要判例法，在间接征收问题上看来和国际可持续发展研究院采取的方法是一致的。③

美国和国际可持续发展研究院的范本之间更重要的区别，在于投资者与投资者母国的责任以及投资东道国的权利。美国范本对于这些问题没有规定，但是国际可持续发展研究院范本对此作了详细的规定。例如，国际可持续发展研究院范本的第三部分的标题是"投资者与投资的义务和责任"。该部分第一条就明确规定，投资者应受东道国的管辖，并遵守东道国的法律。④ 随后的条款规定，投资者必须致力于东道国社区的发展，并且投资应透明化。⑤

国际可持续发展研究院范本还对企业社会责任做了详细的规定，要求跨国公司遵守一些基本行为准则，如遵守联合国经济合作与发展组织（OECD）的《跨国企业准则》。⑥

国际可持续发展研究院条约范本还对反腐败做了一个整条的规定，根据该规定，投资者在设立企业之前或之后都不得从事腐败行为。⑦ 该条规定模仿了美国《反海外腐败法（FCPA）》的规定，这是

---

① 国际可持续发展研究院投资条约范本第 8 条，该条可能会解决 2001 年经济危机后引起了数十亿美元的外国投资仲裁纠纷。例如，在 CMS v. Argentina 案中，仲裁庭做出裁决，要求阿根廷赔偿外国投资者 1.33 亿美元，理由是阿根廷作为东道国和条约一方已确保在这种经济条件下不会发生损失。CMS Gas Transmission Company v. Argentine Republic (Merits) (May 12, 2005), 444 ILM 1205.

② Ibid., n.9。

③ 参见注释 45 中的案例和评论。

④ 国际可持续发展研究院条约范本第 11 条（A—B 项）。

⑤ 同上。

⑥ See ISDA Model at Art. 16 (A—C). The OECD GuIbidelines are available on the official website of the OECD at 〈www.oecd.org/department/0, 3355, en _ 2649 _ 34889 _ 1 _ 1 _ 1 _ 1 _ 1, 00.html〉.

⑦ 国际可持续发展研究院条约范本第 13、22、32 条。

一部适用于在外国从事经营活动的美国跨国公司的刑事法规。① 此外，该法还对国外的行贿行为进行惩罚②。国际可持续发展研究院条约范本成为唯一可圈可点的范本，因为它将《反海外腐败法》的基本原则纳入到投资条约中。该范本对反腐法律的实施规定了两种途径：（1）由投资东道国或投资者母国的国内法院实施；（2）通过双边投资条约的争议解决程序实施，这一程序允许投资东道国采取行动以取消投资者依据条约所享有的权利。③

国际可持续发展研究院条约范本所采用的是一种创新的方法。东道国可采取除权行动——基本是通过国家提起仲裁的方式——如果投资者破坏了环境或社会责任。④ 但是，该范本并没有给予投资东道国针对投资者其他形式违反义务的行为提起仲裁的权利。不过，根据后面将要讨论的有关条款的规定，如果投资者提起仲裁，该范本允许投资东道国提出反诉。国际可持续发展研究院范本中最引人注目的，也许是以下规定："当投资者就其投资所做出的行为或决定在投资东道国造成重大损害、人身伤害或伤亡时，投资者应在其母国的司法程序中接受此类责任的民事诉讼的管辖。"⑤ 由于投资者在其母国保持某些存在（presence），在许多法律制度中，投资者几乎都会受到母国法院的管辖。如果投资者在其母国没有存在，或存在一些诸如不方便法院的抗辩时，国际可持续发展研究院范本要求投资东道国认可其国内法中的管辖权。⑥ 此外，该范本还要求投资东道国在利用其行政或司法

---

① The FCPA is codified under 15 U. S. C. ss 78dd—1 to 2.

② 国际可持续发展研究院条约范本第 13、22 和 32 条。

③ 同上，第 18 条（C）项。

④ 同上。

⑤ 同上，第 17 条。

⑥ 这一结论得到了国际可持续发展研究院投资条约范本第 17 条的支持。它规定："投资者母国应当确保其法律制度或规则允许或并不防止或不适当限制在其本国法院针对本国投资者在另一缔约国领域内的投资活动所造成的损害提起诉讼。投资东道国有关赔偿责任的法律应适用于此类程序。"

程序时应提供正当程序①。

（四）准入权、设立与业绩要求

两种范本分歧的一个显著之处，在于它们对于投资准入最低待遇标准采用的方法。② 虽然美国范本列举了外国投资者可参与的投资领域清单，国际可持续发展研究院范本将这一决定权交由东道国国内法。③

两种范本有关业绩要求的规定刚好相反。美国双边投资条约范本明确地规定东道国不能要求投资者出口一定比例的商品或服务，不得要求当地成分，不得要求从其境内购买商品，限制销售，不得要求将进口量与外汇联系起来，不得要求转让特定的技术或商业秘密。④ 国际可持续发展研究院范本的立场与此相反，它规定"东道国可以施加业绩要求，以促进国内发展从投资中受益"，这可能包括当地成分或一定比例的出口量。然而，有趣的是，国际可持续发展研究院范本没有在其可允许的条件或要求的清单中列入技术和商业秘密的转让这一项。考虑到技术转让要求对发展的重要性，这一忽略可能是无心之举。尽管这一清单并非详尽无遗，务实主义者可能不会在可允许的要求清单中忽略这一要求。

（五）环境和劳工标准

这两种范本最重要的差异可能是有关环境标准的规定。如上文所述，美国范本将环境问题包含在一个十分宽松的规定中，根据该规定，

---

① 国际可持续发展研究院条约范本，第19条。

② 参见美国双边投资条约范本第3条第2款，该款规定"每一缔约方给予本协议项下外国投资的待遇不得低于在相同情形下它在投资的设立、获得、扩大、运营、实施、出售或其他投资处置方式方面给予本国投资者投资的待遇。"

③ 国际可持续发展研究院条约范本第5条（A）项。（"外国投资者可根据国内法进行投资……"）

④ 参见美国条约范本第8条第1款。

条约成员国"应努力确保"它们不会放弃环保标准以吸引投资。^① 这一规定的重点，是为了防止其他投资者，可能获得的比较优势。美国范本还在范本序言中规定了环境问题，即投资的实施必须适当考虑环境影响。^②

国际可持续发展研究院范本用了若干条款对环境问题做出规定。在这些规定中，最重要的一条规定是要求外国投资者在设立项目前必须"遵守环境评估标准"。^③ 更重要的是，它要求投资者遵守东道国或母国有关投资设立前环境影响评估法律，"无论哪个更严格"。^④ 虽然这与美国范本和其他现有范本有明显不同，但是它与近年来对投资的环境影响日益重视的趋势是一致的。

除了环境影响评估，对于那些可能影响当地民众生活的投资项目，国际可持续发展研究院范本还要求投资者在项目开始前进行社会影响评估。^⑤ 该范本还要求投资者与东道国遵守环境保护的国际标准，并把项目开工前的评估研究公之于众。^⑥

国际可持续发展研究院范本还将1998年《劳动者权利与基本原则宣言》中所包含的国际劳工组织的核心劳工标准纳入其中^⑦。尽管美国范本声称纳入劳工标准，其实施机制比它们看起来更为宽松。这是因为美国范本中的相关条款是任意性的，其关注点不在环境和社会

---

① 参见美国条约范本第 12 条。

② 参见美国条约范本序言。

③ 同上，第 12 条。

④ 同上。

⑤ 同上。

⑥ 同上。该范本也使用了《里约环境和发展宣言》的基本条款，"为了保护环境，各国应根据自己的能力采取预警措施。一旦发生严重或不可逆转的损害威胁，缺乏充分的科学确定性不应成为推迟采取有效措施的理由。"《里约宣言》第 15 条。该宣言内容可以详询联合国环境计划署官网 www. unep. org/Documents. Multilingual/Default. asp? documentid? 78&articleIbid? 1163 For post — establishment obligations, see IISD Model at Art. 14 (A—B).

⑦ 参见国际可持续发展研究院投资条约范本第 14 条。世界劳工组织宣言内容可以详询 www. ilo. org/decjaration/thedeclaration/ lang—en/index. htm. 四项基本原则是：结社自由、消除童工、消除就业歧视、集体谈判权。

影响，而是为了避免其他成员国通过放弃此类标准获得不公正的竞争优势。①

（六）争端解决

本节的目的是比较国际可持续发展研究院范本与美国范本中的争端解决条款，以阐明其中的一些重要问题。本节的目的是对中非关系中现有争端解决机制及相关建议的讨论提供一个大致背景。

双边投资条约中的争端解决条款通常涵盖的领域有：（1）争议预防和协商或调解解决方式；（2）提交仲裁解决、出庭资格及同意；（3）程序规则和法律适用；（4）仲裁员和仲裁程序的选择；（5）裁决和执行。下面将分别讨论这些问题。

不过，在对上述主题进行讨论前，有必要了解美国和国际可持续发展研究院范本之间的结构性和制度性差异。美国范本提供了四种可能的仲裁程序：解决投资争端国际中心仲裁程序；解决投资争端国际中心附加便利规则仲裁程序；联合国国际贸易法委员会仲裁程序；当事人可能选择的其他仲裁机构的仲裁程序。② 国际可持续发展研究院范本旨在作为双边投资条约以及涉及两个成员国以上的地区性投资协议的范本，它在文本中规定了一些重要的机构的设立，包括成员国大会、秘书处、争端解决机构以及仿照 WTO 体制设立的上诉机构。③ 如 WTO 一样，国际可持续发展研究院范本指定成员国理事会作为争端解决机构。④ 该机构设立一个秘书处、一个专家组和上诉机构。⑤ 根据该范本的规定，成立一个由 35 名专家成员组成的常设机构，他

---

① 参见美国条约范本第 13 条（"缔约方认识到通过减少或弱化国内劳工法律所提供的保护来鼓励投资是不合适的，任一缔约方必须努力确保不放弃或以其他方式放弃或减损国际认可的劳工权利，以吸引投资"）。

② 参见美国投资条约范本第 24 条。

③ 参见国际可持续发展研究院投资条约范本第 35—41 条。

④ 同上，第 40 条。

⑤ 同上。

们通过抽签审理案件。① 上诉机构由成员国理事会选举的 9 名常任专家组成。选举的标准主要是要具备专业知识、高尚道德，并无利益冲突。②

介绍完结构性和制度性差异后，接下来将对两种范本的争端解决程序进行比较分析。

1. 争端预防与谈判/调解解决方式

美国范本对仲裁前程序有条简短规定，该条规定的标题为"协商和谈判"，规定"在出现投资争议时，申请方与被申请方应首先寻求通过协商和谈判解决争议，这可能包括使用不具约束力的第三方程序"。③ 与美国范本不同，国际可持续发展研究院范本没有规定详细的仲裁前程序机制，它只是规定在争议发生后至仲裁提起前，应有一个强制性的六个月的"冷却期"，以便当事方在此阶段通过调解解决争议。④ 在这 6 个月期间，有关各方必须努力通过友好方式解决他们之间的争端。如果它们不能友好解决争议，就必须在冷却期届满前至少 3 个月，指定一位调解员进行调解。如果他们不能就调解员的指定达成一致意见，调解员就应由成员国理事会理事长或由争端解决机构指定调解员⑤，国际可持续发展研究院范本还允许成员方"建立地区性调解中心，通过考虑到地区的惯例和传统，以推动成员国和投资者或投资之间争议的解决"⑥。

2. 提交仲裁：出庭资格和同意

如果投资争议不能通过谈判解决，美国范本规定投资者即申请方

---

① 参见国际可持续发展研究院投资条约范本第 40 条。在全员轮过之前，每个小组成员不得超过一次。

② 同上，第 40 条。

③ 参见美国投资条约范本第 23 条。

④ 尽管美国范本也要求争端开始前 6 个月时间，但是没有强制性要求调解。参见 2004 年美国 BIT 范本第 24 条第 3 款。

⑤ 参见国际可持续发展研究院投资条约范本第 42 条附件 E。

⑥ 同上，第 42 条附件 F。

可通过向解决投资争议国际中心提交仲裁申请启动仲裁程序，只要被申请方是该中心的成员国。如果被申请方不是中心的成员国，投资者还可寻求利用该中心的附加便利规则仲裁程序，或其他机构仲裁程序，或联合国国际贸易法委员会或其他机构下的临时仲裁程序。[①] 根据美国范本，只有投资者可启动此类程序[②]，不过，它对国与国之间的争议解决单独做了规定[③]。至于"同意"，只要国家签署了双边投资条约，即被视为同意接受仲裁程序。投资者（申请方）只要通过提交仲裁申请，以及书面的放弃国内行政或司法救济权利的声明，就同意了通过仲裁解决争议。[④]

　　国际可持续发展研究院范本采取了不同的方式。首先，尽管该范本承认在争议无法通过调解解决时，投资者可在争端解决机构提起仲裁程序，但它施加了用尽当地救济这一条件，除非投资者能够证明此类程序徒劳无益。[⑤] 这是与美国范本及其他大部分范本的一个重要的不同点。其次，对于"同意"，该范本规定，成员国通过接受条约就被视为同意仲裁程序，而投资者通过"设立或继续经营或拥有"受条约保护的投资，就被视为同意了仲裁程序。[⑥] 这也明显有别于美国范本和其他大多数范本。再次，该范本允许一成员国针对另一成员国[⑦]以及投资者提起仲裁程序[⑧]。虽然该范本明确规定"国家可作为申请方针对投资者或投资提交仲裁申请"[⑨]，但通过对其他条款的仔细解读

---

①　参见美国投资条约范本第 24 条。

②　同上，第 1 条。

③　同上，第 37 条。

④　同上，第 25—36 条。

⑤　参见国际可持续发展研究院投资条约范本第 45 条。如果能证明不存在可资利用的国内救济措施，或国内行政或司法程序"明显缺乏独立性和及时性"，就证明了无效性（futility）的存在。第 45 条附件 A 规定。该问题在后面有个中非投资协议的章节中进行详细讨论。

⑥　同上，第 4 条附件 A。

⑦　同上，第 43 条。

⑧　同上，第 2 条第 d 款附件 A。

⑨　同上。

表明，国家提起的仲裁申请可能只是针对三类诉因：投资者违反了有关环境评估、劳工标准、反贪的义务，这一程序在范本中被称为"投资者权利的撤销"。[①] 不过，该范本规定，只要仲裁庭一经设立，投资东道国可针对投资者提出的违反协议的情况提出反诉。[②] 最后，当投资者的具体行动违反了它根据条约承担的义务，并对投资东道国或私方当事人或组织造成损害时，该范本规定投资者应服从投资东道国的国内法律程序。[③]

3. 程序规则和所适用的法律

程序规则的选择显然与仲裁机构的选择联系在一起。美国范本规定，如果是解决投资争议国际中心仲裁或该中心的附加便利规则仲裁，则仲裁机构就应适用该中心的程序，或如果是临时仲裁或机构仲裁，则适用联合国国际贸易法委员会的仲裁规则。[④] 然而，国际可持续发展研究院范本规定争端解决机构可以采纳一套与条约目标一致的程序规则。[⑤]

对于所使用的实体法，这两个范本没有明显差异。美国范本规定在解决争议时所适用的法律包括：条约本身、东道国的国内法律和国际法的一般原则。[⑥] 它还规定，条约成员方就条约某一规定所做的联合解释具有约束力。它还要求仲裁庭的裁决应与此前的解释一致。[⑦] 同样的，国际可持续发展研究院范本提供了三种可适用的法律：投资协议本身、东道国的法律、国际法的一般原则。[⑧] 此外，它也规定成

---

① 参见国际可持续发展研究院投资条约范本第 44 条及第 18 条附件（A—D）。

② 同上，第 18 条附件 E。如果仲裁庭最初是根据一国因声称投资者违反环境、劳工或反腐败条款而提出请求设立的，投资者提出反请求，在这种情况下还不清楚该国能否再次提出反请求。

③ 同上，第 18 条附件 F。

④ 参见美国投资条约范本第 24 条。

⑤ 参见国际可持续发展研究院投资条约范本第 42 条附件 E

⑥ 参见 2004 年美国投资条约范本第 30 条。

⑦ 同上。

⑧ 同上，第 48 条附件 A。

员国大会就投资协议的规定所做的解释性评注具有约束力。最后，国际可持续发展研究院范本还规定，上诉机构的裁决具有先例的效力。①

4. 仲裁员的选择和仲裁程序的进行

美国范本规定仲裁庭由三名仲裁员组成，每一当事方各指定一名仲裁员，首席仲裁员由当事方协议指定。如当事人不能达成协议，则由解决投资争议国际中心秘书长指定首席仲裁员。② 根据国际可持续发展研究院范本，由成员国大会任命的秘书处主任③，将从具有 35 名仲裁员的名单中选择三名仲裁员组成仲裁庭④。美国范本规定争端当事方可以约定进行仲裁的地点，只要它们的约定符合所选择的仲裁中心的仲裁规则。⑤ 国际可持续发展研究院范本也允许当事方约定仲裁的地点，如果当事方没有达成此类约定，仲裁必须在秘书处或其地区分支机构内进行。⑥

这两种范本都允许第三方参与，包括提交法庭之友意见。⑦ 而其他有关初步异议、临时措施和扣押的规则也都基本相似，国际可持续发展研究院范本要求在采取临时措施时要考虑公共福利和公共利益。⑧这两种范本对于确保程序的透明度也采取了类似的立场，它们都要求公开庭审，在不影响秘密信息保护的情况下，所有文件和裁决必须在网络上公开。⑨

---

① 参见 2004 年美国投资条约范本第 48 条附件 B—D。

② 同上，第 27 条。

③ 同上，第 39 条。

④ 参见国际可持续发展研究院投资条约范本第 42 条附件 E。

⑤ 参见 2004 年美国投资条约范本第 28 条，也指出在任何情况下，仲裁地点必须是在《纽约公约》的缔约国境内。

⑥ 参见国际可持续发展研究院投资条约范本第 7 条附件 A。

⑦ 参见美国投资条约范本第 28 条第 2—3 款。参见国际可持续发展研究院投资条约范本第 7 条第 2 款附件 A。

⑧ 参见美国投资条约范本第 289 条第 4—8 款。参见国际可持续发展研究院投资条约范本第 9 条附件 A。

⑨ 参见美国投资条约范本第 29 条。参见国际可持续发展研究院投资条约范本第 9 条附件 A。

5. 裁决和执行

这两种范本有关裁决执行的规定大同小异。它们都规定仲裁庭有权做出金钱损害赔偿以及恢复原状，只要被申请人可以支付损害赔偿以代替恢复原状。这两种范本都规定可以就仲裁费用及律师费做出裁决，都规定只有争议当事方才受裁决的约束，而且都规定不能做出惩罚性损害赔偿裁决。①

不过，这两种范本对于裁决执行的规定有所不同。虽然这两种范本都规定通过东道国国内法体制来执行仲裁裁决②，但美国范本规定，如果东道国不能执行裁决，就构成对条约的违反，在此情况下可提起国家—国家仲裁程序。国际可持续发展研究院范本没有明确规定此类程序，虽然东道国不能执行最终仲裁裁决，可能构成对条约的违反，从而引发国与国之间的争端。最后，美国范本在附件 D 中所规定的裁决复审程序尚不明朗，而国际可持续发展研究院范本却明确规定，上诉机构可对法律错误以及重大事实错误进行复审。③

---

① 参见美国投资条约范本第 32 条。参见国际可持续发展研究院投资条约范本第 13 条附件 A。

② 参见美国投资条约范本第 34 条第 5—7 款。同时参见国际可持续发展研究院投资条约范本第 13 条第 7 款附件 A。

③ 参见国际可持续发展研究院投资条约范本第 14 条附件 A。

第九章

中非投资关系的法律渊源

本书第七章和第八章以一些区域性和双边性条约为例，详细论述了国际投资法的演进背景和现状。本章分三节着重探讨调整中非投资关系的具体法律框架。本章首先详细分析中国的投资法，接着考察非洲国家的投资法，最后对中非投资关系法律框架的发展和前景进行评估。

第一节　中国投资法

开始本节内容前，借用研究中国法律的西方学者卢布曼（Stanley B. Lubman）的话来表达一个免责声明，是十分必要的。他指出："试图了解中国的历史印记将会是一个真正令人沮丧的工作⋯⋯中国历史悠久，语言复杂难懂；中西方文化差异有玄壤之别，双方对彼此的看法又迥然有异。"[①]考虑到这一点，本节将重点介绍与现行法律、法律制度以及法律文化相关的历史因素。

---

① Stanley B. Lubman, Bird in a Cage，Legal Reform in China After Mao（Stanford University Press，1999），pp. 3-4.

加拉格尔（Norah Gallagher）和单文华在他们最近的一本关于中国国际投资条约的书中，将中国近代投资历史分为四个阶段。[①] 第一阶段始于 1949 年中华人民共和国成立至 1978 年实行改革开放政策结束。这个阶段的特点是对私有财产进行国有化，并对新中国成立前进入中国的外国投资进行清理。私人投资与当时的中国共产主义意识形态不符。因此，中国政府试图消除这一做法。1949—1978 年对外商投资的征收采取了不同的形式，包括直接征收和所谓的"报复性征用"。[②] 加拉格尔和单文华指出，中国政府从来没有承认确实进行过征收。[③] 不论如何，直至 1978 年改革开放，中国都没有接受重要的外商投资。[④]

在中国投资历史发展的第二阶段，即从 1978 年至 1991 年，中国实施了重大的政策改革，在接下来的数十年[⑤]中，运行良好。中国制定了投资友好型的国内法律[⑥]，并与一些投资伙伴国一起加入了许多投资国际投资条约[⑦]。这些条约包括 30 个双边投资协定、《华盛顿公

---

① See Norah Gallagher & Wenhua Shan，Chinese Investment Treaties（Oxford University Press，2009），p. 4.

② Ibid.，pp. 4-5.

③ Ibid.，p. 5，citing PK Chew，"Political Risks and US Investment in China：Chimera of Protection and Predictability?" Virginia Journal of International Law（Spring，1994），p. 4.

④ See Gallagher & Shan，Chinese Investment Treaties，p. 5.

⑤ 加拉格尔和单文华指出，这一决定是在 1978 年中共中央三中全会上作出的。Ibid.，，citing Yongjun Wang，Investment in China：A Question and Answer GuIbide on How to do Business（CITIC Publication House，1997），p. 1. 那一年，中国新领导人邓小平采取了更务实的政策，他说道："不管黑猫白猫，能抓老鼠就是好猫。"Gallagher and Shan，citing BBC，"China's Communist Revolution"，at http：//news. bbc. co. uk/hi/english/static/special_report/ 1999/09/99/china_50/deng. htm，May 2008.

⑥ Gallagher & Shan，p. 6. Wenhua Shan's other book，The Legal Framework of China-EU Investment Relations-A Critical Appraisal（Hart，2005）contains a list of such domestic legislation in Ch. 1.

⑦ See Gallagher & Shan，p. 6.

约》① 和《多边投资担保机构公约》②。30 个双边投资协定中有大部分都是与欧洲国家签订的；中国与美国没有签订双边投资协定。③ 至于非洲，中国在 1989 年与加纳签订了中非之间的第一个双边投资协定。④

第三阶段是从 1990 年至 2000 年。在此期间，在华外商投资以前所未有的速度增加。外商直接投资增长了 10 倍，从 1991 年的 4.3 亿美元增至 1997 年的 45.2 亿美元⑤. 在此阶段，中国与 66 个国家签署了双边投资协定，并修改了以前的双边投资协定中的实质性内容以及程序性内容。例如，双边投资协定开始在一定程度上采用国民待遇原则。⑥ 在这段时间，中国与 14 个非洲国家建立条约伙伴关系：埃及、摩洛哥、毛里求斯、津巴布韦、赞比亚、阿尔及利亚、加蓬、喀麦隆、尼日利亚⑦、苏丹、刚果民主共和国、南非、佛得角、埃塞俄比亚。⑧

第四阶段也是最后一个阶段，自 2001 年中国加入 WTO 后开始，一直持续至今。⑨ 这一阶段的特点是中国经济得到极大发展，并出现一些重大变化。⑩ 显然，在华外商投资在过去的 20 年增长了 18%，

---

① 第三阶段，中国在 1990 年签署了《多边投资担保机构公约》，但是一直到 1993 年 1 月 1 日才生效。

② 中国成为 MIGA 公约（《多边投资担保机构公约》）成员国之一，公约于 1988 年生效。更重要的是 MIGA 公约不是一个典型的投资公约。MIGA 的基本功能是提供政治保险。更多信息请登录 MIGA 官网 www.miga.com。

③ 虽然中国与美国在 1980 年就签订了双边投资保障协定，该协定仅限于投资保险。See Gallagher & Shan, p. 6, n. 21. 截至本书写作时，中国与美国还在进行双边投资条约的协商。经历长达 20 年的努力，中美联合宣布于 2008 年 6 月 18 日开始谈判。

④ See Gallagher & Shan, at 419, Appendix 1, table on the same page (Africa). 中国近来与 31 个与非洲国家签署了双边投资条约（目前中国已与 33 个非洲国家签署有双边投资保护条约——译者注），第二个双边投资条约是在 1994 年与埃及签订的。

⑤ See Gallagher & Shan, p. 8.

⑥ Ibid.

⑦ Ibid., p. 419., 附件一。需要注意的是 1997 年中国与尼日利亚双边投资条约被废除，并于 2001 年重新签订。

⑧ Ibid.

⑨ Gallagher & Shan, p. 4, 8.

⑩ Ibid., p. 8.

在 2008 年增至 92.4 亿美元。[①] 到 2009 年底，中国已经成为近 13 年来接受外商投资最多的国家。[②] 这一阶段的一个重要因素是中国实施了"走出去"政策。就对外直接投资（ODI）而言，也许最重要的措施是中国国务院于 2004 年 7 月通过的简化对外直接投资审批程序的决定。[③] 中国成立了一个新的主权财富基金即中国投资公司（CIC）进行投资储备，其启动资金达到了惊人的 2000 亿美元[④]，在 2009 年底达到了 2.4 万亿[⑤]。目前，中国是世界上最大的外商直接投资接受国，也是世界上最大的资本输出国之一。[⑥] 中国一直不停修改完善其法律法规及双边投资条约。自加入 WTO 后，中国又签署了 43 个双边投资条约，并且为配合其从资本输入国向资本输出国的转型，开始启动有关双边投资条约的重新谈判程序。[⑦] 在这 43 个新签订的双边投资条约中，有 16 个是与非洲国家签订的，包括：刚果（布）、塞拉利昂、博茨瓦纳、莫桑比克、肯尼亚、科特迪瓦、吉布提、突尼斯、乌干达、贝宁、赤道几内亚、纳米比亚、马达加斯加、几内亚和塞舌尔。[⑧]

一　有关在华投资的国内法律渊源

投资法渊源通常包括国内投资法规则和国际投资法规则。在详细讨论中国国际投资法前，了解中国法律制度的发展和结构十分必要。

---

① See James Zimmerman, China Law Deskbook: A Legal GuIbide for Foreign-Invested Enterprises, 3rd ed. (American Bar Association, 2010) p. 2, citing Chinese Ministry of Commerce official website at www. mofcom. gov. cn.

② Ibid.

③ Ibid. , p. 12.

④ See WTO, "Trade Policy Review Body, China", WT/TPR/S/199 (May 7, 2008), 39.

⑤ See James Zimmerman, China Law Deskbook, p. 2 n. 4, citing Chinese Ministry of Commerce official website at www. mofcom. gov. cn.

⑥ Comprehensive comparative date is available on the official website of UNCTAD at www. unctad. org/Templates/ Page. asp? intItemIBID? 3198&lang? 1.

⑦ See Gallagher & Shan, pp. 8-9.

⑧ Ibid. , p. 420, Appendix 1.

本节简要论述中国国内法的起源和结构。

（一）中国法律制度的发展

要对中国法律体系的进行深入了解，必须考察其历史、文化、社会、经济和复杂的政治基础。对这些因素进行深入而复杂的分析非本书能力所及，本书只是对过去数千年来对中国法律文化的形成产生影响的一些基本的国内哲学因素或外来原因作一分析。中国的法律文化基础，对于它当前的投资及其他商业纠纷解决机制具有深远的影响。本书第十二章结合对不同争议解决方式的评价，将会对这种哲学和文化基础进行再次探讨。①

中国历史跨越 4 千多年②。其丰富的编年史"开始于一些传说故事，根据这些传说，一些英雄人物给中国人带来了文明"③。约翰·赫德（John Head）和王艳萍（Yanping Wang）指出，中华法系的历史和影响力，至少与西方大陆法和普通法两大法律传统同样重要。④ 据说"罗马曾三次征服世界：一次是靠军队，一次是靠宗教（基督教），一次是靠法律。中国也三次征服东亚：一次是靠军队，一次是靠宗教，一次是靠法律，从这个意义上来说，中国军事实力、儒家思想和

---

① 斯坦利·卢布曼研究中国法律数十年，他说，"虽然在新的法律中，中国传统和法律文化的影响小于共产主义思想，但它们仍然是强有力的，并且必须铭记。"Stanley B. Lubman，Bird in a Cage，Legal Reform in China After Mao，p. 16. 他还从经验中认为："我的法律实践和学术活动不断提醒我，中国人和西方人在理解彼此中存在的困难以及在他们法律文化之间所存在的障碍。"随着中国司法改革的发展，这些问题尤其明显。

② See John W. Head & Yanping Wang，Law Codes in Dynastic China，A Synopsis of Chinese Legal History in the Thirty Centuries from Zhou to Qing（Carolina Academic Press，2005），3. 对于旧史，这一部分很大程度不仅依赖于历史文献，也依赖于堪萨斯的约翰·赫德教授的联合项目。王艳萍（音译）女士是知名的中国法学者，他们的著作资料来源丰富，包括大量的中文资料。

③ Head & Wang. Law Codes，p. 5，提到中国的神话传说。Lucian W. Pye，China：An Introduction，4th ed.（Little，Brown，1991）. 所引用段落的其他内容是："一个英雄名叫伏羲，教人蓄养动物，另一个叫神农，教人耕稼和货殖。然而另一个英雄黄帝，做出了最大的贡献……创设了治理机构。遵循黄帝的脚步，炎帝进一步把文明带给中国人。"

④ Ibid.，pp. 3-4.

她的法律制度影响了整个东亚"。① 赫德和王艳萍指出，中国治理的
"领土和人口的范围可能比罗马法治理的领土和人口的范围更为广泛，
无论是罗马帝国时期的法律，还是在中世纪和近代欧洲占主导地位的
罗马法"②。

　　赫德和王艳萍将中国法律史划分为三个时代：从公元前 22 世纪
延伸至公元前 5 世纪的"奴隶制"和"封建主义"时代；从公元前 5
世纪到公元 20 世纪的王朝时代；从 1911 年到现在的当代。当代又可
分为两个重要阶段：1911—1949 年的中华民国时期以及 1949 年到现
在的中华人民共和国时期。③ 他们还指出，中国法律历史先于罗马法
一个世纪，这是因为罗马法开始于公元前 450 年的十二铜表法，而中
国法律法典化开始于公元前 536 年的"铸刑书"。④ 不过，他们还注意
到，"礼"⑤ 的概念——中国法律的核心概念——在"铸刑书"之前就
已存在了数世纪。⑥ 他们承认："中国真正的法律历史开始于西周时
期，大概从公元前 1100 年到公元前 771 年。这一时期的法律是孔子
确立其正当行为哲学和正当治理哲学的基础。"⑦

──────────

　　① See Head & Wang, op. cit. , p. 4, n. 2. quoting Hyung I. Kim, Fundamental Legal
Concepts of China and the West：A Comparative Study (Kennikat Press, 1981), p. 8.
　　② Head & Wang, Law Codes, p. 4.
　　③ Ibid. , p. 6, Table 1. For a discussion of the different periods, see Ibid. at 5—
22. Other writings divIbide Chinese legal development into four phases along the same
line. See, e. g. , Geoffrey McCormack, The Spirit of Traditional Chinese Law (University of
Georgia Press, 1996), 1 et seq.
　　④ Head & Wang, Law Codes, p. 4.
　　⑤ 礼是中国法律文化的一个重要概念。赫德和王艳萍对礼做了以下描述："标准行为
规范；原指葬礼和祭祀用的特殊仪式和礼节，后来意义扩大。在西周（或至少在春秋战国
时期），它指的是王公贵族彼此之间交往的正确行为。孔子将礼扩大为指一般适当的行为，
是一个在家庭、社会行为的状态，西方的类似概念是绅士风度、礼貌、道德和道德行为。"
参见第 17 页表 1-3。下面将讨论相关概念，如"法"。赫德和王艳萍对"法"进行如下定
义："成文法（一般法，而不是特殊法）；积极的法（如皇帝的命令）。"法家强调人的自私
的本性，适用"法"而不是"礼"对人们的行为进行约束。
　　⑥ Head & Wang, Law Codes, p. 4.
　　⑦ Ibid. , p. 9.

孔子大约生活在公元前 500 年，他以其不朽的哲学理论为中国法律文明所做的贡献而声名显赫。[①] 长大后，他目睹了中央权威的丧失和社会秩序的混乱，希望能够让它们恢复正常。孔子"强调贤能的君主需要通过树立典范来管理人民，要遵循严格的行为规范，这些规范强调遵守礼仪并尊重一些基本关系如父子关系、君臣关系"。[②] 孔子的这一思想与其他学派的思想相冲突，例如当时的法家主张的"平等施行严刑峻法的重要性"。[③] 虽然短命的秦朝采用了法家的思想，但随后的汉朝采纳了儒家的价值观，直到现在它们仍是中国法律文化的标志。[④]

孔子界定了"礼"的一些基本的原则，并将"礼"的观念予以发展。正如赫德和王艳萍所描述的，它的基本原则就是"人民可以被教化"；可以用德来教导他们；他们能以贤能的君主为学习榜样，因此君主应实行德治，通过其行为树立道德典范；君主的这种行为应该符合根源于周礼的戒律和关系。[⑤] 赫德和王艳萍认为，孔子从三个方面对"礼"的概念进行了发展：首先，孔子将"礼"的适用范围从贵族扩展到普通平民；其次，孔子将"礼"提升为一种主导规则，排除了

---

① 孔子的个人历史（公元前 551 年至公元前 479 年）长久以来为历史学家所关注，充满了许多传奇色彩。他出生在鲁国（现山东省）陬邑。"他出生在此地，实属幸运，因为鲁国的君主伯禽以遵循周礼而闻名，也深得其父亲周王的厚待。在这样的环境下，孔子十分敬仰周公。二十岁刚出头，孔子就已熟谙周礼而为人所知。"参见 32—33 页。但是，孔子在 68 岁时才致力于从教。参见第 35 页。据说与大众看法相反的是，孔子一生中的大部分时间不是在教学，而是试图进行社会变革，最终却无能为力。对此，有篇文献这样写道："2000 年来，孔子被尊称为'至圣先师'……这是一个残酷的讽刺。当然，孔子为教育倾注了大量心血，但他从不认为教育是他第一要务，他真正的理想是从政，他对自己的政治使命有种神圣的信仰。"See Head & Wang, op. cit., p. 34, citing The Analects of Confucius xiii (Simon Leys tr. 1997). 除了该书外，还有两个值得注意的文献：Liu Wu-Chi, Confucius: His Life and Times (Philosophical Library, Inc. 1955), and Richard Wilhelm, Confucius and Confucianism (1931, repr. Harcourt, 1971).

② See Head & Wang, Law Codes, pp. 9-10.

③ Ibid., p. 10.

④ Ibid.

⑤ Ibid., p. 35.

其他形式的规范包括成文法的适用；再者，他"建立了从教育到精英以及从精英到政治的直接联系，根据这种联系，统治机构专由知识精英把控"。① 更具体地说，儒家行为规范包含了一些基本观念：（1）实证法（法）② 不能带来社会和谐和人们行为的有序，它只会鼓励人们规避法律；（2）为了家庭、宗族、社会和国家的和谐，必须强调人们的义务与责任而不是权利；（3）统治者必须实行德治，并以身作则；（4）社会等级是稳定的关键，必须得到严格遵守；（5）在这种等级社会中，必须施行仁政以让人们服从；（6）人们的良好行为不能通过强制形成，而必须是由他们自发而为；（7）每个人都必须努力友好解决与他人的纠纷；（8）通过诉讼解决纠纷是一种无能的表现，因为这说明人们不能自己解决纠纷以使社会恢复和谐；（9）争端解决的规则通常会导致武断的结果，必须尽可能地避免。③

这些在文献中通常被称为"法律的儒家化"的教条，在中国社会中有持久的法律影响力。儒家经典作为意识形态的典范统治中国两千年，从汉代（公元前206—公元220年）开始，直到清王朝末期乃至1911年成立的中华民国。④ 《中国法律指南》一书的作者齐默尔曼（James Zimmerman）指出："熟悉儒家经典是科举考试的主要要求。"⑤

这些教条最持久和最相关的影响，也许与上面的最后两点有关：避免争议以及对官方介入争议的武断做法的恐惧。这些观念产生了一个害怕"丢面子"的文化。⑥ 这一现象比中国法律文化中的其他现象

---

① See Head & Wang, op. cit., pp. 35-36.

② "法"的概念将在后文有关法家学说的内容中进行讨论。

③ See Zimmerman, China Law Deskbook, pp. 36-38. 这绝不是孔子教学的重要内容的完整清单，而只是试图对一些经常反复使用的概念进行阐释。这是基于齐默尔曼所做的描述的分析。赫德和王艳萍的叙述也相似。第32—52页注释28。

④ 同上。有些著作注意到一些观点的变化，并将其命名为"新儒家"。See, e.g., McCormack, The Spirit of Traditional Chinese Law, p. 3. 但基本的教条仍是一样的。

⑤ See Zimmerman, China Law Deskbook, p. 37.

⑥ Ibid., p. 39, n. 5.

更受到学者的关注，也许是因为它与当代中国的法律制度直接相关。齐默尔曼说："面子与身份或地位相似，人们总竭尽全力避免'丢面子'①。被人发现犯错或无能是很丢面子的事情。如果一个中国人让家庭、单位或群体失望，他会觉得抬不起头来。"② 他警告说："与中国人谈判的外国人需要了解这一概念。"③

虽然几千年来儒家思想极大地影响了中国的法律传统，但中国目前的法律传统也是其他几个因素综合影响的结果，包括道教④、佛教⑤、法家学说和西方法律传统。后两者的显著影响将作进一步探讨。

法家的理论即"法"的概念与儒家"礼"的概念，在许多方面明显冲突。⑥ 通常，儒家相信"人性本善"，并能学习"善行"，但社会必须通过"礼"帮助他形成良好的社会行为。在这种情况下，"礼"重预防，轻惩罚。⑦ 而法家却认为人的本性是自私的，是以自我为中心的。因此，赏罚制度是构建和谐社会的唯一途径。⑧ 两者的区别可简括如下："法家认为统治者凌驾于法律之上。而儒家认为比起贤能

---

① See Zimmerman, op. cit. , p. 39, n. 5.

② Ibid.

③ Ibid.

④ 道家或道教作为一门哲学产生于公元前 5 至公元前 4 世纪。推动其发生和发展的是老子（公元前 5 世纪）、庄子（公元前 4 世纪）。See Zimmerman, China Law Deskbook, p. 38. 这门学派的思想特点是倡导"无为而治"。根据道家学说，"完美的政府是无为的——仅仅是引导"。因此，他们反对任何制度，提倡自然平和、中庸、简朴、谦恭、与世无争。这一观念与儒教共存，虽然它的影响力被认为很小，但有时甚至被认为是"另类"。参阅第 38—39 页。"道家相信道德报应体系，道教的神明在天堂或地狱会对不道德行为进行严格惩罚。因此，这一道德报应体系的存在，导致不需要政府制定法律控制人们的行为。这种信念，强化了社会价值和人民的顺从。"参见第 39 页。

⑤ 尽管佛教起源于印度悉达多王子（公元前 563—前 483 年），但它对中国文化产生了深远的影响，680 万人认为自己是佛教徒，其影响力不足与佛教、道教、法家思想相提并论。See Zimmerman, China Law Deskbook, p. 40, n. 9, citing Li, "Philosophical Influences on Contemporary Chinese Law", 6 Indiana International & Comparative Law Review, 327 (1996), pp. 321-335.

⑥ 更全面的表述参见赫德和王艳萍教授的著作，第 49—50 页注释 28。

⑦ 同上，第 49 页，表 2。

⑧ 同上，第 50 页。

的人的裁判，法律制度是次要的。"①

纳夫齐格尔（James Nafziger）教授对这两种理论的并存是这样总结的：儒家天下太平的社会和谐思想，产生了早期的上层人士的礼仪礼节（礼），这对整个中国法律制度带来显著影响。而对于普通民众，法家提出用制定法对他们施加威慑。随着时间的流逝，这两个概念相互融合。在中国历史上，统治者对二者的倚重有所不同。今天，中国人在大力推进法制建设时，仍然十分关注礼以及对礼的态度的变化。②

这些看似矛盾的概念贯穿于整个中国历史，并产生了深远的影响，但另外有学者认为，它们的组合并不能充分解释复杂的中国法律文化。③ 外部影响同样增加了中国法律文化的复杂性，特别是在近现代。齐默尔曼将这些外部影响分为三类：治外法权和改革的外部需求，这与殖民主义有关；马克思列宁主义的影响；以及1978年后的与投资有关的西方法律改革。④

中国在大多数历史时期，没有与世界上的其他国家保持有意义的交流。有人指出，为打开中国的对外贸易，西方人在清朝（1644—1911）时期来到中国⑤，并最终导致了中英鸦片战争的爆发，中国被迫签订了不平等条约，这些殖民战争造成中国被瓜分，并被纳入不同殖民者的势力范围。⑥

除这些不平等条约规定的其他事项外，这些条约还建立了一套系

---

① See Zimmerman, China Law Deskbook, p. 40.

② James A. R. Nafziger & Ruan Jiafang, "Chinese Methods of Resolving International Trade, Investment, and Maritime Disputes", 23 Willamette Law Review 619 (1987), 624.

③ See, e. g., McCormack, The Spirit of Traditional Chinese Law, p. 1. 确实如此，虽然中国法律传统有很好的文献记载。

④ These discussions are largely based on Zimmerman's China Law Deskbook, p. 41 et seq.

⑤ Ibid., pp. 41-42.

⑥ Ibid., p. 42.

统的"治外法权"①，基本上是保护外国人免受中国的司法管辖②。例如，美国和中国在 1844 年签订的条约规定："美国公民之间在中国产生的有关权利的所有争议，无论是财产权利还是人身权利，均应由美国政府的有关机关进行管辖和处理。"③ 设立治外法权制度的目的，除了可以平衡双方的谈判地位外，另外也表明西方人认为当时的中国法律制度过于粗糙与严厉。④ 根据这些不平等条约，一些西方国家在中国设立了法庭。据统计，在某些时候，这些外国法院的数量达到近百个。⑤ 除了领事法院外，美国和英国在中国还设立了常设法院。例如，在 1906 年设立的美国中国法院（the United States Court for China），除了某些限制外，它可以受理刑事案件和民事案件。这些案件当事人可以上诉至美国旧金山第九巡回上诉法院。⑥ 这些外国法院对中国人没有管辖权，但如果当事人一方是中国人，另一方是受条约保护的外国人，则由中国的混合法院审理案件。虽然此类法院的法官是中国人，但外国当事人必须由"公正评估员"（assessor-in the interest of

---

① 其中一个例子是齐默尔曼提出的："由于法律、风俗和社会习惯的多样化，那些拥有欧洲文明的公民和臣民在非欧洲文明的国家主要是在东方享受广泛的当地法律豁免权，这项豁免被称为治外法权。"Moore，ed.，A Digest of International Law 593（1906，repr. Ams. Pr.，Inc. 1973）quoted in Zimmerman，p. 43.

② Ibid.，citing，among other sources，E. Borchard，Diplomatic Protection of Citizens Abroad（1915），433；E Dickinson，The Equality of States in International Law（1920），pp. 224-225；and S. Liu，Extraterritoriality：Its Rise and Its Decline（Columbia University，1925），p. 23.

③ China-United States Treaty of Jul. 3，1844，Arts. 21，24，cited in Zimmerman，p. 42. 此类特权在一定程度上是由中国的 19 个欧洲国家获得的。这些国家包括俄罗斯、英国、美国、法国、瑞典、挪威、德国、丹麦、荷兰、西班牙、比利时、意大利、奥匈帝国、葡萄牙、瑞士等。Ibid. at n. 17，citing Quigley，"Extraterritoriality in China"，20 American Journal of International Law 46（1926），51，n. 21.

④ 为了支持这一结论，齐默尔曼援引一名英国外交官的话："中国法律对于外国人所犯的杀人罪不但不公正，甚至是令人无法容忍的。在所有案件中都要求杀人偿命，而不考虑案件的具体情形，无疑是一种令人不可容忍的行为。"齐默尔曼，前引书，第 43 页。

⑤ 同上书，第 44 页。

⑥ 同上。该法院以及在中国的美国领事法院的法律渊源包括国会的法律、普通法、专门的规则或规章以及必要时的中国法。Ibid，citing W. Willoughby，Foreign Rights and Interests in China（1920），pp. 44-51.

justice）代理。[1]　齐默尔曼由此得出的结论是："结果导致外国政府尤其是英国、美国和法国政府控制了混合法院的司法程序。"[2]

这一制度运行约 60 年后，西方国家承诺放弃被中国视为是对其主权持续侵犯的治外法权，但条件是中国应推动其法律的现代化。[3]为此，当时的中国清朝政府着手进行重大的法律改革计划，其中包括制定一部宪法[4]，建立一个最高法院和其他下级法院，仿照欧洲的法律制定刑事和民事法律。然而，西方列强并没有兑现放弃治外法权的承诺，直到 1943 年它们与日本的关系发生了重大改变。[5]　显然，正如齐默尔曼所指出的，"治外法权是西方列强强加给当时的中国政府的，它使后来取得胜利的共产党对西方充满敌意和愤恨。"[6]　他认为："基于对这种特权以及经济胁迫、半殖民主义、外国侵略的愤怒，中国共产党决定采取中国不与其他国家交往的态度。"[7]　齐默尔曼接着指出，中国学到的主要教训是，"法律制度是控制个人、财产、对外贸易和经济发展的重要手段，中国在今后决不能失去对司法的控制权。"[8]

正是带着这种认识，中共 1949 年在中国建立了新政权，开始推

---

[1]　Zimmerman, op. cit. , p. 45.

[2]　齐默尔曼引用了一名 1903 至 1905 年在中国上海执业的美国律师的话："但是，外国参与者经常在涉及本国国民的审理过程中无视或与中国的利益相抵触。这是中国与外国交往中对中国法制的最严重的践踏。逐渐地，这些外国代表左右了庭审。" Ibid. , citing Ohlinger, "Extraterritorial Jurisdiction in China", 4 Michigan Law Review 341（1906）, pp. 345-346.

[3]　例如，中国和美国之间于 1903 年签订的通商条约规定："中国政府强烈表示希望改革司法系统，使其与西方国家的司法制度趋于一致。美国同意对此类改革提供协助，并且准备放弃域外法权，只要中国的法律、法律实施的安排及其他因素等能够确保美国可以这么做。" Ibid, p. 47, citing J. MacMurray, Treaties & Agreements Concerning China（1921）, 351.

[4]　1908 年中国清朝通过了《钦定宪法大纲》，另一版本在 1911 颁布后清朝崩溃。在 1911 年至 1946 年先后实施了几部宪法。最新一部宪法是 1949 年中华人民共和国成立时颁布的。关于中国制宪历史，see Albert HY Chen, An Introduction to the Legal System of the People's Republic of China（Butterworths, 1992）, pp. 42-45.

[5]　See Zimmerman, pp. 47-50.

[6]　Ibid. , p. 50.

[7]　Ibid.

[8]　Ibid.

行毛的马列主义，对儒家思想和法家思想带来一定的冲击。[①] 当时中共采取的措施十分严厉，它不仅废除了所有的法律，解散了一些法律机构，还颁布了一项和基本法一样的《共同纲领》，一直实施到1954年。[②] 由于与当时的苏联保持着密切关系，中国在1954年通过了苏联式的宪法和组织法。到1957年，中国与苏联分道扬镳。毛泽东在1959年解散了司法机构，随之带来了整个法律制度的倒退。1966年至1976年的"文化大革命"引起法律制度和法律职业的进一步恶化："在文化大革命期间，开设的为数不多的法学院被关闭，法学教授被送往劳改场。法律图书馆和书籍也被红卫兵破坏。"[③] 在这一时期，一些民间调解员解决民事争议，公安部门和其他一些机构负责刑事案件的处理。[④]

皮伦布姆教授（Randell Peerenboom）在他有关中国法律传统的当代发展的一本书的序言中，对中国1978年后法律改革做了很好的阐释："假设一下，这是1978年，你就是邓小平。毛泽东在两年前去世。文革在每个人的脑海里仍然记忆犹新。经济一片混乱。法律制度遭到破坏。司法部门和检察院被关闭。只有极少数的学校开办法律专业，虽然有一些教授愿意教授法律，但没有学生学习法律。全国只有2000名律师，他们中的许多人是在1949年以前接受的法学教育。你刚刚掌握权力。你会怎么办？"[⑤]

这不是一个单纯的假设意义上的事实。邓当时正面临着这样的问题，答案就在于进行深刻的法律制度和经济创新，使中国从贫穷的农业国转变为世界上最大的经济强国。中国采取了社会主义市场经济，

---

① See Zimmerman, op. cit., p. 51.

② Ibid., p. 52.

③ Ibid., p. 53. citing Spence, The Search for Modern China (1990), at 602—617.

④ Zimmerman, p. 53.

⑤ Randall, China's Long March towards Rule of Law (Cambridge University Press, 2002), ix. 需要注意的是，1949年中国律师数为60000。See Zimmerman, p. 52. 到1978年，人数降至2000，截至2003年，该数目上升到150000并且在持续增长中。

并根据市场经济的需要，制定了大量法律，并建立了相应的法律机构。① 虽然在过去的二十年里，中国的法律制度发生了巨大改变，但它的法律体系仍处于转型中。由于历史多舛，中国的法律改革者谨慎行事，"以保证法律的稳定性和连续性，确保法律面前人人平等，禁止任何人有凌驾于法律之上的特权"。②

（二）中国现行的法律框架和法律机关

中国现行宪法是在 1982 年制定的。它现在被视为"母法"，其他法律都根据宪法制定，如同宪法的子嗣（子法）。③ 宪法是至高无上的法律，是根本法，与之相冲突的法律都是无效的。④ 根据宪法，国家的最高立法机关是全国人民代表大会。⑤ 除了立法权力，全国人民代表大会有权选举及罢免国家主席和副主席，国家主席和副主席可连任两届，每届任期五年。⑥ 全国人民代表大会由大约 3000 个代表组成，通过一个由 150 名至 200 名代表组成的常务委员会运作。⑦ 全国人民代表大会常务委员会负责制定除基本法以外的其他法律，自 1979 年以来，全国人大常委会已经制定了 300 多部全国性法律。⑧

中华人民共和国国家主席是国家元首，由全国人民代表大会选举

---

① See Zimmerman, op. cit. , pp. 53-54. 毛时代之后的中国改革问题，see Peerenboom, pp. 55-125.

② Ibid. , citing Chiu, "Certain Problems in Recent Law Reform in the People's Republic of China", 3 Comparative Law Yearbook, 1979, p. 12.

③ Chen, An Introduction to the Legal System, p. 45, citing CPC Central Party School, Law Unit (1984) p. 94. 这部宪法是修订版本，于 1982 年 11 月 4 日在第五届第五次全国人民代表大会上通过。进行过四次修改，上一次修订是在 2004 年。该宪法的英文版本可以在下面网上找到：http://english. peopledaily _ om. c; n/ 9″snhsjtut, y/: constitution. html。

④ 见《中华人民共和国宪法》第 5 条。

⑤ 同上，第 57—58 条。

⑥ 同上，第 79—83 条。参见《WTO 贸易政策概览：中国篇》，2008 年 5 月 7 日版，第 199 页。

⑦ See Zimmerman, China Law Deskbook, p. 56.

⑧ Ibid. , p. 57. 各级地方都有自己的人民代表大会常务委员会，各省级地方政府自行制定了超过 3000 部的地方性法规。

产生，有权任免国务院成员。①

国家的审判权由最高人民法院、地方各级人民法院、军事法院和专门人民法院行使。② 最高人民法院作为一个独立的机构，是最高司法机关，监督地方各级人民法院和专门人民法院的审判工作。③ 最高人民法院仅对全国人民代表大会和全国人大常务委员会负责④. 全国人大有权任命⑤或罢免⑥最高人民法院院长。最高人民法院院长的任期不得超过两届，每届任期五年，这与立法和行政机关的人员任命一样。⑦ 最高人民法院无权对法律是否合宪进行司法审查，相反，国务院法制办可在行政法规草案通过前对其合宪性进行审查。⑧ 对已颁布的违宪法律的补救，似乎只有通过对其进行修改这一方式。

中国宪法还设立了与法院体系平行的人民检察院制度，以对法院进行监督。⑨ 检察院有权对政府官员包括司法官员的违法行为进行调查，并提出指控。⑩ 此类制度在大陆法系国家十分常见⑪。

中国法律职业本身也处于转型中。在中国调整律师职责的法律，是 1996 年全国人大常委会制定的《律师法》。⑫ 该法规定所有律师应"维护法律的正确实施，保护国家和集体的利益"⑬。齐默尔曼注意到，

---

① 参见《中华人民共和国宪法》第 85—93 条。参见《WTO 贸易政策概览：中国篇》，第 25 页，注释 88。中国分为省、自治区、特别行政区和直接被中央政府控制的直辖市。政府在地方的结构反映了全国与地方代表大会相应的权利和责任。参见《中华人民共和国宪法》第 95—111 条。

② 同上，第 213 条。

③ 同上，第 127 条。

④ 同上，第 127 条。

⑤ 同上，第 62 条第 7 款。

⑥ 参见《中华人民共和国宪法》第 63 条第 4 款。

⑦ 同上，第 124 条。

⑧ 参见《WTO 贸易政策概览：中国篇》，第 28 页，注释 88。

⑨ 参见《中华人民共和国宪法》第 129—135 条。

⑩ 同上。

⑪ See Zimmerman, China Law Deskbook, p. 73.

⑫ PRC Law on Lawyers of May 15, 1996, as amended in 2001 and 2007, cited in Zimmerman, p. 73.

⑬ PRC Law on Lawyers, at Art. 1. Quoted in Zimmerman, p. 73.

"传统上，中国人从不支持在社会中使用律师。雇用律师的价值没有得到人们的普遍认可，因为律师的作用与人们倾向于协商、调解的解决方式相冲突"。[①] 中国人面对冲突及其解决的基本方式是强调协商和调解，而不是进行惩罚或查明错误所在。列内·达维（René David）和约翰·布利尔雷（John Brierley）对中国法律文化组成部分的传统社会秩序观念做了总结："调解和协商一致的观念在社会关系中根深蒂固。必须避免一切谴责、惩戒及多数人的裁决。冲突与争议必须被消融，而不是被解决或做出决定。争议解决方案必须在被各方认为公正的情况下自愿接受。这样，他们就不会认为丢了面子。最重要的是教育和说服，而不是威权或强制。"[②]

二　中国当前国内和国际投资法的渊源

中国有关外资的主要法律有《中外合资经营企业法》[③]《中外合作经营企业法》[④]《外商独资企业法》及其实施条例。[⑤] 其他重要的法律制度还包括有关并购、公司、合同、税收、保险和仲裁的法律、规

---

①　Zimmerman，op. cit. ，p. 72.

②　Rene' DavIbid & John E. C. Brierley，Major Legal Systems of the World Today：An Introduction to the Comparative Study of Law，3rd ed. （Stevens & Sons，1985），518.

③　Law on Chinese-Foreign Equity Joint Venture （Promulgated by Fifth National People's Congress，Jul. 1，1979，amended Mar. 31，2001）translated in Isinolaw，cited in Guiguo Wang，"China's Practice in International Investment Law：From Participation to Leadership in the World Economy，"34 Yale Journal of International Law 575 （2009），575，n. 6.

④　Law on Chinese-Foreign Equity Joint Ventures （Promulgated by Standing Committee of the National People's Congress，Apr. 13，1988，amended Oct. 31，2000），translated in Isinolaw，cited in Wang，"China's Practice"，at n. 7.

⑤　Law on Wholly Foreign-Owned Enterprises （promulgated by the Sixth National People's Congress，Apr. 12 1986，amended by the Standing Committee of the National People's Congress，Oct. 31，2000）translated in Isinolaw，cited in Wang，"China's Practice"，at n. 8. 《中国的 WTO 政策审查》（China's WTO Trade Policy Review）也指出，这三部法律构成中国投资法的主要渊源。See WTO Trade Policy Review：China，supra note 88，at 25. 有关这些法律内容和实施的分析，see Guiguo Wang，Business Law of China，4th ed. （Kelleigh Poon，editor，2003），pp. 5-11.

章等①。国务院颁布的《外商投资产业指导目录》也很重要②。

中国商务部负责有关贸易与外资政策、规章的制定。此外，商务部还负责协调国内相关立法，使其与中国承担的国际义务一致。③ 商务部通过一些不同机构，如外贸发展局、投资促进局、外贸中心、国际经济技术交流中心等，推动贸易和投资的发展。④

从国际来看，中国已建成世界第二大条约及其他形式协议的网络，以促进和保护对内和对外投资。⑤ 从多边关系来看，中国加入了WTO协议（与贸易有关的投资措施）、1965 年《华盛顿公约》（涉及投资争议解决）以及《多边投资担保机构公约》（涉及海外投资保险）。⑥ 从地区层面来看，中国是《亚太贸易协定》《中国与东盟全面经济合作框架协议》的成员。⑦ 在跨区域合作方面比较显著的安排，是中国在历届中非合作论坛上所做出的承诺。⑧

中国主要的国际投资法渊源包括它与其他国家签署的 126 个双边投资贸易协定⑨。

---

① See Guiguo Wang, op. cit., n. 51. 这些法律的文本及有关它们的更多信息，参见 www. fdi. gov. cn/pub/FDI _ EN/default. htm

② Decree No. 346 of Feb. 11, 2002 (Promulgated by the State Council of the PRC). English text available at www. gov. cn/english/laws/2005－07/25/content _ 16873. htm.

③ See the Mandate of the Ministry of Commerce on the official website of the MOFCOM at http：//english. mofcom. gov. cn/mission. shtml.

④ See WTO Trade Policy Review：China, p. 32, n. 33.

⑤ See Gallagher & Shan, Chinese Investment Treaties, pp. 28-29.

⑥ Ibid.

⑦ 对这些地区性安排的讨论，参见本书第十二章第 3 节。

⑧ 有关中非合作论坛框架下的投资承诺，参见第 9.4.1.2 部分内容。其他含有投资条款的自由贸易协议包括中国—巴基斯坦、中国—新西兰自由贸易协定，See Gallagher & Shan, at 29. Information on China's regional cooperation is available on the official website of the MOOFCOM at http：//english. mofcom. gov. cn/.

⑨ Ibid., at Annex I, 417-420. 典型例外情况是美国和加拿大，截至本书写作时，双方还在谈判双边投资协定。See Gallagher & Shan, pp. 32-33. 对中美双边投资协定谈判过程所涉及问题的分析，see generally Cai Congyan, "China-US BIT Negotiations and the Future of Investment Treat Regime：A Grand Bilateral Bargain with Multilateral Implications", 12 Journal of Economic Law 457 (2009). 另，中国目前已与 34 个非洲国家签署有双边投资条约——译者注。

在中国，条约的缔结要根据《中华人民共和国缔结条约程序法》进行①。通常，国务院根据外交部、商务部或其他有关部门的建议审核条约。在条约批准过程中，还涉及其他许多步骤。②

三　实体规定：演化与内容

从实体内容来看，中国的双边投资条约和美国的双边投资条约一样可以分为三代：第一代是从 1982 年至 1989 年（双边投资条约项目启动阶段）；第二代是从 1990 年到 1997 年（中国加入了《华盛顿公约》）；第三代是从 1998 年至今（中国经济进入快速增长阶段）。③

第一代双边投资条约范本是以中国作为外国投资的接收国的地位而制定的，主要是同发达国家签订的。第二代双边投资条约范本体现了中国不断增长的对外投资。而第三代双边投资条约范本则体现了中国作为资本输入国和资本输出国的作用。④ 从结构上看，所有类型的范本看似相同，都包含有 13 条规定，而且篇幅相似。⑤ 从其他方面来看，这 13 条规定涵盖了投资的一些重要领域，如投资的界定、非歧视待遇、征收、补偿、资金转移、争端解决以及监管措施等。⑥

①　Law on the Procedures of the Conclusion of Treaties（adopted by the Standing Committee, Dec. 28, 1990）cited in Gallagher & Shan, p. 33.

②　See Gallagher & Shan, supra note 2, pp. 33-34（describing the several steps）.

③　Ibid., p. 35. 对新类型双边投资条约演化的讨论及更详尽分析，see generally Stephan W. Schill, "Tearing Down the Great Wall: The New Generation of Investment Treaties of the People's Republic of China", at 15 Cardozo Journal of International & Comparative Law 73（2007）.

④　Ibid., p. 37. Monika C. E. Heymann, "International Law and the Settlement of Investment Disputes Relating to China", 11 Journal of International Economic Law 507（2008）, 516（指出中国在对外投资开始增长的时候加入了解决投资争议国际中心）.

⑤　应注意的是，此类双边投资条约的内容与结构与欧洲范本相似，通常有 14 条规定，而不与美国和加拿大的双边投资条约相似（美国有 37 条规定，加拿大有 57 条规定），并且详尽的附件，Ibid, at 43. 此外，还应注意的是，后文将详细讨论的 IISD 范本比其他双边投资条约更为详尽，有 51 条规定和众多附件。

⑥　Compare Chinese BIT Model version Ⅰ with versions Ⅱ and Ⅲ. All three versions are appended to Gallagher & Shan, Chinese Investment Treaties, pp. 421-437, Appendices Ⅱ, Ⅲ & Ⅳ.

这三种条约范本最显著的区别，涉及投资的界定、待遇标准、征收、争端解决等诸多条款。有关投资界定的变化涉及对金钱请求权的不同对待。前两种范本所采纳有关投资的标准的界定是：

"投资"一词系指缔约国一方投资者依照缔约国另一方的法律和法规在后者领土内投资的各种财产，特别是包括但不限于：

（a）动产和不动产的所有权及其他财产权利，如抵押权、质权；

（b）公司的股份、股票和债券或该公司财产中的权益；

（c）金钱请求权或具有经济价值的行为请求权；

（d）著作权、工业产权、专有技术和工艺流程；

（e）依照法律授予的特许权，包括勘探和开发自然资源的特许权。①

第三种范本做了少许变更，但却能产生巨大差异。最重要的变更是对金钱债务增加了"与投资相关"这一要求。换句话说，新的范本要求任何金钱请求权，如有关货物买卖的金钱请求权，将不会被视为是投资，除非"它与投资有关"。② 这一要求看来与前面讨论的《北美自贸协定》的内容类似。其他变化包括在（b）项中增加了"债券"，在（d）项的"著作权"前加上了"知识产权……特别是"在（e）项中增加了"提炼特许权"。③

对于待遇标准，第一类范本只是给予了最惠国待遇但没有给予国

---

① See Gallagher & Shan, op. cit. , at Model I，Art. 1，at 421 Appendix II and Model II Art. 1，at 427 Appendix III.

② Ibid. ，at Model III，Art. 1 (1) (c)，at 433，Appendix IV.

③ Ibid. ，at Art. 1 (b—e).

民待遇①。第二类范本规定了最惠国待遇和部分国民待遇。② 第三类范本则既给予了最惠国待遇，也给予了国民待遇。③ 对于征收，在所有三类范本中，征收的标准保持了一致④，但每一类范本有关补偿额的确定方法有所不同。第一类范本只是规定，补偿"应与征收时被征收投资的价值相当"。⑤ 第二类范本引入了市场价值的概念⑥，而第三类范本取消了市场价值概念，用"公认的估价原则"取而代之。⑦

从内容上看，还需要注意的是，这三种条约范本都不包含有关劳工和环境标准的规定。三种范本中变化最大的内容涉及投资者—国家争端解决的规定。下面一节会探讨这种变化。

四　争端解决：演变与内容

前两种条约范本中的争端解决规定有 5 个重要特点：（1）投资者或国家都可启动程序；（2）争端必须由东道国法院解决；（3）有关赔偿额的争议，任一当事人均可将该争议提交临时仲裁；（4）如争端各方就仲裁员的指定无法达成协议，则由解决投资争端国际中心秘书长应当事一方的请求做出指定；（5）如果投资者选择将争议提交国内法院，则投资者不得再将争议提交仲裁，包括有关赔偿额的争议。⑧

---

① See Model Ⅰ, Art. 3, Ibid, at 422 Appendix Ⅱ.

② See Model Ⅱ, Art. 3（3）, at 428 Appendix Ⅲ："除第一段和第二段的规定外（最惠国待遇），任一缔约方应尽可能根据自己的法律和规则给予缔约另一方投资者的投资和本国投资者同样的待遇。"

③ See Model Ⅲ, Art. 3（2）, at 434 Appendix Ⅳ（"在不损害本国法律和规则的情况下，每一缔约方应给予另一缔约方投资者的投资和与投资相关的活动以不低于它给予本国投资者的投资及与投资相关的活动的待遇"）。

④ "（a）为公共利益目的；（b）符合国内法律程序；（c）不得进行歧视；（d）给予赔偿。" See Model Ⅰ, Art. 4, at 22；Model Ⅱ, Art. 4, at 428；and Model Ⅲ, Art. 4, at 434.

⑤ See Model Ⅰ, Art. 4（2）, at 422 Appendix Ⅱ.

⑥ See Model Ⅱ, Art. 4（2）, at 428 Appendix Ⅲ.

⑦ See Model Ⅲ, Art. 4（2）, at 435 Appendix Ⅳ.

⑧ See Model Ⅰ, Art. 9, at 424 Appendix Ⅱ；Model Ⅱ, Art. 9, at 428 Annex Ⅲ. 需要注意的是，赔偿额指的是东道国，给予的赔偿额而不是法院做出的赔偿额。如果投资者将争议提交当地法院，并且对该法院做出的赔偿额不满，根据此类条约范本，就不存在任何救济，因为投资者已选择将争议提交法院。

第三种条约范本对上述规定做出几个重要改变。主要的变化有：（1）虽然投资者和东道国仍然有权将争议提交给东道国国内法院，但只有投资者而不是东道国，还可将争议提交解决投资争议国际中心仲裁；（2）提交仲裁的事项不再限于赔偿额争议，有关征收本身是否合法的争议也可提交仲裁；（3）对争议解决机构的选择是最终的；（4）东道国可要求用尽当地救济；（5）法院或仲裁庭适用的法律必须是东道国法律（包括它的冲突规范）、协议中约定的规则以及普遍接受的国际法原则。①

这些变化，尤其是有关将争议提交解决投资争议国际中心的规定，是中国在 1993 年加入《华盛顿公约》的结果。② 虽然条约范本没有限制将争议提交给该中心仲裁，但中国在加入文件中做了保留，即"根据公约第 25 条第 4 款，中国政府仅考虑将因征收或国有化而产生的赔偿争议提交解决投资争议国际中心"。③

需要指出的是，虽然中国在每一阶段签署的大部分双边投资保护条约，基本上采纳了当时的条约范本，但实际范围并非可以准确地反应所采纳的条约范本。换句话说，在第二代或甚至第三代条约的时间范围内，可能签署的是第一代的条约范本。④ 在中国与非洲国家签署的 31 个双边投资条约中，至少有 13 个采纳了第三代条约范本，规定可将争议提交国际仲裁。⑤

虽然中国目前还从未被依据它所签署的双边投资条约被诉至解决

---

① See Model Ⅲ，Art. 9，at 436 Appendix Ⅳ.

② See Gallagher & Shan，Chinese Investment Treaties，p. 38.

③ Reservation quoted in Ibid，at n. 182.

④ Ibid.，pp. 38-39. See also Monika C. E. Heymann，"International Law and the Settlement of Investment Disputes Relating to China"，11 Journal of International Economic Law 507 (2008)，at 514—517.

⑤ 包括中国与下列国家签订的条约：南非（1997）、刚果民主共和国（2000）、博茨瓦纳（2000）、塞拉利昂（2001）、莫桑比克（2001）、肯尼亚（2001）、尼日利亚（2001）、科特迪瓦（2002）、吉布提（2003）、贝宁（2004）、乌干达（2004）、突尼斯（2004）、塞舌尔（2007），See Gallagher & Shan，p. 42，Table 1. 2.

投资争议国际中心，但一位叫谢叶深（Tza Yap Shum）的中国投资者，已利用该中心仲裁机制向秘鲁政府求偿 2000 万美元。[①] 该案所涉及的主要管辖权问题，是中国和秘鲁签订的双边投资条约仅规定投资赔偿额争议可提交给该中心解决。[②] 该案例极好地证明了中国不断变化的作用及其双边投资条约的演变。具有讽刺意味的是，中方当事人谢叶深主张解决投资争议国际中心扩展其管辖权，而秘鲁政府却抗辩要求限制其管辖权。与中国第二代双边投资条约范本相同的是，中—秘双边投资条约将中心的管辖权限于有关赔偿额的争议。但有趣的是，仲裁庭裁定有关征收赔偿额的条约规定，不仅包括"数额的确定，也包括征收通常所固有的其他问题，如投资财产是否确实根据条约规定和要求征收的以及应支付的赔偿额的确定"。[③] 仲裁庭因此认为，早期条约范本以及目前条约范本有关争议解决的区分没有意义。

五　中国双边投资条约的前景

如上所述，截至本书写作时，中国正与北美的贸易伙伴美国和加拿大谈判双边投资条约。因此，中国有望出现一个更为平衡、现代并具有重要多边影响的双边投资条约。[④] 为帮助制定一个更为平衡的、既能反映过去经验又能迎接未来挑战的条约范本，一些机构和学者起草了一些条约范本草案。例如，前已述及的国际可持续发展研究院范本即为一例。加拉格尔教授和单文华教授也起草了一个条约范本，供中国有关部门在将来谈判条约时参考。他们起草的范本与国际可持续

---

①　See Tza Yap Shum v. The Republic of Peru, ICSID Case No. ARB/07/6 (Jul. 19, 2009). 仲裁庭有关管辖权问题的裁决可从下面的网址找到：http://ita. law. uvic. ca/documents/TzaYapShum-DecisiononJurisdiction _ 002. pdf (in Spanish).

②　Ibid., paras. 146-188.

③　Ibid., para. 188.

④　有关中美投资条约谈判所涉及问题的分析及前景，see generally, Cai Congyan, "China-US BIT Negotiations and the Future of Investment Treaty Regime: A Grand Bilateral Bargain with Multilateral Implications", 12 Journal of Economic Law 457 (2009).

发展研究院范本相似。加拉格尔教授和单文华教授的范本看来十分平衡、也更为灵活。该范本的显著特征将在下面谈到。这一讨论旨在评价这一范本是否适合将来的中非双边投资条约或中非跨区域性投资条约。

从结构上看，他们的条约范本由序言和 32 条规定组成。序言十分简洁，除经常提到的相互促进经济合作这一目标外，该序言还强调这一目标的实现，必须"采用与保护健康、安全和环境以及促进公认的国际劳工权利相一致的方式"。此外，该序言还强调"企业社会责任的重要性"。[①] 这些内容是将来投资条约必不可缺的部分，加拉格尔教授和单文华教授的范本序言并非不切实际地规定了这些内容。

他们的条约范本还扩大了投资者的定义，将条约签署国的永久居民也包含在内。而中国目前的三种条约范本都将投资者限定为另一国的国民。在如今全球化的经济背景下，这一概念已经过时，将永久居民包含在"投资者"范围内的做法是恰当的。值得注意的是，在谢叶深案件中一个重要的问题就是申请人是否是中国国民，因为他出生在香港。[②] 下面将做一详细分析：

（1）定义：投资的界定应尽量宽泛，它应包括所有直接投资、间接投资以及经济利益，如"有关金钱的请求权和有关履行的请求权"。[③] 为了避免过于宽泛，加拉格尔教授和单文华教授的条约范本还加入了下面的限定："为满足本条约中的投资要求，一项财产必须具

---

① Gallagher & Shan, Chinese Investment Treaties, pp. 443-451, Appendix V (Preamble) Draft New Model BIT.

② See Tza Yap Shum v. The Republic of Peru, at paras. 40-77. 本案中的申请人是在香港出生的，被申请人秘鲁共和国声称由香港特别行政区签发的护照作为中国国籍的证明无法充分证实申请人的中国国籍身份。该问题十分重要。因为中国和秘鲁签署的双边投资保护条约仅适用于双方国民，由于香港特别行政区的地位以及在香港适用中国法律的复杂性，使得申请人的国籍不太明朗。虽然仲裁庭最终裁定中国和秘鲁的双边投资条约应予适用，但需注意的是，国籍问题并不像看起来的那样简单，实际上该案非常值得关注，因为它是涉及中方当事人的案件中首次分析了国籍问题的案件。

③ See Gallagher-Shan Draft Model, at Art. 1 (3).

有投资的特征，如资本或其他资源的投入、收益或利润的预期、风险的承担。"① 这一限定受到美国 2004 年条约范本的启发，但它具有很大的不确定性。国际可持续发展研究院范本可以对此提供必要的澄清："为便于确定，投资不包括：市场份额，无论它是否来自国外；来自成员国之间货物或服务销售的商业合同的金钱请求权，或成员一方向其国有企业提供的贷款；银行信用证；或与诸如贸易融资等商业交易有关的信贷延展。"②

上面这一段说明有助于解释普通商事交易和投资的不同，在以后的中非双边投资条约中加入这样的说明实有必要。

（2）待遇标准：加拉格尔教授和单文华教授的条约范本草案采用了通常的待遇标准，包括最惠国待遇和国民待遇规定，但厘清了某些规定的内容。对于一般待遇标准，他们的草案采用了有关投资保护的国际法标准。③ 尽管他们的范本没有界定国际法提供的是何种投资保护，但他们指出"为便于确定，公平公正待遇概念以及充分保护与安全概念并不要求有超过或多于普遍接受的国际法原则所要求的待遇"。④ 增添这样的说明并非画蛇添足。

加拉格尔教授和单文华教授的条约范本，将最惠国待遇运用到投资的所有阶段，包括准入、运营与退出。他们所采用的国民待遇条款也更为精确。他们的范本第 5 条第 1 款规定："在不损害投资做出时的国内法律、法规的情况下，每一缔约国在投资运营、管理、维护、使用、收益或处置方面给予另一缔约国的投资者及其投资的待遇，不应低于它在相同情况下给予本国投资者和投资的待遇。"⑤ 随后的条款又对此予以补充："国民待遇同样适用于附件 A 所规定的投资准入方

---

① See Gallagher-Shan Draft Model, at Art. 1（3）.

② See IISD Model, at Art. 2（C）（V）.

③ Ibid. , Arts. 3-4.

④ Ibid. , Art. 3（2）.

⑤ Ibid. , Art. 5（1）.

面。"① 附件 A 列举了外资准入的领域。这样的附件有助于投资者确定投资领域，因为仅仅依赖成员方国内法来确定哪些是外资准入领域、哪些是禁入领域会带来不确定性与混淆。不过，考虑到条约范本的总体促进投资的精神，采用禁入清单而不是准入清单的方式可能会更好。

国际可持续发展研究院范本有关国民待遇的规定，列举了一些确定国民待遇标准的"相同条件下"所要考虑的因素②，这些因素包括对第三人、当地社区或环境的影响。虽然列举这些考虑因素有时有助于澄清问题，但也存在带来更多混乱的危险。由于此类危险，没有必要对第三方影响做出解释，因为它们并非详尽无遗，并且因为人们总是希望裁判者在确定"相同条件"时会考虑这些或其他因素。如此看来，加拉格尔教授和单文华教授的范本所采用的方法是可取的。

（3）征收：与中国的三种条约范本不同，加拉格尔教授和单文华教授的条约范本完全采用了与美国和国际可持续发展研究院条约范本一致的赫尔规则。③ 加拉格尔教授和单文华教授条约范本的一个显著特征是规定了一个例外情形："除罕见情况外，当事一方所采取的旨在用来保护诸如公共健康、安全和环境等合法公共福利目的的非歧视性监管行为并不构成间接征收。"④ 国际可持续发展研究院条约范本的规定与此相似，但它又强调另外两点：所采取的措施除了不能具有歧视性外，还必须是处于善意的；并且此类措施必须符合国家监管权力的习惯国际法原则。

此类强调实属必要，因为尽管历史上对赫尔规则还存在很多争议，但无疑它现在几乎已成为国际投资法中的核心概念。此外，这也

---

① IISD Model，Art. 5（2）.

② Ibid. , at Art. 5（E）.

③ See Gallagher-Shan Model BIT at Art. 7（1—2）.

④ Ibid. , Art. 7（3）.

是限制不当政府行为、保护投资的一种适当方式。所以，中非投资关系的调整也应采用这样的方式，同时还要采纳国际可持续发展研究院范本所做的修正。虽然保护公共健康、安全和环境是一种重要的公共利益，但所采取的措施还必须出于善意。

（4）劳工和环境：加拉格尔教授和单文华教授的条约范本没有太多劳工和环境的规定——实际上范本中没有单独条款对此类问题做出规定。环境问题包含在一个例外条款中，该条款允许国家采取措施保护公共安全和环境，只要此类措施不会给外国投资者带来专断的、不正当的歧视。[1] 在他们的条约范本中，有关劳工的问题包含在一个许可性规定中，该规定鼓励跨国公司采纳联合国经合组织的《跨国公司行为准则》。[2] 国际可持续发展研究院范本对劳工问题和环境问题有详尽的规定。最重要的是，国际可持续发展研究院范本要求外国投资者在开业前要根据其本国法进行环境影响评估，如果该法对环境提供了更高程度的保护。[3] 该范本还要求当事方确保它们的法律提供了最高程度的环境保护标准[4]。国际可持续发展研究院条约范本规定的范围过宽，涵盖了很多可能不在投资条约范围之内的领域，而加拉格尔教授和单文华教授的条约范本规定的范围却过于狭窄。因此，采用一种折中的方式可能更为恰当和灵活。

将来的中非投资条约范本应对环境问题和劳工标准专门做出规定。它会要求外国投资者根据东道国法律进行开业前环境评估。虽然对环境问题的关注是可以理解的，但此类要求的可行性可能会打折扣。要求投资者遵守比东道国国内法更为严格的环境标准，可能不符合有关非歧视的规定，将会很难实施。不过，劳工标准必须符合国际标准。国际可持续发展研究院范本纳入了国际劳工组织 1998 年《劳

---

[1] See Gallagher-Shan Model BIT. Art. 12.

[2] Ibid. , Art. 13.

[3] See IISD Model at Art. 12.

[4] Ibid. , Art. 21.

动者权利的基本原则宣言》的核心标准①，这样的做法令人称道。中非投资条约也应纳入此类内容。

（5）其他规定：加拉格尔教授和单文华教授条约范本没有有关投资者责任和打击贪腐的规定。国际可持续发展研究院范本对这些问题做出了规定，需要认真考虑。就投资者责任而言，国际可持续发展研究院范本规定，对于投资者在投资东道国所采取的行为或导致的伤害，投资者必须接受其母国的司法管辖。② 做出这样的规定，主要是为了避免管辖权障碍，包括不方便法院抗辩。尽管这一规定的作用在南北关系中十分明显，但对于中非关系是否有用，还令人怀疑。不过，打击贪腐的规定十分必要。国际可持续发展研究院范本通过规定投资者不应向东道国的官员行贿，以便将反贪腐法律纳入到投资条约中来。③ 但如果出现行贿，该范本规定除了对此进行刑事指控外，并没有提供有意义的救济。④ 如果刑事指控是唯一的救济，投资条约中只是重复国内法的规定不过是鹦鹉学舌而已。⑤ 为避免这一现象，可以这样规定：投资者违反反贪腐法律可以构成其被终止投资条约利益的理由。无论如何，在任何中非投资条约中纳入有意义的反腐规定是非常必要的。

（6）争端解决：国际可持续发展研究院范本规定有详尽、复杂而全面的争端解决制度。本章最后一部分所提出的建议，反映了该范本的一些内容。

---

① See IISD Model，Art. 21（D）.

② Ibid.，Art. 17.

③ Ibid.，Art. 13.

④ Ibid.，Art. 22.

⑤ 此种条约范本要求国家采取国内立法，使贪污入罪，但救济仍然是对违法者进行刑事指控。Ibid.，Art. 22.

第二节　非洲

在开始本节内容前，我也考虑像前一节在开始论述中国内容时那样，做一个免责声明。实际上，卢布曼教授有关中国的说法同样适用于非洲："试图对非洲的历史印记进行捕捉，可能会徒劳无功。非洲历史悠久，语言复杂，西方人和非洲人的文化差异有天渊之殊，他们对彼此的看法一言难尽。"① 这一描述对于非洲而言，确实恰如其分，因为非洲有 53 个具有不同法律制度的主权国家。② 考虑到这种多样性，一个经常被人问及的问题是，能否将非洲的法律发展作为一个整体对待。现在许多学者的著作倾向于将此问题作为一个整体看待，但在处理时却格外小心谨慎。达维所引用的一位英国学者的话能够很好地反映这一困境："非洲法不是一个单一的制度，甚至不是一个具有不同学派的制度，而是一个由不具有可追溯的共同血缘的不同法律制度所组成的大家庭。但是，更为根本的一点是，非洲法在程序、原则、结构和手段方面显示出很大的相似性，从而可以对它们进行同样的描述。"③ 此外，由于非洲国家所具有的共同的殖民经历，以及所面临的共同的经济和政治困境，它们有关投资的法律制度所具有的相似

---

① Stanley B. Lubman，Bird in a Cage：Legal Reform in China After Mao（Stanford University Press，1999），pp. 3-4.

② Stanley B. Lubman，Bird in a Cage：Legal Reform in China After Mao（Stanford University Press，1999），pp. 3-4. 南苏丹独立后，非洲现有 54 个独立国家——译者注。

③ Rene' David，Major Legal Systems，p. 549，quoting A. N. Allott，"African Law" in Derrett（J. D. M.，ed.）An Introduction to Legal Systems（1968），131.

性可能更为明显。①

本节首先探讨一些代表性非洲国家投资法的发展，主要关注的是国际法律制度，以便为后文有关中非投资法律制度的探讨奠定基础。在对非洲的投资法发展进行探讨前，了解一下非洲的历史十分重要，因为历史有助于了解法律文化，而法律文化是将来法律制度进行完善的一个重要参考。

众所周知，人类所知最早的考古遗址遗迹文明是在非洲被发现的。在古埃及历史之前，人类尚未有记载的历史。不过，有关非洲历史和法律的著作通常从非洲大陆在4世纪存在的一些不同王国开始讲起。② 学者们通常把非洲本土社会分为广义的两大类：具有中央管理机构的社会和不具有中央机构、基本实行团体管理的社会。③ 两种类型的社会都随着奴隶贸易的到来而瓦解。正如伊莱亚斯（Elias）法官所指出的："虽然为巩固和完善政治组织和政府体系采取了许多措施，但厄运最终仍然到来，因为欧洲奴隶贸易紧随好战的阿拉伯游牧民族的衰亡而来，这也加速了非洲大陆大部分地区传统社会的瓦解。"④

一些非洲法论者指出，大部分前殖民时期非洲团体的法律的基本特征是，"维持或恢复团体的社会和谐，这渗透于非洲法律的整个结构之中"。⑤ 其他常为人乐道的特征，还包括对恢复原状而不是惩罚的

---

① 国际法院前院长伊莱亚斯法官在其权威著作《非洲习惯法的性质》（The Nature of African Customary Law）一书中指出："在广袤的非洲大陆，存在着数以百计的部族，每一部族都有自己的历史和生活方式……这种文化多样性十分重要，但不应夸大。它低估了过去联系的巨大作用，过分强调了非洲的保守型。此外，大量的种族志资料也给人带来一种混乱印象，实际上只是几个主题的差异而已。"T. Olawale Elias, The Nature of African Customary Law（Manchester University Press, 1956），p. 2.

② 这些王国和帝国包括非洲西部的加纳、桑海、马里、瓦拉塔和刚果，东南部的祖鲁，中部的莫诺莫塔帕（Monomotapa），以及东部的布诺约鲁（Bunoyoro）和布干达。See Ibid. at 9. See also Donald N. Levine, Greater Ethiopia, 2nd ed.（University of Chicago Press, 2000），pp. 1-14.

③ See Elias, The Nature of African Customary Law, p. 11.

④ Ibid., p. 10.

⑤ Ibid., pp. 130-131. 伊莱亚斯法官认可这样的定性，但他认为这种现象并非非洲人所独有，因为欧洲社会也认为法律的作用是通过适用刑法和民法使社会恢复和谐。

强调、对某些团体的有限适用以及对团体而不是个人的强调。① 对于在一般法律原则和法律程序方面是否可以提炼出鲜明的非洲特色，伊莱亚斯法官表示怀疑，他给出了下面令人信服的结论："我们因此可以说，无论是在欧洲还是非洲，一个社会中的法律的最终目的是为了确保人类事务处理中的秩序和常态，并确保政体的稳定。但它们所采取的方式各异，非洲法有意识地试图对争讼中的当事人进行调解，而英国法通常倾向于在当事人之间确定责任来解决冲突。"②

他引用了菲利普斯（Philips）的话来支持自己的论断，菲利普斯认为："非洲的判决是一个合意的判决，旨在恢复和保持社会平衡，它与欧洲法院的判决有原则的不同，欧洲法院的判决是依法做出的判决，旨在执行一方当事人的权利而完全排除另一方当事人的权利，其对社会安定造成的后果在所不问。"③

伊莱亚斯法官意识到此类总结所存在的明显缺陷，他做出如下解释："但这只是对司法机制以及一个社会能在多大程度上接受仲裁，而无须考虑其成员间社会关系的强调。"④ 他接着指出："考虑到许多非洲社会的条件，单纯实施专断的、单方的惩罚通常不利于社会的安宁。这就是为何法官们常常在一方当事人支付罚款或赔偿后，要举行一个双方和解的仪式，这样个人的积怨和部族的不和就不会损害社会

---

① See Elias, op. cit., p. 130. 伊莱亚斯法官认为，虽然这些特征是界定性特征，但它们的独特性被夸大。同上书，第 130—161 页。为支持自己的主张，即一些基本的法律观念的范围在不同的文化中都是一致的，他列举了下面这个根据他自己与非洲习惯法庭的法官的交谈而获得的例子："作者想起了乌干达东部省 Busoga 中部（习惯法）法院的法官针对下面这一问题所给出的答案：A 和 B 共谋抢劫 C 的香蕉园，A 起诉 B 骗取了他应得的抢劫的数额，习惯法会做如何处理？这些长者明显惊讶地看着我，几乎是立即做出了回应：作为 Saza 和 Gombolola 地区的酋长，我们会立即下令逮捕 A 和 B，并要求他们交还所抢劫的一切东西，还要对他们的厚颜无耻施以大笔罚金。你也明白我们的法律对抢劫十分严厉，还能指望我们做出其他处理吗？"Ibid., p. 153.

② Ibid., pp. 268-269.

③ Ibid., citing Arthur Phillip, "Report on Native Tribunals in Kenya" (1945), Ch. IV, paras. p. 188-192.

④ Ibid., p. 269.

秩序。"他还引用其他学者的观点进行佐证："长者目的不是为了进行惩罚，而是为了解决争议；不是为了宣告严格的权利，而是为了达成和解。违法者支付赔偿是对其错误行为的一种道歉，而受害人对它的接受表明了一种谅解和忘却。"① 伊莱亚斯法官进一步分析非洲和欧洲争议解决方式的区别，他转述了菲利普斯下面的这段话："非洲人传统的争议解决方式是为了消除影响社会安宁的冲突，恢复平和与善意，通过双方的互让将争议双方团体联系或重新联系起来。欧洲的方式却倾向于把所有权利给予争议一方，另一方只是承担义务，这会造成争议双方矛盾的加剧，这是因为欧洲人通常只会关注法律与法律原则，不会注意带来的社会后果。"②

他特别强调了非洲法官解决事实争议和恢复社会和谐的神圣职责："法官必须将法律适用于所查明的事实，他必须运用一定的方法获得绝大多数民众的尊重和同意。他可以采取各种手段以实现正义、公正与公平。法官应实现公平，这一动机是非洲司法程序中一个最为一致的特征。"③

不过，有确凿的资料表明，早在奴隶贸易和殖民统治之前，非洲人和欧洲人之间就存在一定的法律关系。④ 在欧洲对非洲开始殖民征服前，欧洲和非洲之间的商业往来就已进行很长时间，此种关系要求发展出"可靠的制度与争议解决程序"。⑤ 尽管这种关系以商业为主，但后来它逐步扩展至劳工、家庭和继承领域。罗伯茨（Roberts）和

---

① See Elias, op. cit., p. 269.

② Ibid., quoting Philips, "Report on Native Tribunals in Kenya".

③ Elias, p. 272. 对此，他反问道，亚里士多德不是说过："宽恕人们的过失、关注立法者而不是法律……希望通过言语而不是行为解决事情是一种公正；最终，人们乐意通过仲裁而不是判决解决争端，因为仲裁员能知道何为公正，而法官眼中只有法律。因此，人们会首先选择仲裁员解决争议，以便能够实现公正。"Ibid., quoting Aristotle, Rhetoric, i. 13. I374b, Grant's Translation, Apud Eth. Nic, note to v. 10, I.

④ See Richard Roberts & Kristin Mann, "Law in Colonial Africa" 9, in Kristin Mann & Richard Roberts, Law in Colonial Africa (ed. Heinemanh, 1991).

⑤ Ibid.

曼恩（Mann）指出，由于早期的欧洲商人需要仰仗非洲国王和酋长的保护，权力的平衡对非洲人有利。① 欧洲传教士也在殖民征服前与非洲发生了广泛的关系，这有助于法律规则特别是有关家庭的法律规则和道德的形成。②

罗伯茨和曼恩描述了这种权力平衡的转向："在 19 世纪前半期，欧洲人和非洲人之间的权力天平转向对欧洲人有利。工业化加剧了它们文化之间物质和技术的鸿沟。欧洲人开始首次感到自信，即他们可以在非洲人的海岸上——如果不是在内陆地区——必要时通过武力强加自己的意愿。"③ 罗伯茨和曼恩分析了这种权力转向对法律文化的影响："与此同时，物质的进步和福音的复兴，使欧洲人深信自己文明的道义优越感。西方人将道德标准等同于生活标准，他们在非洲发现二者都不存在。"④ 罗伯茨和曼恩在总结中描述了伴随权力平衡转向而产生的观念转变："欧洲人对自己文明的道德和物质优越性的自信使他们确信，输出自己的文化会对非洲有利。当然，农业产品贸易与信奉基督教推动了这种转变。非洲人和欧洲人之间关系的根本改变，影响了他们之间法律交往的性质。商人、传教士、官员开始认为，西方法律制度的传播有助于贸易和文明的发展。他们需要新的部门和制度

---

① See Richard Roberts & Kristin Mann, op. cit., citing Philip Curtin, Economic Change in Pre-colonial Africa：Senegambia in the Era of the Slave Trade（University Wisconsin Press，1975），pp. 122，287-298；V. R. Dorjahn & Christopher Fyfe，"Landlord and Stranger：Change in Tenancy Relations in Sierra Leone"，3 Journal of African History 3（1962），pp. 391-397；Walter Rodney，A History of Upper Guinea Coast，1545—1800（Oxford University Press，1970），p. 83.

② Roberts & Mann，supra note 181，p. 9，citing Ray Kea，Settlement，Trade，and Politics in the Seventeenth Century Gold Coast（Johns Hopkins University Press，1982），pp. 206-288；Margaret Priestley，West African Trade and Coast Society：A Family Study（Oxford，1969），pp. 36-113.

③ Roberts & Mann，Law in Colonial Africa，p. 10.

④ 同上，citing Anthony Hopkins，"Property Rights and Empire Building：Britain's Annexation of Lagos，1861"，Journal of Economic History 40（4），pp. 777-798（1980）：788.

来调整与当地人的交易。"①

欧洲法律的范围在 19 世纪前半期已经扩及非洲大部分地区，包括欧洲人没有控制的区域。② 即使在欧洲人尚未控制的区域，一些法院也得以审理涉及欧洲商人的商事案件。罗伯茨和曼恩注意到，这也与欧洲在世界上其他地方的影响是一致的："19 世纪早期非洲人和欧洲人之间法律权力天平的转向并非非洲独有，在世界上其他地方同样存在领事裁判权，欧洲人试图通过这样的安排，对其公民或涉及其公民的商事案件进行管理。"③ 此处，需要强调的是，在同一时期在中国和非洲实施的治外法权制度具有极大的相似性。

欧洲在非洲的存在导致非洲法律二元现象的产生，这就使得非洲不可能出现像北美和澳大利亚那样的统一法律制度的形成。塔伊沃教授的解释是："那些将西方种子移植过来的人无意这样做，并且也没有这样的机会使一粒种子长成参天大树。"④ 于是，两种平行的体系共存。塔伊沃教授将英国殖民地和保护国的这种法律二元现象描绘成"普通法对习惯法、现代法对传统法、一般法院对土著法院、公民对臣民以及诸如此类的对立"，在这样的体系中，一种法律制度适用于一些人而不适用于另一些人。⑤

---

① Roberts & Mann, Law in Colonial Africa, p. 11.

② See Roberts & Mann, op. cit., citing Margaret Priestley, West African Trade and Coast Society: A Family Study (Oxford, 1969), pp. 150-157.

③ Ibid., p. 11.

④ Olufemi Taiwo, How Colonialism Preempted Modernity in Africa (University Indiana Press, 2010), at 169. 因为法治"最初是作为殖民当局武器库里的一种武器而使用的，这样做的唯一目的是保持殖民地和保护地对殖民者来说是安全的，使土著人各安其所"。Ibid. 对于同样的观点，see Robert J. Gordon, "The White Man's Burden: Ersatz Customary Law and Internal Pacification in South Africa", in A. N. Allott, "The Judicial Ascertainment of Customary Law in British Africa", in Alison Dundes Renteln & Alan Dundes, Folk Law, Vol. I. (University of Wisconsin Press, 1995), pp. 367-393, 386.

⑤ Ibid., p. 181. 他把这种情况与美国和加拿大的情况作了区分，他指出："就美国和加拿大而言，殖民者从英国来时，他们的国籍保持不变，这样，在他们的居留地，即使他们创建了新的政府结构，他们仍然采用了他们所熟悉的母国的模式，并且以母国机构的名义进行治理。因此，从地理上他们脱离了母国，但他们仍是母国不可分割的组成部分。"Ibid., p. 180.

这种法律二元现象阻止西方法律传统进一步渗透到非洲社会①。非洲社会对西方法律传统的吸收并非全面。这种分歧因与法律转型相伴的地理和历史因素、技术进步以及商业关系而有所弱化。②伊莱亚斯法官认为："工业社会的新的观念和实践对农业社会的观念和实践产生影响，它不但在许多方面影响了习惯法的实体规则，还影响了传统的程序规则。在刑罚领域，在英国法律体系中，监禁是一种常见的刑罚，而在非洲传统法律体系中，罚款和赔偿却是一种普遍的做法。"③他列举了三个有趣的例子来说明普通法和非洲当地民众之间的互动④。

　　在第一个案例中，一位被指控在黑夜中骑行自行车却不带车灯的尼日利亚人被带至法官面前。法官宣读完指控问道："你有罪还是无罪？"伊莱亚斯法官写道："那个人对着法官咧嘴笑笑，摇摇头，不无揶揄地反驳道：'真可笑！你把我带来不就是为了查明这个问题吗？'"⑤伊莱亚斯法官接着写道："我们可能会为他不懂英国的刑事诉讼程序而感到好笑，但仔细想想，事情并非总是按我们的逻辑进行。"⑥

　　第二个案例同样有趣。这个案例涉及用正式的法院程序取代普通法中的杀人罪司法程序。坦噶尼喀的一家法院判处一个人犯有谋杀

---

①　虽然欧洲不同的殖民者采用了不同的治理模式，如法国采用了直接治理模式，英国采用了间接治理模式，但这种二元现象在所有的殖民地都存在。欧洲人之间以及欧洲人和非洲人之间的案件由新设立的欧洲法院审理，习惯法法院只能受理非洲人之间的案件。See Rene' DaviIbid ajor Legal Systems，pp. 556-557.

②　See Elias, The Nature of African Customary Law，p. 299.

③　Ibid. , p. 299.

④　欧洲法律和非洲当地习惯法之间的正式关系通常在殖民地法律中被明确界定，注意到这一点很重要。例如，在英国殖民地，主要的法律是"英国法"，它由英国的法律和殖民地立法组成，它通常规定在案件涉及非洲人或土著人时如何适用习惯法。See A. N. Allott, "The Judicial Ascertainment of Customary Law in British Africa，" p. 297. 只有在满足某些要求时，殖民地法律才允许适用习惯法：（1）相关交易必须是习惯法所知悉的即习惯法必须适用；（2）不得违反自然公正、公平和良心；（3）习惯法不得与其他所适用的法律相冲突。

⑤　Elias, The Nature of African Customary Law，p. 299.

⑥　Ibid

罪，判刑入狱 6 个月。伊莱亚斯法官叙述道，在正式法院庭审结束时，所有人正要离开法庭，这时受害者的一位亲属嚷道："他还可以为政府工作（而现在他却要入监了），他必须支付我们抚恤金作为赔偿，否则我们一无所获。"① 从这一角度来看，这种法律的转型本意是走向积极一面，但却被认为没有带来正义。非洲传统的法律体系仅仅是赔偿性的：受害者的家庭获得赔偿，施害人在向社会支付赔付后可以继续为社会工作。②

在第三个案例中，有一男子被控有罪，他也已经承认。但他的律师提出程序方面存在的问题，在得到法官的认可后，该人被释放。伊莱亚斯法官描述了该人的反应："他无法控制自己，不断声明自己有罪！他被推出法庭——可怜的人——虽然他承认自己有罪并准备为之做出赔偿。"③

最后，伊莱亚斯法官写道："普通法与习惯法能否完全统一至少是令人怀疑的。"④ 不过，欧洲法确实在非洲留下了不同形式的印记。⑤ 实际上，非洲现有的法律制度就是前殖民、殖民以及后殖民时期经历的产物，对此人们没有异议。但是需要再次强调非洲传统而持久的司法观念："是一种为了维持和平而不是为了严格实施法律的制度，是为了让当事人达成和解并恢复团体的和谐关系"⑥。

---

① See Elias, op. cit., pp. 299-300.

② Ibid. 虽然在这个案件中还不清楚受害者的家人能否提起民事诉讼，但即使他们能够提起民事诉讼，这会是一个完全不同的程序，需要付出额外的金钱和时间。此外，违法者仍会被关进监狱。这看来不符合每一方当事人的利益，因为杀人不是故意的。政府的利益看来对当事人也毫不相干。Ibid., p. 300, n. 1.

③ See Elias, The Nature of African Customary Law, at 300, citing Claud Hollis & G. W. B. Huntingford, The Nandi of Kenya: Tribal Control in a Pastoral Society (Routledge & Paul, 1953), 101. 他注意到这个人雇用了一个受过培训的律师，因为他认为"白人的法律应该由白人训练的律师来对抗（他们能更好地了解彼此）"。伊莱亚斯法官并没有对此进行解释，但显然律师所能做的已超出其客户所能想象的。

④ Ibid., p. 274.

⑤ 对于影响的具体方面，For the specific aspects of the impact, see Ibid., pp. 274-301.

⑥ Rene' David, Major Legal Systems of the World, p. 551.

在这一背景下，下一节将以几个非洲国家为例来简要分析非洲现有投资法律的渊源。

一 现有法律的演变

在达维看来，非洲国家独立时，习惯法已发生"异化"（deformed），司法制度也被殖民时期的规则所"扭曲"（disoriented）。[1] 在大部分新独立的非洲国家，来源于西方的殖民规则被不同程度的采纳，但一些非洲国家也采取了许多努力试图恢复一些习惯法，特别是在私法领域。[2] 导致两种司法体系存在的法律二元现象被人所不齿，在独立后被非洲大部分地区放弃。[3] 大部分非洲国家采纳了现代的法律，并创设了一些新的制度。[4]

尽管非洲有 50 多个国家独立，但独立后地区一体化是非洲经济政策优先考虑的内容，因为地区一体化被视为是非洲克服殖民主义后果、促进经济增长和可持续发展的主要方式。[5] 1963 年成立的非洲统一组织将增长与发展作为其目标之一[6]。在过去几十年来，非洲国家还采取了其他一些措施来推进这一目标。这些措施包括在 1980 年制定了《促进经济发展的拉各斯行动计划》，在 1981 年通过了《非洲人权与民族权利宪章》，在 1985 年制定了《非洲经济复苏

---

[1] 这一词语来自下面这段话："殖民者确实宣布，作为一般原则，他们希望尊重习惯法，但所采取的旨在保证习惯法适用的实际措施却完全扭曲（deformation）了。"同上书，第 561 页。

[2] 同上书，第 564—566 页。

[3] 同上书，第 568 页。不过，它在其他地方仍然存在。

[4] 同上书，第 570—571 页。不过，在非洲大多数国家确实有大量人们依赖传统的调解和仲裁规则解决争议。当勒内·达维的书第三版在 1985 年出版时，不能利用现代法律制度的人口的比例据估计有 80%—90%。同上书，第 571 页。有可能这一数字现在更低。

[5] See 2010 Joint Report by the Economic Commission for Africa, African Union, and the African Development Bank, "Assessing Regional Integration in Africa Ⅳ: Enhancing Intra-Africa Trade", at 7, available on the official website of the UNECA at www. uneca. org/eca_resources/publications/books/aria4/aria4full. pdf.

[6] Ibid.

优先规划》，在 1991 年通过了《设立非洲经济共同体的阿布贾条约》。①

其他旨在促进非洲经济一体化的重要机构，还有联合国非洲经济委员会（UNECA）、非洲联盟委员会（AUC）、非洲发展银行（AfDB）以及非洲联盟所认可的 8 个非洲地区间的经济共同体，这些共同体包括：

（1）阿拉伯马格里布联盟（AMU），目前仍在运行；

（2）萨赫勒—撒哈拉国家共同体（CEN-SAD）；

（3）西非国家经济共同体（ECOWAS）；

（4）东非国家经济共同体（ECEAS）；

（5）南部非洲发展共同体（SADC）；

（6）东非共同体（EAC）；

（7）政府间发展组织（IGAD）；

（8）东南非共同市场（COMESA）。②

几乎每一个非洲国家都是上述一个或多个共同体的成员。这种地区性的投资法律制度构成非洲法律制度不可分割的部分。此外，非洲国家之间以及与其他国家或地区还签订了许多双边投资条约。③ 在投资争议解决方面，大部分非洲国家都是《华盛顿公约》的成员。④ 下一节将分析非洲一些投资法律渊源的性质和内容。

---

① See 2010 Joint Report，pp. 7-8.

② 对于这 8 个地区性经济共同体取得的成就与面临的挑战，Ibid.，pp. 7-18。

③ 非洲国家至少与其他发展中国家签订了 335 个双边投资条约，大约有 18% 的此类条约是在非洲国家之间签订的。See UNCTAD，"Economic Development in Africa Report 2010: South-South Cooperation：Africa and the New Forms of Development Partnership"（July 2010），pp. 91-92. As of 2008，Africa accounted for 27% of all BITs worldwIbide. Ibid. Report available at www. unctad. org/Templates/WebFlyer. asp? intItemid=5491&lang=1.

④ The list of ICSID members is available on the official website of ICSID at http：//IC-SID. worldbank. org/ICSID/FrontServlet? requestType ＝ ICSIDDocRH&actionVal ＝ ContractingStates&ReqFrom=Main.

二　非洲目前的投资法律渊源

由于每一非洲国家都有自己的国内法律制度，而投资法是其中的一部分，本节不再试图对每一个非洲国家的国内法律制度进行分析。本节将重点关注由非洲地区性组织①，主要是东南非共同市场②和南部非洲发展共同体所创建的投资法律制度。如上所述，双边投资条约也是非洲重要的投资法律渊源。在随后的两节内容中还将探讨三个经过挑选的双边投资条约，以便对当前非洲投资法的性质有一个全面的了解。

本部分将考察包括东南非共同市场、南部非洲发展共同体在内的非洲地区性组织的投资法律制度，以及非洲国家之间双边投资条约的实体内容。

（一）东南非共同市场

《东南非共同市场条约》③第 26 章是有关投资促进与保护的。该章的规定相对简单，涵盖了诸如投资界定、待遇标准、征收以及补偿等领域。④但比较典型的是，该章没有有关争议解决的条款，而只有一个条款规定，成员国同意加入《华盛顿公约》及其他有关争议解决的多边协议。⑤

该章有关投资的界定十分宽泛，包括所有的动产、不动产以及对证券和知识产权的直接或间接所有，对金钱的请求权未加任何限制也

---

①　根据贸发会的统计，截至 2008 年底，非洲国家缔结了大约 41 个有关投资的国际协议。这些协议以不同的名字出现，如自由贸易区、经济伙伴协议、地区经济一体化协议或经济合作框架协议。UNCTAD, "Economic Development in Africa Report 2010", p. 94.

②　See COMESA Treaty at http：//about. comesa. int/attachments/comesa _ treaty _ en. pdf.

③　Ibid.

④　Ibid. ，Arts. 159-162.

⑤　Ibid. ，Art. 162. 东南非共同市场法院有权受理因投资规定而产生的争议，同上，第 23、26 条。（包括私人如投资者提起的案件）。下节对这些规定进行分析。

纳入其中，贷款也包含在内，而且没有排除向政府企业所支付的贷款。不过，由行政部门所代表的经济利益及其他许可或特许并没有包括在内。①

有关投资待遇标准的规定也很简单，实体内容还十分粗浅。这些规定所纳入的唯一显著的原则是"公平与公正待遇"原则，最惠国待遇和国民待遇都未被纳入其中。

征收条款至少从两个方面来看显得不同寻常。首先，尽管该条约在一般意义上禁止征收，但它规定可按国际法的一般标准进行征收，而没有采用广为适用的标准；其次，有关征收的条款只是规定了"充分补偿"，而没有对确定补偿的时间及数额计算做出规定。不过，该条约对间接征收包括监管性征收（regulatory takings），却不同寻常地做出了一条十分详尽的规定。②

（二）南部非洲发展共同体

根据《南部非洲发展共同体条约》第 22 条，成员国在 2006 年 8 月 18 日通过了《南部非洲发展共同体金融与投资议定书》。③ 有关投资的规定包含在该议定书附件一。这些规定的标题是"投资方面的合作"，它们涵盖了传统投资条约大部分领域，包括投资的界定、征收和争议解决。

该议定书对投资的界定也十分广泛，包括所有动产和不动产以及对所有种类财产的直接或间接拥有，如证券投资和"金钱请求权或根

---

① See COMESA Treaty，Art. 159（2）.

② Ibid.，Art. 159（3）—（4）."为本条第三段之目的，征收应包括可归因于成员国政府的、具有剥夺投资者对其投资进行拥有、控制或实质利益效果的任何措施，并应解释为包括所有形式的征收，如国有化、扣押以及以施加过度性或歧视性税收、对购买原材料进行限制、行政行为或具有法律义务行事或采取措施而不作为导致投资者无法实施获得投资的分红、利润的权利或无法实施处置投资的权利等形式进行的蚕食式征收（creeping expropriation）."

③ The Text of the protocol is available at www. givengain. com/unique/tralac/pdf/ 20060621 _ finance _ investment _ protocol. pdf.

据合同具有经济价值的履行请求权以及贷款"①。该议定书所提供的投资待遇标准仅仅有最惠国待遇，并且规定了很多例外情况，包括"为实现国家发展目标"给予一个或其他投资者的优惠待遇。②

该议定书对环境保护做了详细规定，至少有 4 个条款涉及这一主题。这些规定要求外国投资者尊重当地的环境法规，以有利于可持续发展的方式利用自然资源。这些条款授权国家采纳适当的环境法规，禁止成员国为吸引外国投资而放松环境标准。③

该议定书有关投资保护的规定非常简练，涵盖了所有重要领域。这些规定与赫尔规则保持一致，禁止对外国投资进行国有化和征收，除非是为了公共目的。如果必须进行征收，则征收"应根据正当法律程序、在非歧视的基础上进行，并给予充分、及时、有效的补偿"④。

（三）非洲国家间双边投资条约的样本

本部分对非洲国家间双边投资条约进行取样分析。

1. 埃及—尼日利亚双边投资条约

埃—尼双边投资条约是在 2000 年 6 月 20 日签订的⑤。该条约对投资界定、待遇标准、征收、赔偿及投资争议解决都做出了规定。

有关投资的界定相对简单，"投资"包括动产和不动产、抵押权、留置权、质押权、股票、股份、知识产权及合同权利包括未加限制的金钱请求权。虽然这一界定没有将特许权纳入其中，但它做了一个额

---

① See SADC Finance and Investment Protocol at Annex 1，Art. 1（20）（Investment defined）.

② Ibid.，Arts. 6-7.

③ Ibid.，Arts. 10，12-14.

④ Ibid.，Art. 5.

⑤ See "The Agreement between the Government of the Federal Republic of Nigeria and the Government of the Arab Republic of Egypt for the Reciprocal Promotion and Protection of Investments"，available on the official website of UNCTAD BITs Database at www. unctadxi. org/templates/DocSearch ＿＿＿ 779. aspx.

外的增补，即"根据法律授予的商业特许，包括勘探、勘察、开发自然资源的权利"。①

对于投资待遇标准，该条约的两个规定有点不同寻常。其中一个条款不加限制地给予投资者最惠国待遇和国民待遇，但另一条款却施加了限制，因此，这会带来一定程度的不确定性。其中第一个条款是这样规定的："每一缔约方应给予此类投资充分的保护与安全，此种安全与保护在任何情况下不应低于它给予本国国民或公司的投资以及它给予任何第三国国民或公司的投资的待遇标准，无论哪种待遇标准对相关国民和公司更为有利。"② 虽然有此规定，但接下来的条款却规定："任一缔约方可在其发展政策的范围内给予其本国国民和公司以特殊激励措施，以促进本地工业的发展，只要此类优惠措施没有严重影响另一缔约方国民和公司的投资与活动。"③ 对这两个条款的合理解释似乎是本国国民可以获得优惠待遇，只要此类优惠待遇没有"严重"（significantly）影响另一缔约方的利益。这看来是一个有条件的国民待遇，但此类待遇仅与"保护与安全"有关，而不涉及其他。这种因"严重影响"这一用语所带来的不确定性，使得埃—尼投资条约中的待遇标准显得另类和模糊。

有关征收与赔偿的条款也是如此。该条款的第一部分是这样的规定的："任一缔约方不得采取任何措施以剥夺另一缔约方国民或公司的投资。"④ 该条款所使用的"剥夺投资"（depriving of investment）这一短语十分独特，并且该条约没有对此做出解释。可以假设的是，这一短语所替代的就是"征收"或"国有化"这两个在投资条约中经常使用的短语。该条款接下来的部分将判断征收合法性的考虑因素与赔偿标准合并做出规定："（1）除非在下列情况下，否则国家不得采

---

① See Egypt-Nigeria BIT，at Art. 1（A）.
② Ibid.，Art. 2（2）.
③ Ibid.，Art. 2（4）.
④ Ibid.，Art. 2（2）.

取剥夺投资的措施：（a）此类措施是为了公共利益目的，并根据正当法律程序采取的；（b）此类措施不是歧视性的，并且不违反缔约方所做出的任何承诺。"该部分接着规定："（c）采取此类措施必须支付公正赔偿。此类赔偿应等于投资的当前价值。"① 乍一看所有征收措施都是合法的，只要支付了"相当于投资当前价值"的"赔偿"。另一种可能的解读是，征收只有为了公共利益并且是非歧视性的，才是合法的。无论如何，该条约有关征收和赔偿的规定还差强人意。

2. 埃塞俄比亚—突尼斯双边投资条约

2000 年生效的埃塞俄比亚—突尼斯双边投资条约②共有 12 条规定，涉及投资的界定、投资待遇标准、征收、赔偿以及争议解决。③

该条约有关投资的界定十分典型——它包括动产和不动产、股票、股份、金钱请求权以及知识产权。④ 但该条约没有对金钱请求权进行限定，也没有将许可和特许纳入其中。⑤ 有关投资待遇标准的规定十分清楚，它结合了最惠国待遇和国民待遇。该规定是这样的："任一缔约方不得在其领域内给予另一缔约方投资者的投资以低于它给予本国投资者或第三国投资者的投资的待遇标准，无论哪种最为优惠。"⑥ 该条款还增加了一个不同寻常的规定，即此种待遇同样给予除投资本身以外的"相关活动"（associated activities）。还不清楚此类"相关活动"为何。看来这一规定也并没有将国民待遇授予投资准入和投资设立。如果条约意图如此，这种措辞似有不妥。

---

①　See Egypt-Nigeria BIT. Art. 3（2）.

②　"Agreement between the Government of the Federal Democratic Republic of Ethiopia and the Government of the Republic Tunisia for the Promotion and Protection of Investments" (2000). Text available on the UNCTAD BIT Database at www. unctadxi. org/templates/Doc-Search _____ 779. aspx.

③　Ibid. ，Arts. 1-8.

④　Ibid. ，Art. 1.

⑤　Ibid.

⑥　Ibid. ，Art. 3.

该条约在征收规定方面明确采用了赫尔规则，堪称典范："缔约一方投资者的投资不应在另一缔约方领域内被征收、国有化或受制于类似措施，除非满足下列条件：（a）此类措施是为了公共目的或利益，并根据法律规定的形式采取的；（b）此类措施不是歧视性的；并且（c）应对此类措施支付及时、充分、有效的赔偿。此类赔偿应相当于知悉前一刻被征收投资的市场价值，应毫不迟延支付，且能够有效实现并能以自由兑换的货币自由转移。"①

虽然该条规定对一个十分常见的规则做出了明确的规定，但用"法律规定的形式"（in the form prescribed by law）取代"正当法律程序"（due process of law），以及用"公共目的"（public purpose）取代"公共利益"（in the public interest），可能会带来一些歧义。

3. 南非—津巴布韦双边投资条约

2009 年的南非—津巴布韦双边投资条约共有 12 条规定和一个附加议定书②。这些规定大都是一些相对标准的条款，涵盖了传统双边投资条约所涵盖的范围，包括投资的界定、待遇标准、征收及争议解决。③"投资界定"包括动产和不动产、股份、其他证券、知识产权以及未加限制的金钱请求权。④ 和上面谈到的两种双边投资条约不同的是，该条约还将依法授予的许可和特许纳入投资定义中。⑤

有关投资待遇标准的规定十分独特。这种独特性并不涉及最惠国

---

① See Ethiopia-Tunisia BIT，Art. 5（a）—（c）.

② "Agreement between the Government of the Republic of South Africa and the Government of the Republic of Zimbabwe for the Promotion and Reciprocal Protection of Investments"（Nov. 27，2009）. Text available on the UNCTAD BIT Database at www. unctadxi. org/templates/DocSearch _____ 779. aspx. The additional Protocol provlbides for a special rule on transfer of investment and returns for nonnational permanent resIbidents of South Africa.

③ Ibid.，Art. 1-8.

④ Ibid.，Art. 1（a）-（d）.

⑤ Ibid.，Art. 1（e）.

待遇和国民待遇的一般规则①，相反，这种独特性表现在例外规定方面。有关最惠国待遇和国民待遇标准的其中一个例外是，"任何国内法或其他旨在推动实现本领域内平等目标，或旨在保护或改善因在其领域受到不公正歧视而受害的某些人或某些类别的人生活状况的措施"。② 另外一个例外条款规定："如果缔约一方将特殊优惠待遇给予有外方参与的、专为通过非营利性活动进行发展援助目的的发展金融机构时，该缔约方没有义务将此类优惠给予缔约另一方的发展金融机构或其他投资者。"③ 这些例外规定，符合两国的特殊情况及它们关系的性质，也是该条约所特有的。

南非—津巴布韦双边投资条约有关征收的规定完全采纳了赫尔规则："任一缔约方投资者在另一缔约方的投资不得被征收、国有化或被采取其他等同于国有化或征收的措施，除非是为了公共目的、根据法律正当程序、在非歧视的基础上进行的，并且支付了充分、及时、有效的赔偿。此类赔偿应至少相当于征收或即将进行的征收被公众知悉前一刻被征收投资的市场价值，以较早者为准，应包括直到支付之日按照正常商业利率计算的利息，并且支付应不迟延做出且能够有效实现。"④

这一条款实际上涵盖了几乎每一个可能引发争议的重要领域，包括对可能具有征收效果的间接措施的认可。此外，该条款明白无误地采用了有关征收的赫尔规则、赔偿额的计算以及估价的时间。该条款唯一缺失的是没有提到汇率和自由转移的内容。

该条款下面的一段规定也十分独特："受征收影响的投资者有权

---

① See South Africa-Zimbabwe BIT，Art. 3（1）－（3）.（规定了最惠国待遇和国民待遇）。

② Ibid.，Art. 3（4）（c）.

③ Ibid.，Art. 3（5）.

④ Ibid.，Art. 5（1）.

根据采取征收措施的缔约方的国内法，请求该国国内法律法院或其他独立、公正的法院，按照上款提到的原则对其案件或对其投资的估价进行快速复审。"① 这一规定是有关征收规定的一部分，不是有关争议解决的规定。该规定的目的尚不明朗，因为这一规定与争议解决的规定有冲突。争议解决的条款允许投资者选择国内法院和国际仲裁解决争议，选择其一即为最终。还不清楚这是否意味着如果投资者行使通过国内法院进行复审的权利，即被视为放弃了寻求国际仲裁的权利。无论如何，这一规定着实与众不同。

三　争议解决

《东南非共同市场条约》有关投资的条款没有对投资相关争议解决机制做出规定。只有一个条款提及争议解决："成员国同意采取必要措施加入有关投资争议解决的多边协议，并确保有关安排能够为投资促进创建一个有利环境。为此目的，成员国承诺加入《解决国家与他国国民间投资争端国际公约》（《华盛顿公约》）。"② 大部分成员国现已加入该公约，因此可以认为解决投资争议国际中心是东南非共同市场法律框架内解决国家—投资者争议的主要机构。③ 受害的投资者似乎也可根据《东南非共同市场条约》第 23 条和第 26 条规定，求助于东南非共同市场法院。该条约第 23 条授予共同市场法院审理涉及条约事项的管辖权，包括有关投资的规定。该条约第 26 条规定，私人当事人也可在该法院就成员国实施的任何影响其利益的措施提出异

---

① See South Africa-Zimbabwe BIT，Art. 5（2）.

② See COMESA Treaty，at Art. 162.

③ The list of contracting states is available on the official website of ICSID at http：// ICSID. worldbank. org/ICSID/FrontServlet？ requestType ＝ ICSIDDocRH＆actionVal ＝ ContractingStates＆ReqFrom＝Main.

议，这些利益当然也包括投资条款所规定的利益。①

南部非洲发展共同体争议解决条款规定，任一方当事人（投资者或国家）有三种选择：南共体法院、解决投资争议国际中心或根据《联合国国际贸易法委员会仲裁规则》进行的临时仲裁。但是该条款要求当事方必须用尽所有当地救济。② 该条款还要求国家给予投资者不受限制地诉诸当地法院的权利③。更为有趣也更为独特的是，当事方必须就法院选择达成一致意见。如果当事方未能在三个月内达成此类协议，它们有义务将争议提交给根据《联合国国际贸易法委员会仲裁规则》进行的临时仲裁。④

埃及—尼日利亚双边投资条约既规定了投资者—国家争议解决方式，也规定了国家—国家争议解决方式。和上文探讨的其他实体性规定一样，有关争议解决的规定至少有一个显著特征，它十分清楚明白。该条款规定投资者可从四种争议解决方式中选择其一：其中三种是标准的争议解决方式，第四种是一种比较新颖的、创新性的方式。第一种选择是东道国的国内法院，第二种是解决投资争议国际中心，第三种是根据《联合国国家贸易法委员会仲裁规则》进行的临时仲裁，第四种方式规定当事方可在开罗地区国际商事仲裁中心和拉各斯地区国际商事仲裁中心之间进行选择。⑤ 这是一种有趣的选择，之所以做出这样的安排，可能是因为这两个地区国际商事仲裁中心日益重要。⑥ 不过，还需注意的是，在尼日利亚投资的埃及国民可能会寻求在开罗进行仲裁，而在埃及投资的尼日利亚国民可能会寻求在拉各斯

① See COMESA Treaty at Art. 26（"居所在成员国内的任何人均可请求东南非共同市场法院就委员会或成员国的任何行为、规章、条例或决定的合法性做出裁决，只要此类行为、条例、决定或规章是非法的或违反了本条约的规定：前提是该人首先在成员国国内法院或法庭用尽了当地救济，才能在东南非共同市场法院提出此类请求。"）

② See SADC Protocol on Finance and Investment，at Annex I，Art. 28.

③ Ibid.，Art. 27.

④ Ibid.，Art. 28（3）.

⑤ See Egypt-Nigeria BIT, at Art. 6（1—2）.

⑥ 下一章将对这两个中心进行分析。

进行仲裁。还应该指出的是，所适用的法律如果是国内法的话，应是投资所在地国家的法律，无论仲裁在何处进行。①

该条约其他有关投资的规定也颇具特色："每一缔约方因此同意将投资争议提交国际调解和仲裁解决。"这一条款规定在投资者—国家争端解决机制内，如果投资者选择在解决投资争议国际中心提起仲裁，显然这确定无疑属该中心的管辖范围。对于国家—国家争议，该条约规定了临时仲裁，在必要时由国际法院院长对仲裁员做出必要的指定。②

埃塞俄比亚—突尼斯双边投资条约含有相对标准但很全面的投资者—国家和国家—国家争端解决机制。对于投资者—国家争端解决，投资者有权选择将争议提交国内法院、解决投资争议国际中心或根据《联合国国际贸易法委员会仲裁规则》进行的临时仲裁。③ 选择其一即为最终④。国家—国家争议可以提交给临时仲裁，在必要时由国际法院院长对仲裁员做出必要指定。⑤

南非—津巴布韦双边投资条约也包含有投资者—国家和国家—国家争议解决的标准条款⑥。投资者有三种选择：当地法院、解决投资争议国际中心，或根据《联合国国家贸易法委员会仲裁规则》进行的临时仲裁。⑦ 选择一旦做出，就被视为是最终的。⑧ 如上面的讨论所表明的那样，南非—津巴布韦双边投资条约有关征收的条款规定，投资者可请求当地法院就征收的合法性和征收赔偿额进行复审。⑨ 该条款不是争议解决规定中的内容，还不清楚投资者根据征收条款中的这

---

① Ibid., Art. 6（3）. 根据本条规定所适用的法律包括双边投资条约、东道国国内法和国际法原则。

② See Ggypt-Nigeria BIT, Art. 7.

③ See Ethiopia-Tunisia BIT, at Art. 7（2）.

④ Ibid., Art. 7（3）.

⑤ Ibid., Art. 8.

⑥ See South Africa-Zimbabwe BIT, at Arts. 7—8.

⑦ Ibid., Art. 7（2）.

⑧ Ibid., Art. 7（3）.

⑨ Ibid., Art. 5（2）.

项规定实施该权利，是否应被视为争议解决规定中的有约束力的选择。[1] 国家—国家争议的解决可通过临时仲裁，在必要时，仍由国际法院院长对仲裁员做出指定。[2]

第三节　中国—非洲

本节对调整中非关系的既有法律渊源中的实体内容和争端解决机制做一概述。基于上述讨论以及本节的分析，本节最后一部分将对如何改善中非现有的有关投资的法律制度提出建议。

一　中非投资关系中的法律渊源

本部分从多边、地区性/跨地区性以及双边安排的角度，分析调整中非投资关系的现有法律渊源，特别是有关争端解决的规定。最后一部分对现有法律制度进行评价并提出几点粗浅建议。

（一）多边法律渊源

如本章导语部分所详细讨论的，国际投资并非由一套系统的多边规则调整。这是区分国际投资法和国际贸易法的重要一点，国际贸易法有一套系统的、全面的多边规则。[3] 不过，严格说来，国际法的主要渊源如惯例、一般法律原则、司法判例等也是国际投资法的一部

---

① Ibid., Art. 7 (3).

② Ibid., Art. 8.

③ See Amarasinha & Kokott, "Multilateral Investment Rules Revisited", in The Oxford Handbook on Investment (Muchlinski, Ortino, & Schreur, eds., Oxford University Press, 2008), p. 120.

分，对中国和所有非洲国家具有约束力。① 这样，即使在没有任何条约的情况下，面临征收的投资者，仍可基于国际法的一般法律原则寻求赔偿，而不会被认为是在无理取闹。无论怎样，就多边条约而言，能够约束中国和大部分非洲国家的唯一与投资相关的实体性条约，是WTO 框架内的三个乌拉圭回合协议：《服务贸易总协议》（GATS）、《与贸易相关的投资措施协议》（TRIMS）以及《与贸易相关的知识产权协议》（TRIPS）。② 这些协议在贸易框架内，包含了一些与投资相关的规定，但这些规则还不足以涵盖投资的所有方面。

例如，《服务贸易总协议》仅对外国公司以四种不同形式提供的服务做了规定，其中一种形式是在另一成员国领域内"通过商业存在"提供服务。③ 外国公司的这种商业存在，从其性质上看有权获得非歧视待遇、最惠国待遇以及国民待遇。不过，每一成员国必须达成协议，可将这些原则适用于哪些行业和部门。换句话说，《服务贸易总协议》采用的是自下而上的方式（bottom-up approach）。④ 在任何作为《服务贸易总协议》成员国的非洲国家进行投资的中国投资者，可以享受此类协议所带来的好处。不过，与双边投资条约不同的是，《服务贸易总协议》没有包含与投资相关的其他规定，如征收标准以及独立的投资争端解决机制等。⑤

《与贸易相关的投资措施协议》是一个十分简要的协议，它适用于仅与货物贸易相关的投资措施。⑥ 虽然该协议规定了国民待遇，但

---

① See e. g., M. Sornarajah, The International Law on Foreign Investment, 2nd ed. (Cambridge University Press, 2004), pp. 87-96.

② See Amarasinha & Kokott, p. 123.

③ See GATS, Art. 1. Text available on the official website of the WTO at www.wto.org/english/docs_e/legal_e/ 26 - gats _ 01 _ e. htm. See also Sornarajah, p. 299.

④ See Sornarajah, pp. 299-301.

⑤ 与关税总协定及其他协定有关的争议解决机制自然是 WTO《谅解》机制的组成部分，See GATS, Art. 23.

⑥ See TRIPS, Art. 1.

它仅局限在业绩要求方面。① 总之，无论对国民待遇规定做出如何宽泛的解释，该协议也远非投资条约涵盖的范围那样广泛。虽然该协议从法律角度来看是对中国和非洲成员国具有约束力的多边协议，但它作为投资法渊源的功用看来还十分有限。

从保护知识产权的角度来看，《与贸易相关的知识产权协议》也可视为是多边投资法的渊源。地区性或双边投资条约中有关投资的界定几乎总会包含知识产权。② 索纳拉加教授认为，由于该协议主要关注的是打击盗版，因此从适用的意义来看它与投资是不相关的。不过，他注意到有关强制许可的重要性——《与贸易相关的知识产权协议》允许发展中国家在某些情况下做出的强制许可——而在其他投资法律制度框架下，此类强制许可可能被视为是征收或间接征收。③ 虽然从总体上来看，该协议可以看作多边投资法的渊源，但其重要性极为有限。

除上述与投资相关的多边条约外，还没有其他多边法律制度能够约束中非投资关系。虽然《华盛顿公约》纯粹是程序性的，但它也许是对投资法产生最重要影响的多边公约。由于该公约只是对争端解决做出规定，对它的讨论将放在争端解决部分进行。

（二）地区性/跨地区性投资法律渊源

目前，还不存在调整中非投资关系的跨地区性硬法渊源。不过，有一些以政府高层宣言和行动计划形式出现的软法渊源。这些在中非合作论坛框架下达成的宣言和行动计划对现有的投资关系提供了一些一般的指导原则。

例如，对于中非双方致力于促进投资而言，《亚的斯亚贝巴行动

---

①　See Sornarajah，The International Law on Foreign Investment，p. 303，引用了 FIRA 案，该案确立了 GATT 有关投资问题的有限范围。

②　See Sornarajah，pp. 301-302.

③　Ibid.

计划》规定：

投资

1. 注意到双方的双向投资不断增长，尤其是中国对非投资增长较快。双方政府支持、鼓励企业投资的措施取得初步成效。

2. 认为部长级会议期间举行的"中非企业家大会"，有助于双方企业家相互了解，有利于促进投资与合作。双方重申将支持并推动本国企业落实在企业家大会上达成的投资合作意向。

3. 决心采取切实措施，继续促进双向投资。中国将进一步鼓励和支持有实力的各种所有制企业赴非洲投资，包括通过创办旨在鼓励技术转让、创造非洲国家就业机会的中非合资企业。双方同意采取投资便利措施，重点是简化对有意到非洲投资的中国公司审批程序。鼓励非洲各国同中方签署双边"投资保护协定"和"避免双重征税协定"。

4. 为推动早日成立"中国—非洲工商联合会"，呼吁非洲国家及区域集团确定对口机构与中国贸促会开展协商。①

同样，《北京行动计划》规定：

投资与企业合作

1. 高兴地看到自 2003 年中非合作论坛第 2 届部长级会议以来双向投资稳步增长，投资领域不断拓宽；认为这有助于密切双方经济联系，带动当地经济发展；承诺继续鼓励和支持相互投资，积极探讨扩大投资合作的新领域、新方式，并采取切实措施维护其健康发展。

2. 推动商签并落实双边促进和保护投资协定、避免双重征税

---

① Forum on China Africa Cooperation，"Addis Ababa Action Plan"（2004—2006），available at www. focac. org/eng/ ltda/dejbzjhy/DOC22009/t606801. htm.

协定，营造良好的投资合作环境，保护双方投资者的合法权益。承诺对双方的投资企业在许可手续、物品通关、人员出入境等方面给予必要的便利。

3. 高兴地看到中非领导人与工商界代表高层对话会和第2届中非企业家大会在北京峰会期间成功举行。对"中国—非洲联合工商会"的成立表示祝贺，希望并支持其成为促进中非之间开展务实经贸与投资合作的有效沟通平台。

4. 致力于加强双方中小企业合作，推动非洲工业发展，增强生产和出口能力。

5. 中国政府重视推动扩大对非投资，决定支持中国有关银行设立中非发展基金，逐步达到总额50亿美元，鼓励和支持有实力、有信誉的中国企业到非洲投资兴办有利于提高非洲国家技术水平、增加就业和促进当地经济社会可持续发展的项目。

6. 中国愿在今后3年内支持有实力的中国企业在有条件的非洲国家建立3—5个境外经济贸易合作区。①

最后，最新的《沙姆沙伊赫行动计划》规定：

投资与企业合作

1. 注意到自2006年中非合作论坛北京峰会以来，中非双向投资不断增长，特别是中方对非投资增长较快。非方欢迎中方投资，认为这对于促进当地经济增长和可持续发展具有重要作用。

2. 继续推动商签和落实双边促进和保护投资协定，营造良好投资环境，加大相互投资力度。中国和非洲国家政府鼓励和支持更多有实力的本国企业赴对方国家投资，提高合作水平和质量，实现互利共赢。

---

① "Forum on China Africa Cooperation, Beijing Action Plan (2007—2009)", www.focac.org/eng/ltda/dscbzjhy/ DOC32009/t280369.htm.

3. 中方决定将中非发展基金规模增加到 30 亿美元，支持中国企业扩大对非投资。

4. 继续建设好在非洲设立的境外经贸合作区，加大招商引资力度，积极推动更多中国企业入区投资，并为非洲中小企业入区发展提供便利。

5. 注意到本届部长会期间召开的中非企业家大会取得的积极成果，将进一步鼓励双方企业界加强合作，深化经贸关系。①

……

6. 中方将通过向非洲国家提供贷款或无偿援助、鼓励中国企业投资等不同方式，加大对非洲基础设施建设的投资与参与力度。今后 3 年内，中方将向非洲国家提供 100 亿美元优惠性质贷款，主要用于基础设施项目和社会发展项目。②

尽管这些软法义务的实施不能遵循传统的国际法实施机制，但它们并非单纯的礼尚往来。这些义务具有一定的国际法意义，特别是就双方多次做出的承诺以及双方高层对它们的接受而言。此外，以前的行动计划都已得到实施，人们期望将来的承诺也会一一兑现。

所以，将这些行动计划视为跨地区性的软法渊源并非不当。不过，虽然如此，双方做出的承诺显然不是以投资条约的形式做出，并且也没有涉及投资条约所调整的同等类型问题。但是，这些行动计划却是提供了双方投资者可依赖的承诺。例如，非洲方面承诺创造投资友好型环境，这自然包括投资条约以及制定更为适宜的法律。如果对非洲国家的承诺满怀期望的中国公司在非洲投资而遭受了实质性的、可确定的损害，它们就可根据非洲国家在这些行动计划中所做出的承诺提出违反承诺的诉求。许多此类情况可能会在今后出现。但一再通

---

① Forum on China Africa Cooperation Sharm El Seikh Action Plan（2010—2012）.
② Ibid.

过投资相关的行动计划的最重要原因，是为了表明在投资领域的一致性实践以及取得的不断进步。确立投资领域的一般合作原则，可以为将来制定更为具体的法律框架奠定良好基础。换言之，这些行动计划最重要的方面也许不在于它们目前是否具有约束力，或在实体方面是否确定，而在于它们作为将要出现的法律制度的基础的价值。

（三）双边法律渊源

截至本书写作时，中国已与 31 个非洲国家签订了双边投资条约。① 这些双边投资条约涵盖了本章第四节第 1、2 小节部分所探讨的所有三种类型的中国投资条约范本。本部分将分析分属前两代条约范本的两个双边投资条约以及两个属于中国最新一代条约范本的双边投资条约。最新一代两个条约的例子，揭示了在这一类条约范本内所出现的不同情况。本节所选择的双边投资条约，是 1990 年 10 月签署并在 11 月 22 日生效的中国—加纳双边投资条约，它代表了中国第一代投资条约范本；在 1998 年 5 月 11 日签署并在 2001 年 5 月 1 日生效的

---

① See Gallagher & Shan, Chinese Investment Treaties, at Appendix I, pp. 419-420. 它们被根据时间顺序列举如下：加纳（1989 年 10 月 12 日，1990 年 11 月 22 日生效）、埃及（1994 年 4 月 21 日，1996 年 4 月 1 日生效）、摩洛哥（1995 年 3 月 27 日，1999 年 11 月 27 日生效）、毛里求斯（1995 年 5 月 4 日，1997 年 6 月 8 日生效）、津巴布韦（1995 年 5 月 21 日，1998 年 3 月 1 日生效）、赞比亚（1996 年 6 月 21 日）、阿尔及利亚（1996 年 10 月 17 日）、加蓬（1997 年 5 月 9 日）、喀麦隆（1997 年 5 月 10 日）、尼日利亚（1997 年 5 月 12 日，被废除，2001 年 8 月 27 日重新签订）、苏丹（1997 年 5 月 30 日，1998 年 7 月 1 日生效）、刚果民主共和国（1997 年 12 月 18 日）、南非（1997 年 12 月 30 日，1998 年 4 月 1 日生效）、佛得角（1998 年 4 月 21 日，2001 年 1 月 1 日生效）、埃塞俄比亚（1998 年 5 月 11 日，2000 年 5 月 1 日生效）、刚果（2000 年 3 月 20 日）、博茨瓦纳（2000 年 6 月 12 日）、塞拉利昂（2001 年 5 月 16 日）、莫桑比克（2001 年 7 月 10 日）、肯尼亚（2001 年 7 月 16 日）、科特迪瓦（2002 年 9 月 30 日）、吉布提（2003 年 8 月 18 日）、贝宁（2004 年 2 月 18 日）、乌干达（2004 年 5 月 27 日）、突尼斯（2004 年 6 月 21 日，2006 年 7 月 1 日生效）、赤道几内亚（2005 年 10 月 20 日）、纳米比亚（2005 年 11 月 17 日）、马达加斯加（2005 年 11 月 21 日，2007 年 7 月 1 日生效）、几内亚（2005 年 11 月 19 日）、塞舌尔（2007 年 2 月 10 日）。需要注意的是，并非所有这些条约都可在贸发会网站上双边投资条约数据库中找到。这一统计遗漏了利比亚（2010 年 8 月 4 日签订）、乍得（2010 年 4 月 26 日签订）、马里（2009 年 2 月 12 日签订，2009 年 7 月 16 日生效）、坦桑尼亚（2013 年 3 月 24 日签订，2014 年 4 月 17 日生效）。中非之间目前共有 34 个双边投资保护条约——译者注。

中国—埃塞俄比亚双边投资条约，它代表了中国第二代双边投资条约范本；以及在 2000 年 6 月 12 日签署的中国—博茨瓦纳双边投资条约和在 2004 年 6 月 21 日签署并在 2006 年 7 月 1 日生效的中国—突尼斯双边投资条约，它们代表了中国第三代投资条约范本。① 如上所述，中国并没有僵硬地遵循这三代投资条约范本的哪一种，实际上，即使在每一类条约范本内，仍有一些变动的情况。

本节对上述所挑选的四个条约中的一些重要问题进行详细分析，以便能够了解中非关系目前的法律制度及其未来发展。下面的讨论主要限于这些条约的实体内容。争端解决部分将在随后一节单独讨论。

(1) 中国—加纳双边投资条约。在 1989 年 10 月签署的中国—加纳双边投资条约②是中国同非洲国家签署的第一个双边投资条约。实际上，它也是中国同其他国家签署的第一批双边投资条约中的一个。③该条约具有中国第一代双边投资条约的所有特征，它有 14 条规定，涉及投资的界定、待遇标准、征收以及争议解决。④

有关投资的定义相对简单，但涵盖了外国投资者所期望的一些基本形式的财产利益，包括各类财产、公司股份、著作权、工业产权以及专有技术、未加限制的金钱请求权以及依法授予的特许权。⑤ 不过，使用的术语稍有不同。这一定义没有采用投资界定中经常采用的一些

---

① All are available on the UNCTAD BIT Database，www.unctadxi. org/templates/Page _____ 1007. aspx.

② Agreement between the Government of the People's Republic of China and the Government of the Republic of Ghana Concerning the Enforcement and Reciprocal Protection of Investments，Mar. 21，1982，entered into force Nov. 22，1990. The text of the China-Ghana BIT is available on the UNCTAD BIT Database at UNCTAD database，www. unctadxi. org/templates/Page _____ 1007. aspx.

③ 如上所述，中国第一个双边投资条约是在 1982 年 3 月 21 日和瑞典签订的，See Gallagher & Shan，Chinese Investment Treaties，p. 6. 有人认为中国在 1980 年 10 月 30 日和美国签订的《投资保障协议》是第一个双边投资条约，但该协议并不具有双边投资条约的任何特征，它只是一种投资保险安排。同上书，注释21。

④ See China-Ghana BIT, at Arts. 1-14.

⑤ Ibid.，Art. 1.

术语，如公司债券、证券、贷款、许可、特许、知识产权、租赁、抵押权、留置权、质押权。^①虽然这些财产利益均可纳入所列举的利益中规定一种或多种，但这种简化无疑会带来疑问，并因此产生争议。

有关投资待遇标准的条款同样十分简洁^②。它只是概略规定了投资待遇标准："缔约国一方的投资者在缔约国另一方领土内的投资和与投资有关的活动，应受到公平的待遇和保护。"该条款没有使用投资条约中经常使用的短语"公正"（fair）和"不受歧视"（without discrimination）。^③该条款旨在给予投资者最惠国待遇，却默示放弃了国民待遇^④，这是中国第一代双边投资条约的典型特征。

该条约有关征收的规定也体现了中国第一代投资条约的特色。该规定建立在这样一种假设的基础之上，即一般原则必须是国家可在一定条件下进行征收，而不是这样一种观点，即国家不得对外国投资进行征收，除非满足某些条件："缔约国任何一方为了国家安全和公共利益，可对缔约国另一方投资者在其领土内的投资采取征收、国有化或其他类似措施（以下称"征收"），但应符合下列条件：（a）"依照国内法律程序"，而不是现在经常采用的"正当程序"；（b）"所采取的措施是非歧视性的"，这与目前条约的规定一致；（c）"给予补偿"，这也与目前的条约实践一致。赔偿的数额被认为是等同于征收时财产的价值，并且赔偿的支付不得"无故迟延"。^⑤

有关征收的条款还给予外国投资者请求缔约国对征收的合法性进行审查的权利。征收措施的合法性要根据东道国的国内法确定。^⑥对于因战争或其他原因导致的损失，该条约规定可在最惠国待遇基础上

---

①　See China-Chana BIT，Art. 1.

②　Ibid. ，Art. 3.

③　Ibid.

④　Ibid.

⑤　Ibid. ，Art. 4（1）－（2）.

⑥　Ibid. ，Art. 4（3）.

进行赔偿，在此方面仍然排除了国民待遇标准的适用。①

（2）中国—埃塞俄比亚双边投资条约。从时间上看，中国—埃塞俄比亚双边投资条约属于中国的第二代双边投资条约。② 但是它的一些特征并不符合这一代投资条约特点。该条约有 13 条规定，涵盖了投资条约的通常领域，如投资的界定、投资待遇标准、征收、赔偿以及争议解决。③

该条约有关"投资"的定义与 10 年前签署的中国—加纳双边投资条约的界定相同④。这一定义范围狭窄，没有采用现在投资定义中经常采用的一些术语。

该条约有关投资待遇标准的规定也几乎与中国—加纳双边投资条约的规定相同⑤。该条约规定了最惠国待遇而没有规定国民待遇⑥。正如在本章第四节第 1、2 小节所分析的，中国第二代双边投资条约特别典型地提供了所谓的部分国民待遇。⑦ 虽然中国—埃塞俄比亚双边投资条约在时间上属于中国第二代双边投资条约，但它并没有采用这一代双边投资条约所采用的部分国民待遇标准的规定。⑧ 实际上，中国—埃塞俄比亚双边投资条约与中国—加纳双边投资条约在投资待遇标准规定方面的一个重要偏离是，它在短语"公平"（equitable）

① Ibid. , Art. 4 （4） .

② Agreement between the Government of the Federal Democratic Republic of Ethiopia and the Government of the People's Republic of China Concerning the Encouragement and theReciprocal Protection of Investment，signed May 11，1998，entered into force May 1，2000，www. unctadxi. org/templates/Page _____ 1007. aspx.

③ See Ethiopia-China BIT，at Arts. 1-9.

④ Compare Ethiopia-China BIT，Art. 1 with China-Ghana BIT，Art. 1.

⑤ Compare Ethiopia-China BIT，Art. 3 with China-Ghana BIT，Art. 3.

⑥ See Ethiopia-China BIT at Art. 3.

⑦ 对于所谓的部分国民待遇的措辞，see Gallagher & Shan，Chinese Investment Trea- ties，p. 428，Appendix Ⅲ，Model Ⅱ，Art. 3 （3）除第一段和第二段的规定（最惠国待遇）外，缔约一方应尽可能根据本国法律和规章的规定给予缔约另一方投资者的投资和给予本国投资者同样的待遇。"

⑧ See Ethiopia-China BIT at Art. 3.

前增添了"公正"（fair）一词。①

　　但该条约有关征收的规定有了很大变化。与前一类型条约不同的是，中国—埃塞俄比亚双边投资条约有关征收的前提基础，是国家原则上不应进行征收，然后它列举了可以允许国家进行征收的例外条件："缔约一方不应对缔约另一方投资者在其领域内的投资采取征收、国有化或者其他类似措施（以下统称征收），除非符合下列条件：（一）为了公共利益；（二）依照国内法定程序；（三）所采取的措施是非歧视性的；（四）给予补偿。"② 虽然该条款与中国第一代条约范本的规定基本相同，不过该条款使用了"依照国内法定程序"这一短语而不是"依照适当的法律程序"这一短语。③

　　中国—埃塞俄比亚双边投资条约有关征收的条款没有采纳中国—加纳双边投资条约中的这一规定，即投资者可请求国内法院根据国内法对征收措施的合法性进行审查。实际上，这一规定并不是中国投资条约范本中的规定，它是中国—加纳双边投资条约所特有的。

　　（3）中国—突尼斯双边投资条约。中国—突尼斯双边投资条约在时间上属于中国第三代类型的双边投资条约。④ 该条约有 13 条规定，分别涉及投资界定、投资待遇标准、征收和赔偿以及争端解决。⑤

　　该条约中的投资定义比前两种投资条约范本的范围更为宽泛。与前两类投资条约不同的是，它规定有关财产权益的清单并非详尽无遗。它还增添了抵押权、留置权、质押权，并用"知识产权"这一短语取代了范围更为狭窄的"著作权及工艺流程"。此外，它还将许可

---

　　① 　如上所述，"公正"一词没有出现在中国—加纳双边投资条约中，比较中国—埃塞俄比亚双边投资保护条约第 3 条第 1 款与中国—加纳双边投资保护条约第 3 条第 1 款。

　　② 　Ethiopia-China BIT，Art. 4（1）.

　　③ 　See China Model Ⅱ，at Art.（4）（1）in Gallagher & Shan，at 428，Appendix Ⅲ.

　　④ 　Agreement between the People's Republic of China and the Republic of Tunisia Concerning the Reciprocal Encouragement and Protection of Investments，signed on Jun. 21，2004，entered into force Jul. 1，2006，www. unctadxi. org/templates/Page _____ 1007. aspx Appendix 4.

　　⑤ 　China-Tunisia BIT，Arts. 1—9.

和特许纳入其中。①

该条约中的投资待遇标准的规定也更为详尽。从结构上看，有关投资待遇标准的规定分列为两条。② 其中第一条规定强调了便利投资准入的义务，并给予外国投资以充分的保护和安全，该条还补充规定每一缔约方"应确保缔约另一方投资者在其境内对投资的管理、维持、使用、享有或处分，在任何情况下不会受到任何不合理或歧视性措施的损害"。③ 有关投资待遇标准的第二条规定从结构上看范围更广，但实际上其内容与前两类双边投资条约的规定相似。该条规定给予外国投资者及其投资以最惠国待遇而不是国民待遇—甚至是部分国民待遇。④

该条约有关征收的规定与中国—埃塞俄比亚双边投资条约的相应条款在总体上一致，包括有关征收的四个条件的措辞，但它们有两点显著例外。该条约为征收目的采用了"市场价值"这一短语，而不是简单提及"财产的价值"，而且该条约规定投资者可请求东道国国内法院对征收补偿金额及征收的合法性进行审查。⑤ 同样，这一规定与争端解决规定的关系还不是很清楚，因为正如后面将要分析的，投资者选择争议解决机构将被视为是最终的。⑥

（4）中国—博茨瓦纳双边投资条约。中国—博茨瓦纳双边投资条约是典型的中国第三代双边投资条约⑦，共有 14 条规定，涉及投资界定、待遇标准、征收和争议解决。⑧

---

① Ibid. , Art. 1 (1) .

② See China-Tunisia BIT，Arts. 2-3.

③ Ibid. , Art. 2.

④ Ibid. , Art. 3.

⑤ Ibid. , Art. 4.

⑥ Ibid. , Art. 9 (2) .

⑦ Agreement between the Government of the Republic of Botswana and the Government of the People's Republic of China on Promotion and Protection of Investments，signed Jun. 12，2000. Text available on the UNCTAD BIT Database，www. unctadxi. org/templates/Page _____ 1007. aspx.

⑧ See China-Botswana BIT at Arts. 1-9.

有关投资的界定与中国—突尼斯双边投资条约的规定基本类似。该条约明确指出，有关"投资"的清单不能视为是详尽无遗的。接着该条约在"投资"定义中还增加了几项以前类型的双边投资条约，或中国—突尼斯双边投资条约中没有出现的项目，包括公司债券、商标、商号。① 更为重要的是，它对金钱请求权进行了限制，它要求必须是与投资有关的金钱请求权。② 增加这一要求十分重要，因为它将有关货物买卖的普通的金钱请求权与在东道国领域内的与投资相关的金钱请求权区分开来。

该条约有关投资待遇标准的规定，与前述三个投资条约都不相同，因为它既规定了最惠国待遇，也规定了无条件的国民待遇："每一缔约方给予另一缔约方投资者的投资及其与投资相关的活动的待遇，不得低于它给予本国投资者的投资及其与投资相关活动的待遇。"③ 不过，该条款将此类待遇标准的授予限制在两国国内法范围之内，即此类待遇标准不应"损及国内法规"。④ 总之，该条规定是中国目前有关投资待遇标准规定的良好范例。

该条约有关征收的规定也几乎与中国—突尼斯双边投资条约的相应条款类似，只是在投资财产的估价方面有所不同。中国—突尼斯双边投资条约采用了被征收财产的市场价值，而中国—博茨瓦纳双边投资条约仅仅使用了财产价值。从这点来看，中国目前有关征收的范本规定是与中国—突尼斯双边投资条约一致，而不是与中国—博茨瓦纳双边投资条约的规定一致。⑤

（四）争议解决

中国—加纳双边投资条约中的争端解决规定是中国第一代双边投

---

① See China-Botswana BIF，Art. 1 (1) (a—b) .

② Ibid. ，Art. 1 (c) .

③ Ibid. ，Art. 3 (2) .

④ Ibid.

⑤ Compare Botswana-China BIT，Art. 4 (2) with China-Tunisia BIT，Art. 4 (2).

资条约中争议解决规定的代表。国家—国家争议解决的规定基本保持
一致，例如，通过临时仲裁解决，必要时由国际法院院长对仲裁员做
出指定等①，而投资者—国家争议解决的规定却经历了很多变化。中
国—加纳双边投资条约的最显著特征是，仅规定了有限的国际仲裁解
决方式，即只有有关赔偿额的争议才能提交仲裁解决。② 如上所述，
有关征收的合法性只能由东道国国内法院审查，并且只有在违反东道
国国内法的情况下投资者才能提出此类请求。③

　　除了上面这一特征外，中国—加纳双边投资条约有关争议解
决的规定还有两个独特特征：（1）赔偿额争议可由临时仲裁庭通
过仲裁解决，斯德哥尔摩商会仲裁院主席可对仲裁员做出必要指
定；（2）在仲裁规则方面，临时仲裁庭可选择适用斯德哥尔摩商
会仲裁院的仲裁规则或解决投资争议国际中心仲裁规则。④ 这是该
条约唯一提到该中心的规定，这是中国第一代双边投资条约的典
型特征。

　　中国—埃塞俄比亚双边投资条约是一个标准的中国第二代双边投
资条约。它允许任一当事方就任何事项在国内法院提起诉讼程序，也
允许投资者以及国家通过仲裁方式解决有关赔偿额的争议。这一类条
约与第一代双边投资条约不同的是，在缔约双方都是《华盛顿公约》
的成员国时，它允许当事方选择解决投资争议国际中心作为仲裁机
构。⑤ 第二代双边投资条约的显著特征是有关赔偿额的争议可提交国
际仲裁以及当事方可诉诸解决投资争议国际中心仲裁。有关国家—国
家争议仲裁的规定相对标准，即此类争议由临时仲裁解决，必要时由

---

① See China-Ghana BIT at Art. 10.

② Ibid., Art. 10 (1).

③ Ibid., Art. 4 (3).

④ Ibid., Art. 10 (3-4).

⑤ See Ethiopia-China BIT at Art. 9 (1—3). 截至本书写作时，埃塞俄比亚还不是解
决投资争议国际中心的成员国，因此，在埃塞俄比亚的中国投资者可以通过临时仲裁机构
解决争议。

国际法院院长对仲裁员做出指定。①

　　中国—突尼斯和中国—博茨瓦纳双边投资条约中的争议解决规定，是中国第三代双边投资条约争议规定的范例，它们允许通过国际仲裁方式解决有关征收和赔偿额的争议。中国—博茨瓦纳双边投资条约允许国家和投资者选择解决投资争议国际中心仲裁或者临时仲裁②，而中国—突尼斯双边投资条约没有规定此类选择，只允许当事方在国内法院或解决投资争议国际中心之间进行选择。③ 在两种情况下，选择其一都被视为是最终的④，而且在两种情况下东道国都可要求用尽当地行政救济⑤。

　　从上述讨论可以看出，国际投资争议解决逐渐倾向于采用国际中心仲裁方式，包括中国和非洲之间的投资争议解决。前已提及，一位中国投资者已在解决投资争议国际中心针对秘鲁政府提出仲裁请求，当然这么多年来已有很多非洲国家成为该中心仲裁程序的当事方。截至本书写作时，至少有 11 个非洲国家是该中心待决案件的被申请方。⑥

二　结论及建议

　　本节对调整中非投资关系的现有法律框架进行总结，并对其未来发展提出可行性建议。本节分三部分论述。第一部分对现有法律框架进行总结，并指出存在的缺陷。第二部分再次论及本章第一部分讨论的理论问题，并对本章讨论的各种制度进行分析。第三部分通过对本

---

① Ibid. , Art. 8.

② See China-Botswana BIT, at Art. 9（3）.

③ See China-Tunisia BIT at Art. 9（2）.

④ See China-Tunisia BIT at Art. 9（2）；Botswana-China at Art. 9（3）（b）.

⑤ See China-Tunisia BIT at Protocol additional to Art. 9；Botswana-China at Art. 9（3）（b）.

⑥ See the list of pending cases on the official website of ICSID at http：// ICSID. worldbank. org/ICSID/FrontServlet? requestType GenCaseDtlsRH & actionVal ＝ List-Concluded.（包括许多非洲国家作为被申请人）

章一些法律制度的分析，提炼出一些对中非投资关系法律框架未来改善至关重要的一些问题。

（一）现有法律框架的总结

调整中非投资关系的现有法律框架由一些适用范围有限的多边条约构成，包括《关贸总协定》、《与贸易相关的知识产权协议》、《与贸易相关的投资措施协议》以及解决投资争议国际中心争端解决机制。虽然中非之间尚未签署任何地区性或跨地区性条约，但中非合作论坛的高层宣言以及行动计划可以视为是跨区域性的软法渊源。中非投资关系中法律框架的基础和其他地方一样，仍然是由双边投资条约构成的"意大利面碗"。

如上所述，中非之间目前至少有31个双边投资条约。从内容上看，它们代表了中国三代双边投资条约。以中国—加纳双边投资条约为例所揭示的第一代双边投资条约的特征是：（1）投资定义范围狭窄；（2）有限的投资保护与最惠国待遇，没有承诺国民待遇；（3）只受到极小限制的广泛的征收权利；（4）只允许将赔偿额争议提交给斯德哥尔摩商会仲裁院通过国际仲裁方式解决。

由中国—埃塞俄比亚双边投资条约所揭示的中国第二代双边投资条约的显著特征是：（1）与第一代双边投资条约一样，投资定义范围狭窄；（2）通过最惠国待遇形式提供的有限的投资保护；（3）对征收权利做出的不同的表述；（4）通过解决投资争议国际中心仲裁解决赔偿额争议。

由中国—突尼斯和中国—博茨瓦纳双边投资条约所代表的中国第三代以及当前的双边投资条约扩大投资定义的范围，将投资待遇标准由最惠国待遇升级到全面的国民待遇。① 有关征收的规定基本未变，

---

① 应该注意的是，第三代双边投资条约的典型特征是包含了国民待遇，有的没有包含国民待遇。如上所述，中国—突尼斯双边投资条约就是此类例子。

但第三代双边投资条约允许投资者就赔偿及征收本身的合法性，在解决投资争议国际中心提起仲裁。

中国经济发展趋势十分明显，显示了中国日益参与全球的经济活动。这种经济发展的变化显然正在改变中国不同关系的力量。时间也带来新问题、新关切。第三代双边投资条约也即将过时，因为它们没有规定一些重要的新问题，如与环境、发展、劳工、企业社会责任、伦理相关的各种标准以及高效易行的争端管理与争端解决机制等。

无疑，第四代双边投资条约正在形成中，但它是在中国与西方关系的背景下进行的。本章所关注的问题是，中国和非洲国家在塑造它们未来投资关系的法律框架时应该考虑哪些因素。下面两部分将对这一问题进行解答。

（二）不同的制度与不同的利益

本章开始就探讨了国际投资法的理论及意识形态基础，以及导致不同利益的历史因素背景，接着分析了不同的法律框架，包括北美自贸区、东盟、国际可持续发展研究院、东南非共同市场、南部非洲发展共同体的法律制度，以及不同类型的双边投资条约范例，包括美国的三代投资条约范本和中国的三代投资条约范本，最后考察了中国三代双边投资条约纳入中—非双边投资条约的情况。

表面看来，有多少条约就可能有多少范本，但本章的分析表明，这些不同的法律制度是由不同的利益造成的。随着利益的转换，法律制度随之改变。这一现象也揭示投资法的演变已然发生。一些原则得到普遍认可，几乎成为惯例，其他一些原则正在出现。平衡不同利益的各种努力必须放眼未来，也要关注过去和当下。基于此种考虑，下文将确定中非在调整其投资关系过程中必须考虑的一些重要因素，并就如何完善中非投资关系法律制度提出简单建议。

（三）完善中非投资关系必须考虑的重要因素

中国和非洲国家在其未来谈判中必须考虑的一些重要因素可以分为以下两类：（1）实体性问题；（2）结构性问题。"实体性问题"部分分析了前面所讨论的一些法律制度中比较好的规定，"结构性问题"部分就中国和非洲国家可能采用的制度性框架和争议解决机制提出建议。本书最后一章进一步对"结构性问题"部分的内容进行了深化，并对中非制度性和仲裁框架的完善提出更为详细的建议。

1. 实体性问题

上面的分析已清楚指出，中非现有的法律框架还存在一些不足。例如，中非之间还不存在一个综合性的调整中非投资关系的法律制度。目前中非之间的投资关系主要是通过双边投资条约调整的。双方已经认识到今后需要采取进一步行动。实际上，它们已经创建了一个合作平台即中非合作论坛，这一论坛机制至今已持续了 10 年之久。中非合作论坛所取得的成就有目共睹。虽然如此，中非之间建立像欧盟—非加太那样的经济伙伴协议的条件还不成熟。本部分明确列举了中非必须要考虑的与投资相关的实体问题，争议解决的问题将在下文论及。

（1）投资的界定：前文探讨的各类投资法律制度，没有一个全面论及中非双方需要在现在或将来经济关系发展阶段希望解决的全部问题。不过，将这些法律制度结合起来考虑，不啻为一个好的选择。《北美自贸协定》的投资定义十分清晰，因而非常重要。它不但列举了应视为投资的各类财产权益，还列举了不能被认为是投资的财产权益。它所采用的方式可以作为中非双方今后予以考虑的一个良好范例。《北美自贸协定》除了对投资界定所采用的这种独特的方式外，它所采取的排除清单，也可为将来中非投资条约的制定提供实体方面的指导。该协定明确排除了单纯产生于货物销售这种商业合同的金钱请求权、用于同样目的的信贷及为国有企业提供的贷款。将此类经济关系从投资法律制度中排除出去，有利于澄清投资与一般商业交易的分界线，有利于构成投资法律制度基础的基本政策主张的实现——保护投资免受不合理的外来风险。即使如此，考虑到中非各自的经济发展阶段，《北美自贸协定》的投资界定可能显得过于宽泛，特别是该协定还将组合证券投资（portfolio investment）纳入其投资定义中。而国际可持续发展研究院投资条约范本却将二者很好结合起来，既将组合证券投资排除在投资定义之外，又采纳了《北美自贸协定》投资定义的清晰特点。不过，国际可持续发展研究院范本对许可及特许施加了一些不必要的限制，如投资的实际存在（physical presence）以及其他一些条件。即使有此种例外，国际可持续发展研究院范本也可能成为中非将来作为谈判基础的一种最好的范本。

（2）投资待遇标准与投资保护：最惠国待遇和国民待遇现在在国际投资法中都已全面具体化。问题仍然是这些原则适用的程度。《北美自贸协定》中此类原则适用于开业、并购、扩大、管理、运行、实施、买卖及其他投资的处理方式。虽然通过这样的方式界定此类原则的适用范围是可取的，但问题是有关投资准入与设立的问题必须专门论及。如前所述，对待此类问题有三种方式：自上而下方式（top-down）、自下而上方式（bottom-up）以及折中方式即自下而上的方式适用于投资准入，而其他投资阶段则适用自上而下方式。国际可持续发展研究院投资条约范本就采用了后一种方式。这也可能是现阶段中非关系可以采用的最好方式。《北美自贸协定》采用的是单纯的自上而下方式。

（3）投资保护——权利与义务。大部分条约范本都只是关注投资者的权利与东道国的义务。唯一既关注双方权利又关注双方义务的条约范本，是国际可持续发展研究院范本。专就投资者的权利与东道国的义务而言，各类条约范本采用的方法也各异。最新的中国投资条约，范本在征收方面没有完全采纳赫尔规则。无论过去的意识形态如何，现在各国基本上都认为赫尔规则是征收和赔偿方面最为明智的规则。因此，中国和非洲国家可以考虑用尽可能清楚的方式采纳这一规则。《北美自贸协定》和美国的双边投资条约，范本都是这方面很好的典范。有两种规则即公共目的规则和正当程序规则常常被错误表述。中国的双边投资条约通常采用的是"公共利益"（public interest）和"依法"（according to law）或其他稍有变动的类似表述。需要在投资条约中明确规定的是，只有为了善意的公共目的、在非歧视的基础上并且给予了投资者正当程序的征收，才能被认为是合法的。国际可持续发展研究院投资条约范本在更多方面给人以启发。它是唯一一个规定了投资者特别是跨国公司义务的条约范本。这些义务包括行为准则，如采取的反贪污措施。考虑到中非目前投资关系的性质以及跨国公司在众多经济领域的参与，双方必须考虑在它们将来的投资条约中纳入有关此类问题的规定。国际可持续发展研究院投资条约范本是一个它们可以考虑采纳的良好范本。

（4）环境和劳工标准。除国际可持续发展研究院条约范本外，没有一个条约范本对环境和劳工问题做出有意义的规定。国际可持续发展研究院条约范本在这方面是一个很好的范例。考虑到环境问题越来越需要受到重视，中非双方在将来的投资条约中应对该问题做出详细规定。至少在进行大型项目投资前，它们应要求把准入前的环境评估研究，作为是否批准投资的一个条件。它们还必须在将来的投资条约中明确规定，根据善意的、非歧视的环境规则所采取的措施，不等同于征收。国际可持续发展研究院条约范本在此方面的规定具有启发性。还必须对《北美自贸协定》相关的案例法进行仔细考虑。就劳工标准而言，双方必须至少遵循国际劳工组织的有关标准，并在将来的投资条约中对此做出规定。

下文将要就制度性框架以及该框架内的争端解决机制所提出的建议。

2. 制度性框架

显然，规范性标准通常只有在制度性框架内运作，才能发挥最大、最有效的作用。中非双方都已认识到这一点，正努力朝这一方向迈进。中非合作论坛的制度性转型似乎也在进行中。中非双方在设计此类制度框架时有几种选择。由于本书主要关注争端解决，因此，此处的关注点也仅限于此。

除国际可持续发展研究院条约范本，以外的所有条约范本，都规定投资者可从三种可能的仲裁方式中进行选择：解决投资争议国际中心仲裁程序、《联合国国际贸易法委员会仲裁规则》的仲裁或任何其他种类的临时仲裁。国际可持续发展研究院条约范本采用了一种完全不同的争端解决体制，这种体制是仿照 WTO 的争端解决方式而制定的。实际上，它是一种稍有变动的投资版的《有关争端解决规则和程序的谅解》。这种方式对中非投资关系最具吸引力。中非合作论坛确实可以根据国际可持续发展研究院条约范本在下列几个方面进行构建：

（1）成员国大会：中非合作论坛可以设立一个常设的成员国大会，这可以通过对现有的部长级会议进行重组而成。这一机构将是制定所有政策的最高机构。

（2）秘书处：如果没有秘书处，没有一个机构能够运转良好。现有的中非合作论坛可以设立一个秘书处，对机构的日常工作进行管理。秘书处也可成为争议解决地，对争议解决进行管理。可以将秘书处设在中国在亚的斯亚贝巴建设的新的非盟总部大楼内，该大楼毗邻非盟及联合国非洲经济事务委员会，几乎所有的非洲国家在这两个机构内都有代表。

（3）争端解决机构：成员国大会可以作为争端解决机构。国际可持续发展研究院条约范本规定了一个常设的 35 名专家名单，争端解决机构可从这一名单中随机抽选仲裁员。对中非双方来说，这是一种可考虑的选择，但最好的选择也许是设立一个开放的专家库。除适当的资格与经验等条件外，没有必要对专家库成员施加其他条件限制。

（4）上诉机构：在这种结构化的制度安排中，有必要设立一个上诉机构对法律问题进行审查，以便能够为本领域法学的发展带来秩序、连续性以及可预见性。上诉机构的法官可以限制为成员国的国民担任。

（5）争议解决的步骤：最好设立一个仲裁前程序，并通过一种更有条理的方式利用这一程序。同样，国际可持续发展研究院条约范本可提供借鉴，因为该范本规定了结构化的争议预防、谈判及调解制度，这包括在诉诸有约束力的仲裁前由第三方参与的不具有约束力的程序。但这也会带来一些风险，包括程序重复的风险。程序重复会增加成本，但从中非双方的文化角度来看，第三方参与程序仍是需要考虑的。在"仲裁"一章中，对此问题有更详细的探讨。

（6）出庭资格与同意：应给予投资者和国家出庭资格，以便能够对所有有争议的问题提起请求。所有国家提前通过协议同意接受争端解决程序，这也很重要。

（7）代理：双方的私人代理应自始得到认可。不应对代理人的国籍和居住地施加任何限制。不过，成员国大会可以考虑设立法律辩护基金，以对最弱势的当事方的法律代理给予补贴。

（8）仲裁裁决与执行：仲裁裁决可以对所有的赔偿性损害和花费做出处理，但不能做出惩罚性损害赔偿。仲裁裁决应由争端解决机构通过，并由每一国家的国内法院执行。如果一国拒绝执行已被争端解决机构通过的仲裁裁决，就应被认为违反了它应承担的国际义务，并因此承担相应的后果。一种可能的最终救济是可以将不执行裁决的国家开除出成员国大会。不过，这种措施应只适用于长期连续不执行仲裁裁决的国家。

（9）程序规则与证据：对程序规则的性质和内容以及仲裁庭和上

诉机构可能使用的证据的考虑是本书的中心问题。因此，本书最后一章专门探讨了投资争议以及贸易和商事争议背景下的仲裁问题。此处只需指明的是，此类仲裁规则应与双方的法律文化相适应，并能满足双方的当前需求。

第四部分

中非私商事关系中的法律制度

在这样的一个全球化世界里，要区分本地和国际商业变得越来越难。① 每天都有大量的商品和服务跨越国界，以致消费者对它们来自何方似乎也不太在意了。不过，调整国际商事交易的法律制度，变得比单纯调整国内商事交易的法律制度越来越复杂了。考虑一下下面这一情形所涉及的各个环节：喀麦隆的木料是如何最终变成内罗毕大学生课桌上的笔记本的？当然有多种可能性，一种可能性是这样的：喀麦隆的木材生产商将木材卖给喀麦隆的木材出口商，该出口商将木材卖给中国的木材进口商，中国进口商与一家南非航运公司签订运输合同，由它运输这批木材并进行投保，南非航运公司将这批木材交付给中国的货运代理公司，由它把木材运往湖南省的木材加工厂，这家加工厂可能由一家美国公司全资拥有或部分拥有，这家加工厂将木材加工成纸张，然后卖给笔记本生产商，笔记本生产商再将生产的笔记本卖给中国的经销商或代理人，由他们把笔记本出口到肯尼亚，在当地进行销售。这中间还省略了很多环节，即使如此，在喀麦隆的木料成为摆在肯尼亚学生面前的笔记本时，仍需要签署大量的国际合同。②

在这一复杂过程中出现的问题也可能不胜其数，例如，与损失风险的分担、质量管理、支付方式、延迟交付、不当交付、不付货款、海关监管等相关的各种问题。这些问题的解决既需要国内法规则也需要国际法规则。争端解决机制也将是国内和国际机制的结合。正如斯坦哈特（Steinhardt）教授所指出的，调整跨国商事交易的法律体系"更像是爵士乐而不是算术——案例会显示出不同的主旋律与变奏曲，

---

① See, e.g., Thomas E. Carbonneau, International Litigation and Arbitration (Thomson, 2005), p. 1. 注意："网络和计算机革命推动了'商业的非国内化'。"

② 这是对斯蒂芬（Stephan）所提出的一种情景的扩展：Stephan, Roin & Wallace, International Business and Economic Law and Policy, 3rd ed. (LexisNexis, 2004), p. 46. 提出这样的问题：阿根廷的谷物是如何成了丹麦的面包？以阐明买方和卖方、承运人与保险、卖方与卖方的银行之间的合同。

有时甚至是即兴创作"。①

前面两部分讨论的是产生于宏观层面上的问题，即贸易法和投资法的问题，本部分关注的是微观层面的问题，即调整非洲私人实体和中国私人实体之间商事关系的法律制度，特别是争端解决机制。所使用的"私人的"（private）这一短语并不是要排除任何公共企业的参与，而只是将此种商事交易与涉及国家的与贸易或投资相关的活动区分开来。为本部分目的而言，公司实体的公有制并不会改变商事交易的私人性质。但是，本部分会进行特别提示，以突出公共实体的独特性。

本部分分两章。其中的第一章即本书的第十章，概括分析了调整中非私方当事人之间私商事交易的国际性法律渊源，重点是私商事争议的解决。其中第二章即本书第十一章，着重分析了国内法律渊源以及它们与国际性法律渊源的关系，并在最后对本部分内容进行了总结，对未来的发展提出建议。

---

① See Ralph G. Steinhardt，International Civil Litigation：Cases and Materials on the Rise of Intermestic Law（LexisNexis，2002），p. 2. 他接着解释道："国内法已被国际化，国际法已被国内化，以至于律师不再确定自己的专业范围何在，或者在原则上是否可置身于国际法律程序之外。"Ibid.，p. 3.

第十章

私商事关系

第一节 引言

在 21 世纪中非投资合作论坛第一次会议上，中非人民友好协会秘书长林怡向听众讲了一个笑话，并一下传播开来。这个笑话是这样的：一位非洲小朋友问他妈妈上帝住在哪儿。他妈妈发现这个问题很有趣，把这个问题又退给小朋友："你说呢？"这位小朋友说："你还记得告诉过我上帝创造了一切吗？""是的，记得。"妈妈答道。这位小朋友接着说道："咱家里我看到的每样东西都是中国造的，也许上帝就住在中国吧。"①

叙述这一故事的同一个新闻记者还注意到，在 2009 年有 38 万中国游客来到非洲，比上一年增加了 18.6%，而其后一年的人数估计会更高。② 到非洲经商的中国人数同样增长迅速。例如，2006—2009

<hr />

① See China Economic Herald, "Now is the Best Time to Invest in Africa", at 4, www. focac. org/eng/zfgx/jmhz/ t712495. htm, Jul. 18, 2010.

② Ibid. , p. 1.

年，中国承诺将在非洲的基础设施融资从 50 亿美元增加到 100 亿美元。[①] 几乎所有的这些基础设施项目都是由中国公司实施的，这些中国公司雇用分包商，并签订了成千上万个国内与国际合同。在 2009 年 11 月 8—9 日召开的沙姆沙伊赫部长级会议上，中国时任总理温家宝发言指出，截至会议召开时，有近 1600 家中国公司在非洲投资，直接投资存量达到 78 亿美元。[②] 这些公司与当地和国际合作伙伴签署了大量合同，这必然会引发大量的当地及国际争议。需要注意的是，中国在非洲的投资主要是通过国有企业进行的，但私人投资者的投资份额正以惊人的速度增加。[③] 介绍完这一背景后，下面将对法律渊源做一概述。随后的一章将探讨这些企业可能援用的争端解决机制，在最后一部分作者提出一些建议。

第二节　调整中非商事关系的国际性法律渊源

在国际商业交往中，并不存在一个至高无上的立法者可以制定约束所有私方当事人的法律。为此，探讨国际商业交往中法律问题的几乎所有努力，都旨在对各国国内法进行协调，以促进跨境商业的顺利开展。最常见的法律协调化方式包括多边条约、地区性条约、双边条约、共同体指令（如欧盟）、示范法、示范合同、习惯、国际商事术

---

① See Speech of Chinese Premier Wen Jiabao at the 4th Ministerial Conference of Forum on China-Africa Cooperation, at 2, http：//news. xinhuanet. com/english/2009 － 11/09/content _ 12413102. htm, Nov. 10, 2009.

② Ibid.

③ See UNCTAD, "Economic Development in Africa 2010 Report；South-South Cooperation", at 84. www. unctad. org/Templates/WebFlyer. asp？intItemIBID？5491&lang？1 See also African Center for Economic Transformation（ACET），"Looking East：A GuIbide to Engaging China for Africa's Policy-Makers, Vol. II：Key Dimensions of Chinese Engagement in African Countries", pp. 26-32, http：//acetforafrica. org/site/looking － east － main/.

语、重述以及司法和仲裁裁决。[1] 前四种可列入硬法范围，因为它们具有的严格约束力，其余的都是软法类型，但它们在调整国际商事交易中仍可能发挥重要作用。本节对其中一些法律渊源进行了重点分析，以便为随后对调整中非关系中私商事交易的法律渊源的讨论奠定基础。

不过，在对这些法律渊源进行分析前，有必要介绍一下在推动条约制定和示范法起草过程中发挥重要作用的一些机构和平台。这其中最为突出的当属联合国国际贸易法委员会（UNCITRAL）、国际统一私法协会（UNIDROIT）、海牙国际私法会议（HCCH）以及国际商会（ICC）。

1945年在维也纳设立的联合国国际贸易法委员会是联合国专门处理贸易和商事法律问题的主要机构。其宗旨包括通过法律的现代化和协调化，消除法律障碍。[2] 该机构负责起草并推动一些重要国际条约和示范法的协调化。截至目前，该机构制定的最为重要、最为成功的国际条约是《承认和执行外国仲裁裁决的纽约公约》（《纽约公约》）。该公约在联合国国际贸易法委员会成立前就已起草，但它是在1958年6月10日通过的，联合国国际贸易法委员会对于该公约在世界范围内的广泛接受功不可没。[3] 联合国国际贸易法委员会推动制定的其他重要的多边条约还有《国际货物销售合同公约》（CISG），该公约为国际货物买卖合同的成立、履行和违约责任等规定了实体性的规则[4]；《国际货物买卖时效公约》，该公约为国际货物买卖相关诉讼规

---

① See Daniel C. K. Chow & Thomas J. Schoenbaum, International Business Transactions: Problems, Cases and Materials (Aspen, 2005), 31. Their list is also developed based on Roy Goode, "Reflections on the Harmonization of Commercial Law", in Ross Cranston & Roy Goode (eds.), Commercial and Consumer Law (Oxford University Press, 1993), pp. 6-7.

② 详细信息参见联合国国际贸易法委员会官方网站：www. uncitral. org/.

③ "United Nations Convention on the Recognition and Enforcement of Foreign Arbitral Awards"，该公约在1959年6月7日生效。更多信息参见：www. uncitral. org/uncitral/en/uncitral _ texts/arbitration/NYConvention. html.

④ "United Nations Convention for the International Sale of Goods"，该公约在1980年4月11日生效。更多信息参见：www. uncitral. org/uncitral/en/uncitral _ texts/sale _ goods/1980CISG. html.

定了时效规则①；以及《海上货物运输公约》(《汉堡规则》)，该公约为承运人、托运人、收货人之间合同的调整提供了统一规则。②

国际统一私法协会是一个设在罗马的独立的政府间国际组织。该机构在 1926 年设立，当时是国际联盟的组成部分，它在 1940 年又重新设立。该机构的宗旨与联合国国际贸易法委员会的宗旨有极大程度的重叠。③ 人们常常认为该机构最显著的特征，是它关注的主要是西方发达经济体的法律问题。④ 该机构目前制定的公约有 12 个⑤，大多数条约在西欧国家之外没有得到广泛的接受⑥。国际统一私法协会还

---

① "United Nations Convention on the Limitation Period in the International Sale of Goods"，该公约在 1988 年 8 月 1 日生效。更多信息参见：www. uncitral. org/uncitral/en/uncitral _ texts/sale _ goods/1974Convention _ limitation _ period. html.

② "United Nations Convention on the Carriage of Goods by Sea" (also known as "the Hamburg Rules")，该公约在 1992 年 11 月 1 日生效。更多信息参见：www. uncitral. org/uncitral/en/uncitral _ texts/transport _ goods/Hamburg _ rules. html. 后来的一些公约对《汉堡规则》进行了修订，最新的公约是 "United Nations Convention on Contracts for the International Carriage of Goods Wholly or Partially by Sea" (即《鹿特丹规则》)，由联合国大会在 2008 年 12 月 11 日通过。该公约文本及更多信息参见：www. uncitral. org/uncitral/en/uncitral _ texts/transport _ goods/ 2008rotterdam _ rules. html. 虽然许多非洲国家是《汉堡规则》和《鹿特丹规则》的成员国，但它们不能成为中国和这些非洲国家的共同的法律渊源，因为截至本书写作时，中国并没有加入这两个公约。因此，本书没有对这些规则进行分析。对于这些公约的加入情况参见：www. uncitral. org/uncitral/en/uncitral _ texts/transport _ goods/Hamburg _ status. html.

③ 更多信息参见国际统一私法协会官方网站：www. unidroit. org/dynasite. cfm.

④ See, e. g., Chow & Schoenbaum, International Business Transactions, at 33-34.

⑤ 这些公约包括：Convention relating to a Uniform Law on the International Sale of Goods (The Hague, 1964)；Convention relating to a Uniform Law on the Formation of Contracts for the International Sale of Goods (The Hague, 1964) International Convention on Travel Contracts (Brussels, 1970) Convention provIbiding a Uniform Law on the Form of an International Will (Washington, D. C., 1973) Convention on Agency in the International Sale of Goods (Geneva, 1983)；UNIDROIT Convention on International Factoring (Ottawa, 1988)；UNIDROIT Convention on Stolen or Illegally Exported Cultural Objects (Rome, 1995)；Convention on International Interests in Mobile Equipment (Cape Town, 2001)；Protocol to the Convention on International Interests in Mobile Equipment on Matters Specific to Aircraft Equipment (Cape Town, 2001)；Luxembourg Protocol to the Convention on International Interests in Mobile Equipment on Matters specific to Railway Rolling Stock (Luxembourg, 2007)；UNIDROIT Convention on Substantive Rules for Intermediated Securities (Geneva, 2009). See www. unidroit. org/english/conventions/c－main. html.

⑥ 这些公约的批准情况参见：www. unidroit. org/english/implement/i－main. html.

负责起草示范法及相当于法律重述的法律通则①。目前，使用得最为广泛的"重述"是 1994 年的《国际商事合同通则》②。

在 1893 年就已孕育成立的海牙国际私法会议也是一个独立的政府间国际组织，它在 1955 年成为常设性机构。③ 该机构也志在对商事、民事诉讼、家庭事项包括未成年人保护方面的私法进行协调化。④自成为常设性机构以来，它已通过了 39 项旨在对不同领域的法律进行协调化的国际公约。⑤ 其中最为显著、得到最广泛批准的公约包括《民商事项域外取证的海牙公约》⑥、《海牙域外送达公约》⑦，以及其他与家庭法相关的公约⑧。

1919 年在巴黎成立的国际商会是一个由不同国家的商会、公司、贸易和商业团体组成的纯粹的非营利性民间机构。⑨ 国际商会有三个主要目标：制定规则、提供建议以及解决争端。⑩ 国际商会最为著名的是它提供的争端解决管理服务。它通过其国际仲裁院来解决商事争

---

① These model laws are available at www. unidroit. org/english/modellaws/main. html.

② 该通则文本见：www. unidroit. org/english/principles/main. html.

③ 更多信息参见海牙国际私法会议官方网站：www. hcch. net/index _ en. php? act＝text. display&tid＝26.

④ Ibid.

⑤ 公约文本见：www. hcch. net/index _ en. php? act＝conventions. listing.

⑥ "Convention of Mar. 18, 1970 on the Taking of EvIbidence Abroad in Civil and Commercial Matters", available at www. hcch. net/index _ en. php? act＝conventions. text&cid＝82.

⑦ "Convention of 15 November 1965 on the Service Abroad of Judicial and Extra Judicial Documents in Civil or Commercial Matters", available at www. hcch. net/index _ en. php? act＝conventions. text&cid＝17.

⑧ 其他得到广泛批准的公约包括：Conventions on the Access to Justice；International Child Abduction；Inter－country Adoption；Conflicts of Laws Relating to the Form of Testamentary Dispositions；Maintenance Obligations；and Recognition of Divorces. See www. hcch. net/index _ en. php? act＝text. display&tid＝26，表明海牙国际私法会议的重点涉及有关家庭事项的私法问题。

⑨ 有关国际商会及其目前工作的信息，参见 www. iccwbo. org/id93/index. html.

⑩ Ibid.

议。① 国际商会的仲裁规则也在世界上被广泛适用②。国际商会还通过了一些示范规则，私方当事人可在合同中纳入这些规则。最具影响的此类示范规则，包括《国际贸易术语解释通则》（Intercoms）以及《跟单信用证统一惯例》（UCP）。③

简要介绍完这些机构后，下面将对一些重要法律渊源进行分析。

一　一般法律渊源

一般而言，调整跨境商事交易的法律渊源呈现一种碎片化状态，许多法律问题的解决方式都是支离破碎的，导致这一领域具有很大的不确定性。我们可以考虑到普通国际货物买卖所面临的复杂性。特别是基于以下几个原因，进行国际货物买卖面临很多风险：因语言或文化问题而产生的沟通不畅问题、无法确定对方当事人的信用情况、在每一交易中可能会涉及众多当事人和合同。由于中非双方距离遥远、沟通不便、信息难以获取等原因，这一问题在中非关系中显得更为尖锐。调整商事交易每一方面的法律渊源可能都有很多。虽然国际商事交易非常复杂，但国际社会对国际领域的私法制度协调化所付出的努力还十分有限。基于此，下面的内容就专门对跨境商事交易中所适用的一些最重要的法律渊源进行分析，特别是那些涉及争端解决的法律渊源。

（一）　多边法律渊源

最为重要的实体性多边协调化条约要算《联合国国际货物销售合同公约》④。该公约被认为是联合国国际贸易法委员会所取得的最重要

---

①　有关国际商会及其目前工作的信息，参见 www. iccwbo. org/id93/index. html.

②　该规则文本见 www. iccwbo. org/court/arbitration/id4424/index. html. 下一章会详细讨论该规则。

③　国际商会自 1936 年开始编纂《国际贸易术语解释通则》，最新的版本是《2010 通则》，See www. iccwbo. org/ Incoterms/index. html? id＝3042.

④　See "Convention for the International Sale of Goods".

成就，目前在包括中国和 10 个非洲国家在内的 57 个国家中生效。^①

该公约的主要目的是对有关合同的规则进行协调化，推动国际贸易的发展。^② 它希望通过提供有关合同成立^③、货物买卖^④、当事人的义务^⑤、违约救济^⑥以及风险转移^⑦的一些基本的实体性规则，来实现这一目标。^⑧

该公约对其适用范围规定如下："本公约仅适用于营业地位于不同国家的当事人之间的买卖合同：（a）如果这些国家都是公约缔约国；或（b）国际私法规则导致某一缔约国法律的适用。"^⑨

由于《联合国国际货物销售合同公约》是一个自执行条约，它实际上已成为各缔约国法律的一部分。此外，如上述规定所表明的，如果国际私法规则导致某一缔约国法律的适用，该公约仍可适用。就此意义而言，该公约的适用范围比起表面看来更为宽泛。^⑩

如上所述，《联合国国际货物销售合同公约》起源于国际统一私法协会在 20 世纪 30 年代所做的努力。该公约草案最初被称为 1964 年《海牙公约》，基本上是以欧洲为中心的。^⑪ 而联合国国际贸易法委员会版本的这一公约是面对全世界所有国家的，这一公约得到中国和

① 该公约的批准情况见：www. uncitral. org/uncitral/en/uncitral _ texts/sale _ goods/1980CISG _ status. html. 加入该公约的非洲国家有：布隆迪、埃及、加蓬、加纳、几内亚、莱索托、利比里亚、毛里塔尼亚、乌干达和赞比亚。作者的统计有误，根据译者的统计，截至 2016 年 12 月，该公约共有 85 个成员，非洲有 11 个国家加入了该公约，它们分别是：埃及、加蓬、几内亚、莱索托、利比里亚、毛里塔民亚、乌干达、赞比亚、刚果（布）、贝宁。——译者注

② See CISG at "Preamble"，Text available at www. uncitral. org/pdf/english/texts/sales/cisg/CISG. pdf.

③ See CISG，at Arts. 14—24.

④ Ibid. ，Arts. 25-29.

⑤ Ibid. ，Arts. 30 et seq.

⑥ Ibid. ，Arts. 45-52（有关卖方违约）and Arts. 61-65（有关买方违约）。

⑦ Ibid. ，Arts. 66-70.

⑧ Ibid. ，Arts. 71 et seq.（涉及预期违约、损害赔偿等问题）

⑨ Ibid. ，Art. 1.

⑩ Ibid. ，Art. 1（b）.

⑪ See Chow & Schoenbaum，International Business Transactions，p. 193.

10 个非洲国家的签署。因此，该公约成为中国和 10 个非洲国家之间在国际货物买卖领域的一个主要的实体法律渊源。上面也提到，如果国际私法规则导致中国法律的适用，即使另一当事人来自非缔约国，该公约的实体规则仍可适用。但是中国根据该公约第 95 条规定对这一条款做出了保留。因此，在中国和非洲国家之间，这一公约只能限于在 10 个非洲国家适用。目前这一公约的成员国总数是 57，来自非洲的成员国只有 10 个，非洲国家参与公约的比例显然过低。

《联合国国际货物销售合同公约》严格适用于货物买卖合同，它不适用于任何种类的服务贸易合同①，它还因某些货物的性质或合同本身的性质，而将某些种类的货物排除在公约之外。② 对中非关系具有特殊重要性的是公约第 3 条规定，该条规定："供应尚待制造或生产的货物的合同应视为销售合同，除非订购货物的当事人保证供应这种制造或生产所需的大部分重要材料。"③ 虽然该公约的规则都是缺席规则（default rule），即它们只在当事人没有做出法律选择的情况下适用，④ 但在货物买卖合同领域，它是对中国和至少 10 个非洲国家具有约束力的重要实体法律渊源。

中国与那些不是《联合国国际货物销售合同公约》成员国的非洲国家之间的关系的确定，需要结合适用随后将要讨论的一些法律渊源。在进行讨论前，有必要了解一下在程序领域一些最重要的法律渊源。这些法律渊源包括《纽约公约》、《海牙域外送达公约》及《海牙域外取证公约》。下面将对每一公约进行简要分析。

---

① See CISG, at Art. 3（b）（"本公约并不适用于提供货物一方当事人的主要义务是提供劳务或其他服务的合同。"）

② Ibid.，Art. 2. "本公约不适用于以下的销售：（a）购供私人、家人或家庭使用的货物的销售，除非卖方在订立合同前任何时候或订立合同时不知道而且没有理由知道这些货物是购供任何这种使用；（b）经由拍卖的销售；（c）根据法律执行令状或其他令状的销售；（d）公债、股票、投资证券、流通票据或货币的销售；（e）船舶、船只、气垫船或飞机的销售；（f）电力的销售。"

③ Ibid.，Art. 3（1）.

④ Ibid.，Art. 12.

《纽约公约》是有关仲裁协议和仲裁裁决承认与执行的最为重要的多边法律渊源。截至本书写作时，该公约共有144个成员。这一数字包括中国和29个非洲国家。①

《纽约公约》可以帮助一方当事人在仲裁协议签订地或裁决做出地以外的国家，寻求承认该协议或执行该裁决。② 对于被请求承认和执行仲裁协议的缔约国法院，该公约第2条第1款规定："当事人以书面协定承允彼此间所发生或可能发生之一切或任何争议，如关涉可以仲裁解决事项之确定法律关系，不论为契约性质与否，应提交仲裁时，各缔约国应承认此项协定。"③ 该条第2款明确规定，如果一方当事人在缔约国法院提起诉讼程序，该法院必须中止诉讼并要求当事人将争议提交仲裁。④

对于仲裁裁决的执行，该公约第1条第1款规定："本公约适用于在被请求承认与执行国以外国家做出的，且产生于自然人或法人之间的仲裁裁决的承认与执行。本公约也适用于在被请求承认和执行国不被认为是国内裁决的仲裁裁决。"⑤

该公约的实施条款是这样规定的："各缔约国应承认仲裁裁决具有拘束力，并依援引裁决地之程序规则及下列各条所载条件执行之。承认或执行适用本公约之仲裁裁决时，不得较承认或执行国内仲裁裁决附加过苛之条件或征收过多之费用。"⑥

---

① See status at www. uncitral. org/uncitral/en/uncitral _ texts/arbitration/NYConvention _ status. html. 非洲成员国是：贝宁、博茨瓦纳、布基纳法索、喀麦隆、中非共和国、科特迪瓦、吉布提、刚果民主共和国、埃及、加蓬、加纳、几内亚、肯尼亚、莱索托、利比里亚、马达加斯加、马里、毛里塔尼亚、毛里求斯、莫桑比克、尼日尔、尼日利亚、卢旺达、塞纳加尔、突尼斯、乌干达、坦桑尼亚、赞比亚和津巴布韦。截至目前，《纽约公约》有156个成员，其中有33个非洲成员国。——译者注

② See New York Convention, at Arts. Ⅰ（1）& Ⅱ（2）. Text available at www. uncitral. org/pdf/07−87406 _ Ebook _ ALL. pdf

③ Ibid. , Art. 2（1）.

④ Ibid. , Art. 2（3）.

⑤ Ibid. , Art. 1（1）.

⑥ Ibid. , Art. 3.

这些规定为在被请求承认和执行地国以外做出的仲裁裁决的承认与执行提供了非常简化的方式。在公约不适用时，胜诉仲裁裁决的当事人需要在裁决做出地国提起法院诉讼程序，由法院根据本国的诉讼程序将该仲裁裁决认可为法院判决，然后当事人再到被告的财产所在地国提起法院程序，请求该法院承认和执行这一判决。① 这一过程十分漫长，且充满变数。《纽约公约》通过要求缔约国法院承认外国仲裁裁决具有和本国仲裁裁决一样的效力，而使这一过程缩短。从这个意义上讲，在北京做出的仲裁裁决可以根据该公约的规定在开罗得到执行，就如同在开罗做出的仲裁裁决一样，因为中国和埃及都是该公约的缔约国。反之亦然。不过，在北京做出的仲裁裁决却不能在喀土穆像在喀土穆做出的仲裁裁决一样得到执行，因为苏丹不是《纽约公约》的成员国。反过来也一样，因为中国对该公约做出了保留，只在互惠的基础上承认和执行在另一缔约国领域内做出的仲裁裁决。换句话说，《纽约公约》允许在某一缔约国内执行在另一非缔约国内做出的仲裁裁决，除非该缔约国做出保留将公约的适用限制在互惠基础之上，就如同中国所做的那样。②

应注意的是，虽然《纽约公约》是一个约束中国和 29 个非洲成员国的重要的多边条约，但那些非公约成员国还不能分享该公约带来的好处。也就是说，和《联合国国际贸易法委员会》一样，《纽约公约》作为一个多边性的法律渊源，它的涵盖范围仅限于成员国。不

---

① 需要注意的是，在一些国家，特别是欧洲大陆国家，可能需要请求法院许可签发执行令，然后带着这一执行令到另一国家申请第二个执行令，才能最终完成判决执行程序。See Andreas F. Lowenfeld, International Litigation and Arbitration, 3rd ed.（Thomson West, 2006），p. 413，n. 3.

② See China's reservations to the convention at www. uncitral. org/uncitral/en/uncitral _ texts/arbitration/NYConventio n _ status. html. 需要注意的是，在成员国内针对非成员国当事人做出的仲裁裁决也可能在第三方成员国内得到执行。洛温费尔德（Lowenfeld）教授用利比亚仲裁案来说明这一情况：在特许协议中，利比亚不是公约成员国，它同意在作为公约成员国的瑞士进行仲裁。在瑞士做出的仲裁裁决根据《纽约公约》分别在法国、英国和美国得到执行，因为根据公约，最重要的是裁决的作出地点。See Andreas F. Lowenfeld, International Litigation and Arbitration，p. 414.

过，这种涵盖范围有可能扩大。

另一个重要的多边法律渊源是《海牙域外送达公约》①。在几乎每一个司法体系中，诉讼的提起都是通过送达程序进行的，因为它是一个基本的正当程序概念，被告在任何诉讼程序中都需要得到诉讼已针对它提起的通知。跨境送达程序通常是一个十分麻烦的过程，这常常涉及请求书和外交照会的使用。② 不同国家的法院并不直接接触，它们不得不通过外交途径进行送达。这就意味着，如果没有《海牙域外送达公约》，如果一个埃及商人想以在埃及的违约起诉一个居住在中国的中国商人，他就需要向中国的被告进行送达。这一过程会涉及几个步骤。一旦诉讼在埃及法院提起，埃及法院就会向对被告具有属人管辖权的中国法院发出请求书，但该请求书通常会由埃及司法部转交给埃及外交部，再由埃及外交部转交给中国外交部，中国外交部再把它转交给中国司法部，最后由中国司法部把该请求书递送给具有属人管辖权的中国法院。③ 这是一个十分漫长的过程，一般会花费数月甚至数年的时间。《海牙域外送达公约》简化了这一程序，使域外送达变得极为便捷。该公约授权各成员国成立一个中央机构，专门负责域外送达。来自另一缔约国法院的司法文书可递送给该中央机构，由该中央机构根据本国法律规定的程序将文书送达给本国的被告。④ 送达一旦完成，该中央机构应向外国的请求法院返送送达证明。整个送达程序完成。⑤《海牙域外送达公约》是一个重要的多边法律渊源，但截至本书写作时，仅有 4 个非洲国家批准了该公约，它们是博茨瓦纳、

---

① See Convention of 15 November 1965 on the Service Abroad of Judicial and Extra Judicial Documents in Civil or Commercial Matters，text available at www. hcch. net/index _ en. php? act＝conventions. text&cid＝17.

② See Lowenfeld，International Litigation & Arbitration，pp. 249-250.

③ 这一例子受洛温费尔德教授案例的启发，See Lowenfeld，International Litigation & Arbitration，pp. 249-250.

④ See "The Hague Service of Process Convention"，at Art. 5.

⑤ Ibid. ，Art. 6.

埃及、马拉维和塞舌尔。① 因此，就中非关系而言，这一公约仅对中国和这4个非洲国家具有约束力。随着非洲国家经济条件的改善以及商业交往的增加，可能会有更多的非洲国家加入这一公约。

另一个相关而且更为重要的多边条约是《海牙域外取证公约》②。传统上，调取国外证据以便在诉讼地法院内使用所遵循的程序，和域外送达程序一样，十分漫长。再看一下上面提到的例子，假设中国当事人到埃及法院出庭，埃及法院希望了解位于中国国内的证据，而被告没有得到法院命令的情况下，不能或无法获取这些证据，那么埃及法院就会向埃及司法部递送一份请求书，埃及司法部再把这份请求书转递给埃及外交部，由它转递给中国外交部，中国外交部再通过国内途径将请求书转递给中国相关法院。《海牙域外取证公约》通过取消外交途径、允许法院通过中央机构的方式进行取证而简化了这一程序。③ 被请求法院可以直接调取证据包括证人证词，然后返送给请求法院。④ 该公约允许缔约国拒绝执行在普通法国家常用的审判前证据开示程序。⑤ 实际上，中国也对此做出了保留。⑥ 虽然该公约和《海牙域外送达公约》一样是一个重要的多边法律渊源，但只有南非和塞舌尔批准了该公约，因此，就中非关系而言，该公约还仅能约束中国和这两个非洲国家。⑦ 考虑到因不同缔约国具有不同的程序规则和证据规则而造成的该公约在适用方面的困难，其他非洲国家加入该公约

---

① 公约批准情况见：www. hcch. net/index _ en. php? act ＝ conventions. status&cid＝17 ♯ nonmem. 摩洛哥也是该公约成员国。——译者注

② "Convention of Mar. 18, 1970 on the Taking of Evidence Abroad in Civil and Commercial Matters", text available at www. hcch. net/index _ en. php? act ＝ conventions. text&cid＝82.

③ See "The Hague Evidence Convention", at Art. 22.

④ Ibid. , Arts. 10-13.

⑤ Ibid. , Art. 23.

⑥ 公约批准情况见：www. hcch. net/index _ en. php? act ＝ status. comment&csid? 493&disp? resdn.

⑦ 公约批准情况见：www. hcch. net/index _ en. php? act ＝ conventions. status&cid＝82. 注意塞舌尔是非成员国。

的前景还不明朗。①

以上这些多边条约可以作为调整中非商事关系的法律渊源。如上所述，这些条约中没有一个对所有非洲国家和中国具有约束力。因此，必须从这一角度来理解它们作为法律渊源的效用。无论它们适用与否，还有其他一些地区性、双边、和国内的硬法和软法渊源发挥着补充作用。下文将对这些法律渊源进行分析。

（二）地区性渊源

截至本书写作时，还不存在对中国和非洲国家都有约束力的地区性或跨地区性硬法渊源。所能获得的一些渊源也只是在前面两章讨论过的中非合作论坛通过的联合宣言和行动计划。调整私人商事关系的法律制度尚在萌芽之中。例如，《沙姆沙伊赫行动计划》在题为"领事和司法合作"的部分明确指出：

1. 认识到加强人员往来的必要性，双方同意在及时妥善处理涉及双方公民的领事案件方面加强合作。

2. 同意进一步促进双方司法、执法部门的交流与合作，共同提高防范、侦查和打击犯罪的能力。密切中国与非洲各国移民管理部门的合作，通过协商解决非法移民问题。

3. 注意到中非法律交流的重要性，决定适时举办"中非合作论坛—法律论坛"。②

截至本书写作时，中非合作论坛——法律论坛已举办过两次国际会议。中非双方的官员和学者通过这些会议来筹划未来法律制度的框

---

① See Lowenfeld, International Litigation & Arbitration, at 1019. 他指出："《海牙取证公约》看起来简单明了——有人可能会认为它不会产生任何问题。实际上，该公约已产生大量难题，甚至让人失望。"

② See Forum on China-Africa Cooperation "Sharm El Sheikh Action Plan 2010-2012".

架。① 他们在争端解决制度方面所做出的指导意见最为重要。《沙姆沙伊赫行动计划》以及此前的两次行动计划，都强调仲裁是解决中非之间商事争议的首选。为实现此效果，《沙姆沙伊赫行动计划》宣布："双方同意，在解决中非企业合同纠纷时，鼓励利用各国和地区性的仲裁机构。"② 很显然，双方都倾向利用国内和地区性仲裁中心来解决商事争议。

当我们谈及为中非法律事务而采取的地区性努力时，我们就必须谈到已有几十年历史的亚非法律协商组织（AALCO）③，因为它是唯一一个专门将两大洲联系起来的政府间组织④。该组织最早是由 7 个亚洲国家在 1959 年发起成立的一个法律协商论坛，后来其成员扩大，把中国和 17 个非洲国家也都纳入进来，它的工作重点也随之改变。⑤ 该组织的总部位于印度首都新德里，目前它有 47 个来自亚洲和非洲的成员国。⑥ 该组织的成立文件构成其宪章⑦。该宪章规定亚非法律协商组织的宗旨是成为有关国际法问题的观点交流平台，与联合国、国际法委员会和其他机构保持沟通，对国际法委员会的计划发表评论

---

① See www. focac. org/eng/dsjbzjhy/hxxd/t695254. html.

② See Forum on China-Africa Cooperation，"Sharm El Sheikh Action Plan 2010—2012"，at para. 4. 4. 8.

③ See official website at www. aalco. int/node.

④ Ibid.，at "About AALCO"，at www. aalco. int/content/about—us.

⑤ 这些国家是：埃及、巴林、孟加拉国、文莱、博茨瓦纳、喀麦隆、塞浦路斯、韩国、冈比亚、加纳、印度、印度尼西亚、伊拉克、伊朗、日本、约旦、肯尼亚、科威特、黎巴嫩、利比亚、马来西亚、毛里求斯、蒙古、缅甸、尼泊尔、尼日利亚、阿曼、巴基斯坦、中国、卡塔尔、朝鲜、沙特阿拉伯、塞内加尔、塞拉利昂、新加坡、索马里、南非、斯里兰卡、巴勒斯坦、苏丹、叙利亚、坦桑尼亚、泰国、土耳其、乌干达、阿联酋、也门。See www. aalco. int/content/members—states.

⑥ Ibid.，at "About AALCO"，at www. aalco. int/content/about—us.

⑦ 该文件文本见：www. aalco. int/content/aalco—statutes—0.

并提出建议，以及采取其他活动以实现上述目的。①

　　该组织最为人津津乐道的成就，是在其组织下成立了地区性仲裁机构的网络。这一想法开始于 1973 年，它把当时联合国国际贸易法委员会有关商事仲裁问题的工作结合起来，并最终建立了 4 个地区性国际商事仲裁中心：吉隆坡地区国际商事仲裁中心（1978 年）、开罗地区国际商事仲裁中心（1979 年）、拉各斯地区国际商事仲裁中心（1980 年）以及德黑兰地区国际商事仲裁中心（2004 年）。②

　　这些仲裁中心的仲裁规则基本上都是按照联合国国际贸易法委员会的仲裁规则制定的③。下一章会对这些仲裁中心进行详细讨论。不过，需要指出的是，这些机构及制度可以看作是调整中非商事关系的共同渊源。

（三）双边条约渊源

　　各国通常通过签订双边条约来进行不同种类的合作。民商事领域的司法合作条约虽然不像刑事司法合作条约那样普遍，但也很常见。截至本书写作时，中国已签订了 66 项双边司法合作条约。④ 其中有 13 项条约专门涉及民商事领域的司法合作。⑤ 其中有两项是与非洲国

---

　　① Statute of AALCO，at Art. 1. "(a) 讨论并审议由成员国提交给本组织的有关国际法的问题，并向相关国家政府提出必要建议；(b) 就共同关心的具有法律影响的事件交流观点、经验和信息，并提出必要建议；(c) 经成员国的同意，将本组织对提交给它的国际法问题的看法传达给联合国、其他机构或国际组织；(d) 审议国际法委员会正在讨论的议题，并将本组织的观点提交给该委员会；审查国际法委员会的报告，在必要时向成员国提出建议；以及 (e) 经成员国同意或应成员国的请求，采取适当行为以实现本组织的功能和目的。"

　　② See AALCO， "Regional Centers for International Commercial Arbitration"，at www. aalco. int/content/arbitration－centres.

　　③ Ibid.

　　④ See Ministry of Justice of the People's Republic of China, General Situation of China's Co-operation with Foreign Countries in Judicial Assistance, at www. legalinfo. gov. cn/english/judicial－assistance/node _ 7627. html.

　　⑤ See Ministry of Justice of the People's Republic of China, treaty table， at www. legalinfo. gov. cn/english/ judicial － assistance/content/2009 － 01/23/content _ 1026365. html.

家摩洛哥和突尼斯签订的①。有 19 项条约涉及民事（刑事）司法协助事项②，其中只有一项是涉及非洲国家埃及的③。这些条约通常对送达、取证、判决的执行等问题做出规定。

（四）通过示范法进行的法律协调化

示范法是对私法进行协调化的一种非常有用的方式。由于它们可以提供统一的规则，不但使争议解决程序更为简便，而且确保了跨境商事交易的可预见性，这对商业团体非常有利。在对中非关系中现有的一些重要的示范规则及其意义进行讨论前，我们先简要回顾一下示范法的历史背景。

现有的一些示范规则据说来源于众所周知的商人法（*lex merca-toria*）④。商人法根植于罗马法中的万民法（*jus gentium*），在中世纪欧洲民族国家兴起前，它就为商人们提供了一套统一的法律规范。⑤这些规范在民族国家范围之外提供了统一的实体性规则、争议解决机制以及执行机制。换句话说，在中世纪，欧洲商人的商业活动在很大程度上是根据这些所谓的"商人法"的统一规则而进行的，乔（Chow）和肖恩鲍姆（Schoenbaum）将它们称为"适用于欧洲商人之间商事交易的一种特殊类型的超国家共同法"。⑥虽然学者们对商人法的是否仍然发挥着重要作用还有很大的争议，但乔和肖恩鲍姆指出，新的商人法已经出现，并且他们得出了如下令人信服的结论："在过

---

① See Ministry of Justice of the People's Republic of China，treaty table，at www. legalinfo. gov. cn/english/ judicial － assistance/content/2009 － 01/23/content _ 1026365. html. 中国目前与 3 个非洲国家签订有民商事司法协助条约，另一项是同阿尔及利亚签订的。——译者注

② See Ministry of Justice treaty table，at www. legalinfo. gov. cn/english/judicial－as-sistance/content/2009－01/23/conte nt _ 1026364. htm.

③ Ibid.

④ See Chow & Schoenbaum，International Business Transactions，p. 30，citing Filip de Ly，International Business Law and Lex Mercatoria（North Holland，1992）.

⑤ Chow & Schoenbaum，pp. 29-30.

⑥ Ibid.

去的 150 年，并且一直持续到今天，一种新的商人法已快速发展起来，发挥着和旧的商人法一样的功能。我们现在已经并且会继续创造一套真正的国际规则体系，以调整国际商事交易。这样，国内部门法中的国际私法所发挥的作用和重要性日益降低。如果我们能够发展出一套确保法律冲突不再发生的法律体系和法律工具并加以利用，我们就可以不再需要冲突法原则。当然，说法律冲突现象现在已很罕见，还为时过早。法律冲突仍然产生，国际私法仍然需要。事实上我们需要的是一套商人法和国际私法相结合的混合体系。"①

　　能够引领法律协调化达到乔和肖恩鲍姆所称的新的商人法水平的一个主要机构是联合国国际贸易法委员会。如上所述，该机构通过制定立法和非立法性文本来实现法律协调化的目的。立法性文本是那些旨在并入国内法的文本，而非立法性文本是指那些供私方当事人援用的立法范本。② 示范法属于立法性文本，因为它们旨在供各国纳入国内法之中。根据乔和肖恩鲍姆的观点，示范规则的广泛采用可以将法

---

①　See Chow & Schoenbaum, op. cit.

②　See UNCITRAL, "FAQ", at www. uncitral. org/uncitral/en/uncitral _ texts _ faq. html Legislative texts include the following: United Nations Convention on Contracts for the International Sale of Goods; Convention on the Limitation Period in the International Sale of Goods; UNCITRAL Model Law on International Commercial Arbitration; UNCITRAL Model Law on Procurement of Goods, Construction and Services; United Nations Convention on Independent Guarantees and Stand-by Letters of Credit; UNCITRAL Model Law on International Credit Transfers; United Nations Convention on International Bills of Exchange and International Promissory Notes; United Nations Convention on the Carriage of Goods by Sea, 1978 (Hamburg); United Nations Convention on the Liability of Operators of Transport Terminals in International Trade; UNCITRAL Model Law on Electronic Commerce; UNCITRAL Legislative GuIbide on Privately Financed Infrastructure Projects; UNCITRAL Model Law on Electronic Signatures; UNCITRAL Model Law on International Commercial Conciliation; United Nations Convention on the Assignment of Receivables in International Trade; UNCITRAL Legislative GuIbide on Insolvency Law and the United Nations Convention on the Use of Electronic Communications in International Contracts. Nonlegislative texts include the following: UNCITRAL Arbitration Rules; UNCITRAL Conciliation Rules; UNCITRAL Notes on Organizing Arbitral Proceedings; UNCITRAL Legal GuIbide on Drawing Up International Contracts for the Construction of Industrial Works; and UNCITRAL Legal GuIbide on International Countertrade Transactions. The texts of all of these instruments are available on the official website of the UNCITRAL at www. uncitral. org/uncitral/en/uncitral _ texts. html.

律冲突的可能性降到最低，减少国际私法的作用。下面将列举数例加以说明。

联合国国际贸易法委员会的示范规则涵盖很多实体法领域，但对中非关系最为相关的是那些政府采购领域和基础设施领域的示范规则。这一领域的立法指南和示范规则有 5 个：《贸易法委员会拟定工业工程建筑国际合同指南》（1987 年）、《贸易法委员会货物和工程采购示范法》（1993 年）、《贸易法委员会货物、工程和服务采购示范法》（1994 年）、《贸易法委员会私人融资基础设施项目立法指南》（2002 年）以及《贸易法委员会私人融资基础设施项目示范立法条文》（2003 年）。几乎所有这些立法指南和示范法都是为帮助发展中国家制定并完善其国内政府采购和基础设施发展领域的国内法而起草的。[1] 最为重要的两个立法文件，也许是 1987 年的《贸易法委员会拟定工业工程建筑国际合同指南》和 1994 年的《贸易法委员会货物、工程和服务采购示范法》。这些示范法可以作为很好的范例，来说明立法指南和示范规则是如何对私法进行协调化和现代化的。下面将对这两个示范法做一简要分析。

1987 年的《工业工程建筑国际合同指南》共有 346 页，是一个非常全面的立法文件。[2] 该指南是在当时建立国际经济秩序的背景下制定的，在联合国国际贸易法委员会给予此类合同以优先考虑的决定中，亚非法律协商委员会（AALCC）的呼声得到极大重视。[3] 这一类型的合同十分复杂，不同的法律制度对它们有不同的处理方法。该指南指出，考虑到工程建筑合同工作量巨大、耗时漫长、当事方众多，

---

① See，e. g.，1994 Procurement Model，at iii（Forward）Text available at www. uncitral. org/pdf/english/texts/procurem/ ml－procurement/ml－procure. pdf. （"认为为工业工程合同的起草提供指导、澄清此类合同所涉及的法律问题并为此类问题提供解决方案，对所有当事人特别是来发展中国家的当事人在缔结此类合同时大有裨益"）。

② Text available at www. uncitral. org/pdf/english/texts/procurem/construction/Legal ＿ GuIbide ＿ e. pdf.

③ See "International Industrial Works Contracts Legal Guide"，p. 1（Introduction）.

此类合同的复杂程度令人咋舌，急需统一的法律规则。该指南将"工业工程"界定为"将一个或多个重要工程设备和工艺流程组合在一起进行生产的安装工程"。① 该指南列举的例子有水电站、石油化工厂等，② 这些工程是中国公司在非洲投资的最为常见的形式。需要注意的是，这些大型工程通常会涉及不同行业当事人之间大量的合同。该指南只是就"工程合同"方面做出规定。它将"工程合同"界定为"承包商负责向买方提供工程所需设备和材料并且负责安装设备或监督别人进行安装的合同"。③ 该指南还将此类合同与其他相关类型的合同，如工程设计合同、技术转让和培训合同区分开来，这些义务实际上也是工程合同的必要内容。④ 在对此类特定类型的合同进行界定后，该指南将其目标设定为"促进国际上对认定和解决与这些合同有关的问题达成共识"，换言之，就是"协调化"。⑤ 还应注意的是，该指南"是在考虑到世界上各种法律制度之间的差别而制定的"⑥。

从实体内容看，该指南几乎涵括了合同的所有领域，从缔约前研究⑦、缔约方式的选择⑧、承包商的选定，从合同的订立⑨到合同术语、风险、保险以及争端解决⑩。因此，当每次中非双方当事人在合同中运用这一指南时，他们就用一种比通过条约制定程序更为简便的方式，有效地对他们的法律进行协调。而且，通过反复使用，该指南无疑对国内法律产生重要影响——更为持久地对法律进行协调。

---

① See International Industrial Works Contracts Legal Guide. Art. 2.
② Ibid.
③ Ibid.
④ Ibid.
⑤ Ibid.
⑥ Ibid.
⑦ Ibid. , Ch. 1, 1-9.
⑧ Ibid. , Ch. 2, 14-22.
⑨ Ibid. , Ch. 3, 25-39.
⑩ Ibid. , Chs. 4-24, 39-291.

1994 年的《采购示范法》制定了一些国内立法程序可以采用的示范条款①。该示范法共有 57 条规定，内容涵盖国家的国际法律义务（如可能适用的 WTO 政府采购规则）、供应商和承包商的资格、投标程序、采购方式、替代性采购方式以及复查程序包括司法复审程序。②如果国家采纳这些规则，它们在政府采购的所有或大部分领域将拥有统一的规则，从而使其政府采购法得以协调化，这也使争议解决程序更为简便。截至本书写作时，有 10 个非洲国家采纳了示范法。③

　　在争议解决领域通过采用示范法而进行的协调化努力，可能是效果更为显著的。目前得到广泛认可和使用的联合国国际贸易法委员会的规则和示范法有：1976 年的《贸易法委员会仲裁规则》、1980 年的《贸易法委员会调解规则》、1985 年的《贸易法委员会国际商事仲裁示范法》以及 2002 年的《贸易法委员会国际商事调解示范法》。④

　　联合国国际贸易法委员会的仲裁和调解规则都是非立法性的，也就是说它们并非旨在直接对各国国内法进行协调化，而是通过当事人的选择适用于国际争议解决。而立法性的示范法文本是专门用于对国际仲裁和调解领域的国内法进行协调化的。稍后有关仲裁的章节中将会对联合国国际贸易法委员会的仲裁和调解规则进行详细讨论。下面仅对这些示范法及其协调化作用做一简要分析。

　　贸易法委员会《仲裁示范法》涵盖了国内仲裁立法所涵盖的每一

---

　　①　Text available at www.uncitral.org/pdf/english/texts/procurem/ml－procurement/ml－procure.pdf.

　　②　See Ibid，generally，at Arts. 1-57.

　　③　See www.uncitral.org/uncitral/en/uncitral _ texts/procurement _ infrastructure/1994Model _ status. html. 这些国家是冈比亚、加纳、肯尼亚、马拉维、毛里求斯、尼日利亚、卢旺达、坦桑尼亚、乌干达和赞比亚。

　　④　The texts of all of these instruments are available on the official website of UNCITRAL at www.uncitral.org/ uncitral/en/uncitral _ texts/arbitration. html.

领域①。这些领域包括仲裁协议的界定及执行②，仲裁庭的组成包括仲裁员的选定、任命及异议③，仲裁庭的管辖权包括其权限和临时措施④，仲裁程序的进行包括仲裁规则和证据的确定⑤，裁决的做出和程序的终止包括所适用的实体法的确定⑥，以及也许更为重要的针对裁决的救济措施包括有关裁决的撤销和仲裁裁决的承认与执行的规定⑦。

《仲裁示范法》在世界范围内得到广泛采用。香港和澳门特别行政区以及至少 9 个非洲国家都已采纳了该示范法。⑧ 采纳这一示范法的国家和地区基本上拥有了一套协调化的仲裁法，这就使《仲裁示范法》成为一个重要的法律渊源。

《贸易法委员会调解示范法》相对简洁，只有 14 条规定⑨，但涵盖了国际调解程序的所有方面，包括调解的开始和进行⑩、通信与保密规则⑪、与调解相关的某些事实不得在随后的仲裁和司法程序中援用的规则⑫，调解员作为仲裁员行事的规则⑬，以及有关调解的终止、

---

①　See UNCITRAL，"Model Law on International Commercial Arbitration"，由联合国大会在 1985 年 12 月 11 日第 12 次会议上通过，并在 2006 年 12 月 4 日的第 64 次会议上进行过修正，Available at www. uncitral. org/pdf/ english/texts/arbitration/ml — arb/07 — 86998 _ Ebook. pdf.

②　See UNCITRAL，"Model Arbitration Rule"，at Ch. Ⅱ，Arts. 7—9.

③　Ibid. ，Ch. 3，Arts. 10-15.

④　Ibid. ，Ch. 3，Arts. 16-17.

⑤　Ibid. ，Ch. 3，Arts. 18-27.

⑥　Ibid. ，Ch. 3，Arts. 28-33.

⑦　Ibid. ，Ch. 7 and 8，Arts. 34-36.

⑧　包括中国、中国香港特别行政区、中国澳门特别行政区、埃及、肯尼亚、马达加斯加、尼日利亚、卢旺达、突尼斯、乌干达、赞比亚、津巴布韦，采纳情况见：www. uncitral. org/uncitral/en/uncitral _ texts/arbitration/ 1985Model _ arbitration _ status. html.

⑨　UNCITRAL，"Model Law on International Commercial Conciliation with GuIbide to Enactment and Use"，由联合国大会在 2002 年 11 月 19 日在第 52 次会议上通过，Available at www. uncitral. org/uncitral/en/uncitral _ texts/ arbitration/2002Model _ conciliation. html

⑩　See UNCITRAL，"Model Conciliation Law"，at Arts. 4—6.

⑪　Ibid. ，Arts. 7-9.

⑫　Ibid. ，Art. 10. 不能接受的证据包括在调解程序中所做的承认、愿意和解的表示等。

⑬　Ibid. ，Art. 12. 这是一个重要的但有争议的规则，后面第十一章会进行讨论。

付诸仲裁或司法程序以及在达成和解协议时和解协议的执行等规则。①虽然由于许多原因，该示范法在北美及欧洲某些区域之外没有得到广泛采纳②，但它仍然是联合国大会通过的一个旨在对各国调解法进行协调化的重要示范法。

本节对一些旨在协调各国私法、作为跨国商事交易法律渊源的示范法，特别是对中非相关的一些示范法进行了考察。下节将对同样作为跨国商事交易法律渊源的国际贸易术语（Incoterms）进行分析。

（五）通过国际贸易术语进行协调化

本节必须首先做出一个免责声明。准确而言，国际贸易术语并不是合同法。正如乔和肖恩鲍姆所简练指出的："国际贸易术语的目的只是澄清哪一方当事人应履行根据货物买卖合同进行货物交付所必需的各种任务。"③作为国际贸易术语主要推动者的国际商会认为："它们（贸易术语）在全球范围内得到认可，已成为国际商事规则的标准。"④尽管这些术语还不是合同法的一部分，但当它们并入合同后，它们确实为买方和卖方创设了义务，这些义务并因此可以根据所适用的实体法，通常是国内合同法得到执行。⑤国际买卖合同中这些术语的采用，几乎和销售价格一样重要，因为这些术语将决定在装运过程中，由谁支付哪些项目以及在哪一阶段支付。

国际贸易术语最早是由国际商会在 1936 年起草的，基本上每隔 10 年就进行一次修订，中间已经历了许多变化。⑥最早的术语只是对

①　See UNCITRAL, Model Conciliation Law, Arts. 11, 13-14.

②　See status at www. uncitral. org/uncitral/en/uncitral _ texts/arbitration/2002Model _ conciliation _ status. html.

③　See Chow &.Schoenbaum, International Business Transactions, p. 77.

④　ICC, "Incoterms Rules at Core of World Trade", at www. iccwbo. org/incoterms/.

⑤　See Chow &. Schoenbaum, International Business Transactions, pp. 37-38 &. 77.

⑥　分别在 1953 年、1967 年、1976 年、1990 年和 2000 年进行过修正。See Ibid. at 75. See also 11 ICC, "Incoterms Rules at Core of World Trade". 新的《2010 年通则》在 2011 年 1 月 1 日起生效。

海上货物运输做出规定。例如，如果买卖合同规定了 FOB（船上交货价）或 CIF（成本、运费和保险费）术语，当货物的实际占有转移给承运人时，货物风险就从卖方转移到了买方，虽然承运人并非买卖合同的当事人。此外，当货物"越过船舷时"，货物的实际占有就被认为转移了承运人。[1] 后来由于新的运输方式的采用，就需要对旧的规则进行修订。如上所述，国际买卖合同中这些术语的采用，几乎和合同中的销售价格一样重要，因为这些术语将决定在货物运输过程中由谁在哪些情况下支付哪些项目。2000 年的《国际贸易术语解释通则》有 13 条术语[2]，这些术语注意到了一些最新发展，现在在国际商事交往中得到广泛认可和使用。合同中对上述可以产生具体义务的某一术语的采用都具有同样的含义，无论货物是从北京运到西雅图还是从北京运到吉布提或蒙巴萨。因此，这些术语的协调化作用十分显著，单从这一意义上而言，它们可以视为是法律渊源。

（六）通过法律重述进行协调化

在普通法法律传统中，判决规则并非总是依赖于统一的法律依据，法律的不确定性和复杂性可以通过对现有的普通法法律规则即通常所谓的法官法规则（judge-made rules）进行重述而得以减少。这是基于这一目的，美国在 1923 年就设立了现在颇有影响的美国法学会（ALI）。[3] 自此，美国法学会进行了很多领域的法律重述工作，包括对外关系和冲突法领域。这些法律重述的目的并不是对现有法律的编撰，而是对法律的应然状态的一种重述。这些法律重述对任何法院都没有约束力，但现实却如美国法学会所描述的："学会的许多出版物

---

[1] See Chow & Schoenbum, International Business Transactions，p. 76.

[2] 这些术语被分成 E、F、C、D 四组。

[3] See American Law Institute（ALI）Overview on the official website at www. ali. org/index. cfm? fuseaction? about. creation. See also Kristen David Adams，"The Folly of Uniformity: Lessons from the Restatement Movement"，33 Hofstra Law Review 423 (2004)，pp. 432-435（认为其作用已从重述法律几乎转变为制定法律）。

（即重述）被给予了比任何其他著述都更高的权威，这种权威几乎可与司法判例的权威相提并论。"① 在普通法国家，司法判例具有严格的约束力。

当美国法学会着手对外交关系法和冲突法领域的国际规则进行重述时，它的影响力超越了国界。② 美国法学会的重述具有重要协调化作用的一个很好范例，是《第二次冲突法重述（1971 年）》第 188 条。该条规定了合同当事人在未选择合同的准据法时，合同可能适用的规则。该条规定的标题是"当事人未作有效选择时合同所适用的法律"，其具体规定如下：

> （1）当事人有关合同问题的权利和义务根据与交易和当事人有最重要联系的国家的国内法判断；
> （2）在当事人没有做出有效的法律选择时，应根据下列因素判断合同某一问题所适用的法律：（a）合同缔结地；（b）合同谈判地；（c）合同履行地；（d）合同标的物所在地；（e）当事人的住所地、居所地、国籍、注册地、营业地。

法院将根据上述因素针对某一合同特定问题的相对重要性进行判断③。在分析中国法中的这一原则时，中国学者喻术红、肖永平和王葆莳认为，这一原则第一次在国际私法中的采用，应当是在美国法学会的《第二次冲突法重述》中。④ 为证明该原则自美国《第二次冲突法重述》后在世界范围内的采纳情况，他们列举了该原则在《联合国

---

① ALI，"About ALI"，quoted on the official website at www. ali. org/index. cfm? fuseaction? about. overview.

② Ibid. 它的工作已开始关注国际问题。

③ ALI, Restatement (Second) of Conflicts of Law（ALI, 1971），at s. 188, reproduced in Chow & Schoenbaum, International Business Transaction，p. 190.

④ Yu Shuhong, Xiao Yongping & Wang Baoshi, "The Closest Connection Doctrine in the Conflict of Laws in China"，8 Chinese Journal of International Law 423（2009），p. 424.

国际货物销售合同公约》和《欧洲议会合同义务规则》中被纳入的例子。① 随后他们分析了改革开放后该原则在中国不同法律中的纳入情况。中国第一部纳入该原则的法律是 1985 年的《对外经济合同法》。② 虽然该法已被现有的合同法废除，但该原则仍然保留下来。中国的其他法律包括《海商法》也纳入了该原则。③

　　上述内容基本揭示了法律重述以及其他学术努力如何对不同国家的私法产生协调化作用的，并因此可以不同而有限的方式作为一种法律渊源。也许会有更多的法律原则通过诸如重述、著述等非正式方式而不是通过诸如条约等方式跨越不同国界，这种非正式方式可以实现通过正式方式不能实现的法律协调化。在此背景下，下一章将探讨跨国商事交易领域的国内法律渊源。

---

　　① See Yu Shuhong, Xiao Yongping & Wang Baoshi, op. cit. , citing "Hague Convention on the Law Applicable to Contracts for the Sale of Goods of 22 December 1986" and "Regulation (EC) No. 593/2008 of the European Parliament and the Council of 17 June 2008 on the Law Applicable to Contractual Obligations" ("Rome I Regulation").

　　② Ibid. , pp. 423-424. citing Foreign Economic Contract Law of Mar. 21, 1985, adopted at the Tenth Session of the Standing Committee of the Sixth National People's Congress, promulgated by Order No. 22 of the PresIbident of the People's Republic of China on Mar. 21, 1985, and effective as of Jul. 1, 1985, superseded by the Law of Contracts of 1999.

　　③ Ibid.

第十一章

国内法律制度

　　跨越国界的交易同样跨越了不同的法域和法律。当人员、货物、服务和资本跨越国界时，潜在的法律问题总是相伴而生。

　　在跨境商事交易中最为常见的三个法律问题是管辖权、法律选择以及判决的执行。第十章所分析的一些国际法律渊源有助于解决这三个问题。但最终这三个领域法律问题的解决要依赖于国内法律制度。实际上，国际私法就是国内法，它将确定跨境商事交易所适用的国内冲突法规则。

　　即使存在有协调化的条约，它也只能在纳入国内法后才能适用。[①]基于此，本章下面两节将探讨中国和非洲有关管辖权、法律冲突和判决执行的一些基本法律渊源。

---

　　① See Chow & Schoenbaum, International Business Transactions（Aspen, 2005），28. "因此，'国际私法'这一短语确实是用词不当。国际私法实际上是国内法的一个领域，因为它是根据国内法律制度中的法律选择规范来解决国际环境下涉及两个或更多国家之间法律选择的法律冲突问题。这一过程的结果也是国内法，因为适用法律选择规范要么导致本国国内法的适用，要么是外国国内法的适用。"

第一节　中国

在本书第三部分已分析过中国的宪法结构。中国有单一的法院体制，最高一级的司法机构是最高人民法院。根据中国宪法的规定，最高人民法院对所有下级法院有监督权。[①] 虽然最高人民法院的判决不能被视为判例，因为法院的职责只是裁判案件，但最高人民法院就某些特定法律问题颁布了许多解释性意见，便于下级法院更好适用法律。[②] 从结构上看，中国人民法院组织系统有四级：最高人民法院、省级的高级人民法院、中级人民法院以及基层人民法院。[③] 每一法院都有民事、刑事和行政分庭。北京市还有一个单独的知识产权分庭。[④]

此外还有一些专门的人民法院，包括军事法院、海事法院、铁路运输法院。[⑤] 在中级和高级法院，还有专门的涉外分庭，处理涉外民商事诉讼。[⑥]

作为一个单一制国家，中国有 23 个省，2 个特别行政区（香港和澳门）、4 个直辖市（北京、天津、重庆、上海）、5 个自治区。[⑦] 自治区的法院结构和省级法院的结构一样。最高人民法院对所有法院具有上诉管辖权。[⑧]

截至 2009 年，在最高人民法院下面共有 32 个高级人民法院、

[①] See PRC Const. at Art. 127.

[②] See James M. Zimmerman, China Law Deskbook, 3rd ed. (American Bar Association, 2010), pp. 1007-1008.

[③] See Zimmerman, China Law Deskbook, p. 1008.

[④] Ibid., p. 1008.

[⑤] 同上，所有这些法院要受到最高人民法院的监督。

[⑥] See Mo Zhang, "International Civil Litigation in China: A Practical Analysis of the Chinese Judicial System", 25 Boston College International and Comparative Law Review 59 (2009), p. 61.

[⑦] See Zimmerman, China Law Deskbook, p. 1073.

[⑧] Ibid.

403 个中级人民法院以及 3132 个基层法院，全国共有 3568 个人民法院。① 法院涉外分庭每年审理数以万计的涉外民商事案件，这一数量还在一直增长。例如，从 1994 年到 1998 年，人民法院受理了 17368 个涉外民商事案件，平均每年审理 3473 个涉外案件。从 1998 年到 2000 年，这一数量已增长至平均每年审理 4500 件涉外案件。② 在 2003 年一年，法院就受理了 15746 件涉外民商事案件。③

一 管辖权

中国调整涉外民商事诉讼最重要的法律规定是《民事诉讼法》第四编的规定④。另外，最高人民法院在 1992 年 7 月 4 日通过的《关于适用〈中华人民共和国民事诉讼法〉若干问题的意见》，也是调整涉外民商事诉讼的一个重要指导性渊源。⑤ 下文的分析主要集中在《民事诉讼法》第四编。该编法律主要调整国际民事诉讼，也通常被称为"具有涉外因素"的民事诉讼。

《民事诉讼法》第四编的标题为"涉外民事诉讼程序的特别规

---

① See Mo Zhang, "International Civil Litigation in China", pp. 60-61, citing SPC sources.

② Ibid. , p. 62.

③ See Huang Jin & Du Huanfang, "Chinese Judicial Practice in Private International Law: 2003", Chinese Journal of International Law 227 (2008), 228. 需要注意的是，在 6338 个案件中，当事人来自其他国家，在 6043 个案件中当事人来自香港，在 528 个案件中当事人来自澳门，在 2837 个案件中当事人来自台湾。

④ Civil Procedure Law of the People's Republic of China, Adopted at the Fourth Session of the Seventh People's National Congress on Apr. 9, 1991, and Promulgated by Order No. 44 of the PresIbident of the People's Republic of China on Apr. 9, 1991 (hereafter "Chinese Civil Procedure Law"). Text available at www. china. org. cn/english/ government/ 207339. htm 该法取代了 1982 年民事诉讼法。中国自 1910 年以来就有了民事程序法，当时西方列强要求中国对法律进行现代化，来换取西方国家放弃域外法权。See Zimmerman, China Law Deskbook, pp. 1009-1010. 本章所援引的都是 1991 年民事诉讼法的规定，该法已被 2012 年 8 月修订的新的民事诉讼法所取代——译者注。

⑤ Mo Zhang, "International Civil Litigation in China", supra note 7, p. 60, citing 31 Gazette of th Supreme People's Court 70 (1992). 最高人民法院会不定期发布一些此类指导意见。see Zimmerman, China Law Deskbook, at n. 12 and accompanying text, p. 1010.

定"①，共有 43 条规定，涉及涉外民事程序从送达到仲裁裁决执行的几乎所有方面。②

在对程序问题进行探讨前，先了解一下对国际民事诉讼有直接影响的一些一般规定很有必要。第一，《民事诉讼法》的一般规定指出，外国人，无论是自然人还是法人，在中国进行诉讼时享有和中国人一样的权利，除非外国人所在国家对中国人的权利进行了限制，在此情况下，中国法院会采取对等措施。③ 第二，如果是重大涉外民事案件，则由中级人民法院行使初审管辖权。④ 第三，只有"在中华人民共和国领域内进行的涉外民事诉讼"，才适用第四编涉外民事程序的规定。⑤ 第四，如果外国当事人主张外交或主权豁免，则适用特殊规则。⑥ 第五，诉讼所使用的语言应当是在中国通用的语言、文字，如果当事人要求提供翻译的，可以提供，费用由当事人承担。⑦ 第六，如果外国当事人希望委托律师代理诉讼，则他"必须委托中华人民共和国的律师"。⑧ 第七，普通民事诉讼程序所适用的时效规定不适用于涉外民事诉讼程序。⑨

此外，《民事诉讼法》的适用不得与中国加入的国际条约相冲突。⑩ 如前一章所指出的，中国已加入国际民事诉讼程序的三个相关的国际公约：《纽约公约》、《海牙域外送达公约》和《海牙域外取证公约》。在出现冲突时，国际条约的规定优先于《民事诉讼法》的规定，尽管《民事诉讼法》纳入了公约的一些基本规则。

---

① 《中华人民共和国民事诉讼法》第四编。
② 同上，第 237—270 条。
③ 同上，第 5 条。
④ 同上，第 19 条。
⑤ 同上，第 237 条。
⑥ 同上，第 239 条。
⑦ 同上，第 240 条。
⑧ 同上，第 241 条。
⑨ 同上，第 250 条、第 13 条（规定了 6 个月的案件审理期限）以及第 159 条（规定了 3 个月上诉审理期限）。
⑩ 同上，第 238 条。

涉外民事案件的提起和普通民事案件一样应通过送达程序①。《民事诉讼法》认可按照《海牙域外送达公约》的方式，利用中央机构途径进行的送达，只要被告的居所地国是该公约的成员国。《民事诉讼法》还详细规定了其他可接受的送达方式，包括通过外交途径利用请求书进行的送达，通过中国驻外使领馆进行的送达，在通过其他送达方式无法送达时，还可进行为期 6 个月的公告送达。②

中国法院有关涉外民事案件管辖权的依据规定在四个相对简单的条款中。其中第一条规定了中国法院对涉外案件的一般管辖权依据，在对这些管辖权依据进行探讨前，需要了解一下其他三个条款所包含的一些基本原则，包括（1）当事人可以选择某一特定的人民法院审理案件，只要该法院"与争议有实际联系"③；（2）如果一方当事人没有对法院管辖权提出异议，或进行了实体答辩，他就被视为接受了法院的管辖，不得再提出管辖权异议④；（3）中国法院对因在中国履行的中外合资企业、中外合作企业合同和中外合作勘探开发自然资源的合同引发的纠纷具有专属管辖权。⑤

根据上述四个条款中第一个条款的规定，中国法院在下列情况下对涉外案件有管辖权：（1）被告的住所在中国；（2）合同的签订地在中国；（3）合同的履行地在中国；（4）诉讼标的物所在地在中国；（5）被告在中国有可供扣押的财产；（6）被告在中国有代表机构；（7）被告的分支机构在中国。⑥ 审判地也基本是依据上述因素确定的⑦。

---

① 《中华人民共和国民事诉讼法》第四编，第 247—250 条。
② 同上，第 247 条。
③ 同上，第 244 条。
④ 同上，第 245 条。
⑤ 同上，第 246 条。
⑥ 同上，第 243 条。
⑦ 同上。

与美国和欧盟的管辖权依据相比，中国地域管辖权①框架下的属人管辖权的依据十分宽泛。与属人管辖权作为民事程序事项的大多数大陆法国家不同，美国的属人管辖权是一个非常有争议的问题，因为它会涉及美国宪法第十四修正案中的正当程序条款，这就意味着每一州对非居民被告行使属人管辖权的民事程序法的规定，必须尊重被告的正当程序权利。

美国最高法院的几个重要判例对适用于外国被告的正当程序权利的范围进行了界定。美国属人管辖权法理中的一个最重要的概念，是该法院在1945年的International Shoe Co v. Washington案②中提出的"最低限度联系"（minimum contacts）。

这一案件的背景是这样的：美国一个州起诉州外的公司，要求它为其在该州工作的销售代理人缴纳尚未支付的失业税。该公司以正当程序为由提出异议。审理案件的法院认为，属人管辖权的标准或"正当程序是否得到满足必须取决于与法律的公正、有序管理相关的活动的性质和特点，而这正是正当程序条款所要确保的"③。此外，为使法院对不在本地的被告有管辖权，"必须存在与法院的某些最低限度的联系，以至于进行诉讼不会违反传统的公正和实质正义观念"。④

美国最高法院在1977年的Shaffer v. Heitner案中将这一观念进行扩展，仅因被告的财产在法院地州就对不住该州的被告行使了管辖权。在这一案件中，法院指出，有关被告与法院存在联系的争议，必须证明"在被告、法院和诉讼之间存在有既有的联系"。⑤最高法院在Asahi Metal Industries Co., Ltd v. Superior Court案⑥中，对这一观

①　根据中国民事诉讼法，管辖权分为四类：级别管辖、地域管辖、移送管辖和指定管辖。最重要的也许是地域管辖，也是属人管辖。See Mo Zhang, "International Civil Litigation in China", pp. 63-75.

②　International Shoe co. v. Washington，326 U. S. 310，319（1945）.

③　Ibid.，pp. 319-320.

④　Ibid.，p. 316.

⑤　Asahi Metal Industries co.，LTD v. Superior Court，480 U. S. 102（1987）.

⑥　Ibid.，pp. 102-108.

点进行了提炼，它建议下级法院，当案件涉及国外的被告时，应对最低限度联系做出谨慎解释。该案中的被告朝日公司（Asahi）是日本的一个轮胎阀生产商，它将轮胎阀出售给一家台湾公司即辰欣（Chen Shin）公司。辰欣公司将这些轮胎阀安装到摩托车的内胎上，并在世界范围内销售。原告在加利福尼亚购买了一些内胎，由于轮胎阀存在质量缺陷，原告受到伤害。原告起诉了许多相关当事人，除朝日公司外，都进行了和解。① 朝日公司提出属人管辖权异议，理由是它没有在加利福尼亚进行营业活动，因此不应指望它对在该州提起的诉讼进行答辩。最高法院同意了这一理由："朝日公司没有在加利福尼亚进行营业活动，它在加利福尼亚没有办公室、代理人、雇员或财产。它也没有在加利福尼亚进行广告或招揽生意。它没有创建、控制或使用分销系统以便将其轮胎阀引进到加利福尼亚。没有证据表明朝日公司设计的产品是希望在加利福尼亚销售的。根据上述事实，加利福尼亚高等法院对朝日公司扩大行使属人管辖权超越了正当程序的界限。"②

更为重要的是，最高法院在该案中还认为，虽然加利福尼亚州对该争议有法定利益，但被告在该州进行诉讼的负担过重，仅仅因为这样一个牵强的联系，就要求它从日本来参加加利福尼亚州的诉讼，显得极不合理。③

同样，欧盟也在设法避免所谓的"过度管辖权"（exorbitant jurisdiction），虽然这一概念稍有不同。例如，根据欧盟的《管辖权与判决执行公约》（《布鲁塞尔公约》）④，仅依据财产所在地行使的管辖

---

① Ibid. , pp. 112-113.

② Ibid. , p. 114.

③ European Communities: Convention on Jurisdiction and Enforcement of Judgments in Civil and Commercial Matters（1968, updated by the Protocol of 1971）.

④ European 1968 convention, Art. 3.（提到德国民事诉讼法第 23 条，该条允许单独依据财产的存在行使管辖权）。公约认为过度的其他管辖权依据是单纯根据国籍行使管辖权、通过对在法院辖区内出现的被告送达传票行使管辖权（注意：这在美国是允许的，这也是美国和欧盟的差异之一）。对这些差异和相似性的解释，see Andreas Lowenfeld, International Litigation and Arbitration（Thomson West, 2005）, pp. 208-228.

权被认为是多度的，因此是不被允许的。①

考虑到中国《民事诉讼法》中宽泛的管辖权依据，看来中国法院并没有受制于这些因素。实际上，最高人民法院在 2000 年 4 月 17 日发布的一个通知，要求下级法院在法律的最大限度内行使管辖权，除非案件当事人都是外国人，且案件与中国联系较少。② 如果案件的所有当事人都是非居民，并且案件与中国没有实际联系，下级法院可建议当事人到其他地方解决争议。这一指导意见更有点像是不方便法院原则而不是对管辖权的特别限制。不过，应注意的是，不方便法院原则还不是中国管辖权法律的一部分。③

二　冲突法

截至本书写作时，中国正在起草制定一部全面的民法典，其中一章就是冲突法。④ 中国现有的冲突规则分散在不同的单行法律中。对于本书而言，最为相关的冲突规则规定在 1999 年的《合同法》中。⑤ 该法第 126 条规定了当事人意思自治原则，根据这一规定，

---

① See "Notice on Several Questions in Adjudication and Enforcement Concerning Civil and Commercial Cases with Foreign Elements，Apr. 17，2000，Supreme People's Court Doc.，No. 51，200，P. I"，cited in Mo Zhang，"International Civil Litigation in China"，p. 72.

② See Mo Zhang，"International Civil Litigation in China"，p. 72. 作者在文中指出，中国国际私法学会主张在中国法律中纳入不方便法院原则，它甚至还起草了包含该原则的示范法。Ibid，citing Model Law of Private International Law of the People's Republic of China（2000），Art. 251.

③ The Draft Civil Code of The People's Republic of China，Ch. IX. English translation prepared by The Legislative Research Group of Chinese Academy of Social Sciences（Brill，Nov. 2010）. 2015 年 2 月 4 日起施行的《〈中华人民共和国民事诉讼法〉司法解释》第 53 条明确规定了不方便法院原则——译者注。

④ See Contract Law of the People's Republic of China，adopted at the Second Session of the Ninth National People's Congress on Mar. 15，1999，entered into force Oct. 1，1999（hereafter "Chinese Law of Contracts"），available at www. fdi. gov. cn/pub/FDI _ EN/Laws/law _ en _ info. jsp? docid.《中华人民共和国涉外民事关系法律适用法》已由第十一届全国人民代表大会常务委员会第十七次会议于 2010 年 10 月 28 日通过，该法已于 2011 年 4 月 1 日起施行——译者注。

⑤ Chinese Law of Contracts，Art. 126.

"涉外合同的当事人可以选择处理合同争议所适用的法律，但法律另有规定的除外"①。该法接着规定了一个缺席规则："涉外合同当事人没有选择的，适用与合同有最密切联系国家的法律。"② 然后它又为某些中国实体和在中国履行的合同规定了一条特殊的规则："在中华人民共和国境内履行的中外合资经营企业合同、中外合作经营企业合同、中外合作勘探开发自然资源合同，适用中华人民共和国法律。"③

中国有学者指出，"最密切联系标准"采纳的是美国法学会《第二次冲突法重述》中的"最重要联系"标准。④ 虽然在其他法律中也含有这一原则，但中国学者对于该原则的适用是仅限于在合同法领域，还是可以适用于其他所有法律领域，还存在不同意见。⑤ 不过，应注意的是，中国《民法通则》也采纳了同样的原则。⑥ 最高人民法院在 2007 年颁布的一个司法解释，对确定最密切联系地所要考虑的一些因素做了规定。⑦

---

① Ibid.

② Ibid.

③ See，e. g.，Mo Zhang，"International Civil Litigation in China"，at 76. See also Shuhong，Yongping & Baoshi，"The Closest Connection Doctrine in the Conflict of Laws in China"，Chinese Journal of International Law（2009）8（2）：at 423—439，423—424. 有关中国合同法律选择规则的更详细讨论，see generally Mo Zhang，"Choice of Law in Contracts：A Chinese Approach"，26 Northwestern Journal of International Law and Business 289（2006）.

④ See Shuhong，Yongping & Baoshi，"The Closest Connection Doctrine in the Conflict of Laws in China"，at 425.

⑤ 《中华人民共和国民法通则》第 145 条。

⑥ Rules of the Supreme People's Court on Related Issues Concerning the Application of Law in Hearing Foreign-Related Contractual Dispute Cases Related to Civil and Commercial Matters（Promulgated on Jul. 23，2007），cited in Wang Hui，"A Review of China's Private International Law During the 30－year Period of Reform and Opening Up"，Asian Law Institute，Working Paper Series，No. 002（May 2009），at n. 4. Paper available at http：//law. nus. edu. sg/asli/pdf/WPS002. pdf.

⑦ See Zimmerman，China Law Deskbook，at 291 n. 87，citing Art. 304 of the Several Opinions of the Supreme People's Court Concerning the Implementation of Civil Procedure Law（1992）. 齐默尔曼也注意到，随后的一些观点清楚表明，其他连接因素也会导致合同具有涉外因素。

中国《合同法》或其他法律并没有对合同方面的"涉外因素"做出规定。不过,该短语似乎包括双方或一方当事人不是中国公民的情况,或就公司而言,公司不是依据中国法律注册的。① 从实践的角度来看,最近的一个有关中国法院审理的涉外案件的实证研究表明,在至少6%的案件中,中国法院根据冲突规则适用外国法审理了案件。②

三　判决、仲裁裁决的执行

本部分将重点分析与执行相关的五个程序性问题:(1)临时措施或保全措施;(2)仲裁协议的执行;(3)涉外仲裁裁决的执行;(4)中国法院判决的执行;以及(5)外国法院判决在中国的执行。

(1)临时措施。根据中国民事诉讼法,当事人可申请对财产进行保全,如果该申请人能够证明不进行财产保全会造成"难以弥补的损害"。③ 提出申请的当事人应当提供担保,并在保全措施采取后的30天内提起诉讼。④ 如果采取保全措施有错误,申请人应赔偿对方当事人的损失。⑤ 如果会造成难以弥补的损害,提起仲裁程序的当事人也可申请财产保全。⑥ 但此种情况下,申请须向仲裁庭提出。仲裁庭会将申请转交给有管辖权的中级人民法院。⑦

这是中国仲裁庭的一个奇怪的职能,下面的章节会详细探讨。法院一旦准许保全申请,它就会采取各种方式保全财产,包括查封、扣

① See Huang Jin & Du Huanfang, "Chinese Judicial Practice in Private International Law: 2003", Chinese Journal of International Law 227 (2008), p. 237. 这导致88%的案件适用了中国法律,2%的案件混合适用了中国法和国际公约。作者认为,从过去的经验来看,这是巨大的进步。在46%的案件中,当事人意思自治原则得到适用,22%的案件中,最密切联系原则得到适用。Ibid. 这是基于对50个案件的数据分析。
② 《中华人民共和国民事诉讼法》第251条。
③ 同上,第93条。
④ 同上。
⑤ 同上,第253、96—99条。
⑥ 同上,第258条。
⑦ 同上。

押、冻结财产等方式。^①

（2）仲裁协议的执行。中国民事诉讼法有一条专门的强制性规定，授权法院认可与涉外经济、贸易、运输或海事活动有关的仲裁协议的效力。该条款的措辞阐明了与仲裁协议相关的应被禁止的一些行为，而没有说明法院应对不服从仲裁协议的一方当事人采取什么措施。不过，该条款的目的十分清楚：仲裁协议应得到尊重。

对于因涉外经济、贸易、运输或海事而产生的合同纠纷，如果当事人在合同中订立有仲裁条款，或在事后达成了书面的仲裁协议，他们就应把争议提交仲裁机构解决，不得在人民法院提起诉讼。如果当事人在合同中没有规定仲裁条款，或在事后没有达成书面仲裁协议，他们就可在法院提起诉讼。^②

虽然在处理涉及与条约相关的事项时，中国民事诉讼法规定会援引相关国际公约，但对于仲裁裁决的执行，它并没有提及《纽约公约》。但中国民事诉讼法有关仲裁的规定看来已充分清晰地表明，该法会承认与《纽约公约》相符的仲裁协议的效力。

（3）涉外仲裁裁决的执行。中国民事诉讼法有两条有关涉外仲裁裁决承认与执行的规定。其中一条规定涉及中国国内仲裁机构做出的仲裁裁决的执行^③，而另一条规定涉及外国仲裁机构做出的仲裁裁决的执行^④。有关国内仲裁机构做出的仲裁裁决的执行的规定是这样的："一方当事人不履行仲裁裁决的，对方当事人可以向被申请人住所地或者财产所在地的中级人民法院申请执行。"^⑤ 而对于国外仲裁机构做出的仲裁裁决的执行，民事诉讼法的有关部分规定是这样的："国外仲裁机构的裁决，需要中华人民共和国人民法院承认和执行的，应当

---

① 《中华人民共和国民事诉讼法》，第 94 条。
② 同上，第 257 条。
③ 同上，第 259 条。
④ 同上，第 269 条。
⑤ 同上，第 259 条。

由当事人直接向被执行人住所地或者其财产所在地的中级人民法院申请。"① 该条款通过下列表述把《纽约公约》纳入其中："人民法院应当依照中华人民共和国缔结或者参加的国际条约，或者按照互惠原则办理。"②

　　中国 1994 年《仲裁法》③ 的有关规定以及最高人民法院发布的一些通知进一步澄清了上述条款的适用。下一章会详细讨论《仲裁法》的有关规定。特别是最高人民法院的一个通知，要求下级法院在做出拒绝执行涉外仲裁裁决的裁定前，必须寻求上级法院的批准，直至得到最高人民法院的批准。④

　　根据中国民事诉讼法的规定，法院可在下列情况下拒绝执行涉外仲裁裁决：

　　（一）当事人在合同中没有订有仲裁条款或者事后没有达成书面仲裁协议的；

　　（二）被申请人没有得到指定仲裁员或者进行仲裁程序的通知，或者由于其他不属于被申请人负责的原因未能陈述意见的；

　　（三）仲裁庭的组成或者仲裁的程序与仲裁规则不符的；

　　（四）裁决的事项不属于仲裁协议的范围或者仲裁机构无权

---

①　《中华人民共和国民事诉讼法》，第 269 条。

②　同上，See also Zimmerman, China Law Deskbook, pp. 996-997, 应注意的是，中国只在互惠基础上承认外国仲裁裁决，即做出仲裁裁决的国家也必须是《纽约公约》的成员国。而公约本身并没有做此要求，它允许成员国对此进行保留，中国做出了此类保留。Ibid., p. 996.

③　See Arbitration Law of the People's Republic of China, adopted at the 18th Session of the Standing Committee of the 8th National people's Congress and Promulgated on Aug. 31, 1994, at Ch. Ⅷ, Arts. 65-73.

④　See Zimmerman, China Law Deskbook, pp. 998-999, citing Notice on Several Issues Concerning the Treatment of Certain Aspects of Foreign-Related Arbitration and Foreign Arbitration by the People's Courts (issued by the Supreme People's Court on Aug. 28, 1995).

仲裁的。①

此外，如果人民法院认定执行裁决违背社会公共利益的，也可裁定不予执行。② 该条规定与《纽约公约》第 5 条允许缔约国法院在某些情况下拒绝执行外国仲裁裁决的规定高度一致③。《纽约公约》还允许因有关争议不能根据国内法通过仲裁解决而拒绝执行仲裁裁决，但中国民事诉讼法的上述条款却没有提到可仲裁性问题。④ 不过，它在有关公共政策的一般规定前增加了一个新的短语"社会的"（social）。《纽约公约》中没有这一短语，对这一短语的解释有可能非常宽泛。⑤

最后，如果法院以合理原因拒绝执行裁决，根据中国民事诉讼法的规定，当事人可以选择将争议重新提交仲裁，或在有管辖权的法院提起诉讼。⑥ 这些与仲裁相关的大部分规定将会在后面的章节中分析。

（4）中国法院的涉外判决在外国的执行。中国民事诉讼法第 266 条对被执行人或财产不在中国境内的判决的执行做了规定。根据该条规定，在此种情况下，判决债权人或人民法院"依照中华人民共和国缔结或者参加的国际条约的规定，或者按照互惠原则，请求外国法院承认和执行"⑦。

该条规定包含了三个重要的暗示：（a）判决债权人可以在判决债务人所在地的法院申请执行判决；（b）人民法院可以申请执行此类判决，只要中国和另一国存在有关判决承认与执行的国际条约；

---

① 《中华人民共和国民事诉讼法》第 260 条。
② 同上，与第 217 条第 4—5 款比较，涉及拒绝执行国内仲裁裁决的更为宽泛的基础，包括证据不足、适用法律错误等。
③ See New York Convention, at Art. V.
④ See New York Convention, Art. V（2）（a）.
⑤ Ibid, at Art. V（2）（b）.
⑥ 《中华人民共和国民事诉讼法》第 261 条。
⑦ 同上，第 266 条。

（c）在不存在此类国际条约时，人民法院可申请在互惠原则上执行判决。

截至本书写作时，中国尚未加入任何有关判决承认和执行的多边或地区性条约。[①] 不过，中国已和其他国家签订了 66 个双边司法协助条约，其中只有 11 个涉及民商事事项。[②] 除非判决债务人在这 11 个国家内，否则判决债权人将不得不自己申请执行判决，或请求人民法院根据互惠原则在外国寻求判决的执行，当然这会带来不可预测的结果。

（5）外国法院判决在中国的执行。与上面情况相反的是外国判决在中国的执行。这种情况需要判决债务人在中国有财产。民事诉讼法的有关规定，规定了与上述情形相似的三种选择：（a）判决债权人直接向中国有管辖权的中级人民法院申请执行；（b）判决债权人请求外国法院向中国中级人民法院提出判决执行申请，条件是双方存在有双边条约；（c）判决债权人请求中国法院在互惠基础上执行判决。

如上所述，由于中国目前同其他国家签订的只有 11 项民商事司法协助条约[③]，看来在很多情况下只能由当事人直接提起执行申请，或

[①] 人们尝试制定有关判决承认和执行的多边公约的各种努力都失败了。See Lowenfeld, International Litigation and Arbitration，pp. 580-584. 在此方面唯一一个典型的地区性条约是《布鲁塞尔公约》。See European Communities：Convention on the Jurisdiction and Enforcement of Judgments in Civil and Commercial Matters of 1968（amended several times since）. Text available at ＜http：//curia. europa. eu/common/recdoc/convention/ en/c－textes/brux－Ibidx. htm＞. 不过，中国是至少 20 个多边条约的成员国，有些涉及司法协助，特别是在刑事领域，包括《联合国反腐败公约》。See Ministry of Justice of the People Republic of China treaty table at www. legalinfo. gov. cn/english/judicial－assistance/content/2009－01/23/content_1026366. htm. 如上所述，这些条约并不直接涉及民商事领域判决的承认与执行。

[②] See Ministry of Justice of the People's Republic of China，General Situation of China's Co-operation with Foreign Countries in Judicial Assistance，at www. legalinfo. gov. cn/english/judicial－assistance/node_7627. htm.

[③] See Ministry of Justice of the People's Republic of China，General Situation of China's Co-operation with Foreign Countries in Judicial Assistance，at www. legalinfo. gov. cn/english/judicial－assistance/node_7627. htm.

由外国法院根据互惠原则寻求判决的执行。无论哪种情况，根据民事诉讼法的规定，只要外国判决不违反"中华人民共和国法律的基本原则或国家主权、安全与公共利益"，中国法院就可承认与执行外国判决。[①]

从程序上看，中国法院一旦批准执行外国判决，就会由执行法官采取相关措施[②]，包括冻结、划拨、查封、扣押、转移或拍卖等[③]。

第二节　非洲

直到最近，非洲大陆内部的经济联系以及非洲与其他贸易伙伴的经济联系，还不足以发展出完善的国际私法法律制度。现在非洲根本的经济条件正在快速转型。在非洲，和中国一样，法律发展的步伐正在设法与经济发展的步伐一致。[④]

本部分从地区性和次区域性视角概述了非洲国际私法的状况。本书无意对每一非洲国家的国内法进行分析。不过，探讨一下非洲国家在某些国际性和地区性安排中的参与，可以使我们管窥参与其中的非洲国家的国内法律状况。

非洲国家在国际私法发展过程中的参与程度，与它在国际公法发展过程中的参与程度一样较低，这只是从这两种法律体系各不相同的

---

① 《中华人民共和国民事诉讼法》第268条。
② 同上，第209条。
③ 同上，第221—236条。
④ See Zimmerman, China Law Deskbook, pp. 77-78（需要注意的是，虽然采取了一些积极步骤，但法律制度远非完善）。不过，还需注意的是，中国法律制度更为迅速地适应了经济发展。See, e. g., Qingjiang Kong & Mu Minfei, "The Chinese Practice of Private International Law", 3 Melbourne Journal of International Law 414 (2002); Mo Zhang, "Choice of Law in Contracts: A Chinese Approach".

角度而言。国际上接受最广泛、最为重要的私法文件是《纽约公约》。截至本书写作时，有 29 个非洲国家是该公约的成员国。^①

《海牙域外送达公约》也是一个被广泛接受的公约，虽然没有像《纽约公约》的接受程度那样广泛。截至本书写作时，有 4 个非洲国家是该公约的成员国。^②

最后，在非洲，《海牙域外取证公约》接受国家最少的一个法律文件，只有 2 个非洲成员国。^③ 非洲国家在其他海牙公约的参与程度也极其有限^④。目前，在非洲范围内还没有一个像《布鲁塞尔公约》那样的国际私法方面的国际条约^⑤。

---

① 批准情况参见：www. uncitral. org/uncitral/en/uncitral _ texts/arbitration/NYConvention _ status. html. 这些非洲成员国是：贝宁、博茨瓦纳、布基纳法索、喀麦隆、中非共和国、科特迪瓦、吉布提、刚果民主共和国、埃及、加蓬、加纳、几内亚、肯尼亚、莱索托、利比里亚、马达加斯加、马里、毛里塔尼亚、毛里求斯、莫桑比克、尼日尔、尼日利亚、卢旺达、塞内加尔、突尼斯、乌干达、坦桑尼亚、赞比亚和津巴布韦。作者统计有误，遗漏了阿尔及利亚和南非，而多列举了刚果民主共和国。刚果民主共和国和布隆迪在 2014 年加入该公约，科摩罗在 2015 年加入该公约。因此，该公约现有 33 个非洲成员国——译者注。

② 批准情况见：www. hcch. net/index _ en. php? act＝conventions. status&cid＝17♯nonmem. 这四个国家是博茨瓦纳、埃及、马拉维和塞舌尔。摩洛哥已在 2011 年 3 月 24 日批准了该公约——译者注。

③ 批准情况见：www. hcch. net/index _ en. php? act＝conventions. status&cid＝82. 这两个国家是南非和塞舌尔。摩洛哥已在 2011 年 3 月 24 日批准了该公约——译者注。

④ 根据 Oppong 教授的统计，截至 2007 年，有 19 个非洲国家是 12 个海牙公约的成员国，See Richard Frimpong Oppong, "Private International Law in Africa: The Past, Present and Future", 55 American Journal of Comparative Law 677 (2007), 680. 39 个海牙公约的名单及批准情况见海牙国际私法会议官方网站：www. hcch. net/index _ en. php? act conventions. listing.

⑤ See Oppong, "Private International Law in Africa", supra note 88, at 679. 应注意的是《非洲经济共同体条约》和非盟《法院议定书》都没有授予个人直接在法院提起诉讼的权利。换句话说，在这些文件中，不存在有意义的个人诉讼权利。See Treaty Establishing the African Economic Community, at Arts. 18—19. Text available at www. au2002. gov. za/docs/key _ oau/aec-treat2. htm♯chap3. See also Protocol of the Court of Justice of the African Union, Art. 18. Text available at www. africa — union. org/root/au/Documents/Treaties/Text/Protocol％20to％20the％20African％20Court％20of％20Justice％20—％20Maputo. pdf. 这两个法院之间的关系还不明朗。对于《非洲经济共同体条约》及法院之间关系这一具体问题的评论。See Oppong, "Observing the Legal System of the Community: The Relationship between Community and National Legal Systems under the African Economic Community Treaty", 15 Tulane Journal of International & Comparative Law 41 (2006), at n. 71 and accompanying text.

非洲国家在国际私法组织中的成员资格没有给人留下太多印象，但它们在联合国国际贸易法委员会中却有广泛的参与：在该机构目前的 60 个成员中，有 14 个是非洲国家。① 不过，国际统一私法协会虽然有 63 个成员，但只有 4 个来自非洲。② 同样，海牙国际私法会议有 69 个成员，只有 3 个是非洲国家。③

从积极的一面来看，有越来越多的非洲地区性和次区域性文件开始关注国际私法问题。其中最为典型的有《东非共同体条约》、《南共体法院程序规则议定书》、《东南非共同市场条约》及《非洲商法协调条约》（其法语缩为"OHADA"）。下面将会讨论这些文件的一些相关规定。

东非共同体④创建了一套法院体系⑤，它对私人性质的诉讼也有管辖权⑥，包括产生于"商业合同中的仲裁条款或当事人授予东非共同体法院管辖权的协议"的诉讼⑦。如果东非共同体法院根据这一协议行使管辖做出了判决，成员国国内法院就应执行该判决："东非共同体法院做出的、对当事人施加金钱义务的判决的执行，应根据被请求执行的成员国的有效的民事程序规则进行。执行令应与东非共同体法院判决附在一起，根据执行令的要求，被请求执行的成员国法院的书记官只对判决的真实性进行确认，然后判决债权人就可请求执行这

---

① 联合国国际贸易法委员会的成员国情况见：www. uncitral. org/uncitral/en/about/origin. html. 这 14 个非洲国家是：阿尔及利亚、贝宁、博茨瓦纳、喀麦隆、埃及、加蓬、肯尼亚、毛里求斯、摩洛哥、纳米比亚、尼日利亚、塞内加尔、南非和乌干达。

② 国际统一私法协会的成员国情况见：www. unidroit. org/english/members/main. htm. 这四个非洲国家是埃及、尼日利亚、南非和突尼斯。

③ 海牙国际私法会议的成员国情况见：www. hcch. net/index _ en. php＝act. 现有 4 个非洲成员国，分别是埃及、摩洛哥、南非和赞比亚——译者注。

④ Treaty for the Establishment of the East African Community（hereinafter EAC Trea-ty），as amended on Dec. 14，2006，and Aug. 20，2007. Text available at www. eac. int/or-gans. html.

⑤ See Ibid，at Ch. 8，Arts. 23 et seq.

⑥ Ibid. ，Art. 30.

⑦ Ibid. ，Art. 32（c）.

一判决。"①

这是一条绝对规则，不允许成员国法院以任何理由对东非共同体法院的判决进行审查，而只能对判决的真实性进行确认。

《南共体法院议定书》也有同样的规定②。南共体法院的管辖权可以扩及于私方当事人和成员国之间因诸如投资和其他商事事项等大量问题而产生的争议③。该议定书要求成员国国内法院执行南共体法院的决定或裁决：

（1）南共体法院判决的执行，应根据被请求执行的成员国领域内有效的有关外国判决登记和执行的民事程序规则和法律进行。

（2）成员国和南共体有关机构应采取所有必要措施确保南共体法院判决的执行。

（3）南共体法院的裁决对特定案件的争议当事人具有约束力，并且可在相关成员国领域内执行。

（4）如果一成员国未能执行南共体法院的裁决，相关当事人可将这一情况提交给南共体法院。

（5）如果南共体法院证实存在裁决未能执行的情况，它应将自己的调查向南共体国家元首大会报告，由后者采取适当行动。④

南共体法院是一个超国家机构，《南共体条约》要求各成员国国内法院不得对南共体法院的裁决进行审查，该条约还对不遵守这一条

---

① See EAC Treaty，Art. 44.

② See Protocol on Tribunal and the Rules of Procedure Thereof（hereafter SADC Tribunal Protocol）．Text available on the official website of SADC at www. sadc. int/tribunal/protocol. php.

③ See Ibid.，Art. 15（1）．"法院有权审理国家之间、自然人和法人与国家之间的争议。"

④ Ibid.，Art. 32（1-4）．

款的行为规定了制裁措施。

《东南非共同市场条约》也采取了相似的方法。该条约建立了一个具有一般管辖权的司法法院①。它给予成员国以及私方当事人可在该法院提起诉讼的出庭资格②。成员国国内法院应根据自己的民事程序规则，执行东南非共同市场司法法院的金钱判决，不得对案件的实体问题进行审查。条约中的相关规定是这样的："东南非共同市场司法法院做出的有关金钱义务的判决，应根据被请求执行的成员国国内有效的民事程序规则进行。执行令应附加在司法法院的判决上，根据执行令的要求，被请求执行的成员国国内法院的书记官只能对判决的真实性进行确认，然后判决债权人可根据该成员国有效的民事程序规则要求执行该判决。"③

非洲商法协调组织（OHADA）的体系，也许是在非洲所有有关私法协调化的地区性和次区域性体系中最为先进的一个。该体系是根据《非洲商法协调条约》而创建的，旨在对法语非洲国家的商法进行协调化。④

《非洲商法协调条约》希望"通过制定和采纳简单、现代而又适应其经济发展的统一规则，通过创建适当的司法程序以及通过鼓励仲

---

① 背景信息见：http://about.comesa.int/lang－en/overview/history－ofcomesa See also COMESA Treaty，at Arts. 19—44. Text of the COMESA Treaty is available at http://about.comesa.int/attachments/149_090505_COMESA_Treaty.pdf.

② See COMESA Treaty at Arts. 24 & 26.

③ Ibid.，Art. 40.

④ 《非洲商法协调条约》是在 1995 年 9 月 19 日生效的，英语文本见 www.ohada.com/traite.php? categorie＝10. 这 16 个成员是：贝宁、布基纳法索、喀麦隆、中非共和国、乍得、科摩罗、刚果共和国、科特迪瓦、赤道几内亚、几内亚比绍、加蓬、马里、尼日尔、塞内加尔和多哥（刚果民主共和国在后来加入该组织——译者注）。虽然该条约向所有非洲国家开发，但目前仅有 17 个非洲国家批准了该条约，大部分是法语非洲国家。该组织的官方语言是法语，几乎所有法律文件都是法语写成。这也许是非洲私法领域最为先进的安排，但由于该组织偏重于法语区，只规定法语作为官方语言，因而它招致许多批评. See, e.g., Nelson Enonchong, "The Harmonization of Business Law in Africa: Is Article 42 of the OHADA Treaty a Problem?" Oxford Journal of African Law（51）: 1（2007），pp. 95-116.

裁解决合同争议"，来推动成员国商法的协调化。①

　　该组织取得成就令人刮目相看。目前，它已在一些主要法律领域制定了八部统一法。② 该条约设立了一个部长委员会和司法与仲裁共同法院③。该条约希望制定的统一法④能够在"成员国内直接适用，成员国此前或此后通过的国内立法不得与之相冲突"⑤。

　　司法与仲裁共同法院可以行使两类管辖权。首先，它可以作为涉及统一法事项的最高上诉机构。⑥ 根据条约的规定，因统一法的适用而产生的案件可在成员国国内法院审理。⑦ 无论是一审还是上诉审都是如此，此类案件可能最终上诉至司法与仲裁共同法院。⑧

　　作为一个终审的审理法院，司法与仲裁共同法院有权审理法律问题和事实问题。⑨ 法院的判决具有约束力："司法与仲裁共同法院的判决是终局的。成员国应在各自领域内确保判决的执行。与该法院判决相冲突的判决不得在成员国领域内得到合法执行。"⑩

　　司法与仲裁共同法院还可作为具有审查权的仲裁中心⑪。合同争议的当事人可以选择该法院作为仲裁中心，只要至少一方当事人的住所或惯常居所在一个成员国内，或合同的全部或部分在一个或多个成

---

① See OHADA Treaty, at Art. 1.

② 这些统一法是：1998年1月1日生效的《一般商法统一法》、1998年1月1日生效的《公司法统一法》、1998年1月1日生效的《担保统一法》、1998年1月10日生效的《债务追偿简易程序和执行措施统一法》、1999年1月1日生效的《破产法统一法》、1999年6月11日生效的《仲裁统一法》、2002年1月1日生效的《会计法统一法》、2004年1月1日生效的《公路货物运输合同统一法》（《合作社统一法》已在2011年5月16日生效——译者注）。See www. ohada. com/infohada＿detail. php? article＝424.

③ See OHADA Treaty, at Art. 3.

④ Ibid.，Arts. 5-12.

⑤ Ibid.，Art. 10.

⑥ Ibid.，Arts. 14-20.

⑦ Ibid.

⑧ Ibid.

⑨ Ibid.，Art. 14. （最后一句）。

⑩ Ibid.，Art. 20.

⑪ Ibid.，Arts. 21－26.

员国内履行或将被履行。① 作为仲裁中心，该法院通过批准当事人选定的仲裁员，或在当事人未能做出此类选定时，通过从其名单中指定仲裁员的方式，来对仲裁进行管理。②

作为一个审查机构，司法与仲裁共同法院在签署并授权成员国执行仲裁裁决前，必须对裁决进行审查并批准裁决。如果它不同意仲裁裁决，它就可"建议正式修正"。③ 也许更为重要的是，《非洲商法协调条约》规定，经司法与仲裁共同法院批准的仲裁裁决，"应在每一成员国内具有终局效力，就如同成员国国内法院做出判决一样"。④ 该条约还规定"此类裁决可通过执行令得到执行"，而且"司法与仲裁共同法院有权签发此类执行令"。⑤

成员国国内法院不得对司法与仲裁共同法院的仲裁裁决进行审查，即使存在有《纽约公约》第5条所规定的理由。司法与仲裁共同法院在签发执行令前，有权对裁决是否存在瑕疵进行审查。《非洲商法协调条约》中导致裁决无效的理由，与《纽约公约》第5条的规定相似，但措辞稍有不同。在下列情况下不得签发执行令："（1）仲裁员没有根据授予他管辖权的协议进行裁决，或是根据无效或过期的协议进行裁决的；（2）仲裁员没有根据授予他的权限进行裁决；（3）对抗式程序原则没有得到遵守；（4）仲裁裁决违反国际公共秩序。"⑥ 值得注意的是，作为可能是拒绝执行裁决的最重要理由的国内公共秩序被"国际公共秩序"取代了。

如上所述，非洲商法协调组织体系是一个非常先进的体系，因为

---

① See OHADA Treaty，Art. 21.

② Ibid.，Art. 22.

③ Ibid.，Arts. 23，24.

④ Ibid.，Art. 25.

⑤ Ibid.

⑥ Ibid.

现在有 8 个主要的统一法已在成员国内适用①，并且这些统一法还得到了一个超国家的执行机制的支持。不过，虽然非洲商法协调组织希望成为涵盖非洲大陆的组织，但由于它不能脱离以法语为中心的根源及成员资格，而经常为人所诟病。

第三节　结语

中非之间的私商事关系正日益扩大与复杂，它们目前是在一个具有硬法和软法的法律框架下运行的。硬法渊源包括多边条约，如调整实体问题的《联合国国际货物销售合同公约》，以及调整程序问题或争端解决的《华盛顿公约》。此外，还有一些调整司法合作与协助的双边条约。

其他共同的实体法律渊源包括示范法及法律重述。国际贸易术语在调整跨国商事交易中也发挥着重要作用。私商事关系还在发展之中，因此，软法渊源十分重要。中非合作论坛通过的一系列的宣言与行动计划，也强调了创建一套更为具体的调整商事交易法律制度的重要性。也许更为重要的是，一些行动计划持续认同仲裁是解决商事争议的最佳方式。因此，仲裁已经成为并将继续成为中非私商事关系中争议解决的主要方式。

争议的解决也离不开国内法律制度。中非双方的法律制度正处于快速转型中。即使以后存在有双方都接受的解决商事争议的跨国法律制度，国内法院诉讼仍会不可避免。随着商事关系的日趋成熟，法律

---

① 至少就统一法在喀麦隆英语区的适用看来还存在争议，See, e. g., Jean Alian Penda, "The Applicability of the OHADA Treaty in Cameroon: The Way Forward," at www.ohada.com/infohada _ detail. php? article＝424.

协调化努力仍将继续。

　　与本书第三部分和第五部分的结论一致，本部分认为国际仲裁无疑是中非私商事关系中争议解决的最佳方式。下面的第五部分对中非双方可用的不同仲裁选择进行评价，并就未来可行的仲裁框架提出了详细的建议。

第五部分

仲裁

前面三个部分得出的结论是，仲裁是解决中非经济关系中产生的贸易、投资和商事争议的最佳、实际上也是最有效的选择。本部分将对中非双方可利用的仲裁选择进行评析，分为三章：在本章引言之后，第十二章将对国际仲裁的背景做一概述，并对作为替代性争议解决方式的国际仲裁的一些基础概念进行界定。第十三章对在美国和欧洲最广为使用的一些仲裁机构进行介绍，以便与第十二章中的相关内容做一比较。第十四章对亚洲和非洲的一些最重要的仲裁机构进行详细介绍，以便对它们是否适合解决中非争议做一评析。第十五章将结束本书的讨论，并对全书做一最终的、简要的总结，提出相关建议。

第十二章

国际仲裁

　　基于一些理由，主权国家的国内法律制度通常被认为不适合解决因跨境商事交易而产生的争议。正如卡尔博诺（Carbonneau）教授所指出的，在国内法院审理的跨国诉讼中，"司法实用主义的伦理观屈从于各种不同的门户之见"，导致产生"拜占庭式的复杂的法律规则"，从而使一些简单问题的解决仅仅因为涉及不同国家而变得不必要复杂起来。① 他补充道："这是一个由律师和法官创建并运行的流程，这一流程并因此为律师和法官服务——而不是为那些求助于它并因此付费的客户服务的。"② 所涉及的一些法律问题有管辖权、挑选法院、平行诉讼、禁诉令、国家行为理论、主权豁免以及判决的执行问题等。③ 除这些法律问题外，人们还总

---

　　① Thomas E. Carbonneau, International Litigation and Arbitration (Thomson West, 2005), p. 17.

　　② Ibid.

　　③ 大部分有关国内法院中国际诉讼的教材的内容也都支持这一观点, See, e. g., Carbonneau, International Litigation, supra note 1；Dicey, Morris & Collins, The Conflict of Laws, 14th ed. (Sweet & Maxwell, 2006); Andreas F. Lowenfeld, International Litigation and Arbitration, 3rd ed. (Thomson West, 2006); Chow & Schoenbaum, International Business Transactions (Aspen, 2005); Ralph G. Steinhardt, International Civil Litigation (LexisNexis, 2002); Paul B. Stephan, Julie A. Roin & Don Wallace, Jr., International Business and Economics Law and Policy (LexisNexis, 2004); Russell J. Weintraub, International Litigation and Arbitration, 5th ed. (Carolina Academic Press, 2006); Mary Ellen O'Connell, International Dispute Resolution (Carolina Academic Press, 2006); Gary Born & Peter Rutledge, International Civil Litigation in United States Courts, 4th ed. (Aspen, 2006).

会关注法律文化问题以及对外国当事人的偏见等。这些问题汇集在一起，常常使得跨国诉讼不但花费高昂，而且可能会给至少一方当事人带来不公正。

现在，仲裁被认为是解决跨境商事交易争议的一种合理替代选择。有的学者甚至认为仲裁不仅是一种必然的选择，而且对今天的国际商事环境而言是必不可缺的。[①] 雷德芬（Redfern）与亨特（Hunter）在其最新出版的著述中做出如下评论："国际仲裁已经成为解决国家之间、个人之间、公司之间因国际贸易、商事和投资而产生的争议的最主要方式。"[②] 不过，应该承认的是，仲裁并非是可以解决所有问题的灵丹妙药。卡尔博诺教授还指出仲裁所带来的一些具有启发性的影响。他说："仲裁似乎完善了跨境诉讼的许多方面。"[③]

国际仲裁在当前世界范围内享有显著声誉，但其历史据说非常久远。[④] 卡尔博诺教授用下面的话概括了仲裁最为重要的现代起源及其在世界范围内的传播："最初，国际商事仲裁是一套欧洲的程序，反映了欧洲大陆法体系的司法实践，并且——部分基于该原因——被美国刻意回避。它最终成为北美对抗式体系和欧洲诉讼方式之间从事商业的基础。在冷战时期，它通过在瑞典进行的东方—西方之间的仲裁

---

① See Amazu A. Asouzu, "Some Fundamental Concerns and Issues about International Arbitration in Africa", African Development Bank Law Development Review, Vol. 1 (2006), at 81. Available at http: //papers. ssrn. com/sol3/papers. cfm? abstract _ id = 1015741.

② Nigel Blackaby and Constantine PartasIbides, Alan Redfern & Martin Hunter, Redfern & Hunon on International Arbitration, 5th ed. (Oxford University Press, 2009), 1.

③ See Carbonneau, International Litigation, at 24 (emphasis added).

④ 对国际商事仲裁起源及发展的全面分析，see Gary B. Born, International Commercial Arbitration, Vol I. (Kluwer Law International, 2009), pp. 7-64.

使东西方之间的贸易成为可能。目前，它已成为拉美、亚洲以及非洲进行全球商业交易的跳板。"[1]

第一节 基本特征

葛雷英（Graving）教授在其 1989 年的论文中写道："在哪儿仲裁以及由谁管理仲裁，已不像过去那么重要了。"[2] 他的理由是商事仲裁已经"非国内化"（denationalized）[3]，并且通过规则和制度的融合已经被协调化了[4]。他认为那些最为广泛使用的国际商事仲裁中心促成了此种融合[5]。他列举了 5 个商事仲裁中心，并基于 15 个不同因素对它们进行了分析：国际商会仲裁院（ICC）、美国仲裁协会（AAA）、伦敦国际仲裁院（LCIA）、斯德哥尔摩商会仲裁院（SCC）

---

① 仅在西部非洲，就有超过 16 个地区性和国内 ADR 中心，在喀麦隆、科特迪瓦、加纳、尼日利亚和塞内加尔还有仲裁中心。See T. Sutherland & G. Sezneck, "Alternative Dispute Resolution Services in West Africa: A GuIbide for Investors", US Department of Commerce: Commercial Law Development Program（2003）, at 3. Available at www. fdi. net/documents/WorldBank/databases/benin/westafricaguide7212003. pdf. See also Carbonneau, International Litigation, at 25. See also Born, International Commercial Arbitration, at 90-91.（"目前商事仲裁的国际法律制度已对过去的执行机制做了实质性完善……当前的国际公约、国内仲裁立法和国际仲裁规则对大多数现代商事仲裁提供了专业的、高度支持性的法律制度。这一法律制度已经确立，并在逐步完善，其目标非常明确，就是通过提供稳定的、可预见性的、有效的法律框架来促进国际贸易和投资，以便商业活动顺利进行。"）

② Richard J. Graving, "The International Commercial Arbitration Institutions: How Good a Job are They Doing?" 4 American University Journal of International Law and Policy 319（1989）, p. 320.

③ Ibid., p. 6.

④ Ibid., pp. 321-322.

⑤ Ibid.

以及解决投资争议国际中心（ICSID）①，他的结论是："在这些主要仲裁机构进行仲裁，每一项因素都可以得到解决，以实现最大可能的利益。随着时间的推移和经验的积累，它们的规则和实践越来越相似。所存在的一些差异也并非明显。在存在差异时，当事人也不可能预先知道，对于某一特定争议哪一规则或实践对其有利。"②

葛雷英教授还指出，仲裁员的实际做法也会倾向融合。为支持这一观点，他引用了洛温费尔德教授的结论："无论位于何处，也无论他们服务于哪个仲裁机构，国际仲裁员总是倾向于做出相同的实体性和程序性裁决。对于诸如证据开示等此类事项可能会存在差异，如美国的法律人喜欢利用这一程序，而其他地方包括英国的法律人对此却有保留意见，但即使对于这些事项，融合的程度也在加速。"③

葛雷英教授在 1989 年得出的结论"在哪儿仲裁以及由谁管理仲裁已不像过去那么重要了"，现在看来可能仍然正确，因为他谨慎地使用了时间短语，如"过去"。他有关仲裁机构之间相似性多于差异性的结论也可能是正确的，因为他只是对位于巴黎、纽约、伦敦、斯德哥尔摩和华盛顿的仲裁机构进行了比较，而这些仲裁机构都具有西

---

① 这些因素是：（1）该国是否是一个或多个国际仲裁公约的成员国？（2）当事人不能排除的强制性法律要求是什么？（3）对仲裁事项是否有限制？如果有，这些限制是什么？（4）对仲裁员的权力是否有限制？（5）法院干预仲裁的程度有多大？以及法院对仲裁的支持程度有多大？（6）仲裁裁决是否有约束力并能切实得到执行？（7）对仲裁裁决是否存在复审或上诉机制？（8）该国是否有胜任的仲裁员？（9）是否存在对仲裁进行管理的仲裁机构？（10）可以非常方便地使用哪些语言？（11）该国是否具有国际商事仲裁经验的律师？（12）是否存在诸如庭审室、译员等便利条件？（13）该国是否有便利的国内外交通、电话、传真等？（14）该国对移民、关税、外汇兑换和税收有何规定？（15）该国有关仲裁员、管理、律师、译员及其他服务的相对成本如何？See Richard J. Graving, op. cit., p. 367.

② Ibid., p. 368.

③ Ibid., p. 369. citing Lowenfeld, "The Two-Way Mirror: International Arbitration as Comparative Procedure", Michigan Year Book of International Legal Studies (1985), pp. 163-185. 他还注意到，由美伊求偿仲裁庭 Howard Boltzmann 法官和博洛尼亚大学 Giorgio Bernini 教授领导的工作得出了同样的结论。Ibid, at n. 247 and accompanying text, citing "International Council for Commercial Arbitration", Congress Series No. 3 (1986), p. 171. 该工作组结论的实际措辞是这样的："比较分析表明，实际做法正在逐步国际化，传统上法律制度之间的分野正在趋同化，现在商事仲裁法律制度之间的相似性多于差异性。"

方法律传统。① 如果将他的结论扩展到世界其他仲裁机构，可能就会引起质疑。仲裁机构的选择在任何争议解决程序中仍是关键的一步。当事人通常会考虑许多因素。仲裁机构也经常标榜自己的独特优势。在确定某一仲裁机构是否适合解决某一争议时，当事人会考虑许多不同因素。

《富尔德律师事务所仲裁与 ADR 指南》确定了两个主要因素以及一系列的实际考虑②。最基本的也许最主要的因素是仲裁所在地的法律环境的特征以及仲裁裁决的执行③。对法律环境的分析主要集中在特定地域的立法、司法甚至是行政法律制度。特别是，需要考虑该地是否有现代的国内立法，可以限制司法对仲裁的干预。在此方面，是否采用《联合国国际贸易法委员会国际商事仲裁示范法》常被认为是一个重要标志。对仲裁裁决执行的考虑主要在于某一国家是否是《纽约公约》以及其他有关仲裁裁决执行的法律文件的成员国。④

《富尔德律师事务所仲裁和 ADR 指南》还确定了其他一些实际考虑，包括：

(1) 地理位置：便利和中立是最基本的考虑。这些考虑很自然地取决于当事人是谁以及他们位于何处。

(2) 是否存在合适的仲裁员：此处主要关注的是可供选择的仲裁员的技能和经验。

(3) 争议标的所在地：是指构成争议对象的建筑场所或工厂的所在地。

---

① See Graving, op. cit., p. 328. 对于不同法律传统包括西方法律传统的分析，see generally H. Patrick Glenn, Legal Traditions of the World, 4th ed. (Oxford University Press, 2010).

② See Jan Paulsson, Nigel Rawding, Lucy Reed, and Eric Schwartz, The Freshfields GuIbide to Arbitration and ADR, 2nd ed. (Kluwer Law International, 1999), 25 et seq.

③ Ibid., p. 25.

④ Ibid., pp. 25-32. 与《纽约公约》相似的地区性商事仲裁公约有 1961 年 4 月 21 日在日内瓦缔结的《欧洲国际商事仲裁公约》以及 1975 年 1 月 30 日在巴拿马城缔结的《美洲间国际商事仲裁公约》。

（4）证人位于何处：如果证人证词会构成预期证据的一部分，所在位置是否离取证地点很近是一个重要考虑因素。

（5）是否有支持服务：这一方面的考虑包括仲裁设施，如是否有视频会议设备、称职的工作人员等。①

雷德芬和亨特的经典著述对于如何在每一个个案中确定一个适当的仲裁机构，列举了四个标准：

（1）是否常设：当谈判达成仲裁条款时，当事人可能无法知道何时会产生争议。争议通常在合同签订后的数年内产生。因此，雷德芬关注的是所选择的仲裁机构可能不存在了，这就使仲裁条款变得无效，或用《纽约公约》中的专业术语来说，"无法实施或不能被执行"②。为避免这一情况，雷德芬建议，当事人选择一些老的、更为可靠的仲裁机构。③

（2）现代仲裁规则：不同仲裁机构的仲裁规则仍有不同。雷德芬建议，必须根据仲裁机构的仲裁规则是否现代来判断仲裁机构的适当性，他认为国际商会仲裁院和伦敦国际仲裁院是特别值得选择作为争议解决机构的，因为它们的仲裁规则经常更新。

（3）合格的工作人员。显然，如果有合格能干的工作人员，就可以使仲裁机构的运行更为顺畅。国际仲裁的工作人员必须了解仲裁规则、程序、期限、收费标准、签证流程以及其他管理职能。雷德芬认为，具有经验更为丰富的工作人员的仲裁机构可以为该机构增添价值，也可以使它更容易成为当事人的首选。④

---

① See Jan Paulsson et al，op. cit.

② Ibid.

③ 实际上，实用主义表明："有一定的理由可以说反对在发展中国家设立新的仲裁机构，但这么说显然会不公正地偏向于已经建立的仲裁机构。确实如此，但建议当事人选择某一特定仲裁机构的律师需要确信这一选择是正确的。如果所选择的仲裁机构具有长期的良好记录或虽然是一个新设立的仲裁机构但可以确保它的长期存在，这样律师就容易有这种自信。"Ibid.，p. 59.

④ Ibid.

（4）合理的收费。这一标准通常被认为是底线。所有仲裁机构都会收取管理费，仲裁员一般会根据仲裁机构的报酬标准获得收入。有些仲裁机构是按照争议标的额的百分比收费，有些是按照所投入的时间收费。雷德芬建议当事人在做出选择前应仔细审查收费标准。[①]

其他一些人从稍微不同的角度考虑上述一些因素。美迈斯（O'Melveny & Myers）律师事务所北京办公室的诺顿（Patrick Norton）强调了选择仲裁机构或仲裁地的四个因素：可执行性、仲裁地当地法律的效力、仲裁的花费及便利以及可协商性。对于可协商性，他是指对方当事人或商业伙伴对仲裁地的相对接受程度。[②]

尽管上述因素通常是选择仲裁机构时的一些基本考虑，但当当事人来自不同文化和法律背景时，除这些因素外，他们还需考虑仲裁机构的文化适当性。基于上述因素及相关考虑，并且为了方便进行比较和分析，我们可将上述因素分为三个宽泛的类别以作为基本的标准：即仲裁机构的法律、经济和文化。下面三节对这些概念进行了界定，在第十三章和第十四章还列举了对所选择的仲裁机构进行评价时必须考虑的一些特定因素。

[①] See Jan Paulsson et al. op. cit. , p. 59.

[②] See Patrick M. Norton, "Chinese Trade and Investment Disputes: Offshore Options", in Arbitration in China: A Practical GuIbide, vol. 1, eds. Jerome A. Cohen, Neil Kaplan & Peter Malanczuk (Sweet & Maxwell, 2004), pp. 102-104. 对于后一个因素即可协商性（negotiability），诺顿指出，基于一些历史原因以及战后瑞典所采取政治中立性原则，中国似乎倾向于选择瑞典作为仲裁地。Ibid. at 105. 仲裁机构的法律通常与仲裁地的国内法相互关联，这样，仲裁地法律的重要性就不容小觑。例如，鲍恩（Gary Born）确定了几种可能影响仲裁结果的、与仲裁地法律有联系的因素。他将这些因素分为两大类：内部因素和外部因素。内部因素包括：当事人约定实体问题和程序问题的意思自治、仲裁程序中的程序公正性标准、期限、仲裁合并、法院干预、律师出庭权利及他们的行为义务、答辩及证据规则、口头证词的可接受性及管理、开示和披露、临时措施等。外部因素包括仲裁裁决的撤销、仲裁员的选任、仲裁员的解除、协助仲裁的证据调取、支持仲裁的临时措施等。See Gary Born, International Arbitration, Cases and Materials（Aspen, 2010），p. 536.

第二节　仲裁机构的法律、经济和文化

一　仲裁机构的法律

现在如果说仲裁的共同法或仲裁的世界法正在出现，也许并没有太多异议。[①] 对此过程有很多界定。也许最好的界定是鲍恩（Gary Born）提出来的。他在其权威著述中将国际商事仲裁界定为："一种根据当事人的协议、由当事人选择的或为当事人选择的独立的、非政府部门的裁断者适用的、可以为当事人提供庭审机会的中立的司法程序而最终解决国际商事争议的方式。"[②] 这一定义对仲裁法的大部分领域进行了极好的总结，至少涵盖了仲裁的 5 个重要领域：（1）争议的最终解决，强调了裁决对当事人的约束力；（2）争议解决机制的成立是根据当事人的协议；（3）裁断者的民间性及中立性；（4）当事人选

[①] See Carbonneau, International Litigation, p. 25. See also Thomas Carbonneau, "Arbitral Law Making", 25 Michigan International Law Journal 1183 (2004), p. 1200. （"世界仲裁法的许多内容都是确定的"）早在 1988 年，洛温费尔德教授就指出："存在着国际仲裁的习惯法。" Andreas Lowenfeld", Singapore and the Local Bar: Aberration or Ill Omen, Journal of International Arbitration (1988) pp. 71, 74, cited in Graving, at n. 247. 雷德芬列举了下列文件作为国际仲裁法的最重要渊源，前两个是背景文件，它们是：（1）1923 年《日内瓦议定书》；（2）1927 年《日内瓦公约》；（3）1958 年《纽约公约》；（4）1976 年联合国国际贸易法委员会《仲裁规则》；（5）1965 年《华盛顿公约》以及在 2006 年 12 月经过修正的 1985 年联合国国际贸易法委员会《国际商事仲裁示范法》。See Blackaby et al., Redfern & Hunter on International Arbitration, p. 7.

[②] Born, International Commercial Arbitration, pp. 64-65. 其他定义包括："是一种两个或多个当事人感兴趣的问题解决机制，在这一机制中一个或多个人员——仲裁员被授予解决问题的任务，他们是从当事人的私下协议而不是国家的权威中获得此类权力，他们将基于当事人的协议开展程序并做出决定。" Ibid, p. 217, quoting Rene' David Arbitration rbitration in International Trade (Springer, 1985), 5. 一个更为简单的定义是："一种私下解决争议的契约方式。" Born, p. 217, quoting W. Reisman, L Craig, W. Park & J. Paulsson, International Commercial Arbitration (Thomson West, 1997), p. 28.

择裁断者，或根据他们的协议，由其他人为他们选择裁断者；（5）获得庭审机会的正当程序以及适用共同的中立程序。除这些领域外，国际仲裁法的体系还涉及争议事项的可仲裁性问题、仲裁条款的可分割性问题以及仲裁裁决的可执行性问题。对这些问题做出规定的三个最重要的"共识文件"是《纽约公约》[①]、《联合国国际贸易法委员会仲裁规则》以及《联合国国际贸易法委员会国际商事仲裁示范法》[②]。本节就利用这些文件对上述问题进行分析，随后的章节还会谈到其他的仲裁规则和仲裁机构。

基于这一背景，本节依据《联合国国际贸易法委员会仲裁规则》和《纽约公约》的规定，选取 10 个基本概念和规则进行分析。这 10 个国际仲裁法的基本概念是：

（1）协议自由：当事人可自由约定[③]是否进行仲裁、何时仲裁、何地仲裁、如何仲裁、仲裁事项、仲裁员人选、仲裁员人数、仲裁语言、仲裁适用的法律。[④] 这些自由通常会受到一些基本政策原因的限

---

① 1959 年 6 月 7 日生效。最初文本及全面信息包括起草过程中的文件及实施情况见：www. uncitral. org/uncitral/en/ uncitral _ texts/arbitration/NYConvention. html.

② Comprehensive information，including the newly revised UNCITRAL Rules of 1010 and the Model Law，are available on the official website of UNCITRAL at www. uncitral. org. 联合国国际贸易法委员会《国际商事仲裁示范法》被认为是"仲裁程序的国际标准"，成为许多国内仲裁法的基础。仿照该示范法制定国内仲裁法的非洲国家有：尼日利亚、突尼斯、肯尼亚、埃及、津巴布韦、乌干达和赞比亚。Oladiran Ajayi and Patricia Rosario，"Investments in Sub-Saharan Africa：The Role of International Arbitration in Dispute Settlement"，available at http：//works. bepress. com/cgi/viewcontent. cgi? article＝1001&context＝oladiran _ ajayi.

③ 仲裁的约定可能包括在最初的合同中（合同中的仲裁条款）或可能是在争议发生后所签署的独立的仲裁合同（仲裁议定书）。参见《纽约公约》第 2 条第 1 款。

④ See UNCITRAL Rules [unless otherwise indicated，all references to UNCITRAL Rules hereafter indicate the 2010 version]，at Art. 1. 美国最高法院根据《美国联邦仲裁法》对该原则所做的表述具有启发意义：仲裁法并不要求当事人在未达成仲裁协议时进行仲裁，也不阻碍达成仲裁协议的当事人将某些仲裁请求从仲裁协议的范围中排除。该法仅仅要求法院根据当事人的约定，执行私下约定的仲裁协议，就像其他合同一样。仲裁是一个约定的事项，不是胁迫达成的，当事人可以自由约定他们认为合适的仲裁协议。Volt Information Sciences，Inc.，v. Board of Trustees of Leland Stanford Junior University，pp. 489，468，478-476 (1989)，quoted in Carbonneau，p. 369.

制。对当事人意思自治的一个重要限制是因国内法而导致的某些事项的不可仲裁性。一些争议，特别是公法事项，根据国内法律可能被排除在仲裁之外。① 此外，一旦达成协议，它就具有约束力。另外一个限制就是仲裁协议本身的约束力。例如，如果当事人未能就仲裁员人选达成一致意见，指定机构将为他们选择仲裁员。② 根据仲裁规则，当事人对仲裁员的选择同样仅限于选择中立人员。③

（2）可仲裁性：通常，作为争议解决的一种民间方式，只有争议事项仅涉及诸如违约或违反保证及其他类似请求等私法事项时，仲裁才被认为是合适的。④《纽约公约》也认可了这一原则⑤。仲裁排除事项的范围是一个国内法规定的事项，其本身并不确定。传统上，诸如根据证券法或反不正当竞争法提起的请求等，此类公法事项被认为不在民间仲裁解决范围之内，因为此类事项涉及政府的监管权力及利益。⑥ 美国最高法院在这一领域积累了丰富、具有指导性的案例。对一些主要案件进行简要分析有助于了解这一领域的发展趋势。在 1953年的 Wilko v. Swan 案⑦中，美国最高法院认为，依据 1933 年《证券法》提出的请求不在仲裁的范围之内，因为《证券法》下的公权力，不能通过私人协议而被放弃。⑧ 该案是一个纯粹的国内案件。在随后

---

① See UNCITRAL Rules at Art. 1 (3).

② See UNCITRAL Rules at Art. 6.

③ 根据联合国国际贸易法委员会《仲裁规则》，仲裁员可能会因其具有偏见或存在利益冲突而被提出异议。Ibid., Art. 12.

④ See Lowenfeld, International Litigation and Arbitration, p. 352.

⑤ See New York Convention, Art. II (1). See also Ibid, at Art. V (2).

⑥ 对于不可仲裁性理论的探讨，see Born, International Commercial Arbitration, vol. I., pp. 766-841.

⑦ Wilko v. Swan, 346 U. S. 427 (1953).

⑧ 该案中的原告从被告证券公司处购买证券，以存在虚假陈述为由提起诉讼。合同中包含有仲裁条款。证券公司请求法院强制仲裁。地区法院驳回该请求，但上诉法院要求进行仲裁。最高法院推翻了这一裁定，指出："本案涉及两种不太容易调和的政策。国会通过立法权力给予了交易中的当事人通过仲裁快速、经济、充分解决争议的机会。另一方面，它还制定了《证券法》以保护投资者的权利，并禁止放弃此类权利。虽然意识到先前的仲裁协议可以提供解决商事争议的好处，但我们认为根据仲裁法裁定此类仲裁协议无效，国会有关证券买卖的意图才能更好地得到实施。" 346 U. S. at 438, as quoted in Lowenfeld, p. 352.

的一个国际案件中，最高法院缩小了不能通过仲裁解决的事项的范围。在 1974 年的 Scherk v. Alberto-Culver Co 案①中，最高法院指出，在一个纯粹的国际性案件中，根据 1934 年《证券和外汇法》产生的诉因，并不能使争议事项无法通过仲裁方式解决。阿尔伯特公司（Alberto-Culver）是一家美国公司，它从一家德国公司即谢克公司（Scherk）处购买了一些知识产权。合同中的仲裁条款选择在巴黎由国际商会仲裁院进行仲裁。后来阿尔伯特公司发现这些知识产权的所有权受到一定的限制，于是它就在伊利诺斯州的美国联邦法院起诉谢克公司。谢克公司请求法院根据当事人之间的仲裁协议，下令在巴黎通过仲裁解决该案。② 法院将该案与 Wilko 案件进行了区分，同意了谢克公司的意见。该法院引用了自己以前有关法院选择的一个案例，指出："如果认定本案中的仲裁协议无效，不但会使被告违反自己的庄严承诺，而且会反映出一种狭隘的观念，即所有案件必须根据我们的法律在我们的法院内解决……我们不能让世界市场和国际水域内的贸易和商业都完全按照我们的条件、适用我们的法律、在我们的法院内解决。"③ 该法院还将这一原则扩展到美国的《谢尔曼法》，即反不正当竞争法这一领域。④ 在 1985 年的 Mitsubishi Motors Corp v. Soler Chrysler-Plymouth, Inc. 案⑤中，原告索乐公司（Soler）是一家位于美国波多黎各州的汽车经销公司，它和一家日本公司即三菱公司签署一项在特定区域独家经销汽车的协议。该协议含有一项在日本进行仲裁的条款。三菱公司后来采取的行为使得索乐公司很难盈利，于是索乐公司违约。三菱公司在美国地区法院提起诉讼，请求波多黎各地区法院下令在日本进行仲裁。索乐公司提出反诉，声称三菱公司的行为

---

① Scherk v. Alberto-Culver, 417 U. S. 506 (1974).

② Ibid. , pp. 508-511.

③ Ibid. , p. 519. quoting The Bremen v. Zapata Off-Shore Co, 407 U. S. 1, 9 (1972).

④ 15 U. S. C. ss 1 et seq.

⑤ Mitsubishi Motors Corp. v. Soler Chrysler-Plymouth, Inc. , 473 U. S. 614 (1985).

违反了美国反不正当竞争法，而这是不能通过仲裁解决的。[①] 美国最高法院支持了三菱公司的观点，要求当事人在日本进行仲裁，这样就使得日本的仲裁机构能够处理违反美国反不正当竞争法的问题。[②] 这在国际商事仲裁中是一个显著的进展。

（3）可分割性：有关仲裁的约定通常是基础合同中的一个条款，但这一条款被认为是独立的、可分割的。[③] 这一概念的重要性体现在两方面：首先，基础合同存在瑕疵并不会影响仲裁条款的效力；其次，这一条款使得仲裁庭能够决定自己的管辖权，这就涉及所谓的管辖权—管辖权问题。

（4）管辖权—管辖权问题：国际仲裁法中的一项基本原则，是有关仲裁庭管辖权的任何异议应由仲裁庭自己做出决定。这样做的政策理由很明显——允许国内法院决定仲裁庭的管辖权会拖延整个程序，甚至会使程序重复，造成时间的延误和更多的花费，从而降低了仲裁程序的效率。虽然该原则的适用范围有所不同，但它已成为一个普遍接受的原则。[④]《联合国国际贸易法委员会仲裁规则》规定："仲裁庭有权决定自己的管辖权，包括有关仲裁协议是否存在或是否有效的异议。"[⑤]《联合国国际贸易法委员会仲裁示范法》也有同样的规定[⑥]。虽然《纽约公约》没有对此做出明确规定，但人们一般都认为该原则是《纽约公约》的一部分。[⑦]

[①]　Mitsubish Motors Cor. U. Soler Chrysler Plymouth, In c., pp. 617-623.

[②]　同上书，第637页。不过，应注意的是，如果仲裁庭的裁决违反了美国的公共政策，该裁决将在美国得不到执行。Ibid., p. 638. citing The New York Convention, Art. V (2) (b).

[③]　See UNCITRAL Rules, Art. 23 (1). 对这一观念起源和目的的讨论，see Born, International Arbitration, pp. 312-344.

[④]　See Born, International Commercial Arbitration, p. 855.

[⑤]　UNCITRAL Rules, Art. 23 (1).

[⑥]　See UNCITRAL Model Law, Art. 16.

[⑦]　See Born, International Commercial Arbitration, pp. 857-858 (注意到几乎没有哪一个国家的国内法禁止仲裁庭就自己的管辖权做出裁决，他列举了两个可能例外：印度尼西亚和委内瑞拉)。

(5) 中立性：仲裁员应具有中立性，是《联合国国际贸易法委员会仲裁规则》所认可的一项基本原则。该规则规定："如果存在有对仲裁员的中立性和独立性产生合理怀疑的理由，就可对仲裁员提出异议。"① 《联合国国际贸易法委员会国际商事仲裁示范法》也有同样的规定②。该原则是一个普遍得到接受的原则。但是该原则并不排除当事人自愿达成协议，将案件提交给根据他们的协议指定的一个非中立的仲裁庭。即使在这种情况下，一些有关公正和廉洁的基本规则仍然适用。例如，《纽约公约》规定了一个强制性的正当程序要求，如果仲裁庭充满偏见，这一要求就得不到满足。③ 最后，需要注意的是，国内法通常限制当事人选择非中立的仲裁员。④ 正如鲍恩（Gary Born）所指出的，在缺乏明确的有关正当程序要求的相反协议时，在国际仲裁中一般推定仲裁员应保持中立和独立。⑤

　　(6) 保密性：仲裁吸引人们的其中一个理由是它的保密性⑥。在几乎所有法律体制内，法院程序通常是公开的。仲裁提供了商业所需要的保密性。当然，当事人有约定仲裁程序是否保密的自

---

　　① UNCITRAL Rules，Art. 12.

　　② See UNCITRAL Model Law，Art. 12 (2).

　　③ See New York Convention，Art. Ⅴ (b). See also Born，International Commercial Arbitration，at 1511-1513（他认为即使当事人意思自治运行任命非中立的仲裁员，但公正和诚实的基本观念仍会发生作用）。对于独立性和公正性的详细分析，see Born，at 1461-1513。《国际律师协会一般指导原则》也规定："每一个仲裁员在接受任命时应保持公正并独立于当事人，在整个仲裁程序中均应保持如此，直至做出最终裁决或仲裁程序终止。" IBA General Principles on Conflicts of Interest in International Arbitration（May 22，2004）available at http：//ibanet. org/images/downloads/guIbidelines％20text. pdf.

　　④ See Born，International Commercial Arbitration，at 1509，citing，among others，UK Arbitration Act of 1996，ss 4 (1)，33 (1) (a)（施加了强制性的公正和独立要求）。不过，需要注意的是，一些仲裁规则允许使用非中立仲裁员，其中一个例子就是美国仲裁员协会仲裁规则。有关该问题更多讨论，see Born，at 1499 et seq.

　　⑤ Born，p. 1512，citing the approach taken by AAA Rules，which he discusses 1541—1543.

　　⑥ See Blackaby et al. ，Redfern & Hunter on International Arbitration，at 136.

由。① 不过，保密性是否是缺席规则，还令人疑问。② 《联合国国际贸易法委员会仲裁规则》规定在没有相反的协议时，庭审应秘密进行，通过这样的方式认可了仲裁程序的保密性。③ 该规则还规定未经当事人同意不得公开仲裁裁决④。虽然不同的仲裁规则对保密性问题采取了不同的处理方式，但一般都认为保密性是仲裁的主要特征之一，在缺乏令人信服的相反的公共政策理由时，法院通常会尊重当事人仲裁保密的协议。

（7）正当程序：就正常程序的公正性而言，也许没有哪一个规则比正当程序规则更为重要。⑤ 当事人意识自治通常包括当事人可以约定调整仲裁程序的规则。因此，这一规则经常变化，有时会不确定。⑥例如，《联合国国际贸易法委员会仲裁规则》规定："仲裁庭可根据它认为适当的方式进行仲裁，只要当事人得到平等对待，而且在仲裁程序的适当阶段，每一方当事人都被给予陈述自己案情的合理机会。"⑦《纽约公约》也规定，如果败诉方当事人没有获得程序的通知，或

---

① See Born, International Commercial Arbitration, Vol. II, at 2249 et seq. 保密性与隐私不同，保密性要求所有相关人员不得披露仲裁的信息。See Ibid, at 2252-2253 and 2255-2256, citing the drafting history of the UNCITRAL Model Law and national cases from various jurisdictions.

② 同上书，第 2254—2255 页。实际上，有充分的观点支持相反的立场。例如，在美国，《联邦仲裁法》并不要求仲裁程序保密。当事人必须在仲裁协议中纳入保密性的规定。See generally 9 U. S. C. § § 1 et seq.

③ UNCITRAL Rules, Art. 28 (3).

④ Ibid., Art. 34 (5). （"如果所有当事人同意或在当事人根据法律义务被要求披露或为保护或实施一项法定权利或因与法院或其他权限机构的法定程序而要求披露时，仲裁裁决可以公开"）

⑤ 近来新出版的一本书专门探讨了仲裁的正当程序问题。See generally Matti S. Kurkela & Hannes Snellman, Due Process in International Commercial Arbitration (Oceana, 2005).

⑥ "唯一可以肯定的是"，雷德芬在其最新一版的书中指出，"当事人的律师无须从国内随身带着仲裁规则手册"。Blackaby et al., Redfern & Hunter on International Arbitration, at 363. 正如后文所分析的，虽然他们可以将规则手册放置一旁，但他们仍需记着它们。

⑦ UNCITRAL Rules, Art. 17 (1).

"未能陈述自己的案情",仲裁裁决就可被撤销。^① 仲裁裁决还可基于公共政策的原因被撤销,而缺乏正当程序就可能是此类原因。^② 同样,虽然正当程序是一个必需的要求,但对于如何实现正当程序却没有一致性的规定。不同的仲裁规则采用了不同的方法。

(8)可移性(portability):《纽约公约》的主要功能就是确保在一国做出的仲裁裁决可以在另一国得到执行^③。公约的核心是第3条规定,该条规定:"各缔约国应承认仲裁裁决具有约束力,并依援引裁决地之程序规则及下列各条所载条件执行之。"^④ 它接着规定:"承认或执行适用本公约之仲裁裁决时,不得较承认或执行内国仲裁裁决附加过苛之条件或征收过多之费用。"^⑤ 这就有效确保了仲裁裁决从一个法域到另一法域的可移性。实际上,《纽约公约》的适用仅限于对"在被请求承认与执行国以外的国家领域内做出的仲裁裁决"的承认与执行^⑥,或对在被请求国做出但该国不认为是内国裁决的仲裁裁决的承认与执行^⑦。无论如何,这些规定都是为了使仲裁裁决具有可移性。

(9)终局性:仲裁裁决被认为是最终的,不得对其提起任何形式的上诉。《联合国国际贸易法委员会仲裁规则》有一个基本规定:"裁决书应书面做出,是最终的,对当事人具有约束力。当事人应毫不迟延执行裁决。"^⑧《联合国国际贸易法委员会仲裁示范法》规定:"对于本法调整的事项,任何法院不得干预,除非本法有明确规定。"^⑨ 对仲裁裁决的异议可在裁决撤销程序中提出。例如,根据《联合国国际贸

---

① New York Convention, Art. V (1) (b). The UNCITRAL Model Law adopts this provision verbatim. UNCITRAL Model Law, Art. 36 (1) (a) (ii).

② See New York Convention at Art. V (2) (a).

③ See Lowenfeld, International Litigation and Arbitration, at 413.

④ New York Convention, Art. Ⅲ.

⑤ Ibid.

⑥ Ibid., Art. 1 (1).

⑦ Ibid.

⑧ UNCITRAL Rules, Art. 34 (2).

⑨ UNCITRAL Model Law, Art. 5.

易法委员会仲裁示范法》，如果有证据表明仲裁裁决存在有与争议事项可仲裁性、仲裁协议无效或不能执行、仲裁庭越权、缺乏正当程序相关的瑕疵以及仲裁裁决应基于公共政策原因被撤销等情形，败诉一方当事人就可申请撤销仲裁裁决。① 否则，法院一般不会对仲裁裁决的实体问题进行审查。正如雷德芬在其论述中所表达的："通常，一个重要的原则是，不得对仲裁裁决提出任何形式的上诉，无论是基于法律原因还是事实原因，也不得对仲裁裁决进行任何形式的司法审查。如果仲裁庭有管辖权，遵循了正当的程序，并且采用正确的形式，仲裁裁决——无论是好是坏，还是冷漠无情——是最终的，对当事人具有约束力。"② 不过，应该注意的是，在国内层面，各国采取的方法各种各样，有的不允许法院对仲裁裁决进行任何形式的审查，而有的允许法院对仲裁裁决进行一定程度的实体审查。③

（10）可执行性：仲裁裁决被认为是可执行的④。根据《纽约公约》，胜诉当事人只需提交仲裁裁决的正本和仲裁协议的原始文本就可申请执行仲裁裁决。⑤ 败诉当事人应证明存在有拒绝执行裁决的理

---

① See UNCITRAL Model Law，Art. 34. 需要注意的是，撤销仲裁裁决的理由与根据《纽约公约》第5条拒绝执行裁决的理由一样。对于这些理由的分析，see Blackaby et al.，Redfern & Hunter on International Arbitration，pp. 585-606.

② Ibid.，p. 606.

③ Ibid.，pp. 607-608. 前者的例子是法国，它对仲裁程序没有或只有很少的司法控制，英国可以说是后者的例子，该国法律允许因法律错误对仲裁裁决进行审查，除非当事人明确做出了其他约定。

④ See Born，International Commercial Arbitration，Vol. Ⅱ，p. 2711.

⑤ See New York Convention，at Art. Ⅳ. 就撒哈拉以南非洲仲裁裁决的执行而言，恩伊玛（Onyema）博士曾经指出："撒哈拉以南非洲国家的仲裁制度可以分为三类：一类是属于非洲商法协调组织的国家；一类是实施了《纽约公约》或仿照《示范法》制定了本国仲裁法的国家，有24个非洲国家属于这一类；还有一类是即没有实施《纽约公约》，也没有采纳《示范法》，也不属于非洲商法统一组织成员国的国家。"Emilia Onyema，"Regional Approaches to Enforcement：Enforcement of Arbitral Awards in Sub-Saharan Africa"，presented at the Inaugural Conference of Alumni & Friends of the School of International Arbitration（AFSIA）London，Dec. 3，2008，at 2-3，http：//eprints. soas. ac. uk/5996/1/Enforcement _ of _ Awards _ in _ Sub—Sahara _ Africa. pdf.

由。① 这些理由的范围极为有限：当事人没有缔约能力或仲裁协议存在瑕疵、缺乏正当程序、仲裁庭越权、仲裁庭组成不当、争议事项不可仲裁、公共政策或仲裁裁决已被裁决做出地国的法院撤销。②《联合国国际贸易法委员会仲裁示范法》也含有相同的规则③。此外，需要注意的是，包括《纽约公约》在内的不同法律文件对仲裁裁决的承认都使用了"应"（shall），而对拒绝承认仲裁裁决使用了"可以"（may）。虽然对这些词语的含义还存在争议，但人们认为这是对仲裁裁决可执行性的一种支持。④

二　仲裁机构的经济分析

仲裁的经济分析是一个十分复杂的问题。传统上，仲裁被认为是花费低廉、过程快捷的争议解决方式。⑤ 当伦敦仲裁院在 1892 年设立时，据说该仲裁院，"将具有法律所没有的全部好处。它解决争议快捷，而法律缓慢；它解决争议低廉，而法律昂贵；它程序简单，而法律过于复杂；它是和平的制造者而不是浑水的搅拌者"⑥。后来，对仲

---

①　New York Convention, at Art. V.

②　Ibid.

③　See UNCITRAL Model Law, Art. 36.

④　See Born, International Commercial Arbitration, p. 2338. See also Lowenfeld, International Litigation and Arbitration, p. 437 et seq., discussing Chromalloy Aeroservices, Inc. v. Arab Republic of Egypt, 939 F. Supp. 907（1996），在该案中法院执行了被裁决做出地法院撤销的仲裁裁决，理由是"可以拒绝"（may refuse）这一短语是许可性的，而不是强制性的。

⑤　See Born, International Commercial Arbitration, Vol. 1, p. 84，引用了许多权威观点，包括联合国国际贸易法委员会秘书处就 2006 年修正的《示范法》所做出的解释性评论以及第二巡回上诉法院在 Folkways Music Publishers Inc. v. Weiss, 989 F. 2d 108, 111（2nd Cir. 1993）案中做出的声明："仲裁的两个目标，即有效解决争议和避免漫长而昂贵的诉讼。"

⑥　Blackaby, Redfern & Hunter on International Arbitration, p. 61, quoting Manson（1893）IXLQR, cited by Veeder & Dye, "Lord Bramwell's Arbitration Code", 8 Arbitration International 330（1992）.

裁开始出现一些质疑，认为仲裁可能更为昂贵、更为缓慢。① 在 1989 年，穆斯迪尔（Mustill）爵士指出，仲裁程序"具有和法院诉讼程序一样的繁重的劳务，但不具有法院法官所具有的可以将对抗当事人召集一起的好处"②。但在此阶段人们没有提出质疑的是，用洛温费尔德教授的话来说，"仲裁协议现在已成为跨境商事合同中一个非常普遍——实际上几乎成为公式化的——规定"③。不过，就仲裁的花费而言，也许最适当的结论是这要取决于案件的具体情况。鲍恩曾正确指出："在现实中，国际仲裁和国际诉讼都可能花费高昂而且过程缓慢，简单概括出哪种机制更快或更便宜是不合时宜的。"④

基于此，在选择仲裁机构时，当事人通常会考虑所涉及的经济因素。无疑，在一些仲裁机构仲裁的费用会比其他仲裁机构的费用高昂一些。早期所做的有关西方仲裁机构比较的研究表明，仲裁费用的差异并不是影响当事人选择仲裁机构的重要因素。⑤ 正如下文将要指出的，这一结论不能用在更为宽泛的背景下，因为在亚洲和非洲的仲裁机构其费用可能更为低廉。一般而言，仲裁所涉及的费用包括：申请和管理费、仲裁员报酬、律师费、解释和翻译费、专家证人费、交通费和食宿费、当地交通费、办公场所租赁费、技术援助和设备租赁费以及其他杂项费用。下面对这些组成因素做一简单分析。

---

① See Born, International Commercial Arbitration, Vol. 1., pp. 84-85, citing, among other sources, Blue Tee Corp v. Koehring Co., 999 F. 2d 633 (2nd Cir. 1993) ("这一上诉会让人思考仲裁在解决商事争议中的速度和经济")。

② Lord Mustill, "Arbitration: History and Background", 6 Journal of International Arbitration 43 (1989), 56.

③ Lowenfeld, International Litigation and Arbitration, p. 402.

④ Ibid., p. 85.

⑤ See Graving, "The International Commercial Arbitration Institutions," supra note 9, at 369, citing Branson & Tupman, "Selecting an Arbitral Forum: A Guibide to Cost-Effective International Arbitration," 24 Virginia Journal of International Law 917 (1984) (comparing ICC, ICSID, and UNCITRAL), and Stein & Wotman, "International Commercial Arbitration in the 1980s: A Comparison of the Major Arbitral Systems and Rules," 38 Bus. Law 1685 (1983), 1687—1688 (comparing ICC, AAA, LICIA, and UNCITRAL).

（1）申请和管理费：每一仲裁机构都有自己的管理费收费表。仲裁机构通常会根据争议标的额的一定比例来收取管理费。例如，截至本书写作时，如果争议标的额是 100 万美元，如果当事人在国际商会仲裁院进行仲裁，该机构收取的管理费将是 139849 美元，如果是在中国国际经济贸易仲裁委员会进行仲裁，该机构收取的管理费是25325 美元。① 国际商会仲裁院收取的费用不包括仲裁员的报酬，而中国国际经济贸易仲裁委员会收取的费用包含仲裁员的报酬。

（2）仲裁员报酬：仲裁员会因其服务而获得报酬。仲裁员的报酬通常按下列三种方式计算：按价收费，即根据争议标的额的数量收取费用；按时收费，即按照仲裁庭所花费的时间收取费用；或固定收费，即提前约定好收取的数额。② 仲裁机构的管理部门通常会确定应收取的数额。例如，对于在国际商会仲裁院仲裁的标的额为 100 万美元的争议，当事人应付给仲裁员的报酬约为 14627 美元—64130 美元。③ 伦敦国际仲裁院的仲裁员报酬约为每天 1234 美元—3087 美元④。中国国际经济贸易仲裁委员会仲裁员的报酬十分低廉。这些报酬美元正式公布，但根据斯密斯律师事务所（Herbert Smith）上海办公室的合伙人约翰斯通（Graeme Johnston）先生的估计，中国仲裁员的报酬大概为每个案件 500 美元—2000 美元——不是按小时计

---

① 这一数据是根据各自机构的收费明细表计算出来的。国际商会仲裁院的收费明细表见：www. iccwbo. org/ court/arbitration/display10/index. html. 中国国际经济贸易仲裁委员会的收费明细表见：www. cietac. org/index. cms.

② 有关对不同仲裁机构仲裁收费的最新研究以及珍贵的相关信息，see generally John Yuko Gotanda，"Setting Arbitrators' Fees：An International Survey"，33 Vanderbilt Journal of Transnational Law 799（2000）.

③ Based on ICC website calculator at www. iccwbo. org/court/arbitration/display10/index. html.

④ See Michael J. Moser，"Foreign Arbitration" in Doing Business in China, vol. 3（Juris Publishing, Inc.，2008），at4－1. 41. 莫瑟（Moser）列明的收费范围从每天 800 磅到 2000 磅不等，这是根据 2010 年 7 月与他的谈话所得到的信息。

算——而非中国本地居民的外国仲裁员的报酬可能会高一些。[①]

（3）律师费：律师费用有很大的差异。服务提供者的所在地也许最能反映收费的变化。纽约和日内瓦大的律师事务所所收取的费用，远远高于开罗、西雅图和北京的律师事务所所收取的费用。争议当事人所面临的困境和每一个产品消费者所面临的困境一样——是用更高的费用雇佣来自纽约律师事务所的更有经验的律师，还是用较低的费用雇佣没有同样技能和资源的当地律师事务所的律师。对这一问题，回答可能取决于庭审所在地、仲裁员是谁以及仲裁中的关键问题。

（4）口译和翻译费用：当存在仲裁中常见的语言多样性问题时，文件的翻译、现场陈述和证词的口译也司空见惯。这些服务的收费在任何地方都并非低廉。

（5）专家证人费：在涉及复杂问题时，仲裁庭通常会寻求专家证人的协助。这些专家是具有专门知识的人，他们也需要获得相应的报酬。此外，他们的交通费和食宿费也需要报销。此类费用因行业和专家的不同而有所差异。虽然说仲裁所在地可能会决定是否有专家可用，但很难说仲裁所在地会决定所收取的费用。

（6）交通、食宿和本地通行费：国际仲裁通常会在至少远离一方当事人的所在地进行。不幸的一方当事人——或甚至是双方当事人——可能不得不承担企业领导和律师的交通费和食宿费，甚至还包括其他人如事实和专家证人、IT顾问、律师助理、译员、行政助理以及其他人员的交通费和食宿费。这些人员通常会乘坐飞机参加仲裁。根据庭审地点的不同，这些花费可能会有很大差异。此外，所租用的办公室和旅馆房间与仲裁庭审地点，通常也并非一步之遥。必须为所有相关人员提供地面交通。这些费用因城市不同而有所不同。

（7）设备、办公场所和技术支持费：仲裁程序通常在结束时会有

[①] See Graeme Johnston, "BrIbidging the Gap between Western and Chinese Arbitration Systems", Journal of International Arbitration 24 (6), pp. 565-580, 572.

一个激烈的口头庭审程序。根据案件的复杂度，庭审持续一周或以上十分常见。虽然所有的文件提交都提前完成，但每一方当事人仍不得不条分缕析地陈述自己的案件。这就需要进行充分的准备。尽管庭审准备会提前完成，但通常仍需要在庭审地点附近安排办公场所准备庭审。因此，在宾馆或其他地方租用办公场所也并非鲜见。在今天的时代背景下，技术的使用已十分普遍，而这需要相应的知识并且可能需要复杂的设备。通常有三种选择：从国内办公室运来设备和人员；从国内运来人员但在当地租赁设备；或在当地雇佣人员和租赁设备。在上述三种情况下，都需要大量费用，而花费的程度还取决于庭审地点等许多因素。

（8）其他杂项费用：此类费用包括大量文件的邮递费用或是亲手递交的费用、餐费及其他相关费用、国际电话和传真费用等。这些费用也取决于庭审地点。

三　仲裁机构的文化分析

仲裁的文化分析问题是一个比仲裁的法律和经济分析更为复杂的问题。"当冲突的当事人来自不同的文化——当冲突是'国际性'的——人们就不能推定他们会对一些重要事项有共同的理解。他们各自的民族理论、有关冲突根源的观念、本地解决冲突的方式可能会有天渊之别。"[1] 这就使得仲裁中的文化因素显得非常重要[2]。因此，跨文化冲突情形下的争议解决需要谨慎对待[3]，因为文化误解可能会影响效率、花费以及最终会影响到结果的准确与公正。

----

[1] Kevin Avruch & Peter W. Black, "Conflict Resolution in Intercultural Settings: Problems and Prospects in Conflict Resolution Theory and Practice: Integration and Application", eds. Dennis J. Sandole & Hugo van Merwe (1993), at 131-140, excerpted in Jacqueline Nolan-Haley, Harold Abramson, Pa K. Chew, International Conflict Resolution: Consensual ADR Processes (Thomson West, 2005), p. 51.

[2] Avruch & Black, pp. 131-140.

[3] Nolan Haley, Abramson & Chew, p. 44.

作为一种概念的文化，通常被认为是"含糊不清"①。它很难解释，但可以被经验②。联合国教科文组织指出："文化现在可以说是能够识别一个社会或社会团体的独特的精神、物质、智力和感情特征的完整组合。它不仅包括艺术和文字，也包括生活方式、人的基本权利、价值体系传统和信仰。"③

例如，麦克诺菲（McConnaughay）说过："商事交易中的亚洲和西方的当事人可能都清晰地理解他们合同的术语，但对于这些术语的含义以及合同的法律效果可能会有完全不同的观念。"④ 在这种情况下，他指出："很难预测此类交易的争议能否通过援引一种法律标准或根据完全不同的概念得到解决。"⑤ 他认为："亚洲的商事关系是'关系性的'（relational），而西方的商事关系是'法律性'（legal）的。因此，在亚洲，对一些条件和情形的考虑会优先于对合同术语和当事人期望的考虑，避免冲突以及进行调解和协商会优先于采用非赢即败的诉讼方式，习惯和惯例（以及其他价值）优先于制定法。"⑥

---

① 这一定性来自 Glen Fisher，International Negotiation：A Cross-Cultural Perspective (Chicago：Intercultural Press，Inc.，1980)，p. 7.

② 在 1952 年，人类学家克罗伯（Kroeber）和克拉克洪（Kluckhohn）就统计了 164 种有关"文化"一词的不同定义。See Betty Jane Punnett，International Perspectives on Organizational Behavior and Human Resource Management（M. E. Sharpe，2004），19，citing Kroeber and Kluchohn，"Culture：A Critical Review of Concepts and Definitions，" Papers of the Peabody Museum（Harvard，1952）."文化"（culture）一词本身起源于拉丁词语"cultura"，而它又来自"cultus"一词，可以直译为"膜拜或崇拜"（cult or worship）。庞尼特（Punnett）认为这是可信的，因为"属于某一宗教团体的人员相信某一特定的生活方式，这从而可以发展出使此类信仰神圣化的文化"。

③ UNESCO，"Mexico City Declaration on Cultural Policies：World Conference on Cultural Policies"，（Mexico City，Jul. 26-Aug. 6，1982）. Available at http：//portal. unesco. org/culture/en/files/12762/11295421661mexico _ en. pdf/mexico _ en. pdf.

④ See Philip J. McConnaughay， "Rethinking the Role of Law and Contracts in East-West Commercial Relations"，41 Virginia Journal of International Law 427（2001），440，partially quoting Arthur T. von Mehren， "Some Reflections on Japanese Law"，71 Harvard Law Review 1486（1958），1494，n. 25.

⑤ McConnaughay，pp. 440-441.

⑥ Ibid.，pp. 443-444.

每一个人、每一条规则和每一项制度可以说都具有自己的文化背景①，有的可能同时具有几个文化背景。文化有不同的界定方式，但对于争议和争议解决而言，最重要的因素看来是沟通、期望与理解。在普通的国际商事仲裁中，当事人、他们的律师、和仲裁员通常来自不同的文化和法律传统。正如德拉克曼（Trakman）所指出的："国际商事仲裁包含了许多不同的文化。它不是单一的、限定的、早已存在的仲裁文化的产物。"② 虽然很明显，一些国际仲裁的共同文化可能正在出现③，但深厚的文化独特性仍然使得仲裁程序变得过于复杂。

　　根据上述讨论，无论仲裁机构的制度与程序多么发达与趋同，但仍然可以说，每一机构必然有自己的特色文化，这样就使得当事人"萝卜白菜，各有所爱"。

　　不过，如上所述，文化分析并非易如反掌，本节不想做这样的尝试。本部分只是想表明存在有某些文化差异可能会影响当事人对仲裁机构的选择。有学者指出："法律是语言和文化持续重塑中的一种因素，而语言与文化决定了人们和制度的特征。"④ 毕竟"在既定时间在某一既定法律体系内所叙述的故事是一些社会材料……可以重现为法律事实和概念"⑤。

　　显然有许多因素共同作用型塑了制度文化。本节为评价所挑选的一些仲裁机构的制度文化，选择了以下因素作为衡量这些机构文化概况的指标。

---

　　① See Pat K. Chew，"The Pervasiveness of Culture,"54 Journal of Legal Education 60 (2004)，pp. 66-69 excerpted in Nolan-Haley，Abramson & Chew，at 57－60. 有关机构文化这一整体概念的良好分析，see generally Schein，Organizational Culture and Leadership (Jossey Bass，3rd ed. 2004).

　　② See Leon E. Trakman， "Legal Traditions" and International Commercial Arbitration，17 American Review of International Arbitration 1 (2006) 14.

　　③ 有关这一现象，see e. g.，Tom Ginsberg，"The Culture of Arbitration"，36 Vanderbilt Journal of Transnational Law 1335 (2003)，1336.

　　④ Mary Ann Glendon，Paolo G. Carozza & Colin B. Picker，Comparative Legal Traditions，3rd ed. (Thomson West，2007)，22.

　　⑤ Ibid.

（1）地点和法律传统：地点也许最能表明制度文化。虽然有过于概括化的风险，但在巴黎的仲裁机构显然更可能受到法国文化和法律传统，而不是中国文化和法律传统的影响，无论它们的性质如何。同样，位于北京的仲裁机构更可能受到中国文化而不是法国文化的影响。一般而言，仲裁制度并非运行于真空之中，它们与当地的法律制度有许多联系和接触。仲裁机构首先必须获得所在国的认可，并且必须根据当地法律运作。这种联系不可避免地会影响仲裁机构的文化与运行。因此，对于仲裁机构的文化分析，必须总是从仲裁机构的所在地开始。

（2）成员、规模和结构：仲裁机构无非由其成员组成。成员的文化背景会影响仲裁机构的文化。例如，由于成员、规模和结构的不同，联合国显然具有不同于欧盟的文化。

（3）领导和管理结构：仲裁机构的领导也会影响仲裁机构的文化。他们将自己的技能以及文化带进机构。仲裁机构领导的选拔标准会给仲裁机构带来很多不同。从延续性和多样性的角度来看，领导在职时间长短以及他们如何被替代、由谁替代，对于仲裁机构文化的影响也是非常重要的。

（4）职员的多样化：管理仲裁机构的职员的身份，也是仲裁机构文化不可分割的一个方面。例如，如果仲裁机构的所有职员都说中文，那么该机构就可以说是与中国文化有很强联系，无论它位于何处。

（5）仲裁员的背景：虽然仲裁员并非永久隶属于仲裁机构，但他们的参与无论多么有限，也有助于型塑仲裁机构的文化。例如，如果某一特定仲裁机构的90％的仲裁员都是法国人，该机构及其运作就很可能受到法国法律文化的影响。

（6）服务使用者的背景：仲裁机构仲裁服务使用者的背景也会型塑该机构的文化。如果争议当事人的90％都是欧洲企业，该机构的文化显然将会是以欧洲为中心的，不仅是因为当事人会因这样的方式影响机构的文化，而且机构自身也会不可避免地采取一些适应措施。

（7）正式的或最为广泛使用的语言：语言是文化的一个良好指标。如果某一仲裁机构的正式语言是西班牙语，那么该机构就很可能受到西班牙文化的影响。除仲裁机构管理所使用的语言外，还涉及仲裁机构内仲裁庭所广泛使用的语言——包括译员的提供以及译员的身份。例如，正如第四章所讨论的，WTO虽然除英语外还有另外两种官方语言，但人们通常说WTO是一个说英语的机构。

（8）最广泛参与的律师的背景：没有更多的人会比律师那样更能型塑仲裁庭以及仲裁机构的文化。律师都是按照自己的风格识别争议、撰写书状、组织并提交证据，这样每一次出庭时他们都在注入自己的文化。那些经常出庭的律师就有机会对仲裁机构的文化施加深远的影响。

（9）最广泛使用的专家的背景：最广泛使用的专家的文化身份，对于仲裁机构文化的形成也发挥着重要作用。如果法国的工程师作为专家出庭的次数是中国工程师作为专家出庭次数的10倍以上，仲裁机构在文化上就会更倾向于法国。

（10）行政扶持的特点及质量：完全由电话应答机运转的仲裁机构的文化，很可能不同于由合格、耐心的工作人员运转的仲裁机构的文化。行政扶持工作的特点和质量，也会告诉我们不同的文化故事。

在这一背景下，后面两章将继续分析一些选定的仲裁机构的法律、经济和文化，以便评估它们是否适合于中非贸易、投资、商业争议解决的管理。

第十三章

美国和欧洲的仲裁：一些仲裁机构的概况

前面一章分析了仲裁和仲裁机构的基本特征，讨论了影响仲裁机构的社会和文化因素，并阐释了有助于了解仲裁理论基础和制度工具的一些参照基准。

现在世界上每个地区都有大量的仲裁机构。一些仲裁机构是世界性的，其设施对世界各地的当事人开放。一些仲裁机构仅将其仲裁服务局限于特定地区或特定事项。[①] 本章对美国和欧洲的一些主要仲裁机构进行介绍，并分析它们是否适合于解决与中非经济关系相关的一些争议。

本部分所做的比较分析主要集中在三个领域：仲裁机构的法律、经济和文化。法律是指仲裁机构的实体和程序规则，包括它的结构。经济是指某一特定仲裁机构的仲裁费用情况，包括管理费、仲裁员费用以及交通费等。文化是指仲裁机构所处的文化背景，包括仲裁员、当事人和代理人的法律传统、历史、语言、背景等。本部分选择在美国和欧洲的五个仲裁机构来比较分析它们的法律、经济和文化状况。所选择的在美国的仲裁机构是解决投资争议国际中心（ICSID）、美国仲裁协会（AAA），在欧洲的仲裁机构是国际商会仲裁院（ICC）、伦敦国际仲裁院（LCIA）以及常设仲裁院（PCA）。

[①] See Nigel Blackaby and Constantine PartasIbides, Alan Redfern & Martin Hunter, Redfern & Hunter on International Arbitration, 5th ed. (Oxford University Press, 2009), 57. 仲裁机构受理案件范围的限制是指一些仲裁机构如日内瓦的世界知识产权组织仅受理知识产权案件。

第一节　在美国的仲裁机构

在美国，仲裁是一种发展良好的争议解决方式。本书主要关注的是中非关系中的仲裁，因此，此处的讨论仅限于对在美国的仲裁机构是否适合解决中非商事争议进行评估。本部分将分析位于美国的两个重要的仲裁机构：解决投资争议国际中心和美国仲裁协会。

一　解决投资争议国际中心

在 20 世纪 50 年代后期，世界银行发起了制定《华盛顿公约》的谈判。[①] 该公约在 1965 年对外开放接受签署，并在 1966 年 10 月 14 日生效。[②] 劳特派特爵士如此解释："在该公约缔结时，它的最重要的一些特征代表了当时国际法上的最新发展，虽然现在这些规定看起来似乎十分平常。一种非国家实体——公司或个人——能够据以直接起诉国家的体制首次确立；在此种法律体制下，主权豁免受到诸多限制；国际法也能直接适用于投资者和东道国之间的关系；在此种法律体制下，当地救济规则的实施被排除在外；并且仲裁庭的裁决可以在缔约国领域内直接得到执行。"[③]

公约设立了解决投资争议国际中心，以便为仲裁和调解提供便

[①]　See Christopher H. Schreuer, Loretta Maltintoppi, August Reinisch and Anthony Sinclair, The ICSID Convention: A Commentary, 2nd ed. (forward by Sir Elihu Lauterpacht) (Cambridge University Press, 2009), ix.

[②]　See Convention for the Settlement of Investment Disputes between States and Nationals of Other States (entered into force Oct. 14, 1966). 更多信息包括公约文本见 ICSID 官方网站：http://ICSID. worldbank. org/ICSID/Index. jsp.

[③]　Lauterpacht, forward to Schreuer, The ICSID Convention, at ix.

利。① 解决投资争议国际中心设在世界银行在华盛顿特区的总部。该中心秘书处负责处理日常事务，由来自每一成员国的代表组成的理事会制定相关政策。② 世界银行行长是理事会的当然主席。秘书处由秘书长领导，而秘书长是由理事会根据理事会主席提名的候选人名单中选举产生。③

实际上，解决投资争议国际中心本身并不是仲裁庭，它只是为投资者和东道国之间投资争议的仲裁和调解提供规则和设施。④ 它最初仅接受来自成员国的当事人之间的争议。1978 年世界银行又创建了《解决投资争议国际中心附加便利规则》，以便受理其他私方当事人和国家之间的投资争议。⑤ 在当事人同意的情况下，解决投资争议国际中心还可提供临时争议仲裁。⑥

（一）解决投资争议国际中心的法律分析

解决投资争议国际中心的法律渊源有《华盛顿公约》、规章和规则以及中心的判例法，不过判例法没有严格的约束力。本章不会对判例法进行详细分析⑦，不过本部分将利用前一章确定的 10 个基准点来对该中心的争议解决程序做一简述，以便进行比较分析。

（1）协议自由：投资争议解决中心的管辖权要根据当事人的同意

---

① See ICSID Convention，at Art. 1. Available at http：//ICSID. worldbank. org/ICSID/StaticFiles/basicdoc/CRR _ English－ final. pdf

② Ibid. ，Arts. 4-11.

③ Ibid.

④ See ICSID, "Dispute Settlement Facilities"，Available at http：//ICSID. worldbank. org/ICSID/FrontServlet? request Type CasesRH&actionVal.

⑤ See Additional Facility Rules at Art. 2 （a）. Initially approved for only five years，the Additional Facility was extended indefinitely by the Decision of the Council in 1984. See Schreuer，The ICISD Convention，supra note 2，at 84，n. 2，citing ICSID News Vol. 2/1 （1985），at 6-7. The Additional Facility Rules are available at http：//ICSID. worldbank. org/ICSID/StaticFiles/facility/AFR _ English－final. pdf.

⑥ See ICSID, "Dispute Settlement Facilities".

⑦ 施洛尔和其他人已经做了这方面的工作。The ICSID Convention. 本节内容参考了该评论。

确定①。这一规则清楚而确定："中心的管辖权适用于缔约国（或缔约国向中心指定的该国的任何组成部分或机构）和另一缔约国国民之间直接因投资而产生并经双方书面同意提交中心的任何法律争端。"② 虽然同意必须书面做出，它们也可以其他形式记录在案。此类同意可能包含在投资合同中的仲裁条款内、双边或多边投资条约内，甚至包含在国内立法中。③ 非缔约国当事方也可同意将争议提交给《附加便利规则》项下的仲裁。

　　一旦做出同意，同意即不得单方撤回。④ 此外，同意一旦确定，投资争议解决中心便对争议具有了专属管辖权。这就限制了当事方向当地的行政或司法机构寻求救济。⑤ 中心的体制完全建立在当事方的同意基础之上。缔约国可以明示地通知中心它们考虑提交给中心仲裁的案件类型。⑥

　　《附加便利规则》将中心的管辖权扩大到并不严格涉及投资的争议，只要当事双方同意将争议提交此类仲裁。⑦ 而《华盛顿公约》却将调解或仲裁的事项仅限于投资争议⑧。缔约国或缔约国的私人投资者可以将与非缔约国或来自非缔约国的投资者之间的争议约定，提交《附加便利规则》仲裁，只要争议一直是在国家和私人投资者之间。⑨

　　（2）可仲裁性：《华盛顿公约》将中心的管辖权限制在"直接产生于投资的任何法律争议"⑩。虽然界定此类事项的范围看起来十分简单，但在实践中却被证明是非常棘手的。首先，争议事项必须是法律

---

①　See ICSID Convention，at Art. 25.

②　Ibid. ，Art. 25（1）.

③　See Lauterpacht，forward to Schreuer，The ICISD Convention，at x.

④　ICSID Convention，at Art. 25（1）.

⑤　Ibid. ，Art. 26.

⑥　Ibid. ，Art. 25（4）.

⑦　See Additional Facilities Rules，at Art. 2.

⑧　See ICSID Convention，at Art. 25（1）.

⑨　See Additional Facilities Rules，supra note 9，at Art. 2. See also Schreuer，pp. 84-85.

⑩　See ICSID，Convention at Art. 25（1）.

争议，并且必须直接产生于投资。这种界定因素的含糊性质所引起的解释方面的挑战，已导致产生大量仲裁与解释意见。①

不过，《华盛顿公约》用客观标准来确定可仲裁性问题。在施洛尔（Schreuer）看来，仲裁庭适用"两步标准"："（1）所争议的问题是否是在当事方的同意范围内；以及（2）所争议的问题是否满足公约的要求。"② 更为重要的是，施洛尔注意到："公约的起草历史明白无误地表明，中心的服务不能使用于当事人愿意提交的任何争议。特别是，中心不会受理普通的商事争议，无论当事方表达的同意多么深刻。这一直是确定无疑的。"③《附加便利规则》的创建，就是为了将中心的服务扩大到不在其管辖权范围内的事项，要么是因为当事一方不是公约成员国，要么是因为争议事项不在"投资"范围内。④

当有关争议不能满足公约的严格要求时，可利用《附加便利规则》解决此类争议。⑤ 这样，根据公约不能仲裁的争议，就可以根据《附加便利规则》进行仲裁。此类争议的例子包括普通的商事争议，只要至少当事一方是公约的成员国。⑥

（3）可分割性：《华盛顿公约》本身并没有涉及投资合同中仲裁条款的可分割性问题。不过，无疑人们会认为是存在这种可分割性的。⑦ 施洛尔指出："显然，有关投资合同包括其中所包含的解决投资争议国际中心仲裁条款无效的主张，并不能导致争议的终止。单方声

---

① 施洛尔等人的著作中对这些案件进行了详细分析，The ICSID Convention，pp. 101-147.

② 同上，117，citing N. Rubins，"The Notion of 'Investment' in International Investment Arbitration"，at 289-290，in Arbitrating Foreign Investment Disputes，edited by N. Horn and S. Kröll（2004），p. 283.

③ Ibid.，p. 117.

④ ICSID website，"Dispute Settlement Facilities".

⑤ See Additional Facilities Rules，at Art. 2.

⑥ Ibid. 需要注意的是，虽然根据《附加便利规则》经 ICSID 秘书长同意，可以利用临时仲裁，但满足该公约管辖权要求的当事双方不得选择利用《附加便利规则》，一旦做出同意，它们必须利用 ICSID 仲裁。有关更多解释，see Schreuer，pp. 147 et seq.

⑦ Ibid.，p. 260.

称投资合同无效或终止并不会使同意条款归于无效。"①

《附加便利规则》明确规定了同意条款或仲裁条款的可分割性问题："为本条规定目的而言，约定根据《附加便利规则》进行仲裁的协议应独立于合同的其他条款。"② 有关这一规定需要考虑的一个有趣问题是这样一种可能性，即一个曾经做出同意的国家因分离或合并而不复存在，这种情况怎么办。施洛尔认为："即使含有同意条款的协议终止了，同意条款仍可独立于协议而继续有效。"③

（4）管辖权—管辖权：《华盛顿公约》对于仲裁庭的管辖权有一条明确的规定："仲裁庭应就自己的管辖权做出裁断。"④ 从程序上看，仲裁庭可以将管辖权问题作为先决问题或实体问题的一部分做出处理。⑤ 虽然在此类裁决中仲裁庭的集体权限并未受到阻碍，但是有关管辖权问题的请求却是由投资争议解决中心的秘书长登记的。⑥ 在过去，该规定曾引起争议，因为似乎是秘书长有决定管辖权问题的独有权力。目前的观点是，虽然登记职责暗示着秘书长可以单独决定某一案件是否属于仲裁庭的管辖权范围，但仲裁庭仍有做出最终决定的集体权限。⑦ 公约的立法历史及后来的几个权威案例也支持目前的有关管辖权问题的观点⑧。

（5）中立性：解决投资争议国际中心应设有调解员和仲裁员名

---

① See Schreuer, op. cit., p. 260.

② See Additional Facilities Rule, at Art. 45 (1).

③ Schreuer, p. 170.

④ ICSID Convention, at Art. 41 (1). 对于调解委员会也规定了同样的规则，当事双方可根据该公约第 28—35 条约定进行调解。Ibid., Art. 32.

⑤ Ibid., Art. 41 (2).

⑥ Ibid., Art. 36 (3).

⑦ See Schreuer, p. 520, citing, among other authorities, Hollbiday Inn., v. Morocco, I ICSID Reports 665 (Jul. 1, 1973). 还需指出的是，立法历史表明秘书长最终决定仲裁庭管辖权的规定后来被故意遗漏了。

⑧ See Schreuer, at 520. For a discussion of more authority, see Ibid, pp. 520 et seq.

单①。这些名单由成员国和中心理事长指定的调解员和仲裁员组成②。成员国可最多指定 4 名人员，他们可以是该国国民，也可以是其他国家的国民。理事长可指定具有不同国籍的 10 名人员。③ 被指定的人员"应具有高尚的道德品质，在法律、商业、工业或金融领域具有公认的能力，并可被信赖行使独立的裁断"。④ 虽然成员国通常会指定本国国民作为仲裁员或调解员，但他们并不必然被指定为处理该国作为争端一方的争议的仲裁小组的成员。实际上，《华盛顿公约》第 39 条要求仲裁员的多数应当不具有和任一争端方相同的国籍。⑤ 显然，所有案件都要求具有严格的中立性。

（6）保密性：虽然《华盛顿公约》含有一些程序性规定，但它将制定程序规则的权力授予理事会。⑥ 根据理事会的《仲裁程序规则》，仲裁庭成员的评议必须私下进行并予以保密。任何人"不得被允许参与评议，除非仲裁庭有其他决定"。⑦ 该规则并不禁止当事方披露自己的请求。另一方面，当事方可以约定对请求进行保密。⑧ 现在对于仲裁程序透明度的缺乏，引起越来越多的关注。作为回应，一些投资条约规定了公开庭审的原则。⑨

（7）正当程序：中心的仲裁程序受很多规定的调整。《华盛顿公约》第 44 条规定提供了程序性的指导原则："任何仲裁程序都应根据本条规定并且在事方没有做出其他约定的情况下，根据当事方同意提

---

① See ICSID Convention，at Art. 3.

② Ibid.，Arts. 5，12-13.

③ Ibid.，Art. 13.

④ Ibid.，Art. 14（1）.

⑤ Ibid.，Art. 39. Also see Schreuer，pp. 46-47.

⑥ See ICSID Convention，at Art. 44.

⑦ See ICSID "Rules of Procedure for Arbitration Proceedings"，at Rule. 15. Available at http：//ICSID. worldbank. org/ICSID/StaticFiles/basicdoc/CRR _ English－final. pdf.

⑧ See Schreuer，The ICSID Convention，p. 698，citing ICSID explanatory note "Suggested Note F to Arbitration Rule 30 of 1968"，1 ICSID Reports 93（1968）.

⑨ See Schreuer，The ICSID Convention，pp. 698-699.

交仲裁之日有效的《仲裁规则》进行。"① 该条接着规定，仲裁庭可以决定第 44 条范围之外的其他程序事项。② 《仲裁规则》对仲裁程序有详细的规定，包括仲裁员的指定、裁决的撤销等。③ 还有其他一些条款保障正当程序的进行，如允许律师代理④、语言选择（仅限于选择英语、法语和西班牙语）⑤、充分的庭审机会⑥、质证⑦，以及在违反正当程序时可请求撤销裁决的规定等⑧。

（8）终局性：解决投资争议国际中心仲裁庭的裁决被认为是终局的、具有约束力的。为实现此目的，《华盛顿公约》第 53 条规定："仲裁裁决对当事人具有约束力，除本公约规定的外，仲裁裁决不受制于任何上诉及其他救济。"⑨ 公约规定的例外情形有裁决的解释、修改以及撤销程序。⑩ 如果裁决的内容不是很清楚，任一当事方可请求同一仲裁庭做出解释和更正。如果此前的仲裁庭已不复存在，秘书长可以组建新的仲裁庭。⑪

任一当事方都可请求撤销仲裁裁决，只要他能够证明下列事项中的任一项：

（a）仲裁庭组成不当；

（b）仲裁庭明显超越职权；

（c）仲裁庭成员存在贪污情形；

（d）存在严重偏离基本程序规则的情形；或

---

① ICSID Convention，at Art. 44.

② Ibid.

③ See Rules of Procedure，Rule 6 et seq.

④ Ibid.，Rule 18.

⑤ Ibid.，Rule 22.

⑥ Ibid.，Rule 32.

⑦ Ibid.，Rules 35-36.

⑧ Ibid.，Rules 50，52-55.

⑨ See ICSID Convention，Art. 53.

⑩ Ibid.，Arts. 50-52.

⑪ Ibid.，Art. 50.

（e）仲裁裁决未能陈述所依据的理由。①

《华盛顿公约》授权理事长任命一个三人组成的委员会对案件进行审查。该委员会可以更改、确认或撤销仲裁裁决。如果仲裁裁决被撤销，案件将由新的仲裁庭进行仲裁。仲裁庭成员将根据指定规则重新指定。② 从理论上看，当事方可从多个角度对仲裁裁决提出异议。虽然此类程序会给仲裁裁决的终局性带来一定程度的不确定性，但有关撤销仲裁裁决的请求到目前还不是很多。③

（9）可移性：解决投资争议国际中心的仲裁程序基本上是在该中心位于华盛顿特区的仲裁地进行的。作为选择，当事人也可选择在常设仲裁院所在地海牙和平宫进行仲裁。实际上，只要当事人与秘书长协商并经秘书长同意后，也可选择在与中心签订有协议的地点进行。④

当仲裁程序是在某一缔约国领域内进行时，《华盛顿公约》保证了当事人不受国内法院的干预。⑤ 当仲裁裁决在公约某一成员国领域内做出后，它就可在公约另一缔约国领域内得到执行，而不受国内法院的审查。解决投资争议国际中心仲裁裁决具有最大程度上的可移性，它可以在《华盛顿公约》的任一成员国内得到执行。如果仲裁裁决不能根据《华盛顿公约》得到直接执行，它还可以在任一《纽约公约》的成员国内得到执行。

在仲裁裁决不是在解决投资争议国际中心成员国领域内做出的情况下，裁决的可移性取决于《纽约公约》。如果该国是《纽约公约》

---

① ICSID Convention，Art. 52（1）.

② Ibid.，Art. 52（2-6）.

③ 截至 2008 年 1 月 1 日，在向审查委员会提出的 256 个复审请求中，只有 23 个涉及裁决撤销程序。See Schreuer, The ICSID Convention, p. 907.

④ See ICSID Convention, at Art. 62. See also "Rules of Procedure," at Rule 13（3）. 在实际工作中，ICSID 仲裁庭在不同地方开会，并利用科技进行沟通。除华盛顿外，该仲裁庭最经常利用的地点包括巴黎、伦敦、海牙、日内瓦和法兰克福。See Schreuer, The ICSID Convention, p. 1249.

⑤ See ICSID Convention, at Art. 26.

的成员国，该仲裁裁决就可在其他《纽约公约》的成员国法院内得到执行。如果裁决做出地国既不是《纽约公约》的成员国，也不是解决投资争议国际中心的成员国，裁决的可移性就令人疑问。根据《附加便利规则》进行的仲裁就很可能出现这种情况，因为根据《附加便利规则》进行的仲裁程序可在任何地方进行。① 无论如何，可移性问题与下面讨论的可执行性问题直接相关。

（10）可执行性：《华盛顿公约》第 54 条规定："每一缔约国应承认根据本公约做出的仲裁裁决具有约束力，并在其领域内执行该裁决所施加的金钱债务，正如该裁决是该国法院的最终判决一样。"② 该条规定还要求缔约国指定一个中央机构或特定法院，以便通过它来执行裁决。③ 该条规定禁止国内法院对仲裁裁决进行任何种类的审查，这不像对其他仲裁裁决的执行，包括《纽约公约》体制下仲裁裁决的执行。④

根据《纽约公约》，国内法院可考虑是否存在该公约第 5 条所规定的拒绝执行裁决的理由。⑤ 而由解决投资争议国际中心仲裁庭做出的仲裁裁决，被认为是和国内法院的最终裁决一样可以得到执行。解决投资争议国际中心只允许国内法院实施执行裁决的程序，而不得进行其他任何国内程序。⑥ 根据《附加便利规则》做出的仲裁裁决的执行，应由《纽约公约》而不是《华盛顿公约》调整。⑦

---

① See Additional Facilities Rules, at Art. 3.

② ICSID Convention, Art. 54（1）.

③ Ibid. , Art. 54（2）.

④ See Schreuer, The ICSID Convention，pp. 1117-1118.

⑤ 根据《华盛顿公约》，解决投资争议国际中心仲裁裁决是独立执行的，因此一般无须利用《纽约公约》进行执行。不过，在极端情况下，如中心仲裁裁决是在非中心成员国领域内做出时，就可能需要利用《纽约公约》的执行机制。

⑥ See ICISD Convention, at Art. 54（3）.

⑦ See Schreuer, The ICSID Convention，p. 1118.

（二）解决投资争议国际中心的经济分析

在 1965 年，世界银行的执行董事会向世界银行的成员国政府提交了一份公约草案及相关报告，供它们审议公约，以便签署和批准。① 当公约在 1966 年 10 月 14 日生效时，已有 20 个国家批准了公约。截至 2006 年 4 月 10 日，有 143 个国家批准了该公约。②

如上所述，解决投资争议国际中心的主要目的，是为成员国和另一成员国国民之间的投资争议的调解和仲裁解决，提供制度和程序框架以及相关设施。③ 中心在国际投资和经济发展领域发挥了重要作用，"它有广泛的成员，受理了大量案件，还有很多投资条约和法律中都利用其仲裁机制，这些都是证明。现在，解决投资争议国际中心被认为是专注于投资者—国家争议解决的主要的国际仲裁机构"④。

到 2009 年年底，共有 357 个根据投资条约提起的投资者—国家争议解决案件，这些案件有的提交给解决投资争议国际中心，有的提交给了其他仲裁机构。在这些案件中，有 202 个案件是在此前 5 年提出来的。⑤ 截至 2010 年 6 月 30 日，中心已根据《华盛顿公约》和《附加便利规则》登记了 319 个案件。⑥ 这包括根据《华盛顿公约》登记的 285 个仲裁案件和 6 个调解案件，以及根据《附加便利规则》登记的 28 个案件。在 2009 年，中心做出了历史上赔偿额最高的仲裁裁

---

① ICSID Convention，Regulations and Rules，at 5.

② Ibid.

③ Ibid.，Art. 1（2）.

④ ICSID website, at "About ICSID", available at http：//ICSID. worldbank. org/IC-SID/ICSID/AboutICSID _ Home. jsp.

⑤ The United Nations Conference on Trade and Development，"Latest Developments in Investor-State Dispute Settlement," IIA Issues Note No. 1，UNCTAD/WEB/DIAE/IA/2010/3（2010），at2. 但正如该报告所表明的："由于解决投资争议国际中心是唯一保留有仲裁请求公共登记的仲裁机构，实际上以投资条约提起的案件数量会更多。"Ibid.，n. 1.

⑥ The ICSID Caseload-Statistics, Issue 2010—2，at 7. Available at http：//ICSID. worldbank. org/ICSID/ FrontServlet? requestTypeICSIDDocRH&actionVall＝ShowDocument&CaseLoadStatistics＝True&language＝English12.

决。在 Siag & Vecchi v. Egypt 案中，投资者获得了一个赔偿额为7400 万美元并附利息的裁决（申请人在该案中索赔 2.3 亿美元）。①

解决投资争议国际中心目前的收费明细表从 2008 年 1 月 1 日开始生效的②，该收费明细表旨在灵活适应行政及财政规章。《财政规章》第 16 条规定，希望提起调解或仲裁程序的当事人"应向中心提交秘书长随时确定的一笔不予退还的费用"③。截至 2010 年 8 月，提起仲裁程序的费用是 25000 美元。④

对于不是根据《华盛顿公约》或《附加便利规则》进行的仲裁程序，解决投资争议国际中心在被请求时，还可提供有关指定仲裁员或对当事人就仲裁员提出的异议做出裁决的服务。请求当事方应就此类服务向中心支付 10000 美元。⑤

解决投资争议国际中心负责处理所有行政性工作，包括收取费用、向仲裁庭拨付经费等。⑥ 仲裁庭一旦设立，当事方就必须向中心支付 3 至 6 个月的预付款⑦，并且此后如果秘书长确认预付款已不足以支付有关费用，当事方应继续缴付费用。⑧ 如果当事方未能支付预付款，中心就不能提供任何服务。⑨ 如果仲裁庭或复审委员会成立后，就应由它们决定有关费用和支出。仲裁庭成员的费用应在理事会和秘

---

① UNCTAD, "Latest Developments in Investor-State Dispute Settlement", at 11. See also Siag & Vecchi v. Egypt, ICSID Case No. ARB/05/15.

② ICSID, "Schedule of Fees", available at http：//ICSID. worldbank. org/ICSID/FrontServlet? requestTypeICSIDDoc RH&actional ＝ ShowDocument&ScheduledFees ＝ True&language＝English.

③ ICSID, "Administrative and Financial Regulations",at Reg. 16. Available at http：// ICSID. worldbank. org/ICSID/ StaticFiles/basicdoc/CRR _ English—final. pd at 51 et seq.

④ "Schedule of Fees", at Art. 1.

⑤ "Schedule of Fees," Art. 8.

⑥ "Administrative and Financial Regulations", at Reg. 14 (2).

⑦ Ibid. , Reg. 14 (3) (a) (i) .

⑧ Ibid. , Reg. 14 (3) (a) (ii) .

⑨ Ibid. , Reg. 14 (3) (b) .

书长确定的范围内做出。① 除非当事方有其他约定，仲裁庭还应确定仲裁庭成员如何获得支付以及有关费用如何分配等。②

《收费明细表》规定除支付合理产生的直接费用外，仲裁员"有权因他们的庭审或履行的与仲裁程序有关的其他工作获得每天 3000 美元的报酬，以及在《行政及财政规章 14》范围内的食宿津贴及交通补偿费用"③。《行政及财政规章 14》还列举了每一仲裁程序的直接费用④。这些费用包括支付给远离家庭参加仲裁的仲裁庭成员的每日津贴⑤、以及与仲裁庭审有关的交通费用等⑥。

《华盛顿公约》也为律师费用的分摊做了规定。根据规定，在当事方没有其他协议时，仲裁庭有权确定当事方与仲裁程序相关的费用，"并且应决定由哪一当事方通过何种方式支付该费用。该决定应成为仲裁裁决的一部分"⑦。律师和专家的最初的报酬显然要根据律师或专家与当事方之间的安排而定。

在当事方要求时，解决投资争议国际中心还提供翻译和口译服务，作为一种"特殊服务"。此类服务的请求方应支付一笔额外的费用。《行政和财政规章》多次提到此类服务。首先，该规章的解释是，"中心只能为当事一方提供与仲裁程序有关的特殊服务（如翻译、口译或复印服务），但请求当事方应提前缴存足以支付此类服务收费的一笔金钱"⑧。该规章接着规定，此类收费"通常应根据秘书长确定的收费明细表"确定。⑨ 最后，该规章指出："秘书长还应提供所要求的

---

① ICSID Convention，Art. 60（1）. 不过，当事方可提前与仲裁庭或委员会就其费用做出约定。Ibid.，Art. 60（2）.

② Ibid.，Art. 61（2）.

③ "Schedule of Fees," Art. 3.

④ "Administrative and Financial Regulations"，at Regs. 14（1）（a）& （b）.

⑤ Ibid.，Reg. 14（1）（c）.

⑥ Ibid.，Reg. 14（1）（d）.

⑦ ICSID Convention，Art. 61（2）.

⑧ "Administrative and Financial Regulations"，at Reg. 15（1）.

⑨ Ibid.，Reg. 15（2）.

与仲裁庭、复审委员会的所有会议相关的协助，特别是将中心的工作语言从一种翻译成另一种。"①

《收费明细表》规定："请求中心提供特殊服务（如翻译或复印）的当事方必须根据《行政与财务规章 15》的规定，提前缴存足以支付此类服务费用的一笔金钱。对于诸如翻译或复印的服务，收费应根据世界银行按照其正常行政程序确定的费率基础上确定。"②

《行政与财务规章 14》还规定，中心必须向"中心秘书处成员包括中心为特定程序专门聘请的人员（如口译员、翻译员、通讯员或秘书）"支付相应报酬。③

《行政与财政规章 14》第三章"财政规定"部分有这样的规定："所有付款，包括有关证人或专家费用的支付，都应由中心做出，而不能由任一当事方或通过任一当事方做出。"④ 因此，仲裁庭所雇用或要求的专家费用应根据该规则进行支付⑤。

虽然每一当事方显然应负责自己的交通及住宿费用，但仲裁庭"可以评估当事方因参与仲裁程序所花费用，并可决定由哪一当事方承担此类费用，以及通过何种方式进行支付。此类决定是仲裁裁决的一部分"。⑥

---

① "Administrative and Financial Regulations", Reg. 27 (1). 该规章还额外允许秘书长通过中心职员、设备和雇员来提高此类协助。Reg. 27 (2). 此处还需注意的是，该规章第 27 条仅仅提到从该中心的一种官方语言翻译到另一种官方语言，并没有广泛提及所有的翻译服务。这可能是因为第 27 条提到的此类服务仅用于中心行政人员，而不是当事方，而且中心人员一般至少会一种官方语言。该规章没有提到此类服务所应支付的费用，而只是指出秘书长"应提供"此类服务，这一事实进一步佐证了上述结论。

② "Schedule of Fees," Art. 7.

③ "Administrative and Financial Regulations", at Reg. 14 (2) (c). 为此，该规章要求当事方根据规章第 14 条第 3 款提前支付相关费用。

④ Ibid., Reg. 14 (2) (b). 对于当事方支付此类费用的责任，该规章要求当事方提前进行支付。

⑤ ICSID "Arbitration Rules" at Rule 34 (4). ICSID 公约第 61 条第 2 款规定，除非当事方有其他约定，仲裁庭将"评估当事方与程序相关的费用，并决定由哪一方通过何种方式进行支付。此类裁决构成仲裁裁决的一部分。"

⑥ ICSID Convention，Art. 61 (2).

至于使用相关设施的费用，需要注意的是，解决投资争议国际中心会提供租赁的办公场所和设施，但租赁收费看来还没有对外公开。不过，《华盛顿公约》规定："当事方使用中心的设施所应支付的费用，应由秘书长根据理事会通过的规章来确定。"① 该公约还规定，除非当事方有其他约定，仲裁庭应"确定由哪一当事方支付中心设施的租赁费用以及通过何种方式支付"。② 使用中心的设施费用可能非常高昂，因为中心位于华盛顿特区一个花费较高的地区。

上述有关中心仲裁程序的经济分析是根据所获得的信息包括中心的相关规则和规章而进行的。不过，需要承认的是，中心仲裁程序的经济分析，远非依据这些规则或规章就能轻易做出。中心仲裁程序通常是在华盛顿特区进行的一个漫长的过程。需要进一步强调的是，仲裁所在地对当事方的花费，包括那些来往亚洲和非洲的律师和专家费，以及食宿费和交通费会产生重大影响。

（三）解决投资争议国际中心的文化分析

前一章已详细讨论过，机构文化受到机构所在地文化以及其他几个因素的深刻影响。本节将根据此前的几个基准因素来分析中心的文化。

解决投资争议国际中心的总部在华盛顿特区的世界银行内。一般而言，仲裁程序都是在中心的总部进行的。③ 不过，在满足一定条件后，当事方也可选择在其他地方进行仲裁程序。如果所选择地点的仲裁机构与中心签署相关安排，中心可为该地的仲裁程序提供相应的帮助。④

---

① ICSID Convention，Art. 59.

② Ibid.，Art. 61（2）.

③ Ibid.，Art. 62.

④ Ibid. at Art. 63. See also ICSID website，"Institutional Arrangements". Available at http：//ICSID. worldbank. org/ICSID/ FrontServlet？ requestTypeCasesRH＆actionVal ＝ RightFrame＆FromPage＝Co－operation％20agreements＆pageName.

目前，中心已与海牙的常设仲裁院、开罗的地区国际商事仲裁中心、吉隆坡和拉各斯的地区国际商事仲裁中心、悉尼的澳大利亚商事争议解决中心、墨尔本的澳大利亚国际商事仲裁中心、新加坡国际仲裁中心、巴林的海湾合作委员会国际商事仲裁中心、德国仲裁院以及新加坡的麦克斯韦尔（Maxwell）争议解决中心签署有相关合作协议。[①]

仲裁所在地并不当然地决定仲裁程序所适用的法律。当仲裁庭根据《华盛顿公约》设立后，仲裁庭将根据当事方所可能约定的法律来解决争议。在当事方没有做出此种约定时，仲裁庭有权适用成员国的法律，它也可适用适当的国际法规则。[②]

截至本书写作时，有 143 个国家批准了《华盛顿公约》。[③] 解决投资争议国际中心有三种官方语言：英语、法语和西班牙语。[④] 从组织结构来看，中心设有理事会和秘书处。[⑤] 理事会是中心的管理机构，有广泛的代表性，由来自每一缔约国的一个代表组成。[⑥] 理事会的决定通过民主程序做出，理事会的几乎所有事项都由多数票表决。[⑦]《华盛顿公约》第 6 条规定了理事会的主要职责：

> 理事会应：
>
> （1）通过中心的行政和财政条例；
>
> （2）通过提起调解和仲裁程序的程序规则；
>
> （3）通过调解和仲裁程序规则；

①　ICSID Convetion，Art. 63.

②　ICSID Convention，Art. 42 (1).

③　ICSID website，at "Convention，Regulations and Rules"，at 5.

④　"Administrative and Financial Regulations"，at Reg. 34 (1). 该规章还规定，该规章每一种官方语言的文本都是真实的。Regulation 34 (2).

⑤　ICSID website, at "Organizational Structure of ICSID"，Available at http: // ICSID. worldbank. org/ICSID/ FrontServlet? requestType CasesRH&. actionVal＝RightFrame &. FromPage Organization% 20and%20Structure&.page Name Organization.

⑥　ICSID Convention，Art. 4 (1).

⑦　Ibid. ，Art. 7 (2) .

（4）批准同世界银行达成的使用其行政设施和服务的协议；

（5）确定秘书长和任何副秘书长的服务条件；

（6）通过中心的年度收支预算；以及

（7）批准关于中心活动的年度报告。①

作为一个政策制定机构，理事会成员和理事长的工作"不能从中心获取任何报酬"②。

中心的行政工作由秘书处负责，秘书处由秘书长、一名或多名副秘书长及职员组成。③ 未经理事会批准，秘书长和副秘书长不得兼任其他职务。④ 秘书长是中心的法定代表和主要官员，负责中心的日常工作，包括行政和登记职责。⑤ 秘书长还要审核根据中心程序做出的仲裁裁决，并对裁决书副本进行认证。⑥ 秘书处比其他机构或个人有更多的机会影响中心的文化。

例如，解决投资争议国际中心网站还描述了秘书处其他如下职能："秘书处为中心程序的提起和进行提供制度支持；为调解委员会、仲裁庭和临时委员会的设立提供协助并支持它们的运作；并且对每一案件的程序和财政进行管理。秘书处还要支持理事会的工作，以确保中心作为国际机构和信息及文献发布中心的职能得以顺利开展。"⑦

此外，秘书处还负责保存一份调解员小组和仲裁员小组名单，每一缔约国可以为每一小组提名 4 人。⑧ 当事方可从这些小组中指定仲

---

① ICSID Convention，Art. 6（1）．

② Ibid.，Art. 8.

③ Ibid.，Art. 9.

④ Ibid.，Art. 10（2）．

⑤ Ibid.，Art. 11.

⑥ Ibid.

⑦ ICSID website，at "Organizational Structure of ICSID"．Available at http：// ICSID worldbank. org/ICSID/FrontServlet？ requestType CasesRH & actionVal RightFrame & FromPage Organization％20and％20Structure & pageName Organi zation.

⑧ ICSID Convention，at Art. 13（1）．

裁员和调解员①。理事会主席可以为每一小组提名 10 人②。秘书处内部的部门包括法律职员、财政和一般管理职员以及律师助理和当事人支持职员。③

秘书长和副秘书长由理事会主席提名，并由理事会三分之二多数票选举产生，任期 6 年④，并可连任⑤。在本书写作时，秘书处的秘书长是加拿大人金妮儿（Meg Kinnear）女士⑥，而副秘书长是齐亚德（Nassib G. Ziadé）先生，他有黎巴嫩和智利双重国籍。⑦

截至 2010 年 6 月 30 日，在所有中心案件中被指定的全部仲裁员、调解员或临时委员会成员中，有 58 位人士来自非洲或中东，约占总数的 6％，其中 22 人是由中心指定的，36 人是由当事方指定的。有 23 人是来自撒哈拉以南非洲，约占总数的 2％，其中 11 人是由中心指定的，12 人是由当事方指定的。⑧ 在所有被指定的仲裁员、调解员或临时委员会成员中，只有 7 人来自北非或中东，约占总数的 0.8％。⑨ 在这 7 个被指定的人士中，有 2 位是由中心指定的，5 位是

---

① ICSID website，at "Organizational Structure of ICSID"．

② ICSID Convention，at Art. 13（2）.

③ ICSID website，at "Secretariat"．Available at http：//ICSID．worldbank. org/ICSID/FrontServlet？requestType CasesRH &actionVal RightFrame&FromPage = ICSID%20Secretariat&pageName=ICSIDSecretariat 目前法律人员有 22 名，财政与一般管理人员 7 名，以及 11 名法律助理、行政和当事人支持人员。

④ ICSID Convention，at Art. 10（1）.

⑤ Ibid.

⑥ ICSID website，at "Meg Kinnear"．Available at http：//web. worldbank. org/WBSITE/EXTERNAL/NEWS/0,，content MDK：21753485 ～ pagePK：64257043 ～ piPK：437376～theSitePK：4607，00. html.

⑦ ICSID website at "Nassib G. Ziade'"．Available at http：//web. worldbank. org/WBSITE/EXTERNAL/NEWS/0,，contentMDK：22430025 ～ pagePK：64257043 ～ piPK：437376～theSitePK：4607，00. html.

⑧ "ICSID Caseload—Statistics"，Issue 2010—2，p. 15. 无论指定机构是中心还是仲裁的当事一方，仲裁员中来自苏丹的有 1 人，来自南非的 1 人，来自中非共和国的 1 人，来自马达加斯加的 1 人，来自加纳的 2 人，来自加蓬的 2 人，来自贝宁的 2 人，来自多哥的 3 人，来自尼日利亚的 3 人，来自阿尔及利亚的 4 人，来自摩洛哥的 4 人，来自塞内加尔的 7 人，来自埃及的 28 人。Ibid.，p. 17.

⑨ 来自撒哈拉以南非洲的当事方没有出现在这个名单上，所以有可能没有出现在 2010 年度中心的案件中。Ibid.，p. 24.

由当事方指定的。① 如果不考虑指定机构，在 7 个被指定的人士中，有 5 个来自埃及。②

缔约国是中心争端解决机制的主要使用者，它们的背景有助于从许多方面影响该机构的文化。不过，由于非缔约国也可利用《附加便利规则》解决争议，这也使得中心的使用者更为多样化。

在 2009 年，根据《华盛顿公约》和《附加便利规则》登记的案件有 25 件，2010 年登记的有 26 件。③ 截至 2011 年 1 月，解决投资争议国际中心案件中作为当事方的全部国家中，有 17％的国家来自撒哈拉以南非洲。④ 9％的国家来自北非或中东⑤。在 2010 年，所登记的涉及国家当事方的中心案件中，27％的国家来自撒哈拉以南非洲。⑥ 中国目前仅在一个中心案件中作为争端当事方。

还没有可靠的数据来确定在律师选择中所出现的趋势，但有确凿证据表明，位于华盛顿特区和纽约的律师事务所更有可能被雇用为中心案件中的代理人。尽管当事方和争议解决小组的成员具有多样化，但深刻的普通法影响看来是不可避免的。

上述讨论表明有许多因素影响了仲裁机构的文化。解决投资争议国际中心的文化不太容易区别，因为它具有 143 个具有独特文化的成员国，它由一个多样化的人员组成团体来领导，而它所使用的仲裁员也来自世界各地。不过，虽然如此，考虑到亚洲和非洲国家在一些重要仲裁机构和仲裁程序中参与较少，要向它们说明在华盛

① "ICSID Caseload-Statistics", Issue 2012—2, p. 25.

② Ibid., p. 26.

③ "ICSID Caseload-Statistics", Issue 2011—1, p. 7 (January 2011). Available at http://ICSID. worldbank. org/ICSID/ FrontServlet? requestTypeICSIDDocRH&actionVal = ShowDocument&CaseLoadStatistics=True&language.

④ Ibid., p. 11.

⑤ Ibid.

⑥ Ibid., Art. 22. 从该期的报告似乎看不出在 2010 年登记的案件中有涉及来自北非或中东的国家当事方，但一份稍早的报告指出，在 2010 财政年度，解决投资争议国际中心登记的案件中有 11％的涉及来自这两个地区的国家当事方。See "ICSID Caseload—Statistics", Issue 2010-2, p. 21.

顿参与中心仲裁所可能面对的文化障碍多么重要，可能还比较困难。

二　美国仲裁协会

美国仲裁协会是在 1926 年成立的[①]。它是一个非营利的、提供争议解决服务的公共服务组织。[②] 它的总部在纽约市，它在美国许多主要城市有办公室。[③] 它的国际分支"争议解决国际中心"（ICDR）是在 1996 年设立的，专门处理美国仲裁协会的国际性案件。[④] 该中心的总部和美国仲裁协会总部在一起，都在纽约市。[⑤] 该中心每年处理几百件国际案件，它在爱尔兰[⑥]、新加坡、巴林和墨西哥[⑦]还有办公室。争议解决国际中心还与 43 个国家的 62 个仲裁机构建立了广泛的联系。[⑧] 它的受案量从 1999 年的 453 件上升到 2009 年的 800 件。它现在已成为世界上最大的国际争议解决服务提供者之一。[⑨]

（一）美国解决国际中心的法律分析

《美国联邦仲裁法》纳入了《纽约公约》的基本原则[⑩]。该法可以

---

① Gary Born，International Commercial Arbitration，3rd ed.，vol. I.（Kluwer Law International，2009），at 160，citing I. Macneil，American Arbitration Law：Reformation，Nationalization，Internationalization（Oxford University Press，1992），pp. 84-88.

② AAA Commercial Arbitration Rules，at "Introduction". Available at www. adr. org/sp. asp? Ibid＝22440.

③ Ibid.

④ ICDR website for International Dispute Resolution Procedures，at "Introduction". Available at www. adr. org/sp. asp? id 33994.

⑤ Born，International Commercial Arbitration，p. 161.

⑥ Ibid.

⑦ ICDR website，at "About ICDR". Available at www. adr. org/about ＿ icdr.

⑧ Ibid.

⑨ American Arbitration Association，"2009 Annual Report"，at 8. Available at www. adr. org/si. asp? Ibid.

⑩ 9 U. S. C. §§ 1—14.（1925）. 该法已经过多次修订，最近的一次修订是在 1990 年 8 月，增加了第三章。Pub. L. No. 101—369. 在 1990 年 11 月，又对第 11 条规定进行了修订。

取代限制可仲裁性或要求以仲裁前程序作为提起仲裁的条件的州法律。① 争议解决国际中心的国际规则基本上是仿照《联合国国际贸易法委员会仲裁规则》制定的②：

（1）协议自由：争议解决国际中心要求当事人达成根据中心仲裁规则解决争议，或将国际争议提交给争议解决国际中心或美国仲裁协会的书面协议。③ 当事人可通过协议更改中心的仲裁规则④。此外，争议解决国际中心仲裁规则，还允许当事人约定仲裁员人数、仲裁的语言和地点。⑤ 如果当事人没有提前对此做出约定，申请人可在仲裁通知中对这些问题提出建议。⑥ 如果申请人提出了此类建议，被申请人必须在 30 日内做出回应。⑦ 争议解决国际中心规则还规定，如果当事人没有就仲裁员人数达成一致意见，仲裁将由一名仲裁员进行，除非管理人认为，考虑到案件的复杂程度及影响大小，使用三名仲裁员更为合适。⑧ 在当事人未能就仲裁员确实做出指定时，争议解决国际中心规则授权该中心作为指定机构，只要该中心是被有效仲裁协议选定为仲裁程序的管理人的。⑨

如果当事人未能约定仲裁使用的语言，争议解决国际中心规则规定，仲裁语言可以是"含有仲裁协议的文件所使用的语言，除非仲裁

---

① See Preston v. Ferrer，128 S. Ct. 978（2008），在该案中，美国最高法院认为《联邦仲裁法》要求首先进行仲裁，即使在一州的法律规定了行政争议解决程序时。

② 具体而言，鲍恩认为争议解决国际中心"并不接收或送达最初的通知或仲裁请求，并不要求或审查仲裁授权范围，在决定仲裁员的报酬方面也没国际商会仲裁院秘书处发挥的作用重要。"Born，p. 161.

③ International Arbitration Rules（hereinafter，for the purposes of this section，referred to simply as "ICDR Rules"），at Art. 1（a）. Available at www. adr. org/sp. asp? id＝33994

④ Ibid.

⑤ Ibid.，Art. 2（g）.

⑥ Ibid.，Art. 2（3）（g）.

⑦ Ibid.，Art. 3（3）.

⑧ Ibid.，Art. 5.

⑨ Ibid.，Art. 6.

庭有其他决定"。① 争议解决国际中心还可以首先确定仲裁地点"除非仲裁庭在组成后的 60 日内最终确定了仲裁地点"②。争议解决国际中心规则允许当事人放弃惩罚性损害赔偿请求，除非此类请求因法律，或因仲裁程序中的拖延，或恶意行为而不得被放弃。③ 一旦做出放弃惩罚性赔偿请求的同意，就不得撤回。④

（2）可仲裁性：争议解决国际中心为最初提交于美国仲裁协会的国际商事争议提供仲裁的场所⑤。在中心主持下可以仲裁的事项是国际商事争议。就争议事项本身的可仲裁性而言，美国国内法是十分宽松的，特别是美国最高法院在第十章所讨论的 Mitusbishi V. Soler 案后所采取的态度。

（3）可分割性：争议解决国际中心有关仲裁协议可以独立于主合同的规则是十分清楚的。根据规定，如果该中心仲裁庭查明，基础合同中所包含的仲裁协议是有效的，仲裁条款"就应作为独立于合同其他条款的协议对待。仲裁庭做出的合同无效的决定不应影响仲裁条款的效力"⑥。

（4）管辖权—管辖权：争议解决国际中心有关管辖权的规则也很清晰。该中心仲裁规则第 15 条规定："仲裁庭有权决定自己的管辖权，包括就仲裁协议的存在、范围、有效性提出的任何异议。"⑦ 它接着规定，意图对仲裁庭管辖权提出异议的当事人，必须在"不迟于提交答辩状时"提出异议。⑧

---

① International Arbitration Rules，Art. 14.

② These determinations should be made "having regard for the contentions of the parties and the circumstances of the arbitration." Ibid, at Art. 13 (1).

③ Ibid.，Art. 28 (5).

④ Ibid.，Art. 23.

⑤ AAA，"Rules and GuIbides：International". Available at www. adr. org/sp. asp? id=28819

⑥ ICDR Rules, at Art. 15 (1) & (2).

⑦ Ibid.，Art. 15 (1).

⑧ Ibid.，Art. 15 (3).

（5）中立性：美国仲裁协会副主席施特拉特曼（Gerry Strath-mann）指出，争议解决国际中心的仲裁员名单"不对外公布。当案件提交上来后，我们会和当事人一起从我们 8000 人的仲裁员名单中挑选合格的仲裁员"。① 鲍恩注意到美国仲裁协会的名单"从历史上看都是由美国的律师所占据，争议解决国际中心现在越来越多地希望在适当的国际案件中指定具有国际经验的仲裁员"。②

争议解决国际中心仲裁规则明确规定了中立性和独立性③。当事人或代理人与任何仲裁员的单方联系被严格禁止，当事人只能与潜在的仲裁员进行沟通，就"争议的一般性质以及可能的程序向仲裁候选人提出建议，或交流候选人的资格、能否参与仲裁或是否具有独立性，或在适当情况下分析候选人是否可以作为第三方仲裁员"。④

争议解决国际中心对仲裁员的异议做出了标准规定。根据规定，如果仲裁员的中立性或独立性存在有令人质疑的合理理由，就可对该仲裁员提出异议。⑤ 对仲裁员提出的异议必须在获得该仲裁员被任命的通知后 15 日内提出，或在知悉产生异议的情形后的 15 日内提出。⑥ 如果双方当事人都接受对仲裁员提出的异议，仲裁员必须辞职，无须管理人做出决定。⑦ 仲裁员也可在当事人意见不一致时辞职。这两种情形都不意味着对仲裁员提出异议的理由是有效的。⑧ 不过，如果另一方当事人不同意对仲裁员提出的异议，管理人就有权对异议做出决定。⑨

---

① 美国仲裁员协会副主席施特拉特曼在 2010 年 7 月 19 日发给我的邮件中提到这一点。

② 不过，"一些使用者认为 AAA/ICDR 的仲裁员任命和指定程序并不好，比起其他主要的仲裁机构，该机构国际执业人士参与不多。"Born, International Commercial Arbitration, at 162.

③ ICDR Rules，Art. 7（1）.

④ Ibid.，Art. 7（2）. 同样，如果此类情况出现在仲裁中，需要立即披露。

⑤ Ibid.，Art. 8（1）

⑥ Ibid.

⑦ Ibid.，Art. 8（3）.

⑧ Ibid.

⑨ Ibid.，Art. 9.

争议解决国际中心仲裁规则授权仲裁庭用它认为适当的方式进行仲裁，只要当事人能得到平等对待。[①] 当事人被鼓励在仲裁协议中约定仲裁员人数，以便为可能的争议仲裁做好准备。[②] 他们也可约定指定仲裁员的程序[③]。作为替代，当事人也可在管理人的协助下，或无须管理人的协助共同指定仲裁员。[④] 如果当事人未能就指定仲裁员的程序达成一致意见，争议解决国际中心管理人可以任命仲裁员，并可指定首席仲裁员。[⑤]

（6）保密性：一般情况下，庭审应秘密进行，除非当事人有其他约定。[⑥] 仲裁庭可请求扣押证人。[⑦] 仲裁裁决一般也应保密，只有在所有当事人都同意的情况下，才可公开。[⑧] 争议解决国际中心仲裁规则还规定，仲裁员和管理人"不得泄露在仲裁程序中由当事人或证人披露的秘密信息"[⑨]。仲裁庭和管理人也必须"对与仲裁或仲裁裁决有关的所有事项进行保密"[⑩]。

（7）正当程序：仲裁庭可以以它认为适当的任何方式进行仲裁，但是它必须确保当事人得到平等对待，并给予每一方当事人陈述案情的公平机会。[⑪] 如果当事人同意将争议交由争议解决国际中心仲裁，

[①] ICDR Rules，Art. 16 (1)．

[②] International Dispute Resolution Procedures，at "International Arbitration"．Available at www. adr. org/sp. asp? Ibid 33994

[③] ICDR Rules，Art. 6 (1).

[④] Ibid.，Art. 6 (2)．

[⑤] 在当事人已约定好程序但尚未在约定的期限内指定仲裁员时，在收到任一方当事人书面请求后，管理人"可行使程序中所规定的所有职能"。Ibid.，Art. 6 (3)．在做出此类指定时，"管理人可根据任一方当事人的请求或自己主动任命一个不具有任一方当事人国籍的人士担任仲裁员"。Ibid.，Art. 6 (4)．

[⑥] Ibid.，Art. 20 (4)．

[⑦] Ibid.

[⑧] 如果法律有要求时，仲裁裁决也可公开。Ibid.，Art. 27 (4)．除非当事人有其他约定，管理人可公开一些"精选的仲裁裁决、决定和裁定，但要经过编辑将当事人的姓名及其他相关信息掩盖"。Ibid.，Art. 27 (8)．

[⑨] Ibid.，Art. 34.

[⑩] Ibid.

[⑪] Ibid.，Art. 16 (1)．

仲裁就必须遵循该中心的仲裁规则，除非当事人同意对该规则做出修正。①

一旦申请人提起仲裁程序，被告就必须在 30 日内提交答辩状。② 对仲裁庭管辖权的异议必须在不迟于提交答辩状时提出③。一方当事人可随时修正或补充自己的请求、反请求或答辩，"除非仲裁庭认为，由于做出此类修正或补充的当事人的迟延，或这样做会给另一方当事人带来损害，或存在有任何其他情形，以至于允许此类修正或补充是不合适的"。④

在仲裁中，当事人可由律师代理，可直接书面与仲裁庭联系。⑤ 无论仲裁地点位于何处，仲裁庭在认为适当情况下，可召集会议、庭审证人、检验财产或文件。当事人可以在场。⑥

争议解决国际中心仲裁规则允许仲裁庭做出临时、中间或部分命令和裁决。⑦ 仲裁庭还可就取证、分步仲裁程序（bifurcate proceedings）做出命令，可排除重复的或不相关的证据或证词，可引导当事人关注特定问题。⑧ 仲裁庭还可决定在最初的文件提交程序结束后当事人还能否提交书面陈述，并可为必须提交的书面陈述设定期限。⑨ 仲裁庭可命令当事人提交额外的文件或证据来支持他们的请求⑩。仲裁庭还可决定对证人进行质证的方式以及当事人所提交的证据的重要

---

① ICDR Rules，Art. 1（a）. 但该规则第 1 条（b）项规定："这些规则调整仲裁，除非此类规则与适用于仲裁的法律规定相冲突，而当事人又不得贬损这些法律规定，则法律规定优先适用。"

② Ibid.，Art. 3（1）. 此时，被申请人"可提出反诉，或确认抵消任何请求，对此，申请人应在 30 天内向被申请人提交书面的答辩意见"。Ibid.，Art. 3（2）.

③ Ibid.，Art. 15（3）.

④ Ibid.，Art. 4.

⑤ Ibid.，Art. 12.

⑥ Ibid.，Art. 13（2）.

⑦ Ibid.，Art. 27（7）.

⑧ Ibid.，Art. 16（3）.

⑨ 期限一般不超过 45 天，但如果有合理理由，仲裁庭可自由决定延长该期限。Ibid.，Art. 17（1-2）。

⑩ Ibid.，Art. 19（1）and（3）.

性及可采性①。如果当事人知悉该中心仲裁规则中的某一规定或要求没有得到遵守，而没有及时提出异议，他就会被视为放弃了提出异议的权利。②

通常，仲裁庭会适用当事人选择的实体法解决争议。如果当事人没有选择所适用的法律，仲裁庭可根据情况决定适当的法律，并适用这一法律。③ 在结束庭审前，争议解决国际中心仲裁规则要求仲裁庭确保当事人没有需要提交的进一步的证据或证言。④ 该规则还要求仲裁庭做出裁决时附上理由，除非当事人都同意放弃这一要求。⑤

（8）终局性、解释和更正：仲裁裁决是终局的，具有约束力。当事人必须不迟延地执行裁决。⑥ 不过，任一方当事人可在通知另一方当事人后，请求仲裁庭澄清裁决。当事人可请求仲裁庭修改裁决书中的文字、打印或计算错误。更为重要的是，当事人还可请求仲裁庭就当事人已经提交但仲裁庭未在最初裁决书中处理的请求，做出额外裁决。⑦

（9）可移性和可执行性：仲裁裁决从本质上看被视为是在仲裁地做出的。⑧ 争议解决国际中心裁决可在《纽约公约》或其他有关仲裁裁决执行的多边协议的成员国中得到执行。美国仲裁协会指出："一些支持性的法律能够确保国际商事仲裁裁决可以在世界上大部分国家的国内法院得到执行，这比起外国法院判决的执行要容易得多。"⑨

---

① ICDR Rules，Art. 20（4）and（6）.

② Ibid.，Art. 25.

③ Ibid.，Art. 28（1）.

④ Ibid.，Art. 24（1）.

⑤ Ibid.，Art. 27（2）.

⑥ Ibid.，Art. 27（1）.

⑦ Ibid.，Art. 30（1）. 当事人请求仲裁庭行使这些职能申请必须在收到仲裁裁决通知后的30天内做出。如果仲裁庭认为这些请求有正当理由，它必须在额外30天内行使这些职能。Ibid.，Art. 30（2）.

⑧ Ibid.，Art. 27（3）.

⑨ AAA：International Dispute Resolution Procedures，at "Introduction"，Available at www. adr. org/sp. asp? id 33994.

（二）争议解决国际中心的经济分析

争议解决国际中心对于提起请求或反请求的当事人提供了两种行政收费选择。《标准收费明细表》要求先交付一笔前期费用，再交付一笔最终费用。《灵活收费明细表》要求交付一笔前期费用、仲裁程序费用以及一笔最终费用。《灵活收费明细表》的前期费用较低，但对于进入到庭审程序的案件而言，此类标准的全部行政费用要高一些。[①] 对于这两种标准，前期费用和行政管理费会随着标的额的增加而增加，这些费用不包括仲裁员的报酬。除非当事人有其他约定，仲裁员会在仲裁裁决中对仲裁员的报酬和管理费用做出分配。[②]

《标准收费明细表》要求在提交请求时交付前期费用，如果案件进入庭审程序，再交付最终费用。[③] 前期费用不会退还，如果没有进行过庭审程序，在案件结束时最终费用会退还给当事人。[④]

《灵活收费明细表》要求在提交请求或反请求时交付一笔不予退还的前期费用。在收到申请人的仲裁申请书和仲裁程序费用后，争议解决国际中心会启动程序。[⑤] 对于所有进入庭审程序的请求和反请求，当事人都应交付最终费用，该费用在首次庭审时间确定后交付。前期费用和仲裁程序费用都不退还，但如果案件结束时没有举行过任何庭审程序，则最终费用会退还给当事人。[⑥] 两种收费表中最终费用的数额是一样的[⑦]。

根据《标准收费明细表》，对于 1 万美元以下的案件，最低收费

[①] 美国仲裁协会争议解决国际中心，《标准收费明细表》。

[②] 同上。

[③] 同上。

[④] 预定庭审取消后，必须在至少 24 小时内通知管理人员。同上。

[⑤] 如果在提交仲裁请求后的 90 日内没有缴纳程序费用，案件将不予审理。同上，《灵活收费明细表》。

[⑥] 除非管理人员没有在预定庭审取消 24 小时内收到通知，在这种情况下，费用不予退还。同上。

[⑦] 同上，《标准收费明细表》和《灵活收费明细表》。

是 975 美元（前期费用 775 美元以及最终费用 200 美元）。如果案件标的额超过 1000 万美元，总费用最高为 71000 美元（前期费用最高为 65000 美元以及最终费用 6000 美元）。①

根据《灵活收费明细表》，1 万美元以下的案件最低收费是 1075 美元（前期费用 400 美元、程序费用 475 美元以及最终费用 200 美元）。如果案件超过 1000 万美元，最高收费是 75500 美元（前期费用 4500 美元、程序费用最高为 65000 美元以及最终费用 6000 美元）。②

仲裁员会根据他们的服务程度、收费高低以及案件的复杂程度和规模获得报酬。在仲裁程序开始后，管理人会安排按天或按小时收费。如果当事人没有就仲裁员的报酬达成一致意见，管理人会确定收费的标准。③ 仲裁员的报酬包含在仲裁裁决中，仲裁庭可以决定在当事人之间合理分摊仲裁员的报酬。④

仲裁庭似乎还可将胜诉当事人的律师费用包括在仲裁裁决中。根据争议解决国际中心仲裁规则，胜诉当事人的合理法律费用可以作为仲裁费用包括在仲裁裁决中。⑤ 该中心仲裁规则第 12 条仅仅提到法律代理，规定"任何当事人可在仲裁程序中由人代理"。⑥

仲裁庭可任命一个或多个独立专家就仲裁庭指定的、并向当事人沟通过的特定问题向其提交书面报告。⑦ 如果任命了专家，专家协助仲裁庭的费用就可作为仲裁费用的一部分被包括在仲裁裁决中。⑧

当事人可以约定仲裁地点。如果他们不能达成一致意见，管理人可选择一个最初的地点进行仲裁，"在仲裁庭组成后的 60 日内，仲裁

---

① 美国仲裁协会争议解决国际中心。
② 同上，《行政收费明细表》。
③ ICDR Rules，Art. 32.
④ Ibid.，Art. 31（a）.
⑤ Ibid.，Art. 31（d）.
⑥ Ibid.，Art. 12.
⑦ Ibid.，Art. 22（1）.
⑧ Ibid.，Art. 31（b）.

庭可决定仲裁的最终地点"。① 仲裁庭应至少提前 30 天将首次口头庭审的日期、时间、地点通知当事人，并将随后的程序合理通知当事人。② 仲裁地点当然会影响仲裁的花费。如果仲裁在纽约的争议解决国际中心总部进行，相关的费用就可能高于其他地区进行仲裁的费用。

（三）争议解决国际中心的文化分析

争议解决国际中心位于纽约，而纽约是一个拥有 840 万来自世界各地的人们以及多元文化的城市。③ 争议解决国际中心/美国仲裁协会有许多部门，每一部门都有不同的层级④：公司交流处、国际发展处、数据及内部研究处、财务处、出版及 ADR 文献处、审计处、顾问及公司秘书处、市场营销部、人力资源处、公司服务处、案件管理处、信息服务处、选举服务处以及一个教育机构美国仲裁协会大学。争议解决国际中心的大多数雇员都是美国人，也有一些来自世界其他地方的职员。⑤

截至本书写作时，美国仲裁协会的主席兼首席执行官是斯雷特二世（William K. Slate II），有 6 位副主席协助他的工作。⑥ 该协会有一个 100 多名成员组成的执行董事会，现任主席是汤森（John

---

① ICDR Rules，13（1）.

② Ibid.，Art. 20（1）.

③ U. S. Census Bureau，Population Division："Table 5：Annual Estimates of the Resident Population for Minor Civil Divisions in New York，Listed Alphabetically Within County：April 1，2000 to July 1，2009"，Available at www. census. gov/popest/cities/tables/SUB－EST2009－05－36. xls. See also "Table 1：Annual Estimates of the Resident Population for Incorporated Places Over 100，000，Ranked by Population：April 1，2000 to July 1，2009"（SUB－EST 2009－01），Release Date：June 2010. Available at www. census. gov/popest/cities/SUB－EST2009. html.

④ AAA，"2009 President's Letter of Financial Statements"，p. 16. Available at www. adr. org/si. asp？Ibid=6092.

⑤ Ibid.，pp. 12-16.

⑥ Ibid.，p. 16.

M. Townsend)^①，共有 30 名高级职员和行政人员^②。

美国仲裁协会保留有一份 8000 多人的中立专家名单^③，以备国内争议解决之用。争议解决国际中心有一份相同的 650 多人组成的中立专家名单。^④ 这些名单并不对外公布^⑤，但美国仲裁协会网站指出，它们的专家"在各自领域具有公认的资历和技能、中立性，他们有的是律师，有的不是，都是由他们行业或职业领域的领导提名到全国花名册中的"^⑥。美国仲裁协会的中立人士的专业技能十分广泛——他们都具有在某一特定行业的 10 年以上的经验，包括建筑业、劳资行业、医疗保健行业、房地产业以及技术行业。^⑦ 这一描述也适用于争议解决国际中心的仲裁员。根据该中心的网站介绍，设立该中心的目的是"为了在美国向全球各地的个人和组织提供高质量的替代性争议解决（ADR）服务"。^⑧

争议解决国际中心的案件管理人能够流利地使用至少 14 种语言^⑨。如果当事人没有在仲裁协议中选择所使用的语言，仲裁就会根据包含有仲裁协议的文件所使用的语言进行，但仲裁庭也可根据表明证据决定使用一种不同的语言。仲裁庭可以要求将所提交的任何文件翻译成仲裁所使用的语言。^⑩ 由于美国仲裁协会和争议解决国际中心的总部都在美国，英语也许是它们最广泛使用的语言。

---

① 　AAA，"2009 President's Letter of Financial Statements"，p. 16.

② 　Ibid.，pp. 12-16.

③ 　AAA website，at "About American Arbitration Association". Available at www. adr. org/about _ aaa.

④ 　AAA website，at "About ICDR".

⑤ 　在 AAA/ICDR 案件管理处副主任 Gerry Strathmann 于 2010 年 7 月发给本人的邮件中提到这一点。

⑥ 　AAA website AAA website，at "About American Arbitration Association".

⑦ 　Ibid.

⑧ 　AAA website，at "About ICDR".

⑨ 　Ibid.

⑩ 　ICDR Rules，at Art. 14.

第二节　欧洲的仲裁机构

欧洲有许多仲裁机构，本部分将主要介绍三个重要的仲裁机构：国际商会仲裁院（ICC）、伦敦国际仲裁院（LCIA）以及常设仲裁院（PCA）。

一　国际商会仲裁院

从 1923 年以来，国际商会仲裁院已受理了数以千计的国际仲裁案件，涉及 180 多个国家和地区。① 截至目前，该院总共受理了超过 16500 个案件。在 2009 年一年中，它就收到 817 份新的仲裁请求。② 国际商会仲裁院本身并不裁决争议或作为仲裁员行事。相反，它要确保在其仲裁规则被选择适用于某一特定仲裁案件时，该仲裁规则得到适用。③ 因此，国际商会仲裁院的工作主要是管理具体的仲裁案件，而自己本身并不参与到实际的仲裁程序中。④

---

① 国际商会本身是在 1919 年成立的，而作为国际商会一个机构的仲裁院是在 4 年后即 1923 年在巴黎成立的。International Court of Arbitration Dispute Resolution Services, "Resolving Business Disputes Worldwide", at 2. Available at www. iccwbo. org/uploaded-Files/Court/Arbitration/810 _ Anglais _ 05. pdf.

② ICC Annual Report, "ICC in 2010: Achievements, goals and leadership" (2010), at 7. Available at www. iccwbo. org/uploadedFiles/ICC/ICC _ Home _ Page/pages/ICC _ in _ 2010. pdf.

③ Rules of Arbitration, Appendix. I, Art. 1 (1). Available at www. iccwbo. org/up-loadedFiles/Court/Arbitration/other/ rules _ arb _ english. pdf.

④ 国际商会仲裁院的管理工作主要是仲裁程序开始前的一些事项，如仲裁请求书的送达、指定和确认仲裁员、决定缴纳的费用以及批准授权审理范围（terms of reference）。同上书，第 4 条第 5 款、第 5 条第 4 款、第 7—9 条、第 18 条和第 30 条。在一方当事人对仲裁员提出异议时，国际商会仲裁院也可能会参与其中的工作。Ibid. , Art. 11. 在仲裁程序结束时，国际商会仲裁院的主要管理任务是批准仲裁庭提交的裁决书草案。Ibid. , Art. 27. （本节稍后会详细讨论这一点）。

国际商会仲裁院处理的争议涉及来自世界各地的当事人，最近一些年来，它受理的许多案件的当事人来自欧洲之外。① 国际商会仲裁院设有主席一名，副主席及成员（包括候补成员）若干名，秘书处协助其工作。②

（一）国际商会仲裁院的法律分析

作为国际商会的仲裁机构，国际商会仲裁院完全独立于国际商会及其机构。③ 国际商会仲裁院《仲裁规则》附件一列举了它的各项法规，下面做一简要分析：④

（1）协议自由：国际商会仲裁院的管辖权取决于当事人的同意，国际商会提供了一份标准仲裁条款，以协助当事人起草管辖权的范围。⑤ 国际商会建议希望将商事争议提交仲裁院仲裁的当事人，应当在合同中纳入同意此类仲裁的条款。⑥ 根据《仲裁规则》，此类同意一旦做出，不得撤回。国际商事仲裁庭根据当事人的仲裁协议可以对争议行使管辖权，《仲裁规则》第6条规定："如果任一方当事人拒绝或未能参与仲裁或仲裁程序任一阶段，仲裁程序仍将继续进行。"⑦

国际商会仲裁院和其他大多数仲裁机构一样，仅仅规定了"大致的程序框架，当事人和仲裁员有充分的自由采纳符合特定争议的程序"。⑧ 当事人可自由约定适用于案件实体问题的实体法律⑨。在当事

---

① Born，International Commercial Arbitration，p. 155，quoting ICC ".2004 Statistical Report"，16（1）ICC Ct. Bull. 5（2005），p. 6.

② Rules of Arbitration，at App. 1，Art. 2. 秘书处由来自许多国家的30多名法律和行政职员组成，"主要进行日常的仲裁管理工作"。Born，pp. 155-156.

③ Rules of Arbitration，at App. 1，Art. 1（2）.

④ Ibid.，App. 1.

⑤ Ibid.，Art. 6.

⑥ Ibid.，《ICC标准仲裁条款》。

⑦ Ibid.，Art. 6（3）.

⑧ Born，International Commercial Arbitration，p. 156. Also see generally Rules of Arbitration，at Arts. 4-5，8-9，13-23.

⑨ Ibid.，Art. 17（1）.

人没有就准据法做出选择时，仲裁庭有权决定所适用的法律①，但必须"考虑合同的条款及有关商事惯例"②。

仲裁庭还可就《仲裁规则》没有规定而且当事人没有事先做出约定的程序性问题做出决定③。不过，只有在当事人同意授权的情况下，仲裁庭才可作为友好公断人（amiable compositeur）或依据善意和公平原则（ex aequo et bono）处理争议。④

（2）可仲裁性：国际商会仲裁院的成立是为了专门处理国际环境中的商事争议的。《仲裁规则》规定争议必须是"具有国际性质的商事争议"。不过，当事人也可约定将国内商事争议提交给国际商会仲裁院。⑤

（3）可分割性：根据国际商会仲裁院《仲裁规则》，仲裁协议独立于主合同，或独立于当事人约定的其他形式的合同。⑥ 这就使得仲裁庭可以根据有效的仲裁协议行使管辖权，而无须考虑基础合同无效或不存在的主张或仲裁庭结论。⑦

（4）管辖权—管辖权：《仲裁规则》明确规定："有关仲裁庭是否具有管辖权的任何决定应由仲裁庭自己做出。"⑧ 不过，如果仲裁庭无法相信存在有效的仲裁协议而终止仲裁程序时，任一方当事人可以请求任何具有管辖权的法院对是否存在有效的仲裁协议做出决定。⑨

（5）中立性：《仲裁规则》规定，仲裁"必须独立于参与仲裁的各方当事人"。⑩《仲裁规则》中还有其他条款是这样提及独立性的：

---

① Rules of Arbitration，Art. 17（1）.
② Ibid.，Art. 17（2）.
③ Ibid.，Art. 15（1）.
④ Ibid.，Art. 17（3）.
⑤ Ibid.，Art. 1（1）.
⑥ Ibid.，Art. 6（4）.
⑦ Ibid.
⑧ Ibid.，Art. 6（2）.
⑨ Ibid.
⑩ Ibid.，Art. 7（1）.

"在所有案件中，仲裁庭应公正、独立行事。"① 在当事人将争议提交仲裁时，该规则还鼓励当事人约定仲裁庭的仲裁员人数。② 不过，《仲裁规则》还提供了其他选择。如果当事人此前没有约定仲裁员人数或约定了独任仲裁员或甚至是三人仲裁员，该规定提供了选择仲裁员的方式。③ 当事人可以自由提名本国人作为仲裁员，但这并不必然意味着所提名的仲裁员会最终成为仲裁庭成员。多名仲裁员组成的仲裁庭的主席或独任仲裁员，通常不应和任一方当事人具有相同国籍，但在有些情况下，此类仲裁员可能和某一方当事人具有相同的国籍。④

对于当事人提名的仲裁员必须经过国际商会仲裁院秘书长的确认，才能参加仲裁庭的工作，而对于国际商会仲裁院提名的仲裁员，则无须经过此类确认。⑤ 有许多因素会影响秘书长的确认决定，例如，一些考虑的重要因素包括未来仲裁员的国籍、居所、与当事人或其他仲裁员国籍国的关系。⑥ 国际商会仲裁院会向当事人提供一份信息披露书，让当事人知悉可能影响仲裁庭独立性和公正性的事实和情形，并允许当事人对仲裁庭成员提出异议。⑦ 但是，国际商会仲裁院做出的指定或确认仲裁员的决定是最终的，它做出此类决定的理由不会公布。⑧

当事人可对被认为缺乏独立性的任何仲裁员提出异议。当事人必须在获得仲裁庭指定或确认通知后的 30 日内，或在获悉存在此类对其独立性产生合理怀疑的情形后的 30 日内，向秘书处提交书面的说

---

①　Rules of Arbitration，Art. 15（2）.

②　Ibid.，《ICC 标准仲裁条款》。

③　Ibid.，Art. 8.

④　Ibid.，Art. 9（5）.

⑤　Ibid.，Art. 9（1）.

⑥　Ibid.，Art. 9（1 款）.

⑦　Ibid.，Art. 7（2）.此外，仲裁员必须立即披露仲裁程序中产生的任何类似事实或情况。Ibid.，Art. 7（3）.

⑧　Ibid.，Art. 7（4）.

明。① 同样，国际商会仲裁院就仲裁员异议所做出的决定是最终的，其理由不会公开。②

（6）保密性：《仲裁规则》规定："国际商会仲裁院的工作具有保密性，参与工作的任何人都应予以尊重。"③ 国际商会仲裁院对于谁能参加该院的会议以及谁可以查看提交的各类文件有专属的决定权。④ 仲裁庭所进行的庭审是保密的，不经仲裁庭及所有当事人的同意，其他人不得参与仲裁程序。⑤

国际商会仲裁院《内部规则》规定，国际商会仲裁院的所有会议只对其成员和秘书处开放。⑥ 提交给国际商会仲裁院的文件或国际商会仲裁院制作的文件，只能向该院的成员、秘书处以及获得授权的人士分发。⑦ 为了保密的需要，当事人或仲裁员向国际商会仲裁院提交的文件或书信可以销毁。⑧ 从本质上看，"国际商会仲裁院的仲裁不是公开的。保密性通常是当事人选择国际商会仲裁院仲裁的原因。"⑨

（7）正当程序：根据国际商会仲裁院的《仲裁规则》，仲裁庭应在所有案件中公正和中立行事，应确保每一方当事人有合理的陈述案情的机会。⑩ 如果当事人已约定根据《仲裁规则》进行仲裁，他们就被视为同意按照仲裁程序开始之日起有效的仲裁规则进行仲裁。⑪ 相应地，当事人也可约定根据仲裁协议签订之日起生效的仲裁规则进行

---

① Rules of Arbitration，Art. 11（1）and（2）.

② Ibid. ，Art. 7（4）.

③ Ibid. ，App. 1，Art. 6.

④ Ibid.

⑤ Ibid. ，Art. 21（3）.

⑥ Ibid. ，App. 2，Art. 1（1）. 不过，"在例外情况下，国际商会仲裁院主席可邀请其他人出席。"此类人仍要尊重保密原则。Ibid. ，App. 2，Art. 1（2）.

⑦ Ibid. ，App. 2，Art. 1（3）.

⑧ Ibid. ，App. 2，Art. 1（7）.

⑨ ICC："An Overview of ICC：Promoting World Trade"，at 9. Available at www. iccwbo. org/uploadedFiles/ICC/ICC ＿ Home ＿ Page/pages/ICC％202007－1－complete. pdf.

⑩ Rules of Arbitration，at Art. 15（2）.

⑪ Ibid. ，Art. 6（1）.

仲裁。① 当事人有权"在仲裁条款中约定合同所适用的法律、仲裁员人数以及仲裁的语言和地点"。国际商会仲裁院的《仲裁规则》对上述安排没有限制。②

应注意的是，仲裁庭在签署裁决书前，应按要求向国际商会仲裁院提交一份裁决书草案。国际商会仲裁院有权"对裁决书的形式做出修正，并且在不影响仲裁庭裁决自由的情况下，提醒仲裁庭注意争议的实体要点。只有在国际商会仲裁院对仲裁裁决书的形式做出批准后，仲裁庭才能做出裁决"③。这一程序据信有很多好处，它可以防止出现一些不适当的裁决，有助于提高仲裁机构的信誉度。

其他旨在确保正当程序的重要规定，还包括允许当事人获得代理和援助④、选择仲裁语言⑤、获得书面⑥或口头⑦庭审的机会。《仲裁规则》并没有规定任何情形下的裁决撤销程序，但《仲裁规则》的条文指出，当事人放弃"任何形式的救济，只要此类放弃能够有效做出"，这就意味着还存在根据所适用的国内法进行救济的可能性。⑧ 国际商会仲裁院指出，它对裁决书进行审查的一个目的就是减少裁决在国内法院被撤销的可能性。⑨

（8）终局性：《仲裁规则》指出，裁决是终局的，对当事人具有约束力，当事人应毫不迟延地执行裁决。⑩ 如果裁决书的内容不是很清楚，或存在计算、语法、打印等方面的错误，当事人就可在收到裁

---

① Rules of Arbitration，Art. 6（1）.

② Ibid.，《ICC 标准仲裁条款》。

③ Ibid.，Art. 27. 在对仲裁裁决书草案进行审查时，仲裁院会尽可能考虑仲裁地的强制性法律规范。Ibid.，App. 2，Art. 6.

④ Ibid.，Art. 21（4）.

⑤ Ibid.，Art. 16.

⑥ Ibid.，Art. 4 and 5.

⑦ Ibid.，Art. 20（6）.

⑧ Ibid.，Art. 28（6）. 此类救济取决于裁决被请求执行地的法律和理由。

⑨ International Court of Arbitration：Dispute Resolution Services，"Resolving Business Disputes WorldwIbide"，p. 8.

⑩ Rules of Arbitration，at Art. 28（6）.

决书后的 30 日内要求仲裁庭做出更正或解释。① 更正或解释以附录形式做出，并成为裁决书的一部分。② 否则裁决就是终局的。

（9）可移性与可执行性：当事人可自由约定仲裁地点，如果当事人没有对此做出约定，国际商会仲裁院将决定仲裁地点。③ 不过，《仲裁规则》规定：a. "仲裁庭可与当事人协商后在它认为合适的地点举行庭审或会议，除非当事人有其他约定"④；b. "仲裁庭可在它认为适当的任何地点对案情进行讨论"⑤。

国际商会仲裁院指出，《纽约公约》的通过是它发起的运动所产生的结果。⑥ 它建议当事人"查明另一方当事人的所在国，或更为适当的是仲裁地所在国，是否批准了《纽约公约》，或是否签署了其他能够提供同样保障的多边或双边条约"⑦。

《仲裁规则》规定当事人可随时获得裁决书副本⑧，该规则还规定："仲裁庭和秘书处应协助当事人遵守可能需要的一些程序要求。"⑨ 这就意味着，仲裁庭和秘书处可协助当事人了解裁决被请求执行国的法院制度。

无论如何，裁决的可执行性取决于是否适用《纽约公约》，但做出裁决的仲裁机构的声誉也通常是一个重要因素。在此方面，国际商会仲裁院在众多对手中遥遥领先。

---

① Rules of Arbitration，Art. 29（2）. 此外，仲裁庭也可主动修改计算、打印、语法或其他任何类似错误，只要此类修改提交给仲裁院进行批准。

② Ibid.，Art. 29（3）.

③ Ibid.，Art. 14（1）.

④ Ibid.，Art. 14（2）.

⑤ Ibid.，Art. 14（3）.

⑥ International Court of Arbitration：Dispute Resolution Services， "Resolving Business Disputes WorldwIbide"，p. 5.

⑦ Ibid.

⑧ Rules of Arbitration，at Art. 28（2）. 秘书长提供认证的裁决书副本。

⑨ Ibid.，Art. 28（5）.

（二）国际商会仲裁院的经济分析

国际商会仲裁院历史悠久。自从 1923 年以来，它已受理来自 180 多个国家和地区的大约 16500 件国际仲裁案件。它的受案量还在持续增长。国际商会仲裁院位于巴黎，被认为是"西方的仲裁机构"[1]，但在它受理的一半以上案件中的当事人都来自非西方[2]。《仲裁规则》授权当事人选择仲裁地，这就使得仲裁程序可以在巴黎以外的地方进行[3]，但是大部分仲裁程序无论是否基于当事人的选择，可能都是在巴黎进行的。

《仲裁规则》附件三《仲裁费用和收费》提供了国际商会仲裁院仲裁费用的大致情况[4]。花费包括仲裁员和专家的报酬、国际商会仲裁院的管理费，以及在仲裁程序中当事人的代理或代表所产生的费用。[5] 仲裁费用一旦确定，仲裁庭可在仲裁裁决书中决定由哪一方当事人承担该费用，或如何让当事人分摊该费用。[6]

管理费用由国际商会仲裁院收取，用于仲裁案件的管理。在提交仲裁请求时，当事人必须交付 3000 美元的文档管理费。这笔费用不予退还，可以成为申请人预付费用的一部分。[7] 仲裁的费用应根据请求或反请求的标的额来确定[8]。国际商会仲裁院要求在仲裁程序进行

---

[1]　International Court of Arbitration：Dispute Resolution Services，"Resolving Business Disputes WorldwIbide"，p. 4.

[2]　Born，International Commercial Arbitration，p. 155，quoting ICC："2004 Statistical Report"，16（1）ICC Ct. Bull. 5（2005），p. 6.

[3]　Rules of Arbitration，Art. 14（1）.

[4]　Ibid.，App. 3，Art. 4（1）.

[5]　Ibid.，Art. 31（1）and（3）.

[6]　ICC：International Court of Arbitration：Dispute Resolution Services，"Costs of Arbitration"，at www. iccwbo. org/court/arbitration/Ibid4088/index. html See also Rules of Arbitration，at Art. 31（1）&（3）.

[7]　Ibid.，App. 3，Art. 1（1）.

[8]　Ibid.，App. 3，Art. 4（2）（A），（B）.

前交付全部的请求或反请求预付款①。虽然如此，预付款的计算也可能变化。② 如果出现这种情况，预付款的变化会出现在最终裁决中"仲裁费用"部分。③ 对于涉外案件的收费，似乎没有采用不同的收费标准。

管理费用是按照浮动固定费用加上一定百分比的争议标的额计算的。随着争议标的额的增加，浮动固定费用也增加，而百分比随着争议标的额的增加而递减。④ 按照争议标的额 50001 美元以下和 5 亿美元以上的下限和上限之间，费率从 4.73% 到 0.0035% 逐步递减。⑤ 如果争议标的额超过 5 亿美元，管理费最高收取 113215 美元。⑥

预付的 3000 美元只能作为管理费用，仲裁员的报酬要单独计算。⑦ 仲裁员的报酬会在仲裁庭的最终裁决中提交给当事人，它是"仲裁费用"的一部分。⑧ 当事人不能就仲裁员的报酬做出约定⑨。

仲裁员的报酬收费标准与管理费用的收费标准相似，但还有其他一些重要特征。如果争议的标的额不明或无法确定，国际商会仲裁院可以"自由裁量"决定仲裁员的报酬。⑩ 对于仲裁员报酬的确定要考虑到仲裁员的勤勉程度、仲裁程序的时间、速度以及复杂性，但仲裁员的报酬通常应在明确规定的限度内。不过在例外情形下，仲裁员的报酬可能会高于或低于这一限度。⑪

---

① Rules of Arbitration，Art. 30 (4)，APP. 3，Art. 1 (3)．

② Ibid.，Art. 30 (2)，App. 3，Art. 1 (10)．

③ Ibid.，Art. 31 (1) and (3)．

④ Ibid.，App. 3，Art. 4 (2) (A) & (B)．

⑤ 对于 5 万美元以下的仲裁请求，固定的行政管理费是 3000 美元。Ibid．

⑥ Ibid.

⑦ Ibid.，App. 3，Art. 1 (1)．

⑧ Ibid.，Art. 31 (1) & (3)．

⑨ Ibid.，App. 3，Art. 2 (4)．

⑩ Ibid.，App. 3，Art. 2 (1)．

⑪ Ibid.，App. 3，Art. 2 (2)．第 31 条第 2 款并没有规定可能存在哪些例外情况，而是规定"如果考虑到案件的例外情况确有必要，仲裁院可以确定仲裁员的报酬高于或低于一般的收费标准"。

当案件提交给多名仲裁员仲裁庭时，国际商会仲裁院有权增加总报酬，但数额通常不会超过一名仲裁员报酬的 3 倍。[①] 当事人还应负责缴纳因仲裁员报酬所应交付的税收或其他政府收费[②]。争议解决持续的时间长短，是决定仲裁员报酬的一个关键因素。因此，在利用国际商会仲裁院的《仲裁规则》计算仲裁费用时，必须注意的是，"在大多数案件中，希望在不到一年的时间内就做出最终裁决是不现实的，虽然国际商会仲裁院有些复杂的仲裁程序仅持续了 2 个多月的时间"[③]。

当事人并非必须要聘请律师、代理人或代表，但他们可以这样做。[④] 法律代理费用不是国际商会仲裁院所要求的预付费用的一部分，但构成仲裁庭在裁决中所确定的仲裁费用的一部分。[⑤]

当事人可以选择仲裁的语言，如果当事人没有做出选择，仲裁庭"在适当考虑到所有相关情况包括合同所使用的语言"后，可以决定仲裁所使用的语言。[⑥]《仲裁规则》要求必须向每一位仲裁员和秘书处提供来自任一方当事人的所有书状及书面信函，但该规则没有对此类文书的翻译问题做出规定。[⑦] 实际上，国际商会仲裁院的网站指出："国际商会仲裁院的仲裁可以任何语言进行。当事人可以在最初的合同中也可以案件提交仲裁时，约定仲裁所使用的语言。"[⑧] 这就意味着，国际商会仲裁院可以用任何语言管理仲裁，无须将正式文书翻译

[①]　Rules of Arbitration，App. 3，Art. 2（3）.

[②]　不过，该规则指出"此类费用或税收的收取只是仲裁员和当事人之间的事情"。Ibid，at App. 3，Art. 2（9）.

[③]　International Court of Arbitration：Dispute Resolution Services，"Arbitration Process". Available at www. iccwbo. org/court/arbitration/Ibid4091/index. html.

[④]　Rules of Arbitration，at Art. 21（4）.

[⑤]　International Court of Arbitration：Dispute Resolution Services，"Costs of Arbitration".

[⑥]　Rules of Arbitration，at Art. 16.

[⑦]　Ibid. ，Art. 3（1）.

[⑧]　International Court of Arbitration：Dispute Resolution Services，"Frequently Asked Questions". Available at www. iccwbo. org/court/arbitration/Ibid4429/index. html.

成某一固定语言。① 不过，考虑到服务使用者的不同情况，在一些案件中可能就会产生与翻译相关的费用。

仲裁庭所任命的专家的报酬和花费构成"仲裁费用"的一部分，但此类费用并不包含在最初的预付费用中。② 秘书处在收到当事人预交的款项后，再分配专家的报酬。③ 该规则似乎表明仲裁庭会任命大部分专家④，但它又明确规定当事人也可保留有自己的专家⑤。

每一方当事人自然要自己承担参加仲裁地庭审以及庭审期间的交通费、食宿费。当事人还要负责本方代表、代理人及其他指定人员的交通费和食宿费。此类费用会因路途远近、交通方式、食宿标准、随行人员的规模等因素而有所不同。但一般而言，交通费和食宿费与仲裁地的消费水平密切相关。例如，如果当事人约定在巴黎进行仲裁，他们就会预料到住宿费用要高于选择在阿卡拉进行仲裁的住宿费用。

当事人应把仲裁请求书、答辩状、反诉请求以及其他正式函件，寄送秘书处在巴黎或香港的办公室。⑥ 国际商会仲裁院、仲裁庭和当事人之间的通信，可以通过"附回执信件、挂号信、速递、传真、无线电传播、电传、电报或其他任何能够提供寄送记录的方式"进行。⑦ 这些费用虽然相对来说数量不大，但也构成仲裁费用的一部分。

（三）国际商会仲裁院的文化分析

1919 年，国际商会世界商业组织（World Business Organization）成立，它们坚信"商业将成为解决世界经济所面临的重大挑战的主要

---

① Rules of Arbitration，App. 3，Art. 1（4）.

② International Court of Arbitration：Dispute Resolution Services，"Costs"，at www. iccwbo. org/court/arbitration/ Ibid4088/index. html.

③ Rules of Arbitration, at App. 3，Art. 1（11）. 仲裁庭决定预交费用的数额。

④ Ibid. ，Art. 20（4）.

⑤ Ibid. ，Art. 20（3）.

⑥ International Court of Arbitration：Dispute Resolution Services，"Arbitration Process".

⑦ Rules of Arbitration，Art. 3（2）.

推动力"①。国际商会仲裁院于 1923 年在巴黎成立，成为国际商会和
世界商业组织的争议解决中心。② 不过，国际商会仲裁院在法律上是
一个独立于国际商会的单独实体。

最近几年，巴黎市区据估计有 11836970 人口。③ 具有大陆法传统
的法国法律制度历史悠久④。国际商会仲裁院允许当事人选择仲裁所
适用的法律，国际商会仲裁院也不会严格遵循法国的法律传统。但是
如果当事人没有约定仲裁的准据法，仲裁庭就可适用它认为适当的法
律规则。⑤

国际商会仲裁院的成员任期 3 年⑥。国际商会仲裁院由秘书处协
助工作，秘书处有 70 多名具有法律和其他专业背景的全职人员。⑦ 国
际商会仲裁院设主席一人，有 15 名副主席协助其工作。现任主席是
比奇（John Beechey）先生（英国国籍）。副主席分别来自阿尔及利
亚、澳大利亚、比利时、中国、法国、毛里求斯、瑞典、德国、印
度、意大利、墨西哥、俄罗斯、瑞士、巴西、英国和美国。该院目前
有 86 名成员，其中有几名是候补成员。⑧ 成员任期 3 年⑨。

多元化是国际商会仲裁院秘书处的一个重要特色："秘书处的核
心是它的 8 个案件管理小组。每个小组由 1 名顾问领导，并由两名或
以上副顾问予以协助，每个小组负责一个特定地区、特定文化或特定

---

① ICC："An Overview of ICC：Promoting World Trade"，p. 1.

② Ibid. ，p. 9.

③ This figure is available at www. recensement. insee. fr/chiffresCles. action? zoneSearch-
Field PARIS&codeZone 001— AU1999&IbidTheme 3&rechercher.

④ 对于背景的介绍，see Peter Stein，Roman Law in European History（CambrIbidge
University Press，1999），at 114 et seq.

⑤ Rules of Arbitration，at Art. 17 (1).

⑥ ICC website，at "International Court of Arbitration". Available at www. iccwbo. org/
court/arbitration/Ibid4086/index. html.

⑦ Dispute Resolution Services，"Resolving Business Disputes WorldwIbide"，p. 6.

⑧ ICC Arbitration website， "ICC International Court of Arbitration". Available at
www. iccwbo. org/court/arbitration/ Ibid4086/index. html.

⑨ Ibid.

语言的案件管理，这就可以确保当事人和仲裁员的特定需要能够得到理解。秘书处使用 15 种以上的不同语言，它的成员来自 20 多个不同国家。秘书处的律师通晓世界上主要的法律传统。"①

无论是从地理角度还是文化角度来看，国际商会仲裁院的仲裁员也具有多样性，由国际商会仲裁院国内委员会任命的来自世界上近 90 个国家和地区的国际法律专家组成。②

国际商会仲裁院在 2009 年一年中受理的案件所涉及的当事人就来自 128 个国家③。国际商会仲裁院注意到，当事人通常具有显著不同的民族、文化和法律背景，他们基于多种原因选择在国际商会仲裁院进行仲裁，从而避免通过诉讼解决争议。④ 虽然国际商会仲裁院使用不同的语言，但英语和法语似乎是两种最主要、使用得最为广泛的语言。⑤

二 伦敦国际仲裁院

伦敦国际仲裁院在 1891 年就已设立。最初它的名字是伦敦市仲裁庭（The City of London Chamber of Arbitration），在 1903 年才被称为伦敦仲裁院（The London Court of Arbitration）。在 1981 年，它被命名为伦敦国际仲裁院，以"反映它工作的性质，当时它的工作主要是国际性仲裁"。⑥ 目的是满足那些希望通过一个能够了解他们行业

---

① "Resolving Business Disputes WorldwIbide", p. 6.

② Ibid. 国际商会仲裁院也指出，欢迎来自没有设立国际商会国内委员会的国家的杰出律师和争议解决专家参与该院的仲裁活动。ICC website, at "What We Do". Available at www.iccwbo. org/policy/arbitration/ Ibid1777/index. html.

③ ICC Arbitration："Arbitration Today", Available at www.iccwbo. org/court/arbi-tration/Ibid4584/index. html.

④ 这些理由包括国内法院存在的偏见、对一国法院程序的不了解以及不希望争议及裁决被公开。Ibid.

⑤ Rules of Arbitration，at Introduction（指出"在国际商会仲裁院仲裁规则的各种语言的版本中，只有英语和法语版本是正式文本"）。

⑥ LCIA："History of the LCIA", Available at www.lcia.org/LCIA/Our_History.aspx.

的仲裁庭的协助，来解决争议的商人们的利益需要。①

在 1985 年，伦敦国际仲裁院制定了新的规则，"标志着伦敦国际仲裁院作为国际仲裁机构的时代的来临。在 1986 年，伦敦国际仲裁院成为一个民间的、责任受担保金额限制的非营利公司，并且完全独立于三个创立机构"。② 伦敦国际仲裁院现在的仲裁规则是在 1998 年制定的，截至本书写作时对该规则的审议还在进行中。③

（一）伦敦国际仲裁院的法律分析

（1）协议自由：伦敦国际仲裁院的管辖权取决于当事人的同意。看来，此种同意一旦做出，就不得撤回。如果被申请人未能在规定的时限内对申请人的请求做出回应，他仍可在仲裁中否认此类请求或提出反请求。④ 同意在伦敦国际仲裁院进行仲裁的当事人，也同意不在任何国内法院对仲裁庭的管辖权限提出异议，除非当事人有一致约定、有仲裁庭授权或仲裁庭对其管辖权的异议做出了裁定。⑤

鲍恩注意到，"从广义来看，伦敦国际仲裁院的程序管理没有国际商会仲裁院的管理复杂"⑥。确实，伦敦国际仲裁院在此方面有几个不同的程序性规定。伦敦国际仲裁院倾向于让当事人自主选择仲裁程序。"在极其紧急或在仲裁开始时或开始后"，当事人可申请快速成立仲裁庭。⑦ 伦敦国际仲裁院有权减少仲裁庭组成的时限⑧。

伦敦国际仲裁院鼓励当事人约定仲裁所适用的程序，只要他们这

---

① LCIA："History of the LCIA"，Available at www.lcia.org/LCIA/Our_History.aspx.

② Ibid.

③ Ibid.

④ LCIA Arbitration Rules，Art. 2.3. Available at www.lcia.org/Dispute_Resolution_Services/LCIA_Arbitration_Rules.aspx.

⑤ Ibid.，Art. 23（4）.

⑥ Born，International Commercial Arbitration，p.158.

⑦ LCIA Arbitration Rules，at Art. 9.1.

⑧ Ibid.，Art. 9（3）.

样做并不会减损仲裁庭的一般义务。^① 当事人可协议限制仲裁庭适用相关法律的自由裁量权，只要他们"为了使仲裁公正、高效和快速进行，采取了每一种必要的措施"^②。当事人还可约定仲裁地点^③以及仲裁语言^④。

（2）可仲裁性：伦敦国际仲裁院的设立是为了仲裁商事争议，因此它声称能够对"国际商事的所有方面"进行仲裁。^⑤ 它的仲裁服务仅限于商事性质的争议。

（3）可分割性：约定进行仲裁的仲裁条款具有约束力，即使仲裁庭判定合同的其他部分是"不存在的、无效的或无法实施的"。^⑥

（4）管辖权—管辖权：当任一方当事人对仲裁庭的管辖权提出异议时，仲裁庭可就自己的管辖权做出裁决。^⑦ 仲裁庭可在它认为适当的情况下，立即就管辖权做出裁决，或等到对案件实体问题做出裁决时将管辖权裁定作为一部分纳入其中。^⑧

（5）中立性：仲裁员必须"一直中立并独立于当事人"，不得代表任一方当事人提出建议，或就争议的实体或结果向任一方当事人提出建议。^⑨ 仲裁员必须向秘书处披露可能影响他们中立性和独立性的任何事实或情形^⑩。

伦敦国际仲裁院本身有权指定仲裁员，但要考虑当事人有关选择

---

① LCIA Arbitration Rules，Art. 14（1）.

② 这种语言更多地适用于仲裁庭而不是当事人的自由裁量权。Ibid.，Art. 14（2）.

③ Ibid.，Art. 16（1）.

④ Ibid.，Art. 17（1）.

⑤ LCIAArbitrationwebsite，at "Types of contract in dispute"，at www. lcia. org/Dispute _ Resolution _ Services/LCIA _ Arbitration. aspx.

⑥ LCIA Arbitration Rules，at Art. 23. 1.

⑦ Ibid. 对仲裁庭管辖权的异议，通常必须在不迟于提出答辩书时提出。对仲裁庭审理权限的异议，通常必须在"仲裁庭表明有意受理任何当事一方声称不在其审理权限范围内的事项之后立即"提出。不过，在所有情况下，仲裁庭可以受理一项迟到的异议，如果它认为这种延迟在特定情况下具有合理理由。Ibid.，Art. 23（2）.

⑧ Ibid.，Art. 23（3）.

⑨ Ibid.，Art. 5（2）.

⑩ Ibid.，Art. 5（3）.

仲裁员的任何书面协议。① 当事人也可相互约定指定特定仲裁员，或授权第三方当事人指定仲裁员。② 如果当事人没有指定仲裁员，伦敦国际仲裁院可以从自己的仲裁员数据库中挑选具有适当资格与技能的仲裁员。③ 仲裁员名单数据库看来并没有对外公布。如果当事人来自不同的国家，独任仲裁员或首席仲裁员将由不同于任一方当事人国籍的仲裁员担任，除非当事人有书面的相反协议。④

如果存在"产生合理怀疑的理由"⑤，或"不能或不适合参与仲裁"⑥，当事人可对任一方当事人的独立性或中立性提出异议。通常，伦敦国际仲裁院是此类异议的唯一裁决者。但是，如果当事人对仲裁员提出了一致的异议，该仲裁员必须被替换。⑦ 伦敦国际仲裁院也可主动替换仲裁员⑧。

（6）保密性：在当事人没有相反书面协议的情况下，任何裁决、文书以及双方当事人的相关文件等，即使在另一方当事人的控制下，也必须予以保密。⑨ 但该规则有一个例外，即当事人被依法要求披露此类信息，或当事人在一国法院内寻求执行裁决，或对裁决提起异议时，可不遵守该规则。⑩

仲裁庭的庭审应秘密进行，除非当事人有其他约定或仲裁庭有其

---

① 当事人对仲裁员的提名不是决定性的；伦敦国际仲裁院必须认为所提名的仲裁员适合解决特定争议，而且所提名的仲裁员必须遵守第 5 条第 3 款规定的披露规则。LCIA Arbitration Rules，Art. 5（5）and Art. 7（1）.

② Ibid.，Art. 7（1）. k

③ LCIA Arbitration website，at "Procedures"，at www. lcia. org/Dispute _ Resolution _ Services/LCIA _ Arbitration. aspx.

④ LCIA Arbitration Rules，at Art. 6. 1.

⑤ Ibid.，Art. 10（3）.

⑥ Ibid.，Art. 10（1）（b）.

⑦ Ibid.，Art. 10（1）（b），10（3）.

⑧ Ibid.，Art. 10（2），（3）.

⑨ Ibid.，Art. 30（1）.

⑩ 实际上，根据英国法律，英国法院有权因法律错误对仲裁裁决实体问题进行审查。Ibid. 本节后面对此有更详细分析。

他指令。① 仲裁庭的评议也通常对其成员保密②，未经所有当事人以及仲裁庭的事先书面同意，仲裁裁决不得公开。③

（7）正当程序：仲裁庭应"在所有当事人之间公正、中立行事，给予每一方当事人陈述案情的合理机会"④，并且"根据仲裁的情况，采取适当的程序，避免不必要的延误和花费，以为当事人的争议的最终解决提供公正、高效的方式"⑤。在这些指导原则下，当事人可自由约定仲裁程序。⑥ 当事人还可选择仲裁所适用的实体法，或在没有选择时适用仲裁地法律。⑦ 当事人还选择仲裁地点⑧，并可由律师或其他代表予以代理⑨。

伦敦国际仲裁院的《仲裁规则》还规定，任何希望对案件实体进行庭审的当事人都有权获得此类机会，除非当事人书面约定只是通过书面方式进行仲裁。⑩ 在口头庭审中，当事人可召集证人，并可对他们进行交叉询问。⑪

在签发裁决时，伦敦国际仲裁院一般会提供做出裁决的理由，除非所有当事人有其他约定。⑫ 仲裁庭还可签发临时和保全措施令⑬，不过，行使这一权力时，"不得损害任一方当事人在仲裁庭组建前以及仲裁庭组建后的例外情况下，向任何国内法院或其他司法机构申请

---

① LCIA Arbitration Rules，Art. 19（4）.

② 这些规则列举了一个例外，"除非根据仲裁规则第 10 条、第 12 条以及第 26 条，仲裁庭的其他成员要求披露仲裁员拒绝参与仲裁的情况"。Ibid.，Art. 30（2）.

③ Ibid.，Art. 30（3）.

④ Ibid.，Art. 14（1）（i）.

⑤ Ibid.，Art. 14（1）（ii）.

⑥ Ibid.，Art. 14（2）.

⑦ Ibid.，Art. 16（1），（3）.

⑧ Ibid.，Art. 16（1）. 不过，在不影响仲裁地法律对仲裁裁决效果的情况下，仲裁庭自由决定在任何合适地点举行庭审、会议以及讨论。Ibid.，Art. 16（2）.

⑨ Ibid.，Art. 18（1）.

⑩ Ibid.，Art. 19（1）.

⑪ Ibid.，Art. 20.

⑫ Ibid.，Art. 26（1）.

⑬ Ibid.，Art. 25.

临时或保全措施的权利"。①

（8）终局性：仲裁庭的裁决是终局的，并具有约束力。根据伦敦国际仲裁院《仲裁规则》，当事人"必须立即并毫不迟延地执行裁决，并且当事人不可撤销地放弃向任何国内法院或其他司法机构提起任何形式的上诉、复审或救济的权利，只要此类弃权能有效做出"。②

但英国的仲裁法十分特别，因为英国法院对于法律错误保留有对仲裁裁决进行审查的权利，除非当事人明确做出了其他约定。③ 根据这一规定，仲裁裁决可能不会被认为是最终的：

a. 仲裁程序的一方当事人（在向另一方当事人、仲裁员和咨询、协商与仲裁服务委员会发出通知后）可向高等法院或伦敦中心区法院就涉及欧盟法或 1998 年《人权法案》适用的问题提起上诉。

b. 根据本条规定，不得提起上诉，除非得到仲裁程序所有当事人的同意，或得到法院的许可。提起上诉的权利还受到《仲裁法》第 70 条第 2 款和第 3 款的限制。

c. 只有在法院确信存在下列情形时，它才会签发上诉许可令：（i）对这一问题的决定将实质性地影响一方或多方当事人的权利；（ii）根据裁决中查明的事实，如果上诉涉及欧盟法核心问题，这一问题需要严肃讨论。如果上诉不涉及欧盟法核心问题——仲裁庭对该问题的决定明显错误；或所涉及的问题具有通常的公共重要性，并且仲裁庭的决定至少引起严重质疑；以及尽管当事人约定通过仲裁解决争议，但就所有情况而言，由法院决定这一问题是公正的和恰当的。④

---

① LCIA Arbitration Rules，Art. 25（3）.

② Ibid.，Art. 26（9）.

③ Arbitration Act of England，1996 Ch. 23（Jun. 17，1996）.

④ 同上，at §§ 69（1），69（2）& 69（3），as modified by the ACAS Arbitration Scheme（England and Wales）Order 2001，｛ 164. 1996 Act available at www. opsi. gov. uk/acts/acts1996/ukpga _ 19960023 _ en _ 1 2001. Order available at www. opsi. gov. uk/si/si2001/20011185. htm. For more information on ACAS, see its website at www. acas. org. uk/ index. aspx? articleIbid 1461.

（9）可移性与可执行性：如果当事人没有约定仲裁的地点，仲裁将在伦敦进行，除非伦敦国际仲裁院做出其他决定。[①] 在英国做出的裁决，在任何一个《纽约公约》的成员国内应被认为是可移的和可执行的。

（二）伦敦国际仲裁院的经济分析

在 2009 年，伦敦国际仲裁院处理了 243 件争议，与此前一年受理的 163 件争议相比，有了显著增加。[②] 伦敦国际仲裁院的总部位于伦敦，在当事人没有选择仲裁地时，伦敦国际仲裁院的仲裁通常在伦敦进行。[③] 伦敦国际仲裁院的《仲裁收费明细表》适用于伦敦国际仲裁院提供服务的所有仲裁，无论是作为管理人还是作为指定机构，也无论当事人是否选择该院的《仲裁规则》。[④]

伦敦国际仲裁院会收取一笔固定的、不予退还的 1500 英镑的登记费用以管理仲裁，此笔费用在提交仲裁申请书时缴付。[⑤] 此外，当事人还要缴付一笔根据秘书处管理仲裁的时间而确定的费用。书记官长、副书记官长以及顾问每小时收费 225 英镑，而"其他秘书处人员"每小时收费 100 英镑—150 英镑。[⑥] 最后，"伦敦国际仲裁院的成员在行使职责以决定当事人根据所适用的规则提出的任何异议所花费的时间"而应收取的报酬，应根据"伦敦国际仲裁院成员建议的"每

[①] As of 1975，September 24 (entered into force Dec. 23，1975). UNCITRAL："Status-1958 Convention on the Recognition and Enforcement of Foreign Arbitral Awards"，Available at www. uncitral. org/uncitral/en/uncitral _ texts/arbitration/NYConvention _ status. html.

[②] LCIA，"Director General's Review 2008"，at 1. Available at www. lcia. org/Document/Default. aspx? DocumentUIbid 529C2BCD-8734-46DC-BB3B-263262BF5B63.

[③] LCIA Arbitration Rules，at Art. 16. 1.

[④] LCIA Schedule of Arbitration Costs，effective as of Jun. 1，2010. Available at www. lcia. org/Dispute _ Resolution _ Services/LCIA _ Arbitration _ Costs. aspx.

[⑤] Ibid. ，Art. 1 (a) .

[⑥] Ibid. ，Art. 1 (b) .

小时收费标准收取。① 管理费用还包括作为伦敦国际仲裁院总费用一部分的，"相当于仲裁庭总费用（不包括开支费用）的 5％的一笔金钱"②。与仲裁相关的仲裁支持服务费用以及秘书处和伦敦国际仲裁院成员的花费也包含管理费用中③。除登记费用外，上述费用可在"收取临时发票、做出裁决时，或根据伦敦国际仲裁院按照《仲裁规则》第 24 条第 1 款做出的指令"支付。④

如果伦敦国际仲裁院只是作为指定机构服务，或在非伦敦国际仲裁院的仲裁中被请求对仲裁员的异议做出决定，它就会收取 1000 英镑，这笔费用不予退还。⑤ 对于秘书处为仲裁花费的时间，伦敦国际仲裁院按小时收取费用。⑥ 伦敦国际仲裁院成员在其他仲裁程序中就仲裁员异议做出决定所应收取的每小时费用标准，应根据"伦敦国际仲裁院成员的建议"而定。⑦

伦敦国际仲裁院指出，仲裁庭收取费用的标准应根据案件的具体情况而定，"包括案件的复杂度以及仲裁员的特殊资格等"。⑧ 在被伦敦国际仲裁院任命之前，仲裁庭每小时的收费标准必须在其书面协议中列明，除非有"例外情况"⑨，每小时收费不得超过 400 英镑。伦敦国际仲裁院可在听取书记官长的建议以及与仲裁庭协商后，在当事人同意的情况下，将每小时的收费标准确定在 400 英镑以上。⑩

仲裁庭的费用可能还包括因在旅途上花费的时间而应收取的费用⑪、"因已预留但由于当事人不及时推迟或取消而没有被利用的时间

---

① LCIA Schedule of Arbitration Costs，Art. 1（c）.
② Ibid.，Art. 1（d）.
③ Ibid.，Art. 1（e）.
④ LCIA Arbitration Rules, at Art. 24. 1.
⑤ Ibid.，Art. 2（a）.
⑥ Ibid.，Art. 2（b）.
⑦ Ibid.，Art. 3.
⑧ Ibid.，Art. 4（a）.
⑨ Ibid.
⑩ Ibid.
⑪ Ibid.，Art. 4（b）.

而应收取的费用，只要此类费用已书面向伦敦国际仲裁院提出建议并得到批准"① 以及因与仲裁相关而产生的其他合理费用②。

每一方当事人应负责各自的代理费用。伦敦国际仲裁院《仲裁规则》第 18 条第 1 款规定："任一方当事人可由律师或其他代表人员进行代理。"《仲裁费用明细表》第 9 条（a）项规定："对于仲裁费用（不是代理费用或当事人自己所产生的其他费用），当事人应对仲裁庭和伦敦国际仲裁院负有连带责任。"此外，《仲裁规则》第 28 条第 1 款规定，伦敦国际仲裁院应确定仲裁费用，"而不是代理费用或当事人自己所产生的其他费用"。

但是，除非当事人有其他约定，仲裁庭可以下令将另一方当事人的代理费用和其他花费包含在裁决当中。③ 当仲裁庭行使这一权力时，它必须将此类费用确定在合理的限度内。④ 在当事人没有做出其他约定时，仲裁庭应根据"费用的承担应反映出当事人在裁决或仲裁中的相对的成功和失败这一一般原则，对代理费用做出命令，除非仲裁庭认为在特定情形下，这一一般方法并不恰当"。⑤ 不过，当事人也可约定排除仲裁庭的这一权力。

当事人可自由选择仲裁的正式语言。如果当事人没有选择，仲裁语言通常是仲裁协议所使用的语言，但仲裁庭在组建后可能会选择一个不同的语言。⑥ 如果仲裁文书没有以仲裁的语言提交，而且没有附带翻译，仲裁庭可能就会下令对它们进行翻译。⑦ 在此情况下，翻译的费用看来应由组织翻译的一方当事人承担。

---

① LCIA Schedule of Arbitration Costs，Art. 4（c）.

② Ibid.，Art. 4（d）.

③ Ibid.，Art. 28（3）.

④ Ibid.

⑤ Ibid.，Art. 28（4）.

⑥ Ibid.，Art. 17（1），（3）.

⑦ Ibid.，Art. 17（4）.

仲裁庭可任命专家就某一特定问题向其报告①。专家的报酬和花费"就应构成仲裁费用的一部分"②。《仲裁规则》和《仲裁费用明细表》都没有对当事人聘请或雇用专家的费用做出规定，因此专家的费用有可能会根据《仲裁规则》第 18 条第 1 款和第 28 条第 1 款以及《仲裁费用明细表》第 9 条（a）项规定，包含在当事人的"代理费用及其他费用"中。

《仲裁规则》和《仲裁费用明细表》也没有对当事人是否应对他们的交通费、食宿费负责做出规定，但《仲裁费用明细表》明确地将"在旅途上所花费时间应收取的费用"作为"仲裁庭费用"的一部分纳入其中。③ 否则，当事人就应负责自己的交通费以及在仲裁中自己所需其他人员的花费。

（三）伦敦国际仲裁院的文化分析

伦敦国际仲裁院的总部位于伦敦，它在印度的新德里有分支办公室，并与迪拜国际金融中心（DIFC）合作创建了 DIFC—LCIA 仲裁中心。④

伦敦国际仲裁院仲裁程序中的当事人可以选择仲裁所适用的法律。如果当事人没有做出选择，伦敦国际仲裁院《仲裁规则》规定，"仲裁的准据法应是仲裁所在地的法律"。⑤ 这样，除非当事人明确做出了其他约定，看来有可能很多仲裁都是根据英国法进行的，而英国

---

① 不过，当事人可就此做出其他约定。LCIA Schedule of Arbitration Costs，Art. 21 (1) (a).

② Ibid.，Art. 21 (3)．第 24 条的标题是"预付款"，并且第 24 条第 1 款规定："伦敦国际仲裁院可要求当事人按照它认为适当的比例缴纳仲裁费用的预付款。在仲裁程序进行时，此类预付款项应告知仲裁员、仲裁庭所任命的专家以及伦敦仲裁院本身。"

③ LCIA Schedule of Arbitration Costs，at Art. 4 (b).

④ LCIA website，at " LCIA Overseas " . Available at www.lcia.org/LCIA/Overseas. aspx.

⑤ 如果当事人明确书面约定适用其他仲裁法，只有在仲裁地法律对此没有禁止时，此类协议才会被认为是有效的。LCIA Arbitration Rules，Art. 16. 3.

的法院有权以"法律错误"对裁决进行审查。①

伦敦国际仲裁院有一个三层次的结构，由公司、仲裁院和秘书处组成。公司的首席执行官是伦敦国际仲裁院的总干事。总干事负责伦敦国际仲裁院的日常运营，是"该机构与其董事会进行沟通的主要中介"。② 伦敦国际仲裁院的董事会主要由伦敦享有盛名的仲裁执业者组成③，它并不主动参与案件的管理工作，但是它可以任命仲裁院的成员，并且对"伦敦国际仲裁院的行政职能保持有密切关注"。④

伦敦国际仲裁院由最多35名成员组成，这35名成员"是从世界主要贸易领域挑选出来的，以便为商事仲裁提供领军执业者，并保持这一平衡。在这35名成员中，具有英国国籍的人士不得超过6人"。⑤ 伦敦国际仲裁院的主要职能是任命仲裁庭组成人员、对仲裁员的异议做出决定，以及监管仲裁费用。⑥ 这些职能通常由伦敦国际仲裁院的主席、副主席、3名或5名成员且其中1人为主席或副主席行使，或在涉及行政管理职能时，由书记官长或副书记官长行使。⑦

截至本书写作时，伦敦国际仲裁院的总干事是温斯坦利（Adrian Winstanley）先生。⑧ 他是最高领导，处于伦敦国际仲裁院三等级中的第一层次。仲裁院的成员属于第二层次，由伦敦国际仲裁院董事会根据该院的建议任命，任期5年，成员一般不得连续任命，除非"有例外情形"。⑨ 伦敦国际仲裁院的官员包括主席、副主席、荣誉副主席以及书记官长和副书记官长。伦敦国际仲裁院董事会根据该院的建议

---

① See also Arbitration Act of England, at Ch. 23.

② LCIA website, at "Organisation". Available at www.lcia.org/LCIA/Organisation.aspx.

③ Ibid.

④ Ibid.

⑤ Ibid.

⑥ Ibid.

⑦ Ibid.

⑧ LCIA Director General's Review 2008, p. 6.

⑨ LCIA Constitution, Arts. A（1）& A（2）. Available at www.lcia.org/LCIA/Constitution _ of _ the _ Court. aspx.

任命主席，最多任期 3 年，有可能连任。① 在主席任期结束后，可受邀担任荣誉副主席，副主席任期可随其所愿。② 伦敦国际仲裁院的成员可以被任命为仲裁员，但对主席和副主席职位却有一些附加说明事项。③

伦敦国际仲裁院的现任主席是美国人帕克（William Park）教授④。目前副主席共有 7 人，只有 1 人是英国人。实际上，7 人中仅有 1 人可被认为是"非西方的"，即来自印度的莫迪（Zia Mody）女士。⑤ 伦敦国际仲裁院现有 4 名荣誉副主席，分别来自德国、加拿大、奥地利和法国。⑥ 其他 26 名成员来自更为多样化的背景：4 人来自中东和北非、7 人来自美洲、4 人来自英国、6 人来自欧洲大陆和俄罗斯、6 人来自亚洲和澳大利亚、1 人来自撒哈拉以南非洲。⑦ 还有 2 名特别代表，分别来自美国和印度。⑧

仲裁员的多样性是伦敦国际仲裁院的一个重要特征。伦敦国际仲裁院总干事在《2008 年回顾》详细分析了仲裁员的国籍情况：

在 2008 年，伦敦国际仲裁院为 142 个仲裁庭共任命了 284 名仲裁员，其中有一半是独任仲裁员，另一半是 3 名成员的仲裁庭。其中所任命的 23 个仲裁庭处理的是 2007 年受理的案件，而其他 119 个仲裁庭处理的是 2008 年提交的案件。

"在这 284 个仲裁员的任命中，有 190 个仲裁员是英国人，其中 56％是由当事人选择的，30％是由仲裁院指定的，14％是由当事人提

---

① LCIA Constitution, Art. B (1) (a).

② Ibid., Art. B (3).

③ Ibid., Art. F.

④ LCIA website, at "Members of the LCIA Court", at www.lcia.org/LCIA/Members_bios.aspx.

⑤ In addition to the two mentioned above, there is one American, one German, one Austrian, and one Swiss Vice President. See www.lcia.org/LCIA/Members_bios.aspx.

⑥ LCIA website at "Members of the LCIA Court", at www.lcia.org/LCIA/Members_bios.aspx.

⑦ Ibid.

⑧ Ibid.

名的人指定的。在其他不是英国人的 94 名仲裁员中，37％是由当事人选择的，51％是由仲裁院指定的，12％是由当事人提名的人指定的。

"来自英国以外的其他仲裁员的国籍有：阿根廷、澳大利亚、奥地利、比利时、巴西、保加利亚、加拿大、中国、哥伦比亚、捷克、丹麦、法国、德国、印度、爱尔兰、毛里求斯、墨西哥、新西兰、尼日利亚、巴基斯坦、波兰、俄罗斯、新加坡、斯洛伐克、南非、瑞典、瑞士、土耳其、阿联酋和美国。

"虽然英国的仲裁员明显占据多数，但与来自其他国家或地区的当事人数量相比，来自英国的当事人却为数不多，这种情况似乎表明当事人愿意选择一个中立的仲裁地点，并且在大多数案件中，会选择英国实体法和英国程序法。"①

"伦敦国际仲裁院 2008 年管理的案件中有 12％的案件来自英国，单从当事人的国籍这一角度而言，来自英国的当事人是最多的。② 如果进行其他分类，2008 年仲裁当事人中有 46.5％来自欧洲或俄罗斯（包括东欧和西欧）、9％来自北美、15.5％来自亚洲、6％来自非洲、1.5％来自中东、21.5％来自其他国籍类型"③。

第三节　常设仲裁院

常设仲裁院（PCA）是一个拥有 100 多个成员国的政府间组织，它在 1899 年设立，以促进国家之间争议的解决，它是目前世界上历

---

① Director General's Review 2008，p. 5.
② Ibid.，p. 4.
③ Ibid.，p. 3.

史最悠久的解决国际争议的仲裁机构。① 现在，常设仲裁院提供的争议解决服务涉及不同的国家、国家实体、政府间组织以及私方当事人等。②

常设仲裁院是在 1899 年的第一次海牙和平大会上根据《和平解决国际争端公约》设立的，该组织的设立被认为是"此次和平大会的最为具体的成果：这是第一个解决国家间争议的全球机制"③。在 1907 年的第二次海牙和平大会上，1899 年的公约得到修订，这样，国家要加入常设仲裁院，就要加入这两个公约。④ 常设仲裁院的网站上列有成员国名单⑤。

(一) 常设仲裁院的法律分析

常设仲裁院并不是一个传统的法院，它是一个常设仲裁机构，以帮助解决特定争端。⑥ 常设仲裁院有九套不同的程序规则，用于不同情况下不同类型的当事人。⑦ 考虑到常设仲裁院有这么多解决争议的

---

① Website of the Permanent Court of Arbitration，at "AboutUs"，at www. pca—cpa. org/showpage. asp? pag＿id＝1027.

② Ibid.

③ PCA website, at "History", www. pca—cpa. org/showpage. asp? pag＿id＝1044.

④ PCA website, at "Founding Conventions", www. pca—cpa. org/showpage. asp? pag＿id＝1037.

⑤ PCA website, at "Member States", www. pca—cpa. org/showpage. asp? pag＿id＝1038. 中国和一些非洲国家是其成员国。

⑥ PCA website, at "Structure". Available at www. pca—cpa. org/showpage. asp? pag＿id＝1039.

⑦ PCA website，at "Rules of Procedures" www. pca—cpa. org/showpage. asp? pag＿id＝1188. 这些规则包括：Rules for Arbitrating Disputes between Two States；Rules for Arbitrating Disputes between Two Parties of Which Only One is a State；Rules for Arbitration Involving International Organizations and States；Rules for Arbitration between International Organizations and Private Parties；Optional Conciliation Rules；Rules for Fact—Finding Commissions of Inquiry；Rules for Arbitration of Disputes Relating to Natural Resources and/or the Environment，with a separate set of Rules for Conciliation of the same types of disputes；and GuIbidelines for Adapting the Permanent Court of Arbitration Rules to Disputes Arising Under Multilateral Agreements and Multiparty Contracts. 这些规则都可在其网站上找到。

不同规则，本部分仅就最重要的一些规则的要点进行分析。

常设仲裁院用于仲裁国家间争议的程序规则是仿照《联合国国际贸易法委员会仲裁规则》制定的，但基于许多原因，也做了很多更改："（1）以反映国家间争议的国际公法性质以及此类争议的适当的外交实践；（2）以表明秘书长和海牙常设仲裁院国际局的作用，以及这些规则与 1899 年和 1907 年《和平解决国际争端的海牙国际公约》的关系；以及（3）为当事人提供选择一人、三人或五人仲裁庭的自由。"①

常设仲裁院的所有规则都是任择性的、灵活的，强调当事人的意思自治。② 所有国家都可利用这些规则，无论该国是否是常设仲裁院公约的成员国。国家可自由约定由任何个人或机构作为指定机构。如果当事国没有做出此类选择，或选择的人员或机构不愿行事，秘书长可任命一个指定机构。③

常设仲裁院《调解规则》的主要特征是它的程序的自愿性。因此，调解程序开始于所有当事方的同意④，任一当事方都可单方终止调解程序⑤。这些规则的另一显著特征是它们在程序方面的灵活性。当事方可自由约定由一名或多名调解员进行调解。⑥

常设仲裁院的《调解规则》是常设仲裁院综合性争议解决制度的一部分，它将调解程序与根据不同《任择性仲裁规则》可能进行的仲裁程序联系起来。"如果争议不能通过调解解决，当事人就可能希望快速进入最终的、有约束力的仲裁程序。"⑦

---

① PCA Rules—Two States, Introduction, at 43. Available at www. pca－cpa. org/ showfile. asp? fil_id＝195.

② 下面的语言都是描述性的，同样的规定出现在有关仲裁的每一规则的引言中。

③ PCA Rules—Two States, Introduction, at 43.

④ PCA Rules—Optional Conciliation Rules, at Arts. 2（2）& 2（3）. Available at www. pca－cpa. org/showfile. asp? fil_id＝197

⑤ Ibid., Art. 15（a）.

⑥ Ibid., Art. 3.

⑦ Ibid., Introduction, p. 153.

《事实查明委员会调查任择性规则》是为满足特定需要而制定的①，这些规则为委员会的调查工作提供了框架②。这些规则的重要因素包括：允许非成员国利用这些规则③、给予当事方选择界定事实问题的自由④、允许当事方选择委员会的会议地点⑤、允许非常设仲裁院成员国担任委员会职务⑥、以及授权常设仲裁院秘书长作为指定机构行事或任命指定机构⑦。在公开表明当事方、发布裁决或披露常设仲裁院程序的其他信息之前，常设仲裁院通常应寻求当事方的同意。⑧

（二）常设仲裁院的经济分析

常设仲裁院在 2009 年受理了 57 个案件，这是目前最多的数量。常设仲裁院位于荷兰海牙的和平宫。⑨ 海牙是荷兰的第三大城市，拥有 1406000 城市人口。⑩ 它是荷兰的政府所在地，据说也是联合国事实上的司法首都，因为国际法院也在此地。⑪

当被请求任命指定机构时，常设仲裁院会收取一笔 750 欧元的程序费用，这笔费用不会退还。当它被请求作为指定机构行事时，它会

---

① PCA Rules—Optional Rules for Fact—Finding Commissions of Inquiry, at Introduction, 169. Available at www. pca—cpa. org/showfile. asp? fil_id=214.

② Ibid.

③ Ibid., Introcuction, p. 169.

④ Ibid., Art. 2 (1), Art. 11 (1) & (2).

⑤ Ibid., Art. 6 (1).

⑥ Ibid., Introduction, p. 170.

⑦ Ibid., Art. 4 (3).

⑧ PCA website, at "Cases", www. pca—cpa. org/showpage. asp? pag_id=1029.

⑨ PCA website, at "About Us", www. pca—cpa. org/showpage. asp? pag_id=1027.

⑩ 这一数据来自海牙网站：www. denhaag. nl/en. htm.

⑪ From the website of The Hague, in a brochure entitled "The Hague, International City of Peace and Justice", at 9. Available at www. denhaag. nl/web/file? uuIbid 0858a31b—827a—49f1—b9feb9b4665fc1ea&owner8019cbec—25c7—42fb— a5b2—6dfb42281a.

译："国际局应做出安排，对庭审中做出的口头陈述进行翻译，并对庭审进行记录，如果仲裁庭认为根据案件情况这么做是必要的，或争议的当事人约定这样做。"①

在对口头陈述进行翻译被认为是必要的情况下，翻译的费用很可能被认为是"仲裁庭所要求的其他协助"的费用。② 在常设仲裁院的所有规则以及《联合国国际贸易法委员会仲裁规则》中，仲裁庭专家意见的费用被认为是仲裁庭裁决中应决定的仲裁费用的一部分。③ 每一当事方当然要承担各自的交通费、食宿费以及仲裁员和证人的交通费和食宿费。④

如果常设仲裁院是争议的登记方，海牙和平宫将向仲裁庭提供免费的庭审室和会议室，但对于附属设备需要单独收费。⑤ 对于不是由常设仲裁院登记的仲裁（被视为"客方仲裁庭"），也可在所租借的仲裁套间和会议室内进行。一个包含有会议室和庭审室的完整仲裁套间，每天收费 1750 欧元，而单独一个庭审室每天收费 1000 欧元。⑥

（三）常设仲裁院的文化分析

常设仲裁院的三级管理机构由"负责监督政策实施及预算执行情

---

① 联合国国际贸易法委员会《仲裁规则》也规定了这一点，但这一规定指出是仲裁庭而不是国际局必须做出此类安排。常设仲裁庭《有关自然资源和/或环境争议仲裁规则》在其第 25 条中规定了几乎同样的规则，只是该规定指出国际局"在与当事人协商后就翻译问题做出安排"。The PCA Rules for Arbitration of Disputes Relating to Natural Resources and/ or the Environment，at Art. 25 (3).

② 这一规定也出现在常设仲裁庭有关仲裁的规则以及联合国国际贸易法委员会《仲裁规则》中。

③ 这一表述也出现在常设仲裁庭以及联合国国际贸易法委员会《仲裁规则》第 38 条 (c) 项以及常设仲裁庭《调解规则》第 17 条第 1 款和常设仲裁庭《事实查明调查委员会规则》第 16 条第 1 款 (d) 项中。

④ 证人的交通费、食宿费也包括在仲裁费用中，"只要仲裁庭批准此类花费"。联合国国际贸易法委员会《仲裁规则》和常设仲裁庭所有的仲裁规则都是这样规定的。常设仲裁庭有关调解的规则中也有类似规定。常设仲裁庭《事实查明调查委员会规则》也做了相同规定。

⑤ PCA website，at "Schedule of Fees and Costs".

⑥ Ibid.

况的行政理事会、作为常设仲裁院成员的仲裁员小组，以及由秘书长领导的秘书处即国际局"组成。① 行政理事会对常设仲裁院的工作提供一般性指导，并对其行政、预算和开支进行监督。行政理事会有自己的《程序规则》。②

国际局是常设仲裁院的秘书处，它是一个由秘书长领导的、由来自不同国家的法律和行政职员组成的富有经验的团队。③ 该团队包括一个第一秘书长、第二秘书长、秘书译员、系统管理员和通信员。④ 国际局"为仲裁庭和委员会提供登记服务和行政性支持工作，它是进行沟通交流的正式渠道，并确保文件得到妥善保管"⑤。

常设仲裁院的成员是由成员国所指派的备选仲裁员组成。截至 2010 年 6 月 3 日，常设仲裁院名单中有 300 多名成员。⑥ 根据 1907 年《海牙和平解决国际争端国际公约》第 44 条，每一成员国有权选派最多 4 名人员作为常设仲裁院成员，这些人员"应在国际法领域具有公认的能力，道德品质高尚，并愿意接受作为仲裁员的义务"⑦。常设仲裁院的成员任期 6 年，可连任。⑧

常设仲裁院成员除了组成一个备选的仲裁员小组外，来自每一成

---

① PCA website，at "Structure"。

② PCA website，at "Administrative Council"，www. pca－cpa. org/showpage. asp? pag＿id＝1040.

③ 实际上，秘书长"对于国际局的运行有完全的权力"。Rules Concerning the Organization and Internal Working of the International Bureau of the Permanent Court of Arbitration，Art. Ⅲ. Available at www. pca－cpa. org/upload/files/ RULSORG. pdf.

④ Ibid. ，Art. 2.

⑤ 它还规定了诸如法律调查、会议和庭审的后勤支持以及仲裁庭或委员会在荷兰之外程序的行政支持等服务。PCA website，at "International Bureau" . Available at www. pca－cpa. org/showpage. asp? pag＿id＝1043.

⑥ PCA，"109th Annual Report 2009"，Annex 6. Available at www. pca－cpa. org/showfile. asp? fil＿id＝1439.

⑦ See also 1899 Convention for the Pacific Settlement of International Disputes，Art. 23. Available at www. pca－cpa. org/showfile. asp? fil＿id＝192.

⑧ PCA website，at "Members of the Court"，www. pca－cpa. org/showpage. asp? pag＿id＝1041.

员国的成员还组成一个"国家小组"（national group）①，可提名国际法院人选的候选人②。常设仲裁院成员和国际法院法官与其他团体一起能够提名诺贝尔和平奖候选人。③ 常设仲裁院的成员显然是一个多元化的团体，来自每个成员国的人员最多有 4 名。④

　　常设仲裁院在其第 109 个年度报告中介绍了它所登记的案件以及每一案件的当事方情况："常设仲裁院当前所登记的 54 个案件中，有22 个是在 2009 年提交给常设仲裁院的，包括：2 个国家—国家仲裁（包括厄立特里亚—埃塞俄比亚求偿委员会，它就赔偿做出了最终裁决）；1 个国家内部之间的仲裁；35 个根据双边或多边投资条约提起的投资者—国家仲裁；16 个根据合同或其他协议提起的仲裁，其中至少一方当事人是国家、国有实体或政府间组织；2 个根据国内投资法提起的仲裁；以及 2 个根据常设仲裁院《有关自然资源和/或环境争议仲裁的自择性规则》提起的案件。"⑤

　　常设仲裁院的两种工作语言是法语和英语⑥。但仲裁当事人可选择仲裁所使用的语言。如果当事人没有做出此类选择，仲裁庭会做出决定。⑦ 常设仲裁院看来是一个具有多重目的和多重文化背景的组织。

---

　　① PCA website，at "Members of the Court"，www. pca－cpa. org/showpage. asp? pag＿id＝1041.

　　② Article 4（1）of the Statute of the International Court of Justice. Available at www. icj－cij. org/documents/index. php? p1 4&p2＝2&p3＝0♯CHAPTER＿I.

　　③ PCA website，at "Members of the Court".

　　④ 这种结构也促进了行政委员会的多样化，成员国的外交代表可被任命其中。Ibid.

　　⑤ PCA，"109th Annual Report'（2009）"，at para. 2.

　　⑥ 常设仲裁院在其网站上就实习项目的要求做出了此等说明：www. pca－cpa. org/showpage. asp? pag＿id＝1171.

　　⑦ 此类规定也出现在常设仲裁院《国家间任择仲裁规则》中。

第十四章

亚洲和非洲的仲裁:主要仲裁机构概况

第一节　引言

　　首先，应指出的是，由于亚洲的多样化十分明显，这就很难对亚洲的仲裁机构做一全面的研究。因此，本部分将主要关注中国和马来西亚仲裁机构的情况，因为中国是本书关注的焦点，而马来西亚是一个重要的中非联合仲裁机构即吉隆坡地区国际商事仲裁中心的所在地。不过，在对上述仲裁机构进行具体分析之前，有必要了解一下亚洲仲裁的一些显著特征。[①]

　　过去 15 年来，亚洲仲裁法律设施的发展令人惊叹。麦克诺菲院长在他和金斯伯格（Tom Ginsburg）合编的一本有关亚洲仲裁的书中回忆了这样一件事:在 20 世纪 90 年代早期参加的一个美国律师协会论坛上，当他说起亚洲将和西方的一些主要仲裁中心一样成为一个对仲裁具有吸引力的地方时，有人对此提出质疑，质疑的理由是亚洲的法律制度还不健全，不足以支持一个充满活力的仲裁体系，而要扫除这些障碍需要数年的时间。[②] 然而事实是，在亚洲一些地方，国际仲

---

　　① 这部分内容借鉴了很多麦克诺菲（Phillip Mc Connaughay）院长近年来的著述。

　　② See Philip McConnaughay & Tom Ginsburg, International Commercial Arbitration in Asia, 2nd ed. (Juris Publishing, 2006), xxv.

裁的发展另辟蹊径，甚至走的是一条基本独立的发展道路。

麦克诺菲院长对这种现象的描述入木三分，他写道："实际上，有时看来自相矛盾的是，在亚洲法律设施的发展和国际商事仲裁的适宜环境之间的关系是完全颠倒的。日本（直到最近的韩国、中国台湾地区）有高度发达的司法和法律设施，而它们却不关注仲裁领域所存在的低效问题，中国大陆（以及马来西亚、印度尼西亚、泰国和越南）虽然司法和法律设施相对来说不是很完善，但它们却不断努力完善仲裁环境。这些国家所提供的经验对于发展中经济体来说非常重要，因为这些经验表明，一个国家在能够提供发达经济体所具有的法律制度之前，可以提供满足国际标准的商事争议解决方式，并从而促进国内和国际投资和交易的发展。"①

结果出人意料：一些亚洲仲裁中心——无论是可预见的还是不可预见的——无论是受案数量还是争议标的额方面而言，已和西方一些现有的、久负盛名的仲裁机构一样重要。②

其次，虽然仲裁作为一种替代性争议解决方式的基本前提，是它有一些共同的概念，但商事传统中的一些根本的实体差异看来会决定争议解决的不同方法。对此，麦克诺菲院长作了如下精心总结：

"当前亚洲的商事和法律实践及其发展，在一定程度上反映了非西方传统和实践与西方有关国际商事交易和国际商事争议解决的实践的复杂的混合。我认为这种混合的结果是，亚洲的商事交易的当事人与他们西方的同伴相比，相对轻视法律和商事行为及商事争议解决中书面合同的作用。而西方传统和实践在此类领域倾向于倚重法律和合同条款，亚洲的传统和实践更倾向于其他价值，如不断的相互包容、关系

---

① Phillip Mc Connaughay & Tom Gimburg, op. cit., at xxx, citing his earlier article, "The Scope of Autonomy in International Contracts and its Relations to Economic Regulation and Development", 39 Columbia Journal of Transnational Law 595 (2001).

② See McConnaughay & Ginsburg, International Commercial Arbitration in Asia, at xxv. 麦克诺菲院长的书第二版在 2006 年出版后，这一趋势还在持续。本节会提到最新的一些数据。

的维持、名声和身份的考虑等。这一结果可能会造成他们对何为公正、适当的商事争议解决程序和结果,会有极其不同的优先选择和预期。"①

虽然仲裁的这一基本前提已得到人们的广泛理解,但麦克诺菲对其亚洲客户有关仲裁的观点所做的表述仍富有深刻启发意义:"我注意到,我的亚洲客户通常似乎愿意采用调解/仲裁程序,至少从分析来看,好像这一过程是协助恢复最初的谈判,而不是确定先前存在的权利和义务。"②

麦克诺菲院长并没有花费太多时间探讨这些差异以及对这些差异所做的分析③,他接着就选择仲裁机构时应考虑的一些因素提出了建议。除了需要注意一些最基本的因素,如是否有适宜的国内法律制度以及裁决是否容易执行等,他还特别强调了行政管理能力和文化中立性或文化能力的重要性。④

最后,麦克诺菲注意到亚洲仲裁的稳步增长与持续重要性,他分析了亚洲几个重要的仲裁机构。⑤ 本书只对两个仲裁机构进行介绍:中国国际经济贸易仲裁委员会(CIETAC)和吉隆坡地区国际商事仲裁中心(KLRCA)。如上所述,这两个仲裁机构对于本书的中心目的

---

①　See Mc Connaughay & Ginsburg, op. cit. , p. 32. 总结了他早期的那篇论文的核心观点,本书前面的章节也多次引用这篇论文。这篇论文是 "Rethinking the Role of Law and Contracts in East−West Commercial Relations", 41 Virginia Journal of International Law 427 (2001). 他指出,并且本书作者也确认,亚洲一些著名的学者以及其他学者都广泛持有这种观点。

②　McConnaughay & Ginsburg, International Commercial Arbitration in Asia, at xxvii (emphasis added).

③　"不同的商业和法律实践以及传统,是否产生于文化特征或制度范畴这一问题,对于律师或商人来说并不是一个会产生很大实际后果的问题。在这一背景下,律师和他们的客户只是去显示或预期这种差异,而不是去判断它们或寻求它们的变革。" Ibid. , p. 35.

④　Ibid. , p. 34.

⑤　重要的仲裁机构包括香港国际仲裁中心(HKIAC)、大韩商事仲裁院(KCAB)、日本商事仲裁协会(JCAA)。有人会认为日本商事仲裁协会默默无闻有点令人关注,毕竟日本经济发展令人刮目相看。这是因为日本法律迟迟没有认可仲裁作为争端解决的一种好的选择。其中一个经常提到的例子是日本法律不允许外国律师代理客户参与日本的仲裁程序,这种状况直到 1996 年才改变。See, e. g. , Jan Paulsson, Eric Schwartz, Nigel Rawding, and Lucy Reed, The Freshfields GuIbide to Arbitration and ADR, 2nd ed. (Kluwer Law International, 1999), pp. 40-41.

具有特别重要的相关性——中国国际经济贸易仲裁委员会是中国重要的商事仲裁中心，而吉隆坡地区仲裁中心是亚非共同努力的结果。相应地，由于本书选择这两个仲裁机构进行介绍，因此还需对中国和马来西亚的仲裁法进行讨论。

第二节　中国的仲裁

在中国，也许像其他地方一样，仲裁被认为是争端解决程序中的一个阶段，争端解决程序包括冲突化解、协商、谈判、调解或调停、调解—仲裁、仲裁—调解、仲裁以及最后的法院诉讼程序。[1] 中国有这样一句谚语："饿死不做贼，屈死不告状。"[2] 这样的一种人生态度是中国文化的重要组成部分，看来有助于 12 亿中国人和谐共存。[3] 正如伯格（Warren Burger）首席大法官曾经说过的，中国人解决争议的方法也许有助于"疏导世界其他地方的诉讼泛滥"。[4]

在卢步曼（Lubman）教授看来："在中国，权利和义务是有特定

---

[1]　See James Zimmerman, China Law Deskbook: A Legal GuIbide for Foreign—Invested Enterprises, vol. II, 3rd ed. (ABA, Section of International Law, 2010), pp. 963-972.

[2]　Quoted in Urs Martin, "Cross—Cultural Negotiations, With Special Focus on ADR with the Chinese", 26 William Mitchell Law Review 1045 (2000), p. 1062. Also quoted in Carlos de Vera, "Arbitrating Harmony: 'Med—Arb' and the Confluence of Culture and Rule of Law in the Resolution of International Commercial Disputes in China", 18 Columbia Journal of Asian Law 149 (2004). The second half of the proverb is also quoted in Robert F. Utter, "Dispute Resolution in China", 62 Washington Law Review 383 (1987), pp. 384-385.

[3]　See Jun Ge, "Mediation, Arbitration and Litigation: Dispute Resolution in the People's Republic of China", 15 University of California Los Angeles Pacific Basin Law Journal 122 (1996), pp. 122-123.

[4]　U. S. Chief Justice in Shanghai (BBC Summary of World broadcasts and Monitoring Reporting, Sep. 10, 1981), available in LexisNexis Library, BBCSWB File, as cited in Ibid.

语境的，取决于人们彼此之间的关系，每一争议的解决要考虑到其他的后果，以便找到合作和和谐的基础。"① 一些文献也表明中国文化鼓励避免出现争议，以至于人们通常不承认争议的实际存在。对此，卢步曼教授和沃伊诺夫斯基（Wajnowski）写道："中国商业行为的一个更为显著的特征是，人们乐意避免承认存在严重的争议，这不仅是因为文化模式和中国的官僚习惯造成的，而且还因为人们真心希望让争议'消失'。"②

维持中国传统的和谐观念，确定可能产生争议的各种情形，并尽早解决争议，被认为是中国官员的重要职责。③ 如果此类努力不能产生预期效果，争议的解决应尽可能采用非对抗的方式，只有在此类方式不奏效的情况下，才会考虑采用更具有对抗性的解决方式。在调停、调解和仲裁进行前，会先进行协商。中国法律如《合同法》《中外合作企业法》《中外合资企业法》明确规定了协商方式。④ 本书第九章所分析的中国签订的所有双边投资条约也规定，在进入任何其他正式的争议解决程序前，需先进行协商。

也许更为有趣的是中国《民事诉讼法》对调解的特别强调⑤。对《民事诉讼法》有关调解的各条规定进行简单的逐步分析，可以看出一个完整一致的脉络。《民事诉讼法》对调解专门做了一章的规定，

---

① Stanley Lubman，Bird in a Cage：Legal Reform in China After Mao（Stanford University Press，2002），p. 19.

② Stanley Lubman & Gregory Wajnowski，"International Commercial Dispute Resolution in China：A Practical Assessment"，4 American Review of International Arbitration 107 (1993)，115.

③ Goh Bee Chen，Law without Lawyers，Justice without Courts：On Traditional Chinese Mediation（Ashgate Publishing Linited，2002），p. 9.

④ See Zimmerman，China Law Deskbook，supra note 10，p. 963.

⑤ 根据中国法，Conciliation 和 mediation 指的是同一程序。因此，它们在此处可互换使用。《中华人民共和国民事诉讼法》，in Arbitration in China in International Commercial Arbitration in Asia，2nd ed.，edited by Philip McConnaughay and Thomas Ginsburg（Juris Publishing，2006），40，n. 54（需要注意的是，中国的"调解"一词可以翻译成 conciliation 或 mediation）。

在该章此前和此后也有几次提到调解。调解最早出现在该法"总则"部分第9条中。该条授权法院甚至在诉讼进行时"根据合法和自愿原则"进行调解。① 该法第16条设立人民调解委员会根据自愿原则解决争议②，第53条允许当事人在诉讼中达成和解③。在这些规定之后，有专门一章是关于调解的，共有6条规定。法院主持调解过程，如果当事人达成协议，该协议就成为法院可执行的判决。④ 更为有趣的是，如果不能达成调解协议，该法院仍可利用调解中提交的证据做出判决。⑤ 如果调解努力失败，法院可根据《民事诉讼法》第12章普通审判程序的规定继续进行诉讼。

更为特别甚至奇怪的是，在所有质证及法庭辩论终结后，法院仍可在当事人之间进行调解。《民事诉讼法》相关条款是这样规定的："法庭辩论终结，应当依法做出判决。判决前能够调解的，还可以进行调解，调解不成的，应当及时判决。"⑥ 这决不意味着调解的结束，即使上诉法院也可根据该法第155条规定进行调解："第二审人民法院审理上诉案件，可以进行调解。调解达成协议，应当制作调解书，由审判人员、书记员署名，加盖人民法院印章。调解书送达后，原审人民法院的判决即视为撤销。"⑦ 中国对调解的强调程度与前几章分析的中国法律文化是一致的，但对于其他大部分法律制度而言却显得不同寻常。

---

① 《中华人民共和国民事诉讼法》，available at 〈http：//en. chinacourt. org/public/detail. php？id＝2694〉，at Art. 9.（本章提到的中国民事诉讼法是1991年的民事诉讼法——译者注。）

② 同上，第16条。

③ 同上，第53条。

④ 同上，第85—91条。

⑤ 同上，第91条。"调解未达成协议或者调解书送达前一方反悔的，人民法院应当及时判决"，这与西方文化中的法律规则完全不同，在西方法律文化中，在调解程序中提交的证据不能后来用在审判程序中。

⑥ 同上，第128条。

⑦ 同上，第155条。

调解几乎是仲裁程序之前的一个重要步骤。正如本书一再提到的，中国文化的历史一直是鼓励采用较少对抗性的争议解决方式。[①]调解就是此类争议解决方式之一。中国当前的调解方式可追溯至1954年的《人民调解委员会暂行组织通则》。[②]到1987年时，中国已建立起实际上规模最大的调解体系，有600万经认证的调解员，处理了全国数以百万计的争议。[③]调解处理的争议涉及家庭事务、商事争议、侵权，甚至是外资企业中的劳动争议。[④]

根据中国《仲裁法》，仲裁庭甚至在仲裁程序期间也可进行调解。[⑤]与《民事诉讼法》一样，《仲裁法》也允许在仲裁程序终结前进行调解。做出此类规定的条款被安排在有关程序规定的条款之后，该条规定是这样的："仲裁庭在做出裁决前，可以先行调解。当事人自愿调解的，仲裁庭应当调解。调解不成的，应当及时做出裁决。"[⑥]由于对调解的高度重视，据报道中国国际经济贸易仲裁委员会有超过一

① See，e. g.，Stanley Lubman，"Dispute Resolution in China after Deng Xiaoping："Mao and Mediation Revisited'"，11 Columbia Journal of Asian Law 229（1997）.

② See Jun Ge，pp. 123-124.

③ Ibid. 这一制度因1989年颁布的《人民调解委员会组织法》而得到进一步加强。cited in Ibid. See also Zimmerman，China Law Deskbook，p. 964，依据了同样的一些材料。但需要注意的是，随着商事关系的复杂化，更具有约束力的争议解决方式日益受到人们的青睐。例如，在1980年时，法院和调解委员会处理案件的比例是1∶17，到2000年年底时，这一数字将为1∶7。虽然仍然存在一些变动因素，但这一下降的趋势仍在持续。一些评论者注意到，"法庭上见"在中国日益普遍。See Xiaobing Xu，"Different Mediation Traditions：A Comparison between China and the U. S"，16 American Review of International Arbitration 515（2005）at n. 5，citingA GuIbide to the Several Rules on the Hearing of Civil Cases Involving People's Mediation Agreement and the Several Rules on the People's Mediation Work（2002），15.

④ See Zimmerman，China Law Deskbook，pp. 964-965，relying on，among other sources，Ren Jianxin，"Mediation，Conciliation，Arbitration and Litigation in the People's Republic of China"，15 International Business Law 395（October 1987）. 任建新曾任最高人民法院院长。

⑤ See PRC Arbitration Law，at Art. 49.

⑥ 《中华人民共和国仲裁法》第51条。该条规定的后一部分是："调解书与裁决书具有同等法律效力。"

半的案件是通过调解结案的。[①]

在争议解决条款中规定三层次的争议解决程序并非鲜见。这三层次的争议解决程序分别是协商、无约束力的调解和仲裁，它们都由仲裁委员会进行。[②] 如果非约束力的解决程序失败，有约束力的仲裁程序就会启动。

第三节　中国国际经济贸易仲裁委员会

1956 年中国国际经济贸易仲裁委员会（当时的名称是中国国际贸易促进委员会下设的对外贸易仲裁委员会）的设立奠定了中国当代涉外仲裁机构的雏形。[③] 中国国际经济贸易仲裁委员会现在也被人称为中国国际商会仲裁院。[④] 在莫瑟看来，这一情况发生在中国于 1994 年 11 月成为国际商会成员之后。[⑤]

下面一节将通过中国国际经济贸易仲裁委员会这一中介来分析中国《仲裁法》。不过，应注意的是，虽然中国国际经济贸易仲裁委员会也许是中国处理涉外仲裁的最优秀的机构，但中国还有其他一些国

---

① See Zimmerman, China Law Deskbook, p. 965, citing G. Kaufmann & Fan Kun, Integrating Mediation into Arbitration: Why it works in China, Journal of International Arbitration 25 (2008). 一个更早的研究表明，在国内案件中，有 88% 的案件是通过调解解决的。Ge, "Mediation, Arbitration and Litigation", p. 127.

② See Zimmerman, China Law Deskbook, p. 966.

③ See China Council for the Promotion of International Trade: China Chamber of International Trade，有关中国国际经济贸易仲裁委员会的背景介绍，available at http://english. ccpit. org/Contents/Channel_ 1914/2007/1011/70366/content_ 70366. htm.

④ Ibid.

⑤ See Michael J. Moser, "Foreign Arbitration," in Doing Business in China, edited by Michael Moser and Fu Yu, Vol. Ⅲ (Juris Publishing, Release No. 18, 2009) [hereinafter "Moser, Foreign Arbitration"], at IV-1. 8.

际仲裁机构，其中最显著的包括：中国海事仲裁委员会①、北京仲裁委员会②以及上海仲裁委员会③。

中国仲裁制度有许多显著特征，这会在下文的论述中逐一阐明。但有两个最重要的特征需要我们一直注意：

（1）正如约翰斯通（Graeme Johnston）所指出的，中国的仲裁本质上是"国家主导（state-sponsored）的一种替代性争议解决方式，而不是（西方仲裁理论中的）主要基于当事人意思自治的一种争议解决方式"④。虽然约翰斯通是在脚注中提出这一观点的，但它可能是中国仲裁制度最重要的区别性特征。约翰斯通并没有详细阐述他是如何得出这一结论的，但对中国《仲裁法》的仔细解读支持了他的这一论断。⑤ 首先，《仲裁法》规定"可以在直辖市和省、自治区人民政府所在地的市"设立仲裁委员会。⑥ 最为重要的是，该法授权适当的政府机构可在各自地区设立仲裁委员会，有关条款是这样规定的："仲裁委员会由前款规定的市的人民政府组织有关部门和商会统一组建。"⑦但需要指出的是，该法明确规定，仲裁委员会不是政府机构，它们与政府机构以及仲裁委员会之间没有从属关系。⑧ 该法还要求仲裁委员会应是中国仲裁协会的会员，而中国仲裁协会是"社会团体法人"。⑨

---

① 更多信息见其官方网站：www. cmac－sh. org/en/home. asp.

② 更多信息见其官方网站：www. bjac. org. cn/en/index. asp.

③ 更多信息见其官方网站：www. accsh. org. cn/accsh/english/index. html.

④ Graeme Johnston，"BrIbidging the Gap between Western and Chinese Arbitration Systems"，in Business Disputes in China，2nd ed.，edited by Michael Moser（Juris Publishing，2009），p. 569，n. 18.

⑤ 比较一下授权设立仲裁委员会的规定与后文将要讨论的美国《联邦仲裁法》的规定所采取的方法。United States Code，ss 1—14（1947 年制定，经历过多次修订，最后一次修订是在 1990 年）。该法中并没有任何规定涉及仲裁机构的设立，可以认为美国的仲裁机构都是完全的私人实体。美国《联邦仲裁法》文本见美国仲裁协会官方网站：www. adr. org/sp. asp? id＝29568.

⑥ 《中华人民共和国仲裁法》第 10 条第 1 款

⑦ 同上，第 10 条第 2 款。

⑧ 同上，第 24 条。

⑨ 同上，第 15 条。

其次，《仲裁法》规定可以设立具有特定结构和成员的涉外仲裁委员会。① 该法还规定了哪些机构可以设立此类仲裁委员会并任命仲裁委员会成员②。中国国际经济贸易仲裁委员会就是一个此类例子。第三，不像西方典型的仲裁庭，中国的仲裁委员会只有半独立的功能。例如，如果当事人希望法院签发禁令或采取其他保全措施，则该当事人必须向仲裁委员会提出申请，由仲裁委员会将这一申请转交给法院，并确保法院采取适当的保全措施。③ 甚至在仲裁裁决执行方面，也可能使用这一保全措施。④ 第四个也许最能体现中国仲裁的"国家主导"特征的，是有关《纽约公约》下仲裁裁决承认和执行的特殊规则。如上所述，中国最高人民法院发布的司法解释，要求所有准备拒绝承认与执行外国仲裁裁决的下级法院，必须向最高人民法院进行报告。如果下级法院执行了外国仲裁裁决，就不需要再向最高人民法院报告。⑤

（2）中国法律不允许临时仲裁。中国《仲裁法》有关条款是这样规定的："仲裁协议应当具有下列内容：（一）请求仲裁的意思表示；（二）仲裁事项；（三）选定的仲裁委员会。"⑥ 这一强制性规定被理解为任何没有指定特定仲裁委员会的仲裁协议都是无效的⑦。实际上，最高人民法院在 2003 年的中国人民保险公司广州分公司诉广东广和电力有限公司（音译）案中已结论性地判定，根据 1994 年《仲裁

---

① 《中华人民共和国仲裁法》第 66 条。

② 同上。

③ 《中华人民共和国民事诉讼法》第 258 条。

④ 《中华人民共和国仲裁法》第 28 条。

⑤ See Notification concerning the Handling of Issues regarding Foreign－related Arbitration and Foreign Arbitration Matters by the Supreme People's Court（SPC, Aug. 29, 1995）, cited in Johnston, "Bridging the Gap between Western and Chinese Arbitration Systems", p. 569. 中国最高人民法院发布的有关国际商事仲裁的批复、意见等可在最高人民法院网站以及中国国际经济贸易仲裁委员会的网站上找到：www. cietac. org/index. cms.

⑥ 《中华人民共和国仲裁法》第 16 条。

⑦ See Johnston, "Bridging the Gap between Western and Chinese Arbitration Systems", p. 569.

法》，临时仲裁是允许的。① 这也是仲裁委员会地位提升的一个标志。外国仲裁机构能否在中国进行仲裁看来令人怀疑。② 但莫瑟和约翰斯通注意到中国法院承认和执行在中国之外就涉外争议做出的临时仲裁裁决③。

如上所述，中国两个最重要的仲裁法律渊源是 1991 年的《民事诉讼法》④ 和 1994 年的《仲裁法》。⑤ 由于中国是《纽约公约》的成员国，因此《纽约公约》也是一个相关的有约束力的法律渊源。⑥ 此外，中国国家经济贸易仲裁委员会也制定有自己的程序规则。与前面论述的一样，下面也将根据所确定的标志性基准来分析这些法律渊源。

一　中国国际经济贸易仲裁委员会的法律分析

（1）协议自由：中国《仲裁法》认可当事人通过协议将争议提交仲裁解决的自由，只要争议事项是可以通过仲裁解决的。⑦ 该法还要求法院执行仲裁协议⑧。虽然涉外合同的当事人确实有选择准据法的自由⑨，但《仲裁法》似乎还要求裁决至少部分要以公平合理原则为基础，无论当事人是否对此做出约定。有关条款是这样规定的："仲裁应当根据事实，符合法律规定，公平合理地解决纠纷。"⑩ 显然，缔

---

① 2003 Min Si Zhong Zi 29，cited in Denis Brock & Kathryn Sanger，"Legal Framework of Arbitration"，in Arbitration in China：A Practical GuIbide，vol. 1，edited by Jerome A. Cohen，Neil Kaplan，and Peter Malanczuk（2004），p. 31.

② Ibid.

③ Ibid.，n. 19. See also Moser，"Foreign Arbitration"，at IV—1. 9.

④ PRC Civil Procedure Law，available at http：//en. chinacourt. org/public/detail. php？id＝2694. 该法已被 2012 年修订的《民事诉讼法》所取代——译者注。

⑤ 《中华人民共和国仲裁法》。对于这些法律构成中国仲裁法的主要渊源的这一观点，see Moser，"Foreign Arbitration"，at IV—1. 4.

⑥ See Moser，"Foreign Arbitration"，at IV—1. 4.

⑦ 《中华人民共和国仲裁法》第 4 条。

⑧ 同上，第 5 条。

⑨ See Zimmerman，China Law Deskbook，p. 976，citing Art. 145 of the Civil Law of China.

⑩ 《中华人民共和国仲裁法》第 7 条。

约自由必须在此限度内。中国国际经济贸易仲裁委员会的《仲裁规则》① 要求当事人的协议应采用书面形式。书面形式包括电子邮件，只要它能够明确表明当事人有将争议提交给中国国际经济与贸易仲裁委员会解决的意图。② 中国国际经济贸易仲裁委员会作为一个实体，有权决定是否存在有效的仲裁协议，使它能够行使管辖权。③ 根据下面对管辖权—管辖权规则所做的解释，这一任务也可授予或不授予仲裁庭行使。④ 中国国家经济贸易仲裁委员会根据表面证据判断是否存在仲裁协议。⑤ 最后，《仲裁规则》还要求仲裁参与人应诚信合作，进行仲裁程序。⑥ 虽然当事人有选择准据法的自由，《仲裁规则》仍然允许仲裁庭不但要依据合同和当事人选择的法律，而且要"参考国际惯例，并遵循公平合理原则"。⑦

（2）可分割性：中国《仲裁法》对可分割性有明确的规定，它规定："仲裁协议独立存在，合同的变更、解除、终止或者无效，不影响仲裁协议的效力。"⑧《仲裁规则》的措辞虽有不同，但再次确认了这一立场："合同中的仲裁条款应视为与合同其他条款分离地、独立地存在的条款，附属于合同的仲裁协议也应视为与合同其他条款分离地、独立地存在的一个部分。"⑨ 对于合同无效给仲裁协议带来的后果，同一条款也做了更为详细的规定："合同的变更、解除、终止、转让、失效、无效、未生效、被撤销以及成立与否，均不影响仲裁条款或仲裁协议的效力。"⑩

---

① 本书作者援引的是中国国际经济贸易仲裁委员会 2005 年版的《仲裁规则》，该机构目前适用的是 2015 年版的《仲裁规则》——译者注。

② 《仲裁规则》第 5 条第 1 款。

③ 同上，第 6 条。

④ 同上，第 6 条第 1 款。

⑤ 同上，第 6 条第 2 款。

⑥ 同上，第 7 条。

⑦ 同上，第 43 条第 1 款。

⑧ 《中华人民共和国仲裁法》第 19 条。

⑨ 《仲裁规则》第 5 条第 4 款。

⑩ 同上。

（3）可仲裁性：中国《仲裁法》对争议的可仲裁性问题有明确而严格的规定，不但规定了可以仲裁的事项，也规定了不可以仲裁的事项。对于可以仲裁的事项，有关条款是这样规定的："平等主体的公民、法人和其他组织之间发生的合同纠纷和其他财产权益纠纷，可以仲裁。"① 《仲裁法》第 1 条强调了立法者关注的是经济问题，规定是这样的："为保证公正、及时地仲裁经济纠纷，保护当事人的合法权益，保障社会主义市场经济健康发展，制定本法。"② 该法明确规定不能通过仲裁解决的事项范围，包括家庭事项以及"依法应当由行政机关处理的行政争议"。③ 虽然有越来越少的国家接受行政合同的不可仲裁性，但显然它是一些大陆法律制度的特征，中国也不例外。

（4）管辖权—管辖权：《仲裁法》允许仲裁庭决定自己审理争议的管辖权，但没有遵循此做法的典型模式。相关条款规定："当事人对仲裁协议的效力有异议的，可以请求仲裁委员会做出决定或者请求人民法院做出裁定。"④ 这一规定的作用在于，人民法院与仲裁的管理机构即仲裁委员会而不是仲裁庭本身有权做出此类决定。这种明显的管辖权冲突可根据同一条款的随后规定而解决："一方请求仲裁委员会做出决定，另一方请求人民法院做出裁定的，由人民法院裁定。"⑤ 这一规定有效地建立了一种等级关系。与该法的规定一致，中国国际经济贸易仲裁委员会《仲裁规则》做了这样的规定："仲裁委员会有权对仲裁协议的存在、效力以及仲裁案件的管辖权做出决定。"⑥ 仲裁委员会也可授权它所组建的仲裁庭对管辖权问题做出决定。中国国际经济贸易仲裁委员会在决定仲裁协议的存在、效力并由此决定自己的

---

① 《中华人民共和国仲裁法》第 2 条。
② 同上，第 1 条。
③ 同上，第 3 条。家庭事项包括收养、监护、扶养和继承纠纷。
④ 同上，第 20 条。
⑤ 同上。
⑥ 《仲裁规则》第 6 条第 1 款。

管辖权时应基于表面证据的考虑。① 如果仲裁庭进行的程序后来表明，有关证据与仲裁委员会就管辖权问题做出的决定相冲突，仲裁委员会就可回头修改记录，并根据新的发现做出新的决定。② 综合来看，这些规则有两个独特特征：其一，人民法院有权决定仲裁委员会包括中国国际经济贸易仲裁委员会的管辖权问题；其二，中国国际经济贸易仲裁委员会而不是它所设立的仲裁庭可以对管辖权问题做出决定，除非前者授权后者对管辖权问题做出决定。

（5）中立性：中国《仲裁法》规定了仲裁员的独立性和中立性，并规定在以下四种情况下可对仲裁员提出异议："（一）是本案当事人或者当事人、代理人的近亲属；（二）与本案有利害关系；（三）与本案当事人、代理人有其他关系，可能影响公正仲裁的；（四）私自会见当事人、代理人，或者接受当事人、代理人的请客送礼的。"③ 中国国际经济贸易仲裁委员会《仲裁规则》对此也有明确规定："仲裁员不代表任何一方当事人，并应独立于各方当事人且平等地对待各方当事人。"④ 该仲裁规则禁止仲裁员和当事人之间的任何单方联系。《仲裁规则》还要求被指定的仲裁员披露可能影响其中立性的任何事实或情形。⑤ 根据《仲裁规则》，基于中立性对仲裁员提出异议的标准是通常所使用的"合理怀疑"标准。⑥

《仲裁规则》所允许的调解和仲裁的混合程序是一个独特的程序，它是将独立性问题以及后文将要分析的保密性问题和正当程序问题结合起来的一个独特程序。根据这些规则，"如果双方当事人有调解愿望，或一方当事人有调解愿望并经仲裁庭征得另一方当事人同意的，

---

① 《仲裁规则》，第 6 条第 2 款。
② 同上。
③ 《中华人民共和国仲裁法》第 34 条。
④ 《仲裁规则》第 19 条。
⑤ 同上，第 25 条。
⑥ 同上，第 26 条第 2 款。

仲裁庭可以在仲裁程序进行过程中对其审理的案件进行调解"。① 该规则还允许参与调解程序的调解员可以继续参与仲裁程序,无论他们是否了解当事人的调解立场。但该规则禁止在仲裁程序或随后的司法程序中,使用当事人在调解程序中的观点、陈述或建议。② 虽然《仲裁规则》设立了这种调解—仲裁混合程序,但它们没有专门对调解做出规定。仲裁庭可以用它们认为适当的程序进行调解。不过,该规则对于参与调解的调解员能否继续作为仲裁员参与仲裁有明确的规定,根据规定:"仲裁庭在进行调解的过程中,任何一方当事人提出终止调解或仲裁庭认为已无调解成功的可能时,应停止调解。"③

(6) 保密性:中国国际经济贸易仲裁委员会有关保密性的规定详尽而清晰。中国国际经济贸易仲裁委员会所主持的仲裁程序一般都是保密的,除非当事人同意进行公开审理。即使当事人有此同意,仲裁庭仍需决定是否向公众公开庭审程序。④ 《仲裁规则》要求参与秘密庭审程序的所有人员⑤不得披露任何有关程序的信息,包括案件的以往程序。⑥

(7) 正当程序:中国《仲裁法》规定,仲裁不受政府机构的干预。⑦《仲裁规则》要求仲裁庭给予双方当事人平等、充分的陈述案情的机会,并"独立、公正行事"。⑧ 在当事人对于具体程序缺乏明确规定时,仲裁庭可根据当事人的需要以及争议的特定情形,选择纠问式或对抗式方式。⑨ 无论如何,仲裁庭必须进行适当的通知⑩,并以适

① 《仲裁规则》第40条第2款。
② 同上,第40条第8款。
③ 同上,第40条第4款。
④ 同上,第33条。
⑤ 包括仲裁员、代理人、证人、翻译人员、专家、鉴定人、CIETAC的职员等。同上书,第33条第2款。
⑥ 同上。
⑦ 《中华人民共和国仲裁法》第8条。
⑧ 《仲裁规则》第29条第1款。
⑨ 《仲裁规则》第29条第3款。
⑩ 同上,第68条。(规定了适当的送达程序)

中非争议解决：仲裁的法律、经济和文化分析

当方式进行程序，以使当事人获得庭审的权利得到尊重。① 虽然《仲裁规则》有关条款允许当事人选择纠问式或对抗式程序，但它的其他有关规定使得中国国际经济贸易仲裁委员会的程序主要是纠问式的。例如，其中一条规定要求仲裁庭自己进行事实调查，从许多方面来看，该规定十分独特。该规定的部分条文是这样的："仲裁庭认为必要时，可以自行调查事实，收集证据。"② 在进行自己的调查时，"如果仲裁庭认为有必要"③，仲裁庭可要求当事人到场。仲裁庭还可自己聘请专家。④ 为确保正当程序，《仲裁规则》还要求仲裁庭给予当事人对仲裁庭收集的证据发表评论的机会。⑤

（8）可移性：当事人有权就仲裁地点做出约定。不过，如果当事人虽然选择中国国际经济贸易仲裁委员会作为仲裁中心，但没有对仲裁地点做出约定，仲裁地点将被推定为"中国国际经济贸易仲裁委员会或其分会所在地"。⑥ 最后，可以肯定的是，中国国际经济贸易仲裁委员会的仲裁裁决，在任何《纽约公约》的成员国内都是可移的并可得到执行。

（9）终局性：根据《仲裁规则》，"裁决是终局的，对双方当事人均有约束力。任何一方当事人均不得向法院起诉，也不得向其他任何机构提出变更仲裁裁决的请求。"⑦ 但是，中国国际经济贸易仲裁委员会在签发仲裁庭做出的裁决草案之前，有权进行审查。如果中国国际经济贸易仲裁委员会发现裁决的某些问题需要重新考虑，它就可"在不影响仲裁庭独立裁决的情况下，就裁决书的有关问题提请仲裁庭注意"。⑧ 虽然当事人提请改正审查的事项仅限于书写、打印或计算上的

① 《仲裁规则》，第29条1—5款以及第30—38条。
② 同上，第37条第1款。
③ 同上，第37款第2条。
④ 同上，第38条。
⑤ 同上，第37条第3款。
⑥ 同上，第31条。
⑦ 同上，第43条第8款。仲裁庭可做出临时或部分裁决。同上，第44条。
⑧ 同上，第45条。

错误，但仲裁庭可在做出最终裁决后的一段合理时间内，主动改正裁决书中的其他错误。①

（10）可执行性：原则上讲，败诉当事人应在裁决书规定的时间内或在没有规定的情况下立即执行裁决。② 如果败诉当事人拒绝执行裁决，如果裁决可在中国执行，胜诉当事人就可向中国有管辖权的法院提出执行申请，如果败诉当事人在《纽约公约》的成员国有财产，胜诉当事人可向该国有管辖权的法院提出执行请求。③ 虽然中国国际经济贸易仲裁委员会作为一个政府发起的仲裁委员会，有权将当事人有关财产保全的请求转递给法院，以协助裁决的执行，但它在自己裁决书的实际执行中并不能发挥直接的作用。④ 不过，不难看出，中国法院给予中国国际经济贸易仲裁委员会的裁决以极大的尊重。

二 中国国际经济贸易仲裁委员会的经济分析

从 1990 年起，中国国际经济贸易仲裁委员会的受案数量逐步上升。根据中国际经济贸易仲裁委员会的数据，该机构在 1990 年受理的案件数量为 203 件，到 2008 年年底，该机构受理案件的数量已达 1230 件。⑤ 这一数量已超过世界上每一个重要仲裁机构所受理的案件数量。⑥ 中国际经济贸易仲裁委员会的总部在北京，在上海、深圳和天津有三个分会⑦，在中国各地还有 21 个办事处，它还能提供网上争

---

① 《仲裁规则》，第 47—48 条。如果一方或双方当事人提醒仲裁庭某些事项被忽略了，仲裁庭可在 30 天内或在发现忽略之处的合理时间内做出额外裁决。

② 同上，第 49 条第 1 款。

③ 同上，第 49 条第 2 款。

④ 同上，第 17 条。

⑤ See CIETAC summary tables at www. cietac. org/index. cms.

⑥ See Zimmermann, China Law Deskbook, p. 970, citing Luming Chen, "Some Reflections on International Commercial Arbitration in China", 13 Journal of International Arbitration 121 (1996), 122.

⑦ See www. cietac. org/index. cms. See also CIETAC Rules at Art. 2 (7). 该机构目前在上海、天津、重庆、香港、杭州、武汉、福州、深圳共有 8 个分会——译者注。

议解决服务。① 由于该机构受理的案件大部分是在北京审理的，因此下面有关该机构的经济分析主要依据的是北京办公室的情况。

中国国际经济贸易仲裁委员会对于涉外仲裁、国内仲裁和金融争议仲裁，分别规定了不同的仲裁收费标准。② 本部分主要关注的是涉外仲裁收费标准。首先，中国国际经济贸易仲裁委员会对所有的涉外仲裁请求会收取固定的 10000 元立案费（约为 1500 美元）。③ 对于争议金额为 100 万元以上的案件的管理费，是依据固定费用加上超过一定争议金额的百分比计算的。这一百分比是随着争议金额的增加而随之递减。④ 例如，对于争议金额在 100 万元和 500 万元人民币之间的案件，管理费是 35000 元加上超过 100 万元以上部分的 2.5%。如果争议金额在 500 万元和 1000 万元之间，则案件的管理费是 135000 元加上 500 万元以上部分的 1.5%。⑤ 这些管理费可能还包括了仲裁员的报酬在内。⑥

中国国家经济贸易仲裁委员会仲裁员的报酬标准并未对外公开，但在非常熟悉贸仲实践的 Johnston 看来，贸仲的报酬标准要远低于其他大部分具有可比性的仲裁机构。他认为中国仲裁员的报酬大概是每个案件 500 美元到 2000 美元不等，一般是在案件审结时支付。⑦ 外国仲裁员的报酬一般都是贸仲临时安排的。约翰斯通列举了一个例子，一位外国仲裁员在一个特殊的案件中获得了 10 万美元的报酬⑧，但他的结论却是："可预见的结果是，仲裁员不愿意对案件花费太多的时

---

① See www. cietac. org/index. cms.

② See Arbitration Fee Schedules available on the official website of CIETAC at www. cietac. org/index. cms.

③ Ibid.

④ Ibid.《仲裁费用表》。

⑤ 这是根据 CIETAC 网站上的收费标准计算的：www. cietac. org/index. cms. 该收费表自 2005 年 5 月 1 日起生效。2010 年 7 月的汇率是 1 美元兑换 6. 77987 元人民币。

⑥ See Moser, "Foreign Arbitration", supra note 36，at IV—1. 24.

⑦ See Johnston, "Bridging the Gap", p. 572.

⑧ Ibid.，n. 35.

间，那些一小时能挣数百美元的高级法律人将不太愿意参加贸仲的仲裁，除非是偶尔为之或为了增加关注度。"[①] 本人通过实地考察，也认为对于中国仲裁员和国外仲裁员的不同报酬标准正日益被人关注。贸仲的《仲裁规则》也规定，仲裁委员会还可向当事人收取额外的仲裁员特殊报酬或其他费用。[②]

在贸仲仲裁庭出庭的当事人可任命代理人或代表。中国《民事诉讼法》《仲裁法》和贸仲的《仲裁规则》均没有规定必须聘请中国的律师。[③] 换句话说，这些法律并不禁止外国律师在中国的涉外仲裁程序包括贸仲仲裁庭代理当事人出庭。实际上，一些外国当事人经常聘请外国律师。但是，截至本书写作时，有关外国律师参与中国仲裁程序的法律似乎还不确定。齐默尔曼（Zimmerman）在其2009年版的《中国法律指南》一书中指出，这种不确定性是因国务院和司法部就外国律师在中国的执业活动而发布的一系列规章造成的。[④] 这些规章禁止外国律师事务所在中国处理"中国法律事务"，但对于"中国法律事务"并无明确界定。齐默尔曼注意到，尽管这种法律的不确定性依然存在，但在司法部向贸仲发出的一封未公开信函中，已明确表示外国律师事务所可以在国际仲裁案件中提供法律代理服务。[⑤]

在北京参与贸仲仲裁的当事人可以选择使用自己的法律顾问或其他律师，也可选择在中国居留的外国律师或来自中国其他地方的中国律师，或同时聘请外国律师和中国律师。不过，在所有案件中，还有一些无法避免的费用。其中律师费以及交通、食宿费可能是最重要的。在中国有办事处的美国或欧洲律所可能收费最为昂贵，但它们通常具有可信赖的技能、充分的资源以及较低的机会成本。聘请外国律

---

① See Johnston, op. cit., p. 572.
② 《仲裁规则》第69条。
③ 《中华人民共和国民事诉讼法》第239条。
④ Zimmerman, China Law Deskbook, p. 979.
⑤ Ibid., p. 980.

师的费用取决于许多因素，但比较明显的问题是它们需要了解新的环境以及由此产生的相关费用。但雇用当地的中国律师可能会产生文化和交流的问题，而这对于外国律师或当事人的本国律师而言可能不是问题。无论如何，律师的代理费用可能是一笔不小的开支。不过，在贸仲仲裁的一个显著优势是，案件登记时间较短，仲裁员报酬较低，这都可能加快仲裁程序，从而减少总体的代理费用。最后，需要注意的是，贸仲仲裁庭可能会下令由败诉当事人支付所有的仲裁费用，包括胜诉当事人的律师费。①

在当事人没有约定其他的仲裁程序所使用的语言时，贸仲仲裁程序使用的语言是中文。② 即使当事人约定使用不同的语言，秘书处可能会要求它们提供有关书状的中文译本。③ 当事人可能还需要译员，他们可以带上自己的译员或由贸仲提供译员。但是，使用贸仲提供的服务的当事人需要自己承担相关费用。④ 这些费用也可能数量巨大。

贸仲《仲裁规则》规定专家的报酬根据具体情况由当事人承担。换句话说，如果一方当事人雇佣和使用了专家，该当事人就应负责专家的费用，包括报酬、交通及食宿费。⑤ 如果仲裁庭根据《仲裁规则》第38条为进行调查而雇用了自己的专家，它就可要求双方当事人共同承担仲裁庭所雇佣的专家的费用。⑥

每一方当事人当然要承担本方人员到北京参与仲裁的交通费、食宿费。他们还必须支付所指定的仲裁员、专家和译员的交通费、食宿费。⑦ 虽然交通费部分取决于当事人来自何方，但住宿费对于各方来

---

① See Moser，"Foreign Arbitration"，at IV—1.24.
② 《仲裁规则》第67条第1款。
③ 同上，第67条第3款。
④ 同上，第69条第1款。
⑤ 同上，第69条第2款。
⑥ 同上，第69条第1款。
⑦ See www.cietac.org/index.cms. See also Moser， "Foreign Arbitration"，at IV—1.24.

说可能都是一致的。北京是一个花费相对高昂的城市。①

三　中国国际经济贸易仲裁委员会的文化分析

贸仲的总部在北京。北京是一个拥有 1600 万人口的大都市。虽然中国的法律传统深受本土法律和外来法律的影响，具有混合的因素，但由于大陆法律传统的影响更为深远，而使其具有纠问制的所有特征，因此，它还是被归入到大陆法律传统。此处可以提及一下纠问制的特征。根据中国《民事诉讼法》，法官承担调查审问的职责，"人民法院应当按照法定程序，全面、客观地审查核实证据"，"人民法院有权向有关单位和个人调查取证，有关单位和个人不得拒绝"。②《仲裁法》中也有与这些规定一致的规定："仲裁庭认为有必要收集的证据，可以自行收集。"③ 中国国际经济贸易仲裁委员会《仲裁规则》也有类似规定："仲裁庭认为必要时，可自行调查事实，收集证据。"④ 齐默尔曼注意到，"中国法律制度中缺乏保障真相的司法手段，如要求证人宣誓作证、接受对方律师的交叉询问，而且没有有效的法律打击伪证"⑤，这可能会阻碍上述法律规定和规则的实施。贸仲作为一个设在北京的仲裁机构，无疑会受到中国法律传统的深厚影响。在齐默尔曼看来，"虽然贸仲在许多领域摆脱了中国法律制度的影响，但它在其他许多方面仍然保留了中国的法律传统"⑥。实际上，根据法律，贸仲有权通过将当事人的财产保全⑦或证据保全⑧请求转交给法院，

---

① 虽然在北京的居留比其他欧洲大城市要便宜很多，但仍然需要许多花费。根据一项研究，北京在外国人居留最昂贵的 50 个城市中排在第 16 位。See www. mercer. com/cost-oflivingpr.

② 《中华人民共和国民事诉讼法》第 64 条第 3 款、第 65 条第 1 款。

③ 《中华人民共和国仲裁法》第 43 条。

④ 《仲裁规则》第 37 条。

⑤ See Zimmerman, China Law Deskbook, p. 984.

⑥ Ibid.

⑦ 《仲裁规则》第 17 条。财产保全也可用于执行目的。参见《中华人民共和国仲裁法》第 28 条。

⑧ 《仲裁规则》第 18 条。

而与国内法院体系保持沟通。

从结构上看，贸仲设有主任 1 名，负责机构的运行，设有副主任若干名协助主任工作。[①] 贸仲秘书处由秘书长领导，负责贸仲的日常工作。[②] 贸仲设有 3 个专门委员会：专家咨询委员会，负责提供咨询并进行法律研究；案例编辑委员会，负责编辑仲裁裁决并出版年刊；以及仲裁员资格审查考核委员会，负责仲裁员资格的审查与考核。[③] 贸仲的规模可以通过它管理的案件数量，以及实施的活动进行判断。根据本书写作时所能获得的最新的 2008 年报告，在 3 年期间，贸仲受理和审结了 3078 件来自 35 个不同国家和地区、价值为 327 亿元人民币（约 50 亿美元）的争议。[④] 与此前 3 年相比，案件数量增加了 22%。[⑤] 另一个可以显示贸仲规模及影响力的因素，是它所组织的各类活动，如会议、论坛及出版物等。在同一个三年期间内，贸仲举办了 49 场论坛，培训了 2500 个仲裁员。[⑥] 贸仲还与其他仲裁机构签署了许多合作协议，参加了许多模拟仲裁庭比赛及其他国际活动，并且出版了 18 期的《仲裁与法律》。贸仲的下属委员会也定期出版了《中国仲裁与司法》杂志。[⑦] 虽然贸仲的管辖权最初被限制在涉外案件[⑧]，现在它也可以受理纯粹的国内案件[⑨]。

贸仲目前的荣誉主任由中国原最高人民法院院长任建新担任，副

---

① 《仲裁规则》，第 2 条第 5 款。

② 同上，第 2 条第 6 款。See also Organizational Structure at www.cietac.org/index.cms.

③ See CIETAC Organizational Structure at www.cietac.org/index.cms.

④ See Working Report of the 16th Committee and Working Scheme of the 17th Committee of CIETAC（excerpt）（Jan. 23，2008，Beijing）. Available at www.cietac.org/index.cms.

⑤ Ibid.

⑥ Ibid.

⑦ Ibid.

⑧ See Moser，"Foreign Arbitration"，at IV−1.12.

⑨ 《仲裁规则》第 3 条。（中国国际经济贸易仲裁委员会受理的案件包括（1）国际货涉外争议；（2）涉及香港特别行政区或澳门特别行政区或中国台湾地区的争议；（3）国内争议）。

主任是万季飞先生。[①] 主任由数名副主任协助工作[②]。于健龙先生是其中一名副主任，并担任贸仲目前的秘书长。[③] 贸仲并没有明确表明其不同成员的国籍，但可以推论的是，作为一个国家推动建立的机构，它的大部分成员是中国人。本书作者此前通过走访所进行的亲身观察也证实了这一点。

贸仲保留有经过批准的仲裁员名单，可以从中选择仲裁庭成员。自 2005 年 5 月生效的仲裁员名单共有 738 名仲裁员，其中 206 名是外国人，39 名是大陆地区以外的中国人。[④]

如果当事人没有提前支付他所指定的仲裁员的报酬，贸仲就会认为当事人没有做出该指定，它会指定自己的仲裁员。[⑤] 如果根据案情需要指定仲裁庭的首席仲裁员，贸仲的政策是指定一个中国人担任首席仲裁员，除非当事人明确禁止此种指定。[⑥]

贸仲自成立以来，已受理了来自 70 多个不同国家和地区的案件，它的仲裁裁决也在 30 多个法域得到承认和执行。令人不会感到奇怪的是，最多的外国当事人是来自美国，大约每年有 5 起涉及美国当事人的仲裁案件。[⑦] 贸仲在其报告中指出，近年来涉外案件数量稍微下降，而国内案件则显著增加。[⑧]

[①]　See Organizational Structure at www. cietac. org/index. cms. 任建新现为中国国际经济贸易仲裁委员会荣誉主任，姜增伟现为中国国际经济贸易仲裁委员会主任。

[②]　Ibid.

[③]　See CIETAC News，Dec. 16，2009 at www. cietac. org/index. cms.

[④]　See Moser，"Foreign Arbitration"，at Ⅳ−1. 10. 截至 2009 年，贸仲网站上外国仲裁员有 274 位，贸仲网站提供的信息唯一可证实的是这些外国仲裁员来自世界各地。See www. cietac. org/index. cms. 中国国际经济贸易仲裁委员会现在使用的是 2014 年 5 月 1 日起施行的《仲裁员名册》——译者注。

[⑤]　《仲裁规则》第 69 条第 2 款。

[⑥]　See Johnston，"BrIbidging the Gap"，at 570.

[⑦]　See CIETAC News，An Ever Growing International Arbitration Center，Dec. 16，2009，at www. cietac. org/ index. cms.

[⑧]　在过去几年，涉外案件下降了 3.5%，而国内案件却令人吃惊地增长了 99.79%。See Working Report of the 16th Committee and Working Scheme of the 17th Committee of CIETAC (excerpt) (Jan. 23，2008，Beijing)，available at www. cietac. org/index. cms.

贸仲《仲裁规则》详细规定了仲裁程序中的行政支持事项。例如，一旦案件启动，秘书处就会指定专门人员"协助仲裁庭管理案件"。①

最后，还应指出的是，随着国际仲裁员培训项目的启动，贸仲的国际化努力近年来得到显著提升。本书作者有幸参加了此类培训项目。此类培训项目无论就其内容还是文化倾向而言，都富有意义。虽然贸仲具有独特的中国争议解决文化，但显然它会产生越来越具有国际化的文化。

第四节　吉隆坡地区国际商事仲裁中心

影响了大部分亚洲法律的有关法律和争议解决的相同观念，同样在马来西亚的法律制度中留下了自己的痕迹。在马来西亚法学者普拉丹（Pradhan）和多伊（Doi）看来，马来西亚的法律传统也总是倾向于通过调解和仲裁而不是对抗式的法院诉讼来解决争议。② 他们接着指出，作为一个多民族的社会，"马来西亚人民可能特别注重妥协，这也许是促进马来西亚仲裁快速发展的因素之一"。③

马来西亚是一个君主立宪制国家，具有普通法传统。④ 马来西亚仲裁法律制度的主要渊源是 2005 年的《仲裁法》。该法在 2006 年 3 月 15 日生效。该法的颁布是为了"在确保仲裁成为解决国际争议的

---

① 《仲裁规则》第 11 条第 2 款。

② See Vinayak P. Pradhan and Varsha Doi，"Dispute Resolution and Arbitration in Malaysia"，in McConnaughay & Ginsburg，International Commercial Arbitration in Asia，pp. 235-279，241，citing R. H. Hickling，Malaysian Law：An Introduction to the Concept of Law in Malaysia（Kuala Lumpur：Professional Books Publishers，1987），pp. 136-141.

③ Ibid.，p. 241.

④ CIA World Factbook，at "Malaysia：Government". Available at www. cia. gov/library/publications/the－world－fact book/geos/my. html.

优先方式中，使马来西亚与当代国际实践保持一致"①。该法限制了法院对国际仲裁中法律问题的审查②。而马来西亚此前的有关仲裁的立法只是对允许广泛司法审查的一般规则规定了某些例外。特别是，以前的规则仅规定解决投资争议国际中心、吉隆坡地区国际商事仲裁中心的仲裁程序和裁决，以及根据联合国国际贸易法委员会《仲裁规则》进行的仲裁程序和裁决，不适用马来西亚的国内法。③ 更为特别的是，它将吉隆坡地区国际商事仲裁中心做出的裁决视为可以根据《纽约公约》执行的外国仲裁裁决。④ 一些学者指出，将上述仲裁程序和裁决排除在马来西亚国内法律制度之外，有利于国际仲裁在更为宽松的环境中进行，这种方式可能有自己的优点和不利之处。⑤ 马来西亚新的仲裁法旨在对此进行完善。

如前所述，吉隆坡地区国际商事仲裁中心是于 1978 年在亚非法律协商组织的支持下成立的⑥。它是亚非法律协商组织支持成立的四个地区国际商事仲裁中心之一。它的工作重点是亚非地区国际商事争

---

① Newsflash— The New Malaysian Arbitration Act，by N. Pathmavathy. Available at www. skrine. com/get. php? fileNPV _ Article. pdf.

② 2005 年《仲裁法》第 42 条第 1 款看来扩大了司法审查的范围，该款规定:"任何当事人可将产生于仲裁裁决的任何法律问题提交给高等法院。"高等法院有权修改裁决或退回仲裁庭重新审议，并附上高等法院有关法律问题的决定，或甚至可以全部或部分撤销裁决。不过，第 42 条出现在该法第三部分。该法第 3 条第 3 款（b）项规定:"对于国际仲裁，如果仲裁地在马来西亚，该法第三部分不适用，除非当事人书面做出其他约定。"Laws of Malaysia，Act 646: Arbitration Act 2005. Available at www. eurasialegalnetwork. com/library/pdfs/nl _ ArbitrationAct2005. pdf. 因此，马来西亚的仲裁法与当前的仲裁实践还是一致的。

③ 1980 年的修正法增加了一条新的规定:"（1）即使本法或其他书面法律中存在有相反规定，（2）如果此类规定涉及裁决的执行，本法或其他书面法律的规定不得适用于根据 1965 年《华盛顿公约》或联合国国际贸易法委员会 1976 年《仲裁规则》以及《吉隆坡地区仲裁中心仲裁规则》进行的任何仲裁。" Arbitration Act of 1952 as amended at s. 43. Quoted in Pradhan&Doi，"Dispute Resolution and Arbitration in Malaysia"，p. 257.

④ Ibid. ，p. 246.

⑤ See Paulsson et al. ，The Freshfields GuIbide to Arbitration and ADR，p. 41.

⑥ 更多信息见其官方网站，www. bmthost. com/rcakl/arbitration—in—malaysia/.

议的解决。① 与前面的论述一样，接下来将分析吉隆坡地区国际商事仲裁中心的法律、经济和文化。

一　吉隆坡地区国际商事仲裁中心的法律分析

吉隆坡仲裁中心的《仲裁规则》基本上是仿照联合国国际贸易法委员会《示范法》制定的，只是做了一些修正。② 这些修正在吉隆坡仲裁中心《仲裁规则》第一部分列举出来，该规则的第二部分由《示范法》规则组成。本部分讨论主要集中在所修正的内容。③

吉隆坡仲裁中心《仲裁规则》虽然引进了《示范法》中的当事人意思自治原则，但当事人仲裁协议的效力，必须根据修正的内容判断。该《仲裁规则》中有关可分割性、可仲裁性、管辖权—管辖权、中立性、正当程序、可移性、终局性和裁决的执行的规定，都直接来自《示范法》中的规则，没有进行修正。唯一比较显著的修正涉及保密性。如上所述，《示范法》有关保密性的要求取决于当事人的协议，例如，当事人如果没有其他约定，仲裁程序就应秘密进行，对于仲裁庭做出的裁决也是如此。吉隆坡仲裁中心有关保密性的规则更近一步，要求所有的案件必须严格保密："仲裁庭和当事人必须对仲裁程序有关的所有事项进行保密。保密性的要求也适用于仲裁裁决，除非为执行裁决，对裁决进行公开是必需的。"④

吉隆坡仲裁中心《仲裁规则》的独特之处，还在于它有关简易程序的规定。其他仲裁机构的仲裁规则一般都是对小额争议适用简易程序，与此不同，吉隆坡仲裁中心的简易程序更像是法院诉讼程序中的简易判决程序，即它不是根据争议的金额或其他因素，而是根据证据

---

① See〈www. aalco. int/content/arbitration－centres〉. 其他三个分别是开罗地区国际商事仲裁中心、拉各斯地区国际商事仲裁中心以及德黑兰地区国际商事仲裁中心。

② See〈www. bmthost. com/rcakl/arbitration－in－malaysia/〉.

③ The KLRCA Rules.

④ KLRCA Arbitration Rules，Part I. Rule 10.

是否充分来确定的。相关规定是这样的："任一方当事人如果认为对
仲裁请求、反请求或它们的任何部分不存在有效的抗辩，该当事人就
可向仲裁庭和另一方当事人提交进行简易程序的申请。"[①] 更为有趣的
是，"当事人必须提供誓词支持其申请，誓词应证实请求或反请求所
依据的事实，并申明宣誓人坚信对这些请求、反请求或它们的任何部
分不存在有效的抗辩。"[②] 仲裁庭随后就会要求宣誓人出庭进行交叉询
问，在进行确认后就会做出简易仲裁裁决。[③] 这是马来西亚普通法传
统的一个形象表现。

虽然马来西亚没有现行的法律规则明确认可调解制度[④]，但吉隆
坡仲裁中心根据它的《调解规则》可以提供调解服务。该中心的《调
解规则》与联合国国际贸易法委员会的《调解规则》几乎一样。[⑤]

二　吉隆坡仲裁中心的经济分析

前已提及，吉隆坡仲裁中心是在 1978 年在亚非法律协商组织这
一国际组织的主持下成立的，"为通过仲裁解决亚太地区内的贸易、
商业和投资争议提供一个平台"。该中心得到马来西亚政府的资助，
是一个非营利组织，不是政府的机构或分支。[⑥]

截至本书写作时，所能获得的该中心的最新年度报告表明，在
2009 年吉隆坡仲裁中心受理了 28 个国内仲裁案件以及 4 个国际仲裁
案件。[⑦] 在 2008 年，该中心受理了 39 个国内案件和 8 个国际案件。[⑧]

---

① KLRCA Arbitration Rules，Rule 5（2）.

② Ibid.

③ Ibid.，Rule 5（4）.

④ See Pradhan & Doi，"Dispute Resolution and Arbitration in Malaysia"，at 277.

⑤ The KLRCA Conciliation Rules are available at www.bmthost.com/GUI/pdf/Rules—for—Conciliation—Mediation.pdf.

⑥ KLRCA website，at "Arbitration in Malaysia"，Available at www.bmthost.com/rcakl/arbitration—in—malaysia/.

⑦ KLRCA Annual Report，Annex II，at 19.Available at www.aalco.int/Org-Briefs2009/arbitration—2009.pdf.

⑧ Ibid.

该中心的收费是按照仲裁时有效的费用表进行的，并要考虑到实际产生的费用以及该中心的非营利性质。[①] 仲裁费用可以由当事人按照仲裁庭确定的比例分摊[②]。对于该中心受理的国际仲裁案件，当事人应缴纳一笔固定的 250 美元登记费，管理费按照争议金额的一定百分比收取。[③] 随着争议金额的增加，收取管理费用的百分比随之下降，当争议金额为 5 万美元以下时，管理费用的百分比为争议金额的 3％，当争议金额为 500 万美元以上时，管理费用的百分比为 0.1％。如果争议金额不在上述两个范围之内，则管理费用的收取不得按照上述百分比收取。例如，如果争议金额在 500001 美元和 1000000 美元之间，所收取的管理费用为 6500 美元加上超过 500001 美元以上部分的 0.3％。[④] 无论如何，每一个案件的最低收费是 500 美元，最高为 30000 美元。[⑤]

仲裁员的报酬取决于诸多因素，如案件的复杂性、争议的性质、庭审的时间以及仲裁员的资历和知名度。[⑥] 总体而言，据说吉隆坡仲裁中心仲裁员的报酬是根据争议的金额而不是仲裁所花费的时间而确定的。[⑦] 不过，虽然如此，仲裁员的报酬仍有调整的空间，它们可以依据确定仲裁管理费的递减百分比的方式来确定。[⑧] 例如，如果争议金额在 5 万美元以下，仲裁员的报酬最低为 1000 美元，而最高为争议金额的 7％。随着争议金额的增加，付给仲裁员的报酬的百分比随之下降。例如，如果争议金额超过 1000 万

[①] 此外，相关费用只有在与仲裁员和当事人协商后才能确定。KLRCA website，at "Fees for Arbitration". Available at www.bmthost.com/rcakl/fees-forarbitration/.

[②] Ibid.

[③] KLRCA, " Schedule of Fees for International Arbitration ". Available at www.bmthost.com/GUI/pdf/schedule- of-fees-for-international-arbitration.pdf.

[④] Ibid.

[⑤] Ibid.

[⑥] Ibid.

[⑦] Ibid.

[⑧] KLRCA, Schedule of Fees for International Arbitration.

美元，仲裁员的报酬最低为争议金额的 0.01％，最高为争议金额的 0.05％。① 对于独任仲裁员或所有案件中的仲裁庭的每一成员，他们的最低报酬为 1000 美元。②

由于吉隆坡仲裁中心的《仲裁规则》主要是根据《联合国国际贸易法委员会仲裁规则》制定的，看来该规则中有关当事人由律师代理进行仲裁的规则，也应适用于吉隆坡仲裁中心。实际上，吉隆坡仲裁中心的《仲裁规则》通过援引纳入了《联合国国际贸易法委员会仲裁规则》的相应规定。③《联合国国际贸易法委员会仲裁规则》规定，当事人可以由他们选择的人士进行代理或提供协助，并且仲裁庭可以对仲裁费用进行适当分配。④

吉隆坡仲裁中心提供相关设施用于租赁⑤，但由于吉隆坡是一个花费相对较高的城市，考虑到交通及食宿费，在吉隆坡进行仲裁并没有什么特别的好处。

三　吉隆坡仲裁中心的文化分析

吉隆坡仲裁中心位于马来西亚首都吉隆坡。自 20 世纪 70 年代以来，马来西亚就致力于"从原材料生产国向新兴多部门经济体转型"。⑥

---

① Ibid.

② Ibid.

③ 实际上，吉隆坡地区国际商事仲裁中心《仲裁规则》规定，在它们没有对某些事项做出明确规定时，可以适用联合国国际贸易法委员会《仲裁规则》的规定。See also KLRCA website，at "Rules for Arbitration". Available at www. bmthost. com/rcakl/rules—for—arbitration/.

④ UNCITRAL Arbitration Rules，Art. 5.

⑤ KLRCA website，at "About KLRCA：Facilities". Available at www. bmthost. com/rcakl/aboutKLRCA/facilities. asp. 该中心的设施包括：4 个可以容纳 8—30 人的庭审室，并且每一庭审室都配有文件存储设备；可以容纳 65 人的会议室；律师休息室；仲裁员休息室；证人等候区；图书室；秘书服务处；复印与传真设备；咖啡及茶水服务；餐饮设备；热带花园走廊；宽敞的停车区以及视频会议设施等。同上。

⑥ CIA World Factbook，"Malaysia"，at "Economy". Available at www. cia. gov/library/publications/the—world—factboo k/geos/my. html.

有关吉隆坡仲裁中心的组织结构的信息很少，其年报和网站也只是提到该中心有一名主任、法律顾问以及一名行政和财务经理。① 该中心现任主任是拉约（Sundra Rajoo）先生，现任法律顾问是伊博兰西姆（Sharifah Mariam Syed Ibranhim）女士，现任行政与财务经理是里汉（Naresh Rihan）先生。②

　　但无论如何，吉隆坡仲裁中心无疑是深受英国普通法律传统影响的马来西亚法律体系的一部分。如上所述，该中心还保留有自己多民族、多元文化的亚洲文化特征。由于该中心是亚非法律协商组织主持设立的，显然非洲法律文化也会对其产生一定的影响。

第五节　非洲

　　非洲国家一直是现代国际仲裁法发展的主要推动者，虽然是以一种不同寻常的方式。有关国际仲裁的课程如果没有涉及20世纪70年代的利比亚石油仲裁案，根据大多数标准，它也不能被认为是完整的。实际上，这些案件通常被认为是当前欧洲和北美仲裁迅速发展的跳板。③ 非洲国家大多数都批准了1965年《华盛顿公约》④ 以及1958

---

　　① KLRCA website，at "KLRCA Officers". Available at www.bmthost.com/rcakl/aboutKLRCA/KLRCA－officers.asp.

　　② Ibid.

　　③ See Yves Dezalay & Bryant G. Garth，Dealing in Virtue（University of Chicago Press，1996），65.（指出 "这些主要的石油仲裁案件……应被认为是国际仲裁共同体的根本法，它们有助于培育法律的声誉和信仰，其影响完全超越了这些争议本身"）。

　　④ 本研究中所分析的一些没有加入《华盛顿公约》的非洲国家有：安哥拉、埃塞俄比亚（该国是签署国，但还没有批准该公约）、利比亚和南非。See ICISD ratification status at http：//ICSID. worldbank. org/ICSID/FrontServlet？ requestTypeICSIDDataRH & reqFrom ＝ Main & actionVal＝ViewContractingStates & range＝A～B～C～D～E.

年的《纽约公约》①。而且，非洲国家又经常出现在解决投资争议国际中心仲裁案件中。通过对该中心待决案件和已决案件的大致统计可以看出，截至目前，非洲国家是该中心程序的最频繁的参与者，并且几乎都只是作为被申请人。② 此外，非洲国家的当事人还经常在国际商会仲裁院、伦敦国际仲裁院及其他重要仲裁机构参与仲裁。③

但荒谬的是，非洲当事人基本上都是在非洲之外参与国际仲裁的④。这样，非洲大陆内部的国际仲裁仍然处于发展的早期阶段。阿吉博拉（Bola Ajibola）法官于 1994 年在内罗毕召开的、由伦敦国际仲裁院组织的仲裁会议上发表的讲话，可以部分说明这一点。他回顾

---

　　①　需要注意的是，尼日利亚在 1965 年 8 月 28 日第一个签署了该公约。还没有批准《纽约公约》的非洲国家有：安哥拉、刚果、埃塞俄比亚、利比亚和苏丹。See New York Convention ratification status at www. uncitral. org/ uncitral/en/uncitral _ texts/arbitration/ NYConvention _ status. html. 刚果民主共和国在 2014 年 5 月 11 日加入该公约，该公约已自 2015 年 2 月 3 日对该国生效——译者注。

　　②　Available on the official website of ICSID at http：//ICSID. worldbank. org/ICSID/ Index. jsp. 至少在 16％的已决案件中，被申请方是非洲国家。

　　③　例如，在 2007 年，伦敦国际商会仲裁院案件数量排名第三的来自非洲，占总数的 7.5％。来自非洲的案件比来自美国的案件都多，仅次于来自英国和其他西欧国家的案件，这两类案件分别占案件总数的 14％和 10％。Report available on the official website of the LCIA at www. lcia. org/LCIA/Casework _ Report. aspx.

　　④　例如，虽然非洲国家经常出现 ICSID 仲裁庭，但直到最近才仅有一个 ICSID 案件是在非洲进行的。See Amazu A. Asouzu, International Commercial Arbitration in Africa (Cambridge，2001)，102. 该案是 Societe d'Investigation de Recherche et d'Exploitation Miniere（SIREXM）v. Burkina Faso（Case ARB/97/1）案，是在 1997 年 1 月 27 日登记的。仲裁庭在瓦加杜古会见了当事方。对于该案，阿绍祖博士做了如下评论："大多数非洲国家的投资法和投资条约中都有利用解决投资争议国际中心程序的规定，但该中心程序并不经常在亚洲和非洲的城市举行。亚洲和非洲国家通常不是仲裁中的申请方，特别是在该中心仲裁程序中。这些国家在参加在国外举行的仲裁程序时可能会遇到问题。它们可能会发现对于在投资地区之外进行的仲裁程序，它们很难在仲裁程序中运用传统智慧或对冲突进行和解。仲裁毕竟是一种司法外争议解决程序，旨在用经济、灵活、便利的方式为商事当事人提供服务。"同上书，第 102 页。对于这一点，鲍尔森（Jan Paulson）也指出："当投资合同的整个重力中心——从谈判到履行——都在非洲国家时，并且合同的结果也是在非洲国家设立企业、保存公司记录、人员也都在该国时，欧洲或北美的仲裁概念就不但显得十分另类，而且还会成为一种负担。"Jan Paulsson, "Third World Participation in International Investment Arbitration"，21 ICSID Rev. – FILJ 19（1987），at 44，quoted in Gwenann Seznec, "The Role of African States in International Commercial Arbitration"，8 Vindobona Journal of International Commercial Law & Arbitration 211（2004），219.

了 1974 年为了一次仲裁而首次访问内罗毕的情况："在非洲，有许多场合有人请我处理一些仲裁的问题，并不是因为我最适合这一任务，而是因为我是唯一一个被认为可以这么做的非洲人。"① 虽然在当时他讲起的这一经历已经过去 20 年了，然而，不幸的是，他并没有说或不能说，经过 20 年的时间，情况实际上已经改变。此次会议的目的实际上是为了鼓励非洲国家在仲裁领域进行立法改革，这是在非洲召开的第一个此类会议。② 在此次会议上提交的论文，后来由威科国际（Kluwer Law International）出版社以《非洲仲裁》（Arbitration in Africa）为题结集出版。③ 令人悲哀的是，15 年后，这本在 1996 年出版的包含有大约 18 篇论文的书，现在仍然是那些希望学习和了解非洲仲裁的人士的主要参考资料。④

2001 年，权威非洲法学者阿绍祖（Amazu A. Asouzu）教授出版了他的开创性巨著《国际商事仲裁与非洲国家》一书⑤。该书对这一领域所进行的研究影响深远。该书的出版标志着非洲仲裁的发展阶段，但从该书的内容也可以看出，非洲过多依赖海外的仲裁机构。在非洲仲裁所面临的这一背景以及所受到的限制下，下文将继续探讨这一主题。

从整个非洲历史来看，仲裁和调解争议解决方式一直是非洲社会不可分割的一部分，对此人们似乎没有任何怀疑。⑥ 通过援引许多权威文献，阿绍祖博士指出："调解、仲裁以及其他司法外争议解决方

---

① See Judge Bola Ajibola，"Welcome Address"，in Eugene Cotran & Austin Amissah，eds.，Arbitration in Africa（Kluwer Law international，1996），3.

② See Sir Michael Kerr，"International Commercial Arbitration WorldwIbide"，in Eugene Cotran&Austin Amissah（eds.），Arbitration in Africa（Kluwer Law international，1996），p. 15.

③ 这本书是考特兰和阿米撒（Eugene Cotran & Austin Amissah）所编著的：Arbitration in Africa（Kluwer Law international，1996）.

④ 这些论文都在上面这本书中。

⑤ See Asouzu，op. cit.

⑥ See，e. g.，Ibid.，pp. 116-117（relying on several authorities. Footnotes omitted）.

式并非完全是欧洲殖民者的发明。仲裁和调解程序在非洲社会过去和现在都经常被广泛使用，十分重要。"① 阿米撒和考特兰也认为："仲裁和替代性争议解决程序不是由 19 世纪和 20 世纪早期统治非洲大陆的殖民当局引进到非洲的。非洲社会在它们的传统治理机制和司法程序中就已了解并使用这些程序。"②

　　大部分非洲国家在仲裁领域的正式立法活动开始于殖民时期。虽然许多欧洲国家在非洲有殖民地③，但英国和法国对非洲法律制度所产生的影响最为深远和持久④。在英国殖民统治下的非洲国家的仲裁法都受到英国 1889 年《仲裁法》的影响，而在法国殖民统治下的非洲国家的仲裁法都受到 1806 年《拿破仑民事诉讼法典》的影响，但该法没有包含仲裁的规定。⑤ 虽然法国在 1925 年 12 月 31 日通过法令，对《民事诉讼法典》做了补充，增加了有关仲裁的规定⑥，但这些规定并不适用于法国的海外领地，这就使得法语非洲国家甚至在独立后很长时间内，都没有仲裁法律规定。⑦

　　殖民时期的仲裁法被认为是非洲的第一代仲裁法⑧。由于殖民时期的立法，依据的是不同的立场，而且是为不同的时代所制定的，因此，大多数非洲国家，在独立后不得不面对这些问题。毫不奇怪但可

---

①　See Asouzu, op. cit. , pp. 116-117.

②　See Cotran & Amissah, Arbitration in Africa, at xx (preface) relying on, among other sources, Cotran & Rubin, editors, Readings in African Law, vol. 1 (Frank Cass & Co. , 1970), Part I, 1—100, and T. Olawale Elias, The Nature of African Customary Law (Manchester University Press, 1956), Ch. Ⅶ, 212-272.

③　这些国家包括比利时、西班牙、葡萄牙和德国。

④　See Asouzu, p. 120.

⑤　同上，阿绍祖认为，法国法律在一些法语非洲国家仍在适用。

⑥　Ibid.

⑦　See Roland Amoussou—Guenou, "The Evolution of Arbitration Laws in Francophone Africa", in "Advisory Paper of W. G. Z", (1996—1998), at 2. Available at www. wgzavocats. com/articles/guIbideforarbritation—afrique. html. 在格诺（Amous—Guenou）看来，法国人之所以没有将仲裁的规定适用于非洲也许是因为私人争议解决的观念与他们的直接治理方式不符合，而英国在非洲殖民地采用的是间接治理方式。

⑧　See Asouzu, p. 122. 时间在 1898 年至 1960 年之间。

能有点过于概括化的是，非洲第二代仲裁法似乎都遵循了欧洲国家发展模式。例如，以前是英国殖民地的非洲国家，都制定了与1950年英国《仲裁法》相似的仲裁法，而以前作为法国殖民地的非洲国家，都制定了与当时法国现行有效的《民事诉讼法典》相似的立法。①

非洲国家在1985年《联合国国际贸易法委员会仲裁示范法》通过后所制定的仲裁法，被认为是第三代仲裁法。② 不过，应注意的是，非洲国家对《示范法》的采纳和适用并非一致：一些非洲国家完全采纳了《示范法》，而一些非洲国家在保留以前立法的同时只是做了一些修正。③ 如前所述，非洲商法协调组织成员国根据《非洲商法协调条约》，采用了自己的独特的立法方式，它们仿照国际商会仲裁院的体系专门规定了仲裁制度。④

要想分别出每一非洲国家的现行仲裁立法受到哪一法律渊源的影响几乎是不可能的，但阿绍祖博士的精细研究似乎表明，至少在他的著作出版之际，还没有一个非洲国家完全采纳当时的《示范法》，但许多非洲国家的立法受到该《示范法》的影响。在他看来，尼日利亚于1988年3月14日制定的《仲裁与调解法》使其成为采纳《示范法》的第一个非洲国家。⑤ 在随后的年代里，多哥、阿尔及利亚、突尼斯、科特迪瓦和塞内加尔都遵循了尼日利亚的做法。⑥ 在20世纪90年代和21世纪早期，埃及、肯尼亚、津巴布韦和乌干达的仲裁立法也受到《示范法》的影响。⑦

---

① See Asouzu, op. cit., p.122.

② 阿绍祖认为1984年吉布提制定的《国际仲裁法》是非洲第三代仲裁法的开始。在他看来，该法主要是以法国《民法典》为基础制定的，并且在当时还只是草案、尚未被通过成为法律时就从联合国国际贸易法委员会《示范法》中借鉴很多。See Asouzu, p.124, n.40.

③ Ibid., pp.123-124.

④ Ibid., p.127. See also OHADA Treaty, at Art.21.

⑤ See Asouzu, p.125.

⑥ Ibid., pp.125-126.

⑦ Ibid., pp.128-139.

本部分对于非洲各国国内仲裁法不再进行详细讨论，以分析它们是否有利于仲裁的进行，但就非洲仲裁机构而言，必须指出的是，非洲设立仲裁机构的最重要的一步发生在 1978 年，当时亚非法律协商会议（现在的亚非法律协商组织）在开罗和拉各斯设立的地区国际商事仲裁中心。① 这一举措被认为是解决"现行秩序中存在的明显的不平衡现象，特别是仲裁机构都集中在亚洲和非洲之外的现象"的一种方式②，迄今，该举措仍然是走向该目标的最重要一步。

此外，非洲过去 10 年来的经济增长看来，也有助于非洲仲裁机构的发展。本书的目的并不是要对非洲现有的仲裁机构做一全面调查，为此，本部分的目的仅限于对 3 个所挑选的非洲仲裁机构进行评估。此类评估的进行需要完全做到独立。本部分只是希望分析这些仲裁机构是否适合解决中非争议。在这一前提下，虽然非洲拥有的仲裁机构的数量（大部分是国内仲裁机构）多于非洲国家的数量，但下一节将仅仅分析亚非法律协商组织的两个地区国际商事仲裁中心以及南非的一个新设立的非洲 ADR 中心。之所以选择亚非法律协商组织的两个地区国际商事仲裁中心，是因为考虑到它们的重要性，而之所以选择非洲 ADR 中心，是因为它是南部非洲的一个重要机构，而且会变得日益重要。

一　开罗地区国际商事仲裁中心

开罗地区国际商事仲裁中心是作为亚非法律协商组织设立一些地区性仲裁机构计划的一部分，而在 1979 年 1 月发起设立的。③ 由于当

---

①　See AALCO，"About Centers"，at www. aalco. int/content/arbitration—centres

②　Asouzu，International Commercial Arbitration，p. 63. 有关亚非法律协商组织设立这些地区仲裁中心的背景信息，同上书，第 53—112 页。

③　开罗地区仲裁中心的历史及其更多信息见其官方网站：www. crcica. org. eg/history. html.

时埃及政府和亚非法律协商组织签署的协议有效期只有 3 年，后来双方又签署一系列协议，将开罗地区国际商事仲裁中心明确为独立的政府间组织，享有适当的豁免权和特权。① 1992 年，开罗仲裁中心设立一个分支机构——亚历山大国际海事仲裁中心——专门处理海事争议。在 2001—2004 年，开罗仲裁中心又设立了 3 个分支机构：亚历山大国际仲裁中心、调解和 ADR 中心、塞得港商事和海事仲裁中心。②

开罗仲裁中心的设施相对完备，它可以根据自己的仲裁和 ADR 规则提供仲裁和其他 ADR 服务。③ 不过，在讨论这些规则之前，有必要简单了解一下埃及有关仲裁和 ADR 的法律特点。

埃及自 1883 年开始就有了仲裁法④，但埃及最新的仲裁法是 1994 年的《民商事事项仲裁法》（简称《仲裁法》）⑤。埃及《仲裁法》共有七章，分别涉及仲裁协议、仲裁庭、仲裁程序、仲裁裁决、仲裁裁决的撤销、仲裁裁决的承认和执行。⑥ 虽然该法是以《示范法》为蓝本起草的，但它有自己的特点。⑦ 因此，本部分的讨论主要集中在埃及《仲裁法》的独特之处及一些基本特色。

---

① www. crcica. org. eg/history. html. at "History". See also Asouzu, International Commercial Arbitration and African States，pp. 68-77.

② See "Branches"，at www. crcica. org. eg/branches. html.

③ The Cairo Center has separate rules for arbitration and ADR. The ADR Rules are available at www. crcica. org. eg/adr _ rules. html. 包括以联合国国际贸易法委员会《调解规则》为基础制定的《调解规则》。

④ See Mariam M. El—awa, "Steps Forward in Egyptian Arbitration Law", The International Construction Law Review，vol. 26（January—October 2009）（Informa，London，2009），pp. 245—262.

⑤ Law No. 27/1994，promulgating the law Concerning Arbitration in Civil and Commercial Matters. The text is available at www. crcica. org. eg/law27. html.

⑥ See Egyptian Arbitration Law, at Parts Ⅰ-Ⅶ.

⑦ See Mohie Eldin I. Alam Eldin, Arbitral Awards of the Cairo Regional Center for International Commercial Arbitration xi（Kluwer Law International，2000）；see also El—awa，"Steps Forward in Egyptian Arbitration Law"，p. 246.

许多年来,埃及仲裁法受到多种法律渊源的影响,但最主要的影响来自大陆法律传统,特别是法国《民事诉讼法典》的影响。[①] 和法国对待行政合同的方法一样[②],埃及仲裁法的一个基本特色就涉及所谓的行政合同,即涉及国家机构的合同的可仲裁性问题。[③] 在一些大陆法国家,允许行政合同争议通过仲裁解决,被视为是对主权尊严的侵犯。[④] 埃及法律传统上也采纳了这样的观念。但在 1994 年《仲裁法》通过后,这一观念受到挑战。这一不确定性最终通过 1997 年的一次修正而最终得到解决。[⑤] 有关修正的规定是这样的:"对于行政合同争议,仲裁协议必须经过相关部长或公共机构相关负责人的批准同意。"[⑥]

如上所述,在其他大部分领域,埃及《仲裁法》的规定都是与《示范法》的规定一致的。该法不允许法院对仲裁进行干预,除非存在程序瑕疵或公共秩序理由。[⑦] 作为《纽约公约》的成员国,埃及承认和执行外国的仲裁裁决。[⑧] 实际上,在 2005 年,埃及最高上诉法院就裁定《纽约公约》是埃及国内法不可分割的组成部分,任何与其相

---

① See El—awa, "Steps Forward in Egyptian Arbitration Law", p. 251. 虽然埃及法律总体上受到伊斯兰法影响,根据埃及宪法,伊斯兰法在埃及具有最高地位,但厄尔阿娃(El—awa)认为,如果以埃及《仲裁法》与伊斯兰法不一致为由能够成功对其挑起挑战的话,几乎是不可想象的。实际上,她认为"沙里阿法允许并且鼓励仲裁"。

② 虽然法国《民法典》将行政合同排除在可仲裁事项之外,但法国法院长期以来将此观念限制在国内争议,允许对国际行政合同进行仲裁。See El-awa, p. 255.

③ See El-awa, p. 251.

④ Ibid. citing Julian D Lew, Comparative International Commercial Arbitration (Kluwer Law International, 2003), p. 735.

⑤ See El-awa, p. 252.

⑥ Egyptian Arbitration Law, Art. 1 (last para., as amended by Law No. 9/197), quoted in Ibid, p. 253. 其他受法国法律影响的非洲国家看来也会面临同样的困境。其中一个例子是埃塞俄比亚。对埃塞俄比亚所面临的困境及埃塞俄比亚法律现状的分析,see generally Hailegabriel G. Feyissa, Mizan Law Review, vol. 4, no. 2 (Autumn 2010), 297 — 333; in particular, 313—317. Available on the website of the African Journals Online at http: //ajol. info/index. php/mlr.

⑦ See Egyptian Arbitration Law, at Arts. 52-54.

⑧ Ibid. , Arts. 55-58.

冲突的国内法都是无效的。^① 下面将分析开罗仲裁中心的法律、经济和文化。

（一）开罗仲裁中心的法律分析

开罗仲裁中心的工作受四套法律规则的调整：埃及《仲裁法》、开罗仲裁中心《仲裁规则》《ADR 规则》以及《行为准则》。^② 与前面对其他仲裁机构的介绍一样，本节以《仲裁规则》为主进行分析，该规则基本上仿照《联合国国际贸易法委员会仲裁规则》制定的。^③

（1）协议自由：如果当事人书面同意将争议提交开罗仲裁中心，该中心的规则就会适用。但当事人可对该规则进行修正，只不过所做出的任何修正必须采用书面形式。该规则对何为"书面形式"没有进行界定。^④ 当然，当事人的协议自由也适用于争议准据法的选择。在当事人提前有约定的情况下，该规则也允许按照公平正义原则进行仲裁。^⑤

（2）可分割性：与《联合国国际贸易法委员会仲裁规则》一样，开罗中心《仲裁规则》明确采用了可分割性原则。^⑥

（3）可仲裁性：由于开罗仲裁中心的《仲裁规则》是在埃及法律体制内实施的，行政合同的可仲裁性问题又会不可避免地出现。如前所述，1997 年的修正条款似乎已经解决了行政合同的可仲裁性问题。一个与此相关的问题是，如果签署仲裁协议的行政机关没有获得相关部长或有关部门负责人的批准同意会产生什么后果。开罗仲裁中心的

---

① Egyptian Court of Cassation，Case No. 966，Judicial Year 73，Jan. 10，2005，cited in El－awa，Steps Forward，p. 260.

② All of these are available at www. crcica. org. eg/arbitration _ rules. html （hereinafter "Cairo Center Arbitral Rules"）.

③ Ibid.，Introduction to Arbitration Rules.

④ See Cairo Center Arbitral Rules at Arts. 1—2.

⑤ Ibid.，Art. 35 （2）.

⑥ Ibid.，Art. 23 （1）.

仲裁庭回答了这一问题，认为行政机关没有得到所要求的批准同意只是行政机关的内部问题，它并不影响仲裁协议的效力，也不影响争议事项的可仲裁性。①

（4）管辖权—管辖权：开罗仲裁中心有关管辖权—管辖权的规则完全来自《联合国国际贸易法委员会仲裁规则》："仲裁庭有权决定自己的管辖权，包括有关仲裁协议的存在或效力的任何异议。"②

（5）中立性和独立性：开罗仲裁中心《仲裁规则》有关仲裁员指定、独立性和公正性的规定十分详尽，有九条规定涉及这些问题。和《联合国国际贸易法委员会仲裁规则》一样，开罗仲裁中心《仲裁规则》要求仲裁员必须独立、公正，如果存在有对其独立和公正产生合理怀疑的理由，当事人就有权对仲裁员提出异议。③ 开罗仲裁中心《仲裁规则》要求仲裁员披露影响其公正和独立的任何事实④。开罗仲裁中心还有权决定拒绝对仲裁员的指定，如果该仲裁员"缺乏法定或约定的条件，或以前未能遵守《仲裁规则》下的义务"。⑤ 从管理的角度来看，从开罗仲裁中心理事会成员中挑选出来的成员组成的咨询委员会，不但具有"卓越的法律技能"，还要负责决定仲裁员的资格和条件。⑥ 开罗仲裁中心以仲裁员以前违反行为准则，或缺乏法定或约定的条件而决定拒绝仲裁员的指定时，必须获得咨询委员会的批准。⑦

（6）保密性：开罗仲裁中心《仲裁规则》有关保密性的规定也十分详尽。该规则首先规定，所有仲裁记录和程序都应保密，除非当事

---

① See Cairo Center Newsletter，Principles Adopted by Arbitral Tribunals Acting under the Under the Auspices of CRCICA，Item No. 1：The Consequences of failure to obtain the approval of the competent minister on the valIbidity of the arbitration clause in administrative contract. Ibid，at 5. Available at www. crcica. org. eg/CRCICA _ Newsletter _ Eng. pdf.

② See Cairo Center Rules at Art. 23（1）.

③ Ibid. ，Arts. 11-13.

④ Ibid. ，Art. 11（1）.

⑤ Ibid. ，Art. 8（5）.

⑥ Ibid. ，Art. 8.

⑦ Ibid. ，Art. 8（5）.

人"明确做了相反的书面约定"。① 开罗仲裁中心也有义务尊重裁决和决定的保密性。更为有趣的是，该规则规定："当事人或仲裁员向开罗仲裁中心所提交的所有文件副本，或者开罗仲裁中心向当事人或仲裁员寄送的任何文件副本，可在裁决书送达当事人之日起的九个月后销毁。"② 但是，提交文件正本的当事人可在同样的九个月期间，书面请求收回他们希望保存的文件。③

（7）正当程序：开罗仲裁中心《仲裁规则》要求必须给予当事人充分、平等的陈述各自案情的机会。④ 他们还必须至少提前 15 天得到庭审的通知⑤。当事人可由他们选择的律师代理，如果他们愿意，也可选择非律师人员代理。⑥《仲裁规则》对于单方交流做了明确规定，根据该规定，仲裁员"应避免与任何当事人单方交流。如果仲裁员做了此类交流，他应将交流的内容告知其他当事人和仲裁员"。⑦

（8）终局性：除中间裁决、临时裁决或部分裁决外，裁决应是终局的，并有约束力。⑧ 开罗仲裁中心无权对裁决进行复查、更正、修改或采取其他类似措施。《仲裁规则》要求仲裁庭将经过仲裁员签署的裁决书正本送达给各方当事人，并要求仲裁庭陈述裁决所依据的理由，除非当事人约定不需要给出理由。⑨ 当事人可请求仲裁庭更正裁决书中的错误、对裁决进行解释或做出额外裁决，但开罗仲裁中心除了对请求进行管理外，不能行使上述任何职能。⑩

（9）可移性与可执行性：埃及是《纽约公约》的成员国，开罗仲

---

① See Cairo Center Rules, Art 40 (1-2).
② Ibid., Art. 41 (2).
③ Ibid., Art. 41 (1).
④ Ibid., Art. 17 (1).
⑤ Ibid., Art. 28 (1).
⑥ Ibid., Art. 5.
⑦ Ibid., Art. 11 (3).
⑧ Ibid., Art. 34 (2).
⑨ Ibid., Art. 34 (3-5).
⑩ Ibid., Arts. 37-39.

裁中心做出的任何裁决，都可带至《纽约公约》的任何其他成员国，并可得到执行。在签发裁决时，仲裁庭必须签名并写明裁决的日期，还要注明裁决的地点，这三个要求有助于裁决的今后的执行。[①]

（二）开罗仲裁中心的经济分析

根据开罗仲裁中心 2009—2010 年的年度报告，2009 年共有 51 个案件提交到该中心，35％以上的案件的是国际案件，到 2010 年年中，有 38 个新的案件提交到该中心，其中 12 个是国际案件。[②] 在这些案件中，包括一个并不涉及埃及当事人的案件，有一个案件标的额将近 15 亿埃磅，约 2.7 亿美元。[③]

在上述时期，在开罗仲裁中心仲裁的当事人来自许多不同国家，包括加拿大、中国、智利、埃及、英国、德国、匈牙利、印度、意大利、日本、约旦、沙特阿拉伯、阿拉伯联合酋长国以及美国。[④] 更需关注的是，在这一时期提交的案件中，约有 11％的案件至少一方当事人是中国人，涉及中国人的案件仅次于涉及德国当事人的案件。[⑤] 同一时期，在开罗仲裁中心仲裁庭任职的仲裁员包括奥地利人、埃及人、法国人、约旦人、科威特人、沙特阿拉伯人、西班牙人和英国人。[⑥]

开罗仲裁中心的管理费和仲裁员报酬明细表是该中心仲裁规则的一部分。无论哪一方提起仲裁请求，国际仲裁案件的每一方当事人都应缴纳 500 美元的案件登记费，该笔费用不予退回。[⑦] 管理费有一个

---

① See Cairo Center Rules，Art. 34（4）.
② Cairo Center Annual Report，2009—2010，p. 5.
③ Ibid.
④ Ibid.，Art. 6.
⑤ Ibid.
⑥ Ibid.
⑦ See Cairo Center Rules，at Art. 43（1）.

收费标准，最高收费是 5 万美元。① 该中心仲裁规则的附件规定了详细的收费标准。争议标的额为 5 万美元或以下的案件管理费为 750 美元。随着争议标的额的增加，管理费会根据一定的百分比而增加，但对于争议标的额是 1 亿美元或以上的案件，管理费最多为 5 万美元。②

开罗仲裁中心仲裁规则还对仲裁员的报酬做出规定。根据该规定，仲裁员的报酬应根据争议标的额的一定百分比计算，但对于 5 万美元到 300 万美元之间的争议，仲裁员的报酬最高为 16000 美元。③如果争议标的额超过 300 万美元，仲裁员的报酬应根据附件中表（三）的标准计算。④ 对于争议标的额在 300 万美元以上的案件，仲裁员的报酬在 80627 美元加上超过 300 万美元部分的 0.975％和 249027 美元加上超过 1 亿美元部分的 0.042％之间。⑤ 最后，开罗仲裁中心对于复杂的案件以及需要该中心最高级仲裁员参与的案件，有权决定收取它认为适当的额外费用。⑥

开罗仲裁中心仲裁规则允许当事人选择代理人代理自己进行仲裁，对代理人的国籍没有限制。⑦ 在埃及经商的外国当事人也能容易地找到当地律师。显然，国际仲裁的当事人通常会带有自己的律师，律师的代理费取决于其国内律师代理收费标准。

开罗仲裁中心没有规定官方语言，它也不要求当事人以任何特定语言提交文件。每一仲裁庭会根据当事人的约定确定仲裁程序的语言。一旦仲裁庭确定了仲裁程序的语言，开罗仲裁中心就会要求每一方当事人提交文件时附上所确定的语言的译本。⑧ 翻译的花费

---

① See Cairo Center Rules，Art. 44（4）.
② Ibid.，表 1（管理费）。
③ Ibid.，表 2（案件标的不超过 300 万美元的仲裁员的报酬）。
④ Ibid.
⑤ Ibid.
⑥ Ibid.，Art. 45（12）.
⑦ Ibid.，Art. 5.
⑧ Ibid.，Art. 19.

显然要取决于文件的数量和性质。此外，如果证人作证所使用的语言不是仲裁庭所确定的语言，每一方当事人还需承担翻译的费用。此类花费也取决于翻译工作的复杂性及其工作量。仲裁的管理费用并不涵盖这些花费。通过浏览开罗仲裁中心所发布的仲裁裁决书，可以发现大多数案件都是以阿拉伯语进行仲裁的，包括那些涉及国际当事人的案件。①

根据争议的性质、复杂程度以及发生地，在该地区可能会找到相关专家，也可能找不到。专家的报酬可能取决于许多因素。对于专家证人的费用，开罗似乎并不能带来什么特别的好处。此类费用总是取决于具体情形。

开罗仲裁中心仲裁规则并没有明确规定每一方当事人应承担当事人所指定的仲裁员的交通费及食宿费，但实际情况很可能就是如此。除了仲裁员的交通费和食宿费外，当事人还需承担自己的费用，包括代理人、律师、专家证人、法律顾问、行政助理等人员的费用。来往开罗十分方便。开罗机场有很多不错的航空公司。但开罗并不是一个消费低的城市，对于当事人来说，住宿费可能是一笔不小的开支，当然此类费用要取决于所住的宾馆②、季节以及住宿的性质等因素。开罗仲裁中心位于开罗的阿萨勒阿尤布（Al-Saleh Ayoub）大街 11211号③，这条街上有超过 8 家宾馆以及数十家饭店，包括四季宾馆和奥西里斯（Orsiris）宾馆。④

---

①　See generally, Eldin, Arbitral Awards of the Cairo Regional Center for International Commercial Arbitration，实际上，在该书中所分析的 32 个案件中，只有少部分案件是以阿拉伯语以外的其他语言仲裁的。

②　高端旅馆价格变化很大。例如，开罗的四季酒店平均每晚的价格在 497—721 美元之间。开罗费蒙特（Fairmont）酒店每晚的价格在 165—276 美元之间。一星以下的酒店的住宿费在每晚 45—60 美元之间。see www. tripadvisor. com/Hotels－g294201－Cairo－Hotels. html.

③　地址及联系方式见：www. crcica. org. eg/contact. html.

④　同上。

（三）开罗仲裁中心的文化分析

开罗市区人口在 2006 年据统计有 1575 万[①]。作为一个历史悠久的城市，开罗是最受游人青睐的旅游目的地之一。

如前所述，开罗仲裁中心是亚非法律协商组织主导创建的地区性仲裁中心之一。和大部分仲裁机构不同，开罗仲裁中心是一个独立的政府间组织，享有特权和豁免。由于它所具有的亚非法律协商组织的成员资格，它的工作重点显然是在亚非地区。就规模而言，它在亚历山大港和塞得港设有分中心。[②] 作为一个仲裁机构，其成员相对较多，单独开罗办公室就有 1 名主任、1 名副主任、4 名法律顾问以及至少 11 名行政人员。[③] 根据最新数据，自其成立至 2009 年间，该中心已受理 697 件争议，2009 年一年就受理了 51 个案件。[④]

该中心设有一个理事会以及由理事会成员组成的三个高级分裂委员会。如上所述，这些委员会就仲裁员是否适合资格提供意见。[⑤] 该中心现任主任是阿拉比（Nabil Elaraby）博士[⑥]，他是一位著名的埃及法学家，从 2001 年至 2006 年，在国际法院担任法官。作为开罗一家律所的合伙人，他还在国际法律委员会和其他许多国际组织任职，包括担任解决投资争议国际中心的仲裁员。阿拉比博士是在埃及接受的法学本科教育，他从纽约大学法学院获得硕士和博士学位。[⑦] 该中心现任副主任和秘书长是埃及人拉乌夫（Mohamed Abdel Raouf）博

---

① See www.demographia.com/db—cairo.htm.

② See www.crcica.org.eg/branches.html.

③ Ibid.

④ See CRCICA Case Report（2009/10）p.5.

⑤ See Cairo Center Rules, at "Introduction".

⑥ 阿拉比博士的简介见该中心的网站：www.crcica.org.eg/cv_nabil_elaraby.html.

⑦ 同上，他一定是少数几个当时从美国大学获得学位的非洲人之一。截至本书写作时，埃及临时政府任命他为外交部部长。

士①，他是国际商法专家，是开罗一所大学的法学教授，他曾在埃及和法国接受教育，并从法国蒙彼利埃一大获得最终学位。该中心的四位法律顾问分别是：阿拉姆丁（Mohiedin Ismail Alamedin）博士、森特纳薇（Laila El Shentenawi）女士、弗朗西斯（Nassimah Francis）女士以及法萨拉（Iniy Fathalla）女士。② 虽然不能找到该中心 11 位行政人员的详细信息，但看来他们大部分（如果不是全部）都是埃及人。③ 考虑到该中心埃及人占大多数，尽管该中心没有规定官方语言，但其日常工作语言很可能是阿拉伯语。

截至本书写作时，仲裁员的正式名单没有对外公布。不过，通过浏览该中心已发表的仲裁裁决书，可以发现审理案件的仲裁员大部分是埃及人。④ 前面提到，根据该中心的最新数据，该中心受理的案件的当事人来自许多不同国家，包括加拿大、中国、智利、埃及、英国、德国、匈牙利、印度、意大利、日本、约旦、沙特阿拉伯、阿联酋以及美国。⑤

二　拉各斯地区国际商事仲裁中心⑥

拉各斯地区国际商事仲裁中心也是亚非法律协商组织发起设立的仲裁机构之一，它是根据亚非法律协商组织与尼日利亚政府在 1989 年签署的协议而设立的。⑦ 使拉各斯地区国际商事仲裁中心得以运转的总部协议是在 1999 年 4 月 26 日签署的。作为一个独立的、非营利

---

① 拉乌夫博士的简介见该中心的网站：www. crcica. org. eg/cv_Raouf. html. 截至本书写作时，他是该中心的执行主任，因为阿拉比博士已担任外交部部长一职。

② 前两人的简介见该中心网站：www. crcica. org. eg/staff. html.

③ See The Cairo Center, at "Staff", at www. crcica. org. eg/staff. html.

④ See generally，Eldin，Arbitral Awards of the Cairo Regional Center for International Commercial Arbitration.

⑤ Ibid. ，p. 6.

⑥ 它所使用的正式名称是 "Regional Center for International Commercial Arbitration-Lagos". See www. rcicalagos. org/arb_rules. html. 为简洁，本书使用了 "拉各斯地区中心"（Lagos Regional Center）这一名称。

⑦ 更多信息见该中心官方网站：www. rcicalagos. org/.

的政府间组织，该中心享有一定的特权与豁免。①

（一）拉各斯地区国际商事仲裁中心的法律分析

拉各斯地区国际商事仲裁中心有一个良好的国内仲裁法律环境。如前所述，尼日利亚是第一个仿照《示范法》制定国内仲裁法的非洲国家。② 所制定的仲裁法就是 1988 年 3 月 14 日的《仲裁与调解法》③。虽然拉各斯地区仲裁中心的仲裁规则是仿照《联合国国际贸易法委员会仲裁规则》制定的，但也有自己的特色，以符合拉各斯地区仲裁中心的组织机构。④ 和前面的论述一样，下面将分别讨论该中心的法律、经济和文化。

（1）协议自由：和《联合国国际贸易法委员会仲裁规则》一样，拉各斯地区仲裁中心的《仲裁规则》对许多事项采用了完全的当事人意思自治原则，包括对仲裁规则的变更、仲裁实体法的选择，以及仲裁语言和仲裁地点的选择等。⑤

（2）可分割性：拉各斯地区仲裁中心《仲裁规则》采用了和《联合国国际贸易法委员会仲裁规则》同样的语言，对可分割性原则做出了规定。⑥

（3）可仲裁性：拉各斯地区仲裁中心的《仲裁规则》是根据尼日利亚《仲裁法》实施的，而该法又是以《联合国国际贸易法委员会示范法》制定的。除《仲裁法》规定的公法事项不得仲裁外，所有商事

---

① 参见拉各斯地区中心官方网站，该总部协议已通过国内法（Regional Act No. 30 of 1999）予以国内化了。See Ibid, at Introductory passage. 总部协议文本及该法见其官方网站。See also Asouzu, International Commercial Arbitration and African States, pp. 68-77.（分析了这些特权和豁免权）

② Ibid. , p. 125.

③ Ibid. 该法取代了 1914 年《仲裁法》。该法文本见：www. nigeria－law. org/ArbitrationAndConciliation Act. htm.

④ The Lagos Regional Center Rules are included as Appendix 8.

⑤ See e. g. , Lagos Center Rules, at Arts. 1, 4, 20 & 36.

⑥ Ibid. , Art. 24.

事项都可进行仲裁。①

（4）管辖权—管辖权规则：拉各斯地区仲裁中心有关管辖权—管辖权规则的规定也和《联合国国际贸易法委员会仲裁规则》的规定一样。②

（5）中立性：拉各斯地区仲裁中心《仲裁规则》要求仲裁员必须独立、公正，并披露任何"可能引起合理怀疑的理由"。③ 对于这一要求，拉各斯地区仲裁中心《仲裁规则》更进一步规定："任何仲裁员不得在仲裁中作为任一方当事人的律师。任何仲裁员无论是在指定前或指定后均不得向任何当事人就争议的结果提出建议。"④ 这一规定看来是拉各斯地区仲裁中心《仲裁规则》所独有的。

（6）保密性：拉各斯地区仲裁中心《仲裁规则》十分重视仲裁的保密性。该规定第 3 条和第 4 条分别对通讯和保密性做了规定。第 3 条要求当事人之间的所有通信应通过中心进行，直至仲裁庭成立。即使仲裁庭成立后，若非仲裁庭命令可进行直接通信，当事人也应通过中心进行通信。对通信的集中化管理似乎是为了加强保密性，防止单方联系。该中心《仲裁规则》有关保密性规定的全文是这样的：

> 除非仲裁当事人有明示的相反书面约定，则他们的律师、专家以及中心的工作人员应对仲裁中的所有裁决、仲裁程序中用于仲裁目的的所有材料，以及任何一方当事人在仲裁程序中提交的尚未公开的任何其他文件进行保密，除非法律要求一方当事人进行披露，或为保护某一法定权利要求披露，或为了在国内法院或其他司法机构的法律程序中为执行仲裁裁决或对裁决提出异议而要求披露。仲裁庭的评议也应保密。拉各斯地区仲裁中心非经所

---

① See Nigerian Arbitration and Conciliation Act of 1990，at Art. 35. Available at www. nigerialaw. org/ArbitrationAnd ConciliationAct. htm# （Recourse against Award）.

② See Lagos Center Rules at Art. 24.

③ Ibid. ，Art. 12.

④ Ibid. ，Art. 12 （2）.

有当事人和仲裁庭的事先书面同意，不得公布任何裁决或裁决的一部分。①

除了上面这条单独有关保密的条款外，拉各斯地区仲裁中心《仲裁规则》还在有关裁决的部分增加了一条保密性的条款，以提供更多一层保护，《联合国国际贸易法委员会仲裁规则》的规定一样，该条款规定未经当事人的同意，仲裁裁决不得公布。②

（7）正当程序：拉各斯地区仲裁中心《仲裁规则》有几条与《联合国国际贸易法委员会仲裁规则》一致的规定，以确保正当程序。该规则所明确包含的基本规则，包括获得平等和公正的庭审机会③、有关当事人代理和援助的规定④、有关对仲裁员提出异议的规定等⑤。

（8）终局性：拉各斯地区仲裁中心《仲裁规则》明确规定："所有裁决应是最终的，对当事人具有约束力。"⑥ 该中心无权对仲裁庭的决定进行审查、退回，或以任何方式影响仲裁庭的裁决。但是，如果仲裁裁决被执行地法律有要求，它可以协助仲裁庭对仲裁裁决进行归档或登记。⑦

（9）可移性与可执行性：由于尼日利亚是《纽约公约》的成员国，因此拉各斯地区仲裁中心做出的裁决，可以在所有《纽约公约》成员国得到承认和执行。⑧

（二）拉各斯地区仲裁中心的经济

拉各斯的实际运行还不到 10 年时间，自然它所受理的案件数量

---

① Lagos Center Rules，Art. 4.

② Ibid.，Art. 35（7）.

③ Ibid.，Art. 18（1）.

④ Ibid.，Art. 7.

⑤ Ibid.，Arts. 12-16.

⑥ Ibid.，Art. 35（6）.

⑦ Ibid.，Art. 35（8）.

⑧ 《纽约公约》自 1970 年 6 月 15 日起对尼日利亚生效。公约批准情况见：www. uncitral. org/uncitral/en/uncitral _ texts/ arbitration/NYConvention _ status. html.

还相对较少。① 这样，所能获得的信息也极为有限。

该中心的《仲裁规则》中有一个案件登记和管理收费表。该中心收取的案件登记费是 750 美元，管理费是根据争议的金额而收取的，有 7 类收费标准。对于争议金额为 15 万美元以下的案件，管理费是争议金额的 3%，最低为 1500 美元。② 对于争议金额为 1500 万美元以上的案件，管理费是 43500 美元加上超过 1500 万美元以上部分的 0.10%。其他 5 类收费标准介于这两者之间。③

该中心《仲裁规则》还附有仲裁员报酬表。根据收费标准，仲裁员的报酬是按照争议金额的百分比收取的，共有 10 类。第一类是争议金额为 15 万美元以下的案件，最后一类是争议金额为 3000 万美元以上的案件。④ 对于争议金额为 15 万美元以下的案件，仲裁员获得的报酬是争议金额的 7%，最低为 3000 美元。对于争议金额为 3000 万美元以上的案件，仲裁员获得的报酬为争议金额的 0.01%，最高为争议金额的 0.05%。其他 8 类报酬标准介于争议金额的 4% 和 0.08% 之间。⑤

拉各斯地区仲裁中心《仲裁规则》允许当事人选择律师，或非律师人员代理或协助他们进行仲裁。⑥ 但无论如何，当事人不得不自己承担代理费用。代理费用当然取决于许多因素，包括案件的复杂度、稀缺性、所涉及的金额以及代理人员所在的地区等。虽然当事人也可从拉各斯地区雇用律师，但大部分当事人可能会带有自己的律师。

拉各斯地区仲裁中心《仲裁规则》并没有明确规定该中心的官方

---

① See Annual Report — 2006，at www. rcicalagos. org/downloads/report _ of _ forth-fifth _ session. pdf. 从其运行到 2006 年，该中心受理了 58 个案件。

② See Fee Schedules at www. rcicalagos. org/downloads/Centre _ Rules. pdf（Costs of Arbitration，Table 1）.

③ Ibid.

④ See Table II at www. rcicalagos. org/downloads/Centre _ Rules. pdf.

⑤ Ibid.

⑥ See Lagos Center Rules，at Art. 7. 1.

语言。在任何仲裁中，当事人可自由选择仲裁程序所使用的语言。① 实际上，该中心并不要求当事人必须以某一语言提供文件。有关语言的所有问题由当事人和仲裁庭决定。② 但仲裁庭可能会命令当事人用所选择的仲裁语言提交各类书状。在存在多种语言的使用时，必然会产生相应的翻译费用。拉各斯是一个说英语的城市，拉各斯地区仲裁中心的日常运营都是以英语进行的。虽然该中心的年度报告没有详细披露在 2006 年前所处理的 58 个案件的情况，但大部分案件可能都是以英语进行仲裁的，因为该报告指出，约 75％ 的案件都是具有当地因素的临时仲裁，它们只是使用了该中心的设施。③

  该中心《仲裁规则》规定，仲裁庭可以自己雇用专家。④ 当事人也可雇用各自的专家以支持或反驳仲裁庭专家的意见⑤。在所有案件中，当事人应承担专家的费用，包括仲裁庭自己所雇用的专家的费用。⑥ 拉各斯是一个相对繁华的非洲城市，在这里可以找到工商大部分领域的专家。不过，作为一个大都市，不要指望这里的消费会很低。

  拉各斯是尼日利亚的文化和商业中心，因此，到拉各斯十分便利。拉各斯机场有一些著名的航空公司，附近有许多宾馆。拉各斯地区仲裁中心不但在其网站上介绍了中心的设施，还介绍了附件的一些生活设施。该中心位于商业区一栋主要建筑物的四楼，有装备良好的房间用于庭审、调解、开会和讲座，还有图书室和餐饮设备。⑦ 至于附件的住处，该中心的网站也指出，该中心位于商业区的中心，附近

---

① See Lagos Center Rules，Art. 20.

② Ibid.

③ See Annual Report of the Center（2006）at www. rcicalagos. org/downloads/report＿of＿forthfifth＿session. pdf.

④ Lagos Center Rules, at Art. 30.

⑤ Ibid. ，Art. 30（4）.

⑥ Ibid. ，Art. 41（c）.

⑦ See the Lagos Center's website at "Facilities", at www. rcicalagos. org/facilities. html.

有很多经常接待外国客人的宾馆。[①] 拉各斯地区仲裁中心的具体位置在一个商业区内的阿尔弗雷德·利伟尼（Alfred Rewane）路1号[②]。由于它位于商业区的中心，当地的交通花费就可能很少，因为宾馆和饭店就在附近。

虽然拉各斯地区仲裁中心声称自己有充分的设施和空间，但它并没有告知当事人可以租用它的办公场所。但它指出，当事人可以使用其中一个房间做准备性的工作，不需要支付额外的费用。[③] 此外，由于拉各斯地区仲裁中心位于商业区，当事人可能会有很多选择，不过，在其他地方租赁场所的费用应该不低。

就技术手段而言，拉各斯地区仲裁中心装备良好，它可以提供一些收费的服务。与此相关的服务包括视频会议、网络、演示软件等。[④] 如果当事人想使用更为先进的技术手段，他们就必须带上自己的IT人员。

（三）拉各斯地区仲裁中心的文化分析

作为英国的前殖民地，尼日利亚是一个英语非洲国家，拉各斯作为一个城市当然并不例外。由于这一历史根源，尼日利亚的法律传统深受普通法的影响。[⑤]

拉各斯地区仲裁中心的一个主要目标，是鼓励通过仲裁解决产生于该地区的贸易、投资和其他商事争议，因此，它工作的重点主要放在这一地区。[⑥] 拉各斯地区仲裁中心的主任是奥迪莉

① See the Lagos Center's website, at "Location", at www.rcicalagos.org/location.html.

② 同上。

③ Ibid., at "Facilities", at www.rcicalagos.org/facilities.html.

④ Ibid., at "Services", at www.rcicalagos.org/services.html.

⑤ 有关尼日利亚法律制度历史更为详尽的分析，see GlobaLex GuIbide to Nigerian Legal Information，available at www.nyulawglobal.org/Globalex/Nigeria.htm.

⑥ See the Lagos Center's website, at "Objectives", at www.rcicalagos.org/status.html.

（Eunice R. Oddiri）女士。根据所获得的信息，该中心的文化还处于早期的形成阶段，这一文化必然是西部非洲根源和普通法传统的结合，同时还要反映出亚非法律协商组织所发挥的地区性作用。①

三　非洲 ADR 中心：南非

尽管南非经济发展水平较高，但南非的国际仲裁却因许多因素没有得到很好的发展，其中一个因素就是南非仲裁法所采取的方法。截至本书写作时，南非最主要的仲裁立法仍是 1965 年《仲裁法》，它是以 1950 年英国《仲裁法》为基础制定的，该法允许法院对仲裁可以进行几乎不受限制的干预。② 该法的相关规定是这样的：

（1）除非仲裁协议另有规定，仲裁协议只有在所有当事人同意的情况下始得终止。

（2）如果证明有充分理由，法院可依仲裁协议当事人的请求随时——

（a）撤销仲裁协议；或

（b）下令仲裁协议中所提到的特定争议不得提交仲裁；或

（c）下令仲裁协议对某一特定争议不再具有效力。③

该法从严格意义来讲，只适用于国内仲裁，它没有对国际仲裁做出具体规定。④ 更为重要的是，上述规定中提及的法院的干预权力还

---

① See the Lagos Center's website.

② 1965 年《仲裁法》文本见：www. arbitrators. co. za/arbsnew/arbact42－65. htm. 有关该法主要是根据 1950 年英国《仲裁法》制定的观点，see David W. Butler & Eyvind Finsen，"Southern Africa"，in Arbitration in Africa，p. 194.

③ Arbitration Act of 1965，at Art. 3.

④ See Butler & Finsen，"Southern Africa"，in Arbitration in Africa，p. 201.

适用于对外国仲裁裁决的执行，尽管南非是《纽约公约》的成员国。[①]从 20 世纪 90 年代早期以来，南非就一直考虑对该法进行修正，南非法律委员会也提出了相关的修改意见。[②] 但截至本书写作时，还没有进行此类修正。这些因素叠加在一起，看来阻碍了南非国际仲裁制度的发展。因此，南非主要的仲裁机构即南部非洲仲裁基金（AFSA）主要关注的是国内仲裁。[③] 这一范围的限制，使得最近成立的非洲 ADR 中心成为必要，该机构似乎要成为南部非洲仲裁基金的国际分支。[④]

非洲 ADR 中心在 5 个地方设有办公室：3 个在南非（约翰内斯堡、比勒陀利亚、开普敦）、1 个在毛里求斯的路易港，1 个在莫桑比克的马普托。[⑤] 它有 3 套规则：《仲裁程序规则》、《调解程序与协议》以及《调停规则》。[⑥] 这些规则都是根据联合国国际贸易法委员会的《仲裁规则》和《调解规则》制定的。[⑦] 由于非洲 ADR 中心还是一个相对较新机构，它的特征还在形成中，不过，它的争议解决的跨境范围，将给它带来特别的活力，它有望在不远的将来成为一个重要的地区性仲裁中心。

---

① See Butler & Finsen, op. cit. , p. 203. 有趣的是，南非对外国货币判决的执行有更为详尽和合理的法律制度，对这一法律制度的成文法和普通法渊源的分析，see Christian Schulze, On Jurisdiction and the Recognition and Enforcement of Foreign Money Judgments (University of South Africa Press, 2005), pp. 16-32.

② See Asouzu, International Commercial Arbitration and African States, pp. 132-139.

③ 更多信息见南部非洲仲裁基金官方网站：www. arbitration. co. za/pages/default. aspx.

④ 有关非洲 ADR 中心的信息见其官方网站：www. africaadr. com/index. php？a＝r/home/1.

⑤ Ibid. at "Location and Facilities", at www. africaadr. com/index. php？a＝r/home/9.

⑥ The texts of these rules are available at www. africaadr. com/index. php？a＝r/home/6.

⑦ Ibid.

第六节　对可选择的仲裁机构的比较评价

上面几节单独而详细探讨了一些可资利用的仲裁机构的特征。本节将继续通过法律、经济和文化分析因素，来对几种可以选择的仲裁机构进行简要的比较分析。本节所分析的仲裁机构，包括解决投资争议国际中心、美国仲裁协会、国际商会仲裁院、常设仲裁院、伦敦国际仲裁院、中国国家经济贸易仲裁委员会、吉隆坡地区国际商事仲裁中心、开罗地区国际商事仲裁中心、拉各斯地区国际商事仲裁中心以及非洲 ADR 中心。

一　这些仲裁机构的法律分析

虽然这些仲裁机构法律方面的差异并非明显①，但对于考虑选择这些仲裁机构的中方和非方当事人来说，仍需考虑它们各自的独特性。对于这些仲裁机构的法律分析仍按照此前的 10 个考虑因素进行。不过，首先对解决投资争议国际中心的独特性做一简单评价。

解决投资争议国际中心十分独特，拿它与其他仲裁机构进行比较似乎并不合适。之所以将它纳入本研究中，是因为它为中非投资争议解决提供了一种仲裁选择。首先，不同于亚非法律协商组织之外的其他所有仲裁机构，它是一个政府间国际组织。它的基本性的法律渊源是一个对所有成员具有约束力的国际公约。因此，中国和大多数非洲国家都接受《华盛顿公约》的约束，它们对仲裁机构的选择因此受到限制。由于提交解决投资争议国际中心需要双方的同意，这样，如果

————————
　　① See Graving，"The International Commercial Arbitration Institutions：How Good a Job are They Doing？" 4 Am. U. J. Int' l L. & Pol' y 319 (1989)，p. 368.

它们选择在该中心仲裁，就表明它们认为该中心的法律、经济和文化能适合它们的需求。由于后面将分析经济和文化因素，此处就先对法律因素做一比较分析：

（1）协议自由：除解决投资争议国际中心限制其设施仅供其成员和至少一方涉及其成员的争议利用外，其他所有仲裁机构的法律均对当事人的协议自由没有限制。当事人可以选择是否利用某一仲裁机构或其规则，或在某种情形下利用某一仲裁机构或其规则，在此方面没有明显差别。

（2）可仲裁性：可仲裁性涉及相关国家的法律，在此方面各国法律有很大趋同。唯一显著例外的是所谓行政合同的可仲裁性问题。对该问题有所关注的唯一仲裁机构是开罗地区国际商事仲裁中心，因为根据埃及法律，当公共企业约定将争议提交仲裁时，它们必须首先获得埃及相关政府部门的同意。虽然开罗地区仲裁中心管理下的仲裁庭曾经裁定，未能获得此类同意并不能导致仲裁协议无法实施，但是该问题在埃及仍无定论，因而需加以注意。

（3）可分割性：所有的仲裁机构都采纳了可分割性原则，即仲裁协议独立于主合同，这几乎已成为习惯规则。

（4）管辖权—管辖权原则：与可分割性原则一样，所有仲裁机构都一致采用了管辖权—管辖权原则。但中国国际经济贸易仲裁委员会处理该问题稍有不同。前面有关该仲裁机构的分析[1]表明，它的规则有两个显著特色：（1）仲裁机构即中国国际经济贸易仲裁委员会而不是仲裁庭有权决定管辖权问题；（2）当事人可选择向人民法院就仲裁庭的管辖权提出异议。重要的是，如果一方当事人向人民法院就仲裁庭管辖权提出异议，而另一方当事人向中国国际经济贸易仲裁委员会提出该异议，则中国国际经济贸易仲裁委员会必须等待人民法院就此做出裁定。除了这一显著例外，管辖权—管辖权原则似乎已在法学领

---

[1] 第十四章第三节。

域牢固确立，以至于可被认为形成了一个习惯规则。

（5）独立性：所有这些仲裁机构的仲裁规则都允许当事人指定仲裁员，并且它们都一致采用了独立性原则。换句话说，它们都不允许仲裁员偏向当事一方。中国国际经济贸易仲裁委员会的规则在此方面尤为明确，如果仲裁员与当事人单方联系，他就会被撤销资格。拉各斯地区仲裁中心的规定有点独树一帜，它明确禁止仲裁员做出律师一样的行为，但似乎允许单方联系，只要此类联系并不涉及案件的"实体或结果"。

（6）保密性：有关保密性的规定有许多不同，但有一条规则是确定的：所有仲裁机构都采纳了这一原则，即未经当事人允许，仲裁程序和仲裁裁决应保密。《联合国国际贸易法委员会仲裁规则》只是要求仲裁应秘密进行，仲裁裁决未经当事人同意不得公开，而其他大多数仲裁机构有关保密性的规定更为明确。其中中国国际经济贸易仲裁委员会和拉各斯地区仲裁中心在这方面的规定尤为令人关注。中国国际经济贸易仲裁委员会有关保密性的规定要求所有相关人员都应保密，包括对案件的程序历史保密。更为特别的是，即使当事人同意庭审公开，中国国际经济贸易仲裁委员会仍可不顾当事人的意愿不将庭审公开。拉各斯地区仲裁中心对于哪些人以及哪些事项应受保密性规则的约束做了十分明确的规定。它明确要求仲裁程序中的所有当事人包括中心的工作人员，应对仲裁程序中出现的所有文件和资料保密。

（7）正当程序：所有机构的仲裁规则都对代理以及获得平等公正的庭审机会做了规定。有关正当程序的不同规定几乎是一致的。需要指出的是，没有一家仲裁机构的仲裁规则禁止外国律师代理本国仲裁程序中的当事人。

（8）终局性：这些仲裁机构的仲裁规则几乎一致采用了裁决的终局性原则。但有三个重要例外需要指出：①国际商会仲裁院和中国国际经济贸易仲裁委员会保留了最低限度审查权。它们并不是对案件的实体进行审查，这种有限的审查只是一种质量控制的形式。对于这两个仲裁机构，案件均可以重新退回仲裁庭审议，主要是涉及形式方面的一些错误。②伦敦国际仲裁院和非洲 ADR 中心是在一个相似的当地法律制度下运行的。对伦敦国际仲裁院而言，英国法院有权以法律错误对案件实体进行审查，除非当事人提前做出其他约定。对于非洲 ADR 中心而言，如果存在法律错误或其他充分理由，南非法院就有权对仲裁裁决进行审查。③由于马来西亚法律在很大程度上来源于英国的法律制度，它也允许法院对仲裁进行一定程度的干预。但如上所述，吉隆坡地区仲裁中心已依据公约排除了当地法院对它的干预。

(9) 可移性：所有这些仲裁机构都位于《纽约公约》的成员国内，基于此，在上述任一仲裁机构做出的仲裁裁决，均可带到其他《纽约公约》的成员国以便获得执行。

(10) 可执行性：所有这些仲裁机构的仲裁规则都规定，仲裁裁决对当事人具有约束力，当事人应毫不迟延地执行它们。这些规则基本一样，仲裁裁决可在《纽约公约》的任一成员国得到执行。但从实际角度考虑，可执行性还取决于许多因素，包括仲裁机构甚至是仲裁员的声誉。仲裁机构的声誉越高，执行就会越容易。不过，情况并非总是如此。例如，根据情况，比起伦敦国际仲裁院做出的裁决，埃及法院可能更乐于执行由开罗地区仲裁中心的仲裁庭做出的裁决。不过，虽然如此，一般而言，仲裁机构的声誉仍是裁决能否得到执行的一个重要考虑因素。

正如本节开始所指明的，虽然对于一些当事人来说，这些法律中的差异可能非常重要，但这些差异并非明显。如果结合仲裁的经济和文化因素来考虑，这些差异可能就会被平衡。下面将讨论经济和文化因素。

二　这些仲裁机构的经济分析

当分析这些仲裁机构的经济因素时，就会注意到有很大的差异。本节基于以前有关经济因素的讨论，将做一简要的比较评析。

（1）案件登记和管理费：根据前面的详细分析，非洲和亚洲仲裁机构的案件登记费和管理费看来要低于欧洲和北美仲裁机构的收费。

（2）仲裁员的报酬：同样，非洲和亚洲仲裁员的报酬要远远低于欧洲和北美的同行。不过，需要指出的是，无论在何地仲裁，仲裁员的报酬还取决于仲裁员的声望。例如，在中国，外国仲裁员所获得的报酬要远远高于当地仲裁员的报酬。但一般而言，可以确定的是，非洲和亚洲仲裁机构仲裁员的报酬要远远低于北美和欧洲仲裁机构仲裁员的报酬。

（3）律师的报酬：律师的报酬通常取决于案件的复杂度以及服务提供者的所在地。总体上看，亚洲和非洲当地律师的收费一般会低于欧洲和北美律师的收费。

（4）翻译费用：非洲和亚洲的仲裁机构在翻译费用方面并不具有任何特别的优势。中国国际经济贸易仲裁委员会看来有一个特别不利之处，因为它要求所有案件的文件都要以中文提交。

（5）专家证人费用：同样，没有特别的理由可以认为非洲和亚洲的专家费用会低于欧洲和北美的专家费用，因为专家费用也取决于获得专家的难易程度以及专业知识的稀缺性。

（6）交通和食宿费：这可能比其他因素更取决于具体情况，因为此类花费通常取决于当事人来自何处以及他们希望获得的食宿条件。对于中方当事人和非洲当事人就南非的项目所产生的争议，飞往拉各斯的花费显然会低于飞往纽约的花费。如果争议发生在埃及当事人和中国当事人之间，在开罗进行仲裁可能花费更低。因此，这一因素深受具体情况的影响。亚洲和非洲的仲裁机构并没有在宾馆住宿方面具有多大特别优势，因为开罗和北京正变得和巴黎和伦敦一样昂贵。如果在食宿花费方面有差异的话，这种差异也不是那么明显。

（7）当地交通费：可能有人会认为非洲和亚洲城市的当地交通费更为低廉，但近来情况并非总是如此，这也要取决于具体情况。

（8）办公场所租赁费用：非洲和亚洲的仲裁机构看来在办公场所租赁费用方面具有一定的优势，但这也取决于许多因素，包括当事人的特殊需求等。

（9）技术支持费用：所有上述仲裁机构都具有基本的技术设备，虽然有时考虑到案件的复杂性和演示的需要，当事人可能需要带上自己的专家和设备。在此方面，没有哪一个仲裁机构看来具有特别的优势，但可以认为欧洲、美洲和亚洲的仲裁机构诸如网络连通等方面的技术手段上具有一定的优势。

总的说来，虽然根据从这些仲裁机构官方网站上收集的信息所得出的结论，并不具有科学性，但显然在花费方面，差异最大的是仲裁员的报酬，其次是案件的登记费和管理费。欧洲和美洲的此类费用显然要高于亚洲和非洲的此类费用。通过将伦敦国际仲裁院的仲裁员报酬表与中国国际经济贸易仲裁委员会或国际商会仲裁院或开罗地区仲裁中心的仲裁员报酬表进行对比，一切不言自明。此类费用的差异十分显著。由此类推，可以认为代理费用也许能够反映各自地区的仲裁员支出。

三　这些仲裁机构的文化分析

也许争议当事人在选择仲裁机构时必须考虑的一个最重要的因素是，该机构的文化对当事人是否适当的问题。前面的有关部分曾用10个基本指标，对一些仲裁机构的文化因素做了评析。文化适当性问题当然是一个相对的，并且通常具有主观性。认识到这一点，下面将对上述仲裁机构的文化做一简单比较评价。

本书所研究的每一仲裁机构都是在特定的法律传统中运行的，而法律传统是由它们所处的位置和各自的历史决定的。在此背景下，可以说每一仲裁机构必然会受到其所在城市的文化，以及所在国家的法律传统的深刻影响。[①] 这些仲裁机构都具有独特的文化，主要是因为它们分处各地。虽然各个仲裁机构的文化存在一些巨大差异，但它们总体上都可归属为普通法传统或大陆法传统。属于普通法传统的仲裁机构有：解决投资争议国际中心、美国仲裁协会、伦敦国际仲裁院、吉隆坡地区仲裁中心、拉各斯地区仲裁中心以及非洲 ADR 中心。属于大陆法传统的仲裁机构有：国际商会仲裁院、中国国际经济贸易仲裁委员会以及开罗地区仲裁中心。虽然由于仲裁机构会与所处当地的司法体制产生不可避免的互动，并因而受到这一种或另一种法律传统的影响，但这些仲裁机构本身并不属于任一特定的法律传统。基于此，每一仲裁机构的总体文化不能单独通过它所处的位置进行判断。

解决投资争议国际中心、开罗地区仲裁中心、拉各斯地区仲裁中心和吉隆坡地区仲裁中心都是政府间国际组织。解决投资争议国际中心是根据一项多边条约设立的，而其他三个仲裁机构是根据地区性的政府间协议设立的。中国国际经济贸易仲裁委员会是一个政府主导设立的仲裁机构。其他仲裁机构都是民间机构。国际商会仲裁院是全球各国商会联合设立的，使其成为所有仲裁机构中最大的、最为多样化的一个机构。

至于仲裁机构的领导和管理机构，那些希望仲裁机构人员能积极参与仲裁，包括能对仲裁裁决进行有限审查的当事人来说，他们可能更希望选择国际商会仲裁院而不是伦敦国际仲裁院，或更希望选择中

---

① 例如，可以很公正地说，解决投资争议国际中心深受华盛顿文化包括美国法律传统的影响。美国仲裁协会深受纽约文化和美国法律传统的影响，国际商会仲裁院深受巴黎文化和法国法律传统的影响。伦敦国际仲裁院深受伦敦文化和英国法律传统的影响。中国国际经济贸易仲裁委员会深受北京文化和中国法律传统的影响。吉隆坡地区仲裁中心深受吉隆坡文化和马来西亚法律传统的影响。开罗地区仲裁中心深受开罗文化和埃及法律传统影响。拉各斯地区仲裁中心深受拉各斯文化和尼日利亚法律传统的影响。非洲 ADR 中心深受约翰内斯堡文化和南非法律传统的影响。

国国际经济贸易仲裁委员会而不是开罗地区仲裁中心。就仲裁机构人员的多样化而言，国际商会仲裁院看来是所有仲裁机构中最为多样化和最为包容的机构。至于仲裁员的背景，几乎所有的仲裁机构都有一份外国仲裁员名录。不过，就仲裁员的技能和文化多样性而言，欧洲的仲裁机构特别是国际商会仲裁院提供了最为广泛的选择范围。

这些仲裁机构的服务使用者的背景很难确定。但根据这些仲裁机构自己的报告，显然国际商会仲裁院就服务来自不同文化背景的当事人而言，再次成为拥有最为多样化的客户，和设施最为完善的机构。就仲裁机构的官方语言或最为广泛使用的语言来看，除中国国际经济贸易仲裁委员会和开罗地区仲裁中心主要使用中文和阿拉伯语外，英语似乎已成为其他仲裁机构最为广泛使用的语言。由于缺乏足够的信息，最频繁参与仲裁代理的律师的背景也很难确定，但一些传闻证据显示，欧洲和美洲的律师几乎代理了欧洲和美洲所有的仲裁，而非洲和亚洲的仲裁机构内也经常出现欧洲和美洲的律师。代理当事人在仲裁机构进行仲裁的律师，似乎也乐意从仲裁机构所在地雇用当地律师。就专家的背景而言，文化因素似乎取决于案件的性质及其复杂程度。最后，就仲裁机构提供的行政服务工作而言，诸如国际商会仲裁院和伦敦国际仲裁院这类最为发达和最为悠久的仲裁机构，似乎能够提供更为良好行政辅助工作。

总之，任何特定仲裁机构的文化适当性都是主观的，取决于具体情况，因此很难给出评价。但前一章以及本章用了很大篇幅探讨这一问题，因为它与中非经济关系中的争议解决相关，并且文化壁垒无处不在——非洲人在亚洲、亚洲人在非洲都会遇到此类问题。这一问题只有通过考虑案件的复杂性、获得专家的难易、争议标的的所在地、争议的标的额以及当事人的整体需求等因素，并在个案分析的基础上才能得到解决。这些文化分析内容旨在帮助进行个案评价，而不是对某一特定仲裁机构或地区的文化表示认可。

第七节　结语

仲裁已成为涉及中非当事人的国际经济争议的主要解决方式。虽然亚洲和非洲仲裁机构的数量和质量都在提高，欧洲的仲裁机构仍然占据主要地位。实际上，看来有许多涉及中国和非洲的争议仍然是在欧洲仲裁机构解决的。

本章探讨了亚洲和非洲一些主要仲裁机构的法律、经济和文化。通过分析可以清楚看出，仲裁的法律出现极大的趋同化，而仲裁的经济和文化却显示出许多差异。就仲裁的经济整体而言，亚洲和非洲的仲裁机构比起欧洲和美洲的仲裁机构花费更少，这是因仲裁员的报酬、律师费以及管理费等因素造成的。

就中立性和技能而言，欧洲和美洲的仲裁机构看来能够提供更好的选择，而对便利和花费的考虑，可能更倾向于选择非洲和亚洲的仲裁机构。对仲裁机构文化适当性的考虑需进一步分析。如果当事人来自亚洲和非洲，显然他们在欧洲和美洲就会面临文化障碍问题。同样，亚洲的当事人可能在非洲会面临更为严重的文化障碍问题，反之亦然。上述分析表明，没有哪一个仲裁机构能够很好地综合解决仲裁的花费、便利性、技能、文化包容性以及中立性问题。中立而最为完善的仲裁机构对于双方当事人来说可能花费更多，而且存在文化障碍。而对于花费低廉、不太完善的仲裁机构，它的文化多样性就会缺乏，而且不能具有和欧洲仲裁机构一样的技能。因此，从现有仲裁机构中选择一个仲裁机构并非容易，需要审慎做出。在选择适当的仲裁机构时，必须对当事人的身份、所在地、争议的性质、投入金钱的数额等因素进行个案分析。可以得出的最终结论也许是，只有对所有必要因素进行仔细考虑后，才有可能在个案中选择一个比较合适的仲裁机构。

　　如前面几章所表明的，中非争议的长期解决，需要设立一个能够解决上述大部分困境和问题的适当机构。下面一章将对拟议中的中非机构的结构框架做一介绍。

第十五章

结论和建议

本书对中非贸易、投资和商事关系中可资利用的现有争议解决方式的法律框架进行了分析。有关贸易、投资和私商事关系的章节所得出的结论是，仲裁是解决这三个领域争议的最好方式。

本书第二部分的结论是，正规的 WTO 争议解决机制对于解决中非贸易争议并非便利，但第二部分仍然认为，《关于争端解决规则与程序的谅解》第 25 条所规定的仲裁机制是一种很好的选择，因为它允许当事人在 WTO 争端解决机制框架内对仲裁做出安排。本章利用 WTO 的法律框架，分析了贸易仲裁机制。

本书第三部分考察了中非投资关系的法律框架，特别是重点分析了争端解决机制。通过分析可以看出，中非投资争议可以利用的争端解决机制，主要是根据双边投资条约进行的，极不统一。第三部分建议采取一种更为制度化、结构化以及双方都能接受的仲裁方式。本章还探讨了构建此类仲裁机制的可能方式。

本书第四部分考察了中非私商事关系中的实体及程序法律渊源。本部分的结论是，仲裁是解决此类争议的最佳选择。

本书第五部分对一些仲裁机构的仲裁规则、法律，以及它们是否适合中非贸易、投资和商事关系做了评价。虽然还存在其他可供选择的仲裁机制，但本部分认为一种不同的、中非双方都接受的国际仲裁机制，可以为双方提供一个更为公正、中立和高效的争端解决机制。

一 结论及未来展望

本书每一章都有分析和结论。为强调中非经济关系的重要性，以及为了再次支持提议中的中非争端解决机制的制度框架，本节首先对每一章的主要结论进行总结，接着就中非投资争议解决机制提出建议。本节将概要介绍所提议的中非解决机制框架的特点，并对它如何避免其他争议解决机制所共同面临的法律、经济和文化障碍进行解释。

（一）中非贸易关系

中非贸易正以史无前例的速度发展。调整它们关系的法律框架尚在形成中。中国和大部分非洲国家都是 WTO 的成员，而且它们各自分属于不同的地区性或跨地区性贸易组织。目前，还不存在调整中非贸易关系的跨地区性硬法渊源。但中非合作论坛已成为沟通双方贸易关系的一个平台。截至目前，中非合作论坛所通过的一系列宣言、谅解备忘录以及行动计划已切实得到执行，对它们的切实执行表明，它们正成为一种软法渊源。

每一法律渊源都有自己的争端解决机制。正如在本书第二部分所探讨的，WTO 有一套完备、复杂的争端解决机制，但第二部分也指出 WTO 的争端解决机制不适合解决中非贸易争议。第五章详细分析了其中的原因，这些原则可简化如下：中国和非洲国家在利用 WTO 争端解决机制时都面临着重要障碍，虽然中国比起非洲国家情况稍好一些。

本书第六章将中国和非洲国家在 WTO 争端解决机制中面临的障碍分为四类：法律、政治、金钱和文化。简言之，在法律方面，WTO 法律过于复杂，它主要是历史而非必要性的产物；在政治方面，主要是指在报复措施方面对强国更为有利，无论案件的实体内容如何；在金钱方面，主要是指利用 WTO 争端解决机制及雇用代理律师所产生的费用；而文化则是指 WTO 的法律文化及其运行文化。

第二部分接着指出，在中非合作论坛框架下可以利用的争端解决机制是仲裁，而且 WTO《关于争端解决规则与程序的谅解》第 25 条，也允许通过当事人自主安排的仲裁方式来解决贸易争议。因此，中非双方必须在新的制度框架下探讨仲裁解决机制的构建。

（二）中非投资关系

中非投资关系的发展同样突飞猛进。虽然存在一些碎片化的多边投资法律渊源，如《服务贸易总协定》和《与贸易有关的投资措施协议》，但中非投资关系的主要法律渊源，是中国和非洲国家签订的一系列双边投资条约。中国和非洲国家已签署了 30 多个双边投资条约，这些双边投资条约代表了中国三代的双边投资条约。

第三部分的结论是，中非现有的双边投资条约都没有适当论及国际投资所面临的问题，如环境、劳工及腐败问题。更为重要的是，这些双边投资条约都没有在一个适当的制度框架内，构建一个系统的、具有文化适应性的、高效的争端解决机制。本书第三部分就条约的修改提出了详尽的建议。后文的建议简要介绍了所建议的制度性框架。

（三）中非商事关系

中非私商事关系的发展与中非贸易、投资关系发展相伴而生。解决私商事关系争议的法律框架，主要限于国内法院诉讼、当事人安排的争议解决机制如调解和仲裁。在中国法院或非洲国家法院进行诉讼，至少对一方当事人来说十分麻烦。因此，本书第五部分得出的结论是，国际仲裁是解决中非私商事关系争议的优先选择方式。

本书第五部分还根据一些仲裁机构的法律、经济和文化，分析了这些仲裁机构是否适合解决中非争议。在选择仲裁机构时，要考虑当事人的身份、仲裁的性质、规模、争议标的物所在地等因素。但第五部分也指出，这些仲裁机构也存在自身的一些缺陷。后文同样对中非商事关系争议的解决机制提出了相应建议。

二 有关中非争议解决机制制度性框架的建议

本书建议中非双方通过《经济伙伴协议》（EPA），将中非合作论坛转化为一个政府间组织。实际上，这种转型已经开始。虽然有许多经济议程都可列入《经济伙伴协议》，但本书关注的焦点仅限于争端解决机制。

三 有关中非合作论坛结构的建议

转型后的中非合作论坛将设有一个成员国大会、秘书处、争端解决机构和上诉机构。争端解决制度的运作方式，可以和 WTO 体制的运作方式一样，但可对其结构进行完善，以避免上述的四种障碍。此外，不同于 WTO 体制，该争端解决机制不限于贸易领域，其管辖范围还可扩展到投资和其他商事争议。后面还会谈到这些特色。

成员国大会将是最高的政治机构。为确保公正，大会只有两个表决票，一票给中国，一票给代表所有非洲国家的非盟。非洲国家将通过非盟决定如何使用并协调它们的表决票。如果给所有的非洲国家都分配表决票，那将很不合理，表决的结果可能会出现 53：1。在这种新的制度安排下，所有决定都需一致做出。

转型后的中非合作论坛将设有一个秘书处，由秘书长领导。秘书长可每半年由中国人和非洲人轮换担任。为了保持多样性和实现公平，秘书处的职位应在中国和非洲之间平均分配。秘书处可设两个总部：一个在中国，另一个在非洲。这两个总部可通过现代科技包括视频会议进行无缝连接。

秘书处的非洲总部所在地有多种选择，但可考虑设在非盟秘书处的附近。毕竟，中国在旧的非盟大楼旁边建了一座多功能大楼，作为给予非洲人民的礼物。除了象征意义外，出于实际考虑，也可在亚的斯亚贝巴的非盟秘书处附近，选择一处地方作为中非合作论坛非洲总部的办公地点。

除了进行日常的行政管理工作外，秘书处还可作为争端解决的管理机构。管理仲裁的部门通常是与案件争议标的联系最为紧密的部门，注意到这点很重要，只有这样，它们才能很好了解争议事项，包括争议起因、证人及其他形式的证据等。

四　有关中非合作论坛和贸易的建议

新的转型后的中非合作论坛将会通过许多方式影响中非贸易。它可以采取措施解决中非贸易所面临的四类障碍：法律、政治、金钱和文化。

首先，中非双方无须沿用世界上已有的汗牛充栋般的各类贸易协议，它们可以在自己各自专家的协助下，逐步起草自己的贸易协议。当然，这需要同时考虑到 WTO 法律中的一些强制性规定。

其次，成员国大会可以担任争端解决机构（DSB）的职责。为了实现公平，在成员国大会和争端解决机构中非洲国家应由非洲联盟代表，并只有一个表决票。和其他仲裁一样，争议当事人可各自指定一名争端解决机构的专家小组成员，再由它们指定的专家小组成员选择专家小组主席。在当事人无法达成协议时，可由争端解决机构指定专家小组主席。由于争端解决机构只有非洲联盟和中国两个表决票，有可能出现僵局使它无法做出决定的情况，为此，可以设计这样一种体制：从已得到批准的专家成员名单中，抽签选择专家小组主席。专家小组名单可由来自世界各地的专家组成。

上诉机构可由成员国大会从世界各地挑选 9 名成员组成。没有必要将上诉机构成员局限于成员国的国民，但这可以作为一种考虑。为了实现争端解决的一致性，上诉机构的权力将仅限于对法律问题进行审查。

再次，为了降低未来的开支，每一成员国必须鼓励自己的人员参与到规则的制定和制度的建设中来。随着经济关系的发展，规则和制度的制定也会越来越完善，成员国相关人员对规则和制度的把握也会越来越熟练。这样的做法就可以在以后大幅减少代理费，虽然有些成员国可能仍需要得到律师的协助。为此，还可设立一个法律代理基金，以帮助最不发达的成员国。争端解决机构可发布指导意见，以使它能够确定哪些成员国有资格获得该基金的资助，并在个案基础上对来自成员国的申请进行评估。

最后，秘书处将对争端解决程序进行管理。专家组、上诉机构成员和代理当事方的律师人员的组成，由成员国协议约定。争端解决程序规则的结构和有关证据的法律，也应有成员国一致同意采用。

中非双方必须要关注的两套最重要的规则，是联合国国际贸易法委员会的《仲裁规则》和《调解规则》。此外，在制定自己的争端解决程序规则时，中非双方还应考虑它们共同的、非对抗式解决争端的文化偏好。正如本书所分析的，中国和大部分非洲社会的传统，都是设法在争端出现之前使之平息，并且它们都倾向于用和解方式解决分歧。争端解决程序，规则和证据规则必须考虑这些传统偏好。因此，中非之间任何结构化的争端解决程序，应包含一个识别并消解冲突的中间程序。可以设立这样的制度：首先进行持续的谈判和外交解决，然后再进行协商或调解，最后再诉诸仲裁。如上所述，中非合作论坛框架下的仲裁制度，可以通过设计使之与 WTO《关于争端解决规则与程序的谅解》第 25 条规定的仲裁程序保持一致。

五　有关中非合作论坛和投资的建议

除国际可持续发展研究院的投资条约范本外，本书有关投资的那一章所谈论的所有投资条约范本，都允许投资者从三种仲裁方式中进行选择：解决投资争议国际中心仲裁、根据联合国国际贸易法委员会《仲裁规则》进行的仲裁以及任何临时仲裁。国际可持续发展研究院的条约范本仿照 WTO《关于争端解决规则与程序的谅解》的程序，规定了完全不同的体系，可以作为独立的制度手段使用。虽然做了一些修正，它仍可以与《关于争端解决规则与程序的谅解》的投资争议解决版本进行比较。对于中非投资关系而言，该体系是最有吸引力的一个。实际上，本书所建议的中非合作论坛投资条约范本就部分吸收了国际可持续发展研究院条约范本的内容。下面将中非合作论坛可能使用的投资争议解决法律框架做一简述：

（1）如上所述，中非合作论坛可设一个秘书处对日常工作进行管理，它也可作为投资争议解决所在地，并对投资争议解决进行管理。

（2）成员国大会可以作为解决中非投资贸易争议的争端解决机构。如国际可持续发展研究院条约范本所建议的，可以准备一份长期的投资专家名单，争端解决机构可从中选择专家小组成员。也可考虑准备一份开放式的专家小组名单，除了对专家的任职资格和经验进行限制外，没有必要对专家设定其他过多标准。

（3）上诉机构：在这种结构化的制度安排中，上诉机构应只对法律问题进行审查，以为投资争议解决的法学发展带来确定性、连续性和可预见性。

（4）投资争议解决的步骤：可以考虑设立仲裁前程序，在这方面，国际可持续发展研究院条约范本具有借鉴意义。该范本规定了更为结构化的争议预防、谈判和调解制度，包括在诉诸仲裁前由第三方参与的非约束性争议解决程序。此类程序显然也有一些缺陷，如程序重复、增加成本等，但考虑到中非在争议解决方面共同的文化倾向，此类程序必须予以考虑。

（5）出庭资格与同意：应给予投资者和成员国就所有争议事项提起诉讼的资格，此外，所有成员国提前做出同意参加争议解决程序的表示也十分重要。

（6）代理：应明确认可争议双方有请律师进行代理的权利，不应对代理人的国籍或居所进行限制。不过，成员国大会必须考虑设立法律代理基金，以对最不发达成员国进行资助。

（7）裁决及执行：仲裁裁决可以包括所有的补偿性赔偿及有关开支，但应明确将惩罚性赔偿排除在外。仲裁裁决应由争端解决机构通过，并由成员国国内法院执行。成员国拒绝执行争端解决机构所通过的裁决，可以在事实上构成对国际义务的违反，从而承担相应的责任。一种可能的最终救济，是将不执行裁决的成员国从成员国大会中开除。当然，此种措施应针对最恶劣的不执行裁决的情况。

六　有关中非合作论坛和商事关系的建议

与贸易和投资争议不同，私商事争议不涉及一方或双方成员国。因此，对于私商事争议需要考虑不同的因素。从根本来说，私商事争议解决机制应尽可能通过私的方式（private approach）解决。但是，如果能够在中非合作论坛下构建一种新型的私商事争议解决机制，中非双方的私方当事人就能从中获益匪浅。中非合作论坛下的商事争议解决机制应体现下列特点：

秘书处将发挥争议解决的管理职责，它可以仿照联合国国际贸易法委员会《仲裁规则》以及中非双方当事人的经验，来制定自己的程序规则，它的管辖权必须来自双方当事人的同意。它的一些重要职能还可能包括：

（1）制作一份来自世界各地的仲裁员名单，应适当考虑到仲裁员的资格和品质，该名单应公开。

（2）在当事人无法就首席仲裁员的指定达成一致意见时，从已有名单中指定一个适当的首席仲裁员。

（3）如同国际商会仲裁院和中国国际经济贸易仲裁委员会那样，

对仲裁裁决进行审查，这种审查对于保证裁决在形式和程序方面的质量十分必要，还可使裁决更具可信性和合法性。

（4）请求上诉机构在适当情况下发表咨询意见，以保持法学发展的一致性。

（5）和其他仲裁机构一样，为当事人提供所需要的行政服务。

七　最终结论

德高望重的历史法学家奥尔巴克（Jerold Auerbach）曾经说过："追根溯源，最基本的社会价值要通过它的争端解决过程体现出来。在商事仲裁发展的每一个关键阶段，它们都代表了商人们为摆脱法官和法院并为掌控他们自己的分歧所做出的努力。"① 在对该问题进一步阐释时，奥尔巴克令人信服地指出国内法院争议解决程序所产生的问题：

> 法院程序可能是充满威胁的、无法获得的以及过度傲慢的——对于社会中最弱势的人们来说，通常就是如此。法院程序更可能造成一方高高在上，而不是双方权力势均力敌。诉讼显示出的是霍布斯所描述的可怕的人类本性。它只会增加敌意而不是信任。慷慨大方被自私自利取而代之，真相被谎言掩埋……这一历程可能甚至就像突然回归到童年时代。需要学习新的语言，因为即使是口若悬河的成年人在面对法律术语时，也可能会变得张口结舌。即使律师可以以家长那样的方式提供引导，但保护的代价造成的仍然是依赖。即使击败了危险的对手，你还要面对可怕的法官，他有权从当事人手中夺走财富或自由。自主性就这样像

---

① Jerold S. Auerbach，Justice Without Law（Oxford University Press，1983），at 3-5. 对于同样的建议，see also Sornarajah，The International Law on Foreign Investment，2nd ed.（Cambridge University Press，2004），pp. 299-304.

柴郡猫（Chesire Cat）的微笑①一样神秘地消失了②。

无疑，仲裁有助于克服上述这些问题。但正如本书所阐明的，仅仅是仲裁或仅仅是国际争议解决机制，并不能解决跨境商事活动所产生的不可避免的负面作用。中国和非洲的商业往来还在进行中，它们会遇到越来越多的争议，因为分歧是商事关系自然的、必然的产物。

在解决这些争议时，中国和非洲面临多种选择，根据本书所详细讨论的一些理由，没有一种方式是完全适合解决这些争议的。因此，它们必须探索新的选择。本章所提出的新的中非合作论坛架构，可供它们考虑作为解决中非贸易、投资和商事争议的一种可能的选择。

---

① 柴郡猫是英国作家罗伊斯·卡罗尔（Lewis Carroll，1832—1898）创作的童话故事《爱丽丝漫游奇景记》中的虚构角色，形象是一只咧嘴微笑的猫，拥有能凭空出现或消失的能力——译者注。

② Auerbach，Justice Without Law. at viii（preface）.

参考文献

[1]Abbott,Kenneth W. ,et al. "The Concept of Legalization,54 International Organizations"(2000). In Gregory C. Shaffer & Mark A. Pollack,"Hard Law vs. Soft Law:Alternatives,Complements,and Antagonists in International Governance",*Minnesota Law Review* 94(2010).

[2]Adams, Kristen David. "The Folly of Uniformity:Lessons from the Restatement Movement",33 *Hofstra Law Review* 423(2004).

[3]African Center for Economic Transformation(ACET),"Looking East:A Guide to Engaging China for Africa's Policy— Makers", 〈http://acetforafrica. org/site/looking — east — main/〉,October— November 2009.

[4]Aizhu,Chen and Lindsay Beck,"Chinese—Africa Summit Yields $1. 9 Billion in Deals",Washington Post. 〈www. washingtonpost. com/wpdyn/content/article/2006/11/05/AR20061105 007742_pf _pf. html〉,November 6,2006.

[5]Ajayi,Oladiran& Patricia Rosario. "Investments in Sub—Saharan Africa:The Role of International Arbitration in Dispute Settlement", 〈http://works. bepress. com/cgi/viewcontent. cgi?

article1001 & context oladiran_ajayi〉.

[6]Ajibola,Judge Bola. "Welcome Address",In Eugene Cotran & Austin Amissah(eds.),Arbitration in Africa. Kluwer Law international,1996.

[7]Akinsanya, Adeoye A. *The Expropriation of Multinational Property in the Third World*. Praeger Publishing,1980.

[8]Alden,Chris,D. Large & Ricardo Soares De Oliveira(eds.). *China Returns to Africa*:*A Rising Power and a Continent Embrace*. Hurst Publishing,2008.

[9]Aldren,Chris. *China In Africa*:*Partner*,*Competitor*,*or Hegemon*? Zed Books,2007.

[10]Amarasinha, Stefan D. & Juliane Kokott. "Multilateral Investment Rules Revisited",In Peter Muchlinski, Frederico Ortino,Christopher Schreur(eds.),*The Oxford Handbook of International Investment Law*. Oxford University Press,2008.

[11]American Arbitration Association(AAA). "2009 Annual Report",〈www. adr. org/si. asp? id6092〉.

[12]Amoussou—Guenou,Roland. "The Evolution of Arbitration Laws in Francophone Africa",In "Advisory Paper of W. G. Z",〈www. wgzavocats. com/articles/guideforarbritation—afrique. html〉,1996—1998.

[13]Anberbir,Yohanes. "New Telecom Center to be Launched", Ethiopian Capital News. 〈www. capitalethiopia. com/index. php? option=com_content & view=article & id=13120:new—telecom—centre—to—be—launched & catid=12:local—news & Itemid=4〉,August 5,2010.

［14］Anderson，Kym. "Peculiarities of Retaliation in the WTO Dispute Settlement", World Trade Review vol. 1 no. 2 (2002).

［15］APEC，"Report of the Individual Action Plan（IAP）Peer Review of China", 2007/SOM3/02. Agenda Item III. 〈www. apec－iap. org/default. asp? pid＝/peerReview/default〉.

［16］Askanasy，Neal M. ，Celeste P. M. Wilderom & Mark F. Peterson（eds. ）. *Handbook of Organizational Culture and Climate*. Saga Publications，Inc. 2000.

［17］Asouzu，Amazu A. "Some Fundamental Concerns and Issues about International Arbitration in Africa", *African Development Bank Law Development Review*，Vol. 1. 〈http：//papers. ssrn. com/ sol3/papers. cfm? abstract_id1015741〉，2006.

［18］Asouzu，Amazu A. *International Commercial Arbitration in Africa*. Cambridge，2001.

［19］Atiyah，Patrick. *The Rise and Fall of the Freedom of Contract*. Oxford University Press，1979. In M. Sornarajah，*The International Law on Foreign Investment*，2nd ed. Cambridge，2004.

［20］Auerbach，Jerold S. *Justice Without Law*. Oxford Univ. Press，1983.

［21］Avruch，Kevin & Peter W. Black. "Conflict Resolution in Intercultural Settings：Problems and Prospects", In Dennis J. Sandole & Hugo van Merwe（eds. ），*Conflict Resolution Theory and Practice：Integration and Application*. 1993. Excerpted in Jacqueline Nolan－Haley，Harold Abramson & P. K. Chew，*International Conflict Resolution：Consensual ADR Processes*. Thomson West，2005.

[22]BBC News,"China's Communist Revolution",〈http：//news.
bbc. co. uk/hi/english/static/ special _ report/1999/09/99/
china_50/deng. htm〉,May 2008. 〉

[23]BBC Summary ofWorld Broadcasts andMonitoring Repor-
ting. "U. S. Chief Justice in Shanghai", (September 10',
1981). Cited in Jun Ge,"Mediation,Arbitration and Litiga-
tion：Dispute Resolution in the People's Republic of China",
15 *University of California Los Angeles Pacific Basin
Law Journal* 122(1996).

[24]Been,Vicki & Joel C. Beauvais. "The Global Fifth Amend-
ment? NAFTA's Investment Protections and the Misguided
Quest for an International 'Regulatory Takings' Doctrine",
78 *New York University Law Review* 30(2003).

[25]Bhagwati,Jadish & Hugh T. Patrick(eds.). *Aggressive Uni-
lateralism：America's* 301 *Trading Policy and the World
Trading System*. Univ. Michigan Press,1991.

[26]Bhala,Raj. *Trade Development and Social Justice*. Carolina
Academic Press,2003.

[27]*Black's Law Dictionary*,8th ed. ,2004.

[28] Blackaby, Nigel, Constantine Partasides, Alan Redfern
&Martin Hunter. *Redfern & Hunter on International Arbi-
tration*,5th ed. Oxford University Press,2009.

[29]Bohl,Kristin. "Problems of Developing Country Access to
WTO Dispute Settlement",*Chicago Kent Journal of Inter-
national & Comparative Law* 9(2009).

[30]Born,Gary & Peter Rutledge,*International Civil Litigation
in United States Courts*,4th ed. Aspen,2006.

[31]Born, Gary. *International Arbitration, Cases and Materi-als.* Aspen, 2010.

[32] Born, Gary. *International Commercial Arbitration*, Vol I. Kluwer Law International, 2009.

[33]Bowett, Derek W. "Claims Between States and Private Enti-ties: The Twilight Zone of International Law", 35 *Catholic University Law Review* 929(1986).

[34]Bradsher, Keith. "China Uses Rules on *Global Trade to Its Advantage*", *NY Times.* 〈www. nytimes. com〉, March 14, 2010.

[35]*Braithwaite, John & Peter Drahos. Global Business Regula-tion.* Cambridge University Press, 2000. Cited in Shaffer. "The Challenges of WTO Law: Strategies for Developing Country Adaptation", *World Trade Review* 5(2006).

[36] Brautigam, Deborah, Thomas Farole & Tang Xiaoyang, World Bank, Economic Premise: "China's Investment in Af-rican Special Economic Zones: Prospects, Challenges, and Opportunities", 2010.

[37]Brautigam, Deborah. *The Dragon's Gift: The Real Story of China in Africa.* Oxford University Press, 2009.

[38]Brecher, Jeremy & Tim Costello. *Global Village or Global Pillage-Economic Reconstruction from Bottom Up*, 2nd ed. 1998.

[39]Brock, Denis & Kathryn Sanger. "Legal Framework of Arbitra-tion", In Jerome A. Cohen, Neil Kaplan & Peter Malanczuk (eds.), *Arbitration in China: A Practical Guide*, vol. 1. Sweet & Maxwell, 2004.

[40]Brownlie,Ian. *Principles of International Law*. 1990.

[41]Bryant, Susan. "The Five Habits: Building Cross — Cultural Competence in Lawyers", *Clinical Law Review*, vol. 8 (2001).

[42] Busch, Marc L. & Eric Reinhardt, "Testing International Trade Law: Empirical Studies of GATT/WTO Dispute Settlement", In Daniel L. M. Kennedy & James Southwick (eds.), *The Political Economy of International Trade Law: Essays in Honor of Robert E. Hudec*. 2002. Quoted in Timothy Stosad, "Trappings of Legality: Judicialization of Dispute Settlement in the WTO, and its Implications on Developing Countries", *Cornell International Law Journal* 30(2006).

[43]Carbonneau, Thomas E. *International Litigation and Arbitration*. Thomson West, 2005.

[44]Carbonneau, Thomas E. "Arbitral Law Making", 25 *Michigan International Law Journal* 1183(2004).

[45] Carmody, P. & Ian Taylor. "Flexigemony and Force in China's Geo—economic Strategy in Africa: Sudan and Zambia compared", IIIS Discussion Paper number 227, given at the Institute for International Integration Studies, Trinity College. Dublin, 2009.

[46] Carr, Edward Hallett. *The Twenty Years' Crisis 1919— 1939*. Harper Perennial, 1964. Cited in Richard E. Bissell, "Soviet Interests in Africa", in Warren Weinstein & Thomas H. Henriksen(eds.). *Soviet and Chinese Aid to African Nations*. Praeger Publishers, 1980.

[47]Castle, Stephan & Mark Landler. "After 7 Years, Talks Col-

lapse on World Trade", *NY Times*, July 30, 2008. 〈www. ny- times. com/2008/07/30/business/worldbusiness/30trade. html? _r=1〉.

[48] Chen, Albert H. Y. *An Introduction to the Legal System of the People's Republic of China*. Butterworths, 1992.

[49] Chen, Goh Bee. *Law Without Lawyers, Justice without Courts: On Traditional Chinese Mediation*. Ashgate Publishing Limited, 2002.

[50] Chew, P. K. "Political Risks and US Investment in China: Chimera of Protection and Predictability?" *Virginia Journal of International Law* (Spring 1994).

[51] Chew, Pat K. "The Pervasiveness of Culture", 54 *Journal of Legal Education* 60(2004). Excerpted in Jacqueline Nolan—Haley, Harold Abramson, Pa K. Chew, *International Conflict Resolution: Consensual ADR Processes*. Thomson West, 2005:57—60.

[52] China Council for the Promotion of International Trade: China Chamber of International Trade, background information on China International Economic & Trade Arbitration Commission.

[53] Trade Arbitration Commission, available at 〈http://english. ccpit. org/Contents/ Channel_1914/ 2007/1011/70366/content_70366. htm〉.

[54] China Economic Herald, "Now is the Best Time to Invest in Africa", 〈www. focac. org/eng/ zfgx/ jmhz/t712495. htm〉, July 18, 2010.

[55] Chow, Daniel C. K. & Thomas J. Schoenbaum, *International*

Business Transactions, *Problems*, *Cases*, *and Materials*. Aspen Publishers, 2005.

[56] CIETAC, "Working Report of the 16th Committee and Working Scheme of the 17th Committee" (excerpt). 〈www. cietac. org/index. cms〉, January 23, 2008. 〉

[57] Congyan, Cai. "China-US BIT Negotiations and the Future of Investment Treat Regime: A Grand Bilateral Bargain with Multilateral Implications", 12 *Journal of Economic Law* 457 (2009).

[58] Cox, Robert & Harold Jacobson. *The Anatomy of Influence: Decision — Making in International Organizations*. Yale University Press, 1974. Cited in Shaffer, "The Challenges of WTO Law: Strategies for Developing Country Adaptation", *World Trade Review* 5(2006): 180.

[59] CRCICA Case Report. 〈www. crcica. org. eg/CRCICA_Newsletter_Eng. pdf〉, 2006. 〉

[60] Cunningham, Richard. *Trade Law and Trade Policy: The Advocate's Perspective*, in *Constituent Interests in U. S. Trade Polices*, ed. Alan Deardoff Stern. Cited in Shaffer, *Defending Interests: Public-Private Partnership in WTO Litigation*. Brookings Institute, 2003.

[61] Cutler, Philippe. "Differential Treatment in International Law", Environmental Law (2003). Cited in Carmen Gonzalez, "China in Latin America: Law, Economics, and Sustainable Development", *Environmental Law Reporter* 40(February 2010).

[62] Damrosch, Lori F. , Louis Henkin, Sean D. Murphy & Hans

Smit. *Principles of International Law, Cases and Materials*, 5th ed. West, 2009.

[63]Davey, William J. & Andreas F. Lowenfeld. *Handbook of WTO/GATT Dispute Settlement*. 1991.

[64]David, Rene' & John E. C. Brierley. *Major Legal Systems of the World Today: An Introduction to the Comparative Study of Law*, 3rd ed. Stevens & Sons 1985.

[65]David, Rene'. *Arbitration in International Trade*. Springer, 1985.

[66]Dawson, Frank G. & Burns H. Weston, "'Prompt, Adequate and Effective': A Universal Standard of Compensation?" 30 *Fordham Law Review* 727(1962).

[67]de Vera, Carlos. "Arbitrating Harmony: 'Med—Arb' and the Confluence of Culture and Rule of Law in the Resolution of International Commercial Disputes in China", 18 *Columbia Journal of Asian Law* 149(2004).

[68]Denny, Charlotte. "It's All a Matter of Balance", The Guardian(November 19, 1998): 19, cited in Shaffer, *Defending Interests: Public — Private Partnership in WTO Litigation*. Brookings Institute, 2003.

[69]Desta, Melaku Geboya. *The Law of International Trade in Agricultural Products*. Kluwer Law International, 2002.

[70]Deutscher, Guy. "Does Your Language Shape How You Think?" *New York Times*. ⟨www. nytimes. com/2010/08/29/magazine/29language—t. html⟩, August 26, 2010.

[71]Devarajan, Shanta. "Africa and the Millennium Development Goals", ⟨http://blogs. worldbank. org/africacan/node/1855⟩, March 10, 2010.

[72] Devarajan, Shanta. "African Successes", 〈http://blogs. worldbank. org/africacan/african—succ esses〉,September 17,2009.

[73] Dezalay, Yves & Garth Bryant. *Dealing in Virtue：International Commercial Arbitration and the Construction of a Transnational Legal Order.* University of Chicago Press,1996.

[74] Dicey, Morris & Collins, *The Conflict of Laws*,14th ed. Sweet & Maxwell,2006.

[75] Downing, Richard W. "The Continuing Power of Cultural Tradition and Socialist Ideology：Cross — Cultural Negotiations Involving Chinese,Korean and American Negotiators", 1992 *Journal of Dispute Resolution.*

[76] Dunoff,Jeffry L. ,Steven R. Ratner & David Wippman. *International Law Norms,Actors,Processes:A Problem Oriented Approach.* Aspen,2006.

[77] Economic Commission for Africa,African Union,African Development Bank,"Assessing Economic Integration in Africa IV,Enhancing African Integration",〈www. uneca. org/eca_resources/Publications/books/aria4/ARIA4Full. pdf〉,May 2010.

[78] *Economics*,10th ed. 1976.

[79] El—awa,MariamM. "Steps Forward in Egyptian Arbitration Law",*The International Construction Law Review* vol. 26. (January—October 2009). London:Informa,2009.

[80] Eldin,Mohie I. & Alam Eldin,*Arbitral Awards of the Cairo Regional Center for International Commercial Arbitration.* Kluwer Law International,2000.

[81] Elias,T. Olawale. *The Nature of African Customary Law.*

Manchester Univ. Press, 1956.

[82]Enonchong, Nelson. "The Harmonization of Business Law in Africa: Is Article 42 of the OHADA Treaty a Problem?" *Oxford Journal of African Law*, (51): 1(2007).

[83] Essounga, Yvette N. "A Review of the Effect of National Culture on Corporate Culture: An Example of the United States & France", *Review of Business Research*, vol. 9, no. 5 (2009).

[84] Felstiner, William, et al. "The Emergence and Transformation of Disputes: Naming, Blaming and Claiming", 15 *Law and Society Review* 15(1980—81).

[85] Feyissa, Hailegabriel G. Mizan Law Review, vol. 4, no. 2: 297—333. 〈http://ajol. info/index. php/ mlr〉, Autumn 2010.

[86] Filesi, Teobaldo. *China and Africa in the Middle Ages*. Translated by David L. Morison. Cass Library of African Studies, 2002.

[87] Financial Times. "World Trade Talks Near Collapse Over Farm Subsidies", *Financial Times* (October 19, 1990).

[88] Fisher, Glen. *International Negotiation: A Cross — Cultural Perspective*. Chicago: Intercultural Press, Inc., 1980.

[89] Flader, D. "Comment on Jan Paulsson's essay: 'Cultural differences in Advocacy in International Arbitration'", 〈www. transnational—dispute—management. com〉, 2010—2011.

[90]FOCAC, "Action Plan adopted at China—Africa summit, mapping cooperation course", Xinhua News. 〈http://english. focacsummit. org/2006—11/05/content_5167. html〉, November 5, 2006.

[91]FOCAC. "Implementation of the Follow—up Actions of the

Beijing Summit of the Forum on China — Africa Coopera-
tion", 〈www. focac. org/eng/dsjbzjhy/hywj/t627504. htm〉,
November 2009.

[92]Forum on China—Africa Cooperation, reported in the China
Economic Herald, November 11, 2009. 〈www. focac. org/
eng/zfgx/jmhz/t712495. htm〉.

[93] French, Howard W. & Lydia Polgreen. "China, Filling a
Void, Drills for Riches in Chad", *NY Times*. 〈www. nytimes.
com/2007/08/13/world/Africa〉, August 13,2007.

[94]French, Howard W. & Lydia Polgreen. "Entrepreneurs from
China Flourish in Africa", *NY Times*. 〈www. nytimes. com/
2007/08/18/world/africa〉, August 18,2007.

[95]Friedman, Lawrence M. Law and Society: An Introduction.
Stanford Univ. Press,1977.

[96]Friedman, Lawrence M. *The Legal System : A Social Science
Perspective*. Russell Sage Foundation, 1975. Quoted in Tom
Ginsburg, "The Culture of Arbitration", *Vanderbilt Journal
of International Law* 36(2003):1336.

[97]Gallagher, Norah & Wenhua Shan. *Chinese Investment Trea-
ties*. Oxford University Press,2009.

[98] Garcia, Frank J. "Beyond Special and Differential Treat-
ment", *Boston College International and Comparative Law
Review* 27(2004).

[99]Garvey, Jack I. "Trade Law and Quality of Life — Dispute
Settlement Under the NAFTA: Side Accords on Labor and
the Environment", 89 *American Journal of International
Law* 439(1995).

[100]GATT Newsletter. "GATT Dispute Settlement Stymied by Non—Implementation of Reports", *GATT Newsletter Focus*, no. 81(May—June 1991).

[101] Ge, Jun. "Mediation, Arbitration and Litigation: Dispute Resolution in the People's Republic of China", 15 *University of California Los Angeles Pacific Basin Law Journal* 122(1996).

[102]Ginsberg, Tom. "The Culture of Arbitration", 36 *Vanderbilt Journal of Transnational Law* 1335(2003).

[103]Glendon, Mary Ann, Paolo G. Carozza & Colin B. Picker. *Comparative Legal Traditions*, 3rd ed. Thomson West, 2007.

[104]GlobaLex Guide to Nigerian Legal Information, available at ⟨www. nyulawglobal. org/ Globalex/Nigeria. htm⟩.

[105] Gonzalez, Carmen G. "Deconstructing the Mythology of Free Trade: Critical Reflections on Comparative Advantage", *Berkeley La Raza Law Journal* 17(2006).

[106]Goode, Roy. "Reflections on the Harmonization of Commercial Law", In Ross Cranston & Roy Goode(eds.), *Commercial and Consumer Law*. Oxford University Press, 1993.

[107]Gordon, Robert J. "The White Man's Burden: Ersatz Customary Law and Internal Pacification in South Africa", In A. N. Allott, "The Judicial Ascertainment of Customary Law in British Africa" in Alison Dundes Renteln & Alan Dundes, *Folk Law*, vol. I. University of Wisconsin Press, 1995.

[108]Gordon, Wendell Chaffee. *The Expropriation of Foreign Owned Property in Mexico. 1941*, repr. Arno Press

Inc. 1976.

[109]Gotanda,John Yuko. "Setting Arbitrators' Fees:An International Survey",33 *Vanderbilt Journal of Transnational Law* 799(2000).

[110]Graham,John L. "Culture andHuman Resources Management", InAlanM. Rugman& Thomas L. Brewer, *The OxfordHandbook of International Business*. Oxford Univ. Press,2001.

[111]Graving,Richard J. "The International Commercial Arbitration Institutions:How Good a Job are They Doing?" 4 *American University Journal of International Law and Policy* 319(1989).

[112]Greenwood,Justin. "Organized Business and the European Union", In Justin Greenwood & Henry Jacek(eds.), *Organized Business and the New Global Order*. 2000. Cited in Shaffer, *Defending Interests:Public — Private Partnership in WTO Litigation*. Brookings Institute,2003:61 n. 208.

[113]Guzman, Andrew T. & Timothy L. Meyer, "International Common Law:The Soft Law of International Tribunals", *Chicago Journal of International Law* 9(2009).

[114]Guzman, Andrew. "Why Do LDCs [Less Developed Countries] Sign Treaties That Hurt Them?" 38 *Virginia Journal of International Law* 639(1998).

[115]Head,John W. & Yanping Wang. *Law Codes in Dynastic China ,A Synopsis of Chinese Legal History in the Thirty Centuries from Zhou to Qing*. Carolina Academic Press,2005.

[116]Heymann,Monika C. E. "International Law and the Settle-

ment of Investment Disputes Relating to China", 11 *Journal of International Economic Law* 507(2008).

[117]Hofstede, Geert. "Cultural Dimensions", 〈www. geert—hofstede. com/〉.

[118] Hofstede, Geert. *Culture's Consequences: Comparing Values, Behaviors, Institutions, and Organizations Across Nations*. Saga Publications, 2001.

[119]Holman, Michael. "Africa: the Corrupt Continent", Los Angeles Times(op—ed piece). 〈www. latimes. com/news/opinion/commentary/la — oeholman23may23, 05788244. stor〉, July 14, 2006.

[120] House, Robert J. , Paul J. Hanges, Mansour Javidan, Peter W. Dorfman, Vipin Gupta(eds.). *Culture, Leadership, and Organizations: The GLOBE Study of 52 Societies*. Sage publications, 2004.

[121]Hsiung,J. "New Strategic Environment and Domestic Linkages", *Peking's Foreign Policy, Issues and Studies*, vol. 20, no. 10(October 1988).

[122]Hudec,Robert E. "Enforcing International Trade Law: The Evolution of Modern GATT Legal System", In Lowenfeld, *International Economic Law*, 2nd ed. Oxford, 2008:189.

[123]Hudec,Robert E. "GATT or GABB? The Future Design of the General Agreement on Tariffs and Trade", *Yale Law Journal* 80(1971).

[124] Hudec, Robert E. "The Adequacy ofWTODispute Settlement Remedies", 〈www. ppl. nl/biblio graphies/wto/files/289. pdf〉.

[125]Hudec, Robert. "Broadening the Scope of Remedies in WTO-Dispute Settlement", In *Improving WTO Dispute Settlement Procedures: Issues and Lessons from the Practice of other International Courts and Tribunals*, ed. Friedl Weiss (2000). Quoted in Gregory Shaffer, "How to Make the WTO-Dispute Settlement System Work for Developing Countries: Some Proactive Developing Country Strategies", In *Towards a Development—Supportive Dispute Settlement System in the WTO*. ICID Resource Paper No. 5. ⟨http://ictsd. org/downloads/2008/ 06/dsu_2003. pdf⟩, 2003.

[126]Hudson, M. *International Tribunals*. 1944.

[127]Hutchinson, Alan. *China's African Revolution*. Westview, 1975.

[128]ICC Index of Incoterms. ⟨www. iccwbo. org/Incoterms/index. html? id=3042⟩.

[129] ICSID Caseload — Statistics. ⟨http://ICSID. worldbank. org/ICSID/FrontServlet? requestType ICSID DocRH&actionVal CaseLoadStatistics⟩.

[130]International Bar Association. "General Principles on Conflicts of Interest in International Arbitration", ⟨http://ibanet. org/images/downloads/guidelines% 20text. pdf⟩, May 22, 2004.

[131]International Monetary Fund. "Report for Selected Countries and Subjects", in World Economic Outlook Database. ⟨www. imf. org/external/pubs/ft/weo/2010/02/weodata/index. aspx⟩, 2010.

[132]Ismail, F. "Rediscovering the Role of Developing Countries in GATT Before the Doha Round", *Law& Development Re-*

view, no. 1, Art. 4(2008), citing R. Hudec, *The GATT Legal System and the World Trade Diplomacy*, 2nd ed. 1990.

[133]Jackson, J. H. *Restructuring the GATT System*. 1989.

[134]Jackson, J. H. *The World Trading System：Law and Policy of International Economic Relations*, 2nd ed. 1997.

[135]Jackson, J. H. *World Trade and the Law of GATT*. 1969.

[136]Jackson, John H. *The Jurisprudence of GATT and the WTO：Insights on Treaty Law and Economic Relations*. Cambridge, 2000.

[137]Jackson, John H., William Davey& Alan O. Sykes. *Legal Problems of International Economic Relations：Cases, Materials and Text*, 5th ed. West, 2008.

[138]Jacques, Martin. *When China Rules the World：The Rise of the Middle Kingdom and the End of the Western World*. Allen Lane, Penguin Books, 2009.

[139]Jeswald, W. & Nicolas P. Sullivan. "Do BITs Really Work? An Evaluation of Bilateral Investment Treaties and Their Grand Bargain", 46 *Harvard International Law Journal* 67 (2005).

[140]Jiabao, H. E. Wen, Premier of the State Council of the People's Republic of China. "Now is the Best Time to Invest in Africa", speech presented at the Opening Ceremony of the 4th Ministerial Conference of Forum on China—Africa Cooperation. 〈http://news. xinhuanet. com/ english/2009 —11/09/content_12413102. htm〉, November 10, 2009.

[141]Jianxin, Ren. "Mediation, Conciliation, Arbitration and Litigation in the People's Republic of China", 15 *International*

Business Law 395(October 1987).

[142]Jin, Huang & Du Huanfang. "Chinese Judicial Practice in Private International Law:2003",7 *Chinese Journal of International Law* 227(2008).

[143]Jintao,President Hu. Address at the Opening Ceremony of the Beijing Summit of the Forum on China—Africa Cooperation. 〈http://english. focacsummit. org/2006—11/05/content _4978. html〉,November 4,2006.

[144]Johnston,Graeme. "Bridging the Gap Between Western and Chinese Arbitration Systems", *Journal of International Arbitration* 24(6)(2007):565—580.

[145]Kennedy,Kevin C. International Trade Regulation,Readings,Cases,Notes,and Problems. Aspen Publishers,2009. See also 〈www. uneca. org/atpc/Work％20in％20progress/ 33. pdf〉.

[146]Kerr,Sir Michael. "International Commercial Arbitration Worldwide",In Eugene Cotran & Austin Amissah(eds.), *Arbitration in Africa*. Kluwer Law international,1996.

[147]Kidane,Won. "Civil Liability for Violations of International Humanitarian Law",25 *Wisconsin Journal of International Law* 23(2007).

[148]Kim,Hyung I. *Fundamental Legal Concepts of China and the West:A Comparative Study*. Kennikat Press,1981.

[149]Kinnear,Meg N. ,Andrea K. Bjorklund & John F. G. Hannaford. *Investment Disputes Under NAFTA:An Annotated Guide to NAFTA* Chapter 11. Kluwer Law International,2006.

[150]Kipel,Alice Alexander. "Special and Differential Treatment

for Developing Countries", in Stewart, Terence P. (ed.). *The World Trade Organization*. 1996.

[151] Kirkpatrick, David D. "Lobbyists Get Potent Weapon in Campaign Ruling", *NY Times*. ⟨www. nytimes. com/2010/ 01/22/us/politics/22donate. html⟩,

[152] January 21,2010. Quoting Lawrence M. Nobel,former General Counsel of the FEC.

[153] Klabbers, Jan. "The Redundancy of Soft Law", *Nordic Journal of International Law* 65(1996).

[154] Klabbers, Jan. "The Undesirability of Soft Law", *Nordic Journal of International Law* 67(1998).

[155] Kong, Qingjiang & Mu Minfei. "The Chinese Practice of Private International Law",3 *Melbourne Journal of International Law* 414(2002).

[156] Krugman,P. "Is Free Trade Passe′?", *Journal of Economic Perspectives* 131 (1987). Reproduced in Paul B. Stephan, Julie A. Roin,Don Wallace,Jr. , *International Business and Economics Law and Policy*,3rd ed. LexisNexis 2004.

[157] Kuala Lumpur Regional Centre for Arbitration(KLRCA). "Annual Report:2009", ⟨www. aalco. int/OrgBriefs2009/ arbitration—2009. pdf⟩.

[158] Kurkela,Matti S. & Hannes Snellman. *Due Process in International Commercial Arbitration*. Oceana,2005.

[159] Lamy,Pascal. "Facts and Fiction in International Trade Economics", ⟨www. wto. org/english/ news＿e/sppl＿e/sppl152_e. htm⟩,April 12,2010.

[160] Lawless,N. "Cultural Perspectives on China:Resolving Dis-

putes Through Mediation", *Transnational Dispute Management* , vol. 4, issue 4. 〈www. transnational — dispute — management. com〉,July 1998. A non—subscription copy of the paper is also available at 〈www. arbitrari. eu/pdfs/Culture％20 Mediation％20Lawless％ 20Niall％ 20February％ 202007. pdf〉.

[161]Leal—Arcas,Rafeal. "Choice of Jurisdiction in International Trade Disputes: Going Regional or Global?" 16 *Minnesota Journal of International Law* 1(2007).

[162] Lee, Youn-Shik. *Reclaiming Development in the World Trading System*. 2006.

[163]Levine,Donald N. *Greater Ethiopia* , 2nd ed. University of Chicago Press,2000.

[164]Li,Mingsheng. "When in China—Foreign Companies should devise a localization strategy that's based on a thorough understanding of the complex Chinese business culture",*Communication World* (Special report: Asia/Pacific) (November—December 2008):34—37.

[165]Li,Weng. "Philosophical Influences on Contemporary Chinese Law", 6 *Indiana International & Comparative Law Review* 327(1996):321—335.

[166]Lieblich,William C. "Determinations by International Tribunals of the Economic Value of Expropriated Enterprises",7 *Journal of International Arbitration* 37(1990).

[167]Lile,William M. ,et al. *Brief Making and the Use of Law Books* ,3rd ed. 1914.

[168]Lin,Justin Yifu. "China's Miracle Demystified", 〈http://

blogs. worldbank. org/africacan/china — s — miracle — de-mystified〉,March 3,2010.

[169] Lowenfeld, Andreas F. *International Economic Law*, 2nd ed. Oxford University Press,2008.

[170] Lowenfeld, Andreas F. *International Litigation and Arbitration*,3rd ed. Thomson West,2006.

[171] Lowenfeld, Andreas. "Singapore and the Local Bar:Aberration or Ill Omen", *Journal of International Arbitration* (1988). Cited in Graving, Richard J. "The International Commercial Arbitration Institutions:How Good a Job are They Doing?" 4 *American University Journal of International Law and Policy* 319(1989).

[172] Lubman, Stanley & Gregory Wajnowski. "International Commercial Dispute Resolution in China:A Practical Assessment",4 *American Review of International Arbitration* 107(1993).

[173] Lubman,Stanley B. Bird in a Cage,*Legal Reform in China After Mao*. Stanford Univ. Press,1999.

[174] Lubman,Stanley. "Dispute Resolution in China after Deng Xiaoping: 'Mao and Mediation Revisited'", 11 *Columbia Journal of Asian Law* 229(1997).

[175] Mahmud,Tayyab. "Is it Greek or de'ja' vu Again?:Neoliberalism,and Winners and Losers of the International Debt Crisis",Forthcoming in *Loyola University of Chicago Law Journal*, vol. 42 (2011). 〈 http://ssrn. com/abstract = 1717949〉.

[176] Martin,Urs. "Cross-Cultural Negotiations,With Special Fo-

cus on ADR with the Chinese", 26 *William Mitchell Law Review* 1045(2000).

[177]Marx, Karl & Frederick Engles. *Manifesto of the Communist Party*. G. Allen & Unwin, 1948.

[178]McConnaughay, Philip & Thomas Ginsburg(eds.). *Arbitration in China in International Commercial Arbitration in Asia*, 2nd ed. Juris Publishing, 2006.

[179]McConnaughay, Philip J. & Tom Ginsburg. *International Commercial Arbitration in Asia*, 2nd ed. Juris Publishing, 2006.

[180]McConnaughay, Philip J. "Rethinking the Role of Law and Contracts in East-West Commercial Relationships", 41 *Virginia Journal of International Law* 427(2001).

[181]McConnaughay, Philip J. "The Scope of Autonomy in International Contracts and its Relations to Economic Regulation and Development", 39 *Columbia Journal of Transnational Law* 595(2001).

[182]McCormack, Geoffrey. *The Spirit of Traditional Chinese Law*. University of Georgia Press, 1996.

[183]McCormick, Ryan. "The African Growth and Opportunity Act: The Perils of Pursuing African Development Through U. S. Trade Law", *Texas International Law Journal* 41 (2006).

[184]McKinsey & Company Report. "Lions on the Move: The Progress and Potential of African Economies", 〈www. mckinsey. com/mgi/publications/progress_and_potential_of_african_economies/pdfs/MGI_african_economies_full_report. pdf〉, June 2010.

[185]Mercer Cost of Living Survey(2010). 〈www. mercer. com/ costoflivingpr〉.

[186]Mexican Minister of Foreign Affairs communications to U. S. Ambassador, August 3,1938. Excerpted in Andreas F. Lowenfeld. International Economic Law. Oxford University Press,2008:477.

[187]Ministry of Justice of the People's Republic of China,General Situation of China's Cooperation with Foreign Countries in Judicial Assistance. 〈www. legalinfo. gov. cn/english/judicial—assistan ce/node_7627. htm〉,April 9,2011.

[188] Moser, Michael J. "Foreign Arbitration", In Michael Moser&Fu Yu(eds.). *Doing Business in China* ,vol. III. Juris Publishing,Inc. ,Release No. 18,2009.

[189]Mosoti,Victor. "Africa in the First Decade of WTO Dispute Settlement", *Journal of International Economic Law* 9 (2006).

[190] Muchlinski, Peter, Frederico Ortino, Christopher Schreur (eds.). *The Oxford Handbook of International Investment Law.* Oxford University Press,2008.

[191] Muchlinski, Peter. "Policy Issues", In Peter Muchlinski, Frederico Ortino,Christopher Schreur(eds.), *The Oxford Handbook of International Investment Law.* Oxford University Press,2008.

[192] Muhammad, Seyid. *The Legal Framework of World Trade.* New York:Praeger,1958.

[193] Mustill, Lord Michael. "Arbitration: History and Background",6 *Journal of International Arbitration* 43(1989).

[194]Nafziger,James A. R. & Ruan Jiafang. "Chinese Methods of Resolving International Trade, Investment, and Maritime Disputes",23 *Willamette Law Review* 619(1987).

[195]Ndulo,Muna. "Ascertainment of Customary Law:Problems and Perspectives with Special Reference to Zambia",In Alison Dundes Renteln & Alan Dundes(eds.), *Folk Law : Essays in the Theory and Practice of Lex Non Scripta* ,vol. I. Univ. Wisconsin Press,1994.

[196]Neumayer, Eric & Laura Spess, "Do Bilateral Investment Treaties Increase Foreign Direct Investment to Developing Countries?" 33 *World Development*(2005).

[197]Norton, Patrick M. "Chinese Trade and Investment Disputes:Offshore Options",In Jerome A. Cohen,Neil Kaplan & Peter Malanczuk(eds.), *Arbitration in China : A Practical Guide* ,vol. 1. Sweet & Maxwell,2004.

[198]Norton, Patrick. "A Law of the Future or a Law of the Past? Modern Tribunals and International Law of Expropriation", 85 *American Journal of International Law* 474 (1991).

[199]O'Connell, *Mary Ellen. International Dispute Resolution.* Carolina Academic Press,2006.

[200]Oduor,Maurice. "Resolving Trade Disputes in Africa:Choosing Between Multilateralism and Regionalism:The Case of COMESA and the WTO", *Tulane Journal of International and Comparative Law* 13(2005).

[201]Official Website of Africa ADR. ⟨www. africaadr. com/index. php? a=r/home/1⟩.

[202]Official Website of China FTA Network. 〈http://fta. mof-com. gov. cn/topic/ensacu. shtml〉.

[203]Official Website of Europe's Forum on International Coop-eration.

[204]〈www. euforic. org/detail_page. phtml? page＝acp_cooper-ation〉.

[205] Official Website of ICSID. 〈 http://ICSID. world-bank. org/〉.

[206]Official Website of Multilateral Investment Guarantee A-gency(MIGA). 〈www. miga. org/〉.

[207]Official Website of NAFTA Commission on Environmental Cooperation(CEC).

[208]〈www. cec. org/Page. asp? PageID＝1115&AA_SiteLan-guageID＝1〉.

[209]Official Website of the Advisory Centre onWTOLaw(AC-WL). 〈www. acwl. ch/e/index. html〉.

[210] OfficialWebsite of the American Arbitration Association (AAA). 〈www. adr. org/〉.

[211] Official Website of the American Law Institute(ALI). 〈www. ali. org/〉.

[212]Official Website of the Arbitration Foundation of Southern Africa(AFSA). 〈www. arbitration. co. za/pages/default. as-px〉.

[213]Official Website of the Asian－African Legal Consultative Organization(AALCO). 〈www. aalco. int/node〉.

[214]Official Website of the African Growth and Opportunity Act(AGOA). 〈www. agoa. gov/〉.

[215]Official Website of the Asian—Pacific Economic Coopera-
tion.〈www. apec. org/〉.

[216]Official Website of the Beijing Arbitration Commission
(BAC).〈www. bjac. org. cn/en/index. asp〉.

[217]Official Website of the Cairo Regional Center for Interna-
tional Commercial Arbitration（CRCICA）.〈www. crcica.
org. eg/history. html〉.

[218]Official Website of the China International Economic and
Trade Arbitration Commission （CIETAC）.〈www.
cietac. org/〉.

[219]Official Website of the China Maritime Arbitration Commis-
sion(CMAC).〈www. cmac-sh. org/ en/home. asp〉.

[220]Official website of the Chinese Ministry of Commerce
(MOFCOM).〈http://english. mofcom. gov. cn〉.

[221]Official Website of the English Advisory,Conciliation and
Arbitration Service(ACAS).〈www. acas. org. uk/index. as-
px? articleid=1461〉.

[222]Official Website of the Forum for China-Africa Cooperation
(FOCAC).〈www. focac. org/eng/〉.

[223]Official Website of the Forum on China-Africa Cooperation
(FOCAC).〈www. focac. org/eng/〉.

[224]Official Website of the French Census Bureau.〈www. re-
censement. insee. fr/chiffresCles. action? zoneSearchField
PARIS&codeZone 001-AU1999&idTheme 3&rechercher
Rechercher〉(in the French).

[225]Official Website of the Hague Conference(HCCH).〈www.
hcch. net/index_en. php? acttext. display&tid 26〉.

[226]Official Website of The Hague. 〈www. denhaag. nl〉.

[227]Official Website of the InternationalBusinessTraining organization. 〈www. i-b-t. net/〉.

[228]Official Website of the International Chamber of Commerce (ICC), International Court of Arbitration. 〈www. iccwbo. org/court/arbitration/〉.

[229]Official website of the International Chamber of Commerce (ICC). 〈www. iccwbo. org/〉.

[230]Official Website of the International Institute for the Unification of Private Law(UNIDROIT). 〈www. unidroit. org/dynasite. cfm〉.

[231]Official Website of the International Monetary Fund(IMF). 〈www. imf. org/〉.

[232]Official Website of the Kuala Lumpur Regional Centre for Arbitration(KLRCA). 〈www. bmthost. com/rcakl/arbitration-in-malaysia/〉.

[233]Official Website of the London Court of International Arbitration(LCIA). 〈www. lcia. org/〉.

[234] Official Website of the Ministry of Commerce of the People's Republic of China. 〈http://english. mofcom. gov. cn/index. shtml〉.

[235]Official Website of the NAFTA Commission on Labor Cooperation. 〈www. naalc. org/commiss ion. htm〉.

[236]Official Website of the Organisation for Economic and Cultural Development(OECD). 〈www. oecd. org/department/0,3355,en_2649_34889_1_1_1_1_1,00. html〉.

[237] Official Website of the Permanent Court of Arbitration

(PCA). ⟨www. pca-cpa. org/⟩,April 9,2011.

[238] Official Website of the Permanent Court of Arbitration (PCA). ⟨www. pca-cpa. org/⟩.

[239] OfficialWebsite of the Regional Center for International Commercial Arbitration-Lagos(Lagos Center). ⟨www. rcicalagos. org/arb_rules. html⟩.

[240] Official Website of the Shanghai Arbitration Commission (SAC). ⟨www. accsh. org. cn/accsh/ english/index. html⟩.

[241] Official Website of the Southern African Development Community(SADC). ⟨www. sadc. int/ ⟩.

[242] Official Website of the United Nations Commission on International Trade Law (UNCITRAL). ⟨ www. uncitral. org/⟩.

[243] Official Website of the United Nations Conference on Trade and Development(UNCTAD). ⟨www. unctad. org/⟩, April 9,2011.

[244] Official Website of the United Nations Economic and Social Commission for Asia and the Pacific (UNESCAP). ⟨www. unescap. org/tid/apta. asp⟩.

[245] Official Website of the United Nations Economic Commission for Africa(UNECA). ⟨www. uneca. org/⟩.

[246] Official Website of the United States Census Bureau. ⟨www. census. gov/⟩,April 9,2011.

[247] OfficialWebsite of the United States Central Intelligence Agency, World Factbook. ⟨ www. cia. gov/library/publications/the-world-factbook/⟩.

[248] Official Website of the United States Trade Representative

(USTR). ⟨www. ustr. gov/trade-agre ements/bilateral－investment－treaties⟩.

[249]Official Website of the World Bank. ⟨www. worldbank. org/⟩, April 9,2011.

[250] Official Website of the World Trade Law organization. ⟨www. WorldTradeLaw. net⟩(subscription based website).

[251]Official Website of the World Trade Organization(WTO). ⟨www. wto. org/⟩,April 9,2011.

[252]Onyema,Emilia. "Regional Approaches to Enforcement:Enforcement of Arbitral Awards in Sub-Saharan Africa",presented at the Inaugural Conference of Alumni & Friends of the School of International Arbitration(AFSIA), London. ⟨eprints. soas. ac. uk/5996/1/Enforcement_of_ Awards_in_ Sub-Sahara_Africa. pdf⟩,3 December 2008.

[253] Oppong,Richard F. "Observing the Legal System of the Community:The Relationship Between Community and National Legal Systems under the African Economic Community Treaty",15 *Tulane Journal of International & Comparative Law* 41(2006).

[254]Oppong,Richard F. "Private International Law in Africa: The Past,Present and Future", 55 *American Journal of Comparative Law* 677(2007).

[255]Ostry,Sylvia. Governments and Corporations in a Shrinking World:Trade and Innovation Policies in the United States, Europe and Japan(1990). Quoted in Shaffer,*Defending Interests:Public－Private Partnership in WTO Litigation.* Brookings Institute,2003.

[256] Palmeter, D. & P. Mavroidis, "The WTO Legal System: Sources of Law", 92 *American Journal of International Law*, No. 3(1998).

[257] Pathmavathy, N. "Newsflash-The New Malaysian Arbitration Act", ⟨www. skrine. com/get. php? file NPV_Article. pdf⟩, August 2010.

[258] Paulsson, Jan, Eric Schwartz, Nigel Rawding and Lucy Reed. *The Freshfields Guide to Arbitration and ADR*, 2nd ed. Kluwer Law International, 1999.

[259] Paulsson, Jan. "Cultural Differences in Advocacy in International Arbitration", in Bishop & Kehoe(eds.), *The Art of Advocacy in International Arbitration*, 2nd ed. Juris Publishers, 2010.

[260] Paulsson, Jan. "ThirdWorld Participation in International InvestmentArbitration", 21 ICSID Rev. —FILJ 19(1987), at 44, quoted in Gwenann Seznec, "The Role of African States in International CommercialArbitration", 8 *Vindobona Journal of International Commercial Law & Arbitration* 211 (2004).

[261] Pauwelyn, Joost. "Going Global, Regional, or Both? Dispute Settlement in the Southern African Development Community(SADC)and Overlaps with the WTO and Other Jurisdictions", *Minnesota Journal of Global Trade* 13(2004).

[262] Pauwelyn, Joost. "The Transformation of World Trade", *Michigan Law Review* vol. 104(2005): 1, 13.

[263] Peerenboom, Randall. *China's Long March Toward Rule of Law*. Cambridge University Press, 2002.

[264]Pelliot，P. *Review of Hirth and Rochill's Chau Ju—Kua，T'oung Pao*，vol. XIII，no. 3. Brill，1912.

[265]Penda，Jean Alian. "The Applicability of the OHADA Treaty in Cameroon：The Way Forward"，〈www. ohada. com/infohada_detail. php? article＝424〉.

[266]Pradhan，Vinayak P. & Varsha Doi. "Dispute Resolution and Arbitration in Malaysia"，In Philip J. McConnaughay & Tom Ginsburg. *International Commercial Arbitration in Asia*，2nd ed. Juris Publishing，2006. Citing R. H. Hickling，

[267]Malaysian Law：*An Introduction to the Concept of Law in Malaysia*. Kuala Lumpur：Professional Books Publishers，1987.

[268]Proposal by the ［WTO］Director General. "Committee on Budget Finance and Administration：2004—2005 Budget Estimates"（November 3，2003）. Cited in Hakan Nordstrom，"Participation of Developing Countries in the WTO—New Evidence based on the 2003 Official Records"，National Board of Trade：Stockholm，Sweden，(October 2005).

[269]Punnet，Betty Jane. *International Perspectives on Organizational Behavior and Human Resource Management*. M. E. Sharpe，2004.

[270] Pye，Lucian W. *China：An Introduction*，4th ed. Little，Brown，1991.

[271]Raine，Sarah. *China's African Challenges*. Routledge，2009.

[272]Ratner，Steven. "Does International Law Matter in Preventing Ethnic Conflict?" *New York University Journal of International Law and Policy*（2000）.

[273]Reisman，W. ，L. Craig，W. Park & J. Paulsson. *Internation-

al *Commercial Arbitration*. Thomson West,1997.

[274]Report by WTO Consultative Board to the WTO Director—General Supachai Panitchpaki. "The Future of the World Trade Organization: Addressing institutional Challenges in the New Millennium",(2004). Reproduced in Kevin C. Kennedy. *International Trade Regulation, Readings, Cases, Notes,and Problems*. Aspen Publishers,2009:435—346.

[275]Reuters:Africa. "Africa,China,Ethiopia Sign 1. 9 billion Euro Hydro Power Deal",〈http://af. reuters. com/article/investingNews/idAFJOE56E0EL20090715〉,July 15,2009.

[276]Roberts,Richard & Kristin Mann. "Law in Colonial Africa",In Kristin Mann & Richard Roberts,*Law in Colonial Africa*,ed. Heinemanh. 1991.

[277]Rodrik,Dani. *Has Globalization Gone Too Far*? 1997.

[278]Root,Elihu. "The Basis of Protection to Citizens Residing Abroad",4 *American Journal of International Law*(1910):521—522,quoted in Andreas F. Lowenfeld, *International Economic Law*. Oxford University Press,2008:470.

[279]Rotberg,Robert I. *China Into Africa: Trade,Aid,and Influence*. Brookings,2008.

[280]Salas,Mauricio & John H. Jackson. "Procedural Overview of the WTO ECBanana Dispute",*Journal of Economic Law* 3(2000):145.

[281]Schein,Edger H. *Organizational Culture and Leadership*, 3rd ed. Jossey—Bass,2004.

[282]Schill,Stephan W. "Tearing Down the Great Wall:The New Generation of Investment Treaties of the People's Republic

of China", 15 *Cardozo Journal of International & Comparative Law* 73(2007).

[283] Schmetz, John R. & Mike Meier. "U. S. Imposes Trade Sanctions on Argentina for Failure to Protect U. S. Intellectual Property Rights", *International Law Update* 3(1997). Cited in Shaffer, *Defending Interests: Public — Private Partnership in WTO Litigation*. Brookings Institute, 2003, at 50 n. 17.

[284] Schreur, Christopher H. , Loretta Maltintoppi, August Reinisch and Anthony Sinclair, *The ICSID Convention: A Commentary*, 2nd ed. Cambridge University Press, 2009.

[285] Schulze, Christian. *On Jurisdiction and the Recognition and Enforcement of Foreign Money Judgments*. Univ. of South Africa Press, 2005.

[286] Schwebel, Stephan M. *International Arbitration: Three Salient Problems*. Grotius, 1987.

[287] Shaffer Gregory. "How to Make the WTO Dispute Settlement System Work for Developing Countries: Some Proactive Developing Country Strategies", In Towards a Development-Supportive Dispute Settlement System in the WTO. ICID Resource Paper No. 5. 〈http://ictsd. org/downloads/2008/06/ dsu_2003. pdf〉, April 9, 2011.

[288] Shaffer, Gregory C. & Mark A. Pollack. "Hard Law vs. Soft Law: Alternatives, Complements, and Antagonists in International Governance", *Minnesota Law Review* 94 (2010): 707—708.

[289] Shaffer, Gregory. "The Challenges of WTO Law: Strategies

forDeveloping Country Adaptation", *World Trade Review* 5
(2006):177.

[290]Shaffer, Gregory. "The WTO's Blue-Green Blues: The Im-
pact of U. S. Domestic Politics on Trade, Trade—Environ-
ment Linkages for the WTO's Future", *Fordham Interna-
tional Law Journal* 24(2001):608.

[291]Shaffer, Gregory. *Defending Interests: Public-Private Partner-
ship in WTO Litigation.* Brookings Institute, 2003.

[292]Shalakany, Amr A. "Arbitration and the Third World: A
Plea for Reassessing Bias under the Specter of Neoliberal-
ism", 41 *Harvard International Law Journal* 419(2000).

[293]Shan, Wenhua. *The Legal Framework of China-EU Invest-
ment Relations-A Critical Appraisal.* Hart, 2005.

[294]Shinn, David H. "Comparing Engagement with Africa by
China and the United States", *China in Africa Symposium
African Studies Program, paper presented at the East Asi-
an Studies Center and the Center for International Business
Education and Research*, Indiana University Bloomington,
Indiana. 〈https://scholarworks. iu. edu/dspace/bitstream/
handle/2022/3466/China%20in%20Africa%20Symposium%20
—%20the%20good%20one. pdf? sequence=1〉, March 2009.

[295]Shuhong, Yu, Xiao Yongping, and Wang Baoshi. "The Clo-
sest Connection Doctrine in the Conflict of Laws in China",
Chinese Journal of International Law vol. 8(2)(2009).

[296]Silverthorne, Colin P. *Organizational Psychology in Cross-
cultural Perspective.* NYU Press, 2005.

[297]Simi, T. B. & Aful Kaushik. "The Banana War at the GATT/

WTO Trade Law Brief",〈www. cuts—citee. org/pdf/TLB08—01. pdf〉.

[298]Snider,Thomas R. & Won Kidane. "Combating Corruption Through International Law in Africa:A Comparative Analysis",*Cornell International Law Journal* 40,no. 1(2007).

[399]Snow,Philip. *The Star Raft*,*China's Encounter with Africa*. Grove Press,1987.

[300]Sornarajah,M. *The International Law on Foreign Investment*,2nd ed. Cambridge,2004.

[301]Sornarajah. *The International Law on Foreign Investment*,2nd ed. Cambridge University Press,2004.

[302]Soros,George. The Crisis of Global Capitalism. 1998. Stein & Wotman. "International Commercial Arbitration in the 1980s:A Comparison of the Major Arbitral Systems and Rules",38 *Bus. Law* 1685(1983).

[303]Stein,Peter. *Roman Law in European History*. Cambridge University Press,1999.

[304]Steinhardt,Ralph G. *International Civil Litigation :Cases and Materials on the Rise of Intermestic Law*. LexisNexis,2002.

[305]Stellenbosch University,Center for Chinese Studies. "Evaluating China's FOCAC Commitments to Africa andMapping the Way Ahead",〈www. ccs. org. za/wpcontent/uploads/2010/03/ENGLISH-Evaluating-Chinas-FOCAC-commitmentsto-Africa—2010. pdf〉,January 2010.

[306]Stephan,Paul B. ,Julie A. Roin & Don Wallace,Jr. *International Business and Economic Law and Policy*,3rd ed. LexisNexis,2004.

[307]Stosad, Timothy. "Trappings of Legality: Judicialization of Dispute Settlement in the WTO, and its Implications on Developing Countries", *Cornell International Law Journal* 30 (2006).

[308]Sutherland, T. & G. Sezneck. "Alternative Dispute Resolution Services in West Africa: A Guide for Investors", *US Department of Commerce: Commercial Law Development Program* (2003). ⟨www. fdi. net/documents/WorldBank/ databases/benin/westafricaguide7212003. pdf⟩.

[309]Taiwo, Olufemi. *How Colonialism Preempted Modernity in Africa*. Indian Univ. Press, 2010.

[310]Taniguchi, Yasuhei. "The WTO Dispute Settlement as Seen by a Proceduralist", *Cornell International Law Journal* 10 (2009).

[311]Taylor, Ian. *China and Africa: Engagement and Compromise*. Routledge, 2006.

[312]Temin, Peter. "Mediterranean Trade in Biblical Times", *MIT Working Paper* (March 12, 2003).

[313]The Economist Debates: Africa and China. The Economist, week of February 15—22, 2010. ⟨www. economist. com/debate/overview/165⟩, April 9, 2011.

[314]The Economist. "At Daggers Drawn: First Bananas, Now Beef, Soon Genetically Modified Foods", May 9, 1999. Quoted in Shaffer, *Defending Interests: Public-Private Partnership in WTO Litigation*. Brookings Institute, 2003.

[315]Tobin, Jennifer & Susan Rose-Ackerman. "Foreign Direct Investment and the Business Environment in Developing

Countries：The Impact of Bilateral Investment Treaties”，Yale Law School Center for Law，*Economics and Public Policy*，Research Paper No. 293(2005).

[316]Trakman，Leon E. “Legal Traditions and International Commercial Arbitration”，17 *American Review of International Arbitration* 1(2006).

[317] United Nations Economic Commission for Africa（UNECA). “Economic Report on Africa 2010”，〈www. uneca. org/eca_resources/Publications/books/era2010/index. htm〉，2010.

[318] United Nations Economic Commission for Africa（UNECA). 2010 Joint Report by the Economic Commission for Africa，African Union，and the African Development Bank，“Assessing Regional Integration in Africa Ⅳ：Enhancing Intra—Africa Trade ”，〈www. uneca. org/eca _ resources/publications/books/aria4/aria4full. pdf〉.

[319] United Nations Educational，Social，Scientific and Cultural Organization(UNESCO). “Mexico City Declaration on Cultural Policies：World Conference on Cultural Policies ”，Mexico City，July 26—August 6，1982. 〈http：//portal. unesco. org/culture/en/files/12762/11295421661mexico _ en. pdf/mexico_en. pdf〉.

[320]Utter，Robert F. “Dispute Resolution in China”，62 *Washington Law Review* 383(1987).

[321]Vandevelde，Kenneth J. U. S. *International Investment Agreements*. Oxford University Press，2009.

[322]Veeder & Dye. “Lord Bramwell's Arbitration Code”，8 *Arbitration International* 330(1992).

［323］Von Mehren & Kourides. "International Arbitration be-
tween States and Private Parties: The Libyan Nationaliza-
tion Cases", 75 *American Journal of International Law*
476(1981).

［324］Wang, Guiguo. "China's Practice in International Invest-
ment Law: From Participation to Leadership in the World
Economy", 34 *Yale Journal of International Law* 575
(2009).

［325］Wang, Guiguo. *Business Law of China*, 4th ed. Kelleigh
Poon(ed.). 2003.

［326］Wang, Yongjun. *Investment in China: A Question and An-
swer Guide on How to do Business*. CITIC Publication
House,1997.

［327］Website of Demographia, ⟨www. demographia. com/db —
cairo. htm⟩.

［328］Website of Trip Advisor. ⟨www. tripadvisor. com/Hotels —
g294201—Cairo—Hotels. html⟩.

［329］Weiler,J. H. H. "The Rule of Lawyers and the Ethos of Diplo-
mats: Reflections on the Internal and External Legitimacy of
WTO Dispute Settlement", *Harvard Jean Monet Working Pa-
per* 9/00. ⟨http://centers. law. nyu. edu/jeanmonnet/papers/
00/000901. html⟩,2000.

［330］Weintraub,Russell J. *International Litigation and Arbitra-
tion*,5th ed. Carolina Academic Press,2006.

［331］White,Gillian. "A New International Economic Order?" 16
Virginia Journal of International Law 326(1976).

［332］Wilcox,Claire. A Charter for World Trade. 1949,repr. Arno

Press,1972,cited in Andreas F. Lowenfeld,*International Economic Law*. Oxford University Press,2008:482.

[333] Wilhelm, Richard. *Confucius and Confucianism*. 1931, repr. Harcourt 1971.

[334] WTO Report. "International Trade Statistics (2009)", ⟨www. wto. org/english/res_e/statis_e/its 2009_e/its2009_e. pdf⟩.

[335] WTO. "Trade Policy Review Body,China", WT/TPR/S/199. May 7,2008.

[336] WTO. "WTO Dispute Settlement System Training Module: Developing Country Members in Dispute Settlement—Theory and Practice",⟨www. wto. org/english/tratop_e/dispu_e/disp_settl ement_cbt_e/c11s1p1_e. htm⟩.

[337] Wu-Chi,Liu. *Confucius:His Life and Times*. Philosophical Library,Inc. 1955.

[338] Xu,Xiaobing. "Different Mediation Traditions:A Comparison Between China and the U. S",16 *American Review of International Arbitration* 515(2005). Citing A Guide to the Several Rules on the Hearing of Civil Cases Involving People's Mediation Agreement and the Several Rules on the People's Mediation Work(2002).

[339] Yackee,Jason Webb. "Bilateral Investment Treaties , Credible Commitment,and the Rule of(International)Law:Do BITs Promote Foreign Direct Investment?" 42 *Law and Society Review* 805(2008).

[340] Yewondwossen, Muluken. "EIB's (European Investment Bank)Pulling out of Gibe III is Final",*Ethiopian Capital*

News. ⟨www. capitalethiopia. com/index. php? optioncom_content&. view＝article&.id＝13127：eib-pulling-outof-gibe-iii-is-final-&.catid＝12：local-news&.Itemid＝4⟩, August 5,2010.

[341]Zhang, Mo. "Choice of Law in Contracts：A Chinese Approach", 26 *Northwestern Journal of International Law and Business* 289(2006).

[342]Zhang, Mo. "International Civil Litigation in China：A Practical Analysis of the Chinese Judicial System", 25 *Boston College International and Comparative Law Review* 59 (2009).

[343]Zhe, Song, Ambassador, Head of the Mission of the People's Republic of China to the European Union. Speech delivered at the "Europe and China Strategic Dialogue" (May 19, 2009). ⟨www. fmprc. gov. cn/eng/wjb/zwjg/zwig/zwbd/t563352. htm⟩.

[344]Zimmerman, James. *China Law Deskbook：A Legal Guide for Foreign-Invested Enterprises*, 3rd ed. American Bar Association, 2010.

案　例

[1]*Barcelona Traction case*,ICJ Rpts. 1(1970),134

[2]*British Petroleum Exploration(Libya)Limited Co. v. Libyan Arab Republic*,53 International Law Report,297(Lagergren, Solo Arbitrator,1973),126

[3]*Canada-Measures Affecting the Sale of Gold Coins*. GATT Doc. L/5863,68

[4]*Case Concerning German Interests in Upper Silesia*,P. C. I. J. Series A,Nos. 7,9,17,19(1926—29),120

[5]*Chorzow Factory case*,PCIJ Series A,No. 17(1928),120

[6]*Chromalloy Aeroservices*,*Inc. v. Arab Republic of Egypt*,939 F. Supp. 907(1996),283

[7]*CMS Gas Transmission Company v. Argentine Republic case* (Merits)(May 12,2005),444 ILM 1205,155

[8]*EC-Regime for the Importation*,*Sale and Distribution of Bananas*,WY/DS27/AB/R,paras. 4—12,(September 9,1997), cited in J. H. Jackson,*The Jurisprudence of GATT and the WTO*:*Insights on Treaty Law and Economic Relations*(Cambridge,2000),at 183,54

[9]*EC-Bananas*,Recourse to Article 21. 5,WT/DS27/RW/ECU

(Ecuador) and WT/DS27/RW/EEC (European Communities) (April 12,1999), both adopted May 6,1999,59

[10]*ELSI case*, ICJ Rpts. 15(1989),134

[11]*Ethyl Corp. v. The Government of Canada*, 38 ILM 708—31 (1999),141

[12]GATT Panel Report,"Decision of 18 November 1979 on Differential and More Favorable Treatment, Reciprocity and Fuller Participation of Developing Countries," BISD, 26th Supp. 203 (1979) (often referred to as the " Enabling Clause"),79

[13]ICJ case: *Liechtenstein v. Guatemala* (known as the Nottebohm case),1955 I. C. J. 4,24, also available at 1955 WL 1(I. C. J.),116

[14]ICSID case: *Tza Yap Shum v. The Republic of Peru*, ICSID Case No. ARB/07/6 (July 19,2009). The decision of the tribunal as to the issue of jurisdiction is available at⟨http://ita. law. uvic. ca/documents/TzaYapShum — DecisiononJurisdiction_002. pdf⟩ (in the Spanish),183

[15]*INA Corp. v. Iran*, AWD 184 — 161 — 1 (Lagregren, Holtzmann & Ameli, arbs. August 12,1985),8 IRAN—U. S. T. R. 373(1985), cited in Patrick Norton,"A Law of the Future or a Law of the Past? Modern Tribunals and International Law of Expropriation. " 85 *American Journal of International Law* 474(1991):486,127

[16]*Libyan American Oil Co. (LIAMCO) v. The Government of the Libyan Arab Republic*,62 International Law Report,140; 20 ILM 1(1981)(Mahmassani, sole arb. ,1977),127

[17]*Metalclad v. The United Mexican States*，August 30，2000，ICSID Case No. Arb(AF)/97/1，40 ILM 35(2001)，143

[18]*Methanex v. United States*，(August 7，2002，91st Partial Award)，UNCITRAL，143

[19]*SD Myers，Inc v. Canada*，NAFTA Arbitration，40 ILM 1408 (2001)，143

[20]*Siag & Vecchi v. Egypt*，ICSID Case No. ARB/05/15，300

[21]*Tecnicas Medioambientale Tecmed，SA v. United Mexican States*，May 29，2003，Award，ICSID Case No. Arb(AF). 002，143

[22]*Texas Overseas Petroleum Company v. Libya Arab Republic*，55 International Law Report，354(1975)，127

[23]US Supreme Court case：*Asahi Metal Industries co.，LTD v. Superior Court*，480 U. S. 102(1987)，251

[24]US Supreme Court case：*Banco Nacional de Cuba v. Sabbatino*，376 U. S. 398，428(1964)，129

[25]US Supreme Court case：*Banco Nacional de Cuba v. Sabbatino*，376 U. S. 398，428(1964)，133

[26]US Supreme Court case：*Chae Chan Ping v. U. S.*，130 U. S. 581(1889)，631，116

[27]US Supreme Court case：*Citizens United v. The Federal Elections Commission（FEC）*，130 S. Ct. 876，558 U. S. __ (2010)，63

[28]US Supreme Court case：*International Shoe co. v. Washington*，326 U. S. 310，319(1945)，251

[29]US Supreme Court case：*Lochner v. New York*，198 U. S. 45 (1905)，119

[30] US Supreme Court case: *Mitsubishi Motors Corp. v. Soler Chrysler-Plymouth ,Inc.* ,473 U. S. 614(1985),278

[31] US Supreme Court case: *Preston v. Ferrer*, 128 S. Ct. 978 (2008),308

[32] US Supreme Court case: *Scherk v. Alberto-Culver* ,417 U. S. 506(1974),278

[33] US Supreme Court case: *Shaffer v. Heitner*, 433 U. S. 186, 204(1977),251

[34] US Supreme Court case: *Smyth v. Ames*, 169 U. S. 466 (1898),119

[35] US Supreme Court case: *The Bremen v. Zapata Off-Shore Co* ,407 U. S. 1,9(1972),278

[36] US Supreme Court case: *United States v. E. C. Knight*, 156 U. S. 1(1895),119

[37] US Supreme Court case: *Wickard v. Filburn*, 317 U. S. 111 (1942),119

[38] US Supreme Court case: *Wilko v. Swan*, 346 U. S. 427 (1953),277

[39] WTO Appellate Body Report, "European Communities Regime for the Importation,Sale and Distribution of Bananas," WT/DS27/AB/R(adopted September 9,1997),58

[40] WTO Appellate Body Report, "Turkey-Restrictions on Imports of Certain Textile and Clothing Products," WT/DS34/AB/R(1999),80

[41] WTO DS392:China v. US:Certain measures affecting imports of poultry from China(2009/10/23), available at〈http://docsonline. wto. org〉,72

［42］WTO DS397：China v. EU：Definitive Anti-Dumping Measures on Certain Iron or Steel Fasteners from China(2009/10/23)，available at〈http：//docsonline. wto. org〉,72

［43］WTO DS399：China v. US：Measures Affecting Imports of Certain Passenger Vehicle and Light Truck Tyres from China(2010/03/10)，available at〈http：//docsonline. wto. org〉,72

［44］WTO DS405：China v. EU：Anti-Dumping Measures on Certain Footwear from China—Request for the Establishment of a Panel by China(2010/02/04)，available at〈http：// docsonline. wto. org〉,72

立法及国际公约

[1]African Group, "Proposal at the Negotiations on the Dispute
Settlement Understanding," delivered on its behalf by the
Permanent Mission of Kenya. WTO Doc. TN/DS/W/15. Sep-
tember 25,2002,69

[2]African Union,Protocol of the Court of Justice of the African
Union. Available at

[3] 〈www. africa — union. org/root/au/Documents/Treaties/Text/
Protocol％20to％20the％20African％20Court％20of％20Justice％
20—％20Maputo. pdf〉,261

[4]American Law Institute. Restatement(Third)of Foreign Rela-
tions Law of the United States. 2009,30

[5]Arbitration Act of England,1996 Chapter 23(June 17,1996).
〈www. opsi. gov. uk/acts/acts1996/ ukpga_19960023_en_1〉.
2001 Order available at 〈 www. opsi. gov. uk/si/si2001/
20011185. htm〉,331

[6]Arbitration Law of the People's Republic of China,adopted at
the 18th Session of the Standing Committee of the 8th Nation-
al people's Congress and Promulgated on August 31,1994,effec-
tive as of September 1,1995. 〈http://english. mofcom. gov. cn/
aarticle/policyrelease/internationalpolicy/200705/

1917,quoted in Andreas F. Lowenfeld,International Economic Law,(Oxford University Press,2008),120

[25]Contract Law of the People's Republic of China,adopted at the Second Session of the Ninth National People's Congress on March 15,1999,entered into force October 1,1999. Available at〈www. fdi. gov. cn/pub/FDI_EN/Laws/law_en_info. jsp? docid50943〉,253

[26]Convention for the Pacific Settlement of International Disputes of 1899. 〈www. pca—cpa. org/ showfile. asp? fil_id 192〉,341

[27]Convention for the Pacific Settlement of International Disputes of 1907. 〈www. pca — cpa. org/ showfile. asp? fil_ id193〉,341

[28]Convention on the Recognition and Enforcement of Foreign Arbitral Awards,(New York Convention)(June 10,1958,entered into force June 7,1959).

[29]330 U. N. T. S. 38. Also available at〈www. uncitral. org/uncitral/en/uncitral_texts/arbitration/ NYConvention. html〉,227

[30]Conventions of theUNIDROIT,available at〈www. unidroit. org/english/conventions/c—main. htm〉,228

[31]CRCICA, "ADR Rules of the CRCICA,including Rules on Mediation and Conciliation. "〈www. crcica. org. eg/adr_rules. html〉,373

[32]Egyptian Court of Cassation,Case No. 966,Judicial Year 73, January 10,2005,cited in Mariam M. El—awa, "Steps Forward in Egyptian Arbitration Law," The International Construction Law Review,vol. 26(January—October 2009)(In-

forma,London,2009),374

[33]Egyptian Law No. 27/1994,promulgating the law Concerning Arbitration in Civil and Commercial Matters,available at〈www. crcica. org. eg/law27. html〉,373

[34]Energy Charter Treaty(entered into force April 1998). Available at:〈www. encharter. org/ fileadmin/user_upload/document/EN. pdf〉. It is ratified by 45 states. Ratification information is available at〈www. encharter. org/fileadmin/user_upload/document/ECT_ratification_status. pdf〉,132

[35]European Communities:Convention on the Jurisdiction and Enforcement of Judgments in Civil and Commercial Matters of 1968(amended several times since). Available at〈http://curia. europa. eu/common/recdoc/convention/en/c — textes/brux—idx. htm〉,259

[36]Forum on China Africa Cooperation. Addis Ababa Action Plan. 〈www. focac. org/eng/ltda/ dejbzjhy/DOC22009/t606801. htm〉,2004—2006,92,207

[37]Forum on China Africa Cooperation. Beijing Action Plan. 〈 www. focac. org/eng/ltda/dscbzjhy/DOC32009/t280369. htm〉,2007—2009,92,208

[38]Forum on China Africa Cooperation. Sharm El Seikh Action Plan. 〈www. focac. org/eng/ dsjbzjhy/hywj/t626387. htm〉, 2010—2012,6,93,94,209,235,236,406,407-421

[39] Free Trade Agreement Between the Government of the People's Republic of China and the Government of the Islamic Republic of Pakistan,entered in to force October 10,2009, available at〈http://fta. mofcom. gov. cn/pakistan/xieyi/fta_

xieyi_en. pdf〉,89

[40]French Civil Code of July 9, 1975, at Art. 2060, quoted in Mariam M. El—awa, "Steps Forward in Egyptian Arbitration Law," The International Construction Law Review, vol. 26 (January—October 2009)(Informa, London, 2009), 373

[41]General Agreement on Tariffs and Trade(GATT) Council Decision, "Improvements to the GATT Dispute Settlement Rules and Procedures," April 12, 1989, in GATT Doc. L. / 6488, Basic Instruments and Selected Documents, 36th Supplement, 40

[42]General Agreement on Tariffs and Trade(GATT), 55 UNTS 194(October 30, 1947), 26

[43]General Agreement on Trade in Services(GATS), text available at the official Website of the WTO. 〈www. wto. org/ english/docs_e/legal_e/26—gats_01_e. htm〉,206

[44]General Assembly of the United Nations adoption of the Charter of Economic Rights and Duties of States, 29 UN GAOR Supp. (No. 31)at 50. UN Doc. A/9631(1974),124

[45]Geneva Convention, August 12, 1949, No. Ⅳ, "Relative to the Protection of Civilian Persons in Time of War," available at 〈www. icrc. org/ihl. nsf/385ec082b509e76c41256739003e636d/ 6756482d86146898c125641e004aa3c5〉,117

[46]Hague Convention of November 15, 1965 on the Service Abroad of Judicial and Extra Judicial Documents in Civil or Commercial Matters. 〈www. hcch. net/index_en. php? act conventions. text&cid 17〉,228,233

[47]Hague Convention of March 18, 1970 on the Taking of Evi-

dence Abroad in Civil and Commercial Matters. 〈www. hcch.
net/index_en. php? actconventions. text&.cid82〉,228,234

[48] Hague Convention on the Law Applicable to Contracts for
the Sale of Goods of 22 December 1986,and Regulation(EC)
No. 593/2008 of the European Parliament and the Council of
June 17,2008 on the Law Applicable to Contractual Obliga-
tions("Rome I Regulation"),245

[49] Hague Regulations of 1907,Convention(IV)Respecting the
Laws and Customs of Law on Land and Its Annexes:Regula-
tions Concerning the Laws and Customs of War on Land,
The Hague,October 18,1907,at Arts. 23(g)&.(h). Text a-
vailable at〈www. icrc. org/ihl. nsf/FULL/ 195〉,117

[50]Inter-American Convention on International Commercial Ar-
bitration,(January 30,1975). 1438 U. N. T. S 249,146

[51] International Centre for Dispute Resolution, "International
Arbitration Rules," available at 〈www. adr. org/sp. asp?
id33994〉,308,311

[52]International Commission for the Settlement of Investment
Disputes(ICSID)Convention for the Settlement of Invest-
ment Disputes between States and Nationals of Other States
(entered into force October 14,1966)(ICSID Convention),
575 U. N. T. S. 159;ICSID Administrative and Financial Reg-
ulations;and ICSID Rules of Procedure for Arbitration Pro-
ceedings. Available on the official Website of ICSID at〈ht-
tp://ICSID. worldbank. org/ICSID/StaticFiles/basicdoc/
CRR_ English—final. pdf〉,293,297

[53]International Commission for the Settlement of Investment Dis-

putes(ICSID). "Rules of Procedure for Arbitration Proceedings," available at〈http://ICSID. worldbank. org/ICSID/ICSID/ Rules-Main. jsp〉,293

[54]International Commission for the Settlement of Investment Disputes(ICSID). "Additional Facility Rules," available at〈http://ICSID. worldbank. org/ICSID/ICSID/AdditionalFacilityRules. jsp〉,293

[55]International Commission for the Settlement of Investment-Disputes(ICSID). "Schedule of Fees," available at〈http://ICSID. worldbank. org/ICSID/FrontServlet? requestType ICSIDDoc RH&. actionValShowDocument&. ScheduledFees True&. languageEnglish〉,300

[56]International Court of Justice(ICJ),Statute of the ICJ,3 Bevans 1179;59 Stat. 1031;T. S. 993;39 AJIL Supp. 215(1945) at Art. 38. Also available at〈www. icj－cij. org/documents/index. php? p1 4&.p2 2&.p30〉,30

[57]Law on Chinese-Foreign Equity Joint Venture(Promulgated by Fifth National People's Congress,July 1,1979,amended March 31, 2001) translated in Isinolaw, cited in Guiguo Wang,"China's Practice in International Laws of Malaysia, Act 646:Arbitration Act 2005. "Available at〈www. eurasialegalnetwork. com/library/pdfs/nl _ ArbitrationAct2005. pdf〉,178

[58]LCIA Arbitration Rules,available at〈www. lcia. org/Dispute _Resolution_Services/LCIA_ Arbitration_Rules. aspx〉,327

[59]Ministry of Justice of the People's Republic of China,treaty table,at〈www. legalinfo. gov. cn/ english/judicial－assis-

tance/content/2009 — 01/23/content _ 1026366. htm〉,
237,259.

[60] Multilateral Agreement on Investment (MAI), text of the
draft and documents related to the negotiation process are a-
vailable on the official Website of the OECD at〈http://oedc.
org/ daf/mai〉,132

[61] New York Convention, China's reservations, available at
〈www. uncitral. org/uncitral/en/ uncitral_texts/arbitration/
NYConvention_status. html〉,231,233

[62] Nigerian Arbitration and Conciliation Act of March 14,1988,availa-
ble at 〈www. nigeria — law. org/ArbitrationAndConciliationAct.
htm〉,381

[63] Nigerian Arbitration and Conciliation Act of 1990,available
at〈www. nigeria—law. org/ ArbitrationAndConciliationAct.
htm♯〉,381

[64] North American Agreement on Environmental Cooperation,
Between the Government of the Untied States of America,
the Government of Canada and the Government of the United
Mexican States,September 13,1993. 32 ILM 1480(1993),144

[65] North American Agreement on Labor Cooperation Between
the Government of the Untied States of America,the Gov-
ernment of Canada and the Government of the United Mexi-
can States,September 13,1993. 32 ILM 1499(1993),144

[66] North American Free Trade Agreement (NAFTA),32 ILM
605(1993). The text of the Agreement is also available on
the Website of the NAFTA Secretariat at〈www. nafta—sec
— alena. org/en/view. aspx? x 343〉,133

［67］Notification concerning the Handling of Issues regarding Foreign－related Arbitration and Foreign Arbitration Matters by the Supreme People's Court(SPC,August 29,1995), cited in Johnston,"Bridging the Gap Between Western and Chinese Arbitration Systems" in Michael Moser(ed.),Business Disputes in China,2nd ed. (Juris Publishing 2009),at 569,351

［68］Official Website of the International Institute for Sustainable Development(IISD),at〈www. iisd. org/〉,152

［69］Osaka Action Agenda at〈www. apec. org/apec/about_apec/ how_apec_operates/action_plans_. html♯Osaka〉,84

［70］Partnership Agreement Between the Members of the African Caribbean and Pacific Group of States of the One Part,and the European Community and its Member States of the Other Part,signed in Cotonou,June 23,2000,and June 25,2005,and further revised on March 19,2010. Text available at〈http:// ec. europa. eu/development/icenter/repository/Cotonou_EN _2006_en. pdf〉,96

［71］People's Republic of China,Arbitration Law,adopted by the National People's Congress, Promulgated on August 31, 1994,effective as of September 1,1995,available at〈www. jus. uio. no/lm/china. arbitration. law. 1994/〉,527

［72］People's Republic of China,Decree No. 346 of February 11, 2002(Promulgated by the State Council of the PRC). English text available at〈www. gov. cn/english/laws/2005－07/25/ content_ 16873. htm〉,179

［73］People's Republic of China,Draft Civil Code of The PRC.

English translation prepared by The Legislative Research Group of Chinese Academy of Social Sciences(Brill, November 2010),253

[74]People's Republic of China, Foreign Economic Contract Law of March 21, 1985, adopted at the Tenth Session of the Standing Committee of the Sixth National People's Congress,promulgated by Order No. 22 of the President of the PRC on March 21,1985,and effective as of July 1,1985,superseded by the Law of Contracts of 1999,245

[75] People's Republic of China, General Principles of theCivilLaw,adopted on April 12,1986,available at〈http://en. chinacourt. org/public/detail. php? id2696〉,253

[76] People's Republic of China, Law on Lawyers of May 15, 1996,as amended in 2001 and 2007,cited in James Zimmerman, China Law Deskbook:A Legal Guide for Foreign-Invested Enterprises, 3rd edition (American Bar Association, 2010),at 73,178

[77] People's Republic of China, Law on the Procedures of the Conclusion of Treaties(adopted by the Standing Committee 28 December 1990) cited in Norah Gallagher & Wenhua Shan,Chinese Investment Treaties(Oxford University Press, 2009),180

[78]People's Republic of China, Law on Wholly Foreign-Owned Enterprises (promulgated by the Sixth National People's Congress April 12,1986,amended by the Standing Committee of the National People's Congress, October 31, 2000) translated in Isinolaw,cited in Guiguo Wang,"China's Prac-

tice in International Investment Law: From Participation to Leadership in the World Economy," 34 Yale Journal of International Law 575(2009),179

[79]People's Republic of China, Rules of the Supreme People's Court on Related Issues Concerning the Application of Law in Hearing Foreign-Related Contractual Dispute Cases Related to Civil and Commercial Matters(Promulgated on July 23, 2007),cited in Wang Hui,"A Review of China's Private International Law During the 30—year Period of Reform and Opening Up," Asian Law Institute, Working Paper Series, No. 002(May 2009),at n. 4. Paper available at⟨http://law. nus. edu. sg/asli/pdf/WPS002. pdf⟩,254

[80]People's Republic of China,Supreme People's Court,"Notice on Several Questions in Adjudication and Enforcement Concerning Civil and Commercial Cases with Foreign Elements, April 17,2000,Supreme People's Court Doc. ,No. 51,200,P. I. ," cited in Mo Zhang, "International Civil Litigation in China:A Practical Analysis of the Chinese Judicial System," 25 Boston College International and Comparative Law Review 59(2009),at 72,248

[81]Rio Declaration,available on the officialWebsite of theUNEnvironmental Program at⟨www. unep. org/Documents. Multilingual/Default. asp? documentid78& articleid1163⟩,158

[82]South African Arbitration Act of 1965,available at⟨www. arbitrators. co. za/arbsnew/arbact42—65. htm⟩,385

[83]Southern Africa Development Community (SADC) Finance and Investment Protocol on August 18, 2006, available at

⟨www. givengain. com/unique/tralac/pdf/20060621_finance_ investment_ protocol. pdf⟩,198

[84]Southern African Development Community,Protocol on Tribunal and the Rules of Procedure Thereof(SADC Tribunal Protocol). Available on the official Website of SADC at ⟨www. sadc. int/tribunal/protocol. php⟩,262

[85]Text of the COMESA Treaty is available at⟨http://about. comesa. int/attachments/149 _ 090505 _ COMESA _ Treaty. pdf⟩,262

[86] Treaty Establishing the African Economic Community (AEC),Abuja Treaty,at Arts. 18 & 87. Text of the Treaty is available at ⟨www. au2002. gov. za/docs/key _ oau/aectreat2. htm♯chap3⟩,81

[87] Treaty Establishing the African Economic Community, at Arts. 18—19. Text available at⟨www. au2002. gov. za/docs/ key_oau/aectreat2. htm♯chap3⟩,261

[88]Treaty for the Establishment of the East African Community (hereinafter EAC Treaty),as amended on December 14, 2006,and August 20,2007. Text available at⟨www. eac. int/ organs. html⟩,261

[89]Treaty of the Organisation pour L'Harmonisation en Afrique de Droit des Affaires,or Organisation for the Harmonisation of Business law in Africa(OHADA),entered into force September 19,1995. See English version at⟨www. ohada. com/traite. php? categorie10⟩,263

[90]UNCITRAL Rules,available at⟨www. uncitral. org/pdf/english/texts/arbitration/arb—rules/arb— rules. pdf⟩,338

［91］United Nations Convention for the International Sale of Goods,entered into force April 11,1980,available at〈www. uncitral. org/uncitral/en/uncitral _ texts/sale _ goods/1980CISG. html〉,227

［92］United Nations Convention on Contracts for the International Carriage of Goods Wholly or Partially by Sea(also known as "the Rotterdam Rules"),adopted by the General Assembly, 11 December 2008,available at〈www. uncitral. org/uncitral/en/uncitral_texts/transport_goods/ 2008rotterdam_rules. html〉,227

［93］United Nations Convention on the Carriage of Goods by Sea (also known as "the Hamburg Rules"),entered into force November 1,1992,available at〈www. uncitral. org/uncitral/en/ uncitral _ texts/transport _ goods/Hamburg _ rules. html〉,227

［94］United Nations Convention on the Limitation Period in the International Sale of Goods,entered into force August 1, 1988,available at〈www. uncitral. org/uncitral/en/uncitral _ texts/sale _ goods/ 1974Convention _ limitation _ period. html〉,227

［95］United Nations Convention on the Recognition and Enforcement of Foreign Arbitral Awards,entered into force June 7, 1959,available at〈www. uncitral. org/uncitral/en/uncitral _ texts/ arbitration/NYConvention. html〉,227

［96］United Nations Declaration on Permanent Sovereignty Over Natural Resources. GA Res. 1803,17 UN GAOR Annexes, Vol. I. , Agenda Item No. 39, para. 4. UN Doc. A/5217

(1962),124

[97]United States Federal Arbitration Act(FAA),9 U. S. C. § §
1-14. (1925),308

[98]United States Trade Representative,Notice of US Suspension
of Tariff Concessions(19 Apr. 1999),64 Fed. Reg. 19209,ci-
ted in Lowenfeld,International Economic Law,2d. ed. (Ox-
ford,2008),at 208 n. 125,59

[99]World Trade Organization Trade Policy Review Body,"Trade
Policy Report by China," WT/TPR/G/199(May 7,2008),72

[100]World Trade Organization,Final Act Embodying the Re-
sults of the Uruguay Round of Multilateral Trade Negotia-
tions,opened for signature April 15,1994,Marrakesh,Mo-
rocco,33 I. L. M. 1140—1272(1994),41

[101]World Trade Organization,Ministerial Declaration of No-
vember 14,2001,para. 44,WT/MIN)01)/DEC/1,41 I. L.
M. 746(2002),28

[102]WTO Understanding on Rules and Procedures Governing
the Settlement of Disputes,Marrakesh Agreement(Dispute
Settlement Understanding) 1869 U. N. T. S. 401,33,I. L. M.
1226.〈www. wto. org/english/docs_e/legal_e/28 — dsu_e.
htm〉,82